THINK
커뮤니케이션

Isa N. Engleberg · Dianna R. Wynn 지음
천현진 · 최남도 · 김영은 · 김동규 옮김

Σ 시그마프레스

커뮤니케이션, 제3판

발행일 | 2018년 9월 5일 1쇄 발행

저　자 | Isa N. Engleberg, Dianna R. Wynn
역　자 | 천현진, 최남도, 김영은, 김동규
발행인 | 강학경
발행처 | (주)시그마프레스
디자인 | 이상화
편　집 | 김문선

등록번호 | 제10-2642호
주소 | 서울시 영등포구 양평로 22길 21 선유도코오롱디지털타워 A401~403호
전자우편 | sigma@spress.co.kr
홈페이지 | http://www.sigmapress.co.kr
전화 | (02)323-4845, (02)2062-5184~8
팩스 | (02)323-4197

ISBN | 979-11-6226-094-4

THINK Communication, 3rd Edition

＊ 책값은 책 뒤표지에 있습니다.

이 도서의 국립중앙도서관 출판예정도서목록(CIP)은 서지정보유통지원시스템 홈페이지(http://seoji.nl.go.kr)와 국가자료공동목록시스템(http://www.nl.go.kr/kolisnet)에서 이용하실 수 있습니다.(CIP제어번호 : CIP2018022200)

역자 서문

인간과 커뮤니케이션의 역사는 서로 맥이 닿아있다. 우리는 태어나서 죽을 때까지 다른 사람들과 관계를 맺으며 커뮤니케이션을 해야만 하는 운명적 구조 속에서 살아간다. 우리의 삶 전반에 걸쳐 이루어지는 커뮤니케이션 행위는 우리의 욕구와 목적을 충족시키는 수단으로 삶의 본질에 근거한다 할 수 있다. 따라서 최근 디지털 사회의 도래와 함께 우리가 목도하고 있는 커뮤니케이션의 기술적 진보는 개인들의 인간관계를 확장시키는 데에 그치는 것이 아니라 우리 삶의 양적 확대와 질적 향상을 의미한다. 이것이 오늘날 커뮤니케이션을 다시 생각해야 하는 이유이다.

이 책은 21세기를 살아가는 우리들이 인간 커뮤니케이션의 본질과 과정, 그 효과를 잘 이해하도록 돕기 위한 커뮤니케이션 기본서이자 동시에 이를 실행에 옮기기 위한 프레젠테이션 전략서이다. 따라서 커뮤니케이션 전공자라면 꼭 알아야 할 커뮤니케이션에 대한 전반적인 기초적 내용, 디지털 환경에서 비롯한 최신의 지식 등을 다양하고 충분한 사례를 통해 잘 학습할 수 있도록 구성되어 있다. 아울러 이를 기반으로 현대 사회가 우리 개인들에게 요구하고 있는 커뮤니케이션 역량을 향상시킬 수 있도록 통찰력과 실질적인 방법들을 커뮤니케이션 전략과 기술 차원에서 다양하게 다루고 있다.

책 구성의 특징을 소개하면 다음과 같다.

제1부는 커뮤니케이션에 대한 전반적인 이해를 다루고 있다. 제1장에서는 일상 속에서 나타나는 인간 커뮤니케이션을 이해하고 다양한 커뮤니케이션 맥락 속에서 커뮤니케이션 원리와 실제를 다루고 있다. 또한 커뮤니케이션과 비판적 사고 간의 관계를 살펴보고 민주주의 사회에서의 커뮤니케이션의 자유와 책임에 대한 윤리 문제를 고찰한다. 제2장은 '나'에 대한 이해를 통해 커뮤니케이션의 전략과 기술을 살펴본다. 자기 개념과 자기 존중감, 자기 표현 등의 개념을 학습하고 자신에 대한 평가를 통해 커뮤니케이션 자신감을 향상시킬 수 있는 전략과 기술을 연습한다. 제3장에서는 다양한 사람을 이해하고, 존중하고, 적응하는 능력을 향상시키기 위해 문화 다양성을 이해하고 문화 차원과 문화 간 커뮤니케이션 전략을 중점적으로 살핀다. 제4장에서는 효과적인 커뮤니케이션에 필수적인 듣기의 과정을 이해하고 듣기의 유형과 쟁점에 대해 살펴보고 듣기의 전략과 기술을 학습한다. 제5장은 언어의 본질이 커뮤니케이션의 의미에 어떤 영향을 미치는지 파악하고 효과적인 언어 구사 전략과 기술을 살펴본다. 제6장은 비언어적 커뮤니케이션의 특성과 범위를 이해하고 의미

를 창출하는 방법과 비언어적 커뮤니케이션 역량을 향상시키기 위한 효과적인 전략을 익힌다.

제2부는 대인 간 커뮤니케이션의 이해를 통해 다양한 사례를 탐구한다. 제7장에서는 효과적인 대인커뮤니케이션의 특성을 파악하고 대화 역량을 향상시키는 기술과 개인적 관계 개선을 위한 전략 등 대인관계를 강화하기 위한 전략과 기술을 연습한다. 제8장은 대인 간 갈등을 해결하기 위한 전략을 연습하고 대인 커뮤니케이션에 있어 다른 사람의 권리와 요구를 존중하면서 대처할 수 있는 자기주장의 전략을 설명한다. 제9장에서는 직장 내에서 생산적이고 만족할만한 인간관계를 유지할 수 있는 커뮤니케이션 전략과 기술에 중점을 두고 있으며 취업 면접을 위한 효과적인 전략을 배운다.

제3부는 집단 커뮤니케이션에 대해 생각한다. 제10장에서는 다양한 집단 활동 속에 구성원의 역할을 익히고 개인과 집단 간의 긴장 관리 전략과 리더십의 기술을 연습한다. 제11장은 집단의 의사 결정과 문제 해결 방식들의 본질과 가치를 분석하고 효과적인 회의 전략과 기술을 다룬다.

제4부는 프레젠테이션 커뮤니케이션의 실제와 실천 전략에 대해 다룬다. 제12장에서는 발표를 준비하기 위한 핵심 역량을 알아보고 프레젠테이션의 목적과 주제에 따라 적용할 수 있는 전략과 기술을 연습한다. 제13장은 프레젠테이션의 핵심 아이디어와 요점을 파악하고 프레젠테이션을 구성하기 위한 조직화 패턴과 도입과 결론에 적용할 수 있는 실행 전략을 설명한다. 제14장은 프레젠테이션 불안의 원인과 결과를 살펴보고 언어 유형과 전달 방식 등 프레젠테이션의 효과를 향상시킬 수 있는 전략을 익힌다. 제15장에서는 정보전달 프레젠테이션의 목표를 파악하고 다양한 정보 유형에 적합한 커뮤니케이션을 이해함으로써 효과적으로 정보를 전달하기 위한 프레젠테이션 커뮤니케이션 역량을 실천한다. 제16장에서는 설득 프레젠테이션의 목표와 청중의 태도에 따른 설득 전략을 설명하고 설득 프레젠테이션에 적합한 구조적 유형과 효과적이고 설득력 있는 프레젠테이션을 위한 커뮤니케이션 역량을 실천한다.

요약하면 이 책은 커뮤니케이션의 주요 개념, 이론, 연구 및 경향 등 커뮤니케이션 현상과 본질에 대한 이해를 바탕으로 일상생활에서 적용할 수 있는 다양한 최신 사례와 커뮤니케이션 실전 전략을 제시하고 있어 소위 커뮤니케이션 이론과 실제를 쉽고 재미있게 공부할 수 있도록 되어있다. 아울러 저자들이 소개하고 있는 내용이나 사례들은 오랜 기간 많은 연구와 적용을 거친 결과이기 때문에 자신이 원하는 모습에 적용시키고 실행에 옮긴다

면 분명 좋은 결과를 얻을 수 있을 것이다.

이 책을 통해 디지털 시대를 살아가는 독자들이 일상생활 속에서 커뮤니케이션이 차지하는 중요성을 다시 한 번 확인하고 이를 잘 활용할 수 있는 지식을 얻는 기회가 되길 기대한다. 아울러 간단치 않은 분량의 책을 번역하는 과정에서 도움을 주신 많은 분들께 감사드린다. 특히 더딘 과정 속에서 책이 나올 수 있도록 인내하며 도와주시고 예쁘게 편집해주신 시그마프레스 편집진에게도 감사의 뜻을 표한다.

2018년 여름
역자들을 대표하여 김동규

제3판의 달라진 점

새로운 특징

주요 목표

제3판의 모든 장은 역량 기반의 "주요 목표"를 각 장의 내용과 직접 연계하면서 시작한다. 이러한 목표는 학생들이 효과적이고 윤리적인 커뮤니케이션에 필수적인 이론, 전략 및 기술을 얼마나 잘 습득했는지 평가할 수 있도록 해주는 각 장의 마지막 단계인 "요약" 및 "연습문제"와도 관련이 있다. 교수진은 동일한 목표를 학생들의 학업 성취도를 평가하는 기준으로 삼을 수 있다.

매개 커뮤니케이션 사례

이번 개정판의 가장 큰 특징은 "매개 커뮤니케이션 사례"를 통해 소셜미디어를 통한 상호작용과 가상 집단과의 업무 등 디지털 커뮤니케이션이 우리의 일상생활에 미치는 긍정적이고 부정적인 영향을 살펴본다.

주요 목표

각 장의 여는 글

새로운 코너 :
매개 커뮤니케이션 사례

각 장의 여는 글

새로운 장이 시작될 때마다 도입부에 제시되는 글상자에서는 현재의 이슈와 사건에 초점을 맞춘 글과 사진을 배치하여 각 장의 내용에 대한 이해를 돕고 있다.

- 대학 입시를 위한 미니 인터뷰
- 유아가 인지하는 '자기' 개념

- 2012년 대통령 선거에서의 인종, 민족, 성별, 연령의 영향
- '결코 들으려 하지 않는 것'이 유행이 된 세상
- 이름 짓기의 힘
- 첫눈에 반하는 사랑
- 마크 저커버그의 대인관계 문제
- 이별과 이혼에 대한 예견

- 밀레니엄 세대와 취업
- 태양의 서커스와 집단 활동의 힘
- 국가안보회의의 정책 결정과 오사마 빈 라덴의 기습공격
- 프란치스코 교황의 연설
- 메시지 작성과 재작성
- 언어, 전달 능력, 배우의 기술
- 성공적인 강의법
- 하디야 펜들턴에 대한 미셸 오바마의 연설

각 장의 새로운 추가 사항

제1장 인간 커뮤니케이션
- 커뮤니케이션의 필수 역량으로서 비판적 사고의 중요성
- 민주주의 사회에서 커뮤니케이션의 자유와 책임에 대한 NCA 신조

제2장 자기 이해
- 사회적 비교, 사회적 판단, 자기 관찰, 자기 동일시를 중심으로 한 자기 개념 발달 모델

- 자기 표현과 자기 감시 역량

제3장 문화 적응
- 문화 차원의 수준에서 성역할 기대
- 미국 정치 캠페인에서 개인주의적 단어의 사용, 이슬람 문화권에서 여성과 남성의 상호작용 등 문화 간 사례를 추가

제4장 듣기
- HURIER 듣기 모델의 확장된 논의(청력, 이해, 기억, 해석, 평가, 반응)
- 새로운 듣기 연구

제5장 언어적 커뮤니케이션
- 강한 언어와 약한 언어
- 이름 짓기의 힘에 대한 논의 확대

제6장 비언어적 커뮤니케이션
- 비언어적 변수로서의 매개 커뮤니케이션
- 목소리 표현과 의미

새로운 프레젠테이션과 설득 캠페인에 대한 연구와 분석 사례 추가

윤리적 이슈에 대한 연구와 분석 사례 추가

이외에도 새로운 프레젠테이션과 설득 캠페인, 윤리 커뮤니케이션 이슈에 대한 연구과 분석 사례를 추가하였다.

요약 차례

205
이런 회의는 이제 그만하자
회의 계획의 5W

284
재치 있는 화법
유머 사용하여 말하기

113
얼마나 많은 친구가 필요한가?
온라인상의 관계

137
내가 이기면, 너는 진다
갈등 유형

57
지금 내 말 들려요?
듣기는 듣는 것 이상이다

차례

제1부 커뮤니케이션

1 인간 커뮤니케이션

2 자기 이해

문화 적응

듣기

언어적 커뮤니케이션

비언어적 커뮤니케이션

9

직장 내 인간관계

10

집단 활동

제4부　**프레젠테이션 커뮤니케이션**

의사 결정과 문제 해결

프레젠테이션 계획

15 정보 전달

16 설득

인간 커뮤니케이션 1

주요 목표

1.1 인간 커뮤니케이션의 목적과 영향을 설명해 보자.

1.2 커뮤니케이션 모델을 통해 커뮤니케이션 과 정을 분석해보자.

1.3 맥락이 메시지의 의미에 영향을 주는 방식을 설명해보자.

1.4 다양한 맥락에서 커뮤니케이션의 주요 원리 를 적용해보자.

1.5 효과적인 커뮤니케이션과 비판적 사고 간의 관계를 설명해보자.

1.6 커뮤니케이션 윤리를 실천해보자.

의사가 되는 것이 꿈이라고 해보자. 입학 전형에서 성적이 우수하다면 의과대학 에 합격할 수 있겠지만, 교수님의 추천도 필요하고 MCATs(미국의과대학입학 자격시험, Medical College Admission Test®)에서의 고득점, 면접도 성공 적이어야 한다. 몇몇 최고의 의과대학에서는 상대방과 효과적으로 커뮤니케이션할 수 있는 능력을 갖추고 있는지 등 추가 관문을 두기도 한다.

버지니아테크 카릴리온의과대학(Virginia Tech Carilion School of Medicine)에서는 지원자들이 '훌륭한 커뮤니케이션이 중요시되는 건강보험 제도를 처리하는 사회적 기술'을 갖추고 있는지 평가하기 위해 9차례의 미니 인터뷰를 진행했다.[1] 이러한 미니 인터뷰는 스 탠퍼드대학교, UCLA 등 다른 의과대학에서도 입학 전형의 일부가 되고 있다. 의과대학 관 계자는 이러한 인터뷰의 목적을 '서류상 우수한 학생들이더라도 우리가 중요하게 여기는 커 뮤니케이션 기술이 부족한 사람을 선별하기 위해서'라고 말한다.[2]

지금쯤 누군가는 이렇게 말할지도 모른다. "내 꿈은 의사가 되는 게 아니니까." 여기서 말 하고자 하는 요점은 되고 싶은 꿈이 무엇이든, 선생님, 비즈니스 매니저, 요리사, 엔지니어, 음악가, 물리치료사, 공무원, 건축가든 꿈이 중요한 게 아니라 모든 직업뿐만 아니라 모든 업무 환경과 사회 환경에서 효과적인 커뮤니케이션 기술이 중요해졌다는 사실이다.

일상 속 커뮤니케이션

1.1 인간 커뮤니케이션의 목적과 영향을 설명해보자.

커뮤니케이션(communication)은 다양한 맥락 속이나 그 전반에 걸쳐 의미를 생성하기 위해 언어적 메시지와 비언어적 메시지를 사용하는 하나의 과정이다.[3] 이러한 정의의 키워드는 의미 생성에 있다. 우리는 말하고, 쓰고, 행동할 때 의미를 생성할 뿐만 아니라 듣고, 읽고, 메시지에 반응할 때 시각적인 이미지를 만들어낸다.

개인적인 성공과 학문적·직업적인 성공은 일생 동안 커뮤니케이션을 얼마나 잘하느냐에 달려있다고 해도 과언이 아니다.[4] 대학 교수진도 모든 대학 과정에서 필수적으로 효과적인 말하기와 듣기, 그룹 내 업무를 수행하고 선도하는 것은 물론 문제 해결 등의 커뮤니케이션 기술을 확인한다.[5] 다른 사람들과의 효과적인 커뮤니케이션은 대인관계를 더욱 풍성하고 만족스럽게 해준다. 서로에 대한 존중을 표현하고 건설적인 주장을 하는 동료는 생산적인 상호작용을 즐기는 경향이 있다. 상호 간에 능숙하게 커뮤니케이션을 하는 직원은 회사 내에서 목표를 달성하기 더 쉽다. 그뿐만 아니라 먼저 말하고, 대화를 자주 하고, 말을 잘한다면 지도자로 선출되거나 선택될 가능성이 높다. 결국 고도의 경쟁 시대에서 효과적인 커뮤니케이션 기술은 군중 속에서 두드러져 보일 수 있도록 잠재력, 지식, 의견, 재능, 개성 등을 지닌 역동적인 대중 연설가로 변모시켜 준다.[6]

다양한 커뮤니케이션 상황에서 효과적으로 커뮤니케이션을 할 수 있는지 여부를 판단하기 위해 스스로 다음과 같이 질문해보자.

- **개인적 측면** 가까운 친구나 친척 또는 연인과의 관계를 의미 있게 유지하고 있는가?
- **직업적 측면** 사업체, 조직, 업무팀 내부를 대신해 효과적으로 커뮤니케이션할 수 있는가?
- **교육적 측면** 대학, 기업, 다른 훈련 기관에서 배운 것을 발휘하고 있는가?
- **다문화 간 측면** 다양한 배경을 가진 사람들을 이해하고, 존중하고, 그들에게 적용하고 있는가?
- **지적 측면** 변화무쌍한 세상에서 다양하고 복잡한 메시지의 의미를 평가하고 분석할 수 있는가?
- **사회적 측면** 대중과 매개된 메시지에 적절히 대응하고 비판적으로 분석하는가?
- **윤리적 측면** 다양한 상황에서 개인과 공공 커뮤니케이션의 윤리적 기준을 적용하는가?

포춘 500대 기업의 임원들은 그들이 고용한 대학 졸업생들이 다양한 배경을 가진 사람들과의 팀워크를 보여줄 수 있는지뿐만 아니라 더 나은 커뮤니케이션 기술이 요구된다고 말한다.[8]

2010년 연구보고서에 따르면, 미국경영협회(AMA)는 커뮤니케이션 기술의 필요성을 가장 중심에 두었다. "미국 경제가 호전되어 감에 따라 임원들은 읽기, 쓰기, 연산 등의 3Rs에 대해 기본 이상의 능력을 갖춘 인재들이 자사의 성장을 위해 필요하다고 말한다." 오히려 미국경영협회는 3Rs보다 앞으로 조직과 직원들에게 더 필수적인 것으로 (1) 커뮤니케이션, (2) 비판적 사고, (3) 협업, (4) 창의성 등의 네 가지 역량, 즉 4Cs를 제안한다.[9]

이 책은 이러한 4Cs를 강화하기 위한 전략과 기술을 소개한다. 여기서는 비판적이고 윤리적으로 생각하고, 유사하거나 다양한 배경을 가진 사람들과 협력하여 일하고, 문제 해결에 있어서 창의력을 발휘하고, 청중을 사로잡고, 논쟁을 해결하고, 기억에 남는 메시지를 창출하는 데 도움을 줄 수 있는 커뮤니케이션 원리와 실제에 중점을 두고자 한다.

자신에 대해 알기

업무에 맞는 자질을 갖추고 있는가?

미국 대학·고용주협회(NACE)는 고용주를 상대로 그들이 채용하고자 하는 대학 졸업생들의 업무 능력에 대한 설문조사를 실시했다.[7] 아래 표 내용 중에서 고용주가 가장 중요하다고 한 것은 무엇이라고 생각하는가? 선호도순으로 1번부터 순위를 매겨보자. 그리고 내가 가진 능력이 이 분야에서 강점이 있는지, 보통인지, 약점이 있는지 스스로 평가해보자.

이제 NACE의 조사 결과와 여러분의 순위를 비교해보자. 숫자는 순위를 나타내며 중요도에 따라 1번부터 순서대로 매겨졌다.

고용인의 업무 능력	순위	내가 가진 능력
a. 분석적 능력	_____	강 _____ 중 _____ 약
b. 컴퓨터 실력	_____	강 _____ 중 _____ 약
c. 대인관계 능력	_____	강 _____ 중 _____ 약
d. 리더십	_____	강 _____ 중 _____ 약
e. 구술 능력	_____	강 _____ 중 _____ 약
f. 연구 분야의 전문성	_____	강 _____ 중 _____ 약
g. 팀워크	_____	강 _____ 중 _____ 약
h. 작문 능력	_____	강 _____ 중 _____ 약

고용주의 능력 순위 : ① e, ② c, ③ g, ④ a, ⑤ d, ⑥ h, ⑦ f, ⑧ b

커뮤니케이션 모델

1.2 커뮤니케이션 모델을 통해 커뮤니케이션 과정을 분석해보자.

커뮤니케이션의 기본 특성은 **커뮤니케이션 모델**(communication model)을 통해 설명할 수 있다. 커뮤니케이션학자 롭 앤더슨(Rob Anderson)과 베로니카 로스(Veronica Ross)*는 "커뮤니케이션 모델(또는 다른 과정, 대상, 사건 등)은 연관된 관계를 명확하게 하고 결과를 예측하기 위해 복잡한 상호작용의 요소를 단순화시키는 방법"이라고 말한다.[10] 커뮤니케이션 모델은 다음과 같은 특징이 있다.

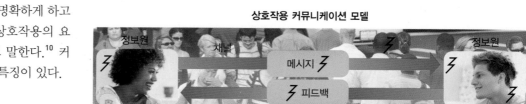

- 커뮤니케이션 과정에서의 기본 구성요소를 식별해준다.
- 다양한 구성요소 간에 어떤 관계가 있는지, 그리고 어떻게 서로 상호작용하는지를 보여준다.
- 커뮤니케이션이 성공하거나 실패하는 원인을 설명해준다.

초기 커뮤니케이션 모델

커뮤니케이션 모델의 초기 형태는 오직 한 방향으로만 작용하는 **선형 커뮤니케이션 모델**(linear communication model)이다. 정보원이 메시지를 만들고 채널을 통해 수신자에게 전송한다. **채널**(channel)은 우리가 메시지를 표현할 수 있도록 하는 다양한 물리 및 전자 매체이다. 선형 모델을 통해 커뮤니케이션의 여러 중요한 구성요소를 확인할 수 있지만 인간 커뮤니케이션의 상호작용적인 특성을 설명하지는 못한다.

당시 커뮤니케이션 이론가들은 커뮤니케이션이 방해받지 않거나 일방통행이 아니라는 것을 보여줄 수 있는 피드백과 잡음이라는 개념을 포함하여 **상호작용 커뮤니케이션 모델**(interactive communication model)을 고안했다. 피드백이 더해지면 각각의 전달자는 정보원이 될 수도 있고 수신자도 될 수 있다. 잡음이 더해지면 모든 구성요소에서 메시지의 정확한 전달을 방해받게 된다.

피드백 우리가 다른 사람에게서 보고, 듣고, 느낄 수 있는 모든 언어나 비언어적 반응을 **피드백**(feedback)이라고 한다. 피드백을 주는 사람은 미소 짓거나 찌푸리기도 하고, 질문을 하거나 당신의 생각에 도전장을 내밀 수도 있으며, 경청하거나 무시할 수

도 있다. 또한 상대방이 '예', '아니요'라는 표시로 고개를 끄덕이거나 목소리의 음고나 음량을 높이고 등을 두드리는 등의 반응을 할 수도 있다. 피드백을 정확하게 해석하면 메시지가 얼마나 잘 전달되고 있는지, 그리고 목적을 달성할 가능성이 얼마나 있는지 여부를 파악할 수 있다. 예를 들어 뉴욕 디자인&마케팅 회사의 대표가 피드백의 필요성을 다음과 같이 언급했다고 해보자. "그들과 함께 있을 때 알게 된다." 커뮤니케이션 전문가들은 청자들의 반응에 민감하다. 긍정적이든 부정적이든 피드백을 통해 목적을 달성할 수 있을지, 얼마나 제대로 달성할지를 평가해보고, 그에 따라서 메시지를 조정해야 한다.

잡음 상호작용 커뮤니케이션 모델을 통해 의도했던 대로 수신자에게 메시지가 전달되는 것을 방해할 수 있는 장애물을 확인할 수 있다. 커뮤니케이션 연구에서는 이를 **잡음**(noise)이라고 한다. 잡음은 외부 또는 내부에서 발생할 수 있다. **외부 잡음**(external noise)은 효과적인 커뮤니케이션을 방해하는 환경에서의 물리적 요소들로 구성된다. 잡음은 창밖의 교통 혼잡, 부드러운 말소리나 난해한 억양 등 보통 청각적인 문제이다. 그러나 잡음은 단지 들리는 소리에만 국한되지 않는다. 훈훈한 방, 불쾌한 냄새, 밝고 산만한 벽지 디자인 등도 주의 깊고 유능한 커뮤니케이터(communicator)**가 되는 데 지장을 줄 수 있다.

주변 환경으로부터 어떤 방해 요소가 작용하는 외부 잡음과 달리 **내부 잡음**(internal noise)은 자기 안에서 정신적인 장애물이 나타난다. 내부 잡음은 의도된 대로 메시지를 이해하고 커뮤니케이션하는 능력을 억제하는 생각, 감정, 태도 등으로 구성된다. 자

---

* 역자 주—세인트루이스대학교 커뮤니케이션학과 교수이다. 저서로 실제 주민으로서의 학생 : 대인적 소통과 교육(1979), 공저로 기사 작성 이전 : 언론인을 위한 인터뷰와 소통 기술(1989), 커뮤니케이션 문제 : 이론에 대한 실용적 입문(1993), 설명과 소통(1994), 공편저로 대화의 범위 : 확인, 의견, 공동체(1994) 등이 있다. (출처 : 커뮤니케이션북스)

** 역자 주—커뮤니케이터는 '전달자', '송신자'와 거의 같은 뜻이지만, 나아가 '커뮤니케이션 과정에서 커뮤니케이션을 일으키거나 이어주는 사람'으로서의 의미를 충분히 전달하기 위해 원어 그대로 사용하기로 한다.

상호교류 커뮤니케이션 모델

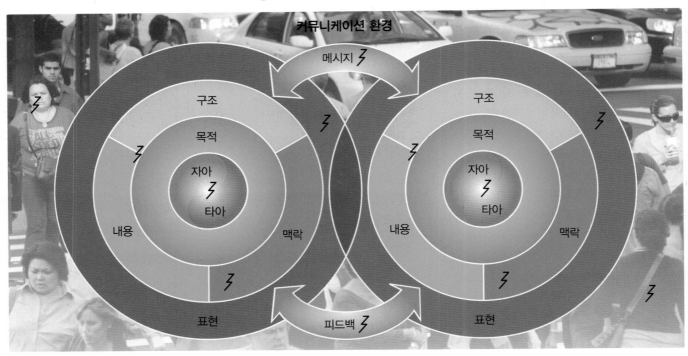

커뮤니케이션 환경

메시지

구조
목적
자아
타아
내용
맥락
표현

구조
목적
자아
타아
내용
맥락
표현

피드백

⚡ = 잡음

기 생각에 빠져있는 청자는 메시지를 놓치거나 잘못 해석할 수 있다. 화자가 메시지와 청중들에게 집중하기보다 프레젠테이션이 어떻게 보일지를 걱정하면 산만해질 수도 있다. 또한 동료들의 지시사항을 청취하는 대신 다가오는 여름휴가를 생각할 수도 있다. 이런 방심은 효과적인 말하기, 듣기 능력을 떨어뜨릴 수 있다.

부호화와 해독화 대부분의 초기 모델에 따르면 커뮤니케이터는 두 가지 중요한 기능을 한다. 메시지의 정보원이자 수신자 역할이 그것이다. 커뮤니케이션 **정보원**(source)은 특정 반응을 발생시키기 위한 메시지를 창출하는 개인이나 집단을 말한다. 메시지를 해석하고 평가하는 또 다른 개인이나 집단, 즉 **수신자**(receiver)에게 도착하기 전까지 메시지는 아무런 의미가 없다. 전송(sending)과 수신(receiving)이라는 이 두 가지 작용을 부호화와 해독화라고 한다.

다른 사람들과 커뮤니케이션을 할 때 자신의 생각을 언어적 메시지와 비언어적 메시지 또는 **코드**로 변형시켜 **부호화**해야 한다. 결국 **부호화**(encoding)는 의미를 생성하는 **메시지**(message)를 창출하고 전송하기 위한 의사 결정 과정이다.

해독화(decoding)는 다른 사람들이 전송한 **코드**나 메시지를 이해하고 사용할 수 있는 형태로 전환시키는 것이다. 해독화는 언어적 메시지와 비언어적 메시지의 의미에 응답하고, 해석하고, 평가하기 위한 의사 결정 과정이다.

상호교류 커뮤니케이션 모델

그러나 일상적인 커뮤니케이션은 선형 모델이나 상호작용 모델에서 보여주고 있는 과정보다 더 복잡하다. 현실에서 커뮤니케이션은 지속적으로 언어적 메시지와 비언어적 메시지를 교환하고 의미를 공유하는 동시적인 처리 과정이다. 상호교류 커뮤니케이션도 발생하는 '것'이 아니라 유동적인 것이다.

상호교류 커뮤니케이션 모델(transactional communication model)은 구체적인 맥락 안에서 동시에 메시지를 주고받을 수 있음을 알게 해준다. 누군가에게 듣기만 해도 우리의 비언어적 반응은 화자에게 메시지로 전달된다.

커뮤니케이션 맥락

1.3 맥락이 메시지의 의미에 영향을 주는 방식을 설명해보자.

커뮤니케이션 모델에 대해 기술한 앞 절에서 모든 커뮤니케이션은 커뮤니케이션이 이루어지는 **맥락**(context), 환경,

상황 안에서 발생하는 것으로 설명한 바 있다. 요컨대 커뮤니케이션은 어딘가에서 반드시 발생한다. 비록 이러한 정의가 단순해

보일지 모르지만 맥락은 그렇지 않다. 유능한 커뮤니케이터는 맥락을 분석하고 적용한다. 예를 들어 다양한 맥락이 "여긴 무슨 일이에요?"라는 질문의 함축적 의미에 얼마나 영향을 미칠지 생각해보자. 6쪽의 그림에서 보여주고 있는 맥락 이외에도 맥락이 변함에 따라 바뀔 수 있는 질문의 의미는 무수히 많다.

여기서는 사회심리적 맥락, 논리적 맥락, 상호작용적 맥락, 매개된 맥락 등 네 가지 커뮤니케이션 맥락 유형을 제시하고자 한다.

사회심리적 맥락

사회심리적 맥락(psychosocial context)은 우리가 살고 있고 커뮤니케이션하는 심리적이고 문화적인 환경을 의미한다. 예를 들어 커뮤니케이터 간의 관계, 커뮤니케이터들의 성격과

사회심리적 맥락

논리적 맥락

상호작용적 맥락

매개된 맥락

아랍의 봄

트위터(Twitter), 텀블러(Tumblr)*와 레딧(Reddit)**과 같은 소셜미디어는 '짜증 나고', '지루하고', '무의미하며', '기리 남을만한 시간 낭비'라고 비판받기도 한다. 다른 관점에서 보면 소셜미디어는 중요한 뉴스, 시민들의 발언, 정치적인 여론을 공유하기에 손색없는 매체이다. 2012년 미국 대통령 선거가 진행되는 동안 후보자들은 언론인, 정치행동위원회(PACs), 시민단체, 유권자들과 마찬가지로 소셜미디어를 폭넓게 활용했다.

---

* 역자 주—텀블러(www.tumblr.com)는 사용자들이 문자, 그림, 영상, 링크, 인용, 소리를 그들의 조그마한 텀블로그에 게재할 수 있게 도와주는 마이크로블로그 플랫폼이자 웹사이트이다. 사용자들은 다른 사용자를 팔로우할 수 있고, 또 이들의 텀블로그를 개인의 것으로 만들 수 있다. 이 서비스는 이용성을 강조하고 있다.

** 역자 주—레딧(www.reddit.com)은 '리드(read)'와 '에딧(edit)'의 합성어로, 이용자들이 뉴스 콘텐츠를 읽고 편집한다는 의미를 지닌 소셜 뉴스 웹사이트이다. 이용자가 링크 또는 텍스트 포스트 형태로 콘텐츠를 업로드하고, 다른 이용자들의 투표를 통해 'up' 혹은 'down'을 선택해 순위에 따라 주제별 섹션이나 메인 페이지에 올라가게 된다. (출처 : 위키백과)

미국 대선보다 이를 더욱 극명하게 보여주는 현상은 다른 나라에서 소셜 네트워킹을 통해 팔로워들과 정치적 반란, 시민 시위, 공권력에 대한 저항을 계획하고, 알리고, 동기 부여했다는 것이다. 예를 들어 2011년 '아랍의 봄(Arab Spring)' 초기에 소셜미디어는 중동에서 정치 행동과 민주주의를 건설하기 위한 도구로서 널리 알려졌다. 2012년 퓨리서치센터 보고서에 따르면 '아랍의 봄'의 핵심 국가로 이집트와 튀니지 두 나라를 꼽았으며, SNS 이용자들의 60% 이상이 자신의 정치적 견해를 온라인에서 공유한 것으로 나타났다.[11]

정부가 발간하는 아부다비(아랍에미리트연합의 수도, 세계 최대 석유 생산국 중 하나) 영자 신문 *더내셔널*에서는 소셜미디어의 영향력에 대해 "2011년 3월 조사에서 이집트와 튀니지의 약 10명 중 9명이 시위를 조직하거나 이를 알리기 위해 페이스북을 이용한다고 말했다. 이러한 결과는 2011년 초반, '아랍의 봄'이 역사적·지역적 차원이 아닌 페이스북과 트위터에 의해 좌우되었을 거라는 통념에 실증적인 무게를 실어주고 있다."라고 밝혔다.

이집트와 튀니지에서 발생한 '아랍의 봄'에 대한 연구 중 호주 연구자들은 소위 소셜미디어 효과에 대해 의문을 제기한다. 유튜브와 같은 소셜미디어가 몇 주 만에 대중의 지지를 동원하는 데 도움을 줄 수 있다는 것을 발견했다. 그러나 소셜미디어가 '아랍의 봄'을 야기한

것은 아니다.[12] '아랍의 봄'이 주는 흥분과 환희에도 불구하고 소셜미디어는 많은 아랍 국가에서 나타난 비극적인 사건을 예방하는 데 무력했다. 이집트에서 선출된 정권에 대한 대중들의 시위는 군사 쿠데타라는 일련의 결과를 가져왔다. 시리아는 내전으로 10만 명 이상이 목숨을 잃었다. 벵가지(리비아 북부의 항구 도시)의 미국 총영사관에서는 4명의 직원이 사망했다. 2011년 소셜미디어를 통해 수많은 사람들은 희망을 느끼고 자유를 맛보았다. 오늘날에도 많은 나라에서 희망과 자유는 현실보다는 꿈으로 남아있다.[13]

"여긴 무슨 일이에요?" 맥락의 효과

공항에서

"여긴 무슨 일이에요?"
(의미 : 당신의 방문 목적은 출장이에요, 아니면 개인 여행이에요?)

병원에서

"여긴 무슨 일이에요?"
(의미 : 당신은 건강상태를 점검하러 왔나요, 아니면 건강상에 무슨 문제가 있어서 왔나요?)

직장에서

"여긴 무슨 일이에요?"
(의미 : 당신은 훈련을 받으러 왔나요, 아니면 디자인 옵션을 설명하러 왔나요?)

트위터에서

"여긴 무슨 일이에요?"
(의미 : 당신은 다시 참여할 건가요, 아니면 읽기만 할 건가요?)

신념 및 행동에 대한 공유 정도를 생각해보자. 또한 그들의 나이, 성별, 인종, 민족, 종교, 성적 취향, 역량 수준, 사회적 지위 등도 생각해보자.

사회심리적 맥락은 정서적 이력, 개인적 경험과 문화적 배경을 포함한다. 따라서 직장 동료와 갈등이 있었을 경우 그 동료의 제안에 대한 반응에 감정, 경험, 문화 등이 영향을 미칠 것이다.

논리적 맥락

논리적 맥락(logistical context)은 특정 커뮤니케이션 상황이 나타나는 물리적 특성, 즉 시간, 장소, 환경, 계기 등을 의미한다. 친구들과 조용한 데서 말하는가, 아니면 번화한 곳에서 말하는가? 동료들에게 회의에서 비공식적으로 말하는가, 아니면 중요한 행사의 환영 만찬에서 말하는가? 뒤쪽 자리에서 발표 내용을 들을 수 있고 볼 수 있는가?

상호작용적 맥락

상호작용적 맥락(interactional context)은 그룹 내 두 사람 사이 또는 화자와 청중 간의 상호작용 여부를 의미한다. 상호작용적

커뮤니케이션 & 문화

모두 같은 방식으로 커뮤니케이션하는가?

사람들 사이의 차이점이 공통점보다 중요한가? 이러한 차이는 서로 다른 문화에서 온 사람들의 커뮤니케이션 방식에 어떤 영향을 주게 되는가? 커뮤니케이션 행동에 대한 다음의 문장을 신중히 생각해보고, 동의하는지 동의하지 않는지 또는 별다른 생각이 없는지 표시해보자.

동의	동의하지 않음	잘 모르겠음	커뮤니케이션 행동
☐	☐	☐	1. 미국은 세계에서 가장 개인주의(자립, 자기중심, 자기우선) 문화이다.
☐	☐	☐	2. 호주 학생들과 교수들은 서로의 이름을 부르며 커뮤니케이션하고 활발한 수업 토론을 기대한다.
☐	☐	☐	3. 여성은 남성보다 말이 많다.
☐	☐	☐	4. 남성과 여성의 커뮤니케이션 방식은 매우 다르다.
☐	☐	☐	5. 아프리카계 미국인과 유럽계 미국인의 커뮤니케이션이 다른 이유는 유전적 특성으로 설명할 수 있다.
☐	☐	☐	6. 아시아에서 온 커뮤니케이터는 미국에서 온 커뮤니케이터보다 자신의 욕구에 대한 충족은 미루고 윗사람을 공경하려 할 것 같다.

자, 이제 각 문항에서 어떻게 응답했는지 생각해보자. 그렇게 응답한 이유는 무엇인가? 제3장을 읽은 후 이 조사에 다시 응답해보고, 응답을 바꿀 것인지 생각해보자. 만약 응답을 바꾼다면, 그 이유는 무엇인가? 응답을 바꾸지 않는다면, 그 이유는 무엇인가?

맥락에서 발생하는 커뮤니케이션은 대인 커뮤니케이션, 집단 커뮤니케이션, 발표 커뮤니케이션 등 세 가지 유형으로 나눠볼 수 있다.

대인 커뮤니케이션(interpersonal communication)은 보통 2명의 한정된 수의 사람들이 정보를 공유하거나 특정 목적을 달성하거나 관계를 유지하기 위한 목적으로 상호작용하는 것을 말한다. 인간관계와 업무상 관계에서 효과적인 커뮤니케이션을 하는 데 필요한 대인 커뮤니케이션의 기본과 전략 및 기술을 제7~9장에서 다룰 것이다.

집단 커뮤니케이션(group communication)은 3명 이상의 상호 의존적인 사람들이 공통의 목적을 달성하기 위해 상호작용하는 것을 말한다. 집단 커뮤니케이션은 개개인들이 서로 이야기하는 것 이상의 서로에게 의존하는 구성원들이 포함되어 있는 복잡한 체계이다. 가족, 친구, 직장, 지역 단체, 자조집단(self-help group), 사교클럽, 운동 모임 등이 여기에 포함된다. 제10장과 11장에서는 집단 커뮤니케이션이 어떻게 작용하는지 다루고, 실질적으로 그룹 참여, 리더십, 의사 결정, 문제 해결 등과 관련된 필수 전략과 기술에 대해 논의하고자 한다.

발표 커뮤니케이션(presentational communication)은 화자와 청중 간에 발생한다.[14] 발표 커뮤니케이션은 공식적인 졸업 연설, 캠페인 연설, 비공식적 수업에서 발표하는 컨퍼런스 강의, 스태프 브리핑, 교육 세션 등 다양한 형태가 있다. 학교, 직장, 가족과 사교 모임, 지역사회와 공공 행사 등 우리는 살아가면서 많은 발표를 하게 된다. 제12~16장에서 자료를 제대로 만들고 효과적으로 발표할 수 있는 방법을 설명하고자 한다.

매개된 맥락

매개 커뮤니케이션(mediated communication)은 커뮤니케이터 간에 다른 형태의 미디어가 존재할 때 발생한다. 개인들의 매개 커뮤니케이션 양식은 전화 통화, 소셜미디어 게시물 업로드, 우편 발송 등이 있다. 개인이나 집단, 거대한 원격 청중(remote audience) 간에 발생하는 매개 커뮤니케이션은 **매스 커뮤니케이션**(mass communication)으로 분류된다. 라디오, 텔레비전, 영화, 블로그와 웹사이트 등은 신문, 잡지, 게시판, 책 등과 같이 매스 커뮤니케이션이다.

일반적으로 매스 커뮤니케이션을 통해 메시지를 공유하려는 사람들은 청중이 보고, 읽고, 들은 것에 어떻게 반응하는지 볼 수도 들을 수도 없다. 모든 매스 커뮤니케이션이 매개되는 것은 아니지만 모든 매개 커뮤니케이션은 대중을 대상으로 한다.

이론 살펴보기

미디어 풍부성 이론

미디어 풍부성 이론(Media Richness Theory)은 각기 다른 미디어의 특성이 커뮤니케이션 과정에 어떠한 영향을 미치는지 설명하고자 리처드 다프트(Richard Daft)와 로버트 렝겔(Robert Lengel)이 연구 개발한 이론이다.[15] 또한 물리적인 현장감이 커뮤니케이션을 잘할 수 있도록 유의미한 차이를 만드는 이유를 설명하는 이론이다. 사람들과 공유하고 싶은 메시지가 있다고 하자. 이 메시지는 면대면, 서면, 영상, 가상의 네 가지 방법 중 하나로 공유할 수 있다.

면대면 커뮤니케이션(파티, 그룹 회의나 프레젠테이션 등도 포함된다)은 가장 풍부성이 높은 미디어이다. (1) 즉각적으로 상대방을 보고 반응할 수 있고, (2) 메시지를 보완하고 분명히 할 수 있는 신체 동작, 목소리 톤, 얼굴 표정, 시각적인 이미지 등의 비언어적 커뮤니케이션을 사용할 수 있으며, (3) 자연스러운 화법을 사용하여, (4) 개인의 감정과 정서를 정확하게 전달할 수 있기 때문이다.

이와 반대로, 메모, 책이나 잡지, 사진, 게시

판, 이메일 메시지, 문자 메시지, 소셜미디어 사이트의 게시물 등을 활용하는 서면, 영상, 가상 커뮤니케이션은 그렇지 않다. 독자들은 발신자의 의미를 인쇄된 단어나 그림에 전적으로 의존해 해석해야 한다. 따라서 트윗은 사람의 목소리를 듣거나 얼굴 표정을 보지 않고 140자 이내에서 복잡한 메시지를 이해해야

한다. 메시지가 복잡하거나 혼동을 줄 수 있을 경우에는 일반적으로 미디어가 효과적인 커뮤니케이션을 보장할 수 있어야 한다. 결국 다른 커뮤니케이션 유형보다 더 많은 감각적 요소를 주고받을 수 있는 면대면 커뮤니케이션이 가장 효과적이라고 할 수 있다.

컴퓨터 매개 커뮤니케이션(computer-mediated commu-nication)은 간단한 문자 메시지부터 멀티미디어를 통한 커뮤니케이션까지 다양한 네트워크 기술 및 소프트웨어를 사용하여 다른 사람들과 의사소통하는 방식을 의미한다.[16] 컴퓨터 매개 커뮤니케이션은 문자 메시지와 구글 행아웃(Google Hangout)*과 핀

터레스트(Pinterest)**와 같은 사이트를 통해 발생하는 SNS(Social Networking Sites)를 통한 SMS(단문 메시지 서비스) 커뮤니케이션도 포함한다.

* 역자 주─구글 행아웃(hangouts.google.com)은 소셜네트워크 서비스

중 하나로 음성, 영상 통화, 메시지 전송기능을 제공한다.
** 역자 주─핀터레스트(www.pinterest.com)는 이미지 공유 및 검색 사이트이다.

타인에게 적응

인간 관계의 개선

커뮤니케이션 기술

발표 준비와 전달

업무상 관계를 개선

동료들과의 협업

커뮤니케이션 원리와 실제

1.4 다양한 맥락에서 커뮤니케이션의 주요 원리를 적용해보자.

대부분 단 한 권의 책을 읽고 나서 테니스 선수권 챔피언, 항공 조종사나 특급 요리사가 되겠다고 하는 사람을 보면 비웃을 것이다. 적어도 연습을 통해 숙련도를 가져야 한다. 마찬가지로 어떠한 교과서나 강의도 새로운 관계를 시작하고, 갈등을 해결하고, 괴로워하는 사람을 위로하고, 그룹을 이끌고, 프레젠테이션을 계획하거나 곤란한 질문에 대답하는 데 알아야 할 모든 것을 가르쳐주지 않는다. 효과적인 커뮤니케이션에 대해 배울 수

있는 가장 좋은 방법은 이미 검증된 커뮤니케이션 이론, 전략과 기술을 바탕으로 신뢰할만한 역량을 개발하는 것이다.

커뮤니케이션 이론

이론(theory)은 세상이 어떻게 작동하는지를 설명해주는 문장이다. 이론은 어떤 사건이나 행동을 서술하고, 설명하고, 예측한다.
커뮤니케이션 이론은 광범위한 관찰, 경험적 연구, 엄격한 학

문에서 비롯되었다. 커뮤니케이션 과정에서 무엇이 일어나는지, 커뮤니케이션이 언제 일어나는지, 왜 커뮤니케이션이 때로는 효과적이고 때로는 비효율적인지에 대한 이해를 돕는다.

그러나 단지 커뮤니케이션 이론을 배운다고 해서 더 효과적인 커뮤니케이터가 되는 것은 아니다. 이론은 무엇을 하고, 무엇을 말하고, 어떻게 말해야 하는지를 알려주지 않는다. 그렇지만 이론이 없다면 특별한 전략이 작동되는 방법이나 이유, 전략과 기술이

상호작용하는 법을 이해하는 데 어려움을 겪게 된다.

커뮤니케이션 전략

전략(strategy)은 목표를 달성하기 위한 행동의 구체적인 계획이다. 전략이라는 단어는 '군사정권, 군정청'을 의미하는 그리스어인 *strategia*에서 유래되었다. 위대한 장군과 같이 효과적인 커뮤니케이터는 친구를 위로하고, 갈등을 해결하고, 그룹의 논의를

소셜미디어 열풍

컴퓨터 매개 커뮤니케이션을 연구하는 학자들은 페이스북(Facebook), 트위터(Twitter), 링크드인(LinkedIn), 핀터레스트(Pinterest), 구글플러스(Google+), 미트업(Meetup), 비메오(Vimeo), 스쿼두(Squidoo) 등 소셜미디어에 직면해있다.

소셜미디어가 우리의 커뮤니케이션 방식에 영향을 미친다는 것은 의문의 여지가 없다. 다음은 새로운 소셜미디어가 우리를 어떻게 도와주는지에 대한 목록이다.

- 새로운 관계의 시작
- 잠재적인 동업자들에 대한 사회적 정보 수집
- 개인이나 다중의 ID 생성
- 대인관계의 인상 관리
- 게시물, 사진, 관계에 대한 댓글
- 관계의 재연결에 도움[17]

소셜미디어에 대한 전반적인 영향력을 이해하기 위해 가장 대중적인 페이스북과 트위터에 대해 간단히 살펴보자.

페이스북 페이스북이 등장한 2004년 초만 해도 아무도 페이스북 이용자가 급증할 것이라고 예상하지 못했다. 첫해 말까지도 CEO 마크 저커버그(Mark Zuckerberg)는 약 100만 명의 이용자가 가입한 것으로 추정했다. 2012년에 페이스북 이용자 수는 '전 세계적으로 매월' 10억 명씩 급증하고 있다. 예를 들어 'Facebook fever(끊임없이 페이스북을 보지 않고는 못 배기는 충동)', 'Facebooking(페이스북을 확인하고 게시물을 올리는 행위)', 'FB(Facebook)', 'wall sniper(부정적이거나 논쟁적인 의견만을 게시하는 사람)' 등과 같은 페이스북이 탄생시킨 인터넷 신조어만 봐도 페이스북의 인기를 실감할 수 있다. 현재 가장 인기 있는 소셜 네트워크는 트위터가 근소한

차이로 2위를 차지했고, 새로 등장한 이미지 기반의 네트워킹 사이트인 핀터레스트가 그 다음을 차지했다.

트위터 트위터는 페이스북보다 2년 뒤인 2006년에 소셜 네트워킹 서비스를 시작했다. 6년 후인 2012년 트위터 이용자 수는 5억 명을 돌파했다.[18] 원래 트위터는 이용자들에게 "무엇을 하고 있나요?(What are you doing?)"라는 일상적인 질문을 했다. 이내 트위터는 가입자들이 자신에 대한 정보뿐만 아니라 관심 있는 제품, 사람, 사건 등의 정보도 주고받는다는 것을 알게 되었다. 2009년 트위터는 두 단어로 질문을 단축하여 "무슨 일이 일어나고 있나요?(What's happening?)"라는 첫 문장으로 바꿨다. 사람들이 교통 체증이나 등산에 대해 다른 사람에게 말하는 것을 좋아하는 것만큼, (트위터상에서 사람들은) 사고를 목격하고, 사건을 정리하고, 링크를 공유하고, 뉴스 속보를 전달하고, 발언을 보도하고, 그 밖의 훨씬 더 많은 것들을 했다.[19]

소셜미디어를 둘러싼 논란 소셜미디어는 이제 개인의 상호작용이라는 공간으로서의 의미보다 그 중요성이 훨씬 더 커지고 있다. 대통령 선거와 토론, 정부와 독재에 대항한 대규모 시위, 시민들의 반란, 대중 혁명, 시민전쟁, 자연 재해와 인간에 의해 발생된 재해, 올림픽 게임의 승리와 실패 등 지난 10년 동안 우리는 세계의 주요 사건을 알리고 이에 대응할 수 있도록 도와주고 있는 소셜미디어의 성장과 역할을 목격했다.

그러나 이러한 발전과 함께 커뮤니케이션 학자들은 소셜미디어의 '어두운 면'을 경고한다. 즉, 성적인 유혹, 사이버 폭력(왕따), 인터넷 성인 사이트를 이용한 채팅, 속임수, 감시, 절도, 프라이버시 침해 등에 대한 사이버 피해자가 될 수 있다는 것이다.[20]

여러분의 의견은 어떠한가? 소셜미디어의 장점들로 인해 소셜미디어는 21세기의 위대한 혁신 중 하나가 될 수 있는가? 소셜미디어의 단점으로 인해 처음에 가졌던 의견을 약간 조정하거나 아니면 장점보다 단점에 더 무게를 두고 있는가? 다음의 표에 추가적으로 소셜미디어의 장단점을 두 가지 이상 적어보자.

소셜미디어의 장점	소셜미디어의 단점
1. 편리함 : 나와 상대가 어디에 있든지 다른 사람들과 연결될 수 있다.	1. 불편함 : 메시지를 보내는 경우 다른 사람들을 방해하거나 짜증 나게 할 수 있다.
2. 유용함 : 시급하고 도발적이고 유용한 정보, 의견, 경험을 다른 사람들과 공유할 수 있다.	2. 시간 낭비 : 다른 사람들의 글과 행동으로 인해 곁길로 새게 되어 귀중한 시간을 낭비하게 한다.
3.	3.
4.	4.

주도하거나 고무적인 프레젠테이션을 하는 등 특정 목표를 달성하기 위해 자신의 '힘'을 결집시킨다.

그러나 전략에 대해 학습하는 것만으로는 충분하지 않다. 효과적인 전략은 이론을 기반으로 한다. 이론을 이해하지 못하면 어떤 상황에서 전략이 작동되고 다른 상황에서 실패하는지 이유를 알 수 없다. 이론에 기반한 전략은 언제, 어디서, 왜, 어떻게 특정 전략이 가장 효과적으로 이용될 수 있는지를 이해하는 데 도움을 준다.

커뮤니케이션 기술

커뮤니케이션 **기술(skill)**은 다른 사람과의 상호작용을 통해 커뮤니케이션 목표를 달성할 수 있는 능력을 의미한다. 커뮤니케이션 기술은 대규모 청중에게 들리도록 크게 말하고, 회의 안건을 준비하고, 동료들과 협업하는 데 이용하는 도구이자 기술이다. 이 책을 통해 좀 더 당당해지는 방법, 비판적으로 사고하는 방법, 효과적으로 듣는 방법, 갈등을 해결하는 방법, 명확하게 말하는 방법, 메시지를 정리하는 방법, 복잡한 개념을 설명하거나 다른 사람을 설득하는 방법 등 여러 커뮤니케이션 기술을 읽고 연습할 수 있을 것이다.

전략과 같이 기술은 이론에 근거할 때 가장 효과적이다. 이론이 없다면 언제 그리고 어떻게 특정 전략이나 기술을 가장 유리하게 사용할 수 있는지 알 수 없다. 예를 들어 그룹의 사기를 북돋아 주기 위한 바람으로 중요한 회의에서 구조화된 문제 해결 안건을 채택하지 않기로 했다. 안타깝게도 문제 해결에 대한 접근 방식이 체계적이지 못하고 모두의 시간을 낭비하면서 그룹의 사기는 저하되었다. 그러나 집단 커뮤니케이션 이론을 잘 알고 있었다면 문제 해결을 위한 일련의 실행 단계에 따라 표준 의제를 사용해서 그룹에 도움이 되었을 것이다. 효과적으로 커뮤니케이션을 하고 싶은 나머지 이미 만들어져 사용하기 편한 요령을 쓰는 것은 부적절하거나 비효과적이다. 이론과 전략에 대한 이해 없이 기술을 적용하는 것은 모든 사람들에게 실망을 안겨주며, 비효율적이고 비효과적인 커뮤니케이션이 될 수 있다.

커뮤니케이션 역량

근거가 충분한 커뮤니케이션 이론을 이해하고 적절한 커뮤니케이션 전략을 선택해 다양한 커뮤니케이션 기술을 실행하면 이해, 인식, 능력을 평생 역량으로 바꿔줄 것이다.

역량이라는 용어는 유치원에서 대학원까지 모든 교육 수준에서 중요한 사항이다. 커뮤니케이션 역량은 학습의 결과나 목표와 동일하지 않다. 오히려 역량은 '단순한 기술의 달성'을 넘어서 잘될 수 있는 수행 기준이다. "여기에는 태도, 동기, 개인적인 통찰력, 해석 능력, 감수성, 성숙함, 자기 평가 등 여러 특성을 포함

> **❝** 이론은 우리가 '세계'라고 부르는 것을 포착하기 위해, 즉 이를 합리화하고, 설명하고, 완전히 이해하려고 던지는 그물이다. **❞**
>
> 칼 R. 포퍼, 철학자[24]

한다."[21] 누군가에 물어볼 것이 많겠지만 노력할만한 가치가 있는 일이다. 예를 들어 커뮤니케이션할 동기가 없거나 자신의 행동과 상대방의 반응을 정확하게 해석하고 관찰할 수 없다면 세상의 모든 이론, 전략 및 기술도 아무 소용이 없을 것이다.

커뮤니케이션 역량(communication competency)은 효과적이고 윤리적인 커뮤니케이션 실행에 필수적인 지식, 기술, 태도와 개인의 자질 등이 요구되는 측정 가능한 수행 기준이다.[22] 이러한 역량을 체득하면 효과적인 커뮤니케이션은 평생 동안 지속되는 습관이 된다.

다음 쪽(11쪽)에서는 커뮤니케이션의 범위와 중요성을 이해하기 위한 일련의 질문들에 따른 효과적인 커뮤니케이션의 일곱 가지 핵심 역량을 보여준다.

일곱 가지 핵심 역량은 친구와 이야기하는지, 메시지를 보내는지, 많은 청중 앞에서 연설을 하는지, 업무상 회의를 계획하거나 화상회의에 참여하는지 관계없이 모든 커뮤니케이션 유형에 적용된다. 다른 사람들에게 아무리 잘 적용하고, 메시지의 내용을 잘 구성하거나 선율적인 목소리로 말해도 매번 커뮤니케이션할 때마다 일곱 가지 역량이 서로 상호작용하는 방법을 인식하지 못한다면 커뮤니케이션 목적을 달성하기 어렵다. 효과적인 커뮤니케이터는 완벽한 메시지를 만들거나 전달할 수는 없지만 그 이상에 도달하려는 노력을 멈추지 않는다.

"자전거 타는 방법은 잊어버리지 않는다." 이러한 진술문은 많은 물리(신체)적 기술에도 적용된다. 건강이나 물리적인 장벽이 없다는 가정하에, 일단 학습된 수영법, 승마법, 스키나 서핑 타는 법, 자동차 운전법, 젓가락 사용법 등은 결코 잊어버리지 않는다. 2009년에 신경과학자들은 운동 기능에 대한 기억 형성에 관여하는 뇌의 신경 세포를 확인했다. 달리 말하면 특정 신경 세포가 하는 방법을 학습하고 기억하는 데 도움을 준다.[23]

커뮤니케이션이 효과적으로 이뤄질 때도 이와 유사한 과정이 적용될 것으로 생각한다. 매우 유능한 커뮤니케이터는 언제, 어디서, 어떻게 말할 것인지, 심지어 전혀 말하지 않더라도 무엇에 대해 말해야 하는지 본능적으로 알게 된다. 보다 효과적으로 커뮤니케이션하는 방법을 학습하는 유형은 다음의 세 가지로 구분할 수 있다.

- 지식 : 무엇을 할 것인가?
- 기술 : 어떻게 할 것인가?
- 동기 : 원하는 것인가?

예를 들어 대인 간에 갈등이 발생한 경우 세 가지 학습 유형을 통해 갈등 상황을 정리할 수 있다.

친구와 내가 말다툼을 했는데 내가 무엇을 말하고 무엇을 해

효과적인 커뮤니케이션의 일곱 가지 핵심 역량

- 1 자신에 대해 알기
- 2 타인과 연결하기
- 3 목적 결정하기
- 4 맥락에 적응하기
- 5 메시지 내용 선택하기
- 6 메시지 구조화하기
- 7 메시지 전달하기

전달

- 커뮤니케이션 목적, 다른 커뮤니케이터, 맥락, 메시지의 내용이나 구조 등을 고려해볼 때 가장 적합한 채널은 무엇인가?
- 메시지 전달 능력을 향상시킬 수 있는 기술이나 기법은 무엇인가?
- 언어적이고 비언어적인 메시지를 효과적으로 전달하고 경청하기 위한 방법은 무엇인가?

구조

- 메시지를 구성하는 가장 효과적인 방법은 무엇인가?
- 메시지의 조직 구조는 다른 사람들의 관심, 이해, 흥미를 어떻게 향상시킬 수 있는가?
- 어떤 순서로 아이디어와 정보를 공유할 것인가?

내용

- 명확하고, 효과적이고, 흥미로운 메시지를 만들기 위해 어떤 견해나 의견을 포함시킬 것인가?
- 전달하는 메시지가 자신의 견해와 의견을 얼마나 뒷받침할 수 있는가?
- 얼마나 다른 사람들의 메시지를 잘 해석할 수 있는가?
- 반대 의견에 귀 기울이고 반대 의견을 표명할 수 있는 다른 사람들의 권리를 보장하고 있는가?

맥락

- 처한 상황이나 환경에 따라 자신이 맡게 되는 역할은 무엇인가?
- 각각 다른 심리적·상호작용적 맥락에서 어떻게 행동할 것인가?
- 커뮤니케이션이 가능한 장소나 시기에 대한 세부 계획에 얼마나 잘 적응할 수 있는가?

자신

- 자신의 특성, 특징, 능력, 욕구, 태도, 가치, 자아 개념 등은 커뮤니케이션 목표와 스타일에 어떠한 영향을 미치는가?
- 개인적인 필요와 태도를 무시하고 얼마나 상대방의 말을 잘 들을 수 있는가?
- 커뮤니케이터로서의 윤리적 책임은 무엇인가?

타인

- 누구와 커뮤니케이션하고 있는가? 그들의 특성, 특징, 능력, 욕구, 태도, 신념 등은 듣고 응답하는 방식에 어떻게 영향을 주는가?
- 커뮤니케이션하는 상대방에 대해 어떻게 더 잘 이해하고, 존중하고, 적응할 수 있는가?
- 다른 사람들과 상호작용을 하면서 얼마나 잘 듣고 있는가?

목적

- 커뮤니케이션을 통해 다른 사람들을 알기 원하는가? 다른 사람들의 생각, 믿음, 느낌 등을 원하는가?
- 다른 사람들은 당신의 목적을 어떻게 잘못 이해하거나 해석하는가?
- 다른 커뮤니케이터의 의도된 목적을 구분할 수 있는가?

야 할지 모른다면 상황은 더욱 악화될 것이다. 그러나 갈등 해결의 원리와 성공 사례를 공부함으로써, 갈등을 분석하고 갈등 해결을 도와줄 수 있는 적합한 커뮤니케이션 전략(무엇을 할 것인지)을 선택할 수 있다. 하지만 원리를 실행에 옮길 수 있는 기술(어떻게 해야 하는지)이 없는 한 이러한 문제는 해결될 수 없으며 상황은 더욱 악화될 수도 있다. 마지막으로 갈등 해결 전략과 기술에 대해 학습하고 완전히 익혔다고 해도 문제 해결을 원해야만 한다. 그래야만 논쟁을 해결하고 우정을 지킬 준비가 된 것이다. 마찬가지로 중요한 것은 앞으로 이와 비슷한 갈등 상황에 직면했을 때 무엇을, 어떻게, 왜 해야 하는지 알고 더 잘 대비해야 한다는 것이다.

커뮤니케이션과 비판적 사고

1.5 효과적인 커뮤니케이션과 비판적 사고 간의 관계를 설명해보자.

> 비판적 사고는 가정의 위기를 해소하거나 승진을 위해 지원하고, 효과적인 수업 발표를 준비하고, 정치 캠페인 광고를 비판하는 등 복잡한 커뮤니케이션 문제에서 작용하는 사고방식이다.[26]

듣고, 이해하고, 기억하고, 해석하고, 평가하는 방법을 알고 있는 고도로 숙련된 청자(listener)이다.

비판적 사고(critical thinking)는 무엇을 믿고, 무엇을 하거나 말할지를 결정하는 데 집중하는 '합리적으로 성찰하는 사고'를 말한다.[25] 또한 보다 의미 있는 대화를 이끌어낼 수 있고, 집단 토론을 더욱 생산적으로 만들거나 매우 설득력 있는 프레젠테이션을 할 수도 있다. 비판적으로 사고하는 사람은 일반적으로 적절하게 다른 사람에게 반응할 뿐만 아니라 정확하게 메시지를

비판적 사고는 가정의 위기를 해소하고, 친구의 슬픔을 위로하고, 중요한 회의를 진행하고, 자신의 관점을 표명하거나 정치인의 선거 연설을 비판하는 등 복잡한 커뮤니케이션 문제에서 작용하는 사고방식이다. 부호화와 해독화 과정의 모든 단계에서 비판적 사고에 대한 능력과 바람에 따라 중요한 결정을 내릴 것이다.

비판적 사고에 대한 일반적인 오해는 단순히 '비판'만을 의미한다고 보는 것이다. 비판하다(criticize)라는 말은 무언가 또는 누군가의 잘못된 점을 지적하기 위한 판단을 의미한다. 비판적(critical)이라는 단어는 잘못을 지적하는 의미 이상으로 광범위한 용어이다. 비판적이라는 단어는 '질문하는, 이치에 맞는, 분석할 수 있는'을 의미하는 그리스어 critic(kritkos)에서 나온 것이다.[27] 비판적 사고는 다른 사람을 비하하거나 어떤 진술을 비방하려는 것이 아니다. 오히려 메시지가 뜻하는 의미를 파악하고 메시지를 뒷받침하기

비판적 사고를 위한 이상적인 태도와 기술

태도	기술
• 나는 메시지가 뜻하는 의미를 알고자 한다.	• 나는 메시지의 핵심 목적을 파악할 수 있다.
• 나는 상대방의 커뮤니케이션 맥락과 특성을 고려한다.	• 나는 다른 사람이 내 주장에 동의하지 않거나 의심하는 이유를 분석할 수 있다.
• 나는 편견이 없으며, 메시지가 설득력이 없거나 의심스럽다면 판단을 보류한다.	• 나는 다른 사람이 표현하는 의견, 감정, 정보에 대해 존중하며 적절히 대응할 수 있다.
• 나는 나 자신과 다른 사람의 신념이나 편견을 인지하고 있다.	• 나는 근거와 출처에 대한 신뢰성을 판단할 수 있다.
• 나는 그럴만한 충분한 근거와 이유가 있을 경우 입장을 바꾸거나 유지한다.	• 나는 효과적으로 질문하고 답할 수 있다.
	• 나는 면밀한 질문을 할 수 있다.

위한 근거와 추론을 평가하는 데 도움을 준다. 또한 비판적 사고는 이슈에 대한 입장을 방어하고 발전시킬 수 있도록 해준다.[28]

미국의 저명한 철학자 로버트 에니스(Robert Ennis)는 앞쪽 하단의 표와 같이 능숙하게 비판적으로 사고하는 사람들은 특별한 태도와 기술을 보인다고 말한다.[29]

다른 주제로 넘어가기 전에 표를 다시 살펴보자. 비판적으로 사고하는 사람들의 태도나 기술에 대해 생각해보자. 이들은 매우 유능한 커뮤니케이터가 전형적으로 보여주는 관점과 능력들이다. 다음 장에서 잘못된 추론을 밝히고 설득력 있는 메시지를 만들 수 있도록 비판적 사고력을 적용하는 방법에 대해 학습할 것이다. 동시에 중대한 의사 결정을 하는 데 감정의 중요한 역할을 파악하는 방법도 중요하게 다룰 것이다.

커뮤니케이션 윤리

1.6 커뮤니케이션 윤리를 실천해보자.

만약 다음의 사실을 알게 된다면 기분이 어떨지 생각해보자.

- 회사 임원들이 직원들은 해고하면서 호화롭게 사용한 개인 경비 지출 내역은 숨겼다.
- 교사가 자신이 좋아하는 학생들에게 더 높은 점수를 주고, 골치 아픈 학생들에게 낮은 점수를 줬다.
- 친한 친구가 나의 매우 사적인 비밀을 내가 잘 모르거나 싫어하는 사람들과 공유했다.
- 정치인이 사적인 자리에서 불만에 찬 유권자들을 지칭하면서 인종차별적 발언을 했다.

이러한 행동의 대부분은 법적으로 문제가 없지만 비윤리적인 행동이라 할 수 있다.

이론, 전략, 기술이 왜, 무엇을, 어떻게 커뮤니케이션해야 하는지에 대한 질문에 중점을 두고 있지만, 또한 계획한 대로 커뮤니케이션을 할 수 있을지 여부에 대한 질문에도 답할 수 있어야 한다. 그것은 옳은가? 공정한가? 믿을 수 있는가?[30]

커뮤니케이션 윤리

커뮤니케이션에는 결과가 따르기 때문에 우리가 커뮤니케이션을 할 때마다 윤리적인 문제가 생긴다. 하는 말에 따라 다른 사람들을 도와주거나 해칠 수도 있고, 명성을 높이거나 깎아내릴 수도 있으며, 정의와 부정이 발생할 수도 있다. 앞서 설명한 커뮤니케이션 역량은 그저 윤리적인 목적으로만 사용할 수 있고 사용되어 왔다. 부도덕한 화자는 그를 신뢰하고 있을 시민과 소비자를 호도한다. 편협한 사람은 '다른' 사람들을 차별하고 억압하는 편파적 발언(hate speech)을 한다. 자기중심적인 사람은

친구, 동료, 일반 대중들에게 헛소문을 확산시킴으로써 경쟁자의 명성을 깎아내린다.

 커뮤니케이션과 윤리

커뮤니케이션 윤리를 위한 NCA 신조[31]

사람들이 커뮤니케이션할 때마다 옳고 그름에 대한 문제가 생긴다. 윤리적인 커뮤니케이션은 맥락, 문화, 채널과 미디어 전체에 걸쳐있는 공동체와 관계의 발전, 책임 있는 사고, 의사 결정에 근본이 된다. 또한 윤리적인 커뮤니케이션은 자신과 타인을 위한 진실성, 공정성, 책임감, 청렴함, 존중을 기르게 함으로써 인간의 가치와 존엄성을 향상시킨다. 비윤리적인 커뮤니케이션은 개인과 우리 사회의 안녕을 위협한다. 그러므로 NCA 일동은 다음의 커뮤니케이션 윤리 원칙을 실천하기 위해 최선을 다한다.

- 우리는 커뮤니케이션의 보전(integrity, 保全)을 위해 필수적인 요소로 진실성, 정확성, 정직성, 합리성을 주창한다.
- 우리는 시민사회의 근간을 이루는 책임 있고 충분한 정보에 입각한 의사 결정을 내릴 수 있도록 표현의 자유, 관점의 다양성, 반대 의견에 대한 관용을 지지한다.
- 우리는 메시지에 대한 평가와 대응에 앞서 상대방을 이해하고 존중하기 위해 노력한다.
- 우리는 가족, 공동체, 사회의 안녕을 위해 기여하고 인간의 잠재력을 실현시키기 위해 필요한 커뮤니케이션 재원과 기회에 접근하는 것을 장려한다.
- 우리는 각각의 커뮤니케이터의 독특한 욕구와 특성을 존중하기 위해 상호 이해와 배려의 커뮤니케이션 분위기를 장려한다.
- 우리는 왜곡, 협박, 강요, 폭력, 그리고 증오와 편협함의 표출을 통해 개인과 인간성의 품위를 떨어뜨리는 커뮤니케이션을 규탄한다.
- 우리는 공정성과 정의로움을 추구하는 과정에서 개인의 신념을 용기 있게 표현하기 위해 최선을 다한다.
- 우리는 중요한 선택에 직면했을 때 정보, 의견, 감정을 공유하는 한편 프라이버시 및 기밀성(confidentiality)에 대한 규정을 준수할 것을 주창한다.
- 우리는 우리의 커뮤니케이션에서 발생하는 장·단기적 결과에 대한 책임을 기꺼이 받아들이며, 다른 사람들도 그러할 것을 기대한다.

이 책의 모든 장에는 "커뮤니케이션과 윤리"라는 코너를 싣고 있다. 각 장마다 다양한 커뮤니케이션 맥락에서 다른 사람들과 상호작용할 때 발생하는 윤리적 이슈에 대해 논의한다.

윤리(ethics)는 커뮤니케이션 행위가 과연 옳고 그름에 대한 합의 기준에 부합하는지에 대한 이해를 필요로 한다.[32] 커뮤니케이션 학문 분야를 대표하는 세계 3대 국제학회 중 하나인 미국커뮤니케이션학회(NCA)는 커뮤니케이션 윤리를 위한 신조(credo, 信條)를 규정하고 있다. credo는 라틴어로 '나는 믿는다'라는 의미로, NCA의 윤리 신조는 윤리적인 커뮤니케이터가 무엇인지에 대한 일련의 신념에 대한 진술문이다.

언론의 자유

커뮤니케이션 윤리를 위한 NCA 신조는 커뮤니케이션 윤리와 언론의 자유 사이의 긴밀한 관계를 강조한다. 신조에 나타난 "우리는 표현의 자유를 지지한다.", "우리는 개인의 신념을 용기 있게 표현하기 위해 최선을 다한다.", "우리는 우리의 커뮤니케이션에서 발생하는 장·단기적 결과에 대한 책임을 기꺼이 받아들이며, 다른 사람들도 그러할 것을 기대한다." 등의 몇 가지 윤리 원칙은 민주적 그리고 윤리적 커뮤니케이션에서 언론 자유의 중요성을 입증하고 있다.

미국 수정헌법 제1조는 "의회는 국교를 정하거나 종교 행위를 금지하는 법을 제정하여서는 아니 된다. 또한 의회는 언론·출판의 자유 또는 국민들이 평화적으로 집회할 수 있는 권리와 고충 처리를 위해 정부에 청원할 수 있는 권리를 제한하는 법을 제정하여서는 아니 된다."라고 규정함으로써 **언론의 자유**(freedom of speech)를 보장한다.

여러분이 원하는 것은 무엇이든, 비록 그것이 거짓이고, 논란의 소지가 있고, 차별적이고, 선정적인 것이라도 말하는 것은 자유지만 거기에는 결과가 따른다. 예를 들어 주장이 허위 또는 부당한 것으로 드러났다면 어떤 사람에 대한 명예를 훼손한 허위 진술로 인해 **명예훼손**(defamation)으로 고소를 당할 수 있다.[33] 누군가에 대해 혐오스럽거나 선정적인 발언을 한다면 인격이나 권한에 대해 신랄하게 비판을 받을 뿐만 아니라 다른 사람의 적개심을 불러일으키거나 괴롭힘을 당할 수도 있다. 직장생활은 위험에 처하게 될지도 모른다. 언론의 자유라는 권리를 보호하는 최상의 방법은 의견을 뒷받침할 수 있는 반론에 대한 합당한 사실, 타당한 이유, 옹호하려는 대응을 분명히 하는 것이다.

민주주의 사회에서의 커뮤니케이션의 자유와 책임에 대한 NCA 신조를 다시 검토해볼 것을 권고한다. NCA 신조는 자유롭고 책임 있는 커뮤니케이션의 본질에 대한 일련의 신념을 담은 진술문을 제시하고, "학생들이 충분한 정보에 입각한 논리 정연한 시민으로서의 역할을 수용하고, 의견이 다른 사람들의 커뮤니케이션 권리를 보호하며, 커뮤니케이션 과정의 부당함을 알릴 것을 촉구한다."

언론의 자유

민주주의 사회에서의 커뮤니케이션의 자유와 책임에 대한 NCA 신조[34]

민주주의 사회에서 자유롭고 책임 있는 커뮤니케이션의 중요성을 인식하고, 교육 시스템이 육성하는 책임과 법적 시스템이 준수하는 자유 간의 차이를 인식하기 위해 미국스피치협회(SAA)* 회원 일동은 다음의 원칙에 대해 선언한다.

우리는 미국 헌법 조항들의 가장 중심에 언론과 집회의 자유가 있다고 믿으며, 가능한 모든 커뮤니케이션 수단을 동원해 평화적인 표현의 권리에 대한 결의된 지지를 **표명한다.**

우리는 자유로운 사회는 일반적으로 용인되는 신념과 관습의 경계를 초월하는 균형 있는 연설(speech)을 받아들일 수 있다는 것과, 지나치게 억압하면 득보다 해가 많은 반면, 자유를 강조한다면 해보다 득이 될 수 있다는 것에 **동의한다.**

우리는 대의가 갖는 정당성이 다른 사람의 연설을 물리적이고 강제적으로 간섭할 수 있는 자유를 부여한다고 오인하는 사람들을 비판하고, 자유로운 표현을 제한하려고 하는 강력한 다수 또는 공격적인 소수들의 위협을 **규탄한다.**

우리는 커뮤니케이션 이용 수준을 깨우쳐서 학교와 공동체 안에서 교훈과 모범이 될 수 있도록 학생들을 육성하고, 커뮤니케이션의 정밀함과 정확성을 준수하고, 근거에 기반하여 추론하며, 가치들을 신중히 구별할 수 있는 학생들로 개발할 책임을 **인정한다.**

우리는 학생들이 충분한 정보에 입각한 논리 정연한 시민으로서의 역할을 수용하고, 의견이 다른 사람들의 커뮤니케이션 권리를 보호하며, 커뮤니케이션 과정의 부당함을 알릴 것을 **장려한다.**

우리는 이러한 원칙들에 온전히 자신을 헌신하며, 이것이 사상의 자유 시장에서 궁극적으로 승리할 수 있는 이유라고 **확신한다.**

---

* 역자 주−미국스피치협회(SAA)는 1946~1969년까지 운영된 NCA의 전신이다.

커뮤니케이션 평가하기

효과적인 커뮤니케이터인가?

어떻게 하면 좀 더 효과적인 커뮤니케이터가 될 수 있을까? 다음에 제시된 '역량'과 관련된 세부 항목에 대해 여러분이 생각하는 중요도에 따라 5점 척도('매우 중요함' 5점 ~ '전혀 중요하지 않음' 1점) 중 해당하는 곳에 'O' 표시를 해보자.

역량	매우 중요함 5	중요함 4	보통 3	중요하지 않음 2	전혀 중요하지 않음 1
1. 발표 불안을 해소하기					
2. 상대방의 태도와 행동에 영향 주기					
3. 유머를 적절히 사용하기					
4. 상대방의 말을 제대로 듣기					
5. 좋은 대인관계로 발전시키기					
6. 흥미로운 대화를 유지하기					
7. 목소리를 효과적으로 사용하기					
8. 대인 간의 갈등 해결하기					
9. 제스처, 몸짓, 눈 맞춤 등을 효과적으로 사용하기					
10. 직무에 대해 면담하기					
11. 서로 다른 문화의 사람들에게 적응하기					
12. 그룹 또는 업무 팀을 리드하기					
13. 시청각 자료와 슬라이드를 이용해 효과적으로 프레젠테이션하기					
14. 솜씨 좋게 이야기하기					
15. 회의를 주재하거나 주관하기					
16. 청중이나 청자의 주목이나 관심 얻기					
17. 효과적으로 준비하고 발표하기					
18. 상대방에게 복잡한 아이디어를 설명하기					
19. 상대방에게 영감을 주거나 동기 부여하기					
20. 아이디어와 의견을 단언하기					
21. 그룹 토의에 적극적으로 참여하기					
22. 발표 내용 체계화하기					
23. 발표를 시작하고 끝내기					
24. 적절하고 효과적인 단어 사용하기					
25. 설득력 있고 타당한 논의로 발전시키기					
26. 사업상 환경, 업무적 환경과 교류하기					
27. 상대방을 지지하고 위안을 주기					

여러분의 평가를 다시 보자. 5점으로 평가한 '역량' 항목 번호에 동그라미해보자. 여러분은 이러한 능력을 효과적인 커뮤니케이션을 하는 데 가장 중요하며 필수적이라고 생각한다. 이러한 역량 항목을 선택한 이유는 무엇인가?

일상 속 커뮤니케이션

1.1 인간 커뮤니케이션의 목적과 영향을 설명해보자.

- 커뮤니케이션은 다양한 맥락 속이나 그 전반에 걸쳐 의미를 생성하는 데 언어적 메시지와 비언어적 메시지를 사용하는 하나의 과정이다.
- 효과적인 커뮤니케이션은 개인적, 직업적, 교육적, 다문화적, 지적, 사회적, 윤리적 목표를 달성하는 데 도움을 준다.

커뮤니케이션 모델

1.2 커뮤니케이션 모델을 통해 커뮤니케이션 과정을 분석해보자.

- 선형 커뮤니케이션 모델, 상호작용 커뮤니케이션 모델과 달리, 상호교류 커뮤니케이션 모델은 지속적으로 언어적 메시지와 비언어적 메시지를 교환하고 의미를 공유하는 등 동시적인 처리과정으로서의 커뮤니케이션을 보여준다.
- 커뮤니케이션 과정에서 커뮤니케이터는 동시에 메시지를 부호화하고 해독화한다.
- 소셜미디어는 매개된 맥락에서 인간관계를 유지하고 발전시키는 데 있어 긍정적이고 부정적인 효과를 미친다.

커뮤니케이션 맥락

1.3 맥락이 메시지의 의미에 영향을 주는 방식을 설명해보자.

- 커뮤니케이션 맥락은 사회심리적 맥락, 논리적 맥락, 상호작용적 맥락, 매개된 맥락 등 네 가지 유형이 있다.
- 상호작용적 맥락에서 발생하는 커뮤니케이션은 대인 커뮤니케이션, 집단 커뮤니케이션, 발표 커뮤니케이션 등이 있다.
- 미디어 풍부성 이론은 각기 다른 미디어의 특성이 커뮤니케이션 과정에 미치는 영향을 설명하고자 하는 이론이다.

커뮤니케이션 원리와 실제

1.4 다양한 맥락에서 커뮤니케이션의 주요 원리를 적용해보자.

- 커뮤니케이션 전략과 기술은 이론을 기반으로 할 때 가장 효과적이다. 이론

이 없다면 언제, 왜 특정 전략이나 기술을 가장 유리하게 사용할 수 있을지 이해할 수 없다.

- 효과적인 커뮤니케이터는 다음의 주요 역량을 발전시킨다. (1) 자신에 대해 알기, (2) 타인과 연결하기, (3) 목적 결정하기, (4) 맥락에 적응하기, (5) 메시지 내용 선택하기, (6) 메시지 구조화하기, (7) 메시지 전달하기
- 유능한 커뮤니케이터는 무엇을 해야 하고, 왜 해야 하는지(이론과 지식), 어떻게 해야 하는지(전략과 기술), 하고 싶은지(동기와 태도)에 대해 알고 있다.

커뮤니케이션과 비판적 사고

1.5 효과적인 커뮤니케이션과 비판적 사고 간의 관계를 설명해보자.

- 비판적 사고는 무엇을 믿고, 무엇을 하거나 말할지를 결정하는 데 집중하는

'합리적으로 성찰하는 사고'를 말한다.

- 비판적으로 사고하는 사람들은 매우 유능한 커뮤니케이터가 전형적으로 보여주는 특정한 태도와 기술을 보여준다.

커뮤니케이션 윤리

1.6 커뮤니케이션 윤리를 실천해보자.

- 윤리적인 커뮤니케이션은 다양한 커뮤니케이션 맥락에서 관계의 유지나 개발뿐만 아니라 책임 있는 사고와 의사결정에 있어 기본이 된다.
- 커뮤니케이션 윤리를 위한 미국커뮤니케이션학회(NCA)의 신조는 모든 커뮤니케이터들을 위한 커뮤니케이션 윤리 원칙을 지지한다.
- NCA는 민주주의 사회의 책임 있고 자유로운 커뮤니케이션을 위해 사상의 자유 시장을 가능하게 하는 원칙을 제안한다.

주요 용어

기술	비판적 사고	전략
내부 잡음	사회심리적 맥락	정보원
논리적 맥락	상호교류 커뮤니케이션 모델	집단 커뮤니케이션
대인 커뮤니케이션	상호작용적 맥락	채널
매개 커뮤니케이션	상호작용 커뮤니케이션 모델	커뮤니케이션
매스 커뮤니케이션	선형 커뮤니케이션 모델	커뮤니케이션 모델
맥락	수신자	커뮤니케이션 역량
메시지	언론의 자유	컴퓨터 매개 커뮤니케이션
명예훼손	외부 잡음	피드백
미디어 풍부성 이론	윤리	해독화
발표 커뮤니케이션	이론	
부호화	잡음	

연습문제

1.1 인간 커뮤니케이션의 목적과 영향을 설명해보자.

1 이 책은 커뮤니케이션을 '다양한 맥락에서 발생되는 의미를 언어적 메시지와 비언어적 메시지를 통해 전달하는 과정'으로 정의한다. 이 정의에서 메시지를 전달할 수 있는 다양한 물리적 및 전자적 매체를 의미하는 것은 무엇인가?

    a. 메시지

    b. 의미

    c. 채널

    d. 과정

2 다음 중 고용주가 채용하고자 하는 대학 졸업생들의 업무 능력에 대한 NACE 조사에서 가장 '낮은' 순위에 있었던 업무 능력은 무엇인가?

    a. 작문 능력

    b. 리더십

    c. 구술 능력

    d. 연구 분야의 전문성

1.2 커뮤니케이션 모델을 통해 커뮤니케이션 과정을 분석해보자.

3 다음 중 선형 커뮤니케이션 모델에 대한 설명은 무엇인가?

    a. 잡음과 피드백을 포함한다.

    b. 정보원이 메시지를 만들고 채널을 통해 수신자에게 전송하는 등 오직 한 방향으로 작용한다.

    c. 메시지를 동시에 전달하고 받는다.

    d. 인간 커뮤니케이션의 주요 요소들 간의 상호 관계를 나타낸다.

4 다음 중 부호화에 대한 설명은 무엇인가?

    a. 다른 사람들에 대해 생각하는 방식이다.

    b. 외부 소음을 최소화하는 과정이라 할 수 있다.

    c. 의미 있는 메시지로 다른 사람에 의해 전송된 코드를 변환하는 것이다.

    d. 의미를 생성하는 메시지를 만드는 데 사용하는 의사 결정 과정이다.

1.3 맥락이 메시지의 의미에 영향을 주는 방식을 설명해보자.

5 다음 중 논리적 맥락의 의미는 무엇인가?

    a. 우리가 살고 있는 문화적 환경을 말한다.

    b. 정서적 이력, 개인적 경험, 문화적 배경이다.

    c. 다른 사람들과 상호작용할 수 있는 시간, 장소, 환경, 계기 등을 말한다.

    d. 커뮤니케이션이 개인들 간에, 그룹에서, 화자와 청중 간에 발생하는지 여부를 말한다.

6 미디어 풍부성 이론에 따르면, 다음 중 가장 풍부한 미디어는 무엇인가?

    a. 트윗(tweet)

    b. TV 연설

    c. 스카이프(Skype)를 통한 웹 세미나

    d. 직장에서의 그룹 토론

1.4 다양한 맥락에서 커뮤니케이션의 주요 원리를 적용해보자.

7 이 책에서는 '효과적으로 커뮤니케이션하는 방법을 배울 수 있는 가장 최선의 방법은 입증된 커뮤니케이션 ____, ____, ____을 바탕으로 신뢰할 수 있는 역량을 기르는 것'이라고 설명한다. 밑줄에 들어갈 세 가지 단어를 고르시오.

    a. 이론, 전략, 기술

    b. 심리학, 사회학, 철학

    c. 인지, 심체적 기능(psychomotor skills), 정서

    d. 피드백, 잡음, 부호화

8 효과적인 커뮤니케이션의 핵심 역량 중 상대방의 말을 들을 때 개인적인 필요나 태도를 무시하고 얼마나 상대방의 말을 잘 들을 수 있는지에 초점을 맞추고 있는 것은 무엇인가?

    a. 자신에 대해 알기

    b. 메시지 전달하기

    c. 목적 결정하기

    d. 맥락에 적응하기

1.5 효과적인 커뮤니케이션과 비판적 사고 간의 관계를 설명해보자.

9 다음 중 능숙하게 비판적으로 사고를 하는 사람의 특징을 나타낸 것이 아닌 것은 무엇인가?

    a. 나는 편견이 없으며, 메시지가 설득력이 없거나 의심스럽다면 판단을 보류한다.

    b. 나는 근거와 출처에 대한 신뢰성을 판단할 수 있다.

    c. 나는 나의 신념과 가치에 따라 메시지의 신뢰성을 판단한다.

    d. 나는 메시지의 핵심 목적을 파악할 수 있다.

1.6 커뮤니케이션 윤리를 실천해보자.

10 친한 친구가 나의 매우 사적인 비밀을 내가 잘 모르거나 싫어하는 사람들과 공유한다면, 커뮤니케이션 윤리를 위한 NCA 신조의 어떤 원칙을 위반하는가?

    a. 우리는 커뮤니케이션의 보전을 위해 필수적인 요소로 진실성, 정확성, 정직성, 합리성을 주장한다.

    b. 우리는 메시지에 대한 평가와 대응에 앞서 상대방을 이해하고 존중하기 위해 노력한다.

    c. 우리는 중요한 선택에 직면했을 때 정보, 의견, 감정을 공유하는 한편 프라이버시 및 기밀성에 대한 규정을 준수할 것을 주창한다.

    d. 우리는 인간의 잠재력을 실현시키기 위해 필요한 커뮤니케이션 재원과 기회에 접근하는 것을 장려한다.

정답 확인 : 355쪽

자기 이해 2

주요 목표

2.1 자기 개념을 이해하고 커뮤니케이션에 미치는 영향을 설명해보자.

2.2 자기 존중감에 대한 주요 요인에 대해 논의해보자.

2.3 효과적인 자기 표현을 위한 전제 조건으로서 자기 감시의 역할을 설명해보자.

2.4 선택, 조직화, 해석이 어떻게 지각을 형성하는지 파악해보자.

2.5 커뮤니케이션 자신감을 향상시킬 수 있는 적절한 전략과 기술을 연습해보자.

유아들은 거울을 볼 때 무엇을 볼까? 거울에 비친 자신을 보고 인지하는 어린이나 성인들과 달리, 유아들의 경험은 매우 다르게 나타난다. 아기는 새, 개, 고양이들처럼 거울을 통해 보고 있는 것이 자기 자신인지 알지 못한다. 유아들은 '타인'과 단지 그들이 사는 세상을 본다. 4~5세로 성장해야만 거울에 비친 이미지가 자신의 모습이라는 것을 진정으로 인지할 수 있다.[1] 비록 '나'에 대한 개념을 완전히 이해하고 표현하는 과정[2]이 오래 걸리지만, 결국 어린아이들은 1인칭 관점으로 거울 속의 자신을 보게 된다. 성인과 마찬가지로 자신의 외모와 사람들의 시선에 대해 학습하게 된다.

성인들은 거울을 보면서 자문할지도 모른다. '내 모습이 만족스러운가?', '가능하다면 내 모습을 바꿀 수 있는가?' 성인들은 거울에 비친 자신을 바라보면서 질문한다. '거울 속 내 모습에 만족해?', '보여지는 내 모습을 어떻게 하면 바꿀 수 있을까?' 이러한 질문들은 거울에서 반사되어 보여지는 모습 이상의 의미를 가지며, 이것은 거울 너머의 사람뿐만 아니라 개별적 자아에 대한 것이다.

이 장에서는 우리 자신을 나타내는 능력인 자기 개념, 자기 존중감, 자기 감시의 영향을 생각해보고, 이러한 세 가지 측면이 다양한 환경과 상황에서 자신 있게 커뮤니케이션할 수 있는 능력에 어떠한 영향을 미치는지 살펴보고자 한다.

자기 개념

2.1 자기 개념을 이해하고 커뮤니케이션에 미치는 영향을 설명해보자.

자기 개념(self-concept)은 자신에 대해 가지고 있는 신념을 말한다. 간단히 말하자면 "나는 누구인가?"와 "나는 무엇인가?"에 대한 대답이다. 나이, 민족, 인종, 종교, 성별 등(예를 들어 "나는 30세이고, 미국인이며, 가톨릭을 믿는 여성이다.")과 인생 경험, 태도, 성격 등(예를 들어 "나는 어릴 적에 생명을 위협받을 정도로 알레르기가 있었고, 종교에 대해 확고한 신념을 가지고 있으며, 다양한 사람들과 교감하는 것을 즐긴다.")과 같이 자신이 누구인지를 알려주는 것이다.

우리는 항상 변화하거나 변화되고 있다. 이러한 변화에 따라 우리는 자기 개념을 달리한다. 신체적으로 불편한 아이가 자신감 넘치고 우아한 댄서로 성장할 수도 있다. 성적이 안 좋고 문법이 서툴렀던 중학생이 유명한 작가가 될지도 모른다.

자기 개념은 어디에서 오는가? 어떻게 부족했던 자기 인식(self-awareness)에서 벗어나 특별한 자아와 정체성으로 바꿀 수 있었는가? 자기 개념에 영향을 주는 많은 요인이 있겠지만, 사회적 비교, 사회적 판단, 자기 관찰, 자기 동일시 등이 가장 중요한 요인이라고 할 수 있다.

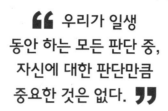

❝ 우리가 일생 동안 하는 모든 판단 중, 자신에 대한 판단만큼 중요한 것은 없다. ❞

나다니엘 브랜든(Nathaniel Branden)
심리학자, 작가[4]

사회적 비교

우리는 자연스럽게 자신을 다른 사람과 비교하면서 사람들이 어떻게 평가하는지, 똑똑하고, 재밌고, 매력적인 사람인지 등에 대해 자문하게 된다. 또한 수다스러운지 아닌지, 협조적인지 아닌지, 화를 내는 편인지 성질을 참는 편인지에 대해 궁금할 수도 있다. 이러한 질문에 대한 대답은 나 자신을 보는 방식에 영향을 미친다.

사회적 비교(social comparison)는 준거집단 내에서 다른 사람들과 비교하여 이를 토대로 스스로를 판단하거나 평가하는 것이다.[3] 준거집단(reference group)은 주로 어울리는 사람들로 이루어진 집단을 말한다. 예를 들어 고등학교 시절을 생각해보자. 인기가 많았거나 공부를 잘한 집단, 똑똑하거나 괴짜 집단, 예술이나 체육 특기 집단 등에 속해있었을 것이다. 이러한 준거집단 구성원들은 자기 개념(나 자신을 보는 방식)에 어떤 영향을 미칠까? 사람들과 상호작용하는 데 어떤 영향을 미쳤을까? 준거집단의 구성원들은 사라지지 않지만 바뀔 수 있다. 예를 들어 이제는 사회 집단, 대학 동아리, 업무 팀, 종교모임, 시민단체, 직장 등에 속해있을 수 있다. 현재 속해있는 준거집단이 무엇이든 자기 개념의 개발과 유지에 영향을 미친다.

광고는 긍정적인 자기 개념에 대한 욕망에 소구하는 사회적 비교를 사용한다. 광고에서처럼 이 차를 운전한다면 인기 있고, 부유하고, 유명해 보일 것이라고 생각한다. 이 화장품을 사용하면 광고 모델이나 영화배우처럼 아름다운 피부를 갖게 될 것이라는 기대심리가 있다. "나는 친구에 비해 인기가 없다.", "나는 시험에서 높은 점수를 받았다."와 같이 우리는 능력, 태도, 매력, 행동

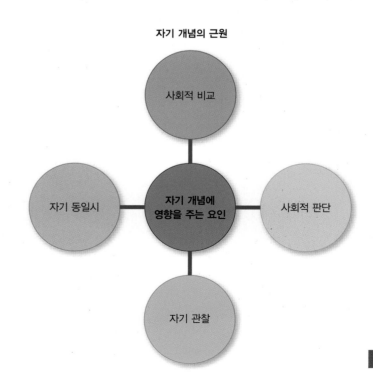

자기 개념의 근원

- 사회적 비교
- 자기 동일시
- 자기 개념에 영향을 주는 요인
- 사회적 판단
- 자기 관찰

등 모든 측면에서 다른 사람들과 비교한다.

사회적 판단

사회적 판단(social judgment)은 자기 개념에 대한 강력한 결정요인으로서 사람들이 언어적 또는 비언어적으로 어떻게 반응할지에 대한 해석을 반영한다. 어리석고, 게으르고, 못생기고, 서툴다는 말을 듣고 자랄 경우 이러한 인식을 흡수하고 자기 개념의 일부로 여길 것이다. 이와 같이 어떤 일을 하는 데 있어 교사나 부모가 칭찬하면 스스로를 영리하게 생각할 가능성이 크다. 다른 사람이 외모를 칭찬하거나 듣기 좋은 말로 찬사를 보내면 스스로 매력 있다고 여길 수도 있다.

또한 삶에서 중요한 사람들이 우리를 판단하는 것처럼 사회도 우리를 판단한다. 대중의 보상과 인식은 자기 개념에 영향을 미친다. 대중의 보상은 학업 우수상, 이달의 직원상, 승진, 사회 봉사상, 개개인의 업적에 대한 최고의 상 등의 형태로 주어질지도

더 나은 자신을 만드는 방법

긍정적인 자기 개념을 유지하기 위해

* 성공은 자신의 능력으로 돌리고, 실패는 외부 요인으로 돌린다.
* 비판적으로 우리를 묘사하는 사실에 대해 결함이 있다고 보는 경향이 있다.
* 부정적인 피드백은 잊어버리고, 긍정적인 피드백은 기억한다.
* 우리를 돋보이게 하는 사람들과 자신을 비교한다.
* 의견을 공유하는 사람들을 과대평가하고 능력을 공유하는 사람들을 과소평가하려 한다.
* 단점은 일반적인 반면, 장점은 남다르다고 생각한다.

모른다. 격려와 칭찬을 동반한 이러한 대중의 인식은 자기 개념을

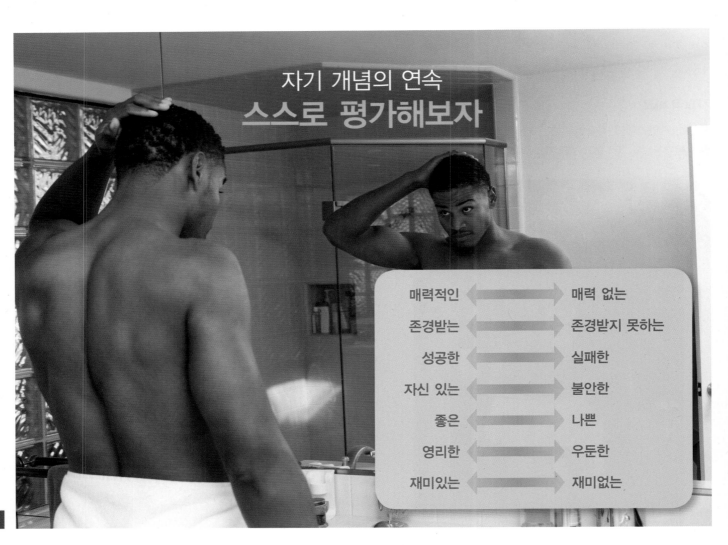

자기 개념의 연속
스스로 평가해보자

매력적인	⟷	매력 없는
존경받는	⟷	존경받지 못하는
성공한	⟷	실패한
자신 있는	⟷	불안한
좋은	⟷	나쁜
영리한	⟷	우둔한
재미있는	⟷	재미없는

강화시킨다. 그러나 그 반대의 경우도 나타난다. 긍정적인 피드백을 받은 적이 있다면 자신에 대해 어떻게 생각하게 될까?

자기 관찰

자기 관찰(self-observation)은 자기 개념을 바탕으로 실행(보고 행동하는 것)과 행위(잘 해낼 수 있는 것)를 해석하는 과정이다.[5] 무언가를 계속해서 성공한다면 그 분야에서의 행위는 긍정적으로 평가받게 될 것이다. 예를 들어 고등학교에서 성적이 좋았다면 대학에 진학해서도 좋은 성적을 받거나 적어도 좋은 학생이 될 것이라고 기대한다. 물론 낮은 성적을 받아서 실망하거나 스트레스받을 수도 있고, 그렇게 되면 학업 능력이나 지적 능력을 의심하게 될지도 모른다.

또한 우리는 외모나 신체 능력에 많은 관심을 기울인다. 특히 패션모델, 영화배우, 운동선수 등을 이상적으로 생각한다. 우리 자신을 이러한 인물에 비교하는 것을 보면, 우리는 거의 불가능한 이상형을 선택한다.

자기 동일시

나는 인도에서 태어난 25세 미혼 여성이다. 대학을 졸업하고 미국 조지아주의 애틀랜타에 있는 초등학교 3학년 교사이며, 틈틈이 영어 공부를 하고 있다.

한 여성의 자신에 대한 설명이다. 나 자신을 어떻게 설명할 수 있을까? 3학년 교사이든 이 페이지를 보고 있는 사람이든 관계없이 **자기 동일시**(self-identification)는 자기 개념이 문화적 배경, 다양한 맡은 바 역할, 경험 등을 반영하는 방식이다.

문화 간 커뮤니케이션 학자인 김민선 교수*는 문화는 "존재의 다른 방식이며, 지식이나 느낌, 행동의 다른 방식이다."라고 설명한다.[6] 예를 들어 서양 문화는 독립과 자립의 가치를 강조한다.

부모님, 소꿉친구, 성공/실패담, 살았던 장소, 출신 학교, 읽었던 책, 동아리 활동 등을 기억할 수 없다면 당신은 누구라고 할 수 있는가?

대부분의 동양 문화에서는 집단 구성원들의 가치를 더 중요시한다. 일반적으로 '나'는 '다른 사람'과의 관계 밖에서 인식되지 않는다. 제3장 "문화 적응"에서는 개인적 특성과 문화 유형이 어떻게 우리와 커뮤니케이션 방식을 형성하는지 살펴보게 될 것이다.

부분적으로 우리를 정의할 수 있는 것은 특정 맥락이나 관계에서 기대되는 기능과 관련되어 우리가 채택하는 행동의 패턴인 **역할**(role)을 통해서이다. 역할이 바뀌면 행동 또한 변하게 된다. 예를 들어 공적인 역할(학생, 교사, 정비공, 간호사, 관리인, 경찰, 음악가 등)은 자기관(self-view)을 어떻게 결정하는가? 사적인 역할(어린이, 부모, 배우자, 연인, 친구 등)은 자기 개념을 어떻게 형성하는가? 당연히 다른 사람들의 역할을 모델로 삼음으로써 그 역할에 대한 행동 방법을 배우게 될 것이다. 예를 들어 (좋든 싫든) 우리는 부모를 통해 부모의 역할을 배운다.

과거의 경험과 개인적인 기억이 없다면 자기 개념을 일관성 있게 유지하기 어려울 것이다. 예를 들어 사랑하는 사람의 죽음, 심각한 교통사고, 생명을 위협하는 질병, 9·11 테러와 같은 인간에게 일어난 사건 등 외상성 경험에 대한 생생한 기억은 개인의 정체성에 영향을 미치고 개인적 상황과 현재의 사건에 대한 해석과 반응을 결정한다. 만약 자신을 규정할만한 과거의 경험을 기억하지 못한다면 나는 누구라고 할 수 있는가?[7]

---

* 역자 주─하와이대학교 스피치학과 교수. 주로 서로 다른 문화를 가진 사람들의 대화 방식에서 인지의 역할 등을 연구하고 있으며, 요청, 재요청, 갈등 방식, 커뮤니케이션 동기 등을 '대화의 제약(conversational constraints)'에 기반한 모델에 적용하여 분석한다.

온라인 평판과 자기 관리(생성, 노출, 기만)

연구자들은 온라인 커뮤니케이션이 자기 개념을 개발하는 데 피해를 주는지 아니면 촉진시키는지에 대해 의견을 달리한다. 인터넷의 익명성이 친밀한 관계로 자기 노출을 장려할 수 있는 반면, 속임수나 플레이밍(flaming, 부정적이거나 모욕적인 이메일이나 인터넷 메시지)과 같은 부정적인 결과를 야기할 수도 있다.[8] 일부 연구자들은 맥락, 주요 인물, 준거집단이 끊임없이 변하는 소셜미디어 내 커뮤니티의 수많은 구성원들이 안정된 자기 정체성을 발달시켜야 하는 모든 사람들을 어렵게 한다고 지금까지 주장한다.[9] 다른 연구자들은 소셜미디어가 정체성을 시험해볼 수 있는 가치 있는 기회를 제공할 것으로 본다. 예를 들어 수줍음이 많은 10대들은 면대면 상호작용보다 온라인을 통한 커뮤니케이션을 더 자신 있고 편안하게 느낄 수 있다. 온라인상에서 다른 자아를 '구현'함으로써, 가상 속 사람들의 긍정적인 피드백은 더 강한 자기 개념과 건강하고 건전한 자기 존중감을 발전시키는 데 도움이 될 수 있다.[10]

'실제' 면대면 상호작용의 부재는 자기에 대한 왜곡을 쉽게 만들고 가짜 ID로 위조할 수도 있다. 온라인 데이트 서비스 이용자들의 개인적 특성에 대해 연구한 결과 성별에 따라 허위 진술에 차이를 보이는 것으로 나타났다. 남성은 개인 자산(직업, 소득, 지식, 교육 등)에 대해 거짓으로 말하는 경향이 있었다. 여성은 체중을 더 낮게, 남자는 나이를 더 많게 말하거나 키를 더 크게 말하는 것으로 밝혀졌다.[11] 또한 온라인 사진의 1/3이나 부정확한 정보였다. 여성은 전문 사진작가가 찍거나 보정한 사진처럼 올리고, 사진에서 보이는 모습보다 더 나이가 많은 것으로 나타났다.[12]

이스라엘의 한 연구에서는 "인터넷 이용이 빈번할수록, 젊은 이용자일수록, 인터넷에 능숙할수록 그렇지 않은 이용자들보다 온라인에서 자신을 속일 가능성이 더 높다."라고 밝혔다. 흥미롭게도, 어쩌면 걱정스럽게도 "대부분의 사람들이 온라인상에서 자기 기만에 만족감을 느꼈다."[13]

온라인 데이트 세계에서 많은 사람들은 실제 자신과 공통점이 거의 없는 이상적인 자아를 만들어낸다. 한편으로는 정직한 것은 불리하다. 한 연구에서는 "온라인 데이트를 하는 사람들은 진실, 너무 솔직한 감정, 특히 나쁜 인상을 유발할 수 있는 부정적인 태도에 대해 말을 하고는 종종 그것을 후회한다."[14]는 사실을 발견했다. 또 다른 연구에서는 소득 수준이 25만 달러(한화 약 2억 8,000만 원) 이상이라고 응답한 남성이 5만 달러(한화 5,700만 원) 미만이라고 응답한 남성보다 151% 더 많은 것으로 나타났다. 그 밖에도 여성은 더 어린 나이로 응답하는 것으로 나타났다.[15]

*Scientific American Mind*의 저자이자 미국 심리학자인 로버트 엡스타인(Robert Epstein)은 연인을 찾기 위해 인터넷을 이용하는 모든 사람들을 위한 지침을 제시한다. 세 가지 제안은 다음과 같다.

- 처음에는 자신에 대한 막연한 정보를 제공하라. 사람들은 자신의 흥미나 바람에 부합되도록 누락된 세부 정보를 채워갈 것이다.
- 온라인 매칭 사이트에 의존하지 말라. 이들의 방법과 결과는 '과학적으로 검증'될 수 없고, 낭만적인 행복을 예측할 수 없다.
- 정직하라. 약간 과장할 수 있겠지만, 거짓말은 역효과만 불러온다.[16]

온라인상에서 자신의 의견, 개인적 느낌, 사진, 여름휴가 이야기 등을 공유하려고 할 때, '제출하기'나 '보내기' 버튼을 누르는 순간 커뮤니케이션은 돌이킬 수 없다는 것을 유념해야 한다. 항상 자신에게 물어보자. "이 메시지가 현재 또는 미래에 나를 곤란하게 하거나 피해를 줄 것인가? 누군가에게 피해를 주는가? 가족이나 언젠가 나를 고용할지도 모르는 회사의 인사담당자가 이 게시물을 읽거나 보기 원하는가?"

자기 존중감

2.2 자기 존중감에 대한 주요 요인에 대해 논의해보자.

이제 자기 개념이 무엇인지에 대해 알았다. 자신에 대해 어떻게 생각하는가? 만족하고 있는가, 낙담했는가, 기쁜가, 낙천적인가, 근심스러운가? **자기 존중감**(self-esteem)은 자신에 대한 판단을 나타낸다. 나다니엘 브랜든(Nathaniel Branden)은 "자기 존중감은 우리 자신이 스스로 얻게 되는 명성이다."[17]라고 설명한다. 당연히 개인의 신념과 관습적인 행동은 자기 존중감의 수준에 영향을 미친다.

연구 결과 높은 자기 존중감을 가진 사람들은 낮은 자기 존중감을 가진 사람들보다 훨씬 더 행복한 것으로 나타났다. 또한 우울증에 걸릴 가능성도 낮다. 13,000명의 대학생들을 대상으로 실시한 연구 결과, 높은 자기 존중감은 전반적인 삶의 만족도에 더 큰 영향을 미치는 요인으로 나타났다.[18]

자기 존중감의 형성 요인

자기 존중감을 강화하기 위해서는 자신에 대한 많은 생각과 다른 사람과의 상호작용 방법을 필요로 한다. 다음에 나오는 끈기, 정직, 노력이 요구되는 실행 과정을 염두에 둔다면 자기 존중감을 높일 수 있을 것이다.

자기 존중감의 형성
- 자기 주장하기
- 개인적으로 진실하기
- 긍정적인 자기 대화하기

자기 주장하기(동시에 다른 사람의 요구 존중하기) **자기 주장**(self-assertiveness)은 목표를 추구하고 욕구를 충족시키기 위한 방법으로 스스로를 옹호하기 위한 의지와 능력을 말한다. 그러나 자기 주장을 하라는 것이 공격적이거나 적대적이 되라는 것은 아니다. 스스로를 옹호하면서 다른 사람을 가로막지 않아야 한다.[19]

일부는 자기 주장이 강한 사람을 보고 "자기 주장을 쉽게 관철시키고, 좋은 자기 존중감을 가지고 있다."라고 말할 수 있다.[20] 그러나 역으로 생각해봐야 한다. 자신의 요구, 권리, 신념, 가치 등을 위해 나서면서 더 유능하거나 자신감 있게 되고, 스스로 더 긍정적으로 생각하게 되는 것이다. 제7장 "대인관계의 이해"에서는 자기 주장을 하는 데 도움을 주고 다른 사람에 대한 권리나 요구를 존중할 수 있는 전략에 대해 주로 다룰 것이다.

개인적으로 진실하기(동시에 다른 관점 고려하기) **개인적 진실**

"많은 이슈에 대한 대답은 자기 존중감에서 온다고 생각합니다. 젊은 여성들은 더 가치 있는 일을 할 수 있다고 믿고, 인간관계나 그들 앞에 놓여있는 것에서 벗어나 스스로를 위한 기회를 볼 수 있어야 합니다."

—미셸 오바마

성(personal integrity)은 가치와 신념에 일치하는 행동을 의미한다. 무엇을 해야 하는지에 대한 생각을 넘어서 실제 '옳은 것'을 하는 것이다. 동시에 자신에게 '옳은 것'이 다른 사람에게는 '옳은 것'이 아닐 수 있다는 사실을 유념해야 한다. 자신의 행동이 다른 사람에게 불편이나 피해를 주지 않도록 해야 한다.[21]

다음 문장을 완성해보자. 〈사람들이 나를 신뢰하도록 하려면, 나는 _____.〉 문장의 밑줄을 "약속을 잘 지킨다.", "솔선수범한다." 등을 넣어 완성하려면 훌륭한 가치와 신념을 유

자신에 대해 알기

자기 존중감 평가

다음 문장은 자신에 대한 사고방식을 설명하고 있다. 각 문장을 주의 깊게 읽고 동의하는 정도에 따라 응답해보자.[22]

'SD'는 '매우 동의하지 않음', 'D'는 '동의하지 않음', 'A'는 '동의함', 'SA'는 '매우 동의함'을 의미한다.

평가 합산 방법: 정적 문항인 1, 2, 6, 8, 10번의 경우 'SD' = 1점, 'D' = 2점, 'A' = 3점, 'SA' = 4점으로 합산하며, 부적 문항인 3, 4, 5, 7, 9번의 경우 'SD' = 4점, 'D' = 3점, 'A' = 2점, 'SA' = 1점으로 합산한다. 최고점은 40점이며, 최저점은 10점이다. 점수가 높을수록 더 높은 자기 존중감을 나타낸다. 이것은 자기 존중감의 수준을 어느 정도 '인식'하고 있는지

에 대한 평가이며, 좋고 나쁜 점수는 없음을 유의하기 바란다.

_____ 1. 나는 다른 사람들만큼 가치 있는 사람이라고 생각한다.
_____ 2. 전반적으로 나는 스스로에게 만족하고 있다.
_____ 3. 나는 스스로를 좀 더 존경할 수 있다면 좋겠다.
_____ 4. 가끔씩 내가 쓸모없는 사람처럼 느껴진다.
_____ 5. 가끔 나는 좋은 사람이 아니라고 생각한다.
_____ 6. 나는 장점이 아주 많다.
_____ 7. 대체로 나는 실패한 인간이라고 느낀다.
_____ 8. 나는 다른 사람들만큼 일을 잘할 수 있다.
_____ 9. 나는 자신 있는 게 별로 없다.
_____ 10. 나는 스스로에 대해 긍정적인 태도를 갖고 있다.

자기 존중감

긍정적인 자기 대화

다음에 제시된 부정적인 자기 대화와 그에 해당하는 긍정적인 자기 대화의 사례를 읽고, 본인에 대한 부정적인 자기 대화와 그에 대응하는 긍정적인 자기 대화에 대한 두 가지 사례를 찾아 적어보자. 자신이 바라는 자신에 대한 내면의 말들 중에서 부정적인 자기 대화와 긍정적인 자기 대화를 얼마나 사용하게 되는지 가늠해보자.

부정적인 자기 대화	긍정적인 자기 대화
(예) 나는 다른 사람만큼 빠르게 일을 처리할 수 없어. 사례 1 : _____ _____ 사례 2 : _____ _____	(예) 나는 최선을 다할 거야. 필요하다면 사람들에게 도움을 요청할 수도 있어. 사례 1 : _____ _____ 사례 2 : _____ _____

지하고 입증할 수 있는 높은 수준의 충분한 자기 존중감을 갖추고 있어야 한다.[23]

긍정적인 자기 대화하기(동시에 다른 사람에게 귀 기울이기) **자기 대화**(self-talk)는 자신이 바라는 자신에 대해 내면으로 말하는 것이다. 자기 존중감을 강화하는 방법 중 하나는 좀 더 긍정적이고 생산적인 말들로 부정적이고 자멸적인 말을 대체하는 것이다. 예를 들어 "나는 할 수 없어. 이건 불가능해!"라고 말하는 것보다 "내가 어떻게 하면 할 수 있을까?"라고 바꾸어 말하는 것이다. 좀 더 희망적인 이야기는 새로운 가능성과 해결책을 찾는 데 도움이 된다.[24]

자기 존중감의 장애 요인

연구 결과에서처럼 높은 자기 존중감을 가진 사람이 낮은 자기 존중감을 가진 사람보다 훨씬 더 행복하고 더 성공한다고 한다면, 자기 존중감을 높일 수 있는 것은 뭐든 다 해야 할 것이다. 그러나 이것은 쉬운 일이 아니다.

집을 지으려고 한다. 자재도 가지고 있고 집 짓는 방법을 알고 있다고 믿고 있다. 그러나 가지고 있는 자재가 모두 짚인 경우 오히려 목재나 벽돌보다 돌풍에 취약할 수 있다. 집을 지을 수 있는 지식이나 기술이 없다면 집이 붕괴되거나 무너질 가능성도 있다.

자기 존중감을 구축한다는 것은 이와 마찬가지이다. 내가 누구인지에 대한 일환으로 강점과 약점을 인지하고 수용하지 않는 한 자기 존중감은 왜곡될 수 있다. 내가 무엇을 하는지, 얼마나 행복한지, 어떻게 하면 목표를 달성할 수 있을지에 대한 책임을 기꺼이 받아들이지 않는 한 실패에 대해서 모두가 아닌 자신의 탓으로 돌리게 될 것이다.

자기 왜곡 주의하기 당연히 모든 사람들은 다양한 경험에 대한 생각이나 발생한 일에 대해 왜곡하려는 경향이 있다. 우리 모두는 과거의 자신을 드라마 속 주인공처럼 기억하려고 한다.[25] 많은 사람들은 고등학교 시절에 대해 실제 끔찍하거나 멋졌다는 의미에서 '끔찍했다' 또는 '아주 멋졌다'라고 말한다. 과거에 대해 들려달라고 하면 조연이나 주변인이 아닌 중심 인물로 자신을 묘사한다.

이와 동시에 다른 사람들로부터 잠재적으로 마음이 상하거나 위협적인 피드백으로부터 자신을 보호하려고 한다. 이러한 자아 방어 메커니즘은 자기 이미지를 왜곡하게 만들 수 있다.[26] "회의에 지각한게 뭐 그리 큰 문제야? 그 사람은 항상 시간에 집착하고 나한테 화풀이하려 해… 별일 아니야."[27]

높은 자기 존중감은 모든 개인적인 문제를 해결해주지 않으며 저절로 커뮤니케이션 능력을 효율적이고 윤리적으로 개선해주지도 않는다. 교육자는 학생들에게 피해를 주면서 많은 것을 배웠다. 일례로 선의를 가지고 일부 학교에서 사회적으로 혜택을 받지 못한 학생들과 낙제한 학생들의 자기 존중감을 높이기 위해 다음 학년에 이러한 정보를 전달했다. 그러나 이러한 노력은 긍정적인 효과가 없었으며 "억지로 자기 존중감을 향상시키자 학업 성적이 낮아지는 것"으로 나타났다.[28]

자기 충족적 예언에 주의하기 예언은 예측하는 것이다. **자기 충족적 예언**(self-fulfilling prophecy)이란 "첫인상이 그것에 부합하는… 행동을 이끌어낼 수 있다는 인상의 형성 과정"[29]이다. 더 간단히 말하면, 그런 일이 일어나거나 실현될 수 있도록 하는 자기 예측이다. 예를 들어 여성들은 남성들이 수학을 더 잘한다고 믿고, 더 이상 노력하지 않을 수도 있다. 그 결과 예측대로 남성만큼 수학을 잘하지 못하게 된다.

한 연구에서 연구자들은 서로 다른 여성 그룹을 대상으로 수학시험을 시행했다. 시험 이전에 첫 번째 그룹에는 남성과 여성이 수학을 똑같이 잘한다고 말하고, 다른 그룹에는 남성보다 여성이 수학을 잘 못하는 이유를 설명하면서 수학적 능력에 유전적 차이가 발생한다고 했다. 첫 번째 그룹은 두 번째 그룹보다 거의 2배 이상의 정답률을 보였다. 연구자들은 사람들이 자기 충족적 예언으로 이어질 수 있는 강력하고 영구적인 근거로서 유전적 설명을 받아들이는 경향이 있다고 결론 내렸다.[30]

자기 충족적 예언이라는 함정에 빠질 수 있는 가능성을 최소화하기 위해 다음 질문에 답해보자.

- 자신의 행동과 다른 사람들의 반응에 대해 어떻게 예측하는가?

- 그렇게 예측한 이유는 무엇인가? 타당한가?
- 예측된 반응을 이끌어내려고 했는가?
- 자기 충족적 예언을 피할 수 있는 대안적 행동은 무엇인가?

메리 매컬리스(아일랜드 전 대통령, 1997~2011)는 마운트홀리요크대학의 졸업 연설에서 이렇게 말했다. "10대 중반에 나는 변호사가 되기로 결심하고 집에 이 사실을 알렸다. 내가 처음 들은 말은 '넌 여자이기 때문에 안 된다'였다."[31] 매컬리스 대통령은 이 말과 부모님의 믿음이 자기 충족적 예언이 되지 않도록 노력했다.

자기 표현

2.3 효과적인 자기 표현을 위한 전제 조건으로서 자기 감시의 역할을 설명해보자.

첫 인상이 중요하다는 것은 경험을 통해 알고 있다. 첫 만남에서 좋은 인상을 주지 못하면, 그 사람과 마지막일 수 있다. 비행기에서 만난 누군가에게 일자리 제의를 받을 수 있다. 옆에 앉은 누군가와 순조로운 출발을 보인 경우 가까운 친구가 될 수 있다. 일단 좋은 첫인상을 주었다면 다음 행동으로 그 느낌을 유지하고 강화시킬 수도 있고, 오히려 약화되어 첫인상과는 정반대의 인상을 줄 수도 있다.

> 첫인상은
> 두 번 만들 수 없다.

자기 표현(self-presentation)은 다른 사람들이 우리를 보는 방식, 즉 사람들이 우리를 인지하고 평가하고 다루는 방식을 형성하고 통제하는 데 사용하는 전략이다.[32] 사회학자 어빙 고프먼(Erving Goffman)은 사회 정체성을 타인으로 하여금 우리를 유지시키는 것으로 간주한다.[33] 이러한 인상을 관리하는 능력은 사회적 상호작용 안에서 사람들의 인식과 영향력, 권력, 동정, 인정 등을 얻을 수 있는 능력을 해석하는 데 기여한다. 이는 자신을 보는 방식에도 영향을 준다.

심리학자 마크 리어리(Mark Leary)와 로빈 코발스키(Robin Kowalski)는 우리가 항상 다음과 같이 한다는 데 주목했다. "다른 사람들에게 더 매력적으로 보이기 위해서 다이어트, 화장품, 성형수술에 수많은 돈을 쓰고 있다. 정치 후보자들은 일반 대중에게 자신을 알리기 위해 포장한다." 부모는 아이들에게 이웃, 교사, 친척들에게 좋은 인상을 남기라고 조언하며, "사람들은 청중의 평가를 걱정하기 때문에 대중 앞에서 말하거나 행동해야 한다는 생각에 무기력해진다."[34]

그렇다면 다른 사람에게 좋은 인상을 남기기 위해서 어떻게

해야 할까? 여기서는 자기 감시와 인상 관리라는 두 가지 전략을 제안한다.

자기 감시

점검이라는 말은 인식하고, 관찰하고, 검토하고, 분석하는 것을 의미한다. 따라서 **자기 감시**(self-monitoring)는 사람들과 상호작용을 할 때 스스로 언어적이고 비언어적으로 표현하는 방법을 관찰하고 통제하는 능력을 말한다.[35] 자기 감시에 익숙한 사람들은 사회적으로 적합한 예의를 지키며 말하고 다른 사람들과 적응해 나간다. 자기 감시가 높은 사람은 감정을 표현하는 때와 방법뿐 아니라 얼굴 표정이나 신체 동작, 메시지의 내용, 목소리 톤까지 조정할 수 있다.[36] 어떤 의미에서는 다양한 연극에서 다양한 역할을 연기할 수 있는 좋은 배우로서의 능력을 갖추고 있는 것이다. 자기 감시의 목표는 '다른 사람들에게 깊은 인상을 주고 긍정적

자신에 대해 알기

자기 감시를 효과적으로 할 수 있는가?

자기 감시가 높은 사람들은 일반적으로 다음 물음에 대해 '예'라고 답할 것이다. 각 문항을 읽고 '예/아니요'로 답해보자. 자기 감시 결과는 어떠한가?

1. 다른 사람에게 좋은 인상이나 나쁜 인상을 남겼는지 구별할 수 있는가?
2. 다양한 상황에서 자신의 행동과 요구와 의견을 표현하는 방법을 수정할 수 있는가?
3. 다른 사람들과 상호작용하는 경우에 느끼는 감정을 정확하게 확인할 수 있는가?
4. 다른 사람을 칭찬하는가, 아니면 긍정적인 시각으로 자기 자신을 표현하는가?
5. 다른 사람이 동의하지 않더라도 자신의 의견을 표현하려고 하는가?

인 피드백을 받기 위해' 이미지를 표출하는 것이다.[37]

언뜻 보기에 자기 감시는 어려워 보일 수 있다. 그러나 우리는 항상 자신을 점검한다. 얼마나 많은 음식을 먹었는지 칼로리를 계산하고, 과속하지 않기 위해 차량의 속도계를 확인한다.[38] 우리는 공식적인 저녁식사 자리에서 오른쪽 포크를 사용하는 것이 맞는지 주위를 둘러보기도 한다. 커뮤니케이션의 GPS로서 자기 감시를 고려해보면 실수하거나 잘못하는 경우, 바로 앞에 어려운 고비가 있는 경우, 순조롭게 진행되는 일이 없는 경우에 너무 심했다거나 과했다는 사실을 알려준다. 내부 GPS에 민감해지면서 자신의 행동에 대해 알게 되고, 긍정적인 피드백과 부정적인 피드백을 주면서 이를 근거로 커뮤니케이션 방식을 조정할 수 있다.

자기 감시가 효과적으로 이루어지면 '내가 느끼고 있는 감정이 분노'라는 것을 알 수 있다. 몸과 마음이 장악되는 대신 분노를 제어하고 조절할 수 있는 기회를 준다. 자기 감시는 또한 사랑과 욕망, 우울과 낙담, 불안과 흥분 등의 감정적인 반응을 구별할 수 있도록 도움을 준다. 자기 감시가 높은 사람은 다른 사람들이 무엇을 하는지, 행동에 어떻게 반응하는지를 끊임없이 주시한다. 또한 '좋다(성공적이다)'와 같이 자기를 인식하며, 보통 다른 사회적 상황에 잘 적응한다. 반면 자기 감시가 낮은 사람은 종종 다른 사람들이 어떻게 보는지 의식하지 못하고 "자기 뜻대로 밀고 나가려고 한다."[39]

비욘세와 레이디 가가는 각기 다른 대중 이미지를 가지고 있다. 두 팝스타의 전반적인 인상은 어떠한가?

인상 관리

인상 관리(impression management)는 다른 사람들이 가지고 있는 이미지에 영향을 주려고 하는 과정이다.[40] 여기서는 다섯 가지 인상 관리 전략(환심 사기, 자기 홍보하기, 모범 보이기, 간청하기, 위협하기)을 제시하고자 한다. 각각은 얻고자 하는 커뮤니케이션 목표와 사람들의 감정이나 반응에 대해 설명한다.[41]

환심 사기(단, 가짜로 아첨하지 않기) 가장 일반적인 인상 관리 전략은 **환심 사기**(ingratiation)이다. 환심 사기는 다른 사람들이 좋아하도록 하는 것이다. 환심을 사는 것은 다른 사람을 칭찬하고, 부탁을 들어주거나, 누군가에게 위안을 주기 위한 것이다. 의견이 다른 누군가를 칭찬하는 것은 긴장을 완화시키고 대화를 다시 시작할 수 있게 해준다. 그러나 가식적이고 가짜로 하는 아첨은 잠재적으로 이미지와 명성을 높이기보다 손해를 볼 수 있다. 솔직한 아첨은 다른 사람의 환심을 사는 반면 가짜로 하는 아첨은 그 반대의 효과를 가져올 수 있다.

자기 홍보하기(단, 허풍 떨지 않기) 유능하게 보이길 원한다면 **자기 홍보**(self-promotion)를 해야 한다. 다른 사람들로부터 존경받기 위해서 자기 홍보를 한다. "나는 글을 빨리 쓴다."라고 하면 짧은 마감기한의 프로젝트나 보고서를 해결해야 하는 팀에서 중요한 역할을 담당할 수 있다. 동시에 다른 사람들에게 잘 보이기 위해 업적이나 능력을 과장하는 등 자기 홍보를 과장해서 하면 부정적인 인상을 주게 되고, 이렇게 남은 부정적 인상은 바꾸기가 정말 어렵다. 허풍 떠는 사람은 아무도 좋아하지 않기 때문에 정직하고 적당하게 자신을 홍보해야 한다.

모범 보이기(단, 사람들 앞에서만 하지 않기) 행동의 본보기나 좋은 사례가 되려면 **모범**(exemplification)을 보이기 위해 노력해야 한다. 목표는 윤리적이고 책임 있는 사람으로 보이는 것이다. 그러나 언행일치가 확실해야 한다. DVD를 무단 복제하는 것이 잘못됐다고 주장하면서 책을 사는 대신 책 전체를 복사한다면 아무도 정직과 도덕적 가치에 대한 여러분의 주장을 믿지 않을 것이다. 지금 다이어트 중이라고 말하지 않는다면 쿠키를 마음껏 먹어도 된다.

간청하기(단, 한없이 애원하지 않기) **간청**(supplication)은 겸손하게 요청하거나 도와달라고 호소하는 것이다. 간청함으로써 다른 사람들의 연민을 불러일으키는 것이다. 적절한 간청은 사람

> **어떤 직업을 택하고 누구와 결혼할지 등 개인적인 결정을 하는 데 있어 자기 확신이 큰 사람들은 자신의 감정을 정확하게 지각할 수 있기 때문에 더 나은 삶을 만들 수 있다.**
>
> 대니얼 골먼, 심리학자,
> *Emotional Intelligence* 저자[42]

들에게 유용하고 가치 있다고 느낄 수 있게 해준다. 그러나 다른 누군가에게 간청한다고 일할 수 있거나 영원한 사랑과 존경을 얻을 수 있다고 기대해서는 안 된다. 스스로 처리할 수 있는데 도움을 구하는 경우라면 곧 무시되고 심각하게 받아들여지지 않을 것이다. 즉, 늑대가 문밖에 있지 않으면 "늑대다!"라고 외쳐서는 안 된다.

위협하기(단, 괴롭히지 않기) **위협**(intimidation)하는 목적은 두려움을 야기하기 위함이다. 강하게 보이기 위해 사람을 위협하는 것은 개인적인 해를 입힐 수 있다는 의지이자 능력을 보여준다. 위협하기 전략은 다른 사람을 억누르거나 통제하기 위한 협박도 내포한다. "다시 그런 식으로 나한테 말하면, 공식적으로 불만을 제기할 거야." 위협하기 전략은 대부분의 커뮤니케이션 상황에서 하지 않는 것이 좋다. 그러나 어떤 경우에는 힘을 사용해서 권위나 의지를 확립하거나 스스로를 보호하기 위해 필요할 수도 있다. 다른 사람에게 이용당하고 있다면, 더 이상 이용당하지 않고 겁내지 않고 있다는 것을 보여줘야 한다.

지각

2.4 선택, 조직화, 해석이 어떻게 지각을 형성하는지 파악해보자.

한 사람은 직장에서 높은 만족도를 경험하는 반면 같은 일을 하는 어떤 사람은 직장을 두려워하는 이유는 무엇인가? 같은 연설에 대해 불쾌감을 표명하는 사람과 감동하는 사람이 존재하는 이유는 무엇인가? 이러한 질문에 대한 답은 한 단어에 있다. 바로 **지각**이다. 동료들과 회의 직후에 대화를 나누고 있다고 해보자. "만족스러운 회의였어요. 모든 문제를 해결했고, 일찍 끝냈어요."라고 말하자, 동료는 "농담하는 거죠? 헥터가 심각한 논의나 의견 충돌을 피하려고 서둘러 의제를 처리하게 했다는 걸 몰라요?"라고 말했다. 무슨 일이 있었던 것일까? 두 사람은 모두 같은 회의에 참석했지만, 각자는 그 경험을 전혀 다르게 인식하고 있었다.

커뮤니케이션 관점에서 **지각**(perception)은 주변 세계에서 감각 자극을 선택하고, 조직화하고, 해석하는 과정으로 설명할 수 있다. 지각의 정확도는 주변 사람들과 경험을 얼마나 잘 해석하고 평가하는지를 결정한다. 동시에 한번 결론에 도달하면 지각을 바꾸기 어려울 수도 있다.

일반적으로 우리는 지각을 신뢰하며 정확하고 확실

한 것으로 대한다. 잘못된 결론이 도출되었다고 해도 지각이 없었다면 혼란스러운 세계를 이해하지 못했을 것이다. 또한 지각은

젊은 여자인가, 늙은 여자인가?
당신이 보는 것은 그림의 어떤 세부사항을 선택하고, 어떻게 정보를 구성하고, 어떻게 그 결과를 해석하는지에 따라 달라진다.

다른 사람의 행동을 이해하고 무엇을 말하고 무엇을 해야 할지를 결정하는 데에도 도움을 준다. 예를 들어 상사가 늦게 출근하고 일찍 퇴근하는 직원에 대해 계속 파악하고, 근무시간이 끝날 때까지 일하는 직원에게 기존에 없었던 특별한 특권을 주고 있다는 사실을 알고 있다. 이러한 지각은 긍정적인 평가를 받거나 향후 승진하기 위해 더 일찍 출근하고 늦게까지 야근하는 것이 좋을 것이라고 말할 것이다.

"보는 것이 믿는 것이다."라는 말처럼 "내가 본 그대로다." 또는 "내 눈으로 똑똑히 봤다."라고 하는 것은 잘못된 지각으로 이어질 수 있다. 젊은 여자인지, 늙은 여자인지에 대한 앞쪽에 나온 그림과 같이 우리는 보는 것에 속을지도 모른다. 경찰은 3명의 목격자가 동일한 교통사고를 목격하고도 사고 차량, 당시의 추정

커뮤니케이션 사례

목격자의 오인

감각이 말해주는 것으로 추정되는 선택, 조직화, 해석 과정은 무서운 결과를 초래하기도 한다. 2011년 뉴저지 대법원은 '목격자 진술이 우려할 만큼 신뢰성이 부족'하다는 이유로 목격자 증언에 대한 새로운 법률을 제정했다. 이로써 범죄 사건에서 피고는 목격자 증언을 쉽게 거부할 수 있게 되었다.[43]

오랜 경험을 지닌 판사, 검사, 변호사들은 목격자 증언이 무고한 피고를 감옥에 보내고 유죄인 범죄자를 자유롭게 할 수 있다는 것을 알고 있다. "매년 7만 5,000명 이상의 목격자가 범죄 수사에서 용의자들을 가려낸다. 이들을 확인한 결과 약 1/3은 잘못된 증언이었다."[44] 법학자 브랜든 개럿(Brandon Garrett)은 그의 저서 *Convicting the Innocent*에서 (1980년대 후반 과학적 증거로 DNA 검사가 가능해진 후) 사건 현장의 DNA를 분석해 해당 사건의 범인으로 지목되어 이미 유죄 판결을 받아 복역하고 있는 사람들과의 일치 여부를 살펴본 결과 250건의 오판 사례가 있었으며, 이 중 190건(76%)은 목격자의 잘못된 증언으로 무고한 사람이 유죄 판결을 받았다고 밝혔다.[45] 최근 대다수의 연구에서도 "낯선 이에 대한 증인 진술이 유죄 판결의 기준이 된다는 것은 아주 위험하다."라는 결론을 내렸다. 미국심리학회(APA)는 배심원들이 목격자 증언을 '너무 믿는' 경향이 있다고 지적했다.[46]
다음의 비극적이고 악명 높았던 법정 사건은 목격자의 기억에만 의존하는 경우의 위험성을 잘 대변해준 사건이다.* 2012년 2월 26일 살인 사건에 대한 2명의 증인은 플로리다 법집행 수사관들에게 다음과 같이 진술했다.

목격자 6의 증언 : "흑인, 백인 남자가 있었고 둘 다 검은 후드티를 입고 있었다.…

조지 지머맨이 트레이본 마틴을 위험인물로 간주해 총으로 쏴 숨지게 한 이 사건은 2012년 2월 26일 플로리다주 샌퍼드에서 일어났다.

빨간색 스웨터를 입고 있던 히스패닉 남자는 땅에 누워 '도와달라'고 소리를 지르고 있었다."
목격자 3의 증언 : "난 하얀 티셔츠 상의만 봤다. 가까이 가지 않으려고 했고 무서웠다."

이 2명의 목격자는 2012년 플로리다주 샌퍼드에서 일어난 트레이본 마틴 살인 사건의 증인이었다. 반자동 소총으로 무장한 히스패닉계 자경단원 조지 지머맨(28세)은 비무장 상태였던 16세 흑인 소년 트레이본 마틴을 총기 살해한 혐의로 기소되었다.[47]
바버라 트버스키(컬럼비아대학교 심리학과 교수)는 우리는 때로 실제와 다르게 사물을 본다고 설명한다. "어떤 일이 발생하면 우리는 의미를 만들려고 한다. 누군가의 티셔츠 색깔, 키는 중요하지 않다. 도대체 무슨 일인지 집중하고, 무슨 일이 벌어질지 이해하려고 노력한다." 이러한 사건 다음에 보고 들은 것을 처리

하려고 하기 때문에 부정확성으로 이어질 수 있다. 사람들은 실제로 무슨 일이 있었는지보다 "그들이 어떻게 '생각'하고 있는지에 더 영향을 받게 된다."[48]

---

* 역자 주―사건 발생 후 6주가 지나도록 지머맨은 경찰에 체포되지 않았다. 온·오프라인으로 지머맨의 체포를 요구하는 서명운동이 벌어지고, 가두시위자들의 강력한 항의가 줄을 이었다. 당시 경찰은 다음과 같은 이유로 지머맨을 체포하지 않았다는 성명서를 발표한다. "첫째, 그는 총기 휴대 면허를 갖고 있었고, 둘째, '누구나 생명의 위협을 받으면 도망가지 않고, 그 자리에서 치명적인 무기를 사용하여 그 위기를 벗어날 권리가 있다'는 플로리다주 정당방위법에 근거하기 때문이다." 지역 경찰의 흑인에 대한 인종차별 때문에 지머맨을 체포조차 하지 않았다는 논란이 계속되자 연방정부경찰(FBI)과 검찰이 조사에 나섰지만 결국 2013년 7월, 지머맨은 배심원단에 의해 무죄 평결을 받았다.

제2장 자기 이해

속도, 운전자 특징 등에 대해 다르게 진술할 것을 잘 알고 있다. 실제로 목격자 증언은 흔히 가장 믿을만한 형태의 법정 근거로 사용된다.

선택

주변의 수많은 자극을 확인하고 선택하기 위해 우리는 감각(시각, 청각, 미각, 후각, 촉각)을 사용한다. 필요, 욕구, 흥미, 기분, 기억은 대체로 선택할 수 있는 자극을 결정한다. 예를 들어 텔레비전 채널을 돌려보다가 눈과 귀에 익숙하거나 재밌을 것 같으면 멈춘다. 또는 수업시간에 딴 생각을 하다가 교수님이 "다음 장은 시험 범위에 포함된다."라고 말하면 다시 주의를 집중하게 된다.

선택 과정은 네 가지 방법으로 지각을 왜곡할 수 있다. 우리 모두가 이런 관행에 관여되어 있지만 영리한 커뮤니케이터는 자신의 선택적 노출, 선택적 주의, 선택적 해석, 선택적 기억이 지각을 어떻게 형성하는지 잘 알고 있다.[49]

선택 과정
• 선택적 노출
• 선택적 주의
• 선택적 해석
• 선택적 기억

선택적 노출　우리가 이미 믿고 있는 것과 일치하는 메시지에 노출되려는 경향을 **선택적 노출**(selective exposure)이라고 한다. 일부 연구자들은 자기 개념과 자기 존중감을 위협하는 메시지로부터 보호하기 위한 방어적 메커니즘으로 선택적 노출을 설명하기도 한다. 또한 매일 쏟아지는 방대한 정보를 감당하기 위한 일상적인 과정으로서 선택적 노출을 보기도 한다.[50] 네이트 실버(Nate Silver, ESPN 통계전문가)는 그의 책 신호와 소음(*The Signal and the Noise*)에서 "사용 가능한 정보가 지나치게 많은 상황에서 우리가 본능적으로 취할 수 있는 방법은 정보를 취사선택하는 것이다."라고 말했다.[51]

폭스 뉴스, MSNBC(미국 MS, NBC의 유선 및 인터넷 뉴스방송), CNN, 슬레이트(워싱턴 포스트 운영 웹진), 허핑턴포스트(블로그 뉴스), NPR(미국 공영 방송, 인터넷 라디오 뉴스 제공) 등 이용 가능한 많은 뉴스 매체를 생각해보자. 이 뉴스원들 중 하나에만 의존하고 있는가? 인쇄된 형태로 뉴스를 보는가, 온라인 형태로 뉴스를 보는가? 모든 뉴스원은 우리와 다른 사람의 삶에 영향을 끼치는 이슈에 대해 서로 다른 관점을 제공하고 있으며, 선택의 관점에 따르면 우리는 우리와 가장 맞는 관점의 뉴스원을 선호하게 된다. 이 과정에서 우리와는 다른 관점, 방송이나 기사, 음악 등이 포함된 뉴스원은 제외시킨다.

또한 선택적 노출은 누구를 만나고 누구와 친구가 될 수 있는지를 알려준다. 친구 대부분이 같은 인종, 민족, 나이, 종교를 가지고 있는가? 비슷한 지역, 비슷한 경제적 환경에서 살고 있는가? 해외여행을 하고, 그 나라 사람들과 교류해본 적이 있는가? 자신과 어울리거나 어울리지 않았던 다양한 사람들은 자기 개념, 자기 존중감, 자기 표현력 그리고 (가장 중요한) 태도, 신념, 가치에 영향을 미친다.

이 여성은 대학생인가? 강사인가? 상점 점원인가? 변호사인가? 회사 임원인가?

선택적 주의　기존의 믿음에 부합되는 메시지에 주의를 기울이는 것은 **선택적 주의**(selective attention)와 관련이 있다. 매우 다양한 자극에 노출되지만 선호하고 동의하는 정보에만 주의를 기울인다. 예를 들어 자신이 지지하지 않는 후보의 뉴스보다 지지하는 후보에 대한 뉴스에 더 주목할 것이다. 좋아하는 음악을 들을 때 볼륨을 크게 하지만 선호하지 않는 음악은 볼륨을 낮추거나 무시할지도 모른다. 싫거나 동의하지 않는 것에 집중하지 않기 때문에 우리의 지각은 타당한 사실이나 전문가 의견에도 바꾸기 어렵고 왜곡될 수 있는 것이다.

선택적 해석　기존의 믿음에 부합되도록 메시지의 의미를 바꾸는 것은 **선택적 해석**(selective interpretation)과 관련이 있다. 따라서 다양한 메시지에 스스로 노출되고 그것에 주목하기 위해 최선을 다해도 기존의 관심, 욕구, 의견, 신념, 가치 등과 일치하도록 의미와 의의를 왜곡하게 된다. 예를 들어 자신이 믿지 않거나 자신의 믿음과 다른 종교 의식에 참석한다면, 두 신앙 간에 많은 부분에서 공통된 신념을 공유하고 있음에도 불구하고 설교를 비판하고, 반박하고, 심지어 비난하는 자신을 발견하게 될 것이다. 자신이 싫어하는 고도의 자격을 갖춘 사람이 취업 원서를 냈다면 그 사람의 지원서를 공정하게 판단할 수 있겠는가? 자격이 조금 미달되는 사람이라도 자신이 좋아하는 사람이라면 그 사람의 열등한 자격에 대한 핑곗거리를 만들어줄 것인가?

정계에서는 "상대방의 나쁜 동기와 바로잡을 수 없는 우둔함은 자동반사적인 의지에서 기인하며 … 우리들의 선입견과 딱 맞

지각 조직화의 법칙[52]

법 칙	사 례
근접성의 법칙(proximity principle) : 물리적으로 서로 근접해있는 대상, 사건, 사람을 하나의 의미 형태(공속관계)로 지각하려는 것이다.[53]	레스토랑 주인은 대기 좌석에 2명의 사람이 함께 있다면 "2명이 점심식사를 하는 건가?"라고 추측하게 된다.
유사성의 법칙(similarity principle) : 비슷한 속성을 가진 요소, 사람을 묶어서 지각하려는 것이다.	텍사스 출신 친구가 컨트리 음악을 좋아하면 텍사스에서 온 다른 누군가도 컨트리 음악을 좋아할 것이라고 생각할 것이다.
폐쇄성의 법칙(closure principle) : 대상, 사람, 사건 등을 완성된 모습으로 지각하기 위해 누락된 요소를 채우려는 것이다.	4개의 직선이 보이는가, 아니면 네모가 보이는가?
단순성의 법칙(simplicity principle) : 가장 간단한 해석을 할 수 있도록 정보를 구성하려는 것이다.	보도가 젖었다면 보도 근처 호스나 배관에서 누수가 된 것이 아니라 비가 왔을 것이라고 추측해볼 수 있다.

지각된 정보를 범주화하기 위한 네 가지 조직화 법칙

는 의사 정보(pseudo-information)도 신뢰"하는 것을 비일비재하게 볼 수 있다.[54]

따라서 우리는 선택적 노출, 선택적 주의, 선택적 해석의 결과를 추가해가면서 "나머지를 적으로 만들고 동일한 선택을 한 사람들과 협력해나가려고 한다."[55]

선택적 기억   자신에 대해 그리고 다른 사람과의 만남에 대해 기존 믿음과 부합되는 방식으로 긍정적 그리고 부정적으로 메시지와 경험을 기억하게 되는데, 이때 **선택적 기억**(selective recall)이

작동한다. 선택적 노출·주의나 지각에 관여하지 않는 수많은 사람들 중 한 사람일지라도 선택적 기억에 빠지게 될 것이다. 선택적 기억은 과거 경험을 현실적으로 보지 못하게 한다. 예를 들어 첫 직장을 '끔찍한' 또는 '멋진' 것으로 표현하는 사람들처럼 말이다. 슬픈 이별을 겪은 사람은 가족이나 친구들이 그 커플이 사랑하며 보낸 수많은 시간을 기억하고 있음에도 불구하고 힘들었던 시간만 설명하려 할 것이다. 우리는 자기 개념과 자기 존중감의 수준에 따라 표현되는 이상적 자기(ideal self)와 일치하는 방식으로 사건과 사람들을 기억하려는 경향이 있다.

커뮤니케이션 & 문화

동양은 동양이고 서양은 서양이다

지각이라는 정신적 작용은 문화를 넘어 동일하다. 모두가 자극을 선택하고 조직화하고 해석한다. 그러나 심리학자 리처드 니스벳(Richard Nisbett)*은 각 문화는 "문자 그대로 매우 다른 방식으로 세계를 경험한다."라고 말한다.[56] 예를 들어 오른쪽에 묘사된 3개의 대상을 보자. 어떤 두 대상을 짝지을 수 있을까?

서양 문화권 사람들은 동물인 닭과 소를 같이 두려고 할 것이다. 그러나 동양 문화권 사람들은 소가 풀을 먹으니까 소와 풀을 짝지을 가능성이 높다. 니스벳은 동아시아인들은 관계의 관점에서 세계를 인식하는 반면, 서양인은 범주로 분류되는 개체를 보는 경향이 있다고 설명한다. 제3장 "문화 적응"에서는 많은 문화권, 특히 커뮤니케이션이 일어나는 맥락에 좀 더 민감한 동양 문화권에 대해 설명하고자 한다. 러디어드 키플링(Rudyard Kipling)**이 The Ballad of East and West(1889)에서 쓴 것처럼, "동양은 동양이고 서양은 서양일 뿐(각자 문화 안에서 나름의 가치관을 가지고 있으니), 둘은 절대로 공존할 수 없다."

문화는 정보를 확인하고, 조직하고, 정보와 상황을 해석하는 방식에 영향을 미친다.

* 역자 주－전 예일대학교 심리학과 교수였으며, 현재 미시간대학교 심리학과의 시어도어 뉴컴(Theodore M. Newcomb) 석좌교수이다.
** 역자 주－정글 북 등 많은 단편소설을 쓴 영국 소설가 겸 시인

조직화

중년 여성이 정장을 입고 캠퍼스를 걸어가고 있는 것을 보고 교수라고 판단했다. 또한 젊은 남성이 학교 스웨터를 입고 책이 가득 들어있을 것 같은 배낭을 메고 교실로 들어가고 있는 것을 보고 학생이라고 생각했다. 정보나 자극을 통해 '교수'와 '학생'으로 알고 분류했다. 이러한 두 상황은 정보를 조직화하는 데 맥락이 어떠한 영향을 미치는지를 보여준다. 예를 들어 캠퍼스에서 정장을 입은 여성을 보고 교수라고 판단했지만 다른 맥락에서는 회사 임원이라고 생각할 수도 있다. 또한 캠퍼스에서 책을 들고 학교 스웨터를 입고 있는 젊은 남성을 학생으로, 극장 무대 뒤에서 봤다면 배우나 무대 담당자로 여겼을 것이다.

우리는 유사한 자극으로 인한 지식이나 과거 경험을 바탕으로 유용한 범주가 선택되도록 감각적 자극을 분류하고 정리한다. 앞쪽의 표는 지각된 정보를 조직화하고 범주화하는 데 영향을 미치는 네 가지 법칙에 대해 설명한다.

해석

선택하고 조직화된 자극을 해석하는 데에는 다양한 요인이 작용한다. 친구가 주말에 '사랑의 집짓기 운동(Habitat for Humanity)'에 참여하자고 했다. 다음의 요인들이 해석과 친구에 대한 반응에 영향을 미칠 것이다.

- 경험 : 작년에 무료 급식소에서 봉사 활동을 한 뒤에 내 자신이 정말 뿌듯했다.
- 지식 : 나는 주택 페인트공으로 근무했으며 기여할 수 있는 유용한 기술을 가지고 있다.

지각 점검 가이드라인―마사와 조지의 딜레마

다음을 읽고 특정 상황에서 공정하고 적절하게 대응할 수 있도록 지각 점검 가이드라인과 적용 사례에 대해 설명해보자. 또한 지각 점검 가이드라인이 제1장 "인간 커뮤니케이션"에서 설명했던 '효과적인 커뮤니케이션의 일곱 가지 핵심 역량'을 반영하고 있는지 확인해보자.

친한 친구 마사는 3년 넘게 조지와 함께 살고 있다. 모두가 그들이 결혼할 것이라고 기대하고 있었기 때문에 마사가 "헤어졌어."라고 한 말은 충격이었다. 마사는 마케팅 수석 담당자인 본인과 악의적으로 비교하면서 그녀의 직업에 대해 '하찮은' 안내 접수원이라고 비웃는 남자와 더 이상 같이 살 수 없다고 했다. 그가 모든 재정을 관리하면서 지출 상황에 대해 말하기를 거부하자 그녀는 더 이상 참을 수 없었고 그를 떠나기로 결심했다. 어제 당신은 회사의 마케팅 계획을 세워줄 컨설턴트로 조지를 고용했다. 당신이 좋든 싫든 4주 동안 그와 함께 일해야 한다.

커뮤니케이션 요소	지각 점검 가이드라인	지각 점검 가이드라인의 적용 예
1 자신	개인적 편견, 자기 인식의 수준, 문화적 배경 또는 타인의 영향력과 같은 요소는 지각에 어떠한 영향을 미치는가?	마사에 대한 나의 감정, 나의 편견, 조지와의 이전 경험, 나의 성별은 그들의 이별과 조지의 성격에 대한 지각에 어떠한 영향을 미치게 될까?
2 타인	당신은 다른 사람들과 동일하게 상황을 인식하는가? 아니면 그들의 지각에 적용할 수 있는 방법은 무엇인가?	조지의 행동은 충격적이지만 모든 일에는 상반된 면이 있기 마련이다.
3 목적	정보를 선택하고, 조직화하고, 해석하는 방식은 당신의 커뮤니케이션에 어떠한 영향을 미치는가?	조지와 함께 일하면서 일을 제대로 하는 것보다 그의 실수나 별로인 제안에 더 주의를 기울일지도 모른다. 이러한 가정과 행동이 생기지 않도록 조심하고 명심해야 한다.
4 맥락	심리적, 논리적, 상호작용적인 커뮤니케이션 맥락은 당신과 다른 사람의 지각에 어떠한 영향을 미치는가?	사무실에서는 조지에 대한 감정을 내려놓고 전문적으로 일을 끝내기 위해 그와 일하는 것이 최선일 것이다.
5 내용	메시지로 선택한 내용은 지각에 어떠한 영향을 미치는가?	나는 마사에 대한 얘기를 하지 않을 것이다. 하찮은 직업, 접수원, 개인 재정에 대한 언급도 피할 필요가 있다.
6 구조	메시지의 아이디어와 정보를 조직하는 방식은 지각에 어떠한 영향을 미치는가?	일을 우선으로 두고, 조지가 먼저 마사 얘기를 하면 개인적인 문제를 직장에서 상의하는 것은 부적절하다고 말할 것이다.
7 전달	메시지를 전달하는 방식은 지각에 어떠한 영향을 미치는가?	얼굴 찌푸림, 시선 회피나 거리를 둘 수 있는 부정적인 비언어적 행동이 나타나지 않도록 노력할 것이다.

- 기대 : 재밌을 것 같고 흥미로운 사람들을 만날 수 있을 것이다.
- 태도 : 지역사회에 자원봉사하는 일은 중요하다고 생각한다.
- 관계(관여도) : 이번 일은 친구에게 정말 중요한 것이다.

이와 같은 요인들은 부정확한 지각으로 이어질 수도 있다. 예를 들어 노숙자 쉼터에서 자원봉사를 하던 중 끔찍한 경험을 했다고 해보자. 코디네이터는 매일 아침 시트와 수건 세탁과 욕실 청소를 당신에게 시켰다. 결과적으로 노숙자들과 상담하지 않았고 거의 말을 하지 않았다. 분명 이전의 경험이 자원봉사에 대한 부당하고 잘못된 해석과 지각을 만들었을 것이다.

지각 점검

심리학자 리처드 블록(Richard Block)과 해럴드 유커(Harold Yuker)는 "지각은 현실에 가까운 재현(representation)이다. 그러나 사람들이 사실이라고 믿는 것보다 실제 사실에 못 미치도록 조정하는 행동을 인식하는 것이 더 중요하다. 지각은 행동을 결정하는 현실보다 더 중요할 수 있다!"라고 지적한다.[59]

■ 커뮤니케이션과 윤리

황금률은 항상 적용되지 않는다

황금률(Golden Rule)은 "남이 너희에게 해주기 바라는 그대로 너희도 남에게 해주어라."라는 신약성경(마태복음 7장 12절) 말씀이다.[57] 그러나 당신이 해야 하는 일이 다른 사람이 당신에게 해줬으면 하는 일이 아닐 수도 있다. 극작가 조지 버나드 쇼는 *Maxims for Revolutionists*에서 "황금률에는 황금률이 없다…. 사람들이 당신에게 해줬으면 하고 기대하는 것을 다른 사람에게 하지 말아라. 그들의 취향은 다를 수도 있다."라고 하였다.[58] 황금률을 따르고 싶다면 다음 두 가지 주의사항을 명심해야 한다.

- 다른 사람은 나와 다르게 상황을 인식할 수 있다는 것을 고려하자.
- 타인의 관점이나 문화를 공정하고 적합하게 볼 수 있는 솔루션을 찾아보자.

결론의 근거를 잠시 멈추고 확인하면 지각의 정확성을 향상시킬 수 있다. **지각 점검**(perception checking)은 감각 자극을 선택, 조직화, 해석하고, 다른 해석을 고려할지 아니면 타인을 통해 지각을 확인할지 여부를 확인하고 분석하는 것을 포함한다.[60] 지각 점검은 메시지를 더 정확하게 해독하고, 오해나 충돌의 가능성을 줄여주며, 다른 사람에게 정당하고 적절하게 응답하는 데 도움을 주기 때문에 일상생활에서 유용하게 사용할 수 있다.

커뮤니케이션 불안감과 자신감

2.5 커뮤니케이션 자신감을 향상시킬 수 있는 적절한 전략과 기술을 연습해보자.

자기 개념과 자기 확신의 수준은 효과적인 커뮤니케이션을 하는 데 직접적인 영향을 미친다.[61] 우리 대부분은 자신을 밝고 근면하다고 여긴다. 동시에 직업적인 의심과 불안을 가진다. 반면 자신에 대해 만족감이 높을 경우 쉽게 대화에 참여할 수 있고 집단 내에서 자신의 생각을 옹호하며 성공적인 표현을 할 수 있다.

대부분의 사람들은 중요한 커뮤니케이션 상황에서 어느 정도 불안감을 느낀다. 사실상 '긴장감'은 긍정적이고 정상적인 반응이며, 무엇을 말할지 신경 쓰고 있다는 것을 보여준다.

커뮤니케이션 불안감

사람들 앞에서 말해야 할 경우 발표 불안, 연단 공포, 무대 공포증 등과 같은 불안장애를 경험할지도 모른다. 폭넓은 의미에서 **커뮤니케이션 불안감**(communication apprehension)은 "다른 사람들과 실제 커뮤니케이션을 하거나 할 것으로 예상될 때 오는 개인적 수준의 두려움이나 우려"라고 할 수 있다.[62] 커뮤니케이션은 그룹토론, 회의, 대화, 연설, 면접 등 다양한 맥락에서 발생한다.

커뮤니케이션 불안감은 '머릿속'에서만 발생하지 않는다. 실제 생리적 반응으로 나타나는 스트레스의 한 형태이다. 손에 땀이 나고, 땀을 흘리거나, 맥박이나 호흡이 빨라지고, 손발이 차가워지며, 메스꺼움을 느끼거나, 손발이 떨리고, 속이 울렁거리는 등과 같은 신체적 반응들은 아드레날린과 같은 호르몬 분비에 대한 인체의 반응으로 나타난다.[63]

커뮤니케이션 자신감

대부분의 경우 불안감은 가시적으로 나타나지 않는다는 것을 항상 기억하자. 심장의 두근거림, 메스꺼움, 차가운 손, 걱정스러운 생각 등을 볼 수는 없다. 대부분의 사람들은 불안감을 많이 표시했다고 생각하지만 상대방은 잘 알아차리지 못한다. 그러나 다른 사람에게 보이지 않는다고 해서 실제 불안감을 덜 느꼈다는 것은 아니다. 다행히도 불안을 해소시키고 좀 더 자신 있는 커뮤니케이터가 될 수 있는 전략들은 많이 있다.

커뮤니케이션 불안감

1970년대 초 이후로 커뮤니케이션 불안감에 대한 연구는 커뮤니케이션 분야에서 주요 연구 분야가 되었다. 커뮤니케이션 학자 제임스 매크로스키(James C. McCroskey)에 따르면 커뮤니케이션 불안감은 직장이나 주거 선택과 같은 주요 의사 결정뿐만 아니라 다양한 대인관계, 소그룹, 사회, 교육, 직업, 공적인 상황에서 나타나는 커뮤니케이션 행위의 본질에 영향을 미치는 "개인 삶의 모든 측면에 확산되어 있다."[64]

매크로스키는 커뮤니케이션 불안감 연구를 시작하면서 이것이 "학습되는 특성이며, 아이들의 커뮤니케이션 행동 강화를 통해 좌우될 수 있다."[65]고 믿었다. 최근에는 사람들의 환경이나 상황이 사람들의 불안 수준에 미치는 영향력은 아주 미미하다고 주장한다. 오히려 커뮤니케이션 불안감은 개인적인 특성으로, "주로 선천적으로 타고난 신경생물학적인 기능의 표출"로 본다.[66]

커뮤니케이션 불안감은 "다양한 방법으로 해소될 수 있으며, 이미 수많은 사람들이 해소되었다."라고 매크로스키는 결론 내렸다.[67] 이 장의 뒷부분에서 커뮤니케이션 불안감에 대해 더 깊이 이해하고 그 영향을 줄일 수 있는 다양한 방법을 다룰 것이다.

커뮤니케이션 자신감 수립 전략
- 준비하기
- 긴장 풀기, 재고하기, 재구상하기
  - 인지적 재구성
  - 시각화
  - 체계적 둔감화
- 연습하기

준비하기 예기치 않은 상황을 예측하지 못하거나 일상 대화의 유형을 예상하지 못할 수 있지만, 수많은 커뮤니케이션 상황을 준비할 수 있다. 예를 들어 면접이나 직무 평가, 직원 회의나 세미나, 대중 연설 및 프레젠테이션 등을 준비할 수 있다. 준비를 하면 논의하고자 하는 아이디어, 관련되는 사람들, 상황에 따른 맥락, 메시지의 구조와 내용, 표현 방법 등에 대해 전반적으로 알 수 있다.

긴장 풀기, 재고하기, 재구상하기 몸의 긴장을 푸는 것을 알아야 커뮤니케이션 불안감을 해소할 수 있다. 말하기 전에 잠깐의 시간 동안 활용할 수 있는 다양한 명상법이나 간단한 긴장 해소 운동(심호흡하기, 근육의 긴장과 이완을 반복하는 훈련 등)을 고안할 수도 있다. 그러나 신체적인 긴장 완화는 시작에 불과하고 커뮤니케이션에 대한 사고를 전환해야 한다.[68]

자신감 있는 생각을 하면("나는 동물구조단체 ARL 소속 활동가 그룹을 설득할 수 있다.") 더 자신감을 느끼게 된다. 태도를 재고하고 메시지를 시각화하고 긴장을 풀기 위한 세 가지 전략을 제시하면 다음과 같다.

- **인지적 재구성**(cognitive restructuring)은 좀 더 현실적이고 긍정적인 자기 대화를 통해 부정적이고 비이성적인 사고를 대체함으로써 불안을 해소하는 방법이다. 다음에 불안을 느낄 때 "이 메시지는 중요해." 또는 "나는 잘 준비된 능력 있는 커뮤니케이터야.", "청중들보다 내가 더 많이 알고 있어." 또는 "전에 해본 적이 있어. 과거처럼 긴장되지 않아." 등의 문장을 반복적으로 되뇌이면 된다.

- **시각화**(visualization)는 신뢰를 구축하기 위한 효과적인 방법 중 하나로 성공적인 커뮤니케이션이 무엇일지 상상하도록 하는 것이다. 조용한 장소를 찾아 긴장을 풀고 자신감과 에너지를 갖고 들어간다고 상상해보자. 말하면서 짓게 되는 미소, 동의한다는 고갯짓, 청중들의 눈에 비친 관심의 표정 등에 대해 생각해보자. 효과적으로 커뮤니케이션하는 자신을 시각화함으로써 긍정적인 자기 이미지를 구축하면서 성공할 수 있는 기술을 마음속으로 연습할 수 있다.

- **체계적 둔감화**(systematic desensitization)는 심리학자 조셉 울프(Joseph Wolpe)가 스트레스 상황에서 불안을 해소하기 위해 고안한 긴장 완화와 시각화 기술이다.[69] 심부에 근육 이완을 한다. 이렇게 이완된 상태에서 매우 편안함에서 높은 스트레스에 이르기까지 다양한 커뮤니케이션 맥락에 놓인 자신을 상상한다. 다양한 상황을 시각화하는 동안 편안함을 유지하기 위해 노력하면 점차 불안감보다 긴장 완화를 커뮤니케이션과 연관시킬 수 있다.

연습하기 요리, 테니스, 커뮤니케이션 등을 막론하고 어떤 일을 잘할 수 있는 최선의 방법은 연습하는 것이다. 구두로 요청하거나 다른 사람에게 감정을 표현하고, 면접 질문에 답하고 회의에서 입장을 취하거나 청중들에게 프레젠테이션하는 연습을 해야 한다.

커뮤니케이션 **불안감의 근원**

커뮤니케이션 불안감에 대한 관리 과정은 개인, 집단, 청중에게 말할 때 불안을 느끼는 이유를 아는 것으로부터 시작한다. 모든 사람들이 불안감에 대한 개인적인 원인을 가지고 있겠지만, 연구자들은 커뮤니케이션 불안감의 바탕이 되는 주요 두려움 중 일부를 확인했다.[70] 이러한 근원들은 커뮤니케이션에 참여하거나 예상할 때 불안을 느끼는 이유를 잘 설명해줄 것이다.

실패에 대한 두려움

많은 연구자들은 부정적인 평가에 대한 두려움이 커뮤니케이션 불안감의 원인 중 하나라고 말한다.[71] 실패할 가능성에 대해 생각이 집중된다면 실패할 확률은 더 높아진다. 끄덕임, 미소, 초롱초롱한 표정 등 사람들의 긍정적인 피드백으로 집중할 수 있어야 한다. 청자가 메시지와 당신에 대해 호감을 보인다고 느낄 때 자신감을 가질 수 있다.

타인에 대한 두려움

더 높은 지위나 권력, 교육이나 경험, 명성이나 인기 등을 가진 사람과 상호작용할 때 긴장이 되는가? 다른 사람에 대한 두려움은 강한 사람, 영향력 있는 집단, 대규모의 청중에게 말할 때 고조될 수 있다. 이는 일반적으로 남에 대한 열등감이나 차이에서 오는 느낌이 과장되면서 나온다. 주변 사람들에 대해 모른다면 불안하게 느끼게 된다. 청중에 대해 아는 것이 불안감을 줄일 수 있는 방법이다. 생각보다 청중들과 더 많은 공통점을 가지고 있다.

규칙을 어기는 데 대한 두려움

야구 에는 '삼진아웃'이 있고, 물리학적으로 '올라간 것은 반드시 내려오기 마련'이지만 커뮤니케이션에서의 규칙은 고정불변한 것이 아니며, 법으로 강제되지도 않는다. 예를 들어 초보자의 경우 프레젠테이션에서 "음", "어"라고 말할까 봐 로봇 소리처럼 연습하는 경우도 있다. 훌륭한 커뮤니케이터는 '사소한 것을 신경' 쓰지 않으며, 때로는 '규칙'을 바꾸거나 깬다.

알 수 없는 두려움

대부분의 사람들은 알 수 없는 것에 대한 두려움을 느낀다. 낯설거나 예기치 않은 역할을 수행하는 것은 일반적으로 자신감 있는 사람도 불안한 상태로 만든다. 청중으로서 참석한 자리에서 갑자기 나와서 청중들에게 손님을 소개하라고 하면 몹시 불안해질 것이다. 마찬가지로 생소한 사무실의 낯선 사람들 앞에서 취업 면접을 볼 때에도 대부분 사람들에게 스트레스로 작용하게 된다.

주목받을 때의 두려움

작은 관심에 우쭐댈 수도 있지만, 사람들의 이목이 집중되면 두려움을 느낀다. 심리학자 피터 데스버그(Peter Desberg)는 "합창단의 일원일 때 솔로로 노래할 때보다 훨씬 더 침착하게 된다."[72]라고 말한다. 자기 중심적으로 될수록 점점 더 긴장하게 될 것이다. 청중들에게 프레젠테이션할 경우 더욱 그렇다. 주목받는다고 주의 산만해지지 말고 목적과 메시지 자체에 집중하도록 해야 한다.

자신감을 향상시키는 것 이외에 연습은 긍정적인 측면에서 뇌를 자극한다. 대니얼 골먼(Daniel Goleman)은 *Social Intelligence*에서 "뇌에서 행동을 시뮬레이션하는 것은 수행하는 것과 같다."라고 지적했다.[73] 커뮤니케이션을 하는 데 있어 정신적이고 신체적인 연습은 피아노나 체조 루틴(공연의 일부로 정해진 일련의 동작)을 연습하는 것만큼 중요하다. 적어도 커뮤니케이터는 말하기 전에 말하고자 하는 것을 연습해야 한다.

저널리스트 캔디 크롤리는 대통령 선거 토론회의 여성 사회자로 등장해 많은 관심을 받았다. 특히 선거 기간 동안 크롤리는 긴장 완화를 위해 명상에 전념한다고 한다.

체계적 둔감화를 통한 긴장 완화

다음 커뮤니케이션 상황에서 발생하는 불안 위계(hierarchy of anxiety)[74]는 가장 낮은 스트레스부터 높은 스트레스가 발생할 수 있는 가능한 범위를 나타낸다. 불안감이 가장 높은 상황을 찾아보고 자신의 반응을 평가해보자. 그 후 각각의 맥락을 시각화해보고 침착성과 편안함을 잃지 않도록 해보자.

1. 가장 친한 친구에게 직접 말한다.
2. 가장 친한 친구가 나에게 새로운 지인을 소개해준다.
3. 서로 잘 알고 있는 소규모의 집단에 말한다.
4. 서로 잘 모르지만 만나서 대화할 것으로 예상되는 친목 모임에 왔다.
5. 누군가가 파티에 같이 가자고 물어본다.
6. 직장에서 발생한 문제에 대해 감독자로서 누군가에게 말한다.
7. 알 수 없는 많은 사람들 앞에서 발표한다.
8. 취업 면접을 보러 간다.
9. 다른 패널들과 함께 잘 알고 있는 주제를 가지고 논의하기 위해 TV 프로그램에 나간다.
10. TV 프로그램에 나와서 다른 사람들과 토론한다.

자기 보고식 커뮤니케이션 불안감 척도[75]

자기 보고식 커뮤니케이션 불안감 척도(PRCA, Personal Report of Communication Apprehension)는 24문항으로 구성되어 있다. 각 문항에 대해 자신에게 해당하는 항목에 동의하는 정도에 따라 (1) 매우 동의함, (2) 동의함, (3) 잘 모르겠음, (4) 동의하지 않음, (5) 전혀 동의하지 않음으로 표시해보자. 최대한 처음 느낌 그대로 작성하도록 한다.

1. 집단 토론에 참여하는 것을 싫어한다.
2. 일반적으로 집단 토론에 참여하는 내내 편안하다.
3. 집단 토론에 참여하는 내내 긴장되고 불안하다.
4. 집단 토론에 참여하는 것을 좋아한다.
5. 새로운 사람들과 집단 토론을 하면 긴장되고 불안하다.
6. 집단 토론에 참여하는 내내 침착하고 여유 있다.
7. 일반적으로 회의하는 동안 긴장한다.
8. 보통 회의하는 동안 침착하고 여유 있다.
9. 회의에서 의견을 표명하는 경우에 매우 침착하고 여유 있다.
10. 회의에서 나를 표현하는 것이 두렵다.
11. 회의에서 하는 커뮤니케이션은 보통 불편하게 느낀다.
12. 회의에서 질문에 답할 때 매우 여유 있다.
13. 새로 알게 된 사람들과 대화할 때 매우 긴장된다.
14. 대화하는 것은 두렵지 않다.
15. 보통 대화할 때 매우 긴장되고 불안하다.
16. 보통 대화할 때 매우 침착하고 여유 있다.
17. 새로 알게 된 사람들과 대화할 때 매우 여유 있다.
18. 대화하는 것이 두렵다.
19. 연설하는 것이 두렵지 않다.
20. 연설을 하고 있는 동안 몸의 일부가 긴장되고 경직되는 느낌이다.
21. 연설을 할 때 매우 여유 있다.
22. 연설을 하는 동안 머릿속은 혼란스럽고 생각들이 뒤섞여버린다.
23. 자신감 있는 연설이 될 것이다.
24. 연설을 하는 동안 알고 있는 것을 잊어버리지 않을까 너무 긴장된다.

평가 합산 방법 : 각 하위 범주에 따라 점수를 매기고, 18점에서 시작한다. 다음의 지침에 따라 18점에서 더하거나 빼면 된다.

구분	항목별 점수 산출 방식
집단 토론	2, 4, 6 문항의 경우 (각 항목에 대한 평가 점수를) 18점에 더하고, 1, 3, 5 문항의 경우 (각 항목에 대한 평가 점수를) 18점에서 뺀다.
회의	8, 9, 12 문항의 경우 18점에 더하고, 7, 10, 11 문항의 경우 18점에서 뺀다.
대인 간 대화	14, 16, 17 문항의 경우 18점에 더하고, 13, 15, 18 문항의 경우 18점에서 뺀다.
대중 연설	19, 21, 23 문항의 경우 18점에 더하고, 20, 22, 24 문항의 경우 18점에서 뺀다.

PRCA의 총점은 4개의 항목별 점수를 합산한다. 총점의 범위는 24점에서 120점 사이가 된다. 각 하위 범주에 대한 점수를 통해 설명한다. 예를 들어 집단 토론 점수가 (평균보다 높은) 20점이라면 집단 토론에 참여하는 경우 대부분의 사람들보다 더 불안감을 느낀다는 것을 보여준다.

PRCA 기준

구분	평균(M)	표준편차(SD)
총점	65.5	15.3
집단 토론	15.4	4.8
회의	16.4	4.8
대인 간 대화	14.5	4.2
대중 연설	19.3	5.1

자기 개념

2.1 자기 개념을 이해하고 커뮤니케이션에 미치는 영향을 설명해보자.

- 자기 개념을 결정하는 가장 중요한 네 가지 요인은 사회적 비교, 사회적 판단, 자기 관찰, 자기 동일시이다.
- 사회적 비교는 상업적 대중 문화 메시지와 1차적으로 연결된 집단에 비교하여 스스로를 평가하는 과정이다.
- 사회적 판단은 자기 개념을 바탕으로 사람들의 언어적 반응과 비언어적 반응을 해석하는 것이다.
- 자기 관찰은 자기 개념을 바탕으로 실행(보고 행동하는 것)과 행위(잘 해낼 수 있는 것)를 해석하는 과정이다.
- 자기 동일시는 자기 개념이 문화적 배경, 맡은 바 역할, 독특한 경험 등을 통합해가는 과정이다.

자기 존중감

2.2 자기 존중감에 대한 주요 요인에 대해 논의해보자.

- 자기 존중감은 '자기 주장하기', '개인적으로 진실하기', '긍정적인 자기 대화하기' 등의 연습을 통해 향상될 수 있다.
- 긍정적이거나 부정적으로 발생한 일이나 이에 대한 느낌을 왜곡하려는 경향성은 자기 개념을 왜곡할 수 있다.
- 실현되리라고 직·간접적으로 예측하는 자기 충족적 예언을 주의해야 한다.

자기 표현

2.3 효과적인 자기 표현을 위한 전제 조건으로서 자기 감시의 역할을 설명해보자.

- 자기 표현은 사람들이 우리를 인지하고 평가하고 다루는 방식을 형성하는 데 사용하는 전략이다.
- 자기 감시는 사람들과 상호작용을 할 때 스스로 언어적이고 비언어적으로 표현하는 방법을 관찰하고 통제하는 능력을 말한다.
- 효과적인 인상 관리 전략은 '환심 사기', '자기 홍보하기', '모범 보이기',

'간청하기', '위협하기' 등 커뮤니케이션 목표를 달성하기 위해 적절한 형태를 선택하는 것이다.

지각

2.4 선택, 조직화, 해석이 어떻게 지각을 형성하는지 파악해보자.

- 지각은 주변 세계에서 감각 자극을 선택하고, 조직화하고, 해석하는 과정이다.
- 필요, 욕구, 흥미, 기분, 기억은 대체로 선택할 수 있는 자극을 결정한다.
- 정보를 조직화하는 데 영향을 미치는 네 가지 법칙은 '근접성의 법칙', '유사성의 법칙', '폐쇄성의 법칙', '단순성의 법칙'이다.
- 경험, 지식, 기대, 태도, 관계 등은 어떠한 사건이나 사람에 대해 해석하고 반응하는 데 영향을 미친다.
- 지각 점검 가이드라인과 '효과적인 커뮤니케이션의 일곱 가지 핵심 역량'을 연계 적용해 지각 점검을 할 수 있다.

커뮤니케이션 불안감과 자신감

2.5 커뮤니케이션 자신감을 향상시킬 수 있는 적절한 전략과 기술을 연습해보자.

- 커뮤니케이션 불안감은 다른 사람들과 실제 커뮤니케이션을 하거나 할 것으로 예상될 때 오는 개인적 수준의 두려움이나 불안감을 말한다.
- 커뮤니케이션 불안감의 근원으로는 '실패에 대한 두려움', '타인에 대한 두려움', '규칙을 어기는 데 대한 두려움', '알 수 없는 두려움', '주목받을 때의 두려움' 등이 있다.
- 커뮤니케이션 불안감을 감소시키기 위한 전략은 (1) 준비하기, (2) 긴장 풀기, (3) 인지적 재구성하기, (4) 시각화하기, (5) 체계적 둔감화하기, (6) 연습하기 등이 있다.

주요 용어

간청하기	역할	자기 충족적 예언
개인적 진실성	위협하기	자기 표현
근접성의 법칙	유사성의 법칙	자기 홍보하기
단순성의 법칙	인상 관리	준거집단
모범 보이기	인지적 재구성	지각
사회적 비교	자기 감시	지각 점검
사회적 판단	자기 개념	체계적 둔감화
선택적 기억	자기 관찰	커뮤니케이션 불안감
선택적 노출	자기 대화	폐쇄성의 법칙
선택적 주의	자기 동일시	환심 사기
선택적 해석	자기 존중감	
시각화	자기 주장	

연습문제

2.1 자기 개념을 이해하고 커뮤니케이션에 미치는 영향을 설명해보자.

1 호르헤는 30세이고 미혼이며 사업가이자 에콰도르의 갈라파고스 제도의 여행가이드라고 자신을 소개했다. 그가 공유하고 있는 자기 개념의 근원에 해당하는 것은 무엇인가?

  a. 사회적 비교

  b. 사회적 판단

  c. 자기 관찰

  d. 자기 동일시

2 다음은 긍정적인 자기 개념을 유지하기 위한 전략에 대한 설명이다. 이에 해당하지 않는 것을 고르시오.

  a. 부정적인 피드백은 기억하고, 긍정적인 피드백은 잊어버린다.

  b. 단점은 많은 사람들에게 일반적인 반면, 장점은 남다르다고 생각한다.

  c. 우리를 돋보이게 하는 사람들과 자신을 비교한다.

  d. 성공은 자신의 능력으로 돌리고, 실패는 외부 요인으로 돌린다.

2.2 자기 존중감에 대한 주요 요인에 대해 논의해보자.

3 다음의 긍정적인 자기 대화 사례 중 가장 올바른 것은 무엇인가?

  a. 회사에서 프레젠테이션을 해야 하는데, 망칠 것 같지만 괜찮아.

  b. 이번 일이 다음 주에 있었다면, 더 잘 준비할 수 있었을 텐데.

  c. 전에도 성공했잖아. 다시 할 수 있을 거라 믿어.

  d. 이 보고서를 읽는 사람은 아무도 없을 거야. 그래서 제대로 작성되었는지는 중요하지 않아.

4 상담교사나 부모님이 당신에게 기업경영자로서 추진력이나 적성이 없다며 선생님이 되라고 한다면, 당신은 CEO가 되는 꿈을 포기해야 할지도 모른다. 당신의 결정에 책임을 질 수 있는 자기 존중감의 장애 요인은 무엇인가?

  a. 자기 개념

  b. 자기 진실성

  c. 자기 관리 부실, 지각 왜곡

  d. 자기 충족적 예언

2.3 효과적인 자기 표현을 위한 전제 조건으로서 자기 감시의 역할을 설명해보자.

5 다음 중 높은 자기 감시 기술을 가진 사람의 진술문이 아닌 것은?

  a. 다른 사람들의 행동을 모방하는 것이 불필요하고 어렵다고 생각한다.

  b. 다양한 상황에 따른 행동을 이해하고 상황에 따라 행동을 변경하는 편이다.

  c. 사람들의 감정이나 반응을 잘 읽어낼 수 있다.

  d. 부적절하게 말하거나 부적절한 행동을 했을 때 나는 말하는 편이다.

6 다음의 인상 관리 전략 중 다른 사람에게 유용하고 가치 있다고 느낄 수 있게 해주는 전략은 무엇인가?

  a. 간청하기

  b. 자기 홍보하기

  c. 모범 보이기

  d. 위협하기

2.4 선택, 조직화, 해석이 어떻게 지각을 형성하는지 파악해보자.

7 이 장에서 목격자 증언에 대해 설명하기 위해 예로 든 것은?

  a. 자기 개념의 힘

  b. 인간 지각의 신뢰성

  c. 지각 과정에서 조직화의 역할

  d. 지각 과정에서 자기 존중감의 역할

8 병원에서 기다리는데 선호하지 않는 뉴스 채널이 TV에 나오고 있다. 뉴스를 보는 것보다 TV에서 멀리 떨어져 책을 읽기로 한다. 이 사례는 선택의 네 가지 과정 중 어디에 해당하는가?

  a. 선택적 노출

  b. 선택적 주의

  c. 선택적 해석

  d. 선택적 기억

2.5 커뮤니케이션 자신감을 향상시킬 수 있는 적절한 전략과 기술을 연습해보자.

9 좀 더 현실적이고 긍정적인 자기 대화를 통해 부정적이고 비이성적인 사고를 대체시킴으로써 커뮤니케이션 불안감을 감소시키는 전략은 다음 중 무엇인가?

  a. 준비하기

  b. 인지적 재구성하기

  c. 자기 성공에 대해 시각화하기

  d. 체계적 둔감화하기

10 심리학자 피터 데스버그가 언급한 "합창단의 일원일 때가 솔로로 노래할 때보다 훨씬 더 침착하게 된다."라는 말에서 커뮤니케이션 불안감의 근원은 무엇인가?

  a. 실패에 대한 두려움

  b. 규칙을 어기는 데 대한 두려움

  c. 주목받을 때의 두려움

  d. 타인에 대한 두려움

정답 확인 : 355쪽

문화 적응 3

주요 목표

3.1 문화 다양성이 다른 사람들과의 상호 작용에 어떻게 영향을 미치는지 평가 해보자.

3.2 효과적이고 윤리적인 커뮤니케이션을 저해하는 자민족중심주의, 고정관념, 선입견, 차별, 인종주의 등에 대해 설명해보자.

3.3 커뮤니케이션 과정에서 나타나는 문화 차원의 수준과 영향을 설명해보자.

3.4 다른 사람을 이해하고, 존중하고, 적응하는 능력을 향상시키는 커뮤니케이션 전략과 기술을 연습해보자.

2012년 대통령 선거에서 버락 오바마 대통령이 공화당 미트 롬니 후보를 선거인단 기준 322 대 206으로 승리하자 많은 공화당원들은 충격에 빠졌고 많은 민주당원들 또한 놀랐다. 심지어 근소한 차이도 아니었다.

오바마는 어떻게 승리할 수 있었을까? 여기엔 경기 회복세, 공화당 캠페인의 실패, 현직 대통령이라는 점 등 많은 분석이 있다. 그러나 공화당과 민주당의 공통적인 분석은 오바마가 핵심 지지층인 소수민족, 여성, 젊은 유권자들에게 호소했기 때문에 성공할 수 있었다는 것이다.

흑인계, 라틴계, 아시아계 유권자의 42%가 오바마를 지지한 반면, 롬니의 지지율은 10%였다. 퓨 히스패닉센터(Pew Hispanic Center)에 따르면 라틴계 미국인의 71%가 오바마에게 투표했으며, 27%는 롬니에게 투표한 것으로 나타났다. 주요 경합 주(swing state)* 에서 여성 투표율은 오바마가 18% 앞섰다. 또한 18~29세 연령대의 60%가 오바마에게 투표했으며, 35%가 롬니에게 투표했다.[1]

유권자의 인종, 민족, 성별, 연령이 2012년 미국 대선 결과에 결정적인 역할을 했다는 것은 의심의 여지가 없다. 공화당은 고령이면서, 부유하고, 백인계 미국인들의 지지에 기대하고 있었으나 이제 더 이상 대통령 선거의 승리를 위해 이러한 집단에만 의존해서는 안 된다는 사실을 보여주고 있다.

그 어느 때보다 미국은 '타인들'의 국가이다. 현대의 속도, 첨단 기술, 즉각적인 커뮤니케이션은 매우 다양하고 끊임없이 변화하는 지구촌으로 우리를 한층 더 가깝게 해주었다. 따라서 우리 자신의 테두리 내에서뿐만 아니라 그 경계를 넘어 다양한 사람들과 커뮤니케이션할 수 있어야 한다. 이러한 '타자성(otherness)'은 우리의 힘이며, 우리 자신의 개인적 성공은 우리 삶에서 다수의 '타인'을 이해하고, 존중하고, 그들에게 적응할 수 있는 능력에 달려있다.

_____

* 역자 주—선거 때마다 승리 정당이 바뀌는 주

문화 다양성

3.1 문화 다양성이 다른 사람들과의 상호작용에 어떻게 영향을 미치는지 평가해보자.

미국 인구의 다양성 증가는 사회적, 경제적, 정치적, 예술적, 정신적 등 폭넓은 분야에 영향을 미친다. 2010년 인구센서스 자료를 보면 미국의 '모습'은 의미 있는 변화를 계속하고 있다. 센서스국(Census Bureau)에 따르면 미국 인구 중 72.4%가 '백인계 미국인 또는 유럽계 미국인'이며 여기에는 히스패닉계/라틴계 미국인도 포함한다. '백인계 미국인 또는 유럽계 미국인'에서 이러한 민족상의 인구수(히스패닉계/라틴계 미국인)를 제외하면 백인계 미국인은 미국 인구 중 63.7%를 차지하고 있으며, 북아프리카계와 중동아시아 아랍인도 넓은 의미에서 백인계에 속한다.

2000~2010년 사이에 미국 전체 인구 증가의 절반 이상이 히스패닉계/라틴계 미국인 인구의 증가(13~16.4%)에 따른 것이다. 라틴계 미국인 비율 다음으로 아프리카계 미국인이 12.6%, 아시아계 미국인이 4.8%, 미국 원주민이 1.2% 등으로 나타났다. 아시아인은 가장 빠른 성장 속도를 보이고 있었으며, 비히스패닉계 백인은 가장 느린 성장세를 보였다. 센서스국은 이민 등으로 인해 2050년까지 미국의 인구가 82% 증가할 것으로 예측했다.[2] 이 세기의 중반이 되면 백인계 미국인은 미국에서 살고 있는 많은 소수 민족 중 하나가 될 것이다.[3]

문화의 정의

문화 다양성이란 말을 들으면 어떤 사람들은 피부색이나 이민자를 먼저 떠올릴 것이다. 국적, 인종, 민족과 같은 단어는 문화라는 말과 유사하게 사용되곤 한다. 그러나 문화의 개념은 매우 광범위하다. 문화(culture)는 "비교적 많은 사람들의 행동에 영향을 주는 신념, 가치, 규범, 사회적 관습 등에 대한 해석이 학습되고 공유되는 양식"으로 정의할 수 있다.[4]

대부분의 문화권에서 주류 사회 내에 공존하는 다양한 집단의 사람들이 공동 문화(co-culture)의 구성원들로서 존재하며 아직도 문화유산을 통해 서로 연결되어 있다.[5] 미국에서 인디언 부족은 아프리카계 미국인, 라틴계 미국인, 아시아계 미국인, 아랍계 미국인, 아일랜드계 미국인, 크고 작은 종교 단체 사람들과 마찬가지로 공동 문화를 가진다. 문화에 대한 광범위한 정의를 감안한다면 네브래스카주에 사는 농장주와 보스턴주에 사는 교수는 이집트인, 브라질인, 인도네시아인, 치폐와 인디언 출신 등에 대해 매우 다른 문화적 관점을 가질 수 있다.

우리는 각자 인종, 성별, 연령, 종교적 신념(무신론 포함), 사회경제적 지위, 성적 취향, 여러 가지 능력을 가지고 있다. 또한 특정 지역이나 국가 출신이고 특정 지역이나 국가에 살고 있다. 다음의 예들을 살펴보자.

- 증조부 때부터 가족들이 아직도 중서부의 같은 마을에 살고

있는 루터교 백인 남성 교사
- 러시아에서 가족들과 함께 이주해 시카고에 살고 있는 55세의 유대인 여성 과학자
- 워싱턴 DC에서 연방 정부 연구원으로 일하고 있는 이슬람교 아프리카계 미국 여성

우리 자신의 소속감을 자각할 수 있는 사회적 범주[6]에서 파생된 것과 같이 이러한 모든 특징은 자기 개념에 기여한다. 이탈리아인, 베트남인, 나이지리아인, 체로키 인디언(북미 원주민 부족) 등으로 자신들을 알고 있지만 많은 사람들은 가족의 역사와 문화를 잃어가고 있다.

문화의 이해

문화는 명백하고 미묘하게 삶에 영향을 미친다. 타인에 대한 이해의 첫 번째 단계는 자신의 문화를 이해하는 것이다. 제2장 "자기 이해"에서 살펴본 바와 같이 문화적 배경에서, 즉 속해있는 문화 집단뿐만 아니라 속하지 않은 집단에서도 자기 개념의 유의미한 부분을 얻을 수 있다. "나는 내가 누구인지, 그리고 당신은

내가 아니라는 것을 알고 있다." 이것은 대단히 자연스러운 느낌이다. 우리는 종종 반대쪽에 우리를 설정하는 방식으로 세계를 구별되는 반대 집단(남성과 여성, 부자와 빈민, 흑인과 백인, 동성애자와 이성애자, 젊은이와 노인, 미국인과 외국인 등)으로 나눈다. 보다 건설적인 접근법은 자신의 문화적 배경을 탐구하고 다른 문화를 가진 사람들과 비교해보는 것이다.

예를 들어 미국의 많은 백인들은 자신의 특성이나 행동을 문화적 특징으로 생각하지 않는다. 미국에서 '백인성(whiteness)'은 역사적으로 구성되어 온 것으로 그 자체를 문화로 분류하기 어렵다. 그러나 리타 하디먼(Rita Hardiman) 박사는 다음과 같이 말한다.

물속의 물고기처럼, 우리는 백인성에 둘러싸여 있으며 특정 집단의 특정 문화로 인식하기보다 우리가 경험하는 현실이라고 생각하기 쉽다. 물 밖으로 나가기 전까지 물고기가 물을 인식하지 못하는 것처럼, 백인들이 유색 인종의 문화를 알아가거나 그들과 교류할 때 그들의 문화를 인지하게 된다.[7]

다른 문화의 이해

만약 다른 문화와 동떨어져 살 수 있다고 생각한다면 스스로를 기만하고 있는 것이다. 멀리 떨어진 이전의 백인 마을은 이민자와 이주 노동자들(캔자스 가든시티의 멕시코 노동자), 이주민[위스콘신 매니터웍 카운티의 몽족(Hmong, 묘족의 자칭 커뮤니티)], 종교 집단(아이오와 포스트빌의 정통 유대인)의 유입으로 변모해가고 있다.

종교는 많은 문화권에서 중요한 부분을 차지한다. 태국의 불교, 이란의 이슬람교, 이스라엘의 유대교 등과 같이 일부 국가와 많은 집단에서 종교는 곧 문화이다. 때로는 종교 집단이 일반 다른 (비종교적인) 국가에서 문화 생활을 하려고 할 때 편협이 발생한다. 프랑스에서는 이슬람 소녀들의 머릿수건, 유대인 소년의 스컬캡(skullcap)*, 기독교 아이들의 십자가 등을 포함한 종교적인 복장을 공립고등학교에서 금지시켰다.[8] 개인의 종교적 신념에 상관없이 "사람들은 종교에 대해 느끼고 있으며, 종교적 신념과 실천 사이의 차이가 중요하다는 것을 기억해야 한다."[9]

---

* 역자 주—특히 유대인 남성 · 가톨릭 주교가 쓰는 모자

영화 〈비스트〉(2012, 벤 자이틀린 감독)에서 6세 소녀 허시퍼피는 아버지와 함께 제방에 의해 세상과 단절되어 버린 루이지애나주의 늪지 마을인 배스텁섬에 살고 있다. 이곳에서 흑인과 백인 주민들은 가난과 고립이라는 생존경쟁에서 오는 기쁨과 슬픔 모두를 공유하며 자연적인 삶을 추구하며 살아간다. 어느 날 폭풍우가 몰아쳐 삶의 터전이 하룻밤 새 물에 잠기게 된다. 배스텁섬 사람들은 '문명화된' 구조의 손길을 거부하고 모든 것이 가라앉은 섬에 남게 된다.

신앙에 대한 질문

보스턴대학교 종교학과의 스테판 프로데로(Stephen Prothero) 교수는 대부분의 사람들이 자신의 종교와 다른 사람들의 종교에 대해 잘 모른다고 지적한다. **종교 리터러시**(religious literacy)는 일상에서 맞닥뜨리는 것뿐만 아니라 전 세계 종교의 역사, 믿음, 원칙, 실천 등에 대해 정확하고 객관적으로 이해하고 존중하는 것이다.[10] 전 세계 주요 종교 중 일부에 대한 지식을 테스트해보자. 다음의 각 항목을 읽고 '진실', '거짓', '잘 모르겠음'으로 답해보자.[11]

진실	거짓	잘 모르겠음	1. 이슬람교도는 이슬람교를 믿고 이슬람의 생활 방식을 따른다.
진실	거짓	잘 모르겠음	2. 유대교는 불교보다 더 오래된 종교이다.
진실	거짓	잘 모르겠음	3. 이슬람교는 기독교와 유대교와 같은 유일신 종교(하나의 신을 믿는 것)이다.
진실	거짓	잘 모르겠음	4. 기독교인 과학자는 질병이 기도로 치료될 수 있다는 것은 육신의 망상이라고 생각한다.
진실	거짓	잘 모르겠음	5. 유대교는 욤 키푸르(유대교의 속죄일) 기간 동안 단식을 한다. 이슬람교는 라마단(회교력에서 제9월) 기간 동안 단식을 한다.
진실	거짓	잘 모르겠음	6. 예수 그리스도는 유대인이었다.
진실	거짓	잘 모르겠음	7. 전 세계 로마가톨릭인들은 다른 모든 기독교인들보다 많다.
진실	거짓	잘 모르겠음	8. 수니파 이슬람교도는 전체 이슬람교도 중 90%를 차지한다.
진실	거짓	잘 모르겠음	9. 힌두교는 환생을 믿는다.
진실	거짓	잘 모르겠음	10. 십계명은 유대인의 율법에 근간을 두고 있다.
진실	거짓	잘 모르겠음	11. 모르몬교는 미국에서 설립된 기독교 신앙이다.[12]
진실	거짓	잘 모르겠음	12. 개신교 개혁자인 마틴 루터는 이슬람교, 유대교, 로마가톨릭의 믿음을 거짓으로 봤다.
진실	거짓	잘 모르겠음	13. 전 세계 인구의 1/3은 기독교이다.
진실	거짓	잘 모르겠음	14. 전 세계 인구의 1/5은 이슬람교이다.
진실	거짓	잘 모르겠음	15. 힌두교는 3,000년 전으로 거슬러 올라가 전 세계 주요 종교 중 가장 긴 역사를 가지고 있다.

정답 : 모두 진실.

문화 이해의 장애 요인

3.2 효과적이고 윤리적인 커뮤니케이션을 저해하는 자민족중심주의, 고정관념, 선입견, 차별, 인종주의 등에 대해 설명해보자.

21세기에 효과적인 커뮤니케이션 방법을 배우는 것은 그 자체가 상당한 도전이라 할만하다. 다문화 환경에서 보다 효과적이고 윤리적인 커뮤니케이션을 하기 위해서는 다른 사람들을 이해하는 데 방해가 되는 자민족중심주의, 고정관념, 선입견, 차별, 인종주의 등 다섯 가지 장애 요인을 극복해야 한다.

문화적인 정서를 고려하면서 커뮤니케이션을 하기 위해서는 스스로의 자민족중심적인 신념을 검토해야 한다. 이제부터 서로의 문화와 문화적 관점이 어떻게 다를 수 있는지 살펴보자. 그다음 이 장 마지막에 나오는 자민족중심주의 일반화(GENE) 척도를 통해 자민족중심주의 수준을 평가해보자.

자민족중심주의

자민족(문화)중심주의(ethnocentrism)는 타민족이나 타 문화를 부인하면서 자기 문화만이 특별한 권리와 권한을 가진 가장 우수한 문화로 보는 그릇된 신념이다.

자민족중심적인 사람은 자신이 우월적인 가치와 우수한 문화를 가지고 있다는 것을 은연중에 풍기면서 커뮤니케이션하기 때문에 사람들을 불쾌하게 만든다. 윤리적이고

> ## 문화 이해의 **장애 요인**
>
> ### 자민족중심주의
> ### 고정관념
> ### 선입견
> ### 차별
> ### 인종주의

고정관념

고정관념(stereotype)은 집단의 특성을 지나치게 단순화하여 집단 구성원들에 대해 일반화하려는 것이다. 다른 사람을 고정관념을 가지고 본다는 것은 전체 집단 구성원들을 과장된 믿음에 따라 판단한다는 것이다. 고정관념은 실제 일부 개인이 지닌 속성이지만 이를 전체로 귀속해 집단 구성원 모두의 부정적이거나 긍정적인 속성이라고 여

긴다. 1990년대 중반의 한 연구를 보면 대학생들은 아프리카계 미국인에 대해 게으르고 시끄러운 사람이라는 부정적인 고정관념을 가지고 있었으며, 유대인은 상황 판단이 빠르고 지적인 사람들로 설명하고 있다.[13]

"운동선수는 가난한 학생이다.", "노인들은 지루하다.", "라틴계 미국인은 항상 늦는다.", "여성은 남성보다 더 동점심이 많다.", "남자 동성애자는 스타일 있게 입는다." 등의 일반적인 고정관념을 들어본 적이 있을 것이다. 부정적이든 긍정적이든 간에 특정 집단에 대한 포괄적인 일반화는 부정확한 판단을 초래한다. 다른 사람에 대한 고정관념은 커뮤니케이션의 실패로 귀결된다.

문화 간 커뮤니케이션학자 스텔라 팅 투미(Stella Ting-Toomey, 캘리포니아주립대학교 인간커뮤니케이션학부 교수, 문화 간 갈등관리 이론 전문가)와 리바 정(Leeva C. Chung, 오클라호마대학교 커뮤니케이션학 박사)은 언어가 지닌 특성으로 인해 많은 고정관념을 생성한다고 주장한다. 예를 들어 이성애자 또는 양성애자, 남성 또는 여성, 흑인 또는 백인, 부자 또는 거지, 늙음 또는 젊음, 공화당 또는 민주당, 우리 또는 그들 등에서처럼 '이분화된(혹은/또는)' 단어 쌍이 있다고 해보자. 이처럼 양자택일로 인지하는 것은 어떤 사안을 좋고 나쁨, 정상이거나 비정상, 옳고 그름으로 이분해 사회를 해석하도록 한다. 우리는 '혹은/또는'이라는 단어를 생각할 때 사람들이 양 극단 사이 어딘가에 위치할 수 있다는 사실을 간과하는 경향이 있다.[14] 이것이 다른 사람들을 이해하고 이들과 상호작용하는 방식에 영향을 미칠 수 있다는 것을 알아야 한다. 제5장 "언어적 커뮤니케이션"에서는 언어가 젠더와 문화적 선입견을 반영하는 방식에 대해 주로 다룬다. 또한 고정관념을 강화하거나 타인을 비하하는 단어, 즉 배타적 언어가 어떻게 사회적 격차를 넓히고 그들과 우리를 분리시키는지에 대해 살펴보게 될 것이다.

선입견

고정관념은 **선입견**(prejudice)으로 이어질 수 있다. 즉, 타인이나 다른 집단에 대한 경험이 거의 없거나 직접적으로 겪지 않았지만 특정 문화 집단에 대해서 긍정 혹은 부정적인 태도를 갖게 되는 것이다. 선입견이라는 단어는 '이전에'라는 뜻의 접두사 *pre*와 접미사 '판단하다'라는 뜻의 접미사 *judice*가 결합된 것이다. 선입견에 대한 생각과 표출은 그 사람에 대해 알게 되기 이전에 그리고 당신의 의견이나 느낌이 정당한지에 대해 배우기 전에 누군가를 판단하는 것이다. "예일대학교에 갔다니 똑똑한 사람이군."과 같이 선입견이 긍정적일 수도 있지만 일반적으로 선입견은 부정적인 평

가와 정서를 동반한다. "장애인과 함께 일하면 작업 속도가 늦어질 거야.", "최첨단 기술을 이해하는 데 나이가 너무 많아." 등이 고정관념에 기반한 선입견의 사례이다.

차별

선입견이 행동으로 표출되는 방식을 **차별**(discrimination)이라고 한다. 차별은 고용, 승진, 주거, 정치적 의사표현, 평등권, 교육·오락·사회기관에의 접근 등 다른 사람들에게 부여된 기회로부터 집단 구성원들을 배제하는 것이다. 이러한 방식의 편협으로는 다양한 집단 구성원 간의 효율적이고 생산적인 교류가

▨ 커뮤니케이션과 윤리

무의식적인 편견의 인정

미국커뮤니케이션학회(NCA)의 커뮤니케이션 윤리를 위한 신조는 다음과 같은 원칙을 포함한다. "우리는 왜곡, 협박, 강요, 폭력, 그리고 증오와 편협함의 표출을 통해 개인과 인간성의 품위를 떨어뜨리는 커뮤니케이션을 규탄한다."[16] 이러한 원칙을 실행하기는 어려운 일이다. "나는 편견을 가지고 있지 않아."라고 말해도 우리 대부분은 직접적인 경험이 거의 혹은 아예 없는 문화 집단에 대해 긍정이거나 부정적인 태도를 갖고 있다.

하버드의 연구자 마자린 바나지(Mahzarin Banaji)와 브라이언 노섹(Brian Nosek)은 다른 사람에 대한 생각과 느낌 간의 차이를 이해하는 데 도움이 되는 내재적 연관 검사(IAT, Implicit Association Test)를 개발했다.[17] IAT는 인종, 민족, 성별, 나이, 종교 등(공개적으로 드러내기 꺼리는 것)에 대한 무의식적인 의견을 알아보기 위한 것이다. 다른 문화적 차이(인종, 민족, 성별, 나이, 종교 등)를 긍정 혹은 부정적으로 묘사하는 일련의 단어를 보면서 신속하게 판단하도록 한다. 이 결과를 통해 일반적으로 낙인찍힌 집단에 대한 실제 태도를 발견할 수 있으며 무의식적인 편견이 타인에게 선입견을 갖고 부정적으로 행동하게 되는 이유와 방법을 예측할 수 있다고 결론 내렸다.[18]

IAT 결과, 소수자나 유색 인종을 포함한 대부분의 사람들은 자신이 편견이 없다고 믿고 있었지만 다양한 편견을 드러냈다. 바나지와 노섹은 편견에 대해 얼마나 자신이 편향적인지보다 얼마나 타인을 무의식적인 생각으로 대해왔는지가 더 중요한 문제라고 지적한다. 무의식적인 편견에 대해 인정한다면 우리가 할 수 있는 윤리적인 방법으로 타인을 마주 대할 수 있도록 조치를 취해야 한다.[19] IAT는 하버드 웹사이트에서 무료로 이용 가능하다(https://implicit.harvard.edu/implicit).

거의 불가능하다.

차별은 인종, 민족, 종교, 젠더 집단에 대한 차별, 성적 취향, 장애, 나이, 외모에 기반한 차별, 다른 사회 계층이나 다른 정치 이데올로기를 가진 사람들에 대한 차별 등 여러 가지 형태로 나타난다. 미국에서는 예전에 흑인이 백인과 같은 분수대에서 물을 마시고, 같은 휴게실을 사용하고, 같은 레스토랑에서 식사를 하고, 같은 학교에 다니고, 같은 호텔에 머물 수 없었던 때가 있었다. 또한 여성이 투표에 참여할 수 없었으며, 특정 직업을 가질 수 없었고 남성 전용 비즈니스, 골프나 사교 클럽 등이 있었다. 미국과 아일랜드에서는 '신청할 필요가 없다'며 중국인들의 이민을 금지하던 때도 있었다.

이러한 차별적인 장벽들이 여전히 존재하는가? 동성애자, 이슬람교, 이주 노동자, 장애인 등과 같은 다른 집단은 어느 정도 차별을 겪고 있는가? 하나의 집단이 다른 집단의 권한을 제한하고, 그들에 대한 사고를 바꾸려 하지 않는다면 커뮤니케이션은 실패할 것이고 돌이킬 수 없는 피해를 입을지도 모른다. 타인과의 효과적인 상호작용이 없다면 우리는 갈등을 해결하고 차이를 자연스럽고 유익한 것으로 받아들이는 능력을 잃게 된다.

인종주의

인종주의(racism)는 자문화중심주의, 고정관념, 선입견, 차별에서 오는 궁극적인 결과이다. 인종차별적인 사람들은 특정 유전적 성질(피부색과 같은)을 가진 사람들이 부정적인 특성과 능력을 가지고 있다고 가정한다. 또한 인종주의자들은 모든 인종 위에 자신의 인종의 우월성을 강조한다. 앨런 존슨(Allan Johnson)은 그의 책 *Privilege, Power, and Difference*(2005)에서 인종주의는 사람들이 살며 일하는 모든 시스템에 내재되어 있다고 지적한다. 그것은 개인을 넘어 사회 내에서 특권과 억압의 양식으로 작용한다.[20]

하지만 인종주의는 (공개적 상황, 인쇄물, 인터넷 웹사이트를 통한 표현 여부를 막론하고) 반인종주의적 태도와 행동이 만연한 미국을 계속해서 괴롭히고 있다. 예를 들어 버락 오바마 대통령이 재선에 성공한 화요일, 이 결과에 반대하는 400여 명의 미시시피대학교 학생들이 시위를 벌였다. 데일리 미시시피 학생 신문은 수백 명의 학생들이 '인종차별적 욕설과 폭력, 정치적 구호 등'을 외쳤다고 보도했다. 일부는 "남부가 다시 일어난다."라고 소리쳤다. 트위터에는 오바마 캠프의 선거 광고판을 불태우는 사진 등이 올라왔다. 이에 대응하여 선거일 이후 미시시피대학교의 600여 명의 학생들이 '미시시피는 하나다' 반대 시위와 촛불 집회를 위해 모였다. 그들은 함께 '각기 다른 사람들의 존중과 존엄'[22]을 확인하는 캠퍼스 교리를 낭독했다.

> **"인종주의는 일종의 태도로, 고정관념의 집합이고, 나쁜 의도이고, 차별이나 피해를 주기 위한 욕구나 필요이며, 증오의 한 형태이다."**
>
> 앨런 존슨,
> *Privilege, Power, and Difference*
> (2005)[21]

미시시피대학교 학생들과 대학 관계자들은 '미시시피는 하나다' 반대 시위를 위해 모인 자리에서 '각기 다른 사람들의 존중과 존엄'을 확인하는 캠퍼스 교리를 낭독했다.

무슨 인종인가?

인종은 무엇인가? 대답하기 전에 좀 더 기본적인 질문을 생각해보자. 같은 인종에는 무엇이 있을까? 문화 간 커뮤니케이션 학자 마크 오르베(Mark Orbe)와 티나 해리스(Tina Harris)는 **인종**(race)을 별도의 가치 기반의 범주 안에 사람들을 분류하기 위한 사회적 구성 개념으로 정의한다.[23] 그러나 많은 사람들이 인종을 '중요한' 유전적 차이에 기반한 인류의 세분화로서 여긴다. 18세기 독일 과학자 J. F. 블루멘바흐(Johann Friedrich Blumenbach)가 인종의 신체적 특징과 지리적 차이를 통해 인종을 분류하기 시작하면서 인류에 대한 학문적 기초를 다졌다. 가장 이상적인 인종으로서 코카서스인을 정점에 두고 다음 단계에 말레이인-아메리카 인디언, 마지막 단계에 아프리카인-몽골인으로 위계를 두었다. 블루멘바흐가 제안한 1795년 형상적 인종 위계는 가운데에 있는 피라미드와 같다.[24]

```
            유럽의 코카서스인
                 △
 말레이인    △        △   아메리카 인디언
          △            △
에티오피아인 △            △ 몽골인
        △_____△
```

인간 유전자가 발견되기 전까지 대부분 인종 분류 체계는 피부색, 모발, 얼굴 특질 등에 기반해왔다.[25] 이러한 분류는 백인, 황인, 흑인 등 피부색에 따른 사람들의 구분으로 이어졌다.

그러나 인종에 대한 유전적 정의는 신체적이거나 행동적인 특징과 전혀 '무관'하다.[26] 인류학자, 생물학자, 유전학자, 윤리학자들은 모든 인간들의 DNA 배열의 99.9%가 공통됨을 강조한다.[27] 광범위한 연구를 통해 밝혀진 바에 따르면, 순수 인종은 결코 존재하지 않으며, 모든 인간은 같은 종에 속한다고 볼 수 있다. 이는 '호모 사피엔스'로, 아프리카에 기원을 두고 있다.[28]

인종은 고대의 인구 이동으로 인한 결과로서 이해되어야 하는 사회적으로 구성된 개념이다. 이러한 방식으로 인류를 바라보면, 하나의 집단이 다른 집단 위에 군림할 수 있는 미덕이나 권력이 부여될 수 없으며 인간의 특성은 중립적으로 간주될 수 있다.

문화 차원

3.3 커뮤니케이션 과정에서 나타나는 문화 차원의 수준과 영향을 설명해보자.

우리는 중요한 문화의 차원을 확인하는 데 있어 게르트 호프스테드(Geert H. Hofstede), 에드워드 홀(Edward T. Hall), 플로렌스 클러크혼(Florence Kluckhohn), 프레더릭 스트롯벡(Frederick Strodtbeck) 등의 GLOBE 연구팀과 샬롬 슈워츠(Shalom Schwartz) 등의 현대 사회과학자들에게 힘입은 바가 아주 크다.[29] 호프스테드는 **문화 차원**(intercultural dimension)을 "다른 문화와 관련지어 측정할 수 있는 문화의 측면"이라고 정의한다.[30]

문화 간 커뮤니케이션 학자 마이런 러스티그(Myron Lustig)와 졸린 코스터(Jolene Koester)는 문화를 이해하는 데 기본이 되는 일부 일반적인 문화 간 차원을 다른 유의미한 연구들을 종합했다. "각 차원은 (양자택일의 범주라기보다) 문화권들이 가지는 선택의 연속으로 보아야 한다."[31] 이 단원에서는 먼저 이러한 문화 차원의 네 가지를 검토한다. 그다음 다른 모든 차원에도 영향을 미치는 다섯 번째 차원을 살펴보고, 문화와 커뮤니케이션 간의 관계에 초점을 맞추고자 한다.

개인주의와 집단주의

개인주의와 집단주의는 하나의 문화와 다른 문화를 구별하는 가장 중요한 요인이다.[32] **개인주의**(individualism)와 **집단주의**(collectivism)는 문화가 개인이나 집단에 의존하거나 충성하는 정도를 나타낸다. 이는 사람들이 고유하고 독립적인지 아니면 다른 사람들과 유사하거나 상호 의존적인지 여부에 따라 달라진다.[33]

대부분 북미인들은 개인주의 성향을 보인다. 그러나 세계 인구의 70% 이상은 상호 의존적이거나 집단주의적 성향을 가진다. 이러한 사회에서는 집단의 이익이 개인의 이익에 우선한다.[34] 일례로 미국에서 많은 부모들은 일단 자녀들이 고등학교나 고등교육을 마치면 직업을 찾거나 살 곳을 찾아서 독립해 나가도록 한다. 그러나 많은 아시아 국가의 부모들은 자신들이 그랬던 것처럼 직계 대가족의 이익을 위해 일하거나 결혼 전까지 집에 머물 수 있도록 한다. 개인주의와 집단주의 차원에 대한 각 범주별 상위권 국가들은 오른쪽 표에 나와있다.[35]

개인주의 국가 중 가장 높은 순위에 미국이 있다고 하더라도 모든 미국인들이 다 개인주의라고 말할 수 없

5 가지 차원의 문화 개념

1 개인주의와 집단주의
2 권력 거리
3 성역할 기대
4 시간 지향성
5 고맥락과 저맥락

개인주의 국가	
1위	미국
2위	호주
3위	영국
4위	캐나다

집단주의 국가	
1위	과테말라
2위	에콰도르
3위	파나마
4위	베네수엘라

개인주의와 집단주의 국가 순위

다. 사실상 많은 아프리카계 미국인, 아시아계 미국인, 라틴계 미국인은 집단주의 사회의 전통과 가치를 수용하고 있다. 흥미로운 점은 미국의 정당은 개인주의자와 집단주의자라는 용어로 묘사되기도 한다는 것이다. **월스트리트저널**의 칼럼니스트 페기 누난(Peggy Noonan)은 2012년 미국 대통령 선거를 위한 전당대회에서 공화당 후보들이 "자신의 이야기에 대해 말하고 자신들의 역사를 극찬하면서 '나(I)'라는 말을 많이 쓰고 있었으며", 민주당 후보들은 "더 집단적이었는데, 우리는 함께이며, 우리는 중요한 일부이고, 우리는 단결하고, 우리는 민주당원이라면서 '우리'와 '우리들'이라는 말을 많이 사용했다."는 것에 주목했다. 누난은 또한 민주당원들의 '관계적 우리(we-ness)'가 "현대에 분열되어 가는 미국 내에서 많은 유권자들의 마음을 더욱 움직인 것"으로 보인다고 분석했다.[36]

또 다른 연구에서는 1960~2008년까지 출판된 책의 단어를 구글에서 검색한 결과 미국 작가들이 개인주의적인 단어[자신(self), 개인화(personalize), 유일한(unique), 나에 관한 모든 것(all about me), 나는 특별해(I am special), 나는 최고야(I'm the best) 등]를 더 많이 사용하였고, 집단주의적인 단어[공유하다(share), 단결된(united), 함께 뭉치다(band together), 공통의 선(common good) 등]는 덜 사용한 것으로 나타났다. 결론적으로 필자들은 '공동체의 유대와 의무'에 대해 덜 배려하며 자신을 더 중심에 두고 글을 쓰고 있다.[37]

미국에서 개인의 성취와 보상을 더 중요시 여기는 것은 집단주의적인 문화권 사람들과 상호작용을 어렵게 할 수도 있다. 전형적인 미국 커뮤니케이션 스타일과 행동에 대해 거만하고, 적대적이고, 권력지향적이며, 조급하다고 간주한다. 흥미롭게도 가난한 나라가 부를 얻게 되면 점차 개인주의로 변해가기 시작한다.[38]

필자들이 다른 국가나 많은 대학에서 강의를 해오면서 많은 미국 학생들은 좀 더 질문을 하거나 이의를 제기하는 반면 집단주의 문화권 학생들은 그대로 준수하고 수용하려 한다는 것을 알았다. 그럼에도 불구하고 개인주의와 집단주의는 다른 문화 차원과 같이 양자택일의 범주가 아니라 연속선상에서 간주되어야 한다는 것을 명심하자.

권력 거리

대학 총장과 개인적인 약속을 잡기 쉬운가? 직장 상사의 사무실에 아무렇지 않게 들어갈 수 있는가, 아니면 군대 비서관이나 행정 보좌관으로 진로를 탐색할 수 있는가? 우리 사회는 진정으로 미국 독립 선언문에서 천명하고 있는 바와 같이 모든 사람은 평등하게 태어났다고 믿는가? 이러한 문제들은 권력 거리 차원을 설명하기 위한 것으로, 권력 거리는 평등주의와 계급주의 차원이라고도 한다.[39]

권력 거리(power distance)는 조직이나 단체에서 권력을 가진 사람들과 없는 사람들 간의 물리적이고 심리적인 거리를 의미한

개인주의 문화권의 특징[40]

- '나'라는 정체성이 중요하다.
- 독립성을 중요한 가치로 여긴다.
- 개인의 성취를 보상받게 된다.
- 개인의 고유성에 가치를 둔다.

집단주의 문화권의 특징[41]

- '우리'라는 정체성이 중요하다.
- '내집단'(ingroup, 한 개인이 그 집단에 속한다는 느낌으로 구성원 간의 공동체 의식이 강한 집단)의 욕구, 신념, 목표가 개인의 것보다 강조된다.
- 집단 내에서 협력을 조성하고 유용하는 성취는 보상으로 주어진다.

다. 또한 "국가 내 조직이나 단체에서 권력이 적은 구성원들이 권력의 불평등한 분배를 수용하고 기대하는 정도"를 말한다.[42]

높은 권력 거리(high power distance) 문화권에서 개인은 권력으로 인한 차이를 자연스럽게 받아들인다. 모든 사람들이 평등하게 태어나지 않았다는 것을 인정한다. 이러한 문화권에서 특권층은 더 많은 권력을 가지게 되며, 권력이 적은 사람들의 삶을 인도하거나 통제하는 데 권력을 사용한다. 높은 권력 거리 문화권에서는 이를 수용하고 권위에 도전하지 않는다. 부모는 자녀를 완벽하게 통제할 수 있으며 남편은 전적으로 아내를 통제할 수 있다. 그리고 정부 관료, 기업 임원, 종교 당국은 행동 규칙을 지시하고 준수하도록 하는 권력을 가진다.

낮은 권력 거리(low power distance) 문화권에서는 권력 거리가 최소화되어 상사는 직원들과 함께 일하고, 교수는 학생과 연구하고, 선출직 공무원은 유권자들과 함께 일한다. 다음 쪽의 표는 권력 거리에 대한 상위권 국가들을 보여준다. 미국은 세계 최대의 민주주의 국가이자 기회 균등의 사회라고는 하지만 낮은 권력 거

리 국가 순위*에서 아일랜드, 스웨덴, 핀란드, 스위스, 영국, 독일, 호주, 네덜란드, 캐나다 등에 이어 16위로 나타났다.[43]

권력 거리는 커뮤니케이션에 큰 영향을 미친다. 예를 들어 호주(낮은 권력 거리 국가)에서 학생과 교수는 보통 서로 이름을 부르는 가까운 사이이며, 수업시간에 활발한 토론이 이루어진다. 그러나 말레이시아(높은 권력 거리 국가)에서는 학생들은 수업 시작 전에 와서 착석하며 거의 아무도 늦게 오지 않는다. 학생들은 교수의 견해에 거의 이의를 제기하지 않으며 예의 바르고 감사해한다. 높은 권력 거리 문화권에서는 교사, 어른, 상사, 사법 공무원, 정부 관료 등에게 공개적으로 동의하지 않는다고 할 수 없다.

개인주의·집단주의 차원과 권력 거리 차원을 비교해보면 권력 거리가 높으면 집단주의와, 권력 거리가 낮으면 개인주의와 상관관계가 있는 것으로 나타났다. 개인주의적이고 자기 의사를 표현하는 데 더 적극적이라면 권위에 도전하고자 할 것이다. 반대로 집단주의적인 문화권에서 개인적 의견이 다른 사람들의 복지보다 경시된다면 가족, 고용주, 정부 등의 집단적인 권위에 도전하려 하지 않을 것이다.

성역할 기대

문화와 상관없이 우리 모두는 성역할에 대한 기대를 한다. 물론 생물학적인 관점에서 남자는 임신을 할 수 없고, 일반적으로 여성보다 더 크고 강하다. **성역할 기대 차원**(gender expectations dimension)은 자기주장과 배려심과 같은 '적절한 역할 행동에 대한 기대'와 '남성과 여성의 행동에서 기본적인 유사점과 차이점에 대한 기대' 모두에 초점을 맞춘다.[44]

호프스테드는 '단호한 행동의 지향과 그와 반대되는 단정한 행동의 지향'으로 성역할 기대의 차이점을 설명하고자 한다.[45] 이러한 차원을 설명하기 위해 **남성성**(masculinity)과 **여성성**

높은 **권력 거리 국가**	
1/2위†	말레이시아
	슬로바키아
3/4위†	과테말라
	파나마
† 동일 순위	

낮은 **권력 거리 국가**	
1위	오스트리아
2위	이스라엘
3위	덴마크
4위	뉴질랜드

권력 거리에 대한 국가 순위

(femininity)이라는 용어를 사용하기도 하는데 이는 개인적인 관점보다 사회적인 관점과 관련이 있다. 러스티그(Lustig)와 코스터(Koester)는 이러한 문화적 차원을 설명하기 위해 간단하지만 유용한 연속체를 제시한다(아래 표를 참조).[46]

남성성이 높은 사회**에서 남성은 자기주장이 강하고 거칠며 물질적 성공을 중요시하는 반면, 여성은 좀 더 배려심이 깊고 겸손하고 부드러우며 삶의 질에 관심을 더 높이 둔다. 여성성이 높은 사회에서는 남성과 여성 모두 배려심이 많고 겸손하고 부드러우며 삶의 질을 중요시한다. 양성 평등사회 문화권에서 성역할은 중첩적으로 나타난다. 남성과 여성 모두 자기주장이 강하거나 배려심이 많다. 남성성과 여성성 가치에 대한 상위권 국가들은 위의 표와 같다.[47]

호프스테드의 조사 결과 남성성 가치가 높은 국가 순위 14위에서 18위까지는 콜롬비아, 필리핀, 폴란드, 남아프리카공화국, 에콰도르로, 그다음으로 미국이 19위를 차지했다.[48] 남성성이 높은 사회에서는 개인의 성공, 경쟁, 자기주장, 힘 등이 칭송된다. 헌신이나 배려는 약점으로 작용한다. 여성의 역할이 제약적이었던 지난 세기로부터 상당한 진전이 있었지만 남성적 가치가 높은 문화권에서 진정한 평등으로 가는 길은 아직 멀다.

성역할 기대의 연속선에서 남성성이 높은 쪽으로 갈수록 여성이 남성보다 권리나 권한이 더 적다. 일본, 오스트리아, 이슬람 인구가 많은 아랍 국가들에서는 남성과 여성이 본질적으로 다르게 간주되며 "이러한 차이는 서로 다른 기대와 처우를 필요로 한다."[49] 일부 문화권에서 여성이 겪고 있는 처우에 대해 인정하기 어렵더라도 그들의 관습을 이해하고 적응하기 위해 최선을 다해야 한다. 예를 들어 아랍에미리트 웹사이트에는 이슬람 국가를 여행 시 유의할 사항을 제시하고 있다. "남성은 악수를 하지만 여성은 남성이 악수를 청할 때까지 기다려야 한다. 독실한 남성 이슬람교도는 여성과 악수하지 않을 수도 있으며 독실한 여성 이

남성성 가치가 높은 국가
1. 슬로바키아
2. 일본
3. 헝가리
4. 오스트리아
5. 베네수엘라

여성성 가치가 높은 국가
1. 스웨덴
2. 노르웨이
3. 라트비아
4. 네덜란드
5. 덴마크

남성성과 여성성 지표

남성은 자기주장이 강하다. ◄──────────►	남성은 상대를 배려한다.
여성은 자기주장이 강하다. ◄──────────►	여성은 상대를 배려한다.
남성과 여성 모두 자기주장이 강하다. ◄──────────►	남성과 여성 모두 상대를 배려하지 않는다.

문화에 기반한 성역할 기대

---

* 역자 주─세계 53개국을 대상으로 권력 거리를 조사한 결과 한국은 권력 거리가 낮은 순위에서는 26위, 권력 거리가 높은 순위에서는 28위를 차지했다.

** 역자 주─남성성이 높은 순서대로 보면 한국은 세계 53개국 중 41위로 나타났다. 생각보다 남성성이 약한 나라로 나타난 이유는 세계 각국의 IBM 직원들을 대상으로 한 조사이기 때문으로 보인다.

미국 국무장관 힐러리 클린턴과 러시아 타타르공화국 대통령이 이슬람 사원에서 신혼부부를 축하해주고 있다. 클린턴 장관은 어떻게 이 나라 사람들의 가치에 대한 이해와 존경을 보여줄 수 있었을까?

슬람교도는 가족이 없는 남성과 악수하거나 신체 접촉을 하지 않는다. 오히려 손님을 환영한다는 진정성을 보여주기 위해 자신의 가슴에 한 손을 대고 목례한다."[50]

시간 지향성

시간 지향성(time orientation)은 과거/현재/미래, 한 번에 한 가지 일/한 번에 많은 일, 행동의 속도 등 장·단기적인 시간 변수에 초점을 맞춘 다면적인 문화 차원이다. 결과적으로 시간에 대한 많은 해석이 있다.

북유럽과 북미의 대부분 지역에서 시간은 가치 있는 것이다. 우리는 시간을 보내며, 시간을 아끼고, 낭비하며, 서두르거나, 늦고, 시간을 벌고, 쉬기도 한다. 결국 여러 약속들로 낮과 밤을 채우며 분주한 삶을 살아간다. 그러나 인도, 케냐, 아르헨티나에서의 삶의 속도는 '일을 처리할' 필요보다는 자신만의 리듬을 만드는 일에 참여하는 의미에 더 영향을 받는다.[51]

우리가 속한 문화권이나 우리의 삶에 따라 시간에 대한 관점은 과거, 현재나 미래에 집중하게 된다. 호프스테드는 문화권에 따라 목표를 달성하는 방법과 시기가 매우 다양하다는 사실을 확인했다. 이에 따라 미래의 보상을 지향하는 실용적 가치를 중요시 여기는 **장기 지향성**(long-term orientation)과 과거, 현재와 관련된 보상에 대한 가치를 중요시 여기는 **단기 지향성**(short-term orientation)이라는 문화 차원을 제시했다. 단기 지향적인 문화권에서는 시간, 마감시간, 다중 업무, 과업, 할 일 목록 등에 의해 삶이 통제된다. 장기 지향적인 문화권의 경우 필요에 맞기기보다 다른 주변 상황에 맞춰 시간을 유동적으로 본다.

별자리가 물고기자리인가, 쌍둥이자리인가? 별자리를 알고 있다면 서양이나 단기 지향적 문화권에 살고 있을 가능성이 더 높다. 호랑이띠의 해에 태어났는가, 원숭이띠의 해에 태어났는가?

이론 살펴보기

침묵된 집단 이론

체리스 크라마래(Cheris Kramarae)의 **침묵된 집단 이론**(muted group theory)은 한 사회 내에서 상위에 있는 부강한 집단이 누가 커뮤니케이션하고 누가 들을 것인지를 결정한다고 본다. 이러한 이유로 여성, 빈민, 소수 집단은 듣기만 하고 참여하지 못하게 되는 것이다.[52] 침묵된 집단 이론에서 제시하는 다음과 같은 가정들은 많은 문화권에서 여성의 목소리가 어떻게 억제되거나 침묵되는지 보여준다.

1. 전통적으로 이어져 온 노동의 분업에 의해 여성은 남성과 다르게 세상을 인식한다(예 : 가정주부와 생계부양의 책임자, 간호사와 의사).

2. 여성의 표현의 자유는 남성 우위의 제도나 관계에 의해 제한되어 왔다. 예를 들어 미국에서 여성은 1920년에 이르러 투표권을 획득했다. 많은 여성들의 고위직 진출을 가로막는 보이지 않는 장벽, 즉 '유리천장'은 여전히 조직 내에 존재한다.

3. 사회에 충분히 참여할 수 있도록 여성들의 사고와 행동을 전환해야만 한다. 예를 들어 성희롱, 연인 간 강간과 부부 간 강간, 배우자 학대 등은 용서되고 묵인될 수 있는 관행이 아니라 심각한 범죄임을 확실히 하기 위해 여성이 더 정치적으로 활동해야 한다.

침묵된 집단 이론이 여성에게 초점을 맞추고 있지만, 이러한 가정들은 다른 많은 집단에 적용될 수 있다. 미국 내에서는 유색 인종, 이민자, 장애인, 빈민들의 목소리 또한 침묵되고 있다.

음력 생일과 상징하는 동물들을 알고 있다면 동양이나 장기 지향적 문화권에 살 가능성이 더 높다.

파키스탄, 나이지리아, 필리핀, 캐나다 등의 단기 지향적인 나라들은 노력에 따른 결과가 빨리 나타나기를 기대한다. 여가시간을 가치 있게 보내며 수입을 저축하기보다 소비하기를 좋아한다. 중국, 대만, 일본, 한국 등과 같은 장기 지향적인 나라들은 지속성, 절약, 적응 능력, 겸손 등을 중요한 가치로 여긴다. 장기 지향적 문화 구성원들은 윗사람을 공경하고 필요에 의한 만족감을 뒤로 할 수 있는 능력을 존중한다.

단기 지향성 국가
1. 파키스탄
2. 나이지리아
3. 필리핀
4. 캐나다
장기 지향성 국가
1. 중국
2. 홍콩
3. 대만
4. 일본

시간 지향성[53]

고맥락 문화와 저맥락 문화

제1장 "인간 커뮤니케이션"에서 맥락은 커뮤니케이션에서 발생할 수 있는 사회심리적, 논리적, 상호작용적 환경으로 정의한 바 있다. 에드워드 홀(Edward T. Hall)은 맥락을 사건을 둘러싼 정보로서 사건의 의미와 떼려야 뗄 수 없는 관계라고 설명한다. 또한 메시지의 맥락은 그 자체로 또는 그 내부적으로 메시지의 단어보다 더 많은 의미를 가질 수 있다고 주장한다.[54] 다른 네 가지 문화 차원과 마찬가지로 고맥락과 저맥락은 연속선상에서 문화를 두고 설명할 수 있다.

고맥락 문화(high-context culture)에서는 단어를 통해 표현되는 의미가 매우 작다. 반면에 몸짓, 침묵, 얼굴 표정, 커뮤니케이터와의 관계 등이 의미를 지닌다. 고맥락 문화권에서 의미는 상

황(나이, 성별, 교육, 가정 환경, 직책, 소속 등)이나 친구와 동료를 통한 개인적인 비공식 네트워크를 통해서 전달될 수 있다.

저맥락 문화(low-context culture)에서 의미는 주로 언어를 통해 전달된다. 북미 사람들과 같은 저맥락 문화 구성원들은 고맥락 문화권 사람들보다 말이 많고, 더 크고 빠르게 말하는 경향이 있다. 미국인과 캐나다인은 '큰 소리로 말하고', '설명하려 하며', '그냥 아니라고 말하고', '말하고 싶은 것을 말한다'. 아래의 표는 고맥락 문화와 저맥락 문화 간의 특징을 대조해서 보여주고 있다.[55]

고맥락 커뮤니케이션은 보통 구성원들이 유사한 태도, 신념, 가치를 공유하고 있는 집단주의적 문화에서 나타난다. 따라서 발화 커뮤니케이션은 모두가 맥락, 사람들의 비언어적 행동, 커뮤니케이터의 지위가 가지는 의의 등을 이해함으로써 의미를 얻을 수 있기 때문에 간접적이고, 함축적이거나, 애매할 수도 있다.

평화봉사단 전 봉사자이며 현 대학 교수인 셜리 반 데르 뵈르(Shirley van der Veur)는 이 개념을 다음의 실례와 연관시켜 말한다. 케냐 출신의 한 학자는 미국인 동료 집에 저녁 식사 초대를 받았다. 손님이 음식을 조금도 남기지 않고 다 먹었다고 해도 미국인 주인은 저녁 식사에 대한 언급이 없었기 때문에 손님이 저녁 식사를 좋아했는지 확신할 수 없다. 케냐에서는 손님이 감사해하며 식사하고 있는 것을 보면, 손님이 말로 기쁨을 표현하지 않아도 식사를 즐기고 있다는 것을 안다.[56]

홀은 고맥락 문화와 저맥락 문화의 기능에 따라 시간 지향성이 다르게 나타난다고 본다.[57] 고맥락 문화권에서 시간은 더 개방적이고 덜 구조화되어 있으며, 사람들의 즉각적인 필요에 더 잘 반응하고 외부 목표와 제약에 덜 종속된다. 일정이나 기한은 중요한 문제가 아니기 때문에 자주 어기기도 한다. 고맥락 문화권

고맥락 문화

예	특징
중국인 일본인 한국인 미국 원주민 아프리카계 미국인 멕시코계 미국인 라틴계 미국인	함축적 의미 비언어적 커뮤니케이션 내성적 반응 집단 내 강한 유대감 높은 수준의 헌신 개방적이고 유동적인 시간

저맥락 문화

특징	예
명시적 의미 언어적 커뮤니케이션 표면적 반응 집단 구성원의 유연성 낮은 수준의 헌신 고도로 조직화된 시간	독일인 스위스인 백인계 미국인 스칸디나비아인 캐나다인

디지털 혁명

전 세계적으로 디지털 시대에 살고 있다. 우리는 대부분 친구나 가족 등과 연락하기 위해, 대학에서 수강하고 연구하고 질문하기 위해, 물건을 사고 은행계좌를 확인하고 투자를 하기 위해, 일자리를 찾고 직업적으로 성공하고 직업을 유지하기 위해, 영화를 보고 게임을 하고 연애를 시작하거나 끝내기 위해 인터넷에 의존하고 있다. 그러나 자랑할 일이 아니다. 미국은 과학자들이 인터넷을 발명했음에도 불구하고 국제적인 디지털 혁명에서는 뒤떨어져 있다. 미국 성인의 약 20%는 "집, 직장이나 학교, 모바일로도 인터넷을 이용하지 않고 있다." 그 결과 약 6,000만 명이 "일자리, 정부 서비스, 건강 관리, 교육 등에서 제외되어 있으며," 결국 개인과 미국 경제가 타격을 받고 있다.[58]

오늘날 미국의 광대역 연결 속도와 비용은 전 세계에서 16위를 차지하고 있다.[59] 미국의 시스템 속도는 전 세계에서 29위이다.[60] 설상가상으로 미국인은 전 세계보다 낮은 품질과 느린 속도에 더 많은 돈을 지불하고 있다.

퓰리처상을 수상한 데이비드 케이 존스턴(David Cay Johnston) 기자는 이렇게 말했다. "우리는 리투아니아, 우크라이나, 몰도바 같은 나라보다 한참 뒤처져 있다. 이동되는 정보의 비트당 비용도 일본보다 38배나 더 지불하고 있다. 많이 보급되어 있는 인터넷-집전화-케이블 TV 모두 사용할 수 있는 트리플플레이 패키지(triple-play packages) 중 하나를 구입하는 경우 세금 포함해서 한 달에 약 160달러를 지불해야 한다. 동일 서비스를 프랑스에서는 월 38달러에 이용할 수 있다."[61]

고도의 산업화를 이루고 커뮤니케이션이 뛰어난 나라인 미국은 디지털 격차에 있어 잘못된 방향으로 가고 있다. 많은 저소득 미국인은 안정적으로 인터넷에 접속할 수 없다. 한국의 경우에는 이야기가 달라진다. 한국의 "인터넷 이용 속도는 미국보다 약 200배 더 빠르며 월 27달러만 내면 이용할 수 있다."[62]

이것은 무엇을 의미하는 것일까? 미국은 경제적으로 경쟁 국가의 사람들처럼 동일한 품질로 동일한 속도와 저렴한 가격에 통신할 수 없다는 것이다. 친구에게 트윗이나 메시지를 보내는 경우라면 이것은 큰 문제로 보이지 않을 수도 있다. 그러나 Captive Audience(2013)의 저자 수전 크로포드(Susan Crawford)는 이 문제가 사회 평등과 공정성에 보다 많은 영향을 미칠 것이라고 설명한다. 중산층은 높은 가격에 위축되고 "빈민이나 농촌 사람들은 공공도서관이나 무료로 무선인터넷(Wi-Fi)을 이용할 수 있는 맥도날드를 찾을 것이다." 결국 미국의 질 낮고 많은 비용이 드는 디지털 시스템은 국가의 경제 성장과 세계 경제에서의 통신 역량에 영향을 미치게 될 것이다.[63] 그리고 직업을 찾거나 유지하려 할 때, 돈을 벌거나 저축하려 할 때, 할 수 있거나 할 형편이 안 되는 일, 삶의 질 등의 측면에서 우리에게도 직접적인 영향을 미치게 될 것이다.

마음속 내용을 트윗하거나 메시지로 보내고는 있지만, "모두에게 싸고, 빠르고, 풍부한 연결성을 보장"하지 못한다면 정교한 세계 경제에서 효과적인 통신 역량이 위기에 처할 것임을 유념해야 한다.[64]

사람들은 동일 시간에 여러 다른 문제에 대해 생각하고, 2~3개 대화를 동시에 하면서 편안함을 느낄지도 모른다.

저맥락 문화권에서는 반대로 나타난다. 사건은 고도로 조직화되고 별도의 항목으로 한 번에 한 가지씩 나눠진다. 저맥락 문화권 사람들은 다른 일을 하기 전에 한 가지 일에 집중하려 하고 누군가 방해하거나 토론이나 회의 목적과 관련 없는 개인적인 주제를 꺼낸다면 거슬려 할 것이다.

홀은 이러한 두 가지 시간 지향성은 양립할 수 없으며 높은 수준의 좌절감을 초래할 수 있다고 주장한다. 고맥락 문화에서 시간이 갖는 의미는 저맥락 문화인 미국에서 갖는 시간의 의미와 동일할 수 없다. 고맥락 문화권 사람들에게 일정이나 약속은 특히 미래에 대한 계획이 공고하지 않으며 심지어 중요한 계획도 마지막 순간에 변경될 수 있다.[65]

문화 간 커뮤니케이션 전략

3.4 다른 사람을 이해하고, 존중하고, 적응하는 능력을 향상시키는 커뮤니케이션 전략과 기술을 연습해보자.

'**타**인'에 대한 관점을 이해하는 방법으로 '타인의 시선으로 세상을 바라볼 것'을 권고한다. 타인이 보는 것과 같이 세상을 바라볼 수 있는, 즉 타인을 이해하려는 근본적인 목적은 커뮤니케이션의 오해와 편견을 최소화하는 것이다. 물론 매일 우리가 만날 수 있는 수많은 '타인'에 대해 배우고 적응하는 것은 사고와 행위의 오랜 습관의 변화가 필요할 수도 있다.

주의 기울이기

마음챙김은 오래된 개념이자 새로운 개념이기도 하다. 고대의 개념은 부처가 히말라야의 산기슭에서 마음챙김을 통해 깨달음을 얻었던 기원전 천 년 전으로 거슬러 올라간다.[66] **마음챙김(mindfulness)**은 현재 순간을 판단하지 않고 신체와 감정, 의식만으로 그대로 자각하는 것이다.

문화 간 커뮤니케이션 전략

1 주의 기울이기
2 서로에게 적응하기
3 적극적으로 관계 맺기

마음챙김에 대해 더 자세히 설명하기에 앞서, 반대 개념인 마음놓침에 대해 살펴보자. 융통성 없는 범주와 잘못된 구별로 인해 행동과 사고가 관습화될 경우 **마음놓침(mindlessness)**이 발생한다.[67] 예를 들어 판매 사원에게 "저기, 죄송한데요."라고 말한다. 왜 이렇게 말했는가? 좀 더 주의를 기울여야 하는 누군가를 방해해서 사과의 의미로 했는가? 우리 모두는 아무런 대가 없이 무심코 어떤 행동을 한다. 그런데 민감한 커뮤니케이션 상황에서 마음놓침이 발생할 경우 인간관계나 중요한 프로젝트에 악영향을 미칠 수도 있다. 9·11 사건 이후, 애국적인 무슬림 미국인들 대다수는 이슬람의 신앙과 문화에 대한 무지로 인해 아무 이유 없이 고정관념, 편견, 차별을 겪었다. 자신의 종교만 항상 옳고 좋은 것이다, 다른 문화에서 온 사람들은 열등하고 신뢰할 수 없다, 소년은 항상 소년이고 소녀는 소녀일 수밖에 없다, 변화는 끔찍하고 무서운 것이다 등과 같은 마음놓침 상태에 있다면 경직되고 편향된 세계에 갇혀있게 된다.[68]

반대로 마음챙김은 상대방과의 커뮤니케이션에 주의를 기울이는 것이다. 마음챙김은 누군가에 대해 좀 더 알아갈 때 정형화된 의견이나 한쪽만 고려하지 않고 무슨 일이 일어나고 있는지 관찰하도록 한다.[69] 마음으로 주의를 기울이면 틀에 박힌 사고와 편견을 인식하게 되고 이를 극복할 수 있다. 마음챙김은 다른 사람들을 이해하고, 존중하고, 적응할 수 있도록 하는 자유를 주고 동기를 부여한다.[70]

> 주의 깊은 커뮤니케이터는 내부적으로(몸, 심정, 정신) 경험하고 있는 것을 이해하고 주위에서(사람, 자연 세계, 환경, 사건) 발생하는 일에 대해 온 집중을 기울인다.

새로운 정보 수용하기 주의를 기울이는 커뮤니케이터는 새로운 정보에 개방적인 태도를 취함으로써 다른 사람들과 그들의 문화에 대해 더 잘 알 수 있다. 우리는 너무 자주 다른 사람들의 신념이나 행동을 이해할 수 있는 새로운 정보를 비이성적으로 이상하게 여기면서 묵살하곤 한다. 무슬림과 유대인이 돼지고기를 먹지 않는 이유나 힌두교에서 기근에도 불구하고 신성한 동물로 여겨지는 소고기를 먹지 않는 이유를 알게 되면 좀 더 주의를 기울이고 그들의 관습을 수용할 수 있을 것이다.

상대방의 관점 존중하기 주의를 기울이는 커뮤니케이터는 새로운 정보뿐만 아니라 다른 관점에 대해서도 열린 자세를 지녀야 한다. 심리학자 리처드 니스벳(Richard Nisbett)은 중국에서 온 대학원생과 함께 연구를 진행하면서 이러한 차이를 이해할 수 있었다. 중국인 학생은 다음과 같이 말한다. "당신과 나 사이의 차이는 내가 알고 있는 세계는 둥글지만 당신은 직선으로 생각하는 데 있다. 중국인은 계속해서 변하고 있다고 생각하지만 항상 이전 상태로 되돌아가려고 한다. 서양인들은 더 단순한 세계를 살고 있고… 행동 양식을 제어할 수 있는 규칙을 알고 있기 때문에 사건을 통제할 수 있다고 생각한다."[71]

사람을 판단하고 사건을 해석하는 데 있어 특정한 방법에만 집착한다면 마음을 기울일 수 없게 된다. 모든 생각, 사람, 대상은 바라보는 관점에 따라 수없이 달라질 수 있다. 소는 목장 주인에게 생계의 수단이지만, 힌두교에서는 신성한 동물이며, 생물학자에게는 유전자와 단백질군이고, PETA*에서는 학대받지 않고 공존해야 할 대상이다.[72]

서로에게 적응하기

우리는 주변 사람들과 '어울릴 때' 가장 편안함을 느낀다. 자연스럽게 어울리기 위해 가족, 친구, 동료, 권위적 인물, 낯선 사람들과 말하는 방식을 조정해야 할지도 모른다. 예를 들어 서로 다른 지역인 메인(미국에서 가장 북동쪽에 있는 주)과 앨라배마(미국 남동부에 있는 주)에서 온 두 사람이 있다. '집'에 가면 방언, 어휘, 문장구조, 말의 속도, 음량까지 그들의 가정 문화에 맞춰 변한다. 그러나 전문적인 장소에서는 스타일과 본질에 있어 좀 더 공식적으로 말한다.

하워드 자일스(Howard Giles, 캘리포니아대학교 샌타바버라캠퍼스) 교수는 **커뮤니케이션 조절(communication accommodation)**[73]을 연습할 것을 권고한다. 우리는 다른 사람들과 커뮤니케이션을 할 때 자신을 비교하게 되고, 가능하다면 그들에게 우리의 행동을 적응시킨다. 다른 집단이 더 영향력 있고 바람직한 특성을 지녔을 경우 그 집단의 말하는 행동이나 규범을 채택해서 대화를 '조절'하게 된다. 자일스는 다른 사람에게 맞춰 효과적으로 커뮤니케이션하는 방법을 네 가지로 제시한다.

1. 커뮤니케이션의 유사점과 차이점은 모든 대화에서 존재한다. 유학생이든 할머니든 간에 누구와 말하든지 차이는 발생한다.
2. 상대방과의 커뮤니케이션을 인식하는 방식은 다른 사람들과의 상호작용을 어떻게 평가할 것인지에 따라 달라진다. 효과적인 커뮤니케이터는 다른 사람들의 말을 주의 깊게 듣고, 그들이 하는 행동을 유심히 관찰함으로써 고정관념을 피해야 한다.

---

* 역자 주−PETA(People for the Ethical Treatment of Animals)는 동물의 권리를 보호하기 위한 세계적인 동물보호단체이다. '동물을 윤리적으로 대우하는 사람들'이란 뜻으로 1980년에 설립되었다. 특히 동물실험, 모피, 공장식 축산, 동물들이 인간의 오락을 위한 수단으로 쓰이는 것에 반대하는 등 다양한 운동을 벌이고 있다.

서양 사람

- 대상이나 사건의 기본적인 특성이나 예측 가능한 특성을 발견하는 데 집중함
- 대상, 사건, 환경을 통제하기 위해 노력함
- 개별적인 범주에 따라 생각하고자 공식적이고 논리적인 규칙을 적용함
- 한 신념과 다른 신념의 정확성을 강조함

동양 사람

- 사건 간의 상호 작용성, 예측할 수 없는 관계에 초점을 맞춤
- 대상, 사건, 환경을 통제할 수 있다는 것에 의문을 가짐
- 관계, 연결을 설명하면서 범주화하지 않음
- 서로 다른 신념 간의 차이를 수용함

하는 문화권과 상호작용할 경우, 노인이나 고위 관리자의 견해에 이의 제기하는 것을 주저할 수 있다. 특정 행동이 부적절하다는 것을 알았다면 해당 행위는 하지 않을 것이다. 동료들과 프로젝트 마감일에 일이 끝나기 전에 사무실을 떠나지 않기로 했다면, 함께 남아있어야 한다.

적극적으로 관계 맺기

문화적 배경이 다양한 사람들과 직접 얼굴을 맞대고 상호작용하는 것은 모두에게 혜택을 준다. 다른 문화에 대해 장기적으로 가져왔던 부정적인 신념이 긍정적인 견해로 전환될 수도 있다.

다른 사람들에게 적극적으로 관여할 수 있는 가장 흥미진진한 방법 중 하나는 여행이다. 미국 내에서도 샌프란시스코, 뉴올리언스, 마이애미, 뉴욕, 워싱턴 DC 등을 방문하여 문자 그대로 다른 세계와 접촉해보는 것이다. 해외여행은 더욱더 매력적이고 장기적인 이익을 가져다준다. 유학생들을 조사한 결과 더 넓은 세계관, 자신감 상승 등 직업적인 성공과 긍정적인 연관성을 발견했다. 문화 간 발전과 이해에 대한 질문에서도 98%가 유학을 통해 자신의 문화적 가치와 편견을 더 잘 이해할 수 있었다고 응답했다.[74]

3. 언어와 행동은 사회적 지위와 집단 구성원들의 정보를 전달한다. 일반적으로 더 높은 지위와 더 큰 힘을 가진 사람이나 집단은 '채택되는' 행동이나 대화의 유형을 만든다. 만약 공식적으로 행동하는 사람 앞에서 면접을 보는 경우라면 그 사람과 동일한 방식으로 행동하려 할 것이다.

4. 조절은 적합성의 정도에 따라 달라지며 규범은 조절의 과정을 보여준다. 어색한 상황에서 효과적인 커뮤니케이터는 그 상황에 맞는 집단의 행동을 수용하려고 노력한다. 따라서 어른을 공경

커뮤니케이션 & 문화

왜 힌두교인들은 굶주림에도 암소를 먹지 않을까?

인도의 힌두교는 암소를 삶의 신성한 상징으로 여긴다. 암소를 죽이는 것은 힌두교에서 가장 큰 신성 모독에 해당한다. 특히 인도에서 나타나는 식량 부족과 빈곤에 비추어보면 이러한 믿음은 불합리해 보일 수도 있다. 인도를 방문하거나 사진을 본다면 도시 거리, 보도, 고속도로, 철도, 정원, 농경 등에서 암소들이 돌아다니는 것을 볼 수 있다. 또한 극심한 빈곤과 기아에 허덕이는 사진도 볼 수 있다.

마빈 해리스(Marvin Harris)는 자신의 저서 *문화의 수수께끼(Cows, Pigs, Wars and Witches: The Riddles of Culture*, 1974)에서 힌두교에서 암소를 어떻게 다루는지 설명한다.[75] 암소는 밭을 일구는 데 가장 주요한 원천인 수소를 낳아준다. 그러나 인도의 6,000만 개 이상의 농장에 비해 수소의 수는 턱없이 부족하다. 수소가 밭을 갈아주지 않으면 경작을 할 수 없게 되고, 식량 부족의 원인이 되며, 사람들은 굶주리게 된다. 암소를 죽이게 되면 수소를 낳을 수 없게 될 것이다. 최악의 기근이라도 암소를 죽이는 것은 임시방편에 불과하다. 암소를 죽이면 향후 몇 년 동안 밭을 경작해줄 수소가 없어지게 될 것이다. 장기적인 효과로 인해 더욱더 엄청난 기근이 올 수 있게 된다. 해리스는 다음과 같이 결론 내린다.

말하고자 하는 것은 암소 숭배는 소에 의한 생산물을 복합적이고 주도면밀하게 이용하기 위한 문화적인 주문에서 오는 능동적인 부분이라는 것이다. 암소 숭배는 낮은 에너지 생태계에서 낭비나 나태의 여지가 거의 없도록 노력해나가려는 인간 생존의 잠재 능력을 동원하는 것이다.[76]

해리스의 문화인류학적 관점에서의 설명을 통해 인도의 농민들이 굶주림에도 암소를 먹지 않는 이유를 이해하고 존중할 수 있게 되었다.

다른 사람을 마주할 때 오는 불안감과 불확실성의 수준을 최소화할 수 있다면 삶을 풍요롭게 해줄 수 있는 매혹적인 사람들과 함께 새로운 세계를 발견하게 될 것이다. 사실상 문화, 국적, 성별, 종교, 연령, 능력과 관계없이 우리 모두는 놀라운 인간의 고유한 특성을 공유하고 있다.

모든 사람들이 공유하는 커뮤니케이션의 특성"

행복할 때 **웃는다.**

인사할 때 손을 흔든다.

즐거우면 **웃는다.**

당황하면 얼굴이 **빨개진다.**

슬프거나 고통스러울 때 **눈물을 흘린다.**

근심스럽거나 불안할 때 **찡그린다.**

낙담하고, 냉담하고, 절망적인 상황에서 **움츠리는 자세를 취한다.**

"난 몰라."라는 표현으로 **어깨를 으쓱한다.**

낙담하거나 피곤할 때 **털썩 앉는다.**

경계하거나 자신감이 있을 때 **똑바로 선다.**

자민족중심주의 일반화(GENE) 척도[78]

자문화와 타 문화에 대해 느끼는 감정과 관련된 다음 문장을 읽어보자. 각 문장에 대해 '(5) 매우 동의함, (4) 동의함, (3) 잘 모르겠음, (2) 동의하지 않음, (1) 매우 동의하지 않음' 여부에 따라 주어진 공간에 표시해보자. 옳고 그른 답은 없다. '문화'라는 말은 미국 및 기타 국가에서 비교적 많은 사람들의 행동에 영향을 주는 신념, 가치, 규범, 사회적 관습 등에 대한 해석이 학습되고 공유되는 양식임을 기억하자. 일부 문장은 비슷해 보일 수 있다. 모든 사람이 자민족중심주의를 어느 정도 경험하게 된다. 솔직하게 답하고, 신속하게 첫 번째 응답을 기록해보자.

_____ 1. 대부분의 다른 문화는 나의 문화와 비교하여 후진적이다.

_____ 2. 다른 문화 사람들은 나의 문화에서 우리가 누리는 것보다 더 나은 생활방식을 가지고 있다.

_____ 3. 대부분 사람들은 나의 문화 사람들처럼 살지 않을 때 더 행복해질 수 있다.

_____ 4. 나의 문화는 다른 문화의 본보기가 될 수 있다.

_____ 5. 다른 문화의 생활방식은 나의 문화에서도 여전히 유효하다.

_____ 6. 다른 문화는 나의 문화보다 나아지려 노력해야 할 것이다.

_____ 7. 나는 다른 문화의 가치나 관습에 관심이 없다.

_____ 8. 다른 문화 사람들이 나의 문화를 우러러보는 것은 현명하지 않다.

_____ 9. 나의 문화 사람들은 다른 문화 사람들로부터 많은 것을 배워야 한다.

_____ 10. 다른 문화권에서 온 대부분의 사람들은 자신에게 무엇이 좋은지 모르고 있다.

_____ 11. 나의 문화권 사람들은 다른 문화권에 가게 되면 이상하고 특이하게 행동한다.

_____ 12. 나는 다른 문화의 가치와 관습을 존중하지 않는다.

_____ 13. 대부분의 사람들이 나의 문화 사람들처럼 살면 더 행복해질 것이다.

_____ 14. 나의 문화권 사람들은 어디에서든 최고의 생활방식을 가지고 있다.

_____ 15. 나의 문화는 대부분의 다른 문화와 비교하여 후진적이다.

_____ 16. 나의 문화가 다른 문화의 본보기가 되기엔 부족하다.

_____ 17. 다른 문화의 생활방식은 나의 문화에서 유효하지 않다.

_____ 18. 나의 문화는 다른 문화보다 나아지려고 노력해야 한다.

_____ 19. 나는 다른 문화의 가치와 관습에 매우 관심이 있다.

_____ 20. 나의 문화권에서 대부분의 사람들은 자신에게 무엇이 좋은지 모르고 있다.

_____ 21. 다른 문화권의 사람들은 나의 문화 사람들로부터 많이 배워야 한다.

_____ 22. 다른 문화가 나의 문화를 우러러보는 것은 영리한 일이다.

_____ 23. 나는 다른 문화의 가치와 관습을 존중한다.

_____ 24. 다른 문화권에서 온 사람들은 나의 문화에 와서 이상하고 특이하게 행동한다.

자기민족중심주의 점수는 다음의 단계를 거쳐 확인할 수 있다.

1. 5, 9, 23번 문항의 응답값을 더한다.

2. 1, 3, 4, 6, 10, 11, 12, 13, 14, 17, 20, 22번 문항의 응답값을 더한다.

3. 1~18번 문항의 응답값을 뺀다.

4. 2단계와 3단계 결과를 더한다. 이것이 일반화된 자민족중심주의 점수이며 이 점수가 55점 이상이면 높은 자민족중심주의를 나타낸다.

문화 다양성

3.1 문화 다양성이 다른 사람들과의 상호작용에 어떻게 영향을 미치는지 평가해보자.

- 21세기 중반에 이르면 미국에서 주류 문화는 없어질 것이다.
- 문화는 비교적 많은 사람들의 행동에 영향을 주는 신념, 가치, 규범, 사회적 관습 등에 대한 해석이 학습되고 공유되는 양식이다.
- 공동 문화는 아직도 문화 유산을 통해 서로 연결되어 있으며 주류 사회 내에 존재한다.
- 대부분의 사람들은 다른 사람들의 종교나 자신들의 종교에 대해 잘 모른다.

문화 이해의 장애 요인

3.2 효과적이고 윤리적인 커뮤니케이션을 저해하는 자민족중심주의, 고정관념, 선입견, 차별, 인종주의 등에 대해 설명해보자.

- 자민족중심주의는 타 문화보다 자문화를 가장 우수하다고 보는 신념이다. 고정관념은 집단 구성원들의 특성을 지나치게 단순화하여 일반화시키는 것이다.
- 고정관념은 선입견으로 이어질 수 있다. 즉, 타인이나 다른 집단에 대한 경험이 거의 없거나 직접적으로 겪지 않았지만 특정 문화 집단에 대해서 긍정 혹은 부정적인 태도를 갖게 되는 것이다.
- 선입견은 다른 사람에게 부여된 기회로부터 집단 구성원들을 배제하는 차별로 이어질 수 있다.
- 극단적으로 선입견과 차별은 다른 인종의 사람들에 대한 지배와 학대를 정당화하는 인종주의로 이어진다.
- 인종을 사회적으로 구성된 개념으로 바라볼 수 있어야 비로소 인간의 특성은 자연중립적이 된다.

문화 차원

3.3 커뮤니케이션 과정에서 나타나는 문화 차원의 수준과 영향을 설명해보자.

- 개인주의–집단주의 문화 차원은 독립성, 개인의 성취와 상호 의존성, 집단의 가치가 대조를 이룬다.
- 권력 거리 문화 차원은 조직이나 단체 내의 권력을 가진 사람들과 없는 사람들 간의 물리적이고 심리적인 거리를 의미한다.
- 성역할 기대 문화 차원은 남성과 여성의 행동에서 기본적인 유사점과 차이점에 대한 기대와 적절한 역할 행동에 대한 기대 모두에 초점을 맞추고 있다.
- 시간 지향성 문화 차원은 시간을 유용한 것으로 보고 한 번에 한 가지 일에 집중하는 단기 지향성과 마감시간보다 유연성에 가치를 두며 분산이나 중단을 편하게 생각하는 장기 지향성으로 구분된다.
- 고맥락/저맥락 문화 차원은 단어나 비언어적 커뮤니케이션을 통해 전달되는 의미와 대인관계의 본질 여부에 초점을 맞춘다.
- 미국의 질 낮고 많은 비용이 드는 디지털 시스템은 국가의 경제 성장과 세계 경제에서의 통신 역량에 영향을 미친다.

문화 간 커뮤니케이션의 전략

3.4 다른 사람을 이해하고, 존중하고, 적응하는 능력을 향상시키는 커뮤니케이션 전략과 기술을 연습해보자.

- 효과적인 커뮤니케이터는 주의를 기울인다. 새로운 정보를 수용하고 즉각 반응하며, 다른 사람들을 존중한다.
- 커뮤니케이션 조절 원칙은 다른 사람들을 이해하고, 존중하고, 성공적으로 다른 사람들에게 적응할 수 있도록 도와준다.
- 다른 사람들과 상호작용하고 적극적으로 관계를 맺고 더 나은 커뮤니케이션을 할 수 있도록 도와줄 수 있는 방법을 찾아보자.

주요 용어

개인주의	마음챙김	장기 지향성
고맥락 문화	문화 차원	저맥락 문화
고정관념	문화	종교 리터러시
공동 문화	선입견	집단주의
권력 거리	성역할 기대 차원	차별
낮은 권력 거리	시간 지향성	침묵된 집단 이론
높은 권력 거리	인종	커뮤니케이션 조절 이론
단기 지향성	인종주의	
마음놓침	자민족중심주의	

연습문제

3.1 문화 다양성이 다른 사람들과의 상호작용에 어떻게 영향을 미치는지 평가해보자.

1 미국 센서스 자료에 따르면 2000~2010년 사이 _____의 인구는 '가장 빠른' 성장세를 보였으며, _____ 는 '가장 느린 성장세'를 보였다.

   a. 비히스패닉계 백인, 히스패닉계 백인

   b. 라틴계 미국인, 아시아인

   c. 아시아인, 비히스패닉계 백인

   d. 이민자, 라틴계 미국인

2 다음 중 종교에 대한 설명으로 옳지 않은 것은 무엇인가?

   a. 기독교, 유대교, 이슬람교는 모두 유일신 종교(하나의 신을 믿는 것)이다.

   b. 힌두교는 윤회 사상을 믿는다.

   c. 예수 그리스도는 유대인이다.

   d. 전 세계 인구의 절반은 기독교이다.

3.2 효과적이고 윤리적인 커뮤니케이션을 저해하는 자민족중심주의, 고정관념, 선입견, 차별, 인종주의 등에 대해 설명해보자.

3 법원은 한 슈퍼마켓에서 보수가 더 나은 계산대에서 일할 직원으로 백인이 아닌 지원자들을 채용하지 않는다는 것을 알았다. 다음 타인 이해의 장애 요인 중 무엇에 대한 전형적 예인가?

   a. 자민족중심주의

   b. 고정관념

   c. 인종주의

   d. 차별

4 1990년대 한 연구에서 대학생들은 아프리카계 미국인은 게으르고 시끄러우며, 유대인은 상황 판단이 빠르고 지적인 사람이라고 설명한다. 타인 이해의 장애 요인 중 이 연구에서 응답자들이 보여주고 있는 태도는 무엇인가?

   a. 자민족중심주의

   b. 고정관념

   c. 인종주의

   d. 차별

3.3 커뮤니케이션 과정에서 나타나는 문화 차원의 수준과 영향을 설명해보자.

5 다음 중 가장 개인주의 성향이 강한 나라는 어디인가?

   a. 호주

   b. 인도네시아

   c. 대만

   d. 페루

6 다음 중 여성성의 가치가 높은 사회에서 나타나는 특징은 무엇인가?

   a. 남성은 자기주장이 강하고 거칠며 성공을 중요시하는 반면, 여성은 좀 더 겸손하고 부드럽다.

   b. 남성과 여성의 성역할은 중첩적으로 나타난다.

   c. 여성이 모든 가사와 자녀 양육에 책임을 지닌다.

   d. 남성이 대부분 가사와 육아에 책임을 지닌다.

3.4 다른 사람을 이해하고, 존중하고, 적응하는 능력을 향상시키는 커뮤니케이션 전략과 기술을 연습해보자.

7 다음 중 다른 문화권에서 온 사람들과 커뮤니케이션을 할 때 마음챙김의 예가 될 수 있는 것은 무엇인가?

   a. 개인적인 편견을 인식하고 이를 극복하려고 노력한다.

   b. 다른 문화의 가치를 이해하고 존중한다.

   c. 새로운 아이디어를 수용하고 다른 사람들의 관점을 존중한다.

   d. 위의 모든 것이 다 해당된다.

8 하워드 자일스의 커뮤니케이션 조절 이론에 대한 설명 중 옳은 것은 무엇인가?

   a. 상대방과의 커뮤니케이션을 인식하는 방식은 다른 사람들과의 상호작용을 어떻게 평가할 것인지에 따라 달라진다.

   b. 언어와 행동은 사회적 지위와 집단 구성원들의 정보를 전달한다.

   c. 조절은 적합성의 정도에 따라 달라진다.

   d. 위의 모든 것이 다 해당된다.

정답 확인 : 355쪽

듣기 4

주요 목표

4.1 효과적인 커뮤니케이션을 위해 왜 듣기가 필수적인지 그 이유를 설명해보자.

4.2 듣기 과정의 주요 구성 요소를 확인해보자.

4.3 젠더와 문화가 우리의 듣는 방식에 어떻게 영향을 미치는지 설명해보자.

4.4 효과적인 듣기 전략과 기술을 연습해보자.

폴 마카렐리를 아는가? 2001년 11월부터 2011년 9월까지 모든 텔레비전에서 그가 던지는 하나의 질문, "지금 내 말 들려요?"라는 말이 수없이 방영되었다. 그는 버라이즌 광고로 스타덤에 오르며 휴대전화의 통화 품질을 테스트하기 위해 전국을 돌아다녔다.[1]

물론 이러한 광고 문구는 버라이즌 네트워크 범위에만 한정되지 않는다. 사람들이 얼마나 잘 들을 수 있는지에 대한 것이기도 하다. 인간의 청력은 언어와 자연이라는 두 가지 진화론적 선택의 결과로서 발전되어 왔다. 음성을 해독하고 알아내기 위해 인간은 들을 필요가 있었다. 또한 천지를 가르는 천둥소리, 식용 동물과 포식 동물들의 소리 등과 같은 자연 환경의 소리에 대처하기 위한 방법이 필요했다.

청력의 발달은 '듣기'의 발달로 이어졌다. 듣기에는 듣는 단어와 소리에 대한 주의 깊은 평가와 커뮤니케이션 상황에서 중요한 기술이 요구된다. 뉴욕타임스 과학 분야 기고가 세스 호로비츠(Seth Horowitz)는 "내용을 편리하게 전달하고 의미가 신속하게 교환되는 세상에서 결코 들으려 하지 않는 것이 유행이 되었다."라고 지적한다.[2]

이 장에서는 듣기 과정에서 청취하고, 이해하고, 기억하고, 해석하고, 평가하기 위한 능력뿐만 아니라, 다양한 메시지에 적절하게 반응하기 위한 능력을 향상시킬 수 있는 수단으로서 듣기 과정의 기본 구성 요소에 대해 검토하고자 한다.

듣기의 본질

4.1 효과적인 커뮤니케이션을 위해 왜 듣기가 필수적인지 설명해보자.

국제듣기협회(ILA)는 듣기(listening)를 "구어 및 비언어적 메시지를 수신하고, 의미를 구성하고, 응답하는 과정"으로 정의한다.[3] 이러한 정의는 효과적인 듣기의 결과이다. 듣기는 말하기, 읽기, 쓰기처럼 "당신은 말하고, 나는 듣는다."를 넘어선 복잡한 과정이다. 많은 사람들이 이러한 복잡성을 인식하지 못하기 때문에 듣기는 매우 쉽고 자연스럽게 보일 수 있다. 그러나 사실상 그 반대이다. (유전적, 의학적, 발달적 또는 환경적인 장애가 없는 한) 듣는 것(hearing)은 쉽다. 청각은 단지 신체 능력을 필요로 하는 반면, 효과적인 듣기는 지식, 기술, 동기가 필요하다. 특히 청취, 이해, 기억, 해석, 평가, 상대방에게 응답하는 능력을 떨어뜨릴 수 있는 무수히 많은 일상적인 소음을 감안하면 듣기는 힘든 일이다.[4]

듣기는 우리의 첫 번째 커뮤니케이션 활동이다. 대학생들의 인터넷과 소셜미디어 이용에 관한 한 연구 결과에 따르면 듣기는 커뮤니케이션 시간의 절반 이상을 차지한다.[5] 또한 효과적인 듣기 능력은 학생의 학업적 성공과 생존에 유의미한 영향을 미치는 것으로 나타났다.[6] 다른 한편으로 비효율적인 듣기는 학생의 실패를 예측하는 데 중요한 요인이 되었다. 백분율은 연구마다 다르지만, 〈그림 4.1〉은 대부분의 사람들이 매일 커뮤니케이션하는 시간을 어떻게 쓰는지 보여준다.

비즈니스 세계에서 많은 임원은 근무 시간의 60% 이상을 다른 직원들의 의견을 듣는 데 할애한다.[7] 또한 듣기는 신입사원들의 부족한 커뮤니케이션 기술 중 하나로 언급되기도 한다.[8]

일상생활에서 듣기의 중요성을 절대 과소평가해서는 안 된다. 그것은 커뮤니케이션 활동보다 훨씬 많으며, 삶의 중요한 기술 중 하나이다. 중진학자인 그레이엄 보디(Graham Bodie)는 "듣기는 (다른 사람들에 대한) 인정과 관심을 표현하는 것"이기 때문에 "전형적으로 긍정적인 대인 커뮤니케이션 행동"이라고 말한다.[9]

보디는 귀를 기울이거나 들으려는 느낌이 "어린 시절부터 삶의 마지막 순간까지 맺게 되는 많은 관계로부터 비롯된다."라고 설명한다. 또한 좋은 듣기는 육아, 결혼 관계, 판매 실적, 고객 만족, 효과적인 의료 서비스 등에 있어서도 중요한 측면이다. 좋은 청자는 다른 사람들이 문제에 대처할 수 있도록 돕고, 더 호감 있고 매력적이고 신뢰할 수 있는 사람으로 여겨지며, 성공할 가능성이 더 높아진다. 물론 올바른 듣기는 '갈등 관리나 리더로서의 성공'과 긍정적인 비즈니스 환경을 조성하는 데 중요한 요소이다.[11] 특히 커뮤니케이션 상황에서 효과적인 듣기는 효과적인 읽기, 쓰기, 말하기를 개발하기 위한 중요한 능력 중 하나이다.

> 우리 대부분은 들을 수 있지만, 다른 사람이 말하는 것에는 귀를 기울이지 않는다.

그림 4.1 커뮤니케이션하는 데 소요되는 시간 비율[10]

듣기 40~70%
말하기 20~35%
읽기 10~20%
쓰기 5~10%

얼마나 잘 듣는가

듣는 것만으로도 마음을 얻는다(*The Lost Art of Listening*)에서 마이클 니컬스(Michael Nichols)는 "듣기는 우리가 그것을 당연하게 여기는 것처럼 가장 기본적인 것이다. 그러나 대부분의 사람들은 실제보다 자신들이 더 잘 듣고 있다고 생각한다."라고 말했다.[12] 일례로 짧은 대화를 들은 직후 우리가 무슨 얘기를 했는지 약 50%는 정확히 보고하지 못한다. 별다른 훈련 없이 우리는 약 25% 정도를 효율적으로 듣는다.[13] 그리고 약 25% 정도는 왜곡하거나 부정확하다.[14]

포춘 500대 기업의 교육 관리자들을 대상으로 실시한 연구 결과에 따르면, "무의미한 듣기는 비효율적인 성과나 낮은 생산성으로 이어진다." 이러한 결과는 판매원, 교육자, 의료계 종사자, 변호사, 종교 지도자들의 연구에서도 동일하게 나타난다.[15]

가정에서 듣기도 마찬가지로 중요하다. 가족들에게 보통 "여기서 내 말을 들어주는 사람은 아무도 없어!"라고 외친다면 어머니, 아버지 또는 어떤 자녀에 대한 불만에서 비롯된 것일 수 있다. 당연히 좋은 부모라면 잘 들어줘야만 한다. 마이클 니컬스는 "부모들은 일부 설득력 없는 계획일지라도 청소년들의 문제, 희망과 포부에 대해 들어줘야 한다."라고 주장한다.[16]

처음 누군가를 만난다면 그 사람이 좋은 청자인지 아닌지에 기초해 그 사람의 인상을 형성하게 된다. 그레이엄 보디와 그의 동료들은 이러한 상황에서 좋은 듣기의 속성과 행동에 대한 연구를 진행했다. 그 결과 좋은 듣기를 보여주는 사람들은 주의 깊고(관심 있고, 집중하는), 우호적이고(긍정적인 얼굴 표정과 신체 언어), 반응적이고(질문하고 대답하는), 개인적으로 관여하고(대화를 시작하고, 개인적인 생각을 공유하고), 이해하려는(공통점을 찾으려 하고 지지하는) 사람들이며, 긍정적인 인상을 만들 수 있는 좋은 듣기 행동을 보여주고 있다는 결론을 내렸다.[17]

효과적인 듣기란 매우 어려운 일이다. 능동적으로 듣는 사람들은 혈압이 상승하고 맥박 수가 증가하며, 한층 더 땀을 흘리는 것으로 나타났다.[18] 능동적으로 듣는다는 것은 화자가 말하는 내용, 그 내용 뒤에 감춰진 감정, 그리고 화자가 공개적으로 말하지 않는 결론 등을 이해하려고 노력하는 것이다.[19] 효과적인 듣기는 변호사가 사건을 해결하거나 심리학자가 의뢰인을 상담하는 데 필요한 일련의 준비와 집중을 필요로 한다.

듣기 습관의 평가

제1장 "인간 커뮤니케이션"에서 언급한 바와 같이, 진정한 장기적인 학습은 지식, 기술, 동기가 필요하다. 듣기에 적용되는 방법을 간략하게 요약하면 다음과 같다.

- 지식 — 무엇을 할 것인가 : 인간의 듣기에 대한 원리, 중요성, 기능을 이해하지 않는 한 들을 필요가 있다는 것을 알지 못한다.
- 기술 — 어떻게 할 것인가 : 들을 필요가 있음을 알아도 효과적으로 들을 수 있는 기술이 없다면 안 된다.
- 동기 — 원하는 것인가 : 들을 필요성이나 들어야 하는 방법을 아는 것만으로는 충분하지 않다. 듣고 싶지 않으면 평생 연습해도 듣는 것이 자연스럽지 않다.

일부 연구자들은 조직 환경에 포함되어 있는 학생들과 사람들에게 세 가지 역량을 적용했다. 린 쿠퍼(Lynn Cooper)와 트레이 뷰캐넌(Trey Buchanan)의 학생 듣기 능력에 대한 연구는 지식, 기술, 동기의 중요성을 보여준다. 효과적으로 듣는 사람은 다음과 같은 특징을 지닌다.[21]

1. 듣고자 하는 의지가 있거나 열린 마음을 가지고 있다.
2. 비언어적 단서를 읽을 수 있다.
3. 언어적 단서를 이해할 수 있다.
4. 적절하게 대응할 수 있다.
5. 관련 세부 사항을 기억할 수 있다.

듣기 과정

4.2 듣기 과정의 주요 구성 요소를 확인해보자.

연구자, 인지과학자, 신경학자들은 듣기를 복잡한 현상으로 설명한다. 듣기의 복잡성을 해결하기 위해서 저명한 학자 주디 브라우넬(Judi Brownell)은 '청력-이해-기억-해석-평가-반응' 등 여섯 가지 구성 요소를 지닌 HURIER 듣기 모델을 제시한다. 브라우넬은 이 여섯 가지 요소와 연계하여 듣기 능력 향상을 위한 전략과 관련 듣기 원칙, 적절한 듣기 태도를 설명한다[22](그림 4.2 참조).

HURIER 모델은 "당신의 인지와 그 이후의 해석에 영향을 미치는 내적 및 외적 요인이 당신에게 지속적으로 영향을 미치고 있음을 인식한다." 이러한 듣기 필터는 개인의 태도, 가치, 성향, 경험 등을 포함한다.[23] 예를 들어 강의 내용을 기반으로 문제가 출제되는 시험인 걸 알고 있는 경우 강의를 주의 깊게 듣게 될 가능성이 높다.

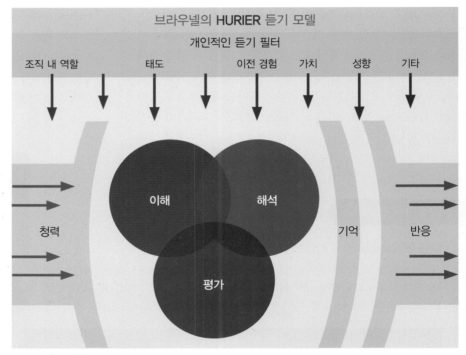

그림 4.2 HURIER 듣기 모델

HURIER 듣기 모델의 주요 구성 요소

듣기 유형	정의	사례
청력(Hearing)	언어의 소리와 단어를 명확히 구분할 수 있는 능력	특히 시끄러운 곳에서 나는 조용히 말하는 사람의 말을 듣기 어려울 때가 있다.
이해(Understanding)	사람들이 하는 말과 비언어적 메시지의 의미를 정확하게 파악할 수 있는 능력	기다리라고 말할 때, 몇 분만 기다리면 된다는 의미인가, 아니면 케일럽이 여기에 도착할 때까지 기다려야 된다는 의미인가?
기억(Remembering)	당신이 들은 정보를 저장하고, 유지하고, 회상할 수 있는 능력	안녕하세요, 조지. 지난달에 우리 만났었죠. 당신의 낡은 트럭은 판매가 완료되었나요?
해석(Interpreting)	다른 사람의 감정에 공감할 수 있는 능력	인정 없는 강사에 대해 불만스럽고 낙담할 게 틀림없다.
평가(Evaluating)	다른 사람들의 메시지에 대한 타당성을 판단하고 분석할 수 있는 능력	그 제안이 효과가 없을 것으로 보는 이유는 두 가지야. 그들은….
반응(Responding)	다른 사람의 의미를 온전히 이해하고 있다는 식으로 답해주는 능력	지금 크리스를 만나기 좋은 시간이 아니라고 말하고 있는 거죠? 맞죠?

또한 HURIER 모델은 화자의 목적과 커뮤니케이션 맥락에 따라 각각의 듣기 능력이 달라질 것으로 본다.[24] 예를 들어 어떤 주제에 대해 전문가의 말을 듣는다면 열심히 '귀를 기울일 것'이고 이를 받아들이고 배울 수 있는 여지가 있을 것이다. 반대로 충분한 정보가 부족한 화자가 문제를 해결하기 위해 덜 구조화된 제안을 제시한다면 더 비판적으로 듣게 될 것이다. 늦은 시간에 덥고 시끄러운 방에서 누군가의 이야기를 듣게 된다면 그 일에 관심과 에너지를 집중하기 매우 어려울 것이다.

브라우넬의 HURIER 듣기 모델은 언어적/비언어적 메시지에 대해 정확하고 적절하게 듣고, 이해하고, 기억하고, 해석하고, 평가하고, 반응하기 위한 듣기의 여섯 가지 유형을 강조한다. 다음에서는 자기 자신과 다른 사람들의 듣기의 필요와 능력을 평가하는 데 도움을 줄 수 있는 HURIER 모델에서 제시한 듣기의 주요 구성 요소를 더 자세히 살펴보고자 한다.

주의 기울여 듣기

주의 기울여 듣기(listening to hear)는 언어의 소리와 단어를 명확하게 구분할 수 있는 능력을 말하며 '모든 듣기 과정의 전제 조건'이다.[25] 청력 또한 신음이나 웃음소리와 같은 발성의 의미를 감지할 수 있는지 여부를 결정한다. 과학 전문 작가 세스 호로비츠는 듣기에 대해 "우리의 생명선이며, 비상경보장치이고, 유전적으로 위험한 고비를 빠져나갈 수 있는 방법이다."라고 기술했다.[26]

우리 대부분은 가장 중요한 감각을 보는 것이라고 생각한다. 그러나 시각적인 인지는 듣기와 다르게 의식적인 사고를 필요로 하는 것으로 나타났다. 결과적으로 듣기는 무엇을 보고 인지하고 반응하는 것보다 10배 더 빠르다.[27]

듣기 능력은 사람마다 다르다. 미국 국립농아협회와 커뮤니케이션 장애 연구팀에 따르면 약 3,600만 미국 성인들이 약간의 청력 손실을 겪는다고 한다. 청력 손실이 보통 인생 전반에 걸쳐 점차적으로 나타남을 감안하면 어린이나 젊은 성인들보다 노년층의 청력 손실이 더 크다고 볼 수 있다. 그러나 "20~69세 미국인의 약 15%(2,600만 명)는 직장이나 여가 활동 중 큰 소리나 소음에 노출되기 때문에 청력 손실이 높은 빈도로 나타난다."[28] 갈루뎃대학교 연구진에 따르면 미국인 1,000명당 2~4명은 '기능적인 청각장애'라고 답했지만 절반 이상이 상대적으로 늦게 청각을 잃었다고 한다.[29]

다음 질문에 대한 답을 생각해보면 청력이 효과적인 듣기의 첫걸음인 이유를 이해할 수 있을 것이다.

- 다른 사람들에게 말한 것을 반복해주길 요구하거나 정확하게 듣지 못해서 말한 것을 오해한 적이 있는가?
- 사람들의 표정, 몸짓, 자세, 움직임, 음성(한숨, 신음, 웃음, 탄성 소리 등) 등으로 나타나는 비언어적 메시지를 알아챌 수 있는가?

이해하며 듣기

종합적인 듣기라고도 하는 **이해하며 듣기**(listening to understand)는 다른 사람들의 말과 비언어적 메시지의 의미를 정확하게 파악하는 데 초점을 둔다. 결국 누군가가 의미하는 것을 이해하지 못한다면 합리적인 방식으로 어떻게 대응할 수 있는가? 예를 들어 기말고사를 앞둔 토론 수업 후에 "수업 마지막 날에 파티를 하자."라고 했다고 하자. 이해하며 듣고 있다면, 이 말의 의미가 (1) 시험 대신에 파티를 한다는 것인지, (2) 강사에게 우리가 파티를 열 수 있냐고 물어보는 것인지, 아니면 (3) 말 그대로 시험 후에 파티를 한다는 것인지 궁금할 것이다. 이 발언의 의미를 잘못 해석하면 부적절한 반응이 발생할 수 있다.

질문은 누군가의 말과 비언어적 행동의 의미를 이해할 수 있는 가장 최선의 방법 중 하나이다.[30] 아래 글상자의 전략과 질문은 사람들이 의미하는 것을 파악하기 위한 청사진을 제공한다.

기억하며 듣기

기억력이 얼마나 좋은가? 토론하는 동안 자신이 말한 것을 잊어버리지 않는가? 저장되지 않은 사람의 이름이나 전화번호를 기억할 수 있는가? 우리 모두는 때로 기억력 문제를 경험한다.

기억하며 듣기(listening to remember)는 들었던 정보를 저장하고, 유지하고, 회상할 수 있는 능력을 말한다. 이 장의 앞에서 언급한 것처럼 대부분의 사람들은 들은 내용의 50% 정도는 기억해내지 못한다. 이와 같이 기억할 수 있는 능력은 얼마나 잘 듣는지에 직접적인 영향을 미친다.

학생들에게 "기억력이 얼마나 좋은가?"라고 종종 질문하면 "상황에 따라 달라요."라고 답한다. 예를 들어 누군가가 말하는 것에 대해 매우 관심이 있다면 대화, 토론, 발표 등을 기억할 가능성이 더 크다. 그러나 스트레스를 받거나 개인적인 문제에 몰두해있다면 아무것도 기억하지 못할 것이다. 연습을 통해 기억력을 향상시킬 수 있는 다음 몇 가지를 제안하고자 한다.

이해를 돕기 위해 **좋은 질문하기**

1. **계획 세우기.** 분명하고 적절한 질문을 만들어서 잘못 이해하거나 시간을 낭비하지 않도록 하자.
2. **질문은 간단하게 하기.** 한 번에 한 가지 질문을 하고 그것이 메시지와 관련이 있는지 확인하자.
3. **위협적인 질문 하지 않기.** "왜 안 했어…?" 또는 "어떻게 했어…?" 등으로 시작하는 질문은 응답자들에게 방어적인 분위기를 조성할 수 있으므로 피하자.
4. **허락받기.** 주제가 민감한 경우, 질문을 하기 전에 이유를 설명하고 허락을 구하자. "당신이 실수를 샤론에게 말하기 꺼린다고 했는데, 왜 그렇게 불안해하는지 내가 이해할 수 있도록 도와줄 수 있습니까?"
5. **편견이 있거나 조작된 질문 피하기.** 원하는 답을 얻기 위해 누군가를 속인다면 신뢰를 무너뜨릴 수 있다. "왜 데드라인을 지키지 못했습니까?"와 "망친 사람은 누구입니까?"라는 질문 사이에는 큰 차이가 있다.
6. **대답을 기다리기.** 좋은 질문을 하는 것 이외에도 적절한 응답을 할 수 있도록 해야 한다. 질문을 한 후에는 그 사람이 충분히 생각하고 응답할 시간을 주자.

- 반복. 듣고 나서 중요한 아이디어나 정보를 가능한 큰 소리로 반복해본다. 예를 들어 그룹 프로젝트 보고서가 22일까지 마감인 것을 알게 된 경우 이 날짜를 계속 언급한다("22일 전에 회의가 몇 번 필요하다.", "우리는 초안을 일주일 전에 미리 완성해야 한다─22일에서 7일을 빼면 15일이다."). 큰 소리를 낼 수 없는 상황이라면 마음속으로 정보를 반복한다.
- 연상. 단어, 구문, 아이디어를 설명할 수 있는 단어와 연상 짓는다. 예를 들어 누군가를 만나 이름을 기억해야 한다면 그 사람을 만났던 상황[생물학 수업의 자말(Jamal)]이나 그 사람을 묘사할 수 있는 글자로 시작하는 단어[갈색머리 브렌다(Brunette Brenda)]와 이름을 결부시켜 본다.
- 시각화. 단어, 구문, 아이디어를 시각화해본다. 예를 들어 한 환자가 칼슘 채널 차단제를 복용해야 한다고 하면 칼슘제가 가득 떠다니는 영국 해협을 건너가려고 하는 수영선수를 상상한다.
- 기억법 사용. 기억법(mnemonic)은 패턴이나 리듬과 같은 간단한 것을 기반으로 기억하는 방법을 말한다. 예를 들어 브라우넬의 듣기 모델인 'HURIER'는 머리글자이다(듣기의 여섯 가지 구성 요소들의 첫 번째 글자). 많은 사람들이 1년 중 어느 달이 30일까지 있는지 기억해낼 때 "9월에는 30일이 있다…(Thirty days hath September…)"*로 시작하는 시 구문을 생각한다. 따라서 기억력을 향상시킬 수 있는 제안을 다시 재배열해보면 MARV[Mnemonics(기억법), Associate(연상), Repeat(반복), Visualize(시각화)]로 기억할 수 있다.

해석하며 듣기

브라우넬은 **해석하며 듣기**(listening to interpret, 공감적 듣기라고도 함)에 대해 "감정적인 의미를 적절하게 인식하고 대응할 수 있는 능력으로 공감적 듣기에서 가장 중요한 기본 요소"라고 설명한다.[31] 이러한 듣기는 "다른 사람들은 어떻게 느끼는가?"라는 질문에 답할 수 있다.

공감적 듣기(empathic listening)는 사람들의 의미를 이해하는 것을 훨씬 넘어서는 것이다. 공감적 듣기는 누군가의 상황, 감정,

---

* 역자 주─라임(비슷한 발음)은 사람들이 암기하는 데 도움을 준다는 것으로 미국에서는 당월에 포함된 일수를 기억해낼 때 다음의 리듬을 부른다. Thirty days hath September, April, June, and November; All the rest have thirty-one, Excepting February alone, And that has twenty-eight days clear, And twenty-nine in each leap year.

이름 기억법

에바는 친구 에두아르드와 함께 커피숍에 가고 있다. 에바는 아는 사람들 사이에서 한 남자를 만났다. 에바가 두 사람을 소개하자 에두아르드는 손을 뻗어 인사한다. "에두아르드, 여긴 예전 동료 콜린이야. 콜린, 여긴 내 친구 에두아르드야." 에바는 각자의 이름을 분명히 말했다. 몇 분 후, 에두아르드는 콜린의 이름을 기억할 수 없었다. 에두아르드는 콜린에게 이름을 다시 묻는 것이 실례라고 생각했다. 더구나 콜린은 대화 중에 에두아르드의 이름을 여러 차례 언급했기 때문이다. 2주 후, 에두아르드는 콜린을 다시 만났는데, 콜린은 에두아르드의 이름을 부르며 인사한다. 에두아르드는 더 이상 지체할 수 없다.

왜 우리는 이름을 잘 기억하지 못할까? *How to Start a Conversation and Make Friends*에서 돈 가버(Don Gabor)는 우리가 효율적으로 '듣지' 않기 때문이라고 설명한다. 우리는 무엇을 말할지, 좋은 인상을 줄 수 있을지, 다른 사람들이 어떻게 반응하는지 살피기에 너무 바쁘다는 것이다.[32] 가버의 조언에 기반하여 처음 만남에서 누군가의 이름을 기억하기 위한 여섯 가지 전략을 제시해보고자 한다.

1. 소개하는 순간에 주의를 기울여라.
2. 하고 싶은 말을 생각하기보다 상대방의 이름이나 정보를 들어라.
3. 그 사람의 이름을 듣고 크게 반복해보라.
4. 당신이 아는 사람이나 유명한 사람을 생각해보라. 예를 들어 이름이 호머인 사람을 만난다면 호머 심슨이나 대서사시 일리아드와 오디세이를 저술한 사람을 생각하라. 어릴 적 친구, 선생님, 친척 또는 유명인 등과 비슷한 이름을 가진 사람과 만나는 경우 그 사람의 이름과 연관 지어 보자.
5. 그 사람의 이름과 동일한 문자로 시작하는 단어, 그 사람의 이름과 닮은 운율로 시작하는 특징적인 단어, 어떤 사건을 떠올리게 하는 단어와 같이 고유한 특성과 그 사람의 이름을 연결 지어 보라.
6. 대화 중에 그 사람의 이름을 여러 번 언급하자.[33]

동기를 이해하는 데 초점을 맞춘다. 다른 사람의 눈을 통해 상황을 볼 수 있는가? 유사한 상황에서 어떻게 느끼는가?

감정을 느끼면서 듣지 않으면 메시지의 가장 중요한 부분을 간과할 수 있다. 사람이 말하는 모든 단어를 이해하더라도 누군가의 목소리에 담긴 분노, 열정 또는 좌절감을 놓칠 수 있다. 공감하는 청자로서 다른 사람들과 같은 방식으로 동의하거나 느끼지 않아도 되지만, 그들이 경험하고 있는 감정의 유형과 강도를 이해하려고 노력해야 한다. 예를 들어 앞에서 언급한 수업 후 토론은 다음과 같이 계속될 수 있다. "학급 파티는 시간 낭비입니다!"라고 킴이 외쳤다. 공감하는 청자는 킴이 (1) 시험 주간에 해야 할 중요한 일이 있는지, (2) 수업이나 강사가 파티를 할 자격이 없다고 생각하는지, (3) 파티에 참석하기를 원하지 않는지 궁금할 수도 있다.

공감적 듣기는 어렵지만 '다른 사람의 기분과 느낌에 훌륭한 기술과 정교한 튜닝'을 요구하기 때문에 '듣기의 정점'이라 할 수 있다.[35] 공감적 듣기의 범위를 이해하기 위하여 다음 질문에 답해보자.

- 다른 사람에 대한 관심과 우려를 보여주는가?
- 자신의 비언어적 행동이 친근하고 신뢰할만한 커뮤니케이션인가?
- 다른 사람에게 강도 높은 비판적 반응을 피하는가?
- 다른 누군가가 말하고 있을 때 자신의 경험과 감정에 대해 말하기를 꺼리는가?[36]

평가하며 듣기

평가하며 듣기(listening to evaluate)는 누군가 말한 것에 대한 타당성을 분석하고 판단할 수 있는 능력을 말한다. 메시지의 의미를 이해했으면 자신의 추론이 건전하고 결론이 정당한지 자문해보자. 평가하며 듣는 사람은 누군가의 아이디어와 제안을 수락하거나 거절하는 이유를 이해할 수 있다. 그들은 다른 사람의 메시지에 대한 평가를 바탕으로 판단한다. 말하는 사람이 옳거나 그른가? 논리적이거나 비논리적인가? 편향

공감적 듣기는 상대방에게 관심을 보여주는 것이다.

> **" [듣기]는 자신의 정서적 문제를 밀쳐두고 진정한 공감의 보상을 실현하기 위한 방법을 배우는 것과 관련이 있다. "**
>
> 마이클 니컬스,
> *The Lost Art of Listening*[34]

되어 있거나 편파적인가? 말하는 사람의 아이디어와 제안을 수락하거나 질문 또는 거부해야 하는가? 평가하며 듣는 사람은 개방적이다. 그들은 합리적 결론이나 결정에 이르기 위해 듣는 것을 분석하면서 화자나 메시지에 대한 편견을 버린다.

누군가가 설득하려고 노력한다는 사실을 인지하는 것만이 단순한 듣기보다 평가 듣기를 향상시키는 첫걸음 중 하나이다. 듣고 듣는 것을 평가하는 능력을 결정하려면 다음 질문을 스스로 해보자.[37]

■ 커뮤니케이션과 윤리

듣기의 황금률 적용

듣기의 황금률(Golden Listening Rule)은 기억하기 쉽다. 다른 사람들의 말을 경청하는 것이다. 불행히도 이 규칙은 따라하기 어려울 수 있다. 다른 사람의 말을 듣기 위해 자신의 필요와 의견을 보류해야 할 것이다.[38]

또한 듣기의 황금률은 윤리적인 듣기의 연습이다. 이는 미국커뮤니케이션학회(NCA)의 커뮤니케이션 윤리 신조를 반영한다. "우리는 메시지에 대한 평가와 대응에 앞서 상대방을 이해하고 존중하기 위해 노력한다."[39] 듣기의 황금률을 따를 때, 우리는 관심, 인내, 열린 마음을 가지고 커뮤니케이션할 수 있다.

듣기의 황금률은 긍정적인 듣기 태도이지 '규칙'은 아니다. 듣기를 꺼린다면 당신은 듣지 않을 것이다. 효과적인 청자는 좋은 듣기의 중요성을 인식하고 효과적인 듣기 기술을 습득하며, (모든 사람에게 가장 중요한 요소인) 듣기를 원하면서 지속적인 습관으로 듣게 된다. 적절한 듣기 태도는 듣고 발견하기 위한 강한 동기를 필요로 한다.[40] 다음 여섯 가지 긍정적인 듣기 태도와 이와 대조적인 부정적인 태도를 비교해보자.[41]

듣기 태도가 얼마나 긍정적인가?	
긍정적인 듣기	**부정적인 듣기**
관심 있는	무관심한
책임감 있는	무책임한
동정심이 있는	동정심이 없는
이타적	이기적
참을성이 있는	참을성이 없는
동등한	우월적인
개방적인 마음	폐쇄적인 마음

- 설득력 있는 커뮤니케이션 전략을 알고 있는가?
- 누군가가 상대방의 감정 및 비판적 사고 능력에 호소하려는 것을 알 수 있는가?
- 논증과 증거의 우수성과 타당성을 평가할 수 있는가?

누군가가 말하는 것을 주의 깊게 듣고 신중하게 평가할 수 있는 비판적 사고 능력은 배울 수 있는 기술이다. 이후 장들에서는 커뮤니케이션의 질을 향상시키고 타당하지 않은 주장으로부터 타당성을 구분할 수 있는 데 필요한 비판적 사고 능력에 중점을 두고자 한다.

반응하며 듣기

반응하며 듣기(listening to respond)는 누군가가 말한 것을 온전히 이해하고 있다는 식으로 반응하는 능력이다. 다른 사람들의 말을 들을 때(특히 듣고, 이해하고, 기억하고, 해석하고, 평가하는 듣기라면) 우리는 언어적으로 그리고/또는 비언어적으로 반응할 것이다. 질문을 하거나, 도움을 주거나, 조언을 하거나, 의견을 나눌 수도 있다. 눈살을 찌푸리고, 미소를 지으며, 웃고, 어깨를 으쓱하거나 당황한 표정일 수도 있다. 다행히 다른 사람의 의미를 온전히 이해할 수 있도록 도와주는 비판적인 반응 기술이 있다. 바로 바꿔 말하기이다.

효과적으로 바꿔 말하기 위해서는 듣는 것이 중요하다. 바꿔 말하기는 "상대방이 무슨 말을 하는지 듣고 싶고, 상대방이 무슨 말을 하는지 이해하고 싶다."라고 말하는 것이다.

바꿔 말하기의 특성 바꿔 말하기(paraphrasing)는 사람들의 이해를 더 쉽게 하기 위해서 다른 말로 바꾸어 표현하는 방식이다. 바꾸는 방법을 아는 것은 매우 효과적인 청자가 되는 데 중요하다. 바꿔 말하면 듣는 말을 뛰어넘어 그 말에 수반되는 감정과 근본적인 의미를 이해하게 된다. 너무 자주 우리는 결론을 성급히 내리고 말하는 사람의 의미와 감정을 안다고 잘못 가정한다.

바꿔서 말하는 것은 (듣기를 확인하기 위한) 피드백의 한 형태이다. 즉, "내가 옳은 것인가? 상대방이 말하는 의미가 이것인가?"라고 묻는 것이다. 바꿔 말한다는 것이 다른 사람의 말을 반복한다는 것은 아니다. 들은 것을 설명하기 위해 새로운 단어

바꿔 말하기의 **기능**

- 평가 전에 이해력을 높이기 위해
- 다른 사람들을 이해하고 싶어 한다고 안심시켜 주기 위해
- 혼란을 피하고 더 명확하게 질문하기 위해
- 긴 발언을 요약하기 위해
- 다른 사람들이 자신의 생각과 감정을 밝힐 수 있도록 하기 위해
- 안심할 수 있고 지지하는 커뮤니케이션 환경을 제공하기 위해
- 다른 사람들이 자신의 결론에 도달할 수 있도록 하기 위해[42]

자신에 대해 알기

바꿔 말하기

바꿔 말하기를 얼마나 잘 이해하고 있는가? 다음 세 가지 문장을 읽고 예시와 같이 의미를 바꾸어 응답을 작성해보자.

그룹 회원 : "나는 앙드레가 회의 중에 우리 중 한 사람에게 소리를 지르면 정말 짜증이 난다."

바꿔 말하기 : *"앙드레가 당신이나 다른 그룹 멤버들에게 소리를 질렀을 때 마치 당신이 매우 화가 난 것처럼 들리는군요. 당신을 괴롭히고 있나요?"*

1. **친구** : 나는 컴퓨터 때문에 일진이 사납다. 컴퓨터가 다시 고장 났고 모든 문서를 다 잃어버렸다. 내가 뭔가 잘못한 것일까? 왜 나일까?

   바꿔 말하기 : _____

2. **동료** : 나는 도움을 청하는 사람에게는 '아니요'라고 말하는 것을 싫어한다. 그러나 나는 서둘러 일을 끝내야만 한다. 나는 돕고 싶지만 내 일을 하고 싶다.

   바꿔 말하기 : _____

3. **동기** : 교과서를 읽을 시간조차 찾지 못하면 어떻게 시험을 봐야 하는가?

   바꿔 말하기 : _____

바꿔 말하기의 유형	효과적인 바꿔 말하기 : 기술과 사례	비효과적인 바꿔 말하기 사례
마틴 : "나는 제시간에 도착하지 못할 것 같아. 왜 그런지 나도 모르겠어."		
바꿔 말할 내용 : 동일한 의미를 표현하는 새로운 단어를 찾자. 바꿔 말하기는 앵무새처럼 반복하는 것이 아니다.	"네가 어쩔 수 없이 늦은 이유를 알아내려 노력했다고 들려. 네가 말하려는 게 맞지?"	"아, 그래서 제시간에 도착할 수 없는 이유를 아직도 모르는 거야?"
마틴 : "사장님을 포함해서 사람들은 늦은 것에 대해 괴롭히며 때로는 화를 내기도 해."		
바꿔 말할 부분 : 감정을 화자의 의미와 일치시킨다. 심각한 문제에 가볍게 대응하지 말자.	"사람들이 화를 낸다는 것은 직장 생활이 힘들어지거나 상사와 회사 동료와의 관계를 해칠 만큼 심각한 것으로 보여. 그게 맞아?"	"다시 말하자면 너는 다른 사람들이 지각한 것에 화를 낸다고 걱정하는 거야."
마틴 : "나는 정말 모르겠어…."*		
바꿔 말할 의미 : 의도하지 않은 의미를 추가하거나 그 사람의 문장을 완성하지 말자.	"네가 하는 말을 이해했어. 왜 항상 늦었는지, 아니면 시간 관리 방법에 대해 더 잘 알고 싶은 거지?"	"… 시간 관리하는 방법을?" (*마틴의 말은 '해야 할 일'로 끝났을 것이다.)
마틴 : "제시간에 어디에도 도착할 수 없어. 왜 그런지 모르겠어."		
바꿔 말할 언어 : 정확성을 보장하기 위해 간단한 언어를 사용하자.	"지각하는 것이 회사 내에서 큰 문제가 되는 것처럼 들려. 해결 방법을 찾는 거지, 맞지?"	"아, 시간 엄수에 대한 너의 끊임없는 당혹감은 불가분의 관계야."

그림 4.3 바꿔 말하기의 유형

를 찾아야 한다.

바꿔 말하기의 복잡성 바꿔 말하기는 어려운 일이다. 자신의 이익과 의견을 버리는 것뿐만 아니라 다른 사람의 의미와 가장 잘 어울리는 새로운 단어를 찾아야 한다. 〈그림 4.3〉은 내용, 부분, 의미, 언어의 네 가지 중요한 방식으로 어떻게 바꿔 말하기가 달라질 수 있는지를 보여준다.[43]

바꿔 말하기는 "상대방이 무슨 말을 하는지 듣고 싶다. 상대방이 무슨 말을 하는지 이해하고 싶다."라고 말하는 것이다. 정확하게 바꿔 말할 수 있다면 상대방은 이해해주고 지지해준 것에 대해 감사하게 될 것이다. 정확하게 하지 않더라도 피드백은 화자에게 설명할 수 있는 또 다른 기회를 제공한다.

젠더와 문화, 듣기

4.3 젠더와 문화가 우리의 듣는 방식에 어떻게 영향을 미치는지 설명해보자.

다양한 듣기 기술과 다른 사람들의 스타일을 이해하고 적응하는 것은, 특히 젠더와 문화적 차이를 고려해야 할 때 어려운 일이 될 수 있다. 우리가 제시하는 듣기 차이에 관한 연구 요약에는 많은 예외가 있음을 이해해야 한다. 이를 보며 "나는 이런 식으로 듣지 않는 여성을 안다."라고 말할지도 모른다. 예외가 존재한다고 해서 일반적인 주장이 완전히 틀린 것은 아니다. 다양성 연구는 듣기 행동의 일반적인 차이점을 설명하는 데 도움이 되는 유용한 통찰력을 제공한다.

젠더와 듣기

데버라 태넌(Deborah Tannen)은 저명한 언어학자이자 남자를 토라지게 하는 말, 여자를 화나게 하는 말(*You Just Don't Understand: Women and Men in Conversation*)을 집필한 베스트셀러 작가이다.

이 책에서는 남녀 간의 대화에서 얻은 수많은 실례를 들어 남성과 여성이 서로 어떻게 다르게 듣는지에 대해 설명한다. 일부 여성들은 남성 파트너 및 동료가 자신의 말을 듣지 않는다고 불평한다. 태넌은 남성 또한 여성에 대해 동일한 불만을 제기한다는 것을 알았다. 그녀는 "당신은 듣고 있지

않다."라는 비난은 종종 "당신은 내가 말한 것을 이해하지 못한다." 또는 "나는 원하는 반응을 얻지 못했다."를 의미한다고 설명한다.[44]

태넌은 또한 왜 사람들이 듣지 않는 것처럼 보이는지 설명한다. 아주 간단히 말해서 많은 남성들은 듣고 있다는 것을 보여주지 않는 반면 여성들은 듣고 있다는 것을 보여준다. 일반적으로 여성은 듣기에 더 많은 피드백을 제공한다. 즉 '응', '아하', '예' 등과 같은 듣기의 반응을 준다. 그리고 여성들은 끄덕이고 웃으며 긍정적이고 열정적인 반응을 보인다. (조용하고 세심한 태도를 취해주길 바라는) 남성에게는 여성이 보내는 피드백과 지지가 듣는 사람에게 너무 많은 말을 하는 것처럼 보일 것이다. (관심, 주목, 지지를 적극적으로 보여주길 원하는) 여성들에게는 대화를 조용히 듣고 있는 남성이 이 대화에서 제외된 것처럼 보일 것이다. 결과적으로 여성들은 남성들이 사실상 듣고 있음에도 듣고 있지 않는다는 인상을 받을 수 있다. 실제 일부 남성들은 여성들에 비해 약한 위치에 있다고 믿기 때문에 정말로 듣기를 원치 않는다.[45]

연구진들은 종종 남성들이 해결할 수 없는 것들을 조정하거나 해결해야 할 문제가 없는데 왜 들어야 하는지 모르겠다는 반응을 보인다는 것을 확인했다. 여성은 말하는 사람과 더 관련시키고 연결시킬 수 있으며 다른 사람에게 이렇게 하는 것이 중요한 역할을 한다는 것을 알고 있다.[46]

남성이 지위를 확립하기 위해 말한다고 하더라도 여성은 다른 사람들에게 권한을 부여하기 위해 들으려 한다. 유감스럽게도 말하는 것보다 더 많이 듣는 사람들은 강력하다기보다 종속적이고 보잘 것 없는 것으로 간주된다.[47]

젠더를 기반으로 한 듣기의 차이점을 설명하는 대부분의 연구는 재검토가 필요하다. 여성들은 화자와 청자 간의 관계에 더 집중할 가능성이 있는 반면 남성들은 말하고자 하는 내용에 귀를 기울인다는 의견에 동의하는가? 남성은 사실에 더 초점을 맞추고 여성은 상호작용의 분위기를 더 잘 알고 있는가? 남성은 종합적이고 분석적으로 듣는 반면 여성은 동정적이고 감성적으로 듣는가? 20년 전까지만 해도 대부분의 연구들은 이 질문에 '예'라고 답했을 것이다. 그러나 이러한 결과의 대부분은 제한된 관찰과 암묵적인 편향에 근거한 결론에 지나지 않는다. 오늘날 점차적으로 많은 여성들이 전통적인 남성의 역할과 직업을 맡고 남성들도 전통적인 여성의 역할과 일을 맡고 있기 때문에 이러한 구별은 20년 전과 달리 명확하지 않을 수 있다. 대부분의 젠더 문제와 마찬가지로 사회화와 암묵적인 편견은 여성과 남성의 듣는 모습에 대한 우리의 기대에 영향을 미친다.

문화와 듣기

제3장 "문화 적응"에서 우리는 고맥락·저맥락 문화에 대한 개념을 도입했다. 일본, 중국, 한국, 아프리카계 미국인, 아메리카 인디언 및 아랍 문화와 같은 고맥락 국가에서는 모든 의미가 단어로 표현되는 것은 아니다. 비언어적인 단서와 커뮤니케이션 사이의 관계에 훨씬 더 많은 주의를 기울이게 된다. 결과적으로 고맥락 문화권의 청자는 자신의 행동에 대한 의미와 자신이 말하는 단어보다는 상대방이 누구인지에 대해 '듣는다.' 그러나 독일, 스위스, 스칸디나비아 및 미국과 같이 저맥락 국가에서 청자들은 말에 중점을 둔다. 그들은 직접 화자가 되기를 원한다. 고맥락·저맥락 문화의 사람들이 상호작용할 때 오해, 범죄, 심지어 충돌까지 발생할 수 있다. 많은 아시아 문화권에서 말하는 시간의 양과 말하는 것의 가치는 미국과 라틴아메리카에서와 많이 다르다.

한 연구는 **화자 중심의 언어**(speaker-responsible language)와 **청자 중심의 언어**(listener-responsible language) 간의 흥미로운 차이점을 지적한다.[48] 영어는 화자가 메시지의 특정 의미, 즉 말하고자 하는 것과 청자가 알기를 원하는 것의 정확한 의미를 제공하는 화자 중심의 언어이다. 메시지를 이해하기 위해 화자와의 관계 또는 화자의 주변 환경에 대해 많이 알아야 할 필요가 없다. 일본어는 청자 중심의 언어로 화자는 "말하는 내용과 청자가 알

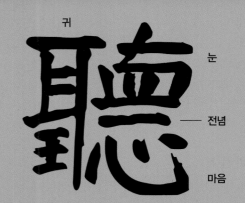

커뮤니케이션 & 문화

고맥락 듣기의 기법

고맥락 문화권에 있는 커뮤니케이터들은 비언어적인 단서에 세심한 주의를 기울임으로써 의미를 해석하기 위해 사람의 말을 유추하며 듣는다. 흥미롭게도 '듣다'라는 뜻을 지닌 중국 한자어에는 눈, 귀, 마음을 뜻하는 문자를 포함한다.

중국인은 "비언어적인 커뮤니케이션을 살펴볼 필요가 있기 때문에 눈을 사용하지 않고 들을 수 없다." 중국인은 억양이 의미를 결정하는 성조를 사용하기 때문에 귀로도 듣는다. 또한 "화자가 표현한 정서적인 함의를 느껴야 하기 때문에 마음으로 듣는다." 한국어로 '눈치'라는 단어는 눈으로 커뮤니케이션을 한다는 의미이다(일의 정황이나 남의 마음 따위를 상황으로부터 미루어 알아내는 힘을 의미하며 영어로는 sense, wit 등으로 대체될 수 있음). "한국인들은 주변 환경이 우리가 추구하는 대부분의 정보를 제공한다고 믿기 때문에 말할 필요가 거의 없다."[49]

귀

눈

전념

마음

중국 한자어 : '들을' 청

듣기 유형과 쟁점

듣기에 대한 커뮤니케이션 연구는 계속해서 활발하게 진화하고 있다. 1995년 커뮤니케이션 연구자 키티 왓슨(Kittie Watson), 래리 바커(Larry Barker), 제임스 위버(James Weaver) 등은 각자 네 가지 별개의 듣기 유형 중 하나 이상을 선호하고 사용한다고 이론화했다. 그들은 선호하는 듣기 유형 또는 그것을 이해함으로써 "다른 유형을 탐색하고 대화를 극대화하기 위해 듣기 행동을 조정하는 방법을 배울 수 있다."고 주장했다.[50]

2010년 이후 그레이엄 보디, 데브라 워싱턴(Debra Worthington), 크리스토퍼 기어하트(Christopher Gearhart)는 왓슨, 바커, 위버가 제안한 개인의 듣기 유형 개념을 분석해왔다. 그들의 연구는 네 가지 유형이 서로 다르거나 별개로 검증될 수 없으며 듣기 유형에 대한 신뢰할만한 설명을 하지 못한다고 결론내렸다.[51] 그런 다음 보디와 그의 동료들은 듣기 유형의 대안적인 유형을 지지할만한 실질적 증거와 그 유형을 측정할 수 있는 통계적으로 검증된 도구를 제공한다. 아래 표에는 각 듣기 유형이 나열되어 있다.

언뜻 보면 이 두 유형의 듣기는 매우 유사하게 보일 수 있다. 이러한 듣기 유형은 정의되는 방식과 각 유형을 밝혀내고 측정하는 데 사용되는 도구에 따라 차이가 있다. 왓슨, 바커, 위버의 본래 조사와 보디, 워싱턴, 기어하트의 분석을 통해 다음 질문에 성실히 답해보자.

1. 다른 사람들의 이야기를 들을 때 일반적으로 선호하고 이용하는 유형은 무엇인가?
2. 선호하는 듣기 유형이 있다면 그 유형의 장점과 단점은 무엇인가?
3. 이 네 가지 유형을 모두 이해하면 다른 사람에게 적응하는 데 어떻게 도움이 될 수 있는가?
4. 두 목록 중 가장 이해하기 쉬운 목록은 무엇인가? 어떻게 계속되는 연구가 다른 사람들의 말을 듣는 복잡한 과정을 더 잘 이해할 수 있도록 도와줄 수 있는가?

보디, 워싱턴, 기어하트는 왓슨, 바커, 위버보다 한 단계 더 나아가 청자를 특정 유형으로 규정하는 상황에서 청자들이 갖는 다양한 목표를 도출하고자 하였다. 즉 다른 사람들과 협력하여 프로젝트를 끝내려고 하는 업무적 듣기를 할 수도 있고 선거 방송 토론을 보는 동안 비판적 듣기를 하거나, 위기에 처한 친구를 지원할 때에는 관계적 듣기, 그리고 학술적인 프레젠테이션의 타당성을 평가한다면 분

석적 듣기를 하는 사람이 될 수도 있다. 개인의 듣기 유형은 상황적 특성과 상호작용하는 사람들의 특성에 따라 달라질 수 있으며, 각자가 선호하거나 일반적으로 사용하는 유형뿐만 아니라 모든 듣기 유형에 능숙해질 수 있도록 노력해야 한다.[52]

개인의 듣기 유형에 대한 연구	
왓슨, 바커, 위버	보디, 워싱턴, 기어하트
행동 중심 : 목표와 결과에 중점을 둔다. 명확하고 구조화된 메시지를 선호한다. 무엇을 해야 하는지와 누가 해야 하는지에 초점을 맞춘다.	**업무적 듣기** : 간단한 커뮤니케이션을 효율적이고 효과적으로 처리하는 데 중점을 둔다. 체계가 필요한 청자를 말한다.
시간 중심 : 시간에 중점을 둔다. 시간과 듣기가 깔끔하게 정리된다. 질문에 대한 짧은 대답을 원한다.	**비판적 듣기** : 다른 사람의 말에 모순과 오류를 지적하는 데 중점을 둔다. 다른 사람들이 말하는 것을 평가하기 위해 경청한다.
사람 중심 : 느낌과 감정에 초점을 두고 다른 사람들을 이해한다. '우리'라는 말로 반응한다. 비판이 아닌 이해를 하려고 한다.	**관계적 듣기** : 감정을 이해하고 다른 사람과 연결하는 데 중점을 둔다. 공감하며 듣는다.
내용 중심 : 누가 말했는지에 초점을 맞춘다. 감정에 관심이 없다. 사실, 증거, 논리, 상념 등에 관심이 있다.	**분석적 듣기** : 다른 사람의 아이디어에 대한 판단을 보류하고 문제의 모든 측면을 고려한 뒤 반응한다.

기 원하는 것을 간접적으로 나타낸다." 이 경우 청자는 공백을 채우고 화자와 청자 간의 공유된 지식에 기초하여 화자의 메시지 의미를 구성해야 한다. 예를 들어 영어로 작성된 논문에 중심 문장이 없으면 A를 못 받을 수도 있지만 다른 문화권에서는 그러한 보여주기식 문장을 기대하지 않는다. 이러한 논지는 함축되어 있다. 아이디어를 연결하고, 화자의 의도를 파악하고, 논지를 발견하는 것은 청자의 몫이다.[53]

듣기 전략과 기술

4.4 효과적인 듣기 전략과 기술을 연습해보자.

이 시점에서 왜 좋은 듣기가 효과적이고 윤리적인 커뮤니케이션에 있어 필수적인지를 알아야 한다. 또한 더 잘 듣고, 이해하고, 기억하고, 해석하고, 평가하고, 다른 사람들에게 적절하게 반응하는 방법에 대해 생각해야 한다. 이 단원에서는 대부분의 상황에서 듣기 능력을 향상시킬 수 있는 여러 듣기 전략과 기술을 소개하고자 한다. 이러한 전략을 사용하는 방법과 시기는 화자인지 청자인지(아니면 둘 다인지), 그리고 한 사람 또는 많은 사람들에게 이야기하고 있는지 여부에 따라 달라진다.

생각 속도 이용하기

대부분의 사람들은 분당 125~150개의 단어를 말한다. 그러나 우리는 그 3~4배를 생각할 수 있다.[54] 따라서 한 사람이 우리에게 말하는 매분마다 약 400여 개의 추가적인 단어를 처리할 수 있는 생각의 시간을 가지고 있다.

생각 속도(thought speed)는 대부분의 사람들이 말할 수 있는 속도에 비해 생각할 수 있는 속도(분당 단어)를 말한다. 잘 듣지 않는 이들은 공상에 빠지거나, 옆 사람과 대화하고, 불필요한 낙서를 하거나, 화자와 대면하는 방법을 계획한다. 충실한 청자는 모든 유형의 듣기 능력을 향상시키기 위해 여분의 생각 속도를 이용한다.

여분의 생각 속도를 사용하여 다음을 수행해 보자.

- 누군가가 말하는 것을 확실히 **들어보자**.
- 메시지의 **의미**를 파악해보자.
- **주요 아이디어**를 확인하고 요약해보자.
- 누군가가 말하는 것을 **기억해보자**.
- 사람들이 표현하는 **감정**에 **공감해보자**.
- 논증을 **분석**하고 평가해보자.
- 듣는 것에 **반응**하는 가장 적절한 방법을 결정해보자.

피드백 주고받기

가장 중요하고 도전적인 커뮤니케이션 기술 중 하나는 대화, 회의, 프레젠테이션 중에 적절한 피드백을 주고받는 것이다. 피드백은 듣는 사람이 화자와 메시지에 대해 긍정적이든 부정적이든 언어적·비언어적 반응으로 보여주는 것이다.

모든 청자는 어떤 방식으로든 반응하게 되어 있

듣기 전략 및 기술

1. 생각 속도 이용하기
2. 피드백 주고받기
3. 비언어적 행동에 귀 기울이기
4. 심사숙고하며 듣기
5. 방해 최소화하기
6. 중요한 내용 메모하기

> ❝ 말하는 말 외에… 자신의 얼굴이 바로 자신에 대한 정보의 주요한 원천이고, 메시지의 원천이다. ❞
>
> 마크 냅과 주디스 홀[55]

다. '예' 또는 '아니요'의 의미로 미소 짓거나 찡그리거나 끄덕일 수도 있다. 그들은 마음에서 우러난 갈채를 보내거나 전혀 박수를 보내지 않을 수 있다. 온전히 집중한 채 앉아있거나 지루해할 수도 있다. 청자의 의견을 분석하면 본인과 본인의 메시지가 다른 사람들에게 미치는 영향을 파악하는 데 도움이 된다. 말하는 동안 상대방의 반응을 보고 들어야 한다. 청자들이 관심 있어 하거나 관심이 없거나, 즐거워하거나 불만스럽게 보이는가? 반응을 보거나 들을 수 없는 경우 피드백을 요청해야 한다. 대화, 회의, 프레젠테이션 중간중간에 다른 사람들이 이해하고 있는지 물어볼 수 있다. 피드백을 요청하는 것은 청자들에게 대응할 수 있도록 해주며 청자들의 반응에 관심이 있다는 것을 알려주는 역할을 한다. 또한 다른 사람들이 집중하고 메시지에 더 효과적으로 귀를 기울일 수 있도록 도와준다.

비언어적 행동에 귀 기울이기

종종 다른 사람의 의미는 비언어적 행동을 통해 표현된다(제6장 "비언어적 커뮤니케이션"을 참조할 것). 예를 들어 성조나 성량의 변화는 "들어라! 이것은 매우 중요하다."라고 말하는 것과 같다. '상대방과 눈을 마주친다는 것'은 "나는 너에게 말하고 있다."라는 의미일 수 있다. 얼굴 표정은 기쁨, 회의, 두려움을 겪고 있는지 여부를 나타낼 수 있으며 비언어적인 행동은 다른 사람의 의도를 나타내기도 한다.

최근 한 연구에서는 3세 미만의 어린이들이 누군가 다른 사람에게 해를 입은 것을 본 이후부터는 다른 사람을 도와줄 가능성이 적다는 것을 밝혀냈다. 흥미로운 점은 "유아들이 비언어

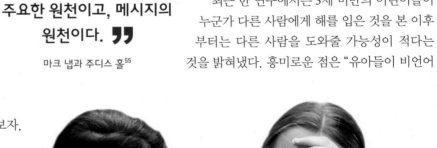

적인 행동을 관찰함으로써 사람들의 의도를 판단했다는 것이다." 다시 말해 3세 미만 아이들처럼 대부분의 사람들은 말 한마디 듣지 않고 다른 사람의 의도를 판단할 수 있다.[56]

몸짓은 말로 전달할 수 없는 감정을 표현한다. 예를 들어 변호사가 배심원들에게 의뢰인이 무혐의라고 최종 변론하는 재판에서 한 배심원이 거의 보이지 않게 '아니요'라는 의미로 머리를 좌우로 흔든다. 변호사가 의뢰인은 범죄 사실을 모른다고 주장하고 있는데, 다른 배심원은 "당신은 의뢰인을 변호하기 위해 최선을 다하고 있지만 당신과 나는 그가 유죄라는 것을 알고 있다."라는 표정으로 한쪽 눈썹을 들어 올린다. 결국 배심원은 피고에게 유죄 판결을 내린다.

학생들이 강사에게 '말하고자 하는 것'은 무엇인가?(누가 강의 노트를 읽고 있었는가?)

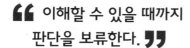

" 이해할 수 있을 때까지 판단을 보류한다. "

랄프 니컬스[57]

심사숙고하며 듣기

'듣기 연구의 아버지'로 불리는 랄프 니컬스(Ralph Nichols)는 청자에게 적극적으로 또는 부정적으로 반응하기 전에 화자의 메시지를 이해할 것을 조언한다. 이 전략은 감정을 제어할 수 있는 시간을 요한다. 화자를 완벽하게 이해할 수는 있지만 듣는 것에 격분하거나 불쾌감을 느낄 수 있다. 상황 변화에 둔감한 화자가 여성을 '소녀' 또는 소수 민족을 '그 사람들'로 지칭하는 경우, 20을 셀 때까지 생각을 정리하면서 종합적인 듣기에 주의를 기울일 필요가 있다.

화자가 불쾌한 농담을 한다면 화자에 대한 질타와 웃어준 사람들에 대한 실망을 표현할 수 있다. 침착성이나 집중력을 잃지 않으면서 공격적인 발언과 정서가 가득한 단어의 효과를 이해해야 한다.

심사숙고하며 듣는 것은 논쟁, 편견, 불쾌한 의견에 어떻게 대응할 것인지 결정하기 위해 여분의 생각 속도를 이용하는 것이다. 심사숙고하며 듣는 것은 다른 사람을 화나게 하거나 혼란스럽게 하거나 분노하게 하는 대신 말을 명확하게 바로잡고 적절하게 반응할 수 있는 시간을 벌어준다.

방해 최소화하기

혹시 실내가 너무 덥거나, 좌석이 불편하고, 복도에 있는 사람들이 큰 소리로 떠들고 있는 강의를 들은 적이 있는가? 시끄럽고 짜증 나는 소음, 열악한 좌석 배치, 불쾌한 냄새, 잦은 중단, 볼품 없는 실내 장식 등 주변의 산만함은 듣는 것을 매우 어렵게 만든다.[58] 주변을 산만하게 하는 방해 요소는 너무 느긋하거나, 빠르거

나, 느리거나, 단조로운 어조, 익숙하지 않은 억양, 본인은 의식하지 못하는 버릇, 독특하거나 정신 사나운 외모 등도 포함된다.

방해 요소를 제거하면 더 잘 들을 수 있다. 예를 들어 주의가 산만하면 문을 닫거나, 창문을 열거나, 조명을 켜는 등 화자나 청자로서 누릴 수 있는 권리가 충분히 있다. 집단을 나누어 주변 환경을 개선할 수 있는 권한을 요청할 수도 있다. 상황과 환경에 따라 방해 요인을 줄이기 위해 직접적인 행동을 취할 수도 있다. 누군가 속닥이거나 안절부절못한다면 그 사람에게 멈추라고 요청해야 한다. 결국 누군가가 화자를 방해한다는 것은 주변 사람들

상대방의 말을 잘 듣는 사람은 유연하고 상황에 맞는 메모를 작성하는 사람이다.

도 방해하고 있다는 것이다. 발표자가 너무 조용하게 말한다면 더 크게 말하라고 정중하게 요청하자.

중요한 내용 메모하기

대부분의 사람들이 말하는 내용의 25%만 제대로 듣는다는 점을 감안할 때, 중요한 사실과 큰 아이디어를 메모해두는 것은 어떠한가? 조사에 따르면 메모를 한 사람이 메모를 하지 않은 사람보다 메시지를 더 자세히 기억하는 것으로 나타났다.[59]

메모를 하는 것만으로도 의미가 있지만 능숙하게 할 수 있어야 한다. 대부분 청자들은 듣는 내용의 1/4만을 노트에 적을 수 있을 것이다. 듣는 모든 단어를 받아 적는다고 해도 메모에는 사람이 무엇을 의미하고 느꼈는지에 대해 더 많이 알려주는 비언어적인 단서는 포함할 수 없다. 그리고 메모를 하는 데 시간을 다

쓴다면 중요한 질문이나 대답은 언제 할 수 있겠는가?

랄프 니컬스는 "필기 양과 그 가치는 반비례한다."라는 결론을 내리면서 필기와 듣기의 균형을 맞추는 것이 중요하다고 지적한다.[60] 그렇다고 필기를 하지 않아야 한다는 의미는 아니다. 다만 유용한 필기법(여기서 핵심은 융통성이다)을 배워야 한다는 것이다. 효과적인 청자는 발표자의 내용, 스타일, 유기적인 패턴을 고려하여 메모를 한다.

누군가가 이야기의 요점을 말하면 이를 상기할 수 있는 간단한 요지를 적어두어야 한다. 교수가 조언, 의무, 권장 사항을 나열하면 메모에 해당 목록을 포함시킨다. 누군가 일련의 질문을 하고 대답하면 메모에 그 패턴이 반영되어야 한다. 누군가 새로운 개념을 설명하거나 복잡한 이론을 설명한다면 의미를 바꿔보거나 묻고 싶은 질문을 적어보자.

온라인에서의 듣기

먼저 '온라인에서 듣기'라고 하면 누군가에게 텍스트 메시지를 보내는 것으로 생각할 수 있다. 전화 통화나 음성 인식이 가능한 스카이프(Skype) 등을 이용하지 않는다면 온라인상에서 상대방을 보거나 들을 수 없다. 그럼 어떻게 들을 수 있을까? 브라우넬의 HURIER 듣기 모델에 있는 여섯 가지 듣기 과정 중 다섯 가지를 검토해보면 이 문제의 답을 얻을 수 있다.

메시지를 듣는 것이 아니라 읽는 경우라 할지라도 다른 사람의 메시지를 이해하고, 기억하고, 해석하고, 평가하고, 적절하게 반응하기 위해 최선을 다해야 한다. 우리가 온라인으로 듣기만 하면 메시지를 보내고 받는 것 이상의 것을 할 수 있다. 우리는 '다른 사람들이 중요하다고 생각하는 것, 본질적으로 멈춰서 격려하고 친절과 낙관주의의 씨앗을 심고 있다는 것'을 그들에게 입증해 보일 수 있다.[61] 다른 사람들에게 그들의 메시지의 의미를 이해하며 가치 있게 여긴다는 것을 알리고 있는 것이다.

온라인 메시지에 HURIER 모델을 적용하기 위한 몇 가지 권장 사항은 다음과 같다.

1. 이해. 일반적으로 문구를 강조하거나 감정을 보여주기 위해 사용하는 웃는 얼굴이나 기타 기호를 사용한 이모티콘, LOL(laughing out loud, 크게 웃는 모양), BTW(by the way, 이야기의 전환), OMG(Oh, My God, 어머나) 등과 같은 채팅 용어, 모두 대문자로 쓰는 것, 굵은 글씨

체, '!?!?'와 같은 문장 부호 남용 등 온라인상에서 사용되는 도구에 주의를 기울여야 한다.
2. 기억. 메시지의 중요성에 따라 워드 문서를 저장하거나 모두 복사해야 할 수도 있다. 면대면 청자들에게는 필요 없는 일이지만 말이다.
3. 해석. 다른 사람이 선택한 단어가 마음이나 감정의 특정 유형을 나타내는지 고려해야 한다. 단어가 지루하거나 평범한가? 아니면 표현력이 풍부하고 감정적인가? 더 긍정적이거나 부정적인 단어가 있는가? 도움, 조언, 동정 또는 동의를 직접 또는 간접적으로 요구하는 사람인가? 이 질문에 답하면 책임 있고 공감하는 응답을 구성하는 데 도움이 될 수 있다.
4. 평가. 온라인 메시지를 읽으면서 비판적인 사고를 해보자. 사실이 타당한 것인가? 결론은 합리적인가? 그리고 감정적인 반응을 두려워하지 말아야 한다. 읽는 내용이 뭔가 '낌새'(말 그대로)가 이상하다면 메시지의 오류나 결함을 찾아야 할 수도 있다.
5. 반응. 듣고, 이해하고, 기억하고, 해석하고, 평가하여 반응할 준비를 해야 한다. 누군가의 의미를 이해하지 못했다면 그 사람에게 다시 설명해달라고 요청해야 한다. 메시지를 기억할 수 없다면 메시지의 중요성에 대해 질문하자. 다른 사람이 공감해주기를 원

한다면 읽은 내용의 의미를 바꿔보자. 다음과 같은 문장으로 시작할 수 있다. "당신이 하는 말을 정확하게 이해하기 위해 나만의 언어로 대신해보겠다." 그리고 누군가의 메시지에 대한 타당성에 의문을 제기하는 이유를 설명해줘야 한다.

텍스트 메시지에 응답할 때에는 적절한 응답을 생각하고 개발하고 쓰는 데 더 많은 시간을 할애해야 한다. 또한 다 이해할 때까지 판단을 보류하여 심사숙고하며 '들어야 한다'. 많은 사람들이 매개된 텍스트 메시지를 좋아하는데, 말하기와 비슷하기 때문이다. 이제는 매개된 메시지와 그에 대한 응답도 듣는 것과 같은 방식으로 다뤄져야 한다.

커뮤니케이션 **평가하기**

핵심듣기 검사[62]

다음 번호를 사용하여 학생으로서 얼마나 자주 다음과 같은 듣기 행동을 하는지 표시해보자. '화자'는 강사 또는 다른 학생을 말한다.

1 = 매우 그렇지 않다.　　2 = 그렇지 않다.　　3 = 보통이다.　　4 = 그렇다.　　5 = 매우 그렇다.

평가 방법 : 얼마나 잘 듣고 있다고 생각하는지에 대해 평가하고 각각의 점수를 더한다.

듣기 행동

_____　1. 누군가가 나에게 말하면, 나는 의도적으로 옆 사람과의 대화와 개인적인 문제에 대한 공상을 차단한다.

_____　2. 화자가 말한 것을 이해하지 못할 때 질문을 한다.

_____　3. 화자가 모르는 단어를 사용하면, 나는 그것을 적어두고 나중에 찾아본다.

_____　4. 나는 듣는 동안 화자 말의 신빙성을 평가한다.

_____　5. 나는 들으면서 머릿속으로 화자의 주요 아이디어를 바꿔 쓰고 요약한다.

_____　6. 나는 구체적인 세부 사항보다는 화자의 주요 아이디어에 집중한다.

_____　7. 나는 직접적으로나 간접적으로 말하는 사람들을 이해하려고 노력한다.

_____　8. 결론에 도달하기 전에 나는 화자와 그의 메시지에 대해 완전히 이해하고 확인하려고 노력한다.

_____　9. 화자가 복잡한 생각을 설명할 때 나는 완전히 집중한다.

_____　10. 듣는 동안 나는 화자의 메시지에 전념한다.

_____　11. 다른 문화권의 누군가의 말을 듣고 문화적 차이에 관해 내가 아는 바를 적용해본다.

_____　12. 나는 화자의 표정과 몸짓을 보고 의미를 찾는다.

_____　13. 나는 동의한다는 표현으로 끄덕임, 눈 마주치기 등 긍정적인 비언어적 피드백을 준다.

_____　14. 화자의 말을 들을 때, 나는 눈을 마주치며 관련 없는 일은 하지 않는다.

_____　15. 나는 메시지에 동의하지 않거나 싫다고 해서 화자를 방해하지 않는다.

_____　16. 화자나 메시지에 감정적인 반응이 있더라도 나는 내 감정을 제쳐두고 메시지를 계속 듣고자 노력한다.

_____　17. 나의 비언어적 반응을 나의 언어적 반응에 맞추려고 노력한다.

_____　18. 누군가 말하기 시작하면, 나는 그 메시지에 집중한다.

_____　19. 나는 과거의 경험이 메시지를 해석하는 방식에 어떻게 영향을 미치는지 이해하려고 노력한다.

_____　20. 나는 외부의 방해와 혼란을 없애려 한다.

_____　21. 들을 때, 화자를 보고 눈을 마주치려고 하고 메시지에 집중한다.

_____　22. 복잡하고 어려운 메시지라도 피하려 하지 않는다.

_____　23. 나와 다른 사람의 견해가 다른 점을 이해하려고 노력한다.

_____　24. 나는 공정하고 비판적으로 들으려고 노력한다.

_____　25. 필요한 경우, 나와 다른 사람이 공유하는 정보와 유사한 개인 정보를 스스로 공개한다.

점수	설명
0~62	자신이 안 좋은 청자라고 생각한다.
63~86	자신이 적절한 청자라고 생각한다.
87~111	자신이 좋은 청자라고 생각한다.
112~125	자신이 뛰어난 청자라고 생각한다.

듣기 전략과 기술

듣기의 본질

4.1 효과적인 커뮤니케이션을 위해 왜 듣기가 필수적인지 설명해보자.

- 커뮤니케이션 시간의 대부분은 듣는 데 소비한다.
- 대부분의 사람들이 짧은 말을 듣고 이 중 약 50%를 정확히 기억하지 못한다. 훈련이 없다면 약 25%만 제대로 듣는다.

듣기 과정

4.2 듣기 과정의 주요 구성 요소를 확인해보자.

- HURIER 듣기 모델의 여섯 가지 요소(청력, 이해, 기억, 해석, 평가, 반응)에는 고유한 듣기 기술을 필요로 한다.
- 효과적으로 말을 바꿔 말한다는 것은 다른 사람이 무엇을 말하는지 그 의미를 이해하고 있음을 나타내는 방식으로 다시 말하는 것을 포함한다.
- 잘 계획된 적절한 질문을 하는 것은 다른 사람의 의미를 이해하는 데 도움을 줄 수 있다.
- 듣기의 황금률은 다른 사람들의 말을 경청하는 것이다.

젠더와 문화, 듣기

4.3 젠더와 문화가 우리의 듣는 방식에 어떻게 영향을 미치는지 설명해보자.

- 다양한 듣기 기술과 다른 사람들의 스타일을 이해하고 적응하는 것은 특히 젠더와 문화적 차이를 고려해야 할 때 어려운 일이 될 수 있다.
- 청자 중심의 언어를 사용하는 사람은 자신의 말하고 듣는 방식을 조정해야 한다.

듣기 전략과 기술

4.4 효과적인 듣기 전략과 기술을 연습해보자.

- 충실한 청자는 모든 유형의 듣기 능력을 향상시키기 위해 여분의 생각 속도를 이용한다.
- 효과적인 커뮤니케이션은 피드백과 비언어적 행동을 능숙하게 받아들이고 이해가 될 때까지 판단을 보류하는 것이다.
- 효과적인 청자는 자신과 다른 사람들에게 산만함을 주지 않고 최소화한다.
- 적응력과 유연성은 듣기와 유용한 메모하기의 핵심이다.

주요 용어

공감적 듣기	바꿔 말하기	청자 중심의 언어
기억법	반응하며 듣기	평가하며 듣기
기억하며 듣기	생각 속도	해석하며 듣기
듣기	이해하며 듣기	화자 중심의 언어
듣기의 황금률	주의 기울여 듣기	

연습문제

4.1 효과적인 커뮤니케이션을 위해 왜 듣기가 필수적인지 설명해 보자.

1 일반적으로 우리는 커뮤니케이션 시간의 40~70%를 다음 중 무엇을 위해 사용하는가?

   a. 쓰기

   b. 말하기

   c. 읽기

   d. 듣기

2 짧은 말이나 강의를 듣자마자 대부분의 사람들은 말한 내용의 몇 %를 정확하게 말할 수 없는가?

   a. 10

   b. 30

   c. 50

   d. 70

4.2 듣기 과정의 주요 구성 요소를 확인해보자.

3 다음 중 해석하며 듣기에 대한 해석으로 옳은 것은 무엇인가?

   a. 메시지 의미를 정확하게 이해하는 방법

   b. 메시지의 타당성을 평가하는 능력

   c. 듣는 상황에서 청각적/시각적인 자극을 구별할 수 있는 능력

   d. 사람들의 상황, 느낌, 동기를 이해하고 식별하는 데 초점을 잘 맞추는 방법

4 다음 그레이스의 말을 듣고 청자는 다음과 같이 바꿔 말했다. 청자가 고려하지 못한 바꿔 말하기의 특성은 무엇인가?

그레이스 : 가족 모두가 나를 괴롭히고 있어. 언젠가는 은행에 빚이 얼마나 있는지 나에게 크게 화를 내면서 말했어.

청자 : 다시 말하면, 가족들은 네가 은행에 빚을 져서 화를 낸 거야. 맞지?

   a. 청자는 주의 깊게 듣지 않았다.

   b. 청자는 그레이스의 메시지를 표현하기 위해 새로운 단어를 사용하지 않았다.

   c. 청자는 그레이스의 말을 정확하게 듣지 않았다.

   d. 청자는 확인 요청을 하지 않았다.

4.3 젠더와 문화가 우리의 듣는 방식에 어떻게 영향을 미치는지 설명해보자.

5 일반적으로 남성은 종합적이고 분석적으로 듣는 경향이 있는 반면, 여성은 _____ 듣는 경향이 있다.

   a. 종합적으로만

   b. 감정적으로

   c. 동정적이고 감성적으로

   d. 감성적이고 종합적으로

6 _____ 은(는) 화자 중심의 언어이다. 즉, 화자는 청자가 알기를 원하는 것, 말하고자 하는 것의 정확한 의미를 제공한다.

   a. 일본어

   b. 아랍어

   c. 영어

   d. 스페인어

4.4 효과적인 듣기 전략과 기술을 연습해보자.

7 다음과 같은 듣기 전략 중 여분의 생각 속도를 생산적으로 이용한 사례는 무엇인가?

   a. 메시지의 핵심 아이디어 확인하기

   b. 화자의 비언어적 행동에 대한 의미에 주목하기

   c. 논쟁의 강점과 약점 분석하기

   d. 위의 모두 해당

8 온라인 메시지를 '평가'하며 '듣는'다면 어떠한 질문을 할 수 있는가?

   a. 화자의 말이 지루하고 평범한가, 아니면 표현력이 풍부하고 감정적인가?

   b. 긍정적 또는 부정적인 단어보다 더 긍정적인가?

   c. 사실이 타당하고 결론은 합리적인가?

   d. 사람들의 도움, 조언, 동정, 합의를 요청하는가?

정답 확인 : 355쪽

언어적 커뮤니케이션 5

주요 목표

5.1 언어의 고유한 특성을 파악해보자.

5.2 언어의 본질이 의미에 어떻게 영향을 미치는지 설명해보자.

5.3 언어와 문화, 젠더, 맥락이 서로 어떤 방식으로 영향을 미치는지 설명해보자.

5.4 커뮤니케이션을 방해하는 언어 장벽을 확인해보자.

5.5 효과적인 언어 구사 전략과 기술을 연습해보자.

'이름 짓기' 능력은 인간의 고유한 특성이다. 거룩한 특권일 뿐만 아니라 불가사의한 선물로 여겨져 왔다. 히브리 성서(구약 성서)에 따르면, 하나님께서 아담에게 주신 첫 번째영예는 동물의 이름을 짓는 것이었다.[1]

많은 이름에는 특별한 의미뿐만 아니라 흥미로운 역사가 있다. 예를 들어, 영국 이름인 '다이애나'는 '하늘'과 '신'을 의미하는 고대 인도-유럽 어족에서 유래했으며 달, 사냥, 숲, 출산의 로마 여신인 다이아나와 관련되어 있다. '존'이라는 이름은 그리스어로 '은혜'라는 의미에서 유래되었다. 이 이름은 신약 성서에서 세례 요한과 사도 요한에 대한 인기 덕분이다. 모든 문화권에서 고유한 이름을 지정하는 전통이 있다. 다음의 에파이인와라는 나이지리아 학생의 이야기를 생각해보자.

나의 조부모님들이 살아 계셨던 아프리카에서 이름은 많은 것을 의미했고 사람들은 사건이나 상황에 따라 자녀의 이름을 지었다. 나의 아버지가 6세쯤 되었을 때, 할머니께서는 쌍둥이를 낳았다. 쌍둥이는 살 수 없었다. 왜냐하면 특수한 진흙 항아리에 넣어져 죽을 때까지 들판에 있었기 때문이다. 그것은 그들의 전통이었다. 그 당시에는 여성이 한 번에 한 명 이상의 자녀를 출산하는 것을 금기시했다. 아버지는 이 시련을 겪고 나에게 이름을 지어주셨다. '에파이인와'라는 내 이름은 '최고로 소중한 아이'라는 의미이다. 아이는 하나님의 귀중한 선물이며 모든 아이는 자신만의 특별한 방식으로 유일한 존재이다. 나는 항상 내 이름을 사랑했지만 그 의미를 알게 된 후 더욱 좋아하게 되었다. 나는 내 아버지의 기대와 내 이름의 의미에 따라 살고 싶다.[2]

이제 자신의 이름을 생각해보자. 부모님은 왜 이 이름을 선택하셨을까? 가족 내력이나 문화적 특성으로 지어졌는가? 자신의 이름을 좋아하거나 싫어하는 이유는 무엇인가? 이름이 자신의 삶에 어떤 영향을 미쳤는가?

언어

5.1 언어의 고유한 특성을 파악해보자.

인간은 많은 동물들의 뛰어난 감각을 가지고 있지 않다. 우리는 숲 속에서 희미한 냄새를 추적하거나 포식자를 피해 피부색을 위장할 수 없다. 많은 동물들은 우리보다 훨씬 신체 동작을 더 잘 해석한다.[3] 그러나 우리는 다른 동물들과 달리 말을 할 수 있다.

다른 동물들도 정교한 커뮤니케이션 체계를 사용하지만, 인간 언어가 지닌 영향력과 복잡성에 비할 바는 아니다. 단어를 배우고, 결합하고, 창제하고, 새로운 단어에 의미를 부여하는 능력은 동물들과 다른 인간의 고유한 특성이다.[4]

우리가 아는 바와 같이, 많은 연구자들은 언어를 사용한 최초의 인간이 약 15만 년 전에 아프리카 동쪽에서 살았을 것으로 추정한다.[5] 10만 년 된 해골에서 인류학자들은 현재와 같은 형태의 설골(舌骨, tongue bone)을 발견했는데 이는 호흡기관 위쪽에 딱 들어맞고 우리가 말할 때 필요한 현대적 기관의 일부와 유사한 것이었다. 현대 언어는 아마도 5만 년 전에 진화했을 것이다.[6] 따라서 우리의 초기 조상들이 약 330만 년 전에 에티오피아에 살았던 것을 감안할 때 말하기 능력은 상대적으로 새로운 것이라 할 수 있다.[7]

언어(language)는 타인에게 생각과 감정을 전달하는 데 사용되는 임의의 기호와 상징으로 이루어진 체계이다. 이 지구상에서 사용되는 모든 언어는 의미 체계를 구성하고 의미를 표현하는 단어와 규칙의 상호 연관된 모음이다. 단어를 정의하는 것 외에도 모든 언어는 단어를 일관된 메시지로 배열하는 문법을 사용한다. "갔다, 가게에, 그는."이라는 말은 적절한 문법 순서로 단어를 재정렬하기 전에는 의미가 없다. 이를 재정렬하려면 "그는 가게에 갔다."와 같이 될 것이다. "그를 가게로 가."라는 말은 메시지를 전달할 수는 있지만 여러 가지 문법 규칙을 위반한 것이다.

언어를 잘못 사용하면 다음 사례에서 볼 수 있듯이 '자기 경력을 망칠' 수도 있다.

채용 담당자는 최고 재무책임자(CFO)에게 재무관리자를 추천하는 것에 대해 반대 입장을 표명했다. 그는 종종 잘못된 동사 형태로 '아무렇게나' 말했기 때문이다.

출판사 사장은 부정확한 문법을 사용하는 영업사원 및 편집자들을 채용하지 않을 것이다. 사장은 이러한 행동을 '전문성이 결여된 행동'이라고 평가한다.[9]

> **거의 적합한 단어와 적합한 단어의 차이는 실제로 큰 문제이다. 이를테면 반딧불이와 번개와의 차이이다.**
>
> 마크 트웨인[8]

> **사람들이 다른 사람들과 함께할 때 — 놀든, 싸우든, 사랑을 하든, 자동차를 만들든 간에 그들은 이야기한다. 우리는 언어의 세계 안에서 살고 있다.**
>
> 빅토리아 프롬킨과 로버트 로드먼, 언어학자[10]

적절한 언어의 선택은 친구와 이야기를 나누거나, 그룹을 주도하거나, 청중에게 설명하거나, 소설을 쓸 때 등 효과적인 커뮤니케이션을 위한 핵심이다. 이 장에서는 **언어적 커뮤니케이션**(verbal communication)에 초점을 맞춘다. 대면 커뮤니케이션 또는 사이버 공간에서의 커뮤니케이션 여부에 관계없이 언어는 단어를 사용하여 의미를 생성하는 방식이다.[11] 제6장 "비언어적 커뮤니케이션"에서는 의미를 생성하는 단어 이외의 메시지 구성 요소 사용 방법에 중점을 둘 것이다.

회초리나 돌은 나의 뼈를 부러뜨리겠지만, 말은 나에게 영원한 아픔을 남긴다

'프레이즈 마커(The Phrase Maker)' 웹사이트의 제작자이자 창업자인 게리 마틴은 "'회초리나 돌은 나의 뼈를 부러뜨려도, 말은 나에게 상처를 줄 수 없다'라는 말은 영어권 학교에서 따돌림당하기 딱 좋은 소리"라고 설명한다. 그는 또한 "이런 소리는 요즘 다소 진부해지고 있으며, 앞으로는 더 세상물정에 밝아질 것"이라고 전망했다.[12]

오늘날에는 "회초리와 돌은 뼈를 부러뜨릴 수 있지만, 말은 영원한 상처를 줄 수 있다."라는 말이 더 적합할 수 있다. '따돌림 : 말의 상처'라는 글에서 헤더라는 한 여성은 이렇게 회상한다. "18년이 지났음에도 나는 그녀의 이름을 잊지 않았고, 그녀의 모습, 그녀가 살았던 곳, 그녀가 나에게 한 모든 끔찍한 일들을 상세하게 말할 수 있다. 그녀가 5학년과 6학년에 대한 모든 기억을 망쳐놓았다. 크리스티가 나를 괴롭혔던 그 2년은 평생 기억에 남을 것이다." 물론 '그녀'가 육체적으로 헤더를 괴롭힌 것은 아니었지만 헤더의 이름을 부르면서 언어적으로 괴롭혔다.[13]

영국의 유명 라디오 진행자에게 '당신이 고치고 싶은 가장 후회스러운 점'은 무엇인지 물어보자, 그는 학창시절 선생님의 가르침을 잊지 않았으면 좋았겠다고 말했다. 당시 선생님은 그에게 말은 되돌릴 수 없다고 했다. 라디오 진행자로서 그는 하지 않았으면 좋았을 말을 했다. 왜냐하면 그 말은 그에게 상처를 준 것이 아니라 다른 사람들에게 상처를 줬기 때문이다.[14]

흥미롭게도, 한 의학 연구에 따르면 단어가 글자 그대로 상처를 줄 수 있다고 한다. 예를 들어 의사나 간호사가 주사를 맞기 직전에 "조금 아파요."라고 말하면, 그 사실을 언급하는 것만으로도 "실제 고통이 느껴지기도 전에 뇌에서 통증 반응을 느끼기에 충분하다는 것이다."[15]

자신의 말이 다른 사람들에게 미치는 부정적인 영향에 분노하거나 이를 인식하지 못하는 경우, 황금률을 기억하자. 다른 사람들이 자신과 자신이 하는 일을 묘사할 때 동일한 단어를 사용한다면 실제로 어떠할 것 같은가?

언어와 의미

5.2 언어의 본질이 의미에 어떻게 영향을 미치는지 설명해보자.

단어의 의미를 모르면 사전을 찾아볼 수 있다. 그러나 단어에 따라 여러 가지 정의가 있을 수 있다. 이와 마찬가지로 어떤 두 사람도 같은 단어에 정확하게 같은 의미를 부여하지 않을 수도 있다.

> **단어에는 의미가 없다. 사람들이 단어에 의미를 부여한다.**[16]

기호와 상징

앞서 언급했듯이 모든 언어는 기호와 상징으로 이루어진 인간 발명품이다. 우리가 말하거나 쓰는 단어와 그 사용의 바탕이 되는 체계는 모두 사람들이 구성했다.[17] **기호**(sign)는 어떤 대상을 표현하거나 보여주는 것, 종종 대표하는 대상처럼 보이는 것을 말한다. 따라서 기호는 대상과의 시각적 관계를 가진다. 예를 들어 일기도에서 들쭉날쭉한 번개와 구름의 그래픽 묘사는 폭풍의 징조를 보여준다.

기호와 달리 **상징**(symbol)은 그것이 나타내는 대상과 직접적인 관계가 없다. 대신 개념을 보여주기 위한 특정 결합에서 오는 임의의 소리의 조합이다. 번개처럼 보이는 단어나 번개와 같은

사랑의 다양한 의미

사랑이란 단어의 여러가지 정의를 생각해보자.
연인에 대한 **사랑**
가족과 친구들에 대한 **사랑**
애완동물에 대한 **사랑**
취미 또는 스포츠에 대한 **사랑**
나라에 대한 **사랑**

일반적인 **기호**

비   비와 번개   약간 흐림

소리를 구성하는 글자들의 조합은 없다. **구름**이라는 단어를 구성하는 글자 역시 하얗고 뭉실뭉실하고 어둡거나 우울하지 않다. 번개라는 단어로 인해 감전되거나 비라는 단어로 젖을 수 없다.

단어를 보거나 들을 때 지식, 경험, 감정을 적용하여 단어의 의미를 결정한다. 언어학자 오그던(C. K. Ogden)과 리처즈(I. A. Richards)는 이 현상에 대해 다음과 같이 설명한다. 그들은 삼각형을 사용하여 언어의 세 가지 요소를 설명하는데, 이는 사고, 대상을 표현하는 데 사용된 상징(또는 기호), 지시하고자 하는 실체적인 대상, 생각 또는 느낌 등이다.[19] 삼각형은 상징과 지시 대상이 직접적인 관련이 없기 때문에 견고한 기반을 가지고 있지 않다. 상징은 의미를 가지기 전에 사람들의 정신적 과정으로 처리해야만 한다.

외연적 의미와 내포적 의미

언어에 대한 위대한 신화 중 하나는 모든 단어가 정확한 의미를 지니고 있다는 것이다. 그러나 실제 그렇지 않다. 커뮤니케이터나 커뮤니케이션 맥락이 정확히 일치하지 않기 때문에 단어의 의미가 완전히 동일할 수는 없다.[20]

두 가지 언어 개념(외연과 내포)은 단어 의미의 파악하기 어려운 특성을 설명한다. **외연**(denotation)은 단어의 구체적이고 객관적인 사전 기반 의미를 나타낸다. 예를 들어 우리 중 대부분은 뱀이 길고 원통형인 몸에 비늘이 있고 다리가 없으며, 때로는 독이 있는 파충류라는 데 이견을 두지 않는다. 배관공은 자체 제작한 뱀(파이프를 청소하기 위해서 잘 구부러지는 금속 와이어 또는 코일)을 가지고 있다. 여기서 '뱀'은 각각 외연적 의미를 지닌다.

내포(connotation)는 단어의 의미와 관련된 감정적인 반응 또는 개인적인 생각을 나타낸다. 외연보다 내포는 단어에 대한 상대의 반응에 더 영향을 미칠지도 모른다. 어떤 사람들은 뱀이라는 말을 듣는 것만으로도 두렵다. 그러나 파충류 학자에게 뱀이라는 단어는 매력적이고 흥분되는 것이다.

사고
상징과 지시 대상을 연결하는 정신적 과정

"음… 스테이크가 잘 익었군!"

의미의 삼각형

대상
개념이 실제 나타내는 실제 대상

상징
개념을 단어로 표현하는 것

'스테이크'

오그던과 리처즈의 의미의 삼각형[18]

> 66 내포는 실제 모든 단어를 둘러싼 호의적이거나 비호의적인 감정적 분위기이다. 99

S. I. 하야카와, 기호학자[21]

대부분의 사람들에게 단어의 내포는 외연보다 훨씬 더 중요하다. 우리가 누군가에게 경찰(cop)이 부당하게 과태료를 부과했다고 말하거나 경찰(police officer)이 타이어가 펑크 났을 때 도와줬다고 말할지도 모른다. 중립적인 말처럼 보여도 다른 사람들에게는 강한 내포적 의미를 가질 수 있다.

구체적 단어와 추상적 단어

구체적인 단어나 추상적인 단어를 선택하는 것은 다른 사람이 메시지의 의도된 의미를 이해하고 있는지 여부와 방법에 상당한 영향을 미친다. **구체적 단어**(concrete word)는 시각, 청각, 후각, 미각, 촉각 등 감각으로 지각하는 특정 대상을 나타낸다. 테이블, 파리, 기린, 빨간 장미라는 단어는 가구, 도시, 동물, 꽃과 달리 가능한 의미의 수를 줄이고 해석이 잘못될 가능성을 줄여주므로 구체적 단어라 할 수 있다.

추상적 단어(abstract word)는 일반적으로 관찰하거나 만질 수 없는 생각이나 개념을 말하며 종종 해석이 필요하다. 동물이라는 단어는 기린보다 추상적이다. 많은 종류의 동물이 있기 때

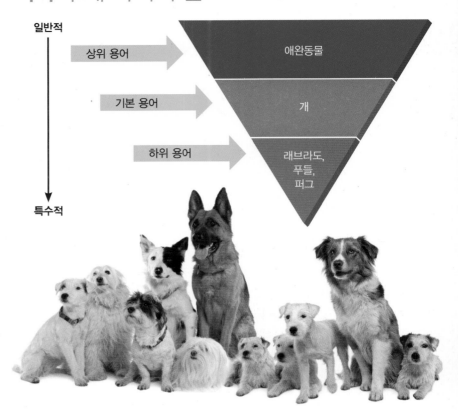

문이다. 기린은 마음속에서 볼 수 있지만, 동물이라고 하면 어떤 이미지를 연상하게 되는가? 가재와 기린은 모두 동물이다. 이와 유사하게 정의, 자유, 악과 같은 단어는 무수한 의미를 가질 수 있으며 시각, 청각, 후각, 미각, 촉각 등의 특정 감각으로 언급할 수 없다. 언어가 추상적일수록 청자가 의도한 방식 이외의 의미를 해석할 가능성이 커지게 된다.[22]

언어는 매우 추상적인 것부터 매우 구체적인 것까지 세 가지 일반적인 의미 수준을 가지고 있다.[23] **상위 용어**(superordinate term)는 매우 일반적으로 객체와 아이디어를 그룹화한다. 차량, 동물, 위치는 상위 용어이다. **기본 용어**(basic term)는 자동차, 밴, 트럭과 같은 상위 용어를 더 자세히 기술한다. 고양이, 닭, 쥐 또는 뉴잉글랜드, 딥사우스, 애팔래치아 등이 있다. **하위 용어**(subordinate term)는 가장 구체적이고 전문화된 설명을 제공한다. 바깥에 주차된 차량은 단순한 자동차가 아니라 빨간색 1988년형 메르세데스 스포츠카이다. 무릎에 있는 고양이는 단순한 고양이가 아니라 파란 눈을 가진 수컷 샴고양이 개츠비이다.

강한 언어와 약한 언어

누군가가 "좋은 생각이야, 그렇죠?" 또는 "음… 그렇게 부정하는 것은 아니지만 우리가 잘못된 움직임을 보이고 있는지 한번 생각해보면 어떨까?"라고 말한다면 어떤 반응을 보일 것인가? 이처럼 신중하고 한정하는 문장으로 말하면 메시지의 중요성을 약화시킬 수 있다. 이제 다음 문장을 생각해보자. "좋은 생각이야!",

"우리가 잘못 움직이고 있어." 이러한 문장은 자신감과 확신을 표현해준다. 또한 강한 언어와 약한 언어의 차이점을 보여준다.

강한 언어(powerful language)는 직접적이고 적극적이고 설득력이 있다. 반면 **약한 언어**(powerless language)는 그 반대로 불확실성과 자신감 결여로 비춰진다. 이러한 뚜렷한 차이에도 불구하고 강한 언어와 약한 언어는 선택 사항이 아니다. 이 두 극단의 중간 지점에 더 적절한 환경과 상황이 있을 수 있다. 더욱이 권력 거리가 높은 문화권에서는 권력을 가진 사람들의 강한 언어와 권력이 없는 사람들의 무력한 반응이 겉으로는 보기엔 불공평해 보이더라도 적절할 것이다. 고맥락 문화권에서는 강한 언어가 버릇없고 개인주의적이고 무례한 것으로 인식될 수 있다. 다른 사람들이 토론에 참여하거나 행동 계획을 기분 좋게 생각하도록 장려하기 위해 의도적으로 덜 강한 언어를 사용하는 경우도 있다.

초기 연구는 남성과 강한 어조, 여성과 약한 어조를 연관시켰다. 후속 연구는 남성과 여성 모두 개인의 언어력, 의도, 청자의 성격, 전후 관계뿐만 아니라 문화, 지위, 맥락 등과 같은 요인에 따라 강하고 약한 어조를 사용한다고 나타나 이러한 주장을 뒤엎었다.[24] 그러나 두 가지 언어 습관, 즉 질문을 하는 것처럼 끝을 올리는 것과 부가 의문문으로 끝내는 경우(예 : 그녀가 늦었지? 그렇지?)는 일반적으로 여성의 말하기 스타일로 간주되었다.[25]

최근 연구에서는 강하고 약한 말하기의 결과에 더 많은 관심을 기울인다. 한 연구에 따르면 약한 언어로 인해 메시지의 힘이 약해지고 화자의 신뢰성이 떨어지는 것으로 나타났다. 취업 면접에

서 강한 어조로 말을 하면 면접자에 대한 긍정적인 인상을 줄 수 있으며 채용될 확률이 높다.[26] 당연히 컴퓨터 토론에서도 "강한 언어를 사용하는 사람은 일반적으로 약한 언어를 사용하는 사람들보다 더 믿을만하고 매력적이며 설득력 있게 인식된다."[27]

> 커뮤니케이션 목표가 분명하고 개인적으로 중요할 때 남성과 여성 모두 강한 언어를 사용한다.

단어와 자기 강화

강한 언어의 이점을 활용하는 방법에는 여러 가지가 있다.[28] 다음과 같이 약한 말하기를 특징짓는 단어와 구절을 피하라.

- **망설임과 언어 공백.** '어…', '음…' 등 화자의 주장이나 논점을 흐리는 단어를 사용하지 않는다.
- **한정어나 수식어구.** '어느 정도, 약간' 등과 같은 단어는 커뮤니케이션에 자신감이 결여되어 있음을 보여준다.
- **부가 의문문.** 질문 문장 끝에 "그녀는 문제에 대해 책임이 있다. 그렇지 않니?" 아니면 "우리가 그것을 막아야 한다. 맞지?" 등 '부가 의문문'을 붙인다. 이것은 화자를 확실하지 않거나 자신감이 없어 보이게 한다.
- **단서 조항.** "나는 전문가는 아니지만…", "나는 소수야, 그런데…"와 같은 문장은 청자가 화자의 역량이나 자신감 결여를 이해하거나 허용하게 함을 의미한다.
- **의미 없는 강조어.** 화자가 단어를 수정하기 위해 '매우', '실제', '정말', '너무', '아주', '대단히'와 같은 설득력 없는 강조어를 사용하면 문장의 힘을 빼앗아버리게 된다. 예를 들어 '매우 좋다, 실제 좋다, 정말 좋다, 너무 좋다, 매우 좋다, 대단히 좋다'와 같은 강조어의 사용이 구문을 더 강하게 만들지는 않는다.

학습과 훈련을 통해 강하고 약한 화법을 적절하게 사용하는 방법을 익힐 수 있다. 강한 언어를 사용하는 커뮤니케이션은 유능하고 자신감 있으며 설득력 있는 것으로 인식된다. 그러나 약한 언어로 메시지를 약화시킨다면 메시지에 무관심하고 스스로에게 확신이 없는 것처럼 보일 수 있다. 어쩌면 말을 듣는 사람들도 그렇게 느낄 것이다.

언어와 문화, 젠더, 맥락

5.3 언어와 문화, 젠더, 맥락이 서로 어떤 방식으로 영향을 미치는지 설명해보자.

전 세계에서 약 5,000~6,000개의 언어가 사용되고 있으며, 모든 언어는 서로 다른 어휘와 문법 규칙이 있다.[29] 영어를 잘하지 못하는 사람과 이야기하거나 이해하려고 노력한 적이 있는가? 이러한 경험은 답답하고 우습거나, 깨달음을 주고 비참한 것일 수도 있다.

토니 힐러먼(Tony Hillerman)의 한 미스테리 소설에서 나바호 부족 경찰은 FBI 요원에게 살인 장면을 묘사하는 데 돌(rock)이라는 단어보다 더 좋은 것은 없다고 하면서 이렇게 말한다. "북극 이누이트족(Inuit,

> "톨 사이즈 라떼를 1% 이하 저지방 우유로 4개의 에스프레소 샷에 휘핑크림을 올려서 뜨겁게 주세요."

캐나다 북부 및 그린란드와 알래스카 일부 지역에 사는 종족)은 하늘에서 내리는 눈에 대해 수많은 단어로 표현한다. 돌이 많은 세상에서 살고 있다면 바위와 같은 방식으로 살아가게 될 것이다."[30] 언어의 단어는 특정 문화에서 사람들에게 중요한 것을 반영하기도 한다. 에스키모들이 눈을 표현하는 단어와 아랍에서 낙타를 나타내는 단어가 수십 가지가 있듯이 영어에서 차의 종류나 스타벅스에서 제공되는 다양한 커피 음료를 설명할 수 있는 단어들도 수십 가지가 있다. 예를 들어 다양한 고기와 치즈가 들어있는 샌드위치는 지역에 따라 그라인더, 히어로, 서브, 호기, 포보이라고 불리기도 한다.[31]

언어와 문화

제3장 "문화 적응"에서 몇 가지 문화적 차원이 우리의 커뮤니케이션 방식에 어떻게 영향을 미치는지 살펴보았다. 여기서는 언어의 두 가지 측면, 즉 대명사와 직접 화법이 다양한 문화권에서 사용되는 방식에 관해 살펴보자.

대명사 제3장에서 언급했듯이, 개인주의-집단주의는 서로 다른 문화를 구별하는 가장 중요한 문화 차원이다. 개인주의 문화는

워프 가설

워프 가설(Whorf Hypothesis)은 논쟁의 여지가 있지만 유의미한 언어 이론으로 다양한 문화권의 사람들이 서로 다른 방식으로 메시지를 전달하고 해석하는 이유를 설명하고자 한다. 언어학자 에드워드 사피어(Edward Sapir)와 벤자민 워프(Benjamin Whorf)는 수십 년 동안 언어, 문화, 사상 간의 관계를 연구했다. 가장 논란의 여지가 있는 이론은 언어의 구조가 우리 주변의 세상을 보고 경험하고 해석하는 방법을 결정한다는 주장이다. 예를 들어 빨간색이라는 단어가 없으면 빨간색을 보거나 우리가 인지하는 다른 색상과 구분할 수 있는가?

영어권에서는 "나는 소녀를 보았다(saw).", "나는 소녀를 본다(see).", "나는 소녀를 볼 것이다(will see)."라는 말을 문법적인 차이로 이해할 수 있다. 워프는 애리조나의 호피족 인디언들이 과거, 현재, 미래 시제를 구분하지 않는다는 사실에 주목하였다. 따라서 세상을 다르게 인식하고 있다는 결론을 내렸다. 호피족은 곤충에서 비행기에 이르기까지 공중을 날아다니는 모든 것을 하나의 단어 'masa'ytaka'로 나타낸다고 한다. 그렇다면 호피족은 내일을 생각하지 않고, 비행기와 파리의 차이점을 모르는 것일까? 많은 언어학자들은 그렇다고 믿었다. 그러나 이제 언어학자들은 호피족이 단어를 모를지라도 내일에 대해 생각한다고 이해하고 있다.

논란의 여지가 있었던 이론들처럼 워프 가설(사피어-워프 가설이라고도 함)도 수없이 수용, 거부, 회생, 수정되었다. 오늘날 대부분의 언어학자들은 보다 완화된 워프 가

> 언어는 우리가 생각하는 모든 것을 결정하는 것은 아니지만, 우리가 다른 사람들과 주변 세계를 인식하는 방식에 영향을 미친다.[32]

설을 수용한다. 언어는 세계의 문화적 모델을 반영하며 말하는 사람의 생각, 행동, 행위에 영향을 미친다.[33] 예를 들어 영어권에서 'chairman(의장)', 'fireman(소방관)', 'policeman(경찰)'과 같이 'man(남자)'으로 끝나는 용어는 남자들에게만 적합한 역할관과 직업상을 보여준다. 'chairperson', 'firefighter', 'police officer'와 같은 단어로 대체하면 이러한 직업을 가질 수 있는 사람에 대한 인식을 바꿀 수 있다.

'나'를 기본으로 하는 반면, 집단주의 문화는 '우리'를 기본으로 한다. "영어는 대명사 'I(나)'를 반드시 대문자로 쓰지만 대명사 'you(당신)'는 대문자로 쓰지 않는다."[34] 이와 반대로 알래스카의 아타바스카족은 집합적 복수형으로 말하고 생각한다. '사람들'을 뜻하는 단어 'dene'은 일종의 '우리'로 사용되며 인칭 대명사로서 거의 모든 문장의 주체가 된다.[35]

다른 사람들과 말할 때 언어의 사용 방식에 있어 개인주의 또는 집단주의 성향에 주의를 기울여야 한다. 개인주의 성향을 가진 미국의 거대 기업 임원들은 '나' 중심의 언어(I, me, my)를 많이 사용하지만 더 집단주의 성향이 강한 아프리카계 미국인이나 중남미 출신 이민자들은 '우리' 중심의 언어(we, us)를 더 많이 사용한다.

직접 화법 미국 사람 대부분은 저맥락의 직접 화법을 사용한다. 다른 문화권에 비해 직설적으로 곧바로 요점을 말한다고 한다. '아니요'라고 말하는 것은 진짜 '아니요'를 의미한다. 다른 많은 문화권에서는 직설적 언어를 다른 사람들을 무시하는 것으로 간주하여 당혹스럽고 감정을 상하게 할 수 있다.[36] 예를 들어 유럽에서 열린 기자 회견에서 조지 W. 부시 대통령은 다른 나라의 지도자들을 상대할 때 미국의 말하기 스타일은 너무 직접적이라고 자인했다. "부시 대통령은 '토니 블레어 영국 총리에게 부시 행정부의 정책 방향은 사담(Saddam)을 제거하는 것'이라고 설명하면서, '조금 덜 직접적이고 약간 더 미묘했더라면 정권 교체를 지지한다고 말했을지도 모른다.'"라고 덧붙였다.[37]

대부분의 북아메리카 사람들은 의견을 표현할 때 '예' 또는 '아니요'라고 말하는 것을 배운다. 그러나 일본인들은 어떤 제안에 실제로는 거절하고 싶어도 상대방이 듣고 싶어 한다고 믿고 있기 때문에 '예'라고 대답할 수 있다.

언어와 젠더

대부분의 언어는 젠더의 편향을 반영한다. 이러한 차이는 커뮤니케이션의 맥락과 언어에 따라 사소할 수도 있고 중요한 문제일 수도 있다.[38] 영어권에서는 남성과 여성의 단어가 대립된다. 수년 동안 '그(he)'라는 대명사는 불특정 다수를 지칭해왔다. 과거 영어 교과서에서는 다음과 같은 문장을 사용했다—모든 사람들은 그의 말에 주의를 기울여야 한다. 다른 언어권에서도 젠더 관련 문제를 가지고 있다. 예를 들어 프랑스어는 남성과 여성에 대한 3인칭 복수형이 별도로 있다. 일본어의 1인칭과 2인칭 대명사는 성별을 구분하는데 남성과 여성이 쓰는 인칭 대명사가 다르다. 핀란드 언어는 가장 좋은 해결책이 될 수 있다. 모든 대명사가 젠더 중립적이다. '남성'과 '여성'을 의미하는 단어는 하나뿐이다.[39]

스웨덴에서는 젠더 중립적인 대명사를 사용하기 위해 "새로운 대명사 'hen'을 스웨덴학술원의 언어 사전 온라인 버전에 추가하였다." 'hen'은 "스웨덴에서 남자를 가리키는 'han'과 여자를 가리키는 'hon'을 결합한 단어로 젠더 중립적인 대명사이다."[40]

스톡홀름의 유치원은 교사들이 '그'와 '그녀'를 나타내는 대명사를 더 이상 쓰지 않는다. 대신에 아이들에게 '친구들'이라고 말한다. 예를 들어 "그는 너와 놀고 싶어해."가 아니라 "친구는 너와 놀고 싶어해."라는 식이다. 가능한 남성적이라든지 여성적이라는 표현은 쓰지 않는다. 학교 관계자는 "우리는 피터, 샐리 등 이름을 부르거나 '친구야 이리 와!'라고 말한다."라고 설명했다.[41]

연구에서 남성과 관련된 용어는 65개뿐이었다.[43]

언어와 맥락

대학 수업에서, 가족들의 장례식에서, 중요한 면접에서, 정치 또는 후원 모임에서, 부모님과 집에서, 친구들과 함께하는 파티에서 주로 어떤 언어를 사용하는가? 단어와 문법의 선택에는 미묘하면서도 미묘하지 않은 차이가 있다. 커뮤니케이션 상대, 심리적 특성 및 선호, 문화적 태도, 신념, 가치 및 행동을 공유하는 정도에 따라 우리는 자연스럽게 언어를 사용하는 방식을 변화시킨다.

코드 전환(code switching, 말하는 도중에 언어나 말투를 바꾸는 것)은 커뮤니케이션의 다양한 맥락에 적응하고자 하는 일반적인 전략이다. 하나 이상의 언어를 말할 수 있다면 이미 한 언어에서 다른 언어로의 코드 전환이 있었다. 이제 다양한 맥락에서 언어/비언어적 커뮤니케이션이 작동되는 방법을 설명하기 위해 넓은 의미에서 **코드 전환**이라는 용어를 사용할 것이다.

효과적인 커뮤니케이션은 언어를 커뮤니케이션 상황에 따라 달리할 수 있는 것이다. 면접, 교회 예배, 대중 연설 등에서는 비속어를 사용하지 않겠지만 친한 친구끼리는 사용할 수도 있다. 언어학자인 존 맥호터(John McWhorter)의 저서 *Word on the Street*를 통해 많은 중산층 아프리카계 미국인들이 일반적으로 흑인 영어(그들이 가정에서 말하는 언어)와 표준 영어(백인들이 주로 사용하는 언어) 모두를 사용하고, 두 영어를 끊임없이 바꿔 말한다는 것을 확인했다.[44] 맥호터는 아프리카계 미국인들이 일반적으로 주제와 어조가 비공식적이고, 평온하며, 친밀한 분위기에서 표준 영어와 흑인 영어를 바꿔가며 말한다는 것을 발견했다. 결국 아프리카계 미국인은 두 가지의 정교한 영어 방언에 능통하다고 할 수 있다.[45]

남녀 커플의 이름을 어떻게 말하는가? 줄리엣과 로미오인가, 로미오와 줄리엣인가? 아담과 이브인가, 이브와 아담인가?

스웨덴에서 젠더 기반 대명사를 버릴 수 있었던 것은 이곳이 평등주의, 페미니즘 가치의 문화권이기 때문이다. 미국에서 동일한 접근 방식이 받아들여질 가능성은 얼마나 되겠는가?

핀란드어와 같은 일부 언어는 남성과 여성의 구분이 거의 없지만 영어는 여성형보다 남성형 단어를 선호한다. 대부분 젠더 관련 단어의 조합은 남성으로부터 시작된다. 이를테면 남성과 여성, 소년과 소녀, 남편과 아내, 잭과 질, 로미오와 줄리엣, 미스터와 미세스 등이다.[42] 이러한 가정이 의심스럽다면 주위에 아는 결혼한 부부에 대해 생각해보자.

영어권과 미국 사회에서는 성역할의 편견 때문에 여성형 용어는 비하하는 의미로 사용되는 경향이 있다. 여성에 대한 부정적이고 시대에 뒤떨어진 의미를 나타내는 경우가 많으며 심지어 여성을 동물과 비교하기도 한다. 500개 이상의 영어 속어에 대한

직업 및 직무상 **젠더 중립 용어**

젠더 편향 언어	젠더 중립 언어
스튜어디스(stewardess)	승무원(flight attendant)
소방관(fireman)	소방관(firefighter)
여군(female soldier)	군인(soldier)
회장(chairman)	회장(chairperson)
남성 간호사(male nurse)	간호사(nurse)

젠더 중립 용어를 사용해서 직업과 직무를 설명해보자. 예를 들어 영화 산업에서도 여배우라는 단어 대신 '배우'라는 말로 대체하고 있다.

남성보다 여성들이 말을 더 많이 하는가?

언어와 관련한 근거 없는 믿음 중 하나는 여자가 남자보다는 말이 더 많다는 것이다. 이러한 믿음은 미국에만 국한되지도 않고 새롭지도 않다.[46] 예를 들어 다음의 속담을 생각해보자.[47]

여성과 거위가 있는 곳은 시끄럽다(일본).

여성의 혀는 양의 꼬리와 같다. 즉, 멈추질 않는다(영국).

손과 발이 바쁜 여자와 결혼하되, 입이 바쁜 여성과 결혼하지 말라(뉴질랜드 마오리족).

그러나 대부분의 연구에서는 다르게 비춰진다. 400명의 대학생을 대상으로 한 최근 연구에서는 남성과 여성이 사용하는 단어의 수가 실제 동일한 것으로 나타났다. 대화 능력에 대한 성별 차이를 연구한 63개의 논문을 분석한 결과 남성은 "배우자나 낯선 사람들과 상호작용할 때, 주제가 개인적인 것이 아닐 때 여성보다 더 수다스러운 것으로 나타났다." 여성은 친구들, 부모님과 자녀와 함께 있을 때 그리고 감정을 표현해야 하는 대화 주제에서 말이 더 많은 것으로 나타났다.[48]

직장에서는 남자들이 주로 말을 한다. 여성이 더 영향력 있는 직책에 있다 해도 남성만큼 토론에 참여하기 어렵다는 것이다. 이러한 상황은 유치원부터 대학교까지의 교육 환경에서 더 잘 나타난다. 남성은 일반적으로 교실을 지배한다. 슬픈 일이지만 여성들이 남성들만큼 말을 많이 하면 '너무 말이 많다'고 인식될지도 모른다.[49]

언어학자 재닛 홈스(Janet Holmes)는 "여성이 남성보다 더 말을 많이 하는가?"라고 질문하면서 "그것은 상황에 따라 다르다."라고 결론내린다. 즉 사회적 맥락, 대화의 종류, 화자의 자신감, 사회적 역할, 화자의 전문성 등에 따라 다르다는 것이다. 일반적으로 남성은 공식적으로 공개된 맥락에서 지위와 영향력과 관련되고 높은 가치를 지닌 대화를 주도하는 경향이 있다. 그에 반해 여성은 대화를 통해 관계를 유지하고, 사회적으로 자신감을 가지게 되고, 더 사적이고 비공식적인 상호작용을 유지하려고 한다.[50]

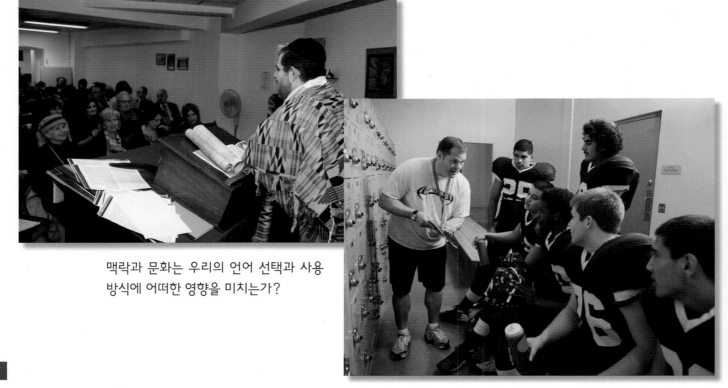

맥락과 문화는 우리의 언어 선택과 사용 방식에 어떠한 영향을 미치는가?

정부에서 이름을 좌우한다면

일부 국가에서는 부모가 선택할 수 있는 자녀 이름을 정부에서 지정하기도 한다. 2013년 초 아이슬란드에서 15세 소녀가 정부를 대상으로 어머니가 지어준 이름을 유지할 수 있도록 소송을 제기하였다. 아이슬란드는 소녀와 소년의 이름으로 승인받을 수 있는 목록을 가지고 있었다. 여자아이 1,853명에 대한 정부 승인 목록에는 블레어(아이슬란드에서 '산들바람'이라는 뜻)라는 이름은 없었다. 블레어는 법원의 판결이 내려질 때까지 정부 당국과 커뮤니케이션할 때 단지 '소녀'로만 자신의 신원을 확인할 수 있었다.[51]

이와 비슷한 사례가 다른 나라에도 있다. 독일에서는 남녀 공용 이름이 금지된다. 덴마크에서는 승인된 7,000개의 남녀 이름 목록에서만 부모가 이름을 선택할 수 있다. 진보적이라고 하는 스웨덴에서는 남녀 공용 이름이 권장되지만 법적으로 보면 단 170명만 인정되고 있다. 스웨덴 부모들은 자녀들에게 원하는 이름을 지어줄 수는 있다.[52]

이러한 제한은 미국에는 없다. 실제 허용되는 이름이 더 극단적이다. 예를 들어 목시크라임파이터(MoxieCrimeFighter), 피피 트릭시벨(Fifi Trixibelle), 헤븐리 히라니 타이거 릴리 허친스(Heavenly Hiraani Tiger Lily Hutchence) 등은 모두 미국에서 태어난 아이들의 이름이다. 또한 펜실베이니아의 한 부모는 2013년 초 자녀들의 이름을 새긴 생일케이크를 주문한 이후 아동보호국의 소환 조사를 받게 되었다. 아이들의 이름이 아들은 아돌프 히틀러, 딸은 조이슬린 아리안 네이션('위대한 독일의 아리안 민족'이라는 히틀러의 구호)이었기 때문이다.

아이슬란드의 블레어 브야카르도티르(15)와 그의 어머니 브조크 이즈도티르

이와 같이 할 수 있겠는가?[53] 2013년 말 테네시 법원은 한 아이의 이름을 '메시아'에서 '마틴'으로 바꾸도록 명령했다. 메시아는 '예수 그리스도 단 한 사람만이 얻을 수 있는 칭호'라는 이유에서였다.[54] 이에 동의하는가?

언어 장벽

5.4 커뮤니케이션을 방해하는 언어 장벽을 확인해보자.

언어와 의미의 복잡한 관계를 이해하기 위한 최선의 노력에도 불구하고 오해는 불가피하다. 다음은 효과적인 커뮤니케이션을 가로막는 세 가지 일반적인 언어인 우회적 언어, 배타적 언어, 공격적 언어에 대한 설명이다.

우회적 언어

두 사람이 같은 단어나 구절에 서로 다른 의미를 부여하면 서로 우회할 위험이 있다. 우회는 사람들이 '서로의 의미를 놓칠 때' 발생하는 오해의 한 형태이다.[55] 본인이 "내가 의미하는 것은 그게 아닌데."라고 말한 적이 있다면 우회를 경험한 것이다.

다음의 **우회적 언어**(bypassing) 사례에서 생긴 문제점을 확인해보자. 고등학교에서 그래픽 디자인을 가르치고 있는 한 교사가 뉴욕타임스 매거진에 전직 윤리학자인 랜디 코헨(Randy Cohen)에게 편지를 보냈다. 교사는 학생들에게 포토샵을 이용해 기타를 만드는 작업을 해야 한다고 설명했다. 일부는 온라인 튜토리얼을 이용해도 되는지 물었다. 교사는 그들이 단순히 참고해도 되는 것인지를 물어본다고 생각했기 때문에 그렇다고 대답했다. 3명의 학생들은 문서 튜토리얼에 따라 동일한 작업을 제출했다. 교사는 다른 학생들은 처음부터 자신의 작품을 만들었기 때문에 이 학생들의 과제에 'C'를 주려고 했다. 따라서 그의 질문은 이것이다. 이 학생들에게 'C'를 주어야 하는가? 아니면 그들에게 튜토리얼을 이용할 수 있도록 한 것을 감안해야 하는가?

윤리학자는 "명시적으로 허락한 일을 한 학생들에게 벌칙을 주는 것은 부적절하다. 수용할 수 있는 일과 그렇지 않은 것에 대해 분명하게 설명해야 할 의무가 교사에게 있다."라고 말했다.[56] 학생들은 기타 그래픽을 만들기 위해 튜토리얼을 이용할 수 있도

> 그 단어가 자신에게 의미하는 바보다 그 단어를 사용하는 사람들이 의미하는 바가 무엇인지를 생각해보자.

록 허락했다고 분명히 믿었지만 교사는 도움을 얻기 위해 튜토리얼을 참고한다고 가정했다.

조직 커뮤니케이션 학자 윌리엄 헤이니(William Haney)는 "단어를 이용하는 사람에게서 습관적으로 의미를 찾으려는 사람들이 단어 그 자체에서 의미를 찾으려는 사람보다 우회적이거나 우회하게 될 가능성이 훨씬 적다."라고 주장한다.[57]

완곡어법

완곡어법(euphemism)을 사용하고자 하면 너무 직접적이고, 외설적이고, 불쾌하고, 비위에 거슬리거나 공격적인 단어 및 구절 대신에 무미건조하거나 온순한, 모호하거나 완곡한 단어나 구절로 대체한다. 빅토리아 시대 영국에서는 성적 의미를 내포하고 있는 'leg(다리)' 대신 'limb(사지)'라는 단어가 사용되었다. 미국에서는 보통 변기를 뜻하는 'toilet'보다 공공 화장실을 뜻하는 'restroom', 'ladies' room'이나 'men's room'으로 길을 물어본다.[58] 완곡어법은 덜 공격적으로 어떤 것을 표현하기 위해 다른 용어로 대체하기도 한다.

완곡어법은 상대방이 기분 상하지 않게 공손하게 표현하는 것이지만 의도를 숨기고 진실을 감출 수 있는 힘이 있다.

다음의 표를 보자. 왼쪽의 단어는 완곡어법으로 표현되었다. 완곡어법으로 표현되는 단어나 구절에 대한 의미를 생각해보고 빈칸을 채워보자.

완곡어법	정의(의미)
돌아가시다, 세상을 떠나다	죽다
동물을 잠들게 하다	
구조조정	
생활설계사	
환경미화원	

완곡어법은 용납할만한 비극과 극단적인 잔인함을 만들 수 있다. 예를 들어 '부수적 피해(collateral damage)'라는 용어는 군사 행동으로 인한 의도하지 않은 민간인의 인적·물적 피해를 의미한다. '아군 사격(friendly fire)'은 자신의 군대 또는 동맹국 일원에게 부상을 입히거나 죽이는 공격 행위를 말한다. 이라크 전쟁 중 그리고 그 이후에도 '심문(interrogation)'은 '아부 그라이브 교도소의 이라크 수감자를 대상으로 행해졌던 정보 탐색 기술'을 의미하는 것이었다. 많은 비평가들은 이러한 기술[굶기기, 잠 안 재우기, 물고문, 스트레스 포지션(강제로 자신의 체중을 가중시켜 근육이나 관절 등에 고통을 유발하는 방법), 머리에 두건 씌우기, 개를 풀어 공격하기 등]이 '고문(torture)'에 불과하다고 설명했다.[59]

배타적 언어

배타적 언어(exclusionary language)는 고정관념을 강화하거나 다른 사람을 무시하거나 그룹 내 메시지를 이해하지 못하도록 타인을 배제하는 단어를 사용한다. 배타적 언어는 세상을 우리(나와 같은 사람들을 지칭)와 타인(나와 다른 사람들을 지칭)으로 분리함으로써 사회적 차이를 넓힌다. 그러한 용어는 다른 사람들에게 불쾌감을 줄 수 있다. '정치적으로 옳은 것'이라고 과도하게 생각할 필요는 없지만, 다른 사람들을 소외시키거나 배제하는 것이 아닌 포함되는 언어를 사용해야 한다. 특히 토론과 관련이 없는 나이, 건강, 정신적 및 신체적 능력, 성적 취향, 인종 및 민족 등에 관해 언급하는 것은 피해야 한다.

- **나이.** 나이 든 숙녀나 나이 든 여성이라는 말 대신 여성이라는 단어를 사용한다.
- **건강과 능력.** 불구자나 정신이상자와 같은 용어 대신 신체적인 장애를 지닌 사람이나 정서적 질환을 가진 사람으로 표현한다. 정신적 및 신체적 능력과 관련하여 모욕적인 단어는 사용하지 않는다.
- **성적 취향.** 타인의 성적 취향이 자신과 동일할 것이라고 생각하지 말자. 호모라는 말보다 게이(남성 동성애자), 레즈비언(여성 동성애자), 성소수자 등을 사용한다.
- **인종과 민족.** 사람들의 인종, 민족, 지역을 기반으로 한 고정관념적인 용어를 사용하거나 설명하지 않는다. 흑인, 아프리카계, 라틴계, 히스패닉계, 아시아계 등과 같이 인종이나 민족적 배경을 나타내는 대신 사람들의 이름을 불러준다. 대화와 관련이 있는 경우 외에는 인종이나 민족을 확인하지 말자. "몇몇 상점을 폴란드인이 소유하고 있다."라고 말하는 대신 "몇몇 상점을 소유하고 있는 사람이 있다."라고 말해야 한다.

아직도 배타적 언어 사용에 대해 의구심을 갖는다면, 2010년 웨스트버지니아주 상원의원 선거를 살펴보자. 공화당 상원의회는 웨스트버지니아 사람을 연기할 수 있는 '촌스러워 보이는 블루칼라 배우' 모집 광고를 냈다. 민주당의 조 맨친은 공화당의 묘사를 '모욕적'이라고 비난하면서, 공화당 후보 존 레이즈는 "우리를 시골사람으로 생각한다."라고 주장하는 광고를 냈다. 이 사실이 알려지자 공화당은 광고를 내렸다.[60]

속어, 은어, 상투어

이제 단일 언어 내에서 일부 단어나 구절이 해당 언어를 '알고' 있고 해석할 수 있는 사람들에게 어떤 의미를 지니고 있는지 살펴보고자 한다. 이러한 단어들은 시대와 상황에 따라 나타났다가 사라지기도 한다.

속어 속어라는 말의 기원에 대해 의견 차이가 있지만 대부분의 언어학자들은 속어가 일시적이고, 집단과 관련되며, 끊임없이 변화하고, 창의적이자 혁신적이며, 때로는 장난스럽고 은유적이며, 문체상 중립적인 언어보다 낮은 수준의 구어체 다양성을 지닌다고 본다.[61] 즉, **속어**(slang)는 사회의 하위문화(청소년, 음악가, 운동선수, 폭력집단, 철도 노동자, 죄수 등과 같은)에서 유래되는 경향이 있는 비공식적이고 비표준화된 단어나 구절로 구성된다.

속어는 언어 변화에서 오거나 스스로 새로워진다.[62] 많은 단어들은 속어로부터 시작되기도 하고 사전에 등재되어 표준어가 되기도 한다. 현재까지 사용되는 모든 속어에는 재미있는 역사가 있다. 사람들이 화장실에 가기 위해 "존이 어디야?"라고 묻는 이유는 집에서 사용하는 변기를 처음으로 발명한 사람이 16세기 엘리자베스 1세 시절 법원에서 일했던 존 해링턴 경이기 때문이다.[63]

그러나 대부분의 속어는 오래가지 않는다. 캐스린 린드스쿠프(Kathryn Lindskoop)는 *Creative Writing*에서 "나이 들어서 사용할 때, 약간 남용될 때, 유행이라고 쓸데없이 시도하는 사람들에 의해 잘못 사용될 때만큼 어리석어 보이는 것은 없다."라고 말한다.[64] 다시 말해 속어는 적절한 장소에서 적당한 때에 어울리는 사람들과 함께 적합한 이유로 사용되어야 한다.

은어　은어(jargon)는 동질적 집단이나 직장에서 쓰이는 특화된 기술적인 언어라 할 수 있다. 윌리엄 루츠(William Lutz) 교수는 집단 안에서 "구성원들이 서로 명확하고 효율적이고 신속하게

> ❝ 속어는 외투를 벗고
> 손에 침을 뱉고
> 일하러 가는 언어이다. ❞
>
> 칼 샌드버그, 미국 시인[65]

커뮤니케이션하기 위한 언어적 약어"로서 은어를 사용한다고 말한다.[66] 의사, 변호사, IT 전문가, 회계사, 교육자 등과 같이 같은 환경이나 같은 상황에서 은어를 올바르게 사용할 수 있는 능력은 집단 구성원이라는 표시이며 구성원들 간의 커뮤니케이션을 신속하게 해준다.

은어를 사용하는 사람들은 특화된 지식을 나타내며 다른 사람들에게 깊은 인상을 준다. 예를 들어 숙련된 통계학자는 설정된 인과관계에 대한 최신 방법론을 설명하기 위해 대중들에게 낯선 용어를 사용하면서 당혹스럽게 만든다. 다른 상황에서는 사람들이 아무 말도 하지 않을 때, 말도 안 되는 소리로 시간을 끌 때, 아무도 내용이 부족하다는 것을 알지 못하게 하기 위해 은어를 사용한다.[67] 이러한 전략은 다른 사람들에게 알려주지 않으면 종종 오해와 원성을 살 수도 있다.

상투어　기호학자 스튜어트 체이스(Stuart Chase)는 **상투어**(gobbledygook)를 "하나의 단어 대신에 2~3개, 10개 단어를 사용하거나 짧은 음절로 충분한 것을 5개 음절의 단어로 사용하는 것"으로 정의한다. 그는 다섯 단어(at this point in time)가 하나의 단어(now)로 대체된 사례를 인용했다.[68] 루돌프 플레시(Rudolf Flesch)는 *Say What You Mean*이라는 저서에서 "긴 단어는 화자와 청자 사이에 특화된 언어이자 폐해"라고 주장한다.[69]

분명하고 평이한 언어의 가치를 입증하기 위해서 미국 내무부

자신에 대해 알기

짜식, 무슨 일이야?

속어를 사용하는가? 어떤 속어가 가장 유용하게 쓰이는가? 젊은이들의 속어인가? 시간이 흘러도 변함없이 사용되는 속어인가? 21세기 들어 유행하는 속어인가? 현재 속어를 사용하거나 이해하는 데 어려움이 있다면 비영어권 영어 강사가 전혀 새로운 언어뿐만 아니라 그 속어까지 배우는 게 얼마나 어려울지 생각해 보자.

2012년 월스트리트저널 기사에서는 미국의 비주류 영어 사용자에 대한 특히 직장에서의 속어의 문제점에 대해 설명했다. 많은 이민자들이 자신의 직업 언어를 알고 있었지만, 잡담과 속어 기술을 습득할 수 없었기 때문에 일하는 데 망설임이 있었다. 그들은 '속어에 익숙해지는 것이 직장 내 관계 형성과 커뮤니케이션에 필수적인 것임'을 배웠다. 이 기사는 'English, baby!'(오리건주 포틀랜드에 본사를 둔 회화 영어 및 속어를 배우기 위한 소셜 네트워크 및 온라인 커리큘럼)에 주목하고 있다. 이는 유명인의 인터뷰를 통해 '딴짓하다(slacking off)'와 '진정하다(chilling out)'와 같은 문구의 의미를 설명한다.[70]

오른쪽 표의 10개의 속어를 보고 사용하거나 사용하지 않을 상황을 고려해보자. 영어권에서 사용되는 이 속어를 어떻게 설명할 수 있을까? 어떤 것이 가장 대중적이고 어떤 것이 가장 위험 요소가 큰지 확인할 수 있는가?

이 표의 처음 다섯 가지 예는 대중적으로 사용되는 속어이다. 다음 다섯 단어는 특히 비영어권 사용자가 사용하는 데 위험 요소가 큰 속어로 생각된다. 이러한 용어가 위험한 이유는 무엇인가? 언제 어디에서 사용해야 하는가? 대중적이고 위험 요소가 큰 속어에 추가할 수 있는 또 다른 속어가 있는가?

속 어	
1. Dude	정의 : _____
2. Chillin'	정의 : _____
3. Psyched	정의 : _____
4. Man up	정의 : _____
5. Big deal	정의 : _____
6. What's up? Wassup?	정의 : _____
7. Shut up!	정의 : _____
8. Freak out, freak	정의 : _____
9. Hook up	정의 : _____
10. Literally	정의 : _____

의 존 스트리로프스키(John Strylowski)와 세미나에서 활발하게 평이한 언어로 강연하는 사람들은 다음과 같은 몇 가지 권장 사항을 제안한다.

- 40단어 이상 사용하지 않는다.
- 하나의 문장에 하나의 주제를 다룬다.
- 화자가 알고 있는 정보를 포함하지 말고, 독자나 청자가 필요로 하는 정보를 생각한다.
- '현시점'이라는 단어보다 '지금'과 같이 짧은 단어와 구절을 사용한다.[71]

쉬운 언어 사용의 필요성에 의문을 가진다면 오른쪽의 도널드 럼스펠드(미국 전 국방장관)의 발언을 읽어보자.

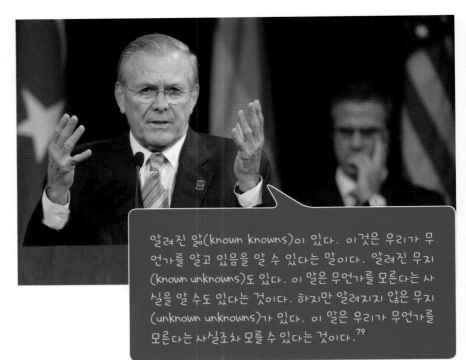

알려진 앎(known knowns)이 있다. 이것은 우리가 무언가를 알고 있음을 알 수 있다는 말이다. 알려진 무지(known unknowns)도 있다. 이 말은 무언가를 모른다는 사실을 알 수도 있다는 것이다. 하지만 알려지지 않은 무지(unknown unknowns)가 있다. 이 말은 우리가 무언가를 모른다는 사실조차 모를 수 있다는 것이다.[79]

공격적 언어

20세기 초반에는 많은 단어들, 특히 개인의 신체 부위와 기능을 언급한 단어의 경우 더욱 부적절한 것으로 간주되었다. 완곡어법은 더 많이 쓰였다. '임신'이라는 말조차도 한때 부적절한 것으로 여겨졌다. 1952년 루시 볼은 임신한 여성으로서 최초로 TV 프로그램에 출연하였다. 대본에서는 루시를 '임신'이라는 단어를 전혀 사용하지 않고 '곧 어머니가 될 여자'라고 불렀다. 'I Love Lucy' 대본에 올바른 언어가 사용되었는지 확인하기 위해 신부, 성직자 등이 이를 검토했다.[72]

오늘날에는 공공장소, 케이블이나 TV 프로그램, 몇 번의 클릭만으로 모든 곳에 연결되는 인터넷 등 어느 곳에서나 공격적인 언어를 경험하게 된다. 비속어는 특히 현대 미디어에서 널리 보이고 있으며, 언어진화학자들은 비속어가 인간의 보편성이라고 본다.[73] 멜리사 모어(Melissa Mohr)의 저서 *Holy Sh*t: A Brief History of Swearing*에서는 "인간은 말하기 시작하면서부터 비속어를 사용했다."라고 말한다.[74]

비속어(swear word)는 문화적으로 금기시되거나 부적절한 단어이다. 문자 그대로 해석해서는 안 되며 일반적으로 강한 감정과 태도를 표현하기 위해 사용한다.[75] 누군가 "지옥에나 가라."라는 비속어를 들었다고 해서 문자 그대로 지옥에 가라는 말로 알아듣지 않는다. 오히려 극단적인 감정을 극복하기 위해 또는 스트레스를 풀 수 있는 일환으로 이러한 단어로 표현한다.[76] 어떤 사람들에게 비속어는 신경 질환의 징조일 수도 있다. 투렛 증후군(일명 틱장애, 신경학적 유전병)을 겪는 소수의 사람들에게 비속어는 통제할 수 없는 것이다.[77]

제임스 오코너(James O'Connor)는 *Cuss Control: The Complete Book on How to Curb Your*

" 수많은 사람 또는 소수 민족들이 사용한 살아있거나 죽은, 연구된 방언이나 사투리 등 모든 언어는 '금지된 말'을 공유하는 것으로 나타났다. "

나탈리 앤지어,
뉴욕타임스의 과학 전문기자[78]

*Cursing*이라는 저서에서 우리가 비속어를 사용하는 이유를 이해하고, 이러한 단어를 언제 어디서 사용하는지 통제하는 법을 배워야 한다고 말한다. 비속어는 타인에게 상처를 주고 무안하게 하며, 모욕적이고 불쾌하게 만들지만 대부분의 사람들은 '습관적으로 비속어를 사용'한다.[80] 그 이유는 무엇인가? 여기에 몇 가지 이유가 있다.

- 비속어는 쉽게 말할 수 있는 게으른 언어이다.
- 비속어는 회사에서 적당하게 사용되거나 유머러스하게 사용되는 경우 재미를 주기도 한다.
- 동료들(또는 부모, 상사, 친구, 우상 등)도 비속어를 사용한다.
- 남자는 본능적으로 공격적이고 강하게 보이기 위해 비속어를 사용한다.
- 여성은 남성과 동등하고 경쟁적으로 보이기 위해 비속어를 사용한다.
- 비속어는 어떤 부분을 강조하는 데 도움이 된다.
- 비속어는 우리가 불행하거나 우울하다는 것을 보여준다.
- 비속어는 하지 않을 이유가 없는 습관이다.[81]

비속어를 사용하는 이유가 무엇이든 간에 많은 연구자들은 "비속어는 심리적으로나 육체적으로 긍정적인 도움을 준다. 그것이 폭력에 의지하지 않고 부정적인 감정을 표현할 수 있게 하기 때문이다."라고 주장한다.[82] 반면 비속어는 대중들에게 점점 더 흔해지고 점점 더 적대적이 되면서 다른 사람들에게 심한 상처를 줄 가능성이 높아지고 있다. 영국 철학자 사이먼 크리츨리(Simon Critchley)는 운전기사가 악의적으로 본인에게 비속어를 퍼부은 사건을 설명하면서 "비속어를 쓰면 정말 기분이 좋은데, 그 누군가가 된다는 것은 정말 나쁘다."라고 말한다. 또한 그는 비속어는 "항상 감춰져 있는 누군가를 목표로 하기 때문에 그 단어들이 너무도 폭력적이고 성적인 이유가 된다."라고 썼다.[83]

비속어를 사용하지 않아야 할 이유, 적어도 어디서 언제 누구에게 이러한 언어를 사용하는지 통제해야 할 충분한 이유가 있다. 한 연구에 따르면 응답자의 91%가 비속어의 사용을 '직장에서 가장 안 좋은 행동 유형'으로 꼽았다.[84] 비속어를 사용하지 않는 사람들은 더 유능하며(더 정확하고 적절한 단어를 찾을 수 있기 때문에), 더 유쾌한(누군가를 불쾌하게 하지 않기 때문에) 사람처럼 보인다. 또한 자신의 감정을 잘 통제할 수 있는 효과적인 커뮤니케이터로 인식될 수 있다.

비속어나 성적으로 노골적인 언어를 사용하는 것은 TV에서 한때 금기시되었고 여성스럽지 못한 것으로 간주되었다. 이제 일부 여성들은 자유로워졌다고 생각하지만, 여성과 남성 모두에게 많은 상황에서 오명으로 남고 있다. 사진은 쇼타임사의 〈하우스 오브 라이즈〉 (고객들을 속이는 경영 컨설턴트의 세계를 그린 드라마)에서 비속어를 많이 사용하는 모니카 탤버트 역을 맡은 배우 돈 올리비에리이다.

언어의 학습

5.5 효과적인 언어 구사 전략과 기술을 연습해보자.

이전 단원에서 다른 사람들에게 이해받고 존경받기 위해 언어를 사용하지 않는 방법을 강조했다. 여기서는 언어를 사용하여 명확하고 적절하게 메시지를 표현할 수 있는 다섯 가지 방법, 즉 어휘의 확장, 구어 사용, 능동적 언어 사용, 폭넓은 대명사의 사용, 올바른 문법 사용 등에 대해 검토한다.

어휘 확장하기

알고 있는 단어가 얼마나 되는가? 5세가 되면 약 1만 개의 단어를 알게 되며 이는 하루에 약 10개의 단어를 배웠음을 의미한다. 아이들은 12~13세 사이에 선천적으로 언어 학습 능력이 약화된다. 아이들은 상대적으로 쉽게 제2외국어, 제3외국어를 배울 수 있지만 성인은 제2외국어에 유창해지기 위해 애써야 한다.[85]

성인이 되기 전까지 어휘는 수만 단어로 확장되었다. 당연히 선택할 단어가 많이 있다면 '적당한' 단어를 찾는 것은 더 쉽다. 아이스크림을 선택할 때 단지 바닐라나 초콜릿을 선택하면, 캐러멜 버터 피칸, 모카 퍼지 혼합, 단순히 딸기라도 그 즐거움을 놓칠 수 있다. 영어 단어를 검색하면 100만 가지가 넘는 선택이 있다.

더 많은 단어를 배울 때에는 그 의미와 사용법을 이해해야 한다. 예를 들어 다음 단어 그룹 중에서 의미를 구별할 수 있어야 한다.[86]

• 어리석은, 미련한, 멍청한, 우스꽝스러운, 터무니없는, 바보 같은

• 예쁜, 매력적인, 화려한, 우아한, 사랑스러운, 귀여운, 아름다운

거의 유사한 단어와 올바른 단어의 차이가 중요하다는 것을 알아야 한다. '어리석다'는 말에는 신경 쓰지 않지만 '바보 같다'는 말에는 강하게 이의를 제기할 수 있다. 어휘를 향상시키는 것은 일생의 과제이며, 책을 많이 읽으면 더 쉬워진다.

구어 사용하기

일반적으로 우리가 문서에 사용하는 단어와 대화, 토론, 프레젠테이션에서 사용하는 단어는 큰 차이가 있다.

로버트 마이어(Robert Mayer)는 현명한 사람의 논쟁법(How To Win Any Argument)이라는 저서에서 "청자의 귀를 위해 구사하는 단어와 독자의 눈을 위해 선택하는 단어는 다르다. 독자들은 다시 읽고, 받아들이고, 이해 속도를 늦출 수 있지만 듣는 사람들에게는 이것이 사치일 수 있다."라고 말한다.[87] 다음 쪽에 나오는 표는 듣기 위해 구사하는 언어에 적합하고 적합하지 않은 구어를 다섯 가지 측면에서 대조적으로 보여준다.

쓰기 위한 것이 아니라 이야기하기 위한 말하기의 의미가 무엇인지 말해보자.

듣기 위해 구사하는 언어

말하는 방식	적합	부적합
간결하고 친근한 단어	건강한 이	견치
간단명료하고 단순한 문장	다시 돌아왔다.	도착 지점으로 되돌아왔다.
생략(축약)	나는 가지 않을 거야.	나는 그곳에 다시 가지 않을 거야.
일상적인 대화체 표현	시도해봐.	먼저 시도할 수 있어야 한다.
불완전한 문장	오래된 나무, 태우기 가장 좋다. 오래된 와인, 마시기 가장 좋다.	오래된 나무는 타는 데 가장 좋다. 그리고 오래된 와인을 마시는 것이 가장 좋다.

능동적 언어 사용하기

효과적인 커뮤니케이션은 능동적 언어를 사용하는 것이다. 수동태 동사보다 생생하고 표현이 풍부한 동사를 사용한다. '커닝하는 것은 대학의 표절행위를 위반하는 것임'과 '커닝은 대학의 표절행위 위반임'과의 차이를 생각해보자. 두 번째 문장은 더 강하게 주의를 요한다.

만약 주어가 동작의 주체가 되면 능동태를 사용하고, 주어가 동작의 대상이 되면 수동태를 사용한다. 강력한 능동태는 메시지를 더 강화하는 반면 수동태는 문장의 주체에서 초점이 벗어나게 된다. "일리아드는 학생에 의해 읽혀졌다."는 **수동태**(passive voice)이다. "학생이 일리아드를 읽었다."가 **능동태**(active voice)이다. 능동태는 단어가 적고 문장이 간결하며 직접적이다. 단순히 누구에 의해 무엇이 행해진 것이 아니라 누가 무엇을 하고 있는지 말해야 한다.

폭넓은 대명사 사용하기

대명사는 언어적 커뮤니케이션의 질과 의미에 영향을 미친다. 대명사가 가진 특성과 힘을 이해하면 이것만으로도 자신의 단어를 향상시킬 수 있다.

'**나' 중심 언어**(I Language)를 사용한다는 것은 자신의 느낌과 행동에 대해 책임을 지는 것이다. '나'는 기분이 좋다. '나'는 훌륭한 학생이다. '나'는 교육 예산을 줄이는 사람에게 투표하지 않을 것이다. 일부 사람들은 '나'라는 단어를 과시하거나 이기적이거나 자랑하는 것처럼 보인다고 꺼려 할 수도 있다. 반면 다른 사람들은 '나'를 너무 많이 사용해서 주변 사람들을 염두에 두지 않은 채 자기중심적으로 보일 수도 있다.

일부 사람들은 가장 중요한 상황에 '나' 중심 언어를 피한다. 대신에 '당신'이라는 말로 다른 사람에게 책임을 전가한다. '**당신' 중심 언어**(You Language)는 타인에 대한 판단을 표현하게 된다. 판단이 긍정적인 경우 "당신은 잘 해냈어요."나 "당신 정말 멋져 보여요!" 등은 문제가 거의 없다. 그러나 고발하거나 비난하거나 비판하는 경우 방어적이거나 화가 나거나 심지어 복수심을 불러일으킬 수도 있다. 다음 문장을 생각해보자. "당신은 나를 화나게 해.", "당신은 나를 부끄럽게 만들어.", "당신은 너무 빨리 운전해요."

'당신' 중심 언어를 사용하면, 상대방은 당신이 감정을 억누르고 있다고 받아들이기보다 당신을 특정 방식으로 느끼게 된다. 개인에게 책임을 부과하고 방어적인 반응을 줄이기 위해 '당신'을 사용해서 말해야 한다고 해도 '나' 중심으로 말해야 한다. 아래의 글상자에서 '나' 중심 언어의 세 가지 요소를 검토해보자. 두 번째 요소는 상대방을 비난하거나 비판하기보다 상대방의 행동을 설명하도록 한다.

'나' 중심 언어의 세 가지 요소가 어떻게 자신의 감정과 행동에 대한 책임을 지는 데 도움이 되는지 보여주는 다음 예를 읽어보자. 또한 '당신' 중심의 문장은 짧다는 점에 유의하자. '나' 중심의 문장은 누군가의 행동 결과에 대한 더 많은 정보를 제공하기 때문에 더 길다.

'나' 중심 언어의 세 가지 요소

1. 감정 확인하기
2. 타인의 행동을 묘사하기
3. 잠재적인 결과를 설명하기

'당신' VS. '나'

'당신' 중심의 문장
당신은 지난밤 나를 당황하게 만들었다.

'나' 중심의 문장
나는 어젯밤 당신이 상사 앞에서 끼어들어 내가 말하는 것을 부정해서 당황했다. 내가 하는 일에 대해 상사가 모른다고 생각할까 봐 걱정된다.

'당신' 중심의 문장
얼마나 어리석은 일인가!

'나' 중심의 문장
가스 그릴을 켜서 불이 켜지면 얼굴에서 터질까 봐 걱정된다.

올바른 문법 사용하기

조엘 살츠먼(Joel Saltzman)은 자신의 저서 *If You Can Talk, You Can Write*에서 누군가와 대화를 할 때 문법에 대해 걱정하거나 그것이 요점을 전달하는 데 방해가 되지 않는다고 말한다. "'누가(who)'를 써야 하는지 '누구를(whom)'을 써야 하는지 몰라서 질문을 못했어." 누구도 이렇게 말하지 않는다. 살츠먼에 따르면 우리가 하는 말의 98%는 문법적으로 전혀 문제가 되지 않는다고 한다. 단 2%만이 문법적으로 문제가 되었지만 대다수의 청자는 이러한 실수를 알아채지 못한다.[88]

문법이 중요하지 않다는 말은 아니다. 하지만 매번 항상 문법을 걱정하면서 글을 쓰거나 말하는 것은 불가능할지도 모른다. 문법에 대해 궁금한 사항이 있으면 좋은 글쓰기 핸드북이나 웹사이트를 참조하길 바란다. 대부분의 청자들은 문법적 오류를 놓치거나 몇몇 오류에 대해서는 넘어가지만 계속 문법적으로 문제가 있다면 청자의 주의를 산만하게 하고 자신의 신뢰에 심각한 해를 끼칠 수 있다. 문법을 올바르게 사용하는 능력은 교육, 사회적 지위, 지성에 대해 공개적으로 표명하는 것이다.

넷링고와 넷스피크

영어 학자 데이비드 크리스털(David Crystal)은 **넷링고**(netlingo, 인터넷 축약어)와 **넷스피크**(netspeak, 인터넷 은어)의 발전은 지난 천 년간의 중요한 의미를 지닌다고 주장한다. "언어 커뮤니케이션의 새로운 매체는 인간의 역사에서 흔히 나타나지 않는다."[89]

커뮤니케이션 학자들은 넷링고를 인터넷 커뮤니케이션을 통해 발전된 식별언어로서 다음과 같은 특징이 있다고 설명한다.[90]

- **조합과 합성어.** (예) 셰어웨어(share + software), 넷티켓(net + etiquette) 'e-', 'cyber-'로 시작하는 단어들 등
- **머리문자와 약어.** (예) BTW=by the way (그런데), THX=thanks(감사), IRL=in real life(실생활), F2F=face to face(면대면), IMHO=in my humble opinion(내 짧은 생각이지만)
- **더 적은 대문자, 구두점 및 하이픈 사용.** (예) internet과 email
- **더 적은 인사말과 끝인사.** (예) 'Dear'나 인사구문을 사용하는 대신 'Hi'나 'Hey'

넷스피크는 더 사교적이고 구어적이며 상호 작용적인 커뮤니케이션 스타일에 맞게 사용되는 일반적인 표기 전략이다.[91]

- **동음이의어.** (예) RU(are you), OIC(oh, I see), CUL8R(see you later)
- **강조를 위해 사용되는 대문자 또는 기타 기호.** (예) YES, * yes *
- **사운드 기반의 철자 반복.** (예) cooooool, hahahahaha
- **키보드를 통해 만든 이모티콘.** (예) :-)=웃는 모양, @)-;-=장미꽃, ;-)=윙크하는 모양, ;-o=충격받은 얼굴
- **직접적인 요구.** (예) A/S/L="나이, 성별, 사는 곳(Age/Sex/Location)"

넷링고와 넷스피크는 널리 알려져 있으며 영국 옥스퍼드 사전도 이러한 추세에 따라 온라인 버전을 연 4회 발행하고 있다. 다음은 2013년 8월에 새로 추가된 세 가지 단어이다. 지금은 더 많은 단어가 수록되었을 것이다.[92]

- **셀피(selfie).** 스마트폰으로 찍은 자기 사진
- **조츠(jorts).** 'jeans'와 'shorts'의 합성어로 청으로 된 반바지
- **트워크(twerk).** 성적으로 자극하는 춤, 몸을 낮추고 엉덩이를 심하게 흔드는 등 성적인 자극을 주는 방식으로 대중음악에 맞춰 춤을 추는 행위를 의미

몇몇 새로운 단어는 'seriously(심각하게, 진지하게)'를 'srsly'로 줄이는 것처럼 긴 단어를 조금 더 축약하는 버전에 지나지 않는다. 다른 축약형은 'TL(too long)', 'DR(didn't read)'과 같은 형태이다.

넷링고와 넷스피크는 온라인상의 상황에 적응하는 언어 형식이다. 모든 언어와 마찬가지로, 계속 진화하고 있다. 온라인상의 언어를 이상하고 해롭다고 보는 우려의 목소리가 있다. *워싱턴 포스트*에서 퓰리처상을 수상한 책 평론가 마이클 디르다(Michael Dirda)는 온라인 언어가 "내 세계와 다르다."라고 기록했다. 그는 많은 컴퓨터 시대의 단어가 조잡하고 '기술을 혐오하는 단어'라고 생각한다. 옥스퍼드 사전의 온라인 버전에 등재된 모든 새로운 단어들은 'TL, DR'과 같은 것이다. "때로는 문학과 학문에 가치를 두고 있는 모든 것이 이러한 문자들로 인해 쉽사리 묵살될까 두렵다." 그러나 그는 이러한 말 대부분이 "실제 인간들이 말하기 위해 사용하는 것은 아니다…. 그들은 작은 화면 안에서만 숨쉬고 살아있다."라고 본다. 덧붙여 "그 단어들은 그냥 거기에 머무는 것이 낫다."라고 말한다.[93]

넷링고와 넷스피크를 사용할 때는 주의해야 한다. 일부 사람들은 '이해하지' 못할 수도 있다. 이해하기 어려운 메시지를 보낼 경우 받는 사람은 이를 무시할 수도 있다. 하나의 메시지에 너무 많은 것을 담으면 사람들이 읽기 어렵고 짜증 나게 할 뿐만 아니라, 자기 자신과 그 글이 미성숙하게 보이게 할 수도 있다.[94]

글쓰기 불안감(WAT) 평가[95]

글쓰기 불안감(writing apprehension)은 글을 쓰는 상황과 특정 주제에 대한 글쓰기 과제와 관련된 두려움과 우려를 말한다. 다음 문장은 다른 사람에게 자신의 생각과 의견을 메시지로 표현하기 위해 글쓰기를 할 때 자신이 어떻게 느끼는지 측정하는 데 도움을 줄 것이다.

다음 문장에 대해 동의하는 정도에 따라 (1) 매우 동의함, (2) 동의함, (3) 보통, (4) 동의하지 않음, (5) 매우 동의하지 않음을 표시해보자. 이들 중 일부는 중복된 문장으로 보일 수 있지만 가능한 솔직하게 답해보자.

_____ 1. 나는 글쓰기가 싫다.

_____ 2. 나는 글에 대한 평가에 두려움이 없다.

_____ 3. 나는 내 생각을 적어두고자 한다.

_____ 4. 작품을 구성하고자 할 때 마음을 비우고자 한다.

_____ 5. 글을 통해 아이디어를 표현하는 것은 시간 낭비이다.

_____ 6. 나는 평가와 출판을 위해 잡지에 글쓰기를 좋아한다.

_____ 7. 나는 내 생각을 적어두고 싶다.

_____ 8. 나는 내 생각을 서면으로 분명하게 표현할 수 있는 자신이 있다.

_____ 9. 나는 내가 쓴 것을 친구들에게 읽게 한다.

_____ 10. 나는 글쓰기에 대해 불안하다.

_____ 11. 사람들은 내가 쓰는 것을 즐긴다고 생각한다.

_____ 12. 나는 글쓰기를 즐긴다.

_____ 13. 나는 내 생각을 분명히 적을 수 없다.

_____ 14. 글쓰기는 아주 재미있다.

_____ 15. 나는 내 생각을 적는 것을 좋아한다.

_____ 16. 다른 사람들과 내 글에 대해 토론하는 것은 즐거운 일이다.

_____ 17. 좋은 작품을 쓰는 것은 쉽다.

_____ 18. 나는 다른 사람들이 쓰는 것만큼 잘 쓰지 못한다.

_____ 19. 나는 평가받는 것을 좋아하지 않는다.

_____ 20. 나는 잘 쓰지 못한다.

점수 집계 : WAT의 점수는 다음 단계로 결정된다.

1. 1, 4, 5, 10, 13, 18, 19, 20번 항목의 점수를 더한다.
2. 2, 3, 6, 7, 8, 9, 11, 12, 14, 15, 16, 17번 항목의 점수를 더한다.
3. 다음 공식에 따라 최종 점수를 계산한다.

WAT 점수＝48 － 1단계 점수의 합계 ＋ 2단계 점수의 합계

최종 점수는 20~100점 사이이다. 20점 이하나 100점 이상이 나왔으면 잘못 집계한 것이다. 높은 점수가 나올수록 글쓰기에 대한 두려움이 큰 것이다.

점수	두려움의 단계	설명
20~45	낮음	글쓰기가 즐거움. 글쓰기의 기회를 찾는다.
46~75	보통	글쓰기의 두려움이 조금 생기는 단계
76~100	높음	글쓰기가 많이 어려움. 대부분의 경우 글쓰기를 피한다.

요약

언어

5.1 언어의 고유한 특성을 파악해보자.

- 단어를 배우고, 결합하고, 창제하고, 새로운 단어에 의미를 부여하는 능력은 인간이 동물들과 다른 고유한 특성이다.
- 언어는 타인에게 생각과 감정을 전달하는 데 사용되는 임의의 기호와 상징으로 이루어진 시스템이다.

언어와 의미

5.2 언어의 본질이 의미에 어떻게 영향을 미치는지 설명해보자.

- 기호는 표현하고자 하는 대상과 비슷하게 보이는 데 반해 상징은 개념을 나타낼 수 있는 특정 결합에서 오는 임의의 소리의 조합이다.
- 단어는 외연적 의미와 내포적 의미를 가지고 있으며 또한 구체적인지 추상적인지에 따라 달라진다.
- 강한 언어와 약한 언어를 적절하게 사용할 수 있어야 한다.

언어와 문화, 젠더, 맥락

5.3 언어와 문화, 젠더, 맥락이 서로 어떤 방식으로 영향을 미치는지 설명해보자.

- 워프 가설은 언어적 특성이 문화에 대한 세계관을 반영한다고 주장한다.
- 개인주의 문화는 '나'를 기본으로 하는 반면, 집단주의 문화는 '우리'를 기본으로 한다.
- 저맥락 문화권에서는 의미를 전달하는 단어에 집중한다. 고맥락, 집단주의 문화권에서는 사람들과 의미 생성 간의 관계와 비언어적 행동에 더 주목한다.
- 대부분의 언어는 여성보다는 남성에게 더 많은 특권을 부여하는 젠더 편향을 반영한다. 가능한 남성과 여성에 대한 대명사 사용을 하지 않음으로써 젠더의 편향을 피할 수 있다.

- 많은 사람들이 그 반대라고 생각할지 모르지만 남성들이 여성들보다 더 말이 많은 경향이 있다.
- 코드 전환은 다른 문화권 사람들과 상호작용하는 동안 언어적/비언어적 커뮤니케이션을 수정하는 것을 의미한다.

언어 장벽

5.4 커뮤니케이션을 방해하는 언어 장벽을 확인해보자.

- 단어를 사용하는 사람들보다는 단어 자체에서 의미를 찾는 커뮤니케이션의 경우 우회적이거나 우회하게 될 가능성이 더 크다.
- 배타적 언어는 고정관념을 강화하거나 다른 사람을 무시하거나 그룹 내 메시지를 이해하지 못하도록 타인을 배제하는 단어를 사용한다.
- 완곡어법은 사람들에게 너무 직접적이고, 외설적이고, 상처를 줄 수 있는 단어나 구절을 중립적이고 예의 바른 말로 대신하는 것이다. 또한 의도를 숨기고 진실을 가려낼 수 있다.
- 속어, 은어, 상투어는 사람들과의 관계를 강화하고 이해를 향상시키는 능력 면에서

다르다.
- 비속어나 공격적인 언어를 사용하지 않는 사람들은 더 유능하고, 더 유쾌하며, 자신의 감정을 잘 통제할 수 있는 더 능력 있는 사람처럼 보인다.

언어의 학습

5.5 효과적인 언어 구사 전략과 기술을 연습해보자.

- 언어 구사 능력의 향상은 어휘의 확장, 구어 사용, 능동적 언어 사용, 폭넓은 대명사의 사용, 올바른 문법 사용 등과 관련이 있다.
- 말하는 데 과도한 문법적 오류가 발생하면 경력을 헛되게 하거나 부정적인 인상을 줄 수 있다.

주요 용어

강한 언어	'당신' 중심 언어	언어적 커뮤니케이션
구체적 단어	배타적 언어	완곡어법
글쓰기 불안감	비속어	외연
기본 용어	상위 용어	우회적 언어
기호	상징	워프 가설
'나' 중심 언어	상투어	은어
내포	속어	추상적 단어
넷링고	수동태	코드 전환
넷스피크	약한 언어	하위 용어
능동태	언어	

연습문제

5.1 언어의 고유한 특성을 파악해보자.

1 다음의 언어 정의에서 빈칸을 채우시오. 인간 언어는 사고와 감정을 전달하는 데 사용되는 임의의 기호와 _____ 체계이다.

   a. 단어

   b. 상징

   c. 외연

   d. 내포

5.2 언어의 본질이 의미에 어떻게 영향을 미치는지 설명해보자.

2 다음 중 가장 상위 용어는 무엇인가?

   a. 카리브해

   b. 비

   c. 해양

   d. 액체

3 다음 중 강한 언어의 특징이 아닌 것은 무엇인가?

   a. 강한 언어는 직접적이고, 자기주장이 강하며, 설득력이 있다.

   b. 강한 언어는 더 한정적이고, 얼버무리고, 부인한다.

   c. 강한 언어는 화자의 신뢰도, 매력, 설득력을 강화시킨다.

   d. 강한 언어는 버릇없고, 개인주의적이고, 무례하게 인식될 수도 있다.

5.3 언어와 문화, 젠더, 맥락이 서로 어떤 방식으로 영향을 미치는지 설명해보자.

4 다음 중 개인주의 문화권의 언어로 더 일반적인 단어는 무엇인가?

   a. 나

   b. 우리

   c. 그, 그녀

   d. 사람

5 워프 가설에 대한 현대적 관점에 따르면, _____ .

   a. '비행기'라는 단어가 없는 사람들은 비행기를 볼 수 없다.

   b. 원시부족 사람들은 훈련을 받더라도 현대 기술을 이해할 수 없다.

   c. 언어는 문화적 모델을 반영하고 사람들이 생각하고 행동하는 방식에 영향을 준다.

   d. '내일'이나 '미래'를 모르는 사람들은 계획을 세울 수 없다.

6 다음 중 코드 전환을 보여주는 것은 무엇인가?

   a. 온라인상의 넷링고와 교실에서의 표준 영어 사용

   b. 부모님과 선생님에게 손으로 말하는 것

   c. 지각에 관한 거짓말과 늦음에 관한 거짓말

   d. 리뷰를 판단하는 것과 리뷰를 평가하는 것

5.4 커뮤니케이션을 방해하는 언어 장벽을 확인해보자.

7 다음의 사례 중 배타적 언어가 아닌 것은?

   a. 식당 점원은 매우 전문적이었다.

   b. 노부인이 젊은 청년을 넘어뜨렸다.

   c. 암 환자임에도 불구하고 매우 긍정적인 태도를 취한다.

   d. 그런 좌파 사회주의자에게 무엇을 기대할 수 있습니까?

8 한 여성이 남성 웨이터에게 "파우더 룸은 어디에 있습니까?"라고 물었다면 어떤 언어 장벽이 있는 것인가?

   a. 우회적 언어

   b. 속어와 은어

   c. 완곡어법

   d. 배타적 언어

5.5 효과적인 언어 구사 전략과 기술을 연습해보자.

9 효과적인 구어 언어를 사용한 가장 좋은 예는 무엇인지 고르시오.

   a. 신에게 바치는 술이 객실에서 당신을 기다리고 있다.

   b. 잘 끓여진 카페인 음료가 준비되었다.

   c. 학계의 시장 반응은 긍정적으로 드러났다.

   d. 밥과 레이는 책을 좋아한다.

10 다음 중 '나' 중심 언어의 구성 요소가 아닌 것은?

   a. 감정을 확인한다.

   b. 항상 '당신'이라는 말을 사용하지 않는다.

   c. 다른 사람의 행동을 묘사한다.

   d. 잠재적인 결과를 설명한다.

정답 확인 : 355쪽

비언어적 커뮤니케이션 6

주요 목표

6.1 비언어적 커뮤니케이션의 특성과 범위를 설명해보자.

6.2 신체적 특성과 움직임이 의미를 창출하는 방법을 설명해보자.

6.3 시간, 장소, 공간이 의미를 창출하는 방법을 설명해보자.

6.4 효과적인 비언어적 커뮤니케이션 전략과 기술을 연습해보자.

셰익스피어의 희극 뜻대로 하세요의 한 등장인물은 "첫눈에 사랑에 빠진 적 없이 누가 사랑했다 할 수 있을까?"라고 외친다.[1] 도리스 트로이의 'Just One Look' 가사에서는 "한 번 보고 난 너와 사랑에 빠졌어."라고 한다.[2] 피터 가브리엘의 노래 'In Your Eyes'에서는 "당신의 눈 속에서 나는 완전해진다."라고 한다.[3]

극작가, 시인, 예술가, 작곡가는 오랫동안 시선의 힘과 하나의 시선이 다른 시선을 사로잡았을 때 어떤 일이 일어나는지 이해해왔다. 그들은 감정을 드러내 보이거나 감출 수 있고, 관심을 끌거나 돌리도록 한다. 스코틀랜드 글래스고대학교의 페이스 리서치 랩에서 실시한 한 연구에 따르면 상대를 유혹하기 위해 섹시한 영화배우처럼 보이지 않아도 된다. 실험 참가자들은 다양한 얼굴 사진을 보고 미소 지으며 직접 눈을 마주치는 사람을 가장 매력적이라고 평가했다. "이것은 우리 모두가 어느 정도 인식하고 있는 아주 기본적인 결과이다. 사람들에게 미소를 짓고 눈을 계속 마주치면 더 매력적으로 보일 수 있다."[4]

눈을 마주치고 미소 짓는 것은 비언어적 커뮤니케이션의 단 두 가지 유형일 뿐이다. 이 장에서 우리는 매혹적인 눈과 마음을 사로잡는 미소를 넘어서 비언어적 커뮤니케이션의 모든 형태와 기능을 살펴볼 것이다.

비언어적 커뮤니케이션

6.1 비언어적 커뮤니케이션의 특성과 범위를 설명해보자.

비언어적 커뮤니케이션(nonverbal communication)은 단어를 사용하지 않고 의미를 만들어내는 행동이다. 연구자들은 우리가 생성하는 의미의 60~70% 또는 3분의 2 이상이 비언어적 행동을 통해 전달되고 있다고 추정한다.[5] 언어적 커뮤니케이션은 언어를 통해서만 표현되는 반면, 비언어적 커뮤니케이션은 외모, 몸짓, 표정, 접촉, 발성, 의상, 대상, 커뮤니케이션 맥락을 통해 표현될 수 있다.

우리 모두는 비언어적 커뮤니케이션을 한다. 자신의 비언어적인 행동을 알고 있고 다른 사람들의 무언의 메시지에 민감하다면 더 나은 사회적 관계(결과적으로 덜 외롭고, 덜 수줍고, 덜 우울하고, 정신적으로 덜 시달리게 되는), 학업 및 직업적으로 성공할 수 있는 더 좋은 기회, 더 만족스러운 결혼 생활을 경험할 가능성이 높으며, 스트레스, 불안, 고혈압 등을 덜 겪게 될 가능성이 더 높다.[6]

비언어적 커뮤니케이션의 기능

비언어적 커뮤니케이션은 다섯 가지 감각을 통해 메시지를 주고받을 수 있게 하기 때문에 메시지를 만들고 해석하는 데 더 많은 정보를 얻을 수 있다. 효과적인 비언어적 커뮤니케이션은 긍정적인 인상을 주는 것에서 속임수인지를 알아내는 것까지 다양한 커뮤니케이션 목표를 달성하는 데 도움이 될 수 있다.

좋은 인상 주기 외모, 의상, 자세, 표정, 행동 등은 인상을 형성한다. 이러한 처음 인상은 다른 사람들이 자신에 대해 판단하고 느끼는 방식에 큰 영향을 준다.[7] 변호사는 법정에서 증언할 증인에게 옷을 어떻게 입고 확실하고 진실되게 바라보고 말하는 방법을 알려준다. 경험이 풍부한 변호사는 증인이 말을 시작하기 전에 배심원들이 증인에 대한 의견을 형성하기 시작한다는 것을 알고 있다. 첫 데이트, 면접, 새로운 고객과의 미팅 등 비언어적인 메시지는 강하고 지속적인 인상을 남긴다.

감정을 식별하고 표현하기 우리는 비언어적 커뮤니케이션을 통해 메시지의 감정적 구성 요소를 식별하고 표현한다. 제이슨이 "나 화났어."라고 말하는 것은 단순히 감정만 표현한 것이지만, 그의 비언어적인 행동, 즉 발성 세기, 표정, 몸의 긴장 등을 통해 화가 났는지 해석할 수 있게 한다. 다른 사람들이 보거나 듣는 비언어적 단서의 의미를 정확하게 해석한다면 미소 짓고, 웃고, 찌푸리고, 울고, 찡그리고, 심지어 상대방의 곁을 떠나버리는 등의 감정 표현은 단어를 불필요하게 만들 수 있다.

관계 정의하기 관계의 본질은 종종 비언어적으로 표현된다. 포옹의 친밀감과 지속 시간은 친구들 간의 친밀감의 수준을 나타낼 수 있다. 또는 집단 일원은 리더십을 세우기 위해 회의 테이블의 맨 앞쪽 중앙 자리를 차지하려 할 수도 있다. 공공장소에서 손을 잡는 행위는 "우리는 단순한 친구 이상이야."라는 것을 보여주는 것이다.

권력 만들기 영향력 있고 설득력 있는 사람들을 알고 있는가? 그들은 어떠한 비언어적 특성을 보여주는가? 영향력 있는 사람들은 더 큰 사무실이나 책상을 갖춤으로써 더 많은 공간을 차지한다. 그들은 접촉받는 것보다 다른 사람들에게 접촉하는 일이 더 많다. 그들이 누군가를 보고 싶어 하지 않는 한 다른 사람들에게 자주 보이지 않는다. 강력한 목소리와 자신감 있는 태도를 사용하여 주의력과 영향력을 강조한다.

언어적 메시지 해석하기 비언어적 커뮤니케이션은 메시지에 대한 메시지 또는 언어적 구성 요소를 해석할 수 있는 중요한 단서를 포함하고 있는 **메타 메시지**(metamessage)를 제공한다. 예를 들어 넘어진 후에 걸을 때 움찔하면서 괜찮다고 말하는 사람을 의심할 수 있다. 만나서 반갑게 인사하면서 상대방의 어깨너머로 다른 누군가를 보고 있다면 그 사람의 진심을 믿지 못할 것이다.

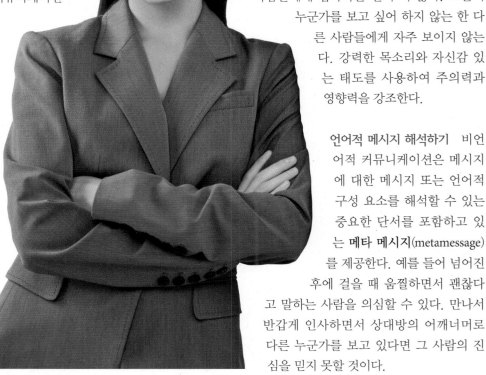

이 사진에서 보여주고 있는 비언어적 단서는 이 여성에 대해 무엇을 말하고 있는가?

기만하기와 속임수 알아채기 다른 사람에

> **❝** 보는 눈과 듣는 귀를 가진 사람은 어떤 인간도 비밀을 지킬 수 없다는 것을 스스로 확인하게 된다. 입술이 잠자코 있어도 손가락이 가만히 있지 못한다. 비밀은 온몸에서 흘러나오기 마련이다. **❞**
>
> 지그문트 프로이트, 심리학자[8]

게 자신의 감정을 숨기려고 노력한 적이 있는가? 잘못을 부인하거나 비밀을 간직하고 있는가? 당연히 그럴 것이다. 훌륭한 포커 게임 선수들은 이 기술을 습득해야 한다. 그러나 우리 대부분은 아마추어이다. '순진한' 미소는 거짓으로 보일 수 있고, 몸짓은 어색해 보이고, 목소리가 떨리며, 계속해서 발가락을 까딱거리고 다리를 흔드는 것은 불안감을 표시하는 것일지 모른다.

언어와 비언어적 커뮤니케이션의 연계

언어적 커뮤니케이션과 비언어적 커뮤니케이션은 메시지의 의미를 생성하고 해석하기 위해 서로 의존한다. 언어로 누군가를 축하할 때 미소를 지으며 악수하거나 그 사람을 안아준다. 언어로 분노를 표현할 때에는 인상을 찌푸리고 멀리 떨어져서 화난 목소리로 말한다. *Nonverbal Communication in Human Interaction* 에서 커뮤니케이션학 학자 마크 냅과 그의 동료들은 이 개념을 호소력 있게 표현한다.

… 단어와 마찬가지로 비언어적 신호는 여러 용도와 의미를 가질 수 있고 가지고 있다. 단어와 마찬가지로 비언어적 신호는 외연적 의미와 내포적 의미가 있다. 단어와 마찬가지로 비언어적인 신호는 호감, 힘, 반응을 전달하는 데 적극적

거짓말을 알아챌 수 있는가?

우리 대부분은 거짓말을 알아채지 못한다. 대인 기만 이론을 연구하는 학자 주디 버군(Judee Burgoon)에 따르면, 대부분의 사람들이 속임수를 정확하게 감지하는 능력은 50 대 50으로, 이는 동전 뒤집기 확률과 같다.[9] 속임수와 비언어적 커뮤니케이션의 또 다른 연구자 폴 에크먼(Paul Ekman)은 사람이 거짓말을 하는 시기를 정확하게 밝혀내는 것은 신뢰할만한 기만의 표시인 표정이나 신체 움직임이 없기 때문에 더욱 복잡하다고 지적한다.[10]

그러나 거짓말을 하는 사람들은 기만적인 커뮤니케이션을 드러내는 의도하지 않은 비언어적 행동, 즉 **노출된 단서**(leakage cues)를 통해 무의식적으로 스스로 포기하기도 한다. 비언어적 신호의 세 가지 유형이 거짓말을 '감지'하는 데 도움이 될 수 있다. 이러한 행동을 최소화함으로써 진실을 왜곡하려 할 때 적발되는 것을 '피할 수' 있다.

1. 긴장감의 표시 : 눈 깜박임, 높은 톤의 말투, 목소리 떨림, 의미 없는 제스처, 안절부절못하는 모습, 한참 동안의 침묵, 표정 변화가 거의 없는 것
2. 부정적인 감정의 신호 : 시선 회피, 밝은 표정 감소, 흥분한 목소리 톤
3. 불충분한 커뮤니케이션 : 말하기 오류 증가, 신체적 경직, 머뭇거림, 과장된 움직임, 부자연스러움[11]

모두에게 노출된 단서가 동일하지 않다는 것을 명심해야 한다. 능숙한 거짓말쟁이는 시선 맞추기를 덜하거나 회피하기보다 상대방의 눈을 똑바로 쳐다볼 수도 있다. 그러나 일부 비언어적 행동은 어떠한 것보다 거짓말을 더 잘 나타내준다. 안면 근육은 신체의 다른 근육보다 일반적으로 제어하기가 쉽기 때문에 표정 관리를 한다면 거짓말이 드러나지 않을 수도 있다. 그러나 목소리의 높낮이는 조절하기가 쉽지 않으므로 눈에 띄는 변화가 있다면 거짓말일 수도 있다.

거짓말과 속임수에 관한 연구를 한 마크 냅(Mark Knapp)은 소수 민족이 고도로 숙련된 거짓말 탐지기라는 것을 밝혔다. 이러한 인간 '거짓말 탐지기'는 비언어적 커뮤니케이션이 말해주는 것에 세심하게 주의를 기울인다. 그들은 언어와 비언어적 행동 사이의 불일치를 찾는다.[12] 따라서 어떻게 행동하는지뿐만 아니라 무엇을 말하는지에도 주의를 기울여야 한다. 마찬가지로 '해를 끼치지 않는' 거짓말을 하려고 한다면 자신의 비언어적 행동에 주의를 기울여야 한다. 연구자들은 진실을 말하는 사람들이 거짓말하는 사람들보다 이야기와 설명에 무관한 사항을 20~30% 정도 더 추가하는 경향이 있음을 지적했다.[13]

비언어적 커뮤니케이션

비언어적 커뮤니케이션의 특성

더 설득력 있는

비언어적 커뮤니케이션은 자발적이고 드러나기 때문에 더 믿을만하다.

주의 사항 : 인식을 속일 수 있다. "매우 정직하게 보였어.", "실제 배려하는 것처럼 행동했어."

매우 맥락적인

비언어적 메시지의 의미는 상황의 사회심리적, 논리적, 상호작용적 맥락에 달려있다.

주의 사항 : 상황에 따라 웃음은 재미, 허락, 무시, 경멸, 난처함 등으로 해석될 수 있다.

지속적인

언어적 커뮤니케이션은 중지되고 시작될 수 있지만 비언어적 커뮤니케이션은 일반적으로 중단 없이 계속된다.

주의 사항 : 말하지 않고 있어도 사람들은 의견과 감정을 해석할 수 있다.

덜 구조화된

언어적 커뮤니케이션과 달리 비언어적 커뮤니케이션에는 합의된 규칙이 거의 없다.

주의 사항 : 비언어적 행동은 여러 가지 모호한 의미를 전달할 수 있으며 해석하기 어려울 수도 있다.

비공식적으로 학습되는

다른 사람의 비언어적 행동에 대한 피드백을 해석함으로써 비언어적 커뮤니케이션 방법을 배울 수 있다.

주의 사항 : 적절한 비언어적 행동을 배우지 않으면 당황할 수 있으며 오해와 혼란을 초래할 수 있다.

인 역할을 한다.[14]

1960년대에 심리학자 폴 에크먼은 언어와 비언어적 커뮤니케이션의 관계를 조사했다. 그는 비언어적 행동에 대해 다음과 같이 말했다.

언어적 메시지를 반복하거나, 부인하거나, 대체하고, 특정 단어를 강조하는 역할을 하고, 커뮤니케이션의 흐름을 유지하고 언어적 문장에서 사람의 감정을 나타내준다.[15]

요약하자면 에크먼은 비언어적 행동이 언어적 메시지를 반복하고, 보완하고, 강조하고, 조정하고, 대체하고, 부인할 수도 있다고 결론 내렸다.[16]

반복 비언어적 행동의 반복(repetitive nonverbal behavior)은 언어적 메시지의 의미를 시각적으로 반복한다. 예를 들어 웨이터가 디저트에 대해 물어보면 미란다는 "예."라고 말하면서 고개를 끄덕이고, 디저트 메뉴판에 있는 그림을 가리키며 "치즈 케이크 주세요."라고 말한다. 루크도 같은 메뉴를 원하고 미란다는 손가락 2개를 들고 "두 조각 주세요."라고 말한다.

보완 비언어적 행동의 보완(complementary nonverbal behavior)은 언어적 메시지와 일치시킴으로써 보완한다. 면접에서 면접관에게 자신감 있는 전문가라고 말하면서 자세, 표정, 목소리와 같은 비언어적 요소로 동일한 메시지를 보내면 말하는 것이 더 믿을만해 보일 수 있다. 표정과 목소리로 진정한 관심과 만남의 기쁨을 전달한다면 단순히 '안녕'이라는 의미도 강화될 수 있다.

강조 비언어적 행동의 강조(accenting nonverbal behavior)는 메시지의 요점이나 감정적인 내용을 강조함으로써 메시지를 강조한다. '화났다'는 말을 강조하지 못할 수 있으므로 더 큰 소리와 강력한 제스처, 눈 맞춤을 통해 메시지와 연결할 수 있다. 문장에서 단어나 구절을 강조하는 것은 의미에 초점을 맞춰야 한다.

조정 대화의 흐름을 관리하기 위해 **비언어적 행동의 조정**(regulating nonverbal behavior)을 사용한다. 비언어적인 단서는 말을 시작하고 멈출 시간, 말할 차례, 다른 화자를 방해하는 방식과 다른 사람들이 더 많이 말하도록 격려하는 방법 등을 알려준다. 몸을 약간 앞으로 기울이고 말하기 위해 입을 벌린다면 대화에서 말할 차례를 원한다는 신호를 보내는 것이다. 교실이나 대규모 회의에서 말하고자 손을 들어 올릴 수 있다. 친구가 말하는 것을 듣고 머리를 끄덕이면 계속 말하라는 뜻으로 해석할 수 있다.

대체 비언어적 행동은 언어를 대신할 수 있다. 이것을 **비언어적 행동의 대체**(substituting nonverbal behavior)라고 부른다. 인사나 작별 인사를 할 때, 단어가 없을지라도 그 의미는 보통 분명하다. 어머니가 잘못 행동하는 자녀에게 아무 말 없이 입을 오므리고, 눈살을 찌푸리며, 손가락을 움직임으로써 "멈춰."라는 의미로 메시지를 보낼 수 있다.

부인 비언어적 행동의 부인(contradictory nonverbal behavior)은 말하는 단어의 의미와 상충된다. 동료로부터 생일 선물을 받은 셰리는 "너무 근사해요. 고맙습니다."라고 말했다. 그러나 억지 미소, 평이한 목소리 표현, 시선 회피 등은 셰리가 선물에 대해 감사하지 않는다는 것을 암시한다. 이것은 **복합 메시지**(mixed message)의 전형적인 예이다. 즉, 언어적 의미와 비언어적 의미의 모순이다. 비언어적 행동이 말과 상충되는 경우 메시지는 혼란스럽고 해석하기 어렵다. 비언어적인 채널은 말로 나타내는 것보다 많은 정보를 전달할 수 있기 때문에 메시지의 진정한 의미를 결정하기 위해 비언어적인 단서에 의존하게 된다.

비언어적 커뮤니케이션의 유형

6.2 신체적 특성과 움직임이 의미를 창출하는 방법을 설명해보자.

비언어적 커뮤니케이션은 복잡한 것이다. 비언어적 의미를 정확하게 해석하기 위해서는 수많은 비언어적 차원에 주의를 기울여야 한다. 효과적인 커뮤니케이션을 하기 위해서는 자신과 타인의 비언어적인 행동 전체를 고려해야 한다.

외모

처음 사람을 만나면 그 사람의 외모를 자연스럽게 분석하여 인상을 형성한다. 매력, 의상, 헤어스타일, 체격, 액세서리 등과 같은 신체적 특징에 따라 개인의 성격과 특성을 판단하는 것이 불공평해 보이지만 이러한 요인은 다른 사람에 대한 의견과 이후 어떻게 상호작용하는지에 큰 영향을 준다.

더 좋든 나쁘든 우리는 매력적인 사람들을 친절하고, 재미있고, 사교적이며, 성공적이고, 섹시한 사람으로 생각한다. 한 연구에 따르면 외모가 훌륭한 사람들은 평균 외모를 가진 사람들보다 더 많은 수입을 가지고 있고 승진할 기회를 많이 얻는 경향이 있다고 밝혔다.[17]

일반적으로 키가 큰 사람들은 더 작은 사람들보다 더 매력적이며, 기운 있고, 사교적이고, 자신감이 있는 것으로 여겨진다. 2009년 한 연구에서는 신장과 소득, 교육 간에 유의미한 상관관계가 있으며, 둘 다 더 나은 삶과 긍정적인 관계가 있는 것으로 나타났다.[18]

미디어에서 보여지는 매력적인 남성과 여성의 이미지는 다른 사람과 자신을 보는 방식에 영향을 미친다. 우리 중 많은 사람들이 비현실적인 '아름다움'의 기준을 달성하기 위해 노력한다. 예를 들어 이상적인 아름다움에 대한 연구 조사에서 미국 여성의 약 75~80%가 자신의 체중에 불만을 느끼고 더 날씬해지기 위해서 식이요법을 하거나 다이어트를 하고 있는 것으로 나타났다. 이 여성들 중 일부는 섭식장애를 일으키고 극단적으로 체중이 감소된다.[19] 그 결과로 초래된 외모는 의도와 달리 아주 다른 인상을 준다.

당연히 신체적인 외모는 배우자를 선택하고, 직장에서 성공하고, 다른 사람들을 설득하고, 높은 자부심을 유지하는 데 중요한

이론 살펴보기

기대 위반 이론

다음 두 시나리오는 매우 유사하지만 상당히 다른 반응을 일으킬 수 있다.

시나리오 1. 출근하기 전 커피를 사기 위해 편의점에 들렀다. 당신이 가게에 들어서 자 한 남자가 당신을 보고 있었다. 전에 그를 본 적이 없다. 커피를 기다리는 동안, 그는 바로 옆에서 미소를 지으며 서 있다. 그가 컵을 잡으려고 손을 뻗자 그의 손이 당신의 팔에 닿았다. 이제 그는 커피값을 지불하기 위해 당신 바로 뒤에 서 있다. 그리고 다시 미소짓는다. 당신이 문밖으로 나온다.

시나리오 2. 사무실 스낵바에서 커피 한 잔을 타고 있는데 잘 차려입은 남자가 당신을 보고 있다. 그는 오랫동안 함께 일해온 소중한 친구이자 동료이다. 당신이 커피를 준비하는 동안, 그는 미소를 지으며 바로 옆에 있다. 그가 컵을 잡으려고 손을 뻗자 그의 손이 당신의 팔에 닿았다. 이제 그는 커피값을 지불하기 위해 당신 바로 뒤에 서 있다. 그리고 다시 미소짓는다. 당신이 문밖으로 나온다.

두 시나리오는 유사하다. 첫 번째 경우에는 의심과 불만으로 반응할 수 있지만 두 번째 경우에는 좀 더 편안하고 긍정적으로 느껴질 수 있다. **기대 위반 이론**(Expectancy Violation Theory)에 따르면, 비언어적 행동에 대한 기대는 다른 사람과 상호작용하는 방법과 비언어적인 메시지의 의미를 해석하는 방법에 중요한 영향을 미친다. 엘리베이터에 들어가면 아마도 시선은 정면을 향하고, 다른 사람과 눈을 마주치지 않고, 움직임을 피하려 하고, 다른 사람과 이야기하거나 접촉되지 않도록 하고, 숫자가 올라가거나 내려가는 것을 쳐다보고만 있을 것이다. 그러나 누군가가 세 마리의 개와 비좁은 엘리베이터에 들어와 담배를 피려고 하면 어떻게 반응하겠는가? 제한된 공공의 공간에서 기대하는 행동이 아니기 때문에 다음 층에서 내리거나 이러한 행동에 반대할 가능성이 크다.

적어도 세 가지 특성이 다른 사람의 비언어적 행동에 대한 기대와 반응에 영향을 미친

다.[20] 이러한 특성을 고려하여 두 가지 시나리오를 생각해보자.

1. **커뮤니케이터 특성** 성별, 인종, 신체적 외모와 같은 신체적·인구학적 특성의 유사점 및 차이점과 개성 및 평판
2. **관계적 특성** 친한 친구, 로맨틱한 파트너, 사업 동료, 서비스 제공 업체 또는 낯선 사람과 같은 친숙도, 과거 경험, 상대적 지위 및 타인과의 관계 유형
3. **맥락적 특성** 축구 경기, 큰 규모의 쇼핑몰, 예배, 수업, 기업 회의 등 신체적, 사회적, 심리적, 문화적, 업무적인 환경과 상황

첫 번째 시나리오는 커뮤니케이터, 관계, 맥락적 특성의 차이점을 강조하는 반면, 두 번째 시나리오는 유사점을 강조한다. 첫 번째 시나리오에서 남자는 비언어적 기대를 위반한다. 낯선 사람을 응시하거나 따라오거나 접촉하지 않아야 한다. 두 번째 시나리오에서 남자는 이미 알고 있는 사람이기 때문에 동일한 비언어적 '규칙'을 위반해도 허용되는 것이다.

누군가가 자신의 비언어적 기대를 '위반'할 때, 자신이 알고 있거나 좋아하거나 존경하는 누군가로부터 오는 위반일 경우, 부정적으로 또는 심지어 긍정적으로 반발할 것이다. 마찬가지로, 비언어적인 기대를 '위반'하는 경우 개인적인 목표, 관련된 타인, 초래될 결과에 대한 신중한 분석에 근거해야 한다.

역할을 한다. 예를 들어 세련된 정장과 고급 시계를 착용하고 값비싼 가죽 서류 가방을 소지한 사람은 유니폼을 착용하고 도구 상자를 들고 다니는 사람보다 고소득, 고학력, 높은 직책을 나타낸다. 졸업반지, 결혼반지, 종교적인 목걸이와 같은 액세서리는 다른 사람에 대해 많은 것을 말해준다.

머리색은 미국에서 강박 관념이 반영되는 또 다른 예이다. *Reading People*에서 배심원 컨설턴트 조 엘란 디미트리우스(Joe-Ellan Dimitrius)와 변호사 마크 마자렐라(Mark Mazzarella)는 사람들을 판단하는 데 있어 머리색을 자아 이미지와 라이프스타일의 예측 인자로 사용한다. 그들은 헤어스타일이 "노화에 대해 어떻게 느끼는지, 얼마나 사치스럽거나 실용적인지, 다른 사람에게 감동을 주는 것이 얼마나 중요한지, 사회경제적 배경, 전반적인 감정의 성숙함, 때때로 사람들이 성장하거나 살아온 곳의 일부까

지도 밝힐 수 있다."라고 주장한다.[21]

다큐멘터리 〈굿헤어〉에서 코미디언 크리스 록은 아프리카계 미국인 사회 내에서 흑인이 아닌 여성들은 곧고 연갈색의 머리칼을 가진 것으로 묘사되는 반면 흑인 여성들은 **좋은 머릿결**을 유지하기 위해 고액을 지불(유독 화학 처리를 해서 단단하게 땋기 위해 시간과 돈을 투자하는)해야 하는 것을 심각하게 생각했다. 록은 '보풀' 같은 머리카락을 유럽 여성과 같은 정교한 직모로 바꾸어서 얻은 이익이 900억 달러에 달하는 산업을 공개했다.[22] '좋은 머릿결'에 대한 부정적인 견해와 싸우기 위해 에티오피아 소녀를 입양한 백인 부모인 〈세서미 스트리트〉의 작가 조이 마자리노는 갈색 피부의 머펫이 노래한 자연스러운 머리카락을 축하하는 "내 머리를 정말 사랑한다"라는 노래를 썼다. 짧게 발췌하면 다음과 같다.

커뮤니케이션 & 문화

문신은 다른 사람에게 어떤 메시지를 주는가?

과거와 현재의 많은 문화권에서 사람들은 몸에 문신을 한다. 이러한 표시는 종종 사춘기, 결혼, 성공적인 사냥과 같은 통과 예식을 기념하기 위함이다. 예를 들어 뉴질랜드의 전통 마오리 문신(종종 마주하고 있는 얼굴)은 신성하다. 이러한 문신은 "특정한 조상/부족의 메시지를 묘사한다. 이 메시지는 그 사람들의 가족과 부족/종족의 이야기, 그리고 이 사회 구조에서 그들의 위치를 말해준다."[23]

서양 문화권에서 문신은 사회적 지위가 낮은 사람들, 범죄자, 수감자, '폭주족', 하위 군인사 등과 관련되어 왔다. 더 이상 이것은 사실이 아니다. 문신은 모든 사회경제적 계층에서 남성과 여성, 특히 오늘날의 젊은 세대에게 대중적으로 받아들여지고 있다.[24]

오늘날 미국에서 1,500개 이상의 문신 가게가 연간 23억 달러를 벌어들인다.[25] 2012년에는 처음으로 23%의 문신을 한 여성들이 남성의 19%를 넘어섰다.[26] 또 다른 조사에 따르면 미국인의 21%가 문신을 하고 있었으며, 18~25세의 36%, 30~39세의 38%가 문신을 하고 있다고 보고했다.

퓨리서치센터에 따르면, "문신에 대한 대중적 인기가 높아지고 있지만 문신을 하는 사람들의 영향에 대해 대중들의 평가는 나뉜다. 응답자의 45%는 별다른 차이가 없다고 답했

으며, 40%는 더 나빠졌고, 7%만이 더 좋아졌다고 답했다." 한 연구 결과를 보면 문신을 한 미국인의 약 30%는 자신이 더 섹시하다고 느끼고 있었다. 반면 문신을 '하지 않은' 사람들의 약 50%가 문신한 사람은 별로 매력이 없다고 보고한다.[27]

당연히 65세 이상 노인의 64%, 50~60세 노인의 51%가 문신 증가가 변화를 악화시키고 있다고 말한다.[28]

흥미롭거나 어쩌면 놀라운 일이지만, 텍사스주립대학교의 한 연구에 따르면 "다른 어느 것보다 더 많은 신체 예술이 있는 18~24세 사이의 사람들은 '눈에 보이는' 문신을 직장에서 받아들일 수 없는 것으로 간주된다. 고객의 면대면 상담이나 수수료를 공유하는 업무에서 특히 더 그렇다."

많은 사람들이 믿는 것과는 달리 고용주가 자신의 복장 규정에서 보이는 신체 예술을 금지하는 것은 일반적으로 불법이 아니다.[29]

뉴욕 *타임스*의 정치 및 문화 평론가 데이비드 브룩스(David Brooks)는 "유행에 민감한 사람들의 핵심 그룹은 평범한 중산층과 그들 자신을 분리하기 위해 무언가를 하고 있다고 생각했지만 지금은 피부에 새겨진 흔적이 절대적으로 주류를 이루고 있다는 것을 깨닫고 있다."라고 지적한다.[30] 그렇다고 해도 일부 도시와 공립학교체계에서는 '직원들이 일자리를 유지하기를 원한다면 문신을 드러내지 않을 것'을 강요한다.[31] 좋아하거나 싫어하든 상관없이 문신의 인기는 문신하는 사람들에 대한 부정적인 고정관념을 더 어렵고 불공평한 것으로 만들고 있다.

제스처의 유형

제스처 유형		특성	사례
상징		특정 그룹이나 문화에서 단어와 같은 의미를 표현한다.	• 승리와 평화의 상징으로 두 번째 손가락과 세 번째 손가락을 사용해서 'V'자를 만든다. • '말하고 싶다'는 것을 나타내기 위해 손을 들어 올린다. • 두 번째 손가락을 입술에 대면 '조용히'라는 뜻이다.
지시		단어 없이 의미가 부족한 언어적 메시지와 함께 사용한다.	• 물체나 사람을 확인하기 위해 손가락으로 가리킨다. • 양손을 크게 벌려서 "내가 잡은 물고기가 더 크다."라고 말한다. • 각 단계를 말로 설명하면서 손으로 절차의 단계를 센다. • 사건이 신속하게 발생했음을 나타내기 위해 "똑같은 일이 발생했다."라고 말하면서 손가락을 부딪친다.
응용		습관적 제스처로 감정을 관리하고 표현한다.	• 혼란스럽거나 대답할 수 없음을 나타내기 위해 머리를 긁는다. • 걱정하거나 불안함으로 손톱을 씹는다. • 참을성이 없어서 손가락을 탁자에 두드린다. • 괴로움에 손을 떤다. • 스트레스나 조바심을 덜기 위해 머리카락이나 물건을 만지작거린다.

헤어숍에 갈 필요 없어요.
내가 가진 머리카락을 좋아하기 때문이죠.
그것은 바로 갈색, 곱슬머리, 바로 위에 있어요!
내가 뭘 좋아하는지 알아요? 맞아요, 내 머리![32]

몸짓과 제스처

자말은 회의 시간이 짧다는 사실을 의장에게 알려주기 위해 시계를 가리킨다. 로빈은 친구의 연설이 잘되었는지를 알리기 위해 엄지손가락을 치켜세우는 제스처를 보낸다. 셰나즈는 국기가 게양되자 차렷 자세를 취했다. 앉거나, 서거나, 몸을 움직이거나, 손을 움직이는 방법은 비언어적인 메시지를 생성한다. 자세조차도 기분과 감정을 전달할 수 있다. 몸을 의자 뒤로 젖히면 관심이 없는 것으로 인식될 수 있다. 반면에 똑바로 앉아서 앞으로 몸을 기울이면 흥미를 느끼고 능동적으로 듣는 것이다.

제스처(gesture)는 생각이나 감정을 전달하는 몸의 움직임이다. 메시지의 일부를 강조하거나 힘주어 말할 때, 상황에 대한 불편함을 나타낼 때 등 말을 사용하지 않고 메시지를 전달할 수 있다. 손과 팔이 몸짓을 나타내는 데 가장 자주 사용되지만 머리도 사용되기도 한다.[33]

많은 사람들은 제스처를 사용하지 않고 자신의 생각을 표현하는 데 어려움을 겪는다. 전화로 다른 누군가와 통화할 때도 제스처를 사용하는 이유는 무엇인가? 커뮤니케이션이 어려울 때 몸짓은 정신적 노력을 완화할 수 있다. 많은 청자가 볼 수 없는 사진을 설명할 때, 덜 익숙한 언어를 사용할 때 제스처를 쓰는 경향이

있다. 폴 에크먼과 월리스 프리슨(Wallace Friesen)은 위의 표에서 보여주는 것처럼 **상징**(emblem), **지시**(illustrator), **응용**(adaptor)으로 손동작을 분류한다.[34]

이 장에서 논의된 상징, 지시, 응용에 대한 예는 미국에서 일반적으로 사용되는 제스처이며 매우 구체적인 의미를 지니고 있음을 명심해야 한다. 따라서 다른 국가 및 문화권의 사람들과 교류하거나 몸짓을 하기 전에 생각해야 한다. 예를 들어 대부분의 미국인에게 (엄지와 검지로 원을 그리는) 'OK'를 의미하는 상징은 브라질인에게 외설스러운 제스처로 간주되며 일본인에게는 돈을 의미한다.[35] 사람의 키를 묘사할 때 우리는 팔을 내밀고 손바닥을 아래로 내려 "내 친구는 키가 크다."라고 말할 수 있다. 일부 남미 국가에서는 개를 묘사할 때 이와 동일한 제스처를 사용할 수 있지만 사람을 설명하는 데에는 사용하지 않는다. 사람의 키를 나타내기 위해 남미 사람들은 손바닥을 옆으로 내민다. 주머니에 손을 넣어도 다른 이들에게 불쾌감을 줄 수 있다.

접촉

접촉은 인간 표현의 가장 강력한 형태 중 하나이다. 그것은 강력한 메시지를 보낼 수 있는 힘을 가지고 있을 뿐만 아니라 신체적, 정신적 건강에도 영향을 줄 수 있다. 예를 들어 아기는 생존하고 성장하기 위해 사람의 손길이 필요하다. 부모와 병원 간호사가 더 많은 접촉을 할수록 유아 사망률이 감소한다.[36]

많은 사람들이 누군가를 만지지 않고 생각을 표현하는 데 어려움을 겪는다. 직장 동료나 연인들 간에는 포옹과 토닥임을 통

제6장 비언어적 커뮤니케이션

빌 게이츠가 박근혜 전 대통령과 악수할 때 그는 한국과 다른 아시아 국가들에서 다른 손을 주머니에 넣는 것이 무례한 행동이라는 것을 생각하지 못했다. 그것은 한 사람이 의도적으로 다른 사람보다 우위를 나타내고 있음을 의미한다. 일부 한국 언론 매체는 사진을 잘라내어 주머니에 넣은 손을 보여주지 않았다.

해 격려, 감사, 애정, 공감 등을 전달한다. 장난으로 하는 접촉은 감정을 과장하지 않고 분위기를 가볍게 해준다. 친구를 가볍게 주먹으로 때리거나 다른 사람의 눈을 가리고 "누구게?"라고 하는 행동이 장난스러운 접촉의 형태이다.

미국 UC 버클리의 심리학자 대처 캘트너(Dacher Keltner)는 접촉을 "우리가 배울 수 있는 첫 번째 언어"이며 "감정적인 표현의 가장 풍부한 수단"이라고 평한다.[38] 일련의 실험에서 심리학자 매슈 허튼슈타인(Matthew Hertenstein)은 응답자들에게 눈을 가린 낯선 사람들을 만져 감정을 말해달라고 요청했다. 결과는 놀라웠다. 연구자들은 접촉을 통해 '분노, 공포, 혐오, 사랑, 감사, 동정'이라는 여섯 가지 감정을 나타낼 수 있음을 발견했다. 마찬가지로 이러한 감정을 식별하는 정확도는 48~83%로 다양하게 나타났는데, 이는 얼굴 표정을 관찰하고 목소리 표현을 들어서 감정을 식별하는 능력과 거의 같았다.[39] 그럼에도 불구하고 다른 연구자들은 대부분의 성인들이 접촉을 긍정적이거나 부정적으로만 해석한다고 주장했다.

또한 접촉을 통해 통제하거나 우위를 나타내기도 한다. 어떤 경우에는 누군가의 어깨를 두드려 관심을 끌 때와 같이 사소한 수준의 통제만 필요하다. 다른 경우 접촉은 상태나 우위에 대한 매우 명확한 메시지를 보낸다. 한 연구에 따르면 더 많은 권력과 지위를 가진 사람은 낮은 지위에 있는 사람과 접촉할 가능성이 높고 부하 직원은 더 높은 지위의 사람과 접촉하는 일이 거의 없다.[40]

접촉을 잘하는 사람(touch approacher)은 접촉하는 것이 편안하고 종종 다른 사람과 접촉하고자 한다. 또한 친구와 인사할 때 포옹이나 키스를 할 가능성이 더 크다. 일부 접촉을 잘하는 사람은 심지어 잘 모르는 사람들과도 접촉하고 안는다. 너무 많은 접촉은 비언어적 기대를 위반하는 경우도 있다.

접촉을 피하는 사람(touch avoider)은 접촉을 시작하거나 만지기 불편해한다. 그들은 또한 언제, 어떻게, 누구를 만지는지 더 의식한다. 극단적으로 접촉을 피하는 사람은 사랑하는 사람과도 신체적인 접촉을 피하기도 한다. 우리 대부분은 그 중간쯤에 있다. 접촉을 좋아하는 사람과 이를 피하는 사람이 만나는 순간 오해가 발생할 수 있다. 접촉을 좋아하는 사람은 냉혹하고 비우호적으로 상대를 바라보고, 접촉을 피하는 사람은 상대를 무례하고 자신을 침해하는 것으로 인식할 수 있다.

당연히 접촉에 대한 규범은 상황에 달려있다. 예를 들어 직장에서의 접촉 규범을 위반하면 오해 또는 성희롱 혐의로 이어질 수 있다. 접촉의 기준은 성별과 문화에 따라 다르다. 북미 남성 대부분은 포옹, 가슴 맞부딪치기, 스포츠 팀에서 볼 수

자신에 대해 알기

신체 접촉을 잘하는 사람인가?[37]

얼마나 신체 접촉을 잘하는가? 다음 문장에 적용되는 번호를 골라 표시해보자. (5) 매우 동의함, (4) 동의함, (3) 보통임, (2) 동의하지 않음, (1) 매우 동의하지 않음

_____ 1. 우정을 표시하기 위해 껴안으면 안 된다.
_____ 2. 나는 다른 사람들과 만나는 것을 즐긴다.
_____ 3. 내 팔을 다른 사람들에게 두는 일은 거의 없다.
_____ 4. 포옹하는 사람을 볼 때 불편해진다.
_____ 5. 사람들은 접촉하면 불편하지 않아야 한다.
_____ 6. 나는 다른 이들이 감동받는 것을 정말 좋아한다.
_____ 7. 나는 다른 사람들을 만져서 감정을 표현할 수 있었으면 좋겠다.
_____ 8. 나는 다른 사람들을 만지는 것을 좋아하지 않는다.
_____ 9. 나는 다른 사람들이 만지는 것을 싫어한다.
_____ 10. 나는 다른 사람들이 만져서 즐겁다는 것을 안다.
_____ 11. 나는 다른 사람들을 끌어안는 것을 싫어한다.
_____ 12. 껴안거나 만지는 것은 금지되어야 한다.
_____ 13. 다른 사람들을 만지는 것은 나의 성격에서 매우 중요한 부분이다.
_____ 14. 다른 사람들이 만져서 불편하게 만든다.

점수 집계 :

_____ 1. 1, 2, 5, 6, 7, 10, 13번 항목들을 더한다. 1단계 점수 합계 = (   )
_____ 2. 3, 4, 8, 9, 11, 12, 14번 항목들을 더한다. 2단계 점수 합계 = (   )
_____ 3. 다음 공식에 따라 최종 점수를 계산한다.
42 + 1단계 점수 합계 - 2단계 점수 합계 _____

최종 점수는 14~70점 사이이다. 53점 이상이면 접촉을 잘하는 사람이고, 31점 이하는 접촉을 피하는 경향이 있는 사람이다.

얼굴 표정에 적용하기

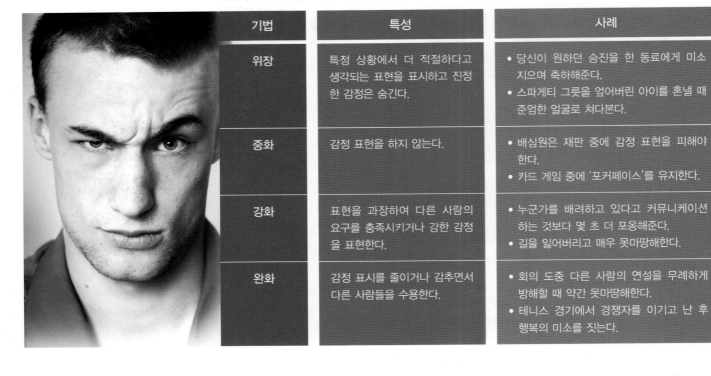

기법	특성	사례
위장	특정 상황에서 더 적절하다고 생각되는 표현을 표시하고 진정한 감정은 숨긴다.	• 당신이 원하던 승진을 한 동료에게 미소 지으며 축하해준다. • 스파게티 그릇을 엎어버린 아이를 혼낼 때 준엄한 얼굴로 쳐다본다.
중화	감정 표현을 하지 않는다.	• 배심원은 재판 중에 감정 표현을 피해야 한다. • 카드 게임 중에 '포커페이스'를 유지한다.
강화	표현을 과장하여 다른 사람의 요구를 충족시키거나 강한 감정을 표현한다.	• 누군가를 배려하고 있다고 커뮤니케이션하는 것보다 몇 초 더 포옹해준다. • 길을 잃어버리고 매우 못마땅해한다.
완화	감정 표시를 줄이거나 감추면서 다른 사람들을 수용한다.	• 회의 도중 다른 사람의 연설을 무례하게 방해할 때 약간 못마땅해한다. • 테니스 경기에서 경쟁자를 이기고 난 후 행복의 미소를 짓는다.

있는 하이파이브를 제외하고는 동성 간의 접촉을 피하는 경향이 있다.

얼굴 표정

얼굴은 수천 가지 다양한 표현을 잘 표현할 수 있는 복잡한 근육들로 구성되어 있다. 표정은 말한 것에 대해 상대방이 관심이 있거나 동의하거나 이해했는지를 알려준다. 여성은 남성보다 얼굴 표정이 풍부하고 미소를 짓는 경향이 있다. 그러나 남성이 자신이 드러내는 감정의 양을 제한하기도 하지만 우리 모두는 메시지의 완전한 의미를 이해하기 위해 표정에 의존한다.

온라인상의 감정 표현

다른 사람들과 대면 커뮤니케이션을 할 때 생성하는 의미의 60~70%, 약 2/3 정도가 비언어적 행동을 통해 전달될 수 있다.

인터넷은 언어적 · 비언어적 커뮤니케이션에 다른 요소를 추가한다. 감정을 온라인으로 어떻게 표현하는가? 대답은 간단하다. "나는 화가 났다.", "나는 당신을 사랑한다.", "조용히 해.", "나는 감격했다."라고 쓴다. 불행히도, 이제 우리가 알다시피 의미는 말속에 있는 것이 아니라 사람들 속에 있다. "나는 화가 났다."라는 것은 무엇을 의미하는가? 짜증이 난 건가, 화가 났는가? 아니면 격분한 것인가? 단순히 농담인가? "조용히 해."라고 온라인에 쓰면 '말하기'를 멈추라는 것인가? 아니면 '농담하는 거야?', "너와 다시 안 해."와 같이 놀람이나 의심을 나타내는 구절을 사용하는가?

인터넷 사용자는 감정 표현을 위한 텍스트 기호인 **이모티콘**(emoticon)을 개발했다. 가장 일반적인 이모티콘은 웃는 얼굴로, 일반적으로 :-) 또는 :)를 치면 기기에서 ☺로 변경될 것이다. 또한 슬프다는 것은 :(, 혀를 내미는 모양은 :P, 키스 :-x, 윙크 ;), 웃음 :-D 등으로 보여줄 수 있다. 그러나 얼마나 많은 이모티콘을 사용하든 관계없이 문제는 있다. 단어와 마찬가지로 이모티콘은 잘못 해석하거나 단순히 무시할 수 있다.

일부 연구자들은 이모티콘이 온라인 텍스트 메시지의 해석에 거의 또는 전혀 영향을 미치지 않는다고 본다.[41] 다른 연구에 따르면 행복한 미소 짓는 이모티콘은 긍정적 문자 메시지의 '긍정성'을, 부정적이거나 인상을 쓴 이모티콘은 부정적 메시지의 '부정성'을 증가시키는 것으로 나타났다.[42]

온라인 상황에서는 내게는 사실이라도 다른 사람에게는 사실이 아닐 수도 있기 때문에 어떤 연구가 믿을만한지 알기 어렵다. 전자 메일이나 문자 메시지를 보내는 사람이 메시지의 의미를 해석할 때 이모티콘보다 단어에 더 의존할 수 있다. 이러한 기호를 과도하게 사용하면 무시받을 수도 있다. 토머스 맨델(Thomas Mandel)과 제라드 반 더 룬(Gerard Van der Leun)은 자신의 저서 *Rules of the Net*에서 다음과 같이 제안한다. "단순하게 표현된 확실한 생각을 대체할 수 있는 것은 없다. 예를 들어 진부한 표현을 하지 않는 것과 같이 :-)과 모든 관련 이모티콘 사용을 자제해야 한다."[43] 일반적으로 업무적 · 전문적 상황에서 커뮤니케이션하는 경우, 많은 이모티콘을 사용하지 않는 것이 좋다. 그러나 온라인 친구들은 ☺ 이모티콘 사용을 좋아할 수도 있다. 결국 목적이나 메시지를 받는 사람들, 경우에 따라 이모티콘을 현명하게 사용하는 것이 최선이다.

이 장의 초반부에서 우리는 연구자가 눈 맞춤의 힘을 확인했다고 보고했으나 적어도 미소의 암시가 없다면 시선 접촉이 당신을 더 매력적으로 만들지는 못한다. 우리를 응시하는 단호한 얼굴에 대한 생각은 매력적이라기보다 두려움을 준다.

미소는 전염성이 있기 때문에 사람들의 기분을 좋게 만든다. 누군가가 우리에게 미소 지으면 뇌의 반사경 뉴런이 미소 반응을 일으킨다. 미소는 '낮은 심박 수와 스트레스 수준을 낮게 변환시켜 주기 때문에' 미소 짓는 것은 건강에 좋다.[44] 미소를 지으면 더 행복하고 더 건강해지는 것이 분명하다.

또한 연구자들은 미소 지을 수 없는 사람들이 미소 짓는 것을 배우면서 더 자주 미소 짓게 된다는 것을 발견했다. 여기 미소를 지을 수 있도록 도와줄 수 있는 사람이 있다. 신체 언어 전문가인 패티 우드(Patti Wood)는 정치인, 경영진, 면접 준비자, 효과적으로 웃는 법을 배우기 위한 사람들을 지도한다. 강의료는 "3시간 30분 신체 언어 훈련 패키지로 1,200달러를 요구한다."[45]

얼굴 표정은 다른 사람들이 무엇을 생각하는지, 어떻게 느끼는지, 손에 좋은 패를 들고 있는지에 대해 많은 것을 말해준다. 결과적으로 우리 대부분은 감정을 전달하거나 은폐하고 표정을 특정 상황에 적용하기 위해 표정을 관리하는 법을 배운다. 얼굴 표정에 적용하는 가장 일반적인 기법은 **위장**(masking), **중화**(neutralization), **강화**(intensification), **완화**(deintensification) 등이 있다.[46]

시선

눈의 움직임은 얼굴 부위 중에서 가장 두드러지고 복잡한 것일지 모른다. 사회적 지위, 긍정적이고 부정적인 감정을 표현하고 관련된 의지를 표명할 수 있다.[47] 다른 사람들의 말을 이해하려고 할 때, 대부분의 사람들은 80% 이상의 시간 동안 말하는 사람을 본다. 리더로 보이고자 하는 사람은 시각적으로 주의를 끌기 위해 테이블의 헤드 쪽 자리를 선택할 수 있다. 우리는 놀라움과 같은 긍정적인 감정에 반응하여 시선을 올리고 혐오감, 공포와 같은 부정적인 경험에 대한 반응으로 시선을 회피하려는 경향이 있다. 식당에서 종업원을 부르기 위해 시선을 마주치기도 하고 강사가 수업 중에 시키는 것을 원하지 않을 때 시선을 피한다.

이 장의 도입부를 생각해보자. 미소 짓고 시선을 마주치는 사람에게 더 매력을 느낀다고 설명했다.[48] 이와 같은 맥락의 프랑스 속담이 있다. "첫사랑의 편지는 눈으로 써진다."[49]

모든 비언어적 행동과 마찬가지로, 눈을 마주치는 기준은 성별과 문화에 따라 다르다. 여성들은 남성보다 들으면서 눈을 더 많이 마주치는 경향이 있다. 북미에서는 시선을 마주치지 않으면 무례하거나 무관심하고, 긴장하고 있거나 부정직한 것으로 인식된다. 이것이 모든 문화권에 적용되는 것은 아니다. 예를 들어 "직접적인 눈 맞춤은 많은 아시아 문화에서 금기시되거나 모욕적인 것이다. 캄보디아인들은 직접적인 눈 맞춤을 사생활 침해라고 생각한다."[50]

다음은 시선과 관련된 중요한 연구를 검토하고 조사한 후에, 버지니아 리치먼드(Virginia Richmond)와 동료들이 "우리는 시선에 대해 무엇을 알고 있는가?"라는 질문에 대한 대답을 요약한 것이다.[51]

1. 우리는 좋아하는 사람과 사물을 본다.
2. 우리는 싫어하는 사람들과 사물을 바라보지 않는다.
3. 우리의 눈은 슬픔, 경멸, 분노, 혐오, 공포, 관심, 놀람, 행복을 나타낼 수 있다.
4. 우리는 승인을 요청하거나 좋아해주길 원할 때 다른 사람을 더 본다.
5. 우리의 시선은 다른 사람에게 우리의 의도에 대해 알려준다.
6. 우리가 누군가의 시선을 피할 때, 그것은 의도적인 행동이다.
7. 전적으로 다른 사람의 눈동자만 보고 속임수를 알아차릴 수 없다.
8. 우리의 눈동자는 매력적이거나 흥미로운 누군가 또는 어떤 것을 볼 때 팽창된다.
9. 우리의 눈동자는 호소력이 없거나 관심이 없는 누군가 또는 무언가를 볼 때 수축된다.
10. 여성들은 종종 남성보다 대화 상대를 더 오래 바라본다.

■ 커뮤니케이션과 **윤리**

비언어적 행동의 어두운 면

미소나 격려로 커뮤니케이션을 하는 것처럼 너무 화가 나서 때릴 수도 있다. 불행히도, 어떤 사람들은 부정적인 감정을 표현하거나 다른 사람들보다 힘을 발휘하기 위해 폭력적인 비언어적 커뮤니케이션을 사용한다.

매년 약 150만 명이 넘는 여성과 약 80만 명이 넘는 남성이 남편과 아내, 남자 친구와 여자 친구, 데이트 파트너로부터 폭력의 희생자가 된다.[52] 여성 희생자들이 치료가 필요한 경우가 많지만 한 조사에 따르면 남성이 여성을 때리는 것만큼 여성도 남성을 때린다고 한다.[53] 폭력은 직장 내에서 동료들과 화가 난 고객들 사이에서도 발생한다.

신체적 위협과 폭력에는 때리기, 억누르기, 밀치기와 같은 행동뿐만 아니라 물건 던지기, 책상 내리치기, 재산을 파괴하는 행위 등도 포함된다. 협박하는 비언어적 커뮤니케이션은 다른 사람의 길을 막거나, 공격적으로 너무 가깝게 움직이거나, 위협적인 존재를 만드는 것과 같이 더 미묘한 형태를 취할 수도 있다. 부당한 신체적 공격 행동을 사용하는 것은 협박, 강요, 폭력 등의 커뮤니케이션을 구체적으로 규탄하는 NCA의 신조를 위반하는 것이다.[55]

직장 내 살인의 15%는 동료에 의해 발생한다.[54]

목소리 표현

어떻게 '말하는지'는 의미 전달에 큰 영향을 미친다. 목소리 표현은 듣는 사람이 말하는 사람을 어떻게 인식하는지에 영향을 준다. 예를 들어 매우 높은 소리나 단조로운 목소리는 말을 잘 알아듣지 못할 수도 있다.

가장 중요한 목소리의 특성은 성량, 성조, 속도, 단어 강세이다. **성량**(volume)은 목소리의 세기를 나타낸다. 속삭이는 것은 비밀 정보를 나타낼 수 있다. 고함을 지르면 긴박하거나 분노를 암시한다. **성조**(pitch)는 목소리가 얼마나 높거나 낮은지를 나타낸다. 미국인들은 낮은 목소리를 선호한다. 저음의 목소리를 가진 남성과 여성은 보다 권위 있고 영향력 있다고 여겨진다. 원래 높은 목소리를 가진 남성들은 여성스럽거나 약한 이미지로 분류될 수 있으며 매우 높은 목소리의 여성은 유치하고 바보 같거나 불안해 보일 수 있다.

속도(rate)는 말하는 빠르기이다. 너무 빠른 말 속도는 다른 사람들이 메시지를 이해하기 어렵게 만든다. 반면에 너무 천천히 말하는 사람의 말은 지루해하거나 듣지 않는다.

성량, 성조, 속도를 결합하면 단어나 구절에 다양한 강세를 줄 수 있다. **단어 강세**(word stress)는 "단어와 문장이나 문장 내의 단어, 단어 내의 음절에 부여된 상대적인 강도"를 의미한다.[56] 다음 문장에서 기울임체 단어를 강조할 때 의미의 차이점에 유의해보자.

내가 읽어야 하는 보고서가 *저것*이니?
*내*가 읽어야 하는 보고서가 저것이니?

내가 *읽어야* 하는 보고서가 저것이니?

세 문장 모두에서 같은 단어가 사용되더라도 각 질문의 의미는 매우 다르다. 제14장 "언어와 전달"에서 이러한 목소리 특성과 성공적인 발표 방법에 대해 살펴볼 것이다.

침묵

"침묵은 금이다."라는 격언은 "말하는 것은 은이며 침묵은 금이다(Sprechen ist silbern; Swchweigen ist golden)."라는 스위스 말에서 유래되었다. 이 은유적 표현은 말과 침묵의 가치를 대조적으로 보여준다. 말하기는 중요하지만 특정 상황에서는 침묵이 훨씬 더 중요할 수 있다.

침묵으로 많은 커뮤니케이션을 할 수 있기 때문에 침묵의 가치를 이해하는 것이 중요하다. 침묵은 사람 사이의 거리를 유지하고, 생각을 정리하고, 다른 사람에게 존중을 표하고, 다른 사람들의 행동을 바꾸기 위한 것이다.[57]

침묵은 또한 말하기이다. (아프리카 속담)

큰 소리는 머리가 비었다는 것을 보여준다. (핀란드 속담)

아는 자는 말하지 않으며, 말하는 자는 알지 못하리니.
(노자, 도덕경)

침묵은 결코 배신하지 않는 진정한 친구이다. (공자)

더 조용해질수록 더 많이 들을 수 있다. (바바 램 다스, 현대 미국의 영적 스승)

비언어적 커뮤니케이션으로서의 시간, 장소, 공간

6.3 시간, 장소, 공간이 의미를 창출하는 방법을 설명해보자.

비언어적 커뮤니케이션의 기능과 형태는 신체적 특징, 목소리 톤, 움직임의 경계를 넘어 확장된다. 이 단원에서는 시간, 장소, 공간이 세 가지 중요한 맥락에서 비언어적 커뮤니케이션에 어떤 영향을 미치는지 살펴본다.

시간

제3장 "문화 적응"에서 우리는 다른 문화권 사람들이 목표를 달성하는 방법과 시기에 초점을 맞춘 시간 지향성의 문화 차원을 단기 지향성과 장기 지향성으로 소개했다. 단기 지향성을 지닌 사람들은 시간이 중요하기 때문에 일정대로 진행되기를 원한다. 이는 방해를 묵인하고 즉각적인 성과보다 미래를 바라보는 장기 지향형 사람들에게는 짜증 나는 일일 수도 있다.

많은 연구자들이 우리가 시간을 어떻게 사용하고 반응하는지 연구하지만 이에 대한 하나의 규칙을 세우는 것은 어려운 일이다. 예를 들어 면접에 늦는 것은 용납할 수 없지만 비공식 파티에는 늦을 수 있다. 일부 연구에 따르면 대부분의 미국 학생들은 수업이 시작되고 나서 교실로 들어가는 학생들이 수업에 방해가 된다고 여긴다.[58] 주의를 기울이고 다른 사람들의 비언어적 행동을 관찰함으로써 시간과 시간 엄수에 대한 태도가 무엇인지를 배우고, 그것을 자신과 비교하고, 그 차이를 이해하고 존중하며 적응하기 위해 최선을 다해야 한다.

장소

집에서처럼 교실에서 행동하는가? 아마도 그렇지 않을 것이다. 커뮤니케이션하는 장소는 비언어적 커뮤니케이션에 영향을 미치는 것 이상의 역할을 한다. 장소 또한 비언어적 커뮤니케이션의 한 형태이다. 다시 말해, 환경적 특성은 메시지를 전달할 수 있다. 예를 들어 정리되지 않은 서류들, 쾌쾌한 냄새, 불편한 의

비언어적 상황의 환경 분석 차원

환경적 기능	커뮤니케이션 차원	
형식	비공식 ◄─────────────► 공식	
분위기	편안한 ◄─────────────► 불편한	
사생활	공개적 ◄─────────────► 사적인	
친밀성	특별한 ◄─────────────► 친숙한	
예측 가능성	일시적 ◄─────────────► 정기적	
신체적 거리	가까운 ◄─────────────► 먼	

자, 보기 싫은 오렌지색 벽지가 있는 사무실은 그 주인에 대해 부정적인 인상을 줄 수 있다. 또한 그 공간에서 얼마나 편안하게 상호작용할 수 있는지에 영향을 미친다. 가구 배치, 조명, 색상, 온도, 냄새와 같은 환경 요소로 커뮤니케이션할 수 있다.

대부분의 환경은 목적을 염두에 두고 설계된다. 고급 레스토랑은 손님들의 사생활을 보장하기 위해 어느 정도 거리를 두고 테이블을 배치한다. 레스토랑의 분위기는 편안하고 조용하며 맛있는 음식을 맛볼 수 있다. 이는 패스트푸드점의 환경과 어떻게 다른가?

위의 표는 다른 비언어적 환경에서 어떻게 행동할 것인지에

영향을 미치는 마크 냅(Mark Knapp)의 여섯 가지 비언어적 차원을 나타낸 것이다. 예를 들어 주별 직원 회의는 비공식적이고, 편안하고, 보통 사적이고, 친숙하며, 정기적으로 예정되어 있고, 사람들이 신체적으로 서로 가까운 공간에서 개최된다. 하지만 법정 재판은 좀 더 공식적이고, 불편하고, 공개적이거나 사적이며(개인의 역할에 따라), 특별하고, 일시적이고, 사람들과 신체적으로 더 멀리 떨어져 있는 자신을 발견할 수 있다.[59]

대부분의 비언어적 맥락에서 여섯 가지 차원 모두에 대해 질문할 수 있다. 예를 들어 현재의 환경이나 교실을 생각해보자. 여섯 가지 차원에 따라 환경을 어떻게 평가할 수 있는가? 이제 다른 환경을 고려해보자. 두 가지 환경이 같은 목적을 위해 설계된 경우 유사한 '평가'를 받을 것이다. 그렇지 않은 경우에는 각 상황에서 상당히 다른 방식으로 커뮤니케이션하게 될 것이다.[60]

공간

우리가 공간과 거리를 주장하고 사용하며 해석하는 방법은 비언어적 커뮤니케이션의 중요한 차원이다.

비언어적 용어인 **영역성**(territoriality)이란 특정 공간에서 느끼는 개인 소유의 감각을 의미한다. 예를 들어 대부분의 교실 학생들은 매일 같은 공간에 앉아있다. 교실로 들어갔을 때 내 자리

홀의 네 가지 공간 거리

영역	거리	목적 및 상황	커뮤니케이션 특징
친밀한 거리	45cm 이내의 거리	사랑, 위로, 보호, 싸움	최소한의 이야기, 서로 냄새를 맡고 만질 수 있음, 적은 눈 맞춤
개인적 거리	45~120cm 이내의 거리	친한 친구, 지인들과의 대화	접촉 가능, 더 많은 눈 맞춤과 세부 정보를 볼 수 있음
사회적 거리	120~360cm 이내의 거리	개인과 상관없는, 비즈니스 상황, 사교모임	더 공식적인 음색, 세부 정보는 덜 보임, 눈 맞춤 가능성
공적 거리	360cm 이상의 거리	강의, 콘서트, 연극, 강연, 행사	미묘한 세부 정보는 없음, 명백한 사항만 확인

10대의 뇌

수십 년 동안 부모, 교사, 심리학자들은 "청소년기에 아이들이 왜 약간 이상해지는지에 대해 '호르몬!' 때문이라고 답해왔다."[61] 과학자들은 이제 호르몬은 대답의 일부일 뿐이라고 주장한다.

신경심리학자 데버라 유젠토드(Deborah Yurgelun-Todd)와 동료들은 비언어적 감정 정보를 처리할 때 10대의 뇌가 성인 뇌와 다르게 작동함을 발견했다.[62] 이 연구에 대해 더 자세히 설명하기 전에 옆의 사진을 살펴보자. 얼굴에서 어떤 감정이 보이는가?

대답은 두려움이다. 이 사진을 본 대부분의 성인이 이 감정을 정확하게 추측했지만 청소년은 50%만이 올바르게 추측했다. 많은 청소년들은 사진의 감정을 충격, 혼란, 슬픔으로 나타냈다.[63] 10대와 성인이 감정을 확인하기 위해 두뇌의 다른 부분을 사용한다는 것이 밝혀진 것이다.

이 연구의 결과는 모든 연령층의 커뮤니케이션에 중요하다. 10대들이 감정에 무관심한 것으로 보이지만 실제로 감정을, 특히 성인의 얼굴에 표현된 감정을 정확하게 인식할 수 없다는 것을 의미한다. 유젠토드 박사에 의하면 10대는 분노가 없을 때 분노를 보고 슬픔이 없을 때 슬픔을 본다. 그것이 사실이라면 분명히 10대들의 행동은 성인의 행동과 일치하지 않을 것이다. 이것은 성인들이 느끼고 있는 감정이라고 생각하는 것뿐만 아니라 반응해야 한다는 점에서 잘못된 커뮤니케이션을 초래한다.

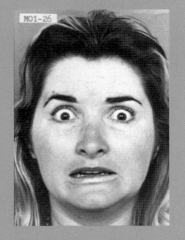

제2장 "자기 이해"에서 필자는 자기 감시가 자신과 타인의 감정을 확인하는 데 얼마나 효과적인지, 특히 비언어적으로 표현할 때 얼마나 도움이 되는지 설명한 바 있다. 자기 감시에 능숙한 사람들은 다른 사람들을 예리하게 관찰한다. 얼굴 표정, 신체 언어, 목소리 톤의 의미를 정확하게 해석하고 이후 그에 대한 적절한 반응을 보인다. 10대의 뇌에 대한 연구는 왜 우리가 자기 감시 기술을 개발하고 학습하기 위해 신체적으로 '성숙'해야 하는지를 이해하는 데 도움을 준다.

에 앉아있는 다른 사람을 발견했다면, 자신의 영역이 침해당했다고 느낄 수 있다. 영역의 소유는 영역을 **표식**(marker)하는 대상에 의해 지정된다. 의자 위에 코트나 테이블 위에 책을 놓으면 그 좌석을 차지하거나 지정했다는 것을 분명히 알릴 수 있다.

미국의 문화인류학자 에드워드 홀(Edward T. Hall)은 숨겨진 차원(The Hidden Dimension)에서 사람들이 문화의 한 기능으로서 공간을 사용하는 방식, 즉 인간이 공간을 구조화하고 사용하는 방식에 문화가 영향을 미치는 **공간학**(proxemics)이라는 용어를 사용해 설명한다. 홀은 각자 가지고 다니는 개인의 휴대용 '공기 방울'이 있다고 생각한다. 이 개인적 공간은 문화적으로 결정된다. 예를 들어 혼잡함에 익숙한 일본인에게 주변 공간은 작다. 반면 북미인들은 편안함을 느끼기 위해 '넓은 열린 공간'이 필요하다.[64]

105쪽 아래에 있는 표에서와 같이 홀은 보통의 미국인들이 **친밀한 거리**(intimate distance), **개인적 거리**(personal distance), **사회적 거리**(social distance), **공적 거리**(public distance) 등 네 가지 공간 영역(혹은 공간 거리)에서 상호작용한다고 설명한다.[65]

당연한 일이지만, 우리는 관계가 더욱 개인화되어 갈수록 자신과 다른 사람들 사이의 거리를 줄인다. 친밀한 거리는 보통 애정과 신체 접촉이 증가된다. 거리는 대부분의 상황에 따라 혼합적으로 나타난다. 직장에서 좋은 친구와는 개인적 거리를 유지하는 것이 편안할 수 있지만 다른 동료와는 사회적 거리를 두는 것이 좋다.

비언어적 커뮤니케이션 역량의 향상

6.4 효과적인 비언어적 커뮤니케이션 전략과 기술을 연습해보자.

대부분의 사람들은 다른 사람을 모방하고 주의를 기울이고 피드백에 적응함으로써 비언어적으로 커뮤니케이션을 배운다. 따라서 누군가 특정 비언어적 행동에 긍정적으로 반응하면 우리는 그것을 계속 사용하려 할 것이다. 부정적인 반응이었다면 다음에 더 효과적인 행동을 선택하려 할 것이다. 훈련과 실습을 통해 보다 효과적인 비언어적 커뮤니케이션 기술을 개발할 수 있다.

타인 지향형으로 행동하기

타인 지향형(other-oriented) 사람들은 효과적으로 자기를 감시하고 다른 사람들에게 민감하다. 진지하고 전적으로 주의를 기울이고 진정한 관심을 느끼며 다른 커뮤니케이터의 요구에 집중한다. 예를 들어 전화 통화 중에 듣고 있는 말 이상으로 친구의 목소리가 무엇을 전달하는지 여부를 확인한다. 직접 대화 중에는 비언어적인 메시지에 대해 관찰하고 '듣는다'. 즉, 듣는 동안 보일 것이다. 오감을 많이 사용할수록 더 많은 비언어적 단서가 나타난다.

사람들이 커뮤니케이션하는 동안 자기 자신을 관찰하는 것처럼 다음과 같이 질문해보자.

- 그들의 비언어적 행동은 말하는 것을 반복, 보완, 강조, 조정, 대체하는가, 아니면 언어적 메시지를 부인하는가?
- 상징, 지시, 응용의 제스처 사용은 그들의 메시지의 의미에 어떤 영향을 미치는가?
- 얼굴 표정이 그들의 생각과 감정을 위장, 중화, 강화, 완화시키는가?
- 그들은 눈을 마주치는가, 아니면 피하는가?
- 그들은 거짓말이나 기만적인 커뮤니케이션에 대한 노출된 신호를 보이는가?
- 그들은 나의 시간 지향적 사고를 무시하는가, 아니면 수용하는가?
- 그들은 내가 다른 사람들과의 친밀하고, 개인적이며, 사회적이거나 공적인 거리를 적절하게 사용하는가?

머리를 끄덕이고 앞으로 몸을 기울여 직접 눈을 마주치는 행위는 다른 사람에게 주의를 기울이고 관심을 표시하는 비언어적 단서의 일부이다. 비언어적 피드백은 상대방으로 하여금 메시지에 대한 반응을 감지할 수 있게 한다. 예를 들어 상대방의 비언어적 행동을 이해하지 못하거나 말하는 것에 동의하지 않는다고 하면 상대방은 정보를 분명히 하거나 더 나은 논쟁을 시도하려고 할 것이다.

듣는 동안 비언어적 행동의 의미를 해석하는 데 어려움을 겪는다면 도움을 요청해보자. 메시지를 이해한 대로 설명해보자. 누군가가 웃으면서 비극적인 사건에 대해 이야기하면 "이 일로 별로 화가 난 것 같지 않아. 혹시 그 미소는 긴장감의 표시인 거야?"라고 물어본다. 누군가와의 만남을 준비하는 데 문제가 있다고 느낀다면 상대방에게 물어본다. "너는 나를 피하는 것 같아. 아니면 나만의 착각인 걸까?" 제7장 "대인관계의 이해"에서는 언어적·비언어적 메시지의 의미를 이해하기 위한 몇 가지 기술에 대해 논의할 것이다.

**듣는 동안 상대방을 바라봐야 할 뿐만
아니라 듣고 있다는 것을 보여줘야만 한다.**

즉각적인 전략 사용하기

일반적으로 우리는 차갑고 비우호적이며 적대적인 사람들을 피한다. 마찬가지로 더 편하게 느끼고 따뜻하고 친근한 사람들에게 접근하고자 한다. **즉각성**(immediacy)은 사람이 더 개방적이고, 호감을 느끼며, 가까이 다가갈 수 있는 정도이다.[66] 우리가 어떻게 보이고 움직이는가에 더하여, 즉각성은 접촉, 목소리 표현, 신체적 친밀감과 같은 비언어적 단서뿐만 아니라 개방적이고 호감

있고 친근한 태도를 전달하는 메시지 형태의 언어적 단서도 포함한다.

환자들은 신체의 '자세, 시선, 표정, 제스처, 접촉' 등을 통해 즉각적인 커뮤니케이션을 하는 의료진에게 더 잘 대응한다.[67] 의사들에 대해 생각해보자. 다음 연구 결과에 동의하는가? 의사가 비언어적으로 즉각적인 행동을 더 많이 보일 때, 환자는 의사를 더 신뢰하고, 증상과 걱정거리에 대해 이야기하고, 의사가 말하는 것을 이해하고 기억하며, 의학적 조언에 따르고, 더 동기 부여받고, 의사의 상담에 더 만족할 가능성이 높다.[68] 흥미로운 것은 의사들이 '새로운 의료보험제도 규칙에 따라 환자 만족도 점수가 낮으면 그만큼 많은 돈을 지급받지 못하기 때문에' 즉각적인 전략을 의욕적으로 사용한다는 것이다.[69]

또 다른 연구에서는 이메일이 학생-교사 간의 강력한 유대 관계를 형성할 수 있는지에 중점을 두었다. 교수가 보낸 이메일 메시지가 직접적이라고 믿었던 학생은 학생-교사 관계에서 미래의 보상을 인식할 가능성이 더 크다. 온라인상에서의 즉각적인 전략은 "웃는 얼굴과 같은 이모티콘 사용, 교수 이름을 직접 서명, 수업을 참조할 때 '우리'와 같은 대명사의 사용, 학생과의 반응 및 추가적인 상호작용 유도 등 다양하게 나타난다."[70]

다양한 비언어적 행동은 즉각적 행동을 조장할 수 있다.[71] 깔끔하고 깨끗하며 상쾌한 냄새가 나는 사람들은 더럽고 지저분하며 냄새나는 사람보다 더 쉽게 접근할 수 있다. 우리가 좋아하고 접근하기 쉬운 것으로 인식되는 정도는 미소와 찡그림의 차이일 수도 있고, 다른 사람과 떨어져 있는 것보다는 가까이 기대어있는 것, 직접 눈을 마주 보거나 멀리 보는 것, 긴장한 자세보다 편안한 자세, 평이한 목소리 톤보다 활기찬 목소리 톤의 차이일 수도 있다.

"교사들의 전반적인 효율성에 가장 중요한 요인은 즉각성이다."[72] 지금까지 경험한 교사들 중 가장 효과적이고 효과적이지 않은 교사와 그들이 비언어적으로 즉각적 행동을 어느 정도까지 보여주었는지에 대해 생각해보자.

- 한결같고 정확한 시선
- 따뜻한 목소리
- 공감의 고개 끄덕임
- 다양한 손동작 표현
- 미소
- 적절하고 자연스러운 몸짓
- 각양각색의 목소리
- 직접적인 눈 맞춤
- 편안한 자세
- 친밀한 거리 유지[73]

친구나 가족과 집에 있든 동료와 직장에 있든 간에 상대방은 우리가 즉각적인 행동을 할 때 우리와 커뮤니케이션하고 싶어한다.

대화 기술 평가 척도[74]

브라이언 스피츠버그(Brian Spitzberg)의 대화 기술 평가 척도(Conversational Skills Rating Scale) 항목을 읽어보자. 면대면 대화에서 언어적 커뮤니케이션 설명 항목과 비언어적 커뮤니케이션 설명 항목을 확인하여 해당하는 것에 체크해보자. (대부분의 항목이 언어적이거나 비언어적 커뮤니케이션을 묘사하고 있지만, 일부는 두 가지 모두에 체크 표시를 할 수 있다.)

언어적 or 비언어적	커뮤니케이션 행위
_____ 언어적 _____ 비언어적	1. 말하기 속도(너무 느리거나 빠르지 않음)
_____ 언어적 _____ 비언어적	2. 말하기 유창함(일시 중지, 침묵, 빈번한 '어…' 사용)
_____ 언어적 _____ 비언어적	3. 목소리 자신감(너무 긴장/불안해하지 않고 지나치게 자신감 있게 들리지 않음)
_____ 언어적 _____ 비언어적	4. 발음(개별 소리와 단어의 정확성)
_____ 언어적 _____ 비언어적	5. 목소리 종류(지나치게 단조롭거나 극적이지 않음)
_____ 언어적 _____ 비언어적	6. 성량(너무 크거나 너무 작지 않음)
_____ 언어적 _____ 비언어적	7. 자세(너무 폐쇄적/공식적이거나 너무 개방적/비공식적이지 않음)
_____ 언어적 _____ 비언어적	8. 상대에게 기대기(너무 앞이나 지나치게 뒤로 가지 않음)
_____ 언어적 _____ 비언어적	9. 떨림이나 신경성 경련(눈에 띄거나 산만하지 않음)
_____ 언어적 _____ 비언어적	10. 무의미한 움직임(손가락, 발을 흔들고, 머리카락을 꼬는 동작)
_____ 언어적 _____ 비언어적	11. 얼굴 표현력(무표정하거나 과장되지 않음)
_____ 언어적 _____ 비언어적	12. 상대 발언에 대한 고개 끄덕이기
_____ 언어적 _____ 비언어적	13. 제스처를 통해 말하는 부분 강조하기
_____ 언어적 _____ 비언어적	14. 유머나 스토리텔링 사용하기
_____ 언어적 _____ 비언어적	15. 미소나 웃음 짓기
_____ 언어적 _____ 비언어적	16. 눈 마주치기
_____ 언어적 _____ 비언어적	17. 질문하기
_____ 언어적 _____ 비언어적	18. 상대방에 대해 말하기(대화 주제에 상대방 참여시키기)
_____ 언어적 _____ 비언어적	19. 자기에 대해 말하기(너무 많거나 적지도 않음)
_____ 언어적 _____ 비언어적	20. 격려나 동의하기(대화하는 상대방을 격려)
_____ 언어적 _____ 비언어적	21. 개인적인 의견 표현하기(너무 수동적이지도 너무 공격적이지도 않음)
_____ 언어적 _____ 비언어적	22. 새로운 주제로 전환하기
_____ 언어적 _____ 비언어적	23. 주제 및 후속 의견 유지하기
_____ 언어적 _____ 비언어적	24. 상대를 방해하기
_____ 언어적 _____ 비언어적	25. 상대방에 대해 말하는 시간 늘리기

평가가 끝나면, '언어적'에 체크한 항목의 수와 '비언어적'에 체크한 항목 수를 더한다. 어떤 쪽을 더 많이 체크하였는가? 일상적인 상호작용에서 비언어적 커뮤니케이션의 역할에 대해 시사하는 바는 무엇인가? 누군가와 대화할 때 이러한 비언어적 커뮤니케이션 행위를 어느 정도 능숙하게 활용할 수 있는가?

비언어적 커뮤니케이션

6.1 비언어적 커뮤니케이션의 특성과 범위를 설명해보자.

- 비언어적 커뮤니케이션은 단어를 사용하지 않고 의미를 만들어내는 행동이다.
- 비언어적 커뮤니케이션을 통해 우리가 생성하는 의미의 60~70%를 전달한다.
- 좋은 인상을 주고, 감정을 표현하고, 관계를 정의하고, 권력과 영향력을 확립하고, 언어적 메시지를 해석하고, 기만과 속임수를 알아내기 위해 비언어적 커뮤니케이션을 사용한다.
- 비언어적 커뮤니케이션은 언어적 커뮤니케이션과 달리 더 설득력 있고 맥락이 매우 중요하며, 비공식적으로 덜 구조화되고 지속적으로 습득된다.
- 비언어적 행동이 언어적 메시지를 반복하고, 보완하고, 강조하고, 조정하고, 대체하고, 부인할 수 있다.
- 기대 위반 이론은 비언어적 행동에 대한 기대가 다른 사람과 상호작용하는 방법과 비언어적 메시지의 의미를 해석하는 방법에 중요한 영향을 미친다는 것을 보여준다.

비언어적 커뮤니케이션의 유형

6.2 신체적 특성과 움직임이 의미를 창출하는 방법을 설명해보자.

- 신체의 특성과 움직임에는 외모, 몸짓과 제스처, 접촉, 얼굴 표정, 시선, 목소리의 표현력 등을 포함한 많은 차원을 가지고 있다.
- 신체적 외모에는 매력, 의상과 액세서리, 문신, 헤어스타일 등과 같은 비언어적 요소가 포함된다.
- 손동작은 상징, 지시, 응용으로 분류할 수 있다.

- 얼굴 표정은 감정을 위장하고, 중화하고, 강화하고, 완화하는 특성이 있다.

비언어적 커뮤니케이션으로서의 시간, 장소, 공간

6.3 시간, 장소, 공간이 의미를 창출하는 방법을 설명해보자.

- 비언어적 커뮤니케이션 차원은 사건의 시기와 시간 사용에 대한 관점을 포함한다.
- 공간학은 사람들 간의 거리가 그들의 관계의 본질에 대한 정보를 어떻게 전달하는지에 대한 연구이다.
- 에드워드 홀의 친밀한 거리, 개인적 거리, 사회적 거리, 공적 거리 등 네 가지 공간의 거리는 문화적으로 결정된다.
- 비언어적 환경 차원에는 형식, 분위기, 사생활, 친밀성, 예측 가능성, 사람들과의 신체적 거리 등이 포함된다.

비언어적 커뮤니케이션 역량의 향상

6.4 효과적인 비언어적 커뮤니케이션 전략과 기술을 연습해보자.

- 다른 사람의 비언어적 행동을 관찰하

고 그 의미에 대한 해석을 확인하여 타인 지향형으로 행동해야 한다.
- 감정에 대한 10대들의 무관심은 감정을 정확하게 인식하지 못하는 것, 특히 성인의 얼굴에 표현된 감정을 정확하게 인식할 수 없다는 것이다.
- 눈 맞춤을 유지하고, 미소 짓고, 다양한 목소리와 적절한 몸짓을 사용하고, 가까운 신체적 거리를 유지하는 등 비언어적인 즉각적 전략은 다른 사람들과의 상호작용을 향상시킬 수 있다.

주요 용어

강화	비언어적 행동의 반복	응용
개인적 거리	비언어적 행동의 보완	이모티콘
공간학	비언어적 행동의 부인	접촉을 잘하는 사람
공적 거리	비언어적 행동의 조정	접촉을 피하는 사람
기대 위반 이론	사회적 거리	제스처
노출된 단서	상징	중화
단어 강세	성량	즉각성
메타 메시지	성조	지시
복합 메시지	속도	친밀한 거리
비언어적 커뮤니케이션	영역성	타인 지향형
비언어적 행동의 강조	완화	표식
비언어적 행동의 대체	위장	

연습문제

6.1 비언어적 커뮤니케이션의 특성과 범위를 설명해보자.

1 여기서 비언어적 커뮤니케이션은 단어를 사용하지 않고 의미를 생성하는 행동으로 정의한다. 다음 중 비언어적 커뮤니케이션의 사례가 아닌 것은 무엇인가?

   a. 이메일에 감정을 강조하기 위해 :-) 이모티콘을 사용하는 것

   b. 해외에 살고 있는 좋은 친구에게 온 옛날 편지를 읽는 것

   c. 파티에 가기 전에 향수를 뿌리는 것

   d. 부모님이 저녁 식사를 하러 오기 전에 꽃으로 장식하는 것

2 피오나는 남자 친구에 대해 말하지 않았지만 가족들은 피오나가 남자 친구에게 화가 나 있다는 것을 알 수 있었다. 다음 중 이러한 경험을 잘 설명하는 비언어적 특성은 무엇인가?

   a. 비언어적 커뮤니케이션은 더 설득력이 있다.

   b. 비언어적 커뮤니케이션은 매우 맥락적이다.

   c. 비언어적 커뮤니케이션은 비공식적으로 습득된다.

   d. 비언어적 커뮤니케이션은 덜 구조화되어 있다.

6.2 신체적 특성과 움직임이 의미를 창출하는 방법을 설명해보자.

3 동료 중 한 사람이 내가 원하던 승진을 했을 때 기분이 좋지 않았지만 미소를 지어 보였다. 여기서 '나'의 얼굴 표정에 사용한 기술은 다음 중 무엇인가?

   a. 위장

   b. 중화

   c. 강화

   d. 완화

4 말하는 사람이 기울임체로 표시된 단어에 강세를 둔다면 다음 중 "당신이 생각하는 것과 달리 나는 뉴저지에서 태어났어."를 의미하는 것은 무엇인가?.

   a. "*나*는 뉴저지에서 태어났어."

   b. "나는 뉴저지에서 태어*났어*."

   c. "나는 뉴저지에서 *태어*났어."

   d. "나는 *뉴저지*에서 태어났어."

6.3 시간, 장소, 공간이 의미를 창출하는 방법을 설명해보자.

5 인류학자 에드워드 홀에 따르면, 직장 동료나 학급 친구들은 얼마나 가까운 거리에 있는가?

   a. 0~45cm 이내의 거리

   b. 45~120cm 이내의 거리

   c. 120~360cm 이내의 거리

   d. 360cm 이상의 거리

6 다음의 비언어적인 손동작 중 지시의 예는 무엇인가?

   a. 엄지와 두 번째 손가락으로 원을 그리면 'OK'라는 표시이다.

   b. 머리카락이 얼마나 짧았는지를 설명하면서 엄지와 두 번째 손가락을 5cm 벌린 상태를 유지한다.

   c. 배우자의 밸런타인데이 선물을 잊었을 때 손바닥으로 얼굴을 가린다.

   d. 강사가 자신을 볼 수 있도록 수업시간에 손을 든다.

6.4 효과적인 비언어적 커뮤니케이션 전략과 기술을 연습해보자.

7 최근 연구에 따르면 비언어적인 감정 정보를 처리할 때 10대의 뇌가 성인 뇌와 다르게 작동하는 것으로 나타났다. 다음 중 이 연구의 결론은 무엇인가?

   a. 10대들은 심각하거나 슬픈 경우 그에 알맞은 의상을 입지 않는다.

   b. 10대들은 공공장소에서 다른 사람들과 적절한 거리를 유지하지 않는다.

   c. 10대들은 비언어적 감정 표현을 정확하게 구분하지 않는다.

   d. 10대들은 즉각성의 특징을 인식하지 못한다.

8 _____ 은(는) 상대방이 친근하고, 호감을 느끼게 하는 정도를 말한다.

   a. 타인 지향형

   b. 즉각성

   c. 소외

   d. 확인

정답 확인 : 355쪽

대인관계의 이해 7

2010년 영화 〈소셜 네트워크〉는 페이스북을 개발한 하버드대학교의 마크 저커버그에 대한 이야기이다. 이 영화를 보지 않았더라도 페이스북이 5억 명 규모의 가입자를 가지고 있고 저커버그가 역사상 최연소 억만장자가 되었다는 점을 알 수 있을 것이다.[1]

그러나 이 이야기에는 엄청난 아이러니가 있다. 페이스북은 우리가 친구를 사귀고 커뮤니케이션하는 데 도움을 주지만 저커버그는 둘 중 어느 쪽도 잘하지 못했다. 저커버그의 대인관계 능력은 그의 윤리적 행동만큼이나 좋지 않았다. 한 평론가는 저커버그를 영화에서 묘사된 대로 설명한다.

마크는 자신만의 세계에 존재한다. 그는 침대에서 막 나온 사람처럼 옷을 입었고 컴퓨터, 알고리즘 및 사용자 데이터베이스를 다루는 것에 비해 사람들과는 관계를 맺지 않았다. 그는 기껏해야 자신의 작품에 도움이 되거나, 최악의 경우 성가신 사람들을 찾는다. 그는 누구에게도 예의 바르게 말하지 않았고 아는 사람의 아픈 데를 꼬집는 언어 능력을 가지고 있다.[2]

이 이야기를 형편없는 커뮤니케이터도 억만장자가 될 수 있다는 것으로 받아들이면 안 된다. 오히려 이 이야기는 더 숙련되고 더 윤리적인 커뮤니케이터가 억만장자가 되어 마크 저커버그를 계속 괴롭히고 있는 개인적인 법적 문제를 피할 수 있었음을 알려준다.

뛰어난 기술 지능에도 불구하고 저커버그는 대인관계, 정서 지능의 혜택을 받았을 것이다. 이 장에서는 일상 대화에서 친구, 연인, 가족과의 긴밀한 관계에서 나타나는 여러 가지 대인 커뮤니케이션의 본질을 살펴본다. 또한 우리를 발전시키고 강화하고 유지관리하는 데 도움이 될 수 있는 커뮤니케이션 전략 및 기술을 소개한다.

대인관계의 이해

7.1 효과적인 대인 커뮤니케이션의 특성과 이점을 파악해보자.

궁정적이고 지속적인 관계를 형성하는 것은 인간 본능이다. 커뮤니케이션 학자 맬컴 파크스(Malcolm R. Parks)는 "우리 인간은 세포에 이르기까지 사회적 동물이다. 자연은 인간을 고귀한 외톨이로 만들지 못했다."라고 말한다.[3]

짝짓기를 할 때를 제외하고는 대부분의 삶을 혼자 보내는 일부 동물과 달리 우리는 우리 자신만으로는 살아남을 수 없다. 신생아와 유아는 포식자로부터 도망쳐 달릴 수 없다. 우리 조상들은 활과 화살이 나오기 훨씬 전에 수렵과 채집 관계를 맺어 총은 말할 것도 없이 홀로 사냥을 하도록 했다. 인간이 발전하고 현대적인 생존 수단을 개발했음에도 불구하고 한 가지는 항상 동일하게 유지되었다. 그것은 바로 대인관계의 필요성이다. 이 지구상에 있는 어떤 사람도 다른 사람들과의 접촉을 박탈당하면 생존하거나 살아남을 수 없다.

대인관계 개발은 "다른 활동이나 노력처럼 우리 삶에 의미와 목적을 부여한다."[4] 가까운 개인 관계에서 효과적인 커뮤니케이션 능력은 정신 건강과 신체 건강, 정체성과 행복, 사회 및 도덕적 발달, 스트레스와 불행, 삶의 질과 의미에 대처할 수 있도록 해준다.[5]

대인 커뮤니케이션과 관계 형성

대인 커뮤니케이션(interpersonal communication)은 제한된 수의 사람들이 보통 언어와 비언어적 메시지 두 가지를 사용하여 상호작용하고 의미를 생성하는 것이다. 이러한 상호작용은 일반적으로 정보 공유, 상호 목표 달성이나 관계 유지를 초래한다. 이 책에서 **관계**(relationship)라는 단어를 사용할 때, 다른 사람과의 지속적이고 의미 있는 애착과 연결을 말한다.

많은 종류의 대인관계가 있다. 아마도 우리가 알고 있는 사람들만큼 많을 것이다. 친구, 연인, 가족과의 친밀한 **개인적 관계**(personal relationships)를 맺고 있는 감정적인 연결과 약속 외에도 직장 기반의 관계도 있다. **직업적 관계**(professional relationships)는 목표를 달성하거나 업무를 수행하기 위해 함께 일하는 사람들과의 관계를 포함한다. 대부분의 관계는 이 두 범주로 분류된다. 가장 친한 친구는 직장 동료일 수도 있다.

의학 전문가들은 "관계와 신체 건강 사이의 연관성을 발견했다. 결혼을 하고, 가까운 가족과 친구가 있으며, 사회 단체 및 종교 단체에서 활동하는 풍부한 개인 네트워크를 가진 사람들은 질병으로부터 더 빨리 회복하고 더 오래 산다."

대니얼 골먼[6]

이 사진에는 어떤 종류의 관계가 나와있는가?

친밀한 개인적 관계와 건강한 결혼 생활의 가치와 결과를 연구한 존 고트먼(John Gottman)은 자신과 다른 사람들의 연구에서 도출한 몇 가지 결론을 제시한다.

- 좋은 친구가 있는 사람들은 보통 스트레스를 덜 받고 오래 산다.
- 장수는 유전적 요인보다 사람들의 가장 가까운 관계의 상태에 따라 결정된다.
- 좋은 결혼 생활을 하는 사람들은 그렇지 않은 사람들보다 더 오래 산다.
- 외로운 사람들은 친밀한 우정을 누리는 사람보다 5년 동안 모든 원인으로 사망할 확률이 2배나 더 높다.[7]

어떤 사람들은 고트먼이 우리가 더 오래 살기 위해 가능한 한 많은 친구(페이스북 '친구' 포함)를 만들고 (결혼하지 않았다면)

가능한 한 빨리 결혼할 것을 요구한다고 잘못 믿고 있다. 고트먼이 권장하는 것은 그것이 아니다. 오히려 그는 의미 있고 지속적인 개인적 관계가 행복하고 건강한 삶으로 이어진다고 주장한다. 양질의 관계는 그냥 만들어지지 않는다. 우리가 이런 일들을 실현시켜야 하고, 이러한 관계의 성공은 우리가 얼마나 잘 커뮤니케이션하는지에 달려있다.

대인관계의 필요성

우리는 여러 가지 이유로 대인관계를 형성한다. 한 가지 동기는 분명해야 한다. 우리는 다른 사람들과의 관계를 발전시킨다. 왜냐하면 우리는 그들에게 매력을 느끼기 때문이다. 대답하기 쉽지 않은 이유는 무엇인가? 왜 우리는 어떤 사람들에게 매력을 느끼고 다른 사람들에게는 조금도 끌리지 않는가? 육체적 매력만 고려한다고 하기 전에 다시 잘 생각해보자.

매개 커뮤니케이션 사례

얼마나 많은 친구가 필요한가?

어떤 사람들에게는 온라인 친구들과 추종자들의 네트워크를 구축하는 것이 강박 관념이 되었다. 다른 사람들은 이러한 유형의 소셜미디어를 피한다. 친구나 팔로워를 끌어들이지 못할 것이라고 걱정하기 때문이다. 빌 클린턴 전 대통령이 2013년 〈콜버트 리포트〉에 출연했을 때 자신은 트위터가 없음을 밝혔다. '친구가 없는 트위터보다 더 나쁜 것은 없기 때문에' 다소 자신이 없다고 말했다. 그러자 콜버트는 트위터 계정 @PrezBillyJeff를 만들고 클린턴에게 첫 번째 트윗을 요청했다. 〈콜버트 리포트〉가 방영된 지 1시간 만에 클린턴은 "2만 명의 팔로워가 생겼다."[8]

소셜미디어가 상호작용하고 추적할 수 있는 사람들과 우리를 연결한다는 약속을 이행한다는 데에는 의심의 여지가 없다. 그러나 소셜미디어에 대한 중독이나 온라인 관계에 대해 더욱더 집착하게 된다.

옥스퍼드대학교의 로빈 던바(Robin Dunbar) 교수는 동굴에 살았거나 유목민 생활을 한 인류 조상으로부터 21세기에 살고 있는 사람들까지 수 세기 동안의 사회 공동체를 연구해왔다. 그는 뇌의 일부가 "의식적 사고와 언어에 사용되어… 사교적인 관계 없이 150명의 친구를 관리하는 데 한계가 있다."라고 결론지었다.[9] 온라인상의 '친구'에 관해서 던바는 "온라인 '친구'는 진정한 친구로 간주되지 않는다."라고 덧붙였다. 그러나 그는 페이스북이

"그렇지만 오랜 기간의 장거리 우정을 유지하고 관리하는 데 도움이 된다."라고 인정했다.[10]

최근 소셜미디어 앱 패스(Path)는 던바의 150명의 친구 개념을 받아들였다. 2010년에 시작된 패스는 150명 이하의 친구로 소셜 네트워크 사용을 제한하는데, "사랑하는 사람들, 친한 친구, 가족을 염두에 두고 디자인되었다."[11] 한 평론가는 "고등학교 졸업 이후 보지 못했던 동창생들의 성가신 친구 요청을 받아들여야 하는 의무 없이 페이스북 친구 맺기(사교 기능)를 할 수 있게 되었다."라고 언급했다.[12] 패스의 이러한 매력을 의심할 수도 있지만 패스는 현재 1,200만 명 이상의 이용자를 보유하고 있다.[13]

소셜미디어 친구들의 숫자에 대한 집착이나 온라인 커뮤니케이션에 대한 중독은 "일상생

활을 방해하고 직장이나 학교에서의 일상적인 기능에 해를 끼친다."[14] 이 결론에 의문이 생기면 주위를 둘러보자. 어떤 형태로든 소셜미디어에 항상 접속해있는 사람들을 볼 수 있다. 머리를 숙이고 손가락으로 메시지를 보내고 화면을 스크롤한다. 그들은 주의 세상을 의식하지 못하는 것 같다. 그들에게 하드웨어와 온라인 접속을 못하게 하면 재앙으로 여길 것이다. 한 연구에 따르면 페이스북, 트위터 및 기타 소셜미디어를 그만두는 것은 금연이나 금주보다 더 어렵다고 한다. 또 다른 연구에서는 24시간 동안 소셜미디어에 대한 접근을 못하게 하자 학생들은 "화가 나고, 혼란스럽고, 짜증 나고, 불안하고, 긴장되고… (심지어) 우울하고 초조하고 피해망상까지 느꼈다."라고 말했다.[15]

때때로 사회적 이유("내 생각에 그녀는 내 친구들과 잘 어울릴 것 같아."), 육체적인 이유("그는 너무 좋아 보여!"), 그리고 업무상의 이유("버지니아와 짐은 위대한 지도자야. 나는 그들 중 누구와도 일하고 싶어.")로 다른 사람에게 끌린다.[16]

심리학자 윌리엄 슈츠(William Schutz)의 **대인관계 지향(FIRO) 이론**[Fundamental Interpersonal Relationship Orientation(FIRO) Theory]에서는 사람들이 기본적으로 대인관계의 욕구, 즉 소속, 통제, 애정 욕구를 충족시키기 위해 다른 사람들과 상호작용한다고 주장한다.[17]

소속 욕구(inclusion need)는 소속되고, 활동에 참여하고, 받아들여지고자 하는 욕망을 나타낸다. 소속 욕구가 충족될 때, 타인과 함께 있는 것을 즐긴다. 그러나 혼자 있는 것 또한 편안하다. 소속 욕구가 충족되지 않으면 자격이 없거나 저평가되었다고 느낀다. 결과적으로 뒤로 물러나서 외롭게 되거나 주의를 끌고 자신이 알고 있는 것에 대해 타인에게 인상을 남겨 보상받으려 한다.

통제 욕구(control need)는 유능하고 자신감이 있는지 여부를

슈츠의 대인관계 욕구
● 소속 욕구 : 소속, 참가, 관계, 관여, 관심, 주목 등
● 통제 욕구 : 리더십, 권력, 책임, 영향, 권한, 의사 결정 등
● 애정 욕구 : 개인적 유대, 지지, 개방, 배려, 따뜻함, 공감

나타낸다. 통제 욕구가 충족될 때 권력에 대해 아무런 문제가 없으며 타인에게 말하고 명령할 때 편안함을 느낄 수 있다. 통제 욕구가 충족되지 않으면 모든 것과 모든 사람을 통제하기 위해 사람을 극단적으로 만들 수 있다. 모든 사람을 수동적이고 순종적으로 만들 수 있다.

애정 욕구(affection need)는 다른 사람들이 좋아한다고 느끼는 욕망이다.[18] 애정 욕구가 충족될 때 친한 친구 관계와 친밀한 관계를 쉽게 발전시킬 수 있지만, 애정이 없는 상황에서도 충분히 안심한다. 애정 욕구가 충족되지 않을 때, 사람들은 좋아하지 않는 다른 사람들과 피상적인 관계만 맺거나 무관심에도 불구하고 모든 사람들과 친밀한 관계를 유지하기 위해 노력한다.

대화

7.2 대화 역량을 향상시키는 전략과 기술을 설명해보자.

대화의 가장 기본적인 형태로서 대인관계의 상호작용인 대화에 대해 살펴보자. **대화**(conversation)는 종종 비공식적인 상호작용으로 다른 사람과 대화 및 청취 역할을 교환한다. 대니얼 메너커(Daniel Menaker)는 저서 *A Good Talk*에서 대화는 모든 사람들이 만들어내는 위대한 중요성을 지닌 인간 예술이라고 서술한다.[19]

어느 날 전화상으로 친한 친구, 복도에 있는 동급생, 옆 책상의 동료 또는 방금 만난 사람과 대화할 수 있다. 대화는 장소 및 관계 유형에 따라 다르다. 예를 들어 다른 사람이 주변에 없거나 TV에서 챔피언십 경기가 끝날 때까지 절친한 친구와의 진지하고 사적인 대화를 기다릴 수 있다. 부부는 서로 매우 개인적인 문제를 논의할 수 있다. 하지만 방금 만난 사람과 많은 대화를 나누지는 않을 것이다.

> 우리는 주로 대화 중 비언어적인 행동을 통해 화제를 전환한다.

대화의 시작

자신을 소개하고 피상적인 정보를 공유하는 것은 모르는 사람과 대화를 시작하는 가장 확실한 방법이다. "나는 아매드야. 우리 가족과 나는 미시간주에서 휴가를 왔어." 다른 사람은 일반적으로 비슷한 정보를 제공하거나 공유한 내용을 보완하여 답한다. "나는 어렸을 때 여름에 미시간에 사는 사촌들을 방문한 적이 있

어." 대화를 여는 두 번째 방법은 간단한 질문을 하는 것이다. "이 영화에 대해 아는 것이 있나요?"

대화의 유지

대화를 계속 유지하는 가장 좋은 방법 중 하나는 **개방형 질문**(open-ended question)을 통해 구체적이거나 세부적인 답변을 유도하는 것이다. "피어슨 박사의 수업과 과제에 대해 어떻게 생각해?"라고 누군가는 관찰이나 의견을 공유하도록 유도한다. "이

스마트폰 에티켓

"소셜미디어의 가장 오래된 형태 중 하나는 전화이다. 사람과 사람 사이에 빠르고 저렴한 전화는 우리가 하는 일에 핵심적인 요소이다." 코리 허프(Cory Huff)는 'The Telephone Is Social Media'라는 글에서 위와 같이 적었다.[20] 오늘날의 전화기와 지난날의 전화기가 다른 점은 이것이 공공장소에서 사용할 수 있게 되었다는 것이다. 이 위치의 변화는 우리가 전화로 다른 사람들을 사용하고 관찰하는 방식을 변화시켰다.

휴대전화 에티켓은 수많은 신문 및 잡지 기사의 주제가 되어왔다. 누군가의 통화 내용을 듣도록 강요당하는 것만큼 짜증 나고 당황스러운 일은 없을 것이다.[21] 사람들이 그들의 배우자와 동료에게 불평하거나 남자 친구와 여자 친구가 그들의 강아지 사랑을 서로 표현하는 것을 들어봤을 것이다. 설문 조사에 따르면 대부분의 휴대전화 사용자는 공공장소에서 발생하는 큰 소리 또는 개인 전화가 부적절하다고 생각하였다. 그러나 "대다수는 이러한 전화 사용을 마음껏 하고 있다."[22]

스스로 당혹스럽게 되거나 근처 다른 사람들을 괴롭히지 않으려면 휴대전화로 이야기 할 때 몇 가지 간단한 규칙을 따르면 된다.[23]

- 회의, 가족모임, 수업 시간에 개인 전화나 문자 전송은 자제한다.
- 전화 통화할 때 다른 사람들과 적어도 약 3m 거리를 유지한다.
- 엘리베이터, 대기실, 버스, 기차와 같이 밀폐된 공공장소에서 휴대전화 통화를 자제한다.
- 도서관, 박물관, 극장, 레스토랑, 교회 등 공공장소에서 휴대전화 통화나 문자 전송은 안 좋은 매너이므로 피한다.

- 목소리를 줄인다. 바닥 쪽을 향해 말하면서 턱을 아래쪽으로 기울인다. 그렇게 하면 목소리가 멀리 전달되지 않는다.
- 운전, 식사, 쇼핑과 같은 일을 수행 중일 경우 휴대전화 통화나 문자 전송은 피한다.
- 면대면 대화, 다른 사람과의 대화 중에는 전화나 문자로 이야기하지 않는다.
- 진동 모드 및 음성 메시지와 같은 휴대폰의 여러 기능을 활용한다. 직장이나 교실로 들어오면 휴대전화를 진동으로 하거나 음성 메시지로 통화를 전환한다.

수업은 전공 과정에서 필요한가?"와 같이 **폐쇄형 질문**(closed-ended question)은 간단하고 직접적인 답변만 필요하며, 일반적으로 '예' 또는 '아니요'로 대답한다.

대화 중 질문에 대답할 때, 상대방에게 자신의 생각이나 경험에 대한 정보를 제공하는 답변을 한다. 대화를 잘 끌어가려면 두 사람의 헌신이 필요하다. 그러한 노력이 없다면 대화는 금방 어색한 침묵으로 바뀔 수 있다.

마지막으로 듣기와 말하기의 균형을 유지해야 한다. 성공적인 대화 기술을 가진 사람은 듣기와 말하기를 교대로 사용한다. 비언어적인 단서를 보면서 듣거나 말할 차례가 언제인지 알아보자. **말할 차례 단서**(turn-requesting cues)는 몸을 앞으로 기울이고, 눈을 직접 마주치며, 제스처를 시작하는 듯 손을 들어 올리는 것과 같이 말하고자 하는 욕구를 나타내는 언어적, 비언어적인 메시지이다. **들을 차례 단서**(turn-yielding cues)는 말하기 속도를 늦추고, 자세나 동작을 편안하게 하고, 몸을 약간 기울인 채로 발언을 마치고 듣기 위해 준비하고 있다는 신호를 나타내는 언어적, 비언어적인 메시지이다. 좋은 대화 기술을 가진 사람들은 대화의 방향을 전환시키는 단서에 민감하다.

효과적인 듣기는 일방적인 말하기보다는 진정한 대화를 촉진

한다. 제4장 "듣기"에서 듣기의 황금률을 소개한 바 있다. 이러한 규칙은 모든 대화에서 가장 중요하다.

대니얼 매너커는 대화의 당사자들은 "시끄럽거나 조용한 소리뿐만 아니라 무시하고 간과하는 것처럼 보이는 말에도 경청해야 한다. 이러한 관심은 아첨하는 것같이 보이지만, 우리와 대화하는 사람들에게 때로는 자신이 가지고 있는 것조차 몰랐다는 것을 깨닫게 해준다."라고 설명한다.[24] 제4장을 검토하여 대화 중에 듣고 보는 내용을 이해하고, 기억하고, 해석하고, 평가하는지 확인해보자.

대화의 종료

대화를 갑자기 끝내면 다른 사람에게 무례해 보일 수 있다. 화제가 완전히 고갈되거나, 누군가가 의자 모서리로 자리를 옮기거나, 일어섰거나, 시선을 돌리거나, 몸을 숙이거나 개인 소지품을 집어들 때, 자연스럽게 보이는 대화에서 공백을 찾아야 한다.[25] 모든 대화를 긍정적이고 정중한 분위기로 끝내야 한다. 그러나 상대방이 대화를 끝내려는 시도를 무시하는 경우 직접적이고 단호해야 한다. "대화를 짧게 하기 싫으니 계속 진행하시죠."

개인적 관계 강화

7.3 친구, 연인, 가족과의 관계 개선을 위한 구체적인 전략에 대해 논의해보자.

누구나 가족과 친구들, 교사와 학생, 직장 동료 및 서비스 제공 업체, 애인이나 배우자 등 특별한 사람과의 수많은 개인적 관계가 있다. 이 장과 책에서의 공간적 제약으로 인해 이러한 모든 관계를 상세하게 조사하지 못한다. 대신 우리는 친구, 연인, 가족 등 평생에 걸쳐 발전하는 가장 중요한 개인적 관계 세 가지에 초점을 맞춘다. 이들

의 뚜렷한 맥락과 중요성은 관계의 질을 향상시키고 오래 지속하기 위해 명확한 커뮤니케이션 전략과 기술을 필요로 한다.

친구 관계

모두에게 친한 친구가 있지만 모든 우정이 비슷하지는 않다. 다른 사람과 갖는 우정의 종류에는 몇 가지 요인이 영향을 미친다. 예를 들어 어린 자녀의 경우 친구는 단순히 장난감을 공유하고 놀 수 있는 사람이다. 이러한 활동이 없을 경우 우정도 마찬가지이다.[26]

청소년기와 청년기의 경우, 우리는 종종 가장 친한 친구와 지속적이고 친밀한 관계를 맺는다. 누군가를 깊이 아는 느낌이나 상태인 **친밀감**(intimacy)은 여러 형태로 나타난다. 예를 들어 대부분의 사랑하는 사람과의 육체적인 친밀감은 애정과 사랑을 표현하는 방법이다. 친구와 애인과의 친밀감은 감정적인(개인적인 생각과 느낌 공유), 지적인(공유 태도, 신념 및 관심사), 협업적인(공통 목표 공유 및 달성) 형태 등 다양한 형태를 취할 수 있다.[27]

친한 친구와는 개인적인 생각, 비밀, 희망 및 두려움을 공유하는 것이 좋음을 알지만, 그렇게 할 수 있는지 여부는 (1) 관계를 유지하는 방식으로 개인 정보를 공개하는 것, (2) 이러한 공개의 대부분은 평범하고 일상적인 문제에 집중된다는 것을 인식해야 한다. 그리고 (3) 부정적인 삶의 사건 및 심각한 개인적인 문제와 같은 일부 주제가 금기시된다는 점을 존중해야 한다.[28]

청소년기 후반과 성인기에 우리 대부분은 일을 하거나, 대학에 가거나, 결혼을 하고 가정을 꾸리기 위해 집을 떠난다. 새로운 직장, 새로운 생활 조건 또는 새로운 학업 환경에 적응하면서 새로운 우정을 발전시키는 일은 이중으로 타격을 받을 수도 있다. 청소년은 다른 연령대보다 친구를 사귈 수 있는 기회가 많지만 다른 어떤 삶의 단계 이상으로 가장 외로운 시기 중 하나이다.[29]

커뮤니케이션 & 문화

여자 친구와 남자 친구는 다르다

청소년기뿐만 아니라 청년기, 중장년기, 노년기 남자는 친밀감이 적고 복잡성이 적으며 동성 친구와의 접촉이 적다. 반대로 여성은 남성보다 장기간 동성 간 우정에 더 큰 연속성을 보고하고 이 친구들을 그들의 삶에서 중요한 것으로 간주한다. 한 흥미로운 연구 결과에 따르면 중년 및 고령자 전역에서 여성들은 종종 남편과 이야기하는 것보다 친구들과 이야기하는 것을 중요시한다고 한다.[30]

상호 간 확실한 대화는 많은 여성들이 생각하는 우정의 본질이자 핵심적인 특징이다. 반면 남성들의 우정은 공통의 관심사, 취미의 공유, 사교활동에 집중하는 경향이 있다. 윌리엄 롤린스(William Rawlins)는 자신의 저서 *Friendship Matters*에서 남자들 간의 우정은 "집에 페인트칠을 하고, 데크(집 후면에 마루처럼 앉아서 쉴 수 있게 만들어놓은 곳)를 완성하거나, 자동차를 세차하거나 수리하고, 포커를 하고, 음악을 연주하는 등 종종 성취하고자 하는 일에 맞춰져 있으며, 실용적인 일을 해결하기 위해 함께 시간을 보냈다는 것을 보여주려고 한다."라고 말한다.[31]

이러한 차이에도 불구하고, 성인 남성과 여성 모두 친밀한 우정을 상호 의존적이고, 포용적이고, 제한적이고, 신뢰하는 관계로 간주한다.

연인 관계

연인 관계를 개발하고 강화하는 방법을 배우는 것은 커뮤니케이션의 예술이자 기술이다. 연구자들은 사람은 다른 사람을 필요로 하며 이것을 인정할 수 있는 사람들이 운이 좋은 사람들임을 확인한다.

다른 사람에게 내가 '좋아한다'는 것을 어떻게 알릴 것인가? 상대방이 나를 좋아하는지 어떻게 알 수 있는가? 다른 사람을 사랑하는 과정은 **호감**을 생성하고 평가하는 것으로 시작되며, 이는 언어적 또는 비언어적 커뮤니케이션으로 전달될 수 있다. 제6장 "비언어적 커뮤니케이션"에서 우리는 즉각성이라는 개념을 도입했다. 눈 맞춤의 증가, 접촉, 더 가까이 서기, 앞으로 기울이기 등의 비언어적 단서는 사랑의 관심을 나타낼 수 있다. 구두로 관심을 표현할 때 대부분의 사람들은 직접적인 길을 택하지 않는다. 우리는 누군가에게 다가가 "너를 좋아해."라고 말하지 않고 대

연인 관계의 **단계**[32]

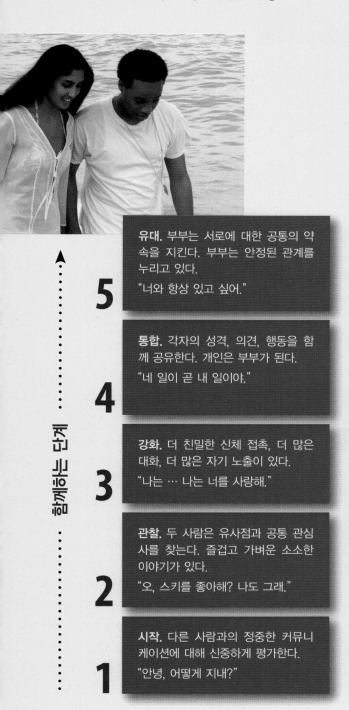

함께하는 단계

5 **유대.** 부부는 서로에 대한 공통의 약속을 지킨다. 부부는 안정된 관계를 누리고 있다.
"너와 항상 있고 싶어."

4 **통합.** 각자의 성격, 의견, 행동을 함께 공유한다. 개인은 부부가 된다.
"네 일이 곧 내 일이야."

3 **강화.** 더 친밀한 신체 접촉, 더 많은 대화, 더 많은 자기 노출이 있다.
"나는 … 나는 너를 사랑해."

2 **관찰.** 두 사람은 유사점과 공통 관심사를 찾는다. 즐겁고 가벼운 소소한 이야기가 있다.
"오, 스키를 좋아해? 나도 그래."

1 **시작.** 다른 사람과의 정중한 커뮤니케이션에 대해 신중하게 평가한다.
"안녕, 어떻게 지내?"

6 **차별화.** 사람은 각자가 뚜렷하고 성격이 다르다. '우리'와 '우리들'보다 '나'와 '당신'을 더 많이 사용한다. 더 많은 갈등이 있다.
"나는 큰 사교 모임을 좋아하지 않아."

7 **제한.** 커뮤니케이션이 감소한다. 개인적이고 중요한 주제는 더 이상 논의되지 않는다.
"여행 즐거웠어?"

8 **정체.** 커뮤니케이션이 종료된다. 더 많은 시간과 관심을 일과 다른 친구들에게 전념한다.
"얘기할 게 뭐야?"

9 **회피.** 함께 시간을 보내고 싶지 않다. 커뮤니케이션은 적대적이거나 비우호적이 될 수 있다.
"전화할 때 주변에 있지 않을 수도 있어."

10 **종료.** 심리적 및 물리적 장벽이 생긴다. 각자는 자기에 대해 더 염려한다.
"나는 너를 떠나니까 … 나에게 연락하려고 애쓰지 마."

헤어지는 단계

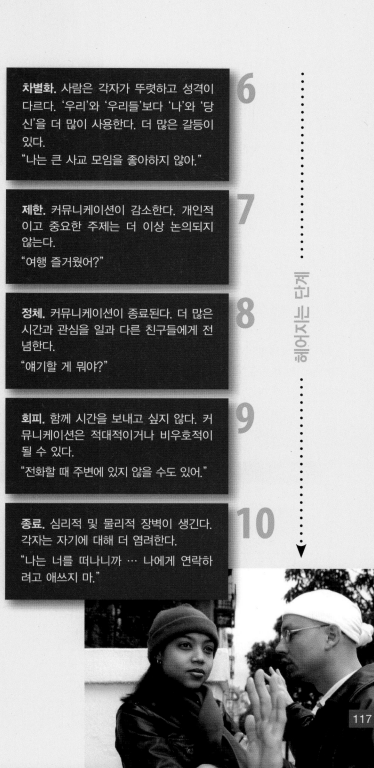

117

신 다른 사람을 사회 활동에 초대하는 것과 같은 더 미묘한 전략을 사용하는 경향이 있다. 다른 사람이 개인 정보를 공유하고 적절한 때에 우리 자신을 공유하도록 권장하는 질문을 해보자. 흥미롭고 역동적인 것으로 자신을 소개한다. 다른 사람에게 호의를 보이거나 돕고 취향, 관심사 및 태도의 유사점을 찾고 시범을 보인다.[33] 이러한 전략은 한 번에 하나씩 취해지며 중요하거나 낭만적인 것처럼 보이지 않을 수도 있지만, 결합되면 다른 사람이 그 관계가 더 가까워지고 미래 발전 가능성이 있음을 알게 된다.

연인 관계는 우연히 일어나지 않으며 마법처럼 나타나지도 않는다. 오히려 연인 관계를 시작, 발전, 유지, 강화하고 끝낸다. 커뮤니케이션학 학자 마크 냅(Mark Knapp)과 애니타 반겔리스티(Anita Vangelisti)는 이전 쪽에서 볼 수 있듯이 친밀한 관계에서 예측 가능한 열 가지 단계를 설명한다.[34] 이 모델은 남성-여성 간의 사랑하는 커플을 중심으로 하고 있지만, 동성 간의 관계는 물론 가까운 관계와 업무적인 관계에서도 중요하다. 냅과 반겔리스티는 관계에 대한 단계를 두 가지 주요 프로세스로 나눈다. 이전 쪽의 그림은 연인 관계에서 각 프로세스의 다섯 가지 상호작용 단계를 보여준다.

냅과 반겔리스티의 모델은 관계에서 각 단계의 표면만을 다룰 뿐이다. 상대방이 사교 모임을 좋아하지 않는다고 해서 서로의 관계가 멀어지게 되는 것은 아니다. "누군가와의 관계를 끝내는 것이 반드시 '나쁜 것'은 아니며, 누군가와 더 친밀해지는 것이

"다른 이와 사랑하는 관계에 있는 사람들은 호르몬이 더 안정적이고 더 건강하며 물론 행복하다."

리처드 레이어드,
영국 경제학자[35]

반드시 '좋은 것'은 아니다. 이 모델은 종종 일어날 일을 설명하는 것이지 반드시 무슨 일이 일어나야 하는 것은 아니다."[36]

가족 관계

얼마 전까지만 해도 이상적인 핵가족은 어머니, 아버지, 그들의 생물학적 자녀였다. 1960년 미국 가정의 약 45%가 핵가족이었다. 2010년 미국 인구 조사에 따르면 이 수치는 23%로 감소했다. 일부 주요 도시에서는 "10% 미만의 가정이 결혼한 부부와 자녀로 구성되어 있다. 볼티모어에서는 가정의 8.6%만이 핵가족이다."[37]

그렇다면 가족이란 무엇인가? 린 터너(Lynn Turner)와 리처드 웨스트(Richard West)는 가족 관계에 관한 책에서 가족(family)을 "가족 내에서의 상호작용과 다른 사람들과의 상호작용을 통해 스스로를 창조하고 유지하는 자아 정의의 집단"이라고 정의한다[38] 가족은 비자발적 관계(생물학적 부모를 선택할 수 없는 것)와 자발적 관계(배우자를 선택하는 것) 모두를 포함한다. 더 많은 가족 유형은 아래의 "가족의 유형" 표에 설명되어 있다.

우리 모두는 가족 커뮤니케이션 패턴을 이해하고 자신과 가족의 필요를 충족시키는 커뮤니케이션 전략 및 기술을 개발해야 하는 도전에 직면한다. 여기서 우리는 모든 유형의 가족에 영향을 미치는 두 가지 커뮤니케이션 변수, 즉 (1) 가족 역할과 규칙, (2) 육아 기술을 검토한다.

가족의 역할과 규칙 아이들이 '가족' 역할 놀이를 하는 것을 보면 어머니, 아버지, 아이들의 역할을 맡는다. 어린 나이에도 아이들은 특정 패턴의 행동과 기대가 각 가족 구성원의 특징임을 알게 된다.

가족 역할은 종종 가족 규범과 관련이 있다. 예를 들어 "아빠는 자동차가 문제가 생기면 해결해줘."라는 말은 규칙으로서 해석될 수 있으며, 이는 아빠의 역할이 차량을 관리하는 것이라는 것을 알 수 있다. 가족 간의 규칙은 맥락적이며 그것은 상황과 가족 문화에 따라 달라진다. 일부 문화권에서 딸은 부모가 결혼할 사람을 만나고 그녀의 선택을 승인할 때까지 데이트를 할 수

가족의 유형[39]

가족 유형	정의
핵가족	부부와 생물학적 자녀로 구성
대가족	생물학 : 가족에 조부모, 숙모, 삼촌, 사촌 등과 같은 친척이 포함 공동체 : 가족에 친한 친구를 포함
복합 가족	이혼 가정의 결합, 부부와 자녀(양 부모의 생물학적 자녀가 아님)
입양 가족	부부와 입양된 아동이 있는 가정
한부모 가족	1명의 성인과 자녀
게이나 레즈비언 가족	친밀한 관계에 있는 동일한 성별의 두 사람(생물학적 자녀 또는 입양된 자녀가 있을 수 있음)
부부 가족	함께 살고 있는 2명의 성인, 자녀가 없음
미혼모 가족	생물학적 자녀 또는 자녀가 있는 미혼 부부

부모는 정말 중요한가?

부모는 아이들이 가정 밖에서 행동하는 방식과 자라는 방식에 큰 변화를 주는가? 발달심리학자 주디스 해리스(Judith R. Harris)는 육아는 자녀의 성격, 지능, 정신 건강에 거의 영향을 미치지 않는다고 생각한다. 대신 아이들이 두 가지 다른 요인, 즉 유전적 요인과 주변 또래들에 의해 가장 영향을 받는다고 주장한다.[40] 해리스는 이민 가정 부모(영어를 잘 못하는 사람들)의 자녀들이 표준 영어를 빨리 배운다는 것을 지적한다. 친구들을 통해 말하고 소리 내는 것을 배우며 더 많은 영향을 받는다는 것이다.[41]

또래들은 교실, 공놀이, 파티에서 아이들이 어떻게 행동하고 어울리는지 보여준다. 아이들은 친구들에게 받아들여지기 위해 사회적 환경에서 특정 행동을 채택하며 이러한 행동은 성인이 되어서도 집 밖에서 계속 진행된다. 해리스는 부모님이 아니라 친구들을 비난한다.[42]

해리스의 연구에 대해 많은 의문을 제기하였고 심리학자, 커뮤니케이션 학자, 가족 구성원들 사이에서 상당한 논란과 논쟁을 불러일으켰다.[43]

예일대학교의 교수이자 두 딸의 어머니인 에이미 추아(Amy Chua)가 쓴 2011년 책 *타이거 마더(Battle Hymn of the Tiger Mother)*에 대해 생각해보자. 추아는 '중국인 어머니'라는 말을 '통제하고 우월하게 A급 아이로 키우기에 몰두하는' 의미로 사용했다.[44] 사람들은 추아가 딸에게 (엄마의 엄격한 시선 아래 몇 시간 동안 피아노, 바이올린을 연습하는 것이 아니라) 친구들과 문자 메시지를 보내거나 놀러 다니고, 밤새도록 잠을 자고, 다양한 옷을 입고 페이스북 페이지를 만드는 등의 어린 소녀들이 즐겁게 할 수 있는 모든 것을 빼앗았다고 비난했다.

뉴욕 *타임스* 칼럼니스트 데이비드 브룩스(David Brooks)는 추아의 딸들이 가족 집단을 넘어서서 신뢰할 수 있는 사람을 결정하고 비언어적 피드백을 정확히 해석하고 적절하게 대응해야 하는 것에 대해 배우지는 않지만 중요한 교훈을 얻었다고 말한다.[45] 즉, 그들은 커뮤니케이션 능력과 자신감을 가지고 대인관계를 맺는 법을 배우지 못했다.

최근에는 '헬리콥터 부모'라는 말까지 나온다. 이는 아이들의 주변을 맴돌며 친구들이 누구인지, 학교와 선생님이 얼마나 잘하는지 못하는지, 심지어 정확한 진단을 내리기 위해 의사들이 소중하고 유일한 자녀들을 충분히 알고 있는지 등 아이들의 모든 삶에 개입하는 부모를 말한다. 대학생들조차 '벨크로 부모'와 분리하는 데 어려움이 있는데 이들은 수업을 위해 자녀를 전화로 깨우거나 A 아닌 학점을 준 대학 교수에게 항의하고, 제출하기 전의 과제나 논문을 '검토'한다. 모든 부모는 자녀를 사랑하고 나름대로 최선을 다하려 한다. 일부 교육자와 심리학자들은 이러한 상황에 놓인 학생들은 '장기적 관점에서 실패'라고 본다. 왜냐하면 그들은 부모님이 성공을 보장하는 것 이외에 다른 어떤 다루는 방법을 아무것도 배우지 못했기 때문이다.[46]

어떻게 생각하는가? 부모님은 정말로 중요한가? 소꿉친구가 부모보다 다른 사람들과 어울리는 것에 대해 더 많이 가르쳤는가? 아마도 좋은 양육에 대한 정의는 그에 대한 대답보다 더 많은 질문이 있을 것이다.

없다. 다른 문화권에서는 조부모가 가족 중 가장 지혜로운 구성원으로 존경을 받으며 가족 중대사를 조언하고 결정한다.[47]

커뮤니케이션 규칙의 예를 통해 다음과 같이 가족을 특징지을 수 있다.

- 진실을 말한다.
- '부탁'과 '감사'의 말을 한다.
- 장난감을 물려준다.
- 부모님이나 조부모님 뒤에서 말하지 않는다.
- 자러 가기 전에 기도를 한다.[48]

가족 규칙은 가족 구성원이 가족 에피소드를 이해할 수 있게 하는 중요한 목적을 수행한다. 또한 가족 구성원이 서로의 행동을 이해하도록 도와준다. 일부 규칙이 불공정하거나 자의적으로 보일 수 있지만 가족이 스스로를 정의하고 유지할 수 있도록 도와준다.[49]

육아 기술　건강하고 서로를 지지하는 가정에서 부모는 자녀에게 사랑과 가치,

사회 기술을 전한다. 사회적으로 숙련된 어린이는 다른 사람의 감정을 이해하고 적절하게 반응하며, 대인관계 상황에서 자신의 행동이 다른 사람에게 어떤 영향을 미치는지 이해하고, 보다 효과적으로 커뮤니케이션하는 데 능숙하다.[50] 이러한 사회적 기술을 습득하기 위한 핵심 요소는 당연히 효과적인 커뮤니케이션이다. 최근 연구에 따르면 어린이의 "조기 학습에서 가장 중요한 요소는 말하기이다. 특히 출생 후 3세가 될 때까지 부모와 보호자가

말하는 언어에 노출이 클수록 더 좋다." 이상한 소리를 내더라도 "부모와 자식 간의 이야기는 매우 중요하다(스마트폰을 옆에 놓아두는 것이 아니다!)."[51] 분명히 "자녀가 3세가 되기 전에 부모와 보호자로부터 들었던 단어의 수가 많을수록 IQ가 높아지고 학교 생활도 잘하는 것으로 나타났다. 즉, TV 토크쇼는 도움이 되지 않았을 뿐만 아니라 오히려 해를 끼쳤다." 다시 말해 아이들이 어릴 때, 그들과 이야기하고, 이야기해야 한다.

자기 노출

7.4 자기 노출과 피드백의 정도가 어떻게 대인관계를 강화시킬 수 있는지 설명해보자.

관계를 의미 있게 발전시키기 위해서는 자기 자신을 다른 사람들과 공유하는 것이 필수적이다. 새로운 지인과 함께 가장 좋아하는 앱에 대해 이야기하거나 사랑하는 사람에게 가장 큰 두려움을 꺼내는 것 모두 개인적인 정보와 감정을 공유할 수 있어야 하고 기꺼이 그렇게 해야 한다.

자기 노출(self-disclosure)은 다른 사람들에게 알려지지 않은 개인 정보, 의견, 감정을 공유하는 과정이다. 그렇다고 해서 만나는 모든 사람에게 인생의 가장 세밀한 부분까지 밝혀야 한다는 것은 아니다. 오히려 다른 사람의 태도, 신념, 가치를 이해하고 적응함으로써 공유가 적절한지 판단해야 한다.[52] 무엇을, 어디서, 언제, 어떻게, 누구와 함께 자기 노출을 할 것인지 결정하는 것은 개인적 관계에서 직면하는 가장 어려운 커뮤니케이션 문제 중 하나이다.

조해리의 창 모델

미국 심리학자 조셉 러프트(Joseph Luft)와 해링턴 잉엄(Harrington Ingham)은 자기 노출과 피드백 간의 연결이 관계 발전과 성장에 어떻게 영향을 미치는지 이해할 수 있는 유용한 모델을 제시했다.[53] 이들은 **조해리의 창**(Johari Window, 이 모델을 고안한 두 학자의 이름을 조합한 것에서 유래) 모델을 사용한다.[54] 이 모델은 두 가지 대인관계의 커뮤니케이션 차원, 즉 자기 노출의 의지와 피드백의 수용성을 살펴본다. 자기 노출의 의지는 다른 사람들에게 개인 정보와 감정을 공개할 준비가 되어있는지에 대한 정도를 나타낸다. 피드백의 수용성은 다른 사람의 자기 노출에 대한 지각, 해석, 반응을 나타낸다.[55] 이 두 차원을 그래프로 표시하면 다음 쪽에 나타난 것처럼 4개의 창으로 그려진다. 각 창은 다른 의미를 가지며 각각 크기가 다를 수 있다.

고통스럽고 위험할 수 있지만, 감정적인 위험성이 높을 때 자기 노출은 중요한 방식으로 관계에 이익을 가져다 줄 수 있다.

서로 다른 4개의 창 조해리의 창에서 **공개된 영역**(open area)은 다른 사람들과 공유하고자 하는 정보는 물론 다른 사람들의 피드백을 정확하게 해석하여 자신에 대해 배운 정보가 포함되어 있다. 예를 들어 새로운 동료들에게 당황스럽지만 재미있는 개인적인 이야기를 하는 것이 괜찮을까 궁금해한다고 가정해보자. 위험을 감수하기로 결정했다. 듣는 사람들이 웃으면서 재미를 느끼는 것을 보고 두 가지를 배웠다. 개인적인 이야기를 이 집단과 공유하는 것이 안전하고 실제 내가 재미있다는 사실이다.

감추는 영역(hidden area)은 자신에 대해 알고 있는 정보("나는 그 사람에게 매력을 느낀다.", "나는 체포된 적이 있다.")를 포함하지만 아직 다른 사람들과 공유하고자 하는 의사가 없는 개인적인 자기 모습을 나타낸다. 감추는 영역에는 개인의 비밀이 있다. 어떤 사람들은 이 영역에 많은 개인 정보를 보유하고 있어서 개인 정보가 공유되면 개인적 관계와 호감도를 개선시킬 수 있다.

맹목적 영역(blind area)에는 다른 사람들이 자신에 대해 알고 있는 정보가 들어있지만 다

른 사람의 피드백을 주의 깊게 읽거나 제대로 해석하지 않기 때문에 스스로에 대해 자신은 알지 못한다. 누군가 자신의 행동에 대해 비난하거나 칭찬을 받고 싶어 하는 것을 알지 못한다면, 그 사람과 긴밀한 관계를 발전시키거나 유지할 수 없다.

미지의 영역(unknown area)에는 자신도 다른 사람들도 모르는 정보가 있다. 예를 들어 자신이 글쓰기에 소질이 없다고 생각해서 그동안 직장에서 글쓰기를 꺼려왔다고 가정해보자. 그런데 흥미로운 프로젝트를 동료들과 함께 수행하면서 대부분 자신이 글쓰기를 담당했다. 시간이 지나면서 동료들이 자신의 글쓰기 능력을 인정하고 감사하게 된다. 이러한 자신에 대한 '발견'은 이제 미지의 영역에서 공개된 영역으로 이동한다.

피드백의 수용성

자신이 앎	자신이 모름
공개된 영역	맹목적 영역
감추는 영역	미지의 영역

타인이 앎 / 타인이 모름 (자기 노출의 의지)

조해리의 창[56]

다양한 크기의 영역　자기 노출의 의지와 피드백의 수용성에 따라 조해리의 창에 있는 4개의 창의 크기가 달라진다. 이것은 매우 보기 드물지만, 자기 인식 수준을 반영하는 데 좋다. 관계가 형성되면 더 많이 공개해야 한다. 그러면 공개된 영역이 확대되고 감추는 영역의 정보가 줄어든다. 피드백에 대해 보다 능숙해지면 맹목적 영역을 줄이고 공개된 영역을 확대한다.[57] 그리고 공개된 영역이 확장되면 미지의 영역은 더 작아진다.

효과적인 자기 노출의 의지와 피드백의 수용성은 자기 인식과 개인적 관계에 전반적인 질적 향상을 가져온다. 사회적 침투 이론(다음 쪽 참조)과 조해리의 창 모델은 자신을 적절하게 표현하고 다른 사람들과의 관계를 강화, 유지하는 데 필요한 구체적인

커뮤니케이션 전략과 기술에 중점을 둔다.

효과적인 자기 노출

자기 노출은 자신과 경험에 대한 관련 정보를 공유하면서 우리 자신이 상황에 어떻게 반응하는지 보여준다. 성공적인 자기 노출은 단독적으로 하는 활동이 아니다. 상대방이 자기 노출을 하지 않거나 자기 노출에 대해 반응하지 않으면 우리는 그 관계를 다시 생각해보거나 생각과 감정을 공유하는 것을 멈추고 싶을 것이다.[58]

효과적인 피드백

효과적인 대인 커뮤니케이션은 다른 사람들에게 피드백을 제공하고 요청하는 것에 의존한다. 언제 어디서 피드백을 제공하든 위협이나 부담을 줘서는 안 된다. 동시에 우리가 한 번에 이해하고 처리할 것이 너무 많다는 것을 기억해야 한다. 너무 많은 개인 정보는 듣는 사람을 압도하고 과부하시킬 수 있다.

방어 메시지와 지지 메시지

1961년 잭 깁(Jack Gibb)은 커뮤니케이션에 방어하거나 지지하는 분위기를 만드는 6쌍의 행동을 확인했다.[59] **방어 행동**(defensive behavior)은 우리가 누군가에 의해 신체적이나 언어적으로 공격을 받을 때 자신을 보호하려는 본능을 보이는 것이다. 이러한 반응은 자연스럽지만 상호적인 자기 노출을 막을 수도 있다. 반면 **지지 행동**(supportive behavior)은 자기 노출과 피드백에 대한 반응이 양 당사자 모두에게 좋은 분위기를 조성한다.

효과적인 자기 노출 전략

전략	근거
과거가 아닌 현재에 초점을 맞춘다.	과거의 문제에 집착하는 것은 누구를 돕거나 깨우칠 수 없다.
판단력이 아닌 설명력이 있어야 한다.	누군가의 행동을 비판하는 것은 적대적인 주장으로 이어질 수 있다.
사실뿐만 아니라 자신의 감정도 드러낸다.	무슨 일이 일어나고 있는지, 어떻게 느끼는지 설명하면서 당신의 반응을 명확히 하고 정당화한다.
사람과 맥락에 맞춰야 한다.	잘못된 시간에 잘못된 사람에게 친밀한 개인 정보를 공개하는 것은 아무에게도 도움이 되지 않는다.
다른 사람들의 반응을 세심히 살펴야 한다.	다른 사람의 반응이 극단적인 경우(분노, 울음, 히스테리 등)에는 자기 노출을 수정하거나 중단해야 한다.
자기 노출은 상호적이어야 한다.	다른 사람이 바로 대답하지 않으면 자기 노출을 수정하거나 중단하는 것이 낫다.
점차적으로 공개 수준을 높여간다.	다른 사람과 편안해지면 자기 노출의 폭, 깊이, 빈도를 늘려야 한다.

사회적 침투 이론

어윈 올트먼(Irwin Altman)과 달마스 테일러(Dalmas Taylor)가 제안한 **사회적 침투 이론**(Social Penetration Theory)은 개인이 피상적인 커뮤니케이션에서 더 깊고 친밀한 커뮤니케이션으로 이동하는 관계 형성 과정을 설명한다.[60] 올트먼과 테일러는 친밀한 관계를 발전시키는 과정은 양파 껍질을 벗기는 것과 비슷하다고 설명한다. 양파의 다층적 구조와 같이 바깥쪽은 자신에 대한 피상적이고 공개적인 정보를 나타낸다. 안쪽(핵심에 가장 가까운 쪽)은 친밀한 정보를 나타낸다.

사회적 침투 이론은 자기 노출이 깊이, 폭, 빈도라는 세 가지 상호 연결된 차원을 갖고 있다고 설명한다.[61] 깊은 자기 노출은 친밀한 것으로 양파의 핵심에 가깝다. 예를 들어 누군가에게 "당신은 괜찮아."라고 말하는 것과 "당신을 사랑해."라고 말하는 것과는 큰 차이가 있다. 폭넓은 자기 노출은 매우 개인적이거나 개인적이지 않은 많은 주제 영역을 포함한다. 취미와 직업에 관한 정보를 공유하는 것 외에도 가족과 종교에 대한 강한 믿음과 가치를 공유할 수도 있다. 당신의 관계의 깊이와 폭이 넓어짐에 따라 자기 노출은 더욱 빈번해진다. 예를 들어 개인의 비밀이나 감정의 발산을 불쑥 말하는 것은 자기 노출의 지속적인 패턴이 아니라면 이상하게 보일 수도 있다.

영화 〈슈렉〉은 사회적 침투 이론의 기본 전제를 담고 있다. 크고, 거칠고, 거무스름한 녹색 괴물인 슈렉과 그의 활동적인 친구 동키가 들판과 숲을 뛰어다닌다. 슈렉은 대부분의 사람들이 깨닫는 것보다 자신에게 더 많은 것이 있다는 것을 설명함으로써 동키를 일깨워주려고 한다.[62] 그는 스스로를 여러 층위를 가진 양파에 비교한다. 슈렉의 좋은 성격과 마음을 이해하기 위해서는 외형보다 더 깊이 들어가야만 한다.

사회적 침투 이론에서는 두 사람이 서로를 더 잘 알게 되면 공통의 이미지 계층 아래에 개인 정보, 감정, 경험이 드러나게 된다. 이러한 과정이 상호 간에 이뤄질 때 관계는 발전한다. 즉, 한 사람의 개방성은 다른 사람의 개방성으로 이어진다.

사회적 침투 과정

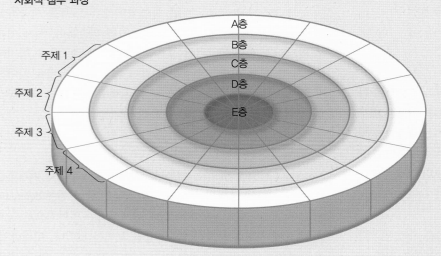

층위의 예

A층 : 가장 비개인적 계층(음악, 의류, 음식 선호)

B층 : 비개인적 계층(직업, 교육, 고향, 취미)

C층 : 중간 계층(종교적 신념, 사회적 태도, 정치적 견해)

D층 : 개인적 계층(개인 목표, 두려움, 희망, 비밀)

E층 : 가장 개인적 계층(핵심, 자아 개념)

주제의 예

주제 1 : 여가 활동

주제 2 : 경력

주제 3 : 가족

주제 4 : 건강

피드백 제공 및 요청 전략

- 사람이 아닌 행동에 초점을 맞춰라.
- 일반적이거나 추상적이 아닌 구체적으로 말하라.
- '당신' 중심의 말보다 '나' 중심의 말을 사용하라.
- 왜 말하고 행한 것인지가 아닌 무엇을 말한 것인지에 초점을 맞춰라.
- 과거의 행동이 아닌 현재의 행동에 초점을 맞춰라.
- 조언이 아닌 정보, 인식, 감정을 공유하라.
- 적절한 시간과 장소에서 피드백을 제공하라.
- 둘 다 바꿀 수 있는 행동에 초점을 맞춰라.[63]

최근의 연구와 마찬가지로, 필자는 김의 둘 중 하나라는 접근 방식에 대체로 동의하지 않는다. 김의 모델에서 짝을 이루고 있는 커뮤니케이션 행위는 반드시 '좋거나' '나쁜' 행동은 아니다. 예를 들어 중요하고 강한 개인적인 동기가 있을 때 전략적으로 행동할 수 있다. 전문 지식이 충분히 인정되고 중요한 결정을 내려야 할 때 확신을 가지고 행동할 수 있다. 그리고 그 문제가 자신이나 다른 사람에게 별로 중요하지 않으면 중립적으로 대응할 수 있다.[64]

방어 행동	지지 행동
평가. 다른 사람의 행동을 판단한다. 비판적인 진술을 한다. "샤론을 그렇게 모욕한 이유가 뭐야? 설명해봐!" "네가 한 짓은 끔찍했어."	**설명.** 다른 사람의 행동을 설명한다. 이해한다는 문장을 말한다. 나와 우리 중심의 언어를 사용한다. "네가 샤론에게 한 말을 듣고 우리는 정말 당황했어." "유감이야."
통제. 다른 사람에게 해결책을 제시한다. 상황을 통제하려고 한다. "내가 보고서를 작성하면 더 나아질 거야." "내가 휴가 비용을 지불했으니까 네가 좋아하는 스파보다 내가 좋아하는 리조트로 갈 거야."	**문제 지향.** 서로가 만족할만한 해결책을 모색한다. "괜찮아. 보고서를 완성하기 위해 우리가 할 수 있는 일을 해보자." "우리 모두 즐길 수 있는 휴가 방법을 찾아보자."
전략. 다른 사람들을 조종한다. 개인적인 동기를 숨기거나 위장한다. 정보를 밝히지 않는다. "프랭키는 방학 기간 동안 플로리다에 갈 거야." "사무실을 재계약할 때 내가 도와줬던 거 기억하지?"	**자발성.** 직설적이고 직접적이고 개방적이며 솔직하고 유용한 의견을 말한다. "나는 프랭키와 함께 방학 기간 동안 플로리다에 가고 싶어." "무거운 상자 옮기는 것 좀 도와주겠니?"
중립. 뒤로 물러서고 거리를 두고 무관심해 보인다. 어느 편도 들지 않는 것이다. "모든 것을 다 가질 수는 없는 법이다." "인생은 도박이다." "나와는 상관없다." "뭐든 간에."	**공감.** 다른 사람의 감정을 받아들이고 이해한다. "그녀가 그랬다는 것을 믿을 수 없어. 네가 화내는 것도 당연해." "결정하기 힘든 것처럼 들리는데."
우월성. 자신과 본인 의견이 다른 사람들보다 낫다는 것을 의미한다. 분노와 질투를 조장한다. "난 백만 번도 넘게 했어. 내가 하면 금방 끝날 거야." "네가 할 수 있는 최선이야?"	**평등.** 모든 사람이 유익한 기여를 할 것으로 본다. "괜찮다면, 전에 이 문제를 어떻게 처리했는지 설명하고 싶어. 도움이 될 거야." "이 문제를 함께 해결하자."
확실성. 자신의 의견만 옳다고 믿는다. 다른 사람들의 아이디어와 의견을 고려하지 않는다. 융통성 없는 입장을 취한다. "이것을 할 수 있는 다른 방법은 없어." "더 이상 이에 대해 논의할 필요 없어."	**유연성.** 아이디어를 제공하고 다른 사람들의 제안을 수락한다. "여기엔 선택의 여지가 많아. 어느 쪽이 가장 말이 돼?" "내 생각은 확고하지만 네 생각을 듣고 싶어."

깁의 방어 행동과 지지 행동[65]

감정 표현

7.5 정서 지능과 감정적 지지를 실천해보자.

감정은 모든 관계에서 중요한 역할을 한다. **감정**(emotion)이란 신체적 변화가 수반되는 상황에 대처할 때 경험하게 되는 느낌이다. 감정은 효과적이고 윤리적인 커뮤니케이션의 기본이다. 또한 대인관계를 개발하고, 유지하고, 강화하는 데 중요한 역할을 한다.

기본 감정

감정의 정도에 대한 이견은 있지만 모든 사람들은 기본 감정을 경험한다. 로버트 플러치크(Robert Plutchik)의 **심리진화 감정 이론**(Psychoevolutionary Emotion Theory)은 감정의 발전과 의미를 조명한다.[66] 이 이론에 따르면 각각의 기본 감정에는 범위가 있다 (약한 것에서 강한 것까지). 플러치크는 이 기본 감정들이 섞여서

복합적인 감정을 만들어낸다고 설명한다. 다음 쪽의 그림에서 알 수 있듯이 사랑은 기쁨과 인정의 조화이다. 경멸은 분노와 혐오의 조합이다.

정서 지능

과학 소설가 대니얼 골먼(Daniel Goleman)은 **정서 지능**(emotional intelligence)을 "자신과 타인의 감정을 인식하고 동기를 부여하며 관계에서 감정을 효과적으로 관리할 수 있는 역량"이라고 정의한다.[67] 1990년에 정서 지능이라는 용어를 사용한 2명의 심리학자 피터 샐로비(Peter Salovey)와 존 메이어(John Mayer)는 이에 영향을 받아 *Emotional Intelligence: Why It Can Matter More Than IQ*라는 책을 저술했다.[68] 정서 지능은 다음 쪽의 "정서 지능

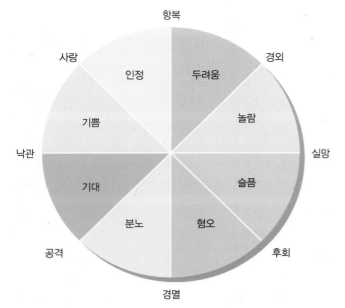

플러치크의 기본적이고 복합적인 감정[69]

사람들이 감정을 제대로 표현하지 못하면 어떻게 되는가? 뇌의 감정 중추에 손상을 입은 환자를 대상으로 연구하는 신경학자 안토니오 다마시오(Antonio Damasio)는 이 환자들이 IQ 점수가 그대로 유지된다고 해도 끔찍한 결정을 내린다고 보고했다. '똑똑하다'고 검사 결과가 나왔음에도 "사업과 일상생활에서 잘못된 선택을 하고 약속을 정하는 간단한 결정에도 끝없이 생각만 할 수도 있다." 그들의 의사 결정 능력은 감정에 접근할 수 없기 때문에 좋지 않다. 다마시오의 주장은 감정을 배제하고 다음 질문에 대답할 수 있는지 여부를 고려해보면 명확해진다. 누구와 결혼할 것인가? 어떤 직업을 찾을 것인가? 이 집을 구입해야 하는가? 유족들과 친척들에게 무슨 말을 해야 하는가?[72]

감정과 질투

질투(jealousy)는 관계에 대한 위협이 감지되어서 생기는 격렬한 감정이며 일반적으로 반응형 질투와 의심형 질투 두 가지로 나타난다. 이러한 구분은 중요하다. 왜냐하면 거의 모든 사람들이 **반응형 질투**(reactive jealousy)를 느끼기 때문이다. 이것은 연애 상대가 바람을 피우고 있다는 사실을 알게 되는 것과 같이 사람 관계에 있어 실제적이고 위협적인 위험을 인식하게 될 때 발생한다.

의심형 질투(suspicious jealousy)는 의심이라는 단어가 의미하는 바와 같다. 상대방이 앞으로의 관계에 위협할만한 일을 했다고 의심될 때 발생한다.[73] "예를 들어 술집에 앉아있는데 길을 건

커뮤니케이션" 표에서 간략히 설명하고 있는 것처럼 대인 커뮤니케이션 역량으로 살펴볼 수 있다.[70]

> ❝ … 합리적인 의사 결정을 위해
> 감정은 필수적이다. ❞
>
> 안토니오 다마시오, 신경학자[71]

	커뮤니케이션 전략	정서 지능 커뮤니케이션을 하기 위해 …
자아 커뮤니케이션 전략	자의식 개발하기	의사 결정을 하기 위해 자신의 감정을 추적 관찰하고 파악한다. 예 : 화나거나 놀라서 자신의 목소리가 높아졌는지 확인한다.
	자기 감정 관리하기	상황에 따라 감정을 억누르거나 표출한다. 감정적 긴장을 풀기 위해 진정하는 연습을 한다. 예 : 강하게 감정을 표현하는 것이 목적 달성을 촉진할 것인지 방해할 것인지 여부를 결정한다.
	스스로 동기 부여하기	실망과 좌절에 직면하게 되면 꾸준히 노력한다. 의욕을 잃지 않고, 기분을 향상시키며, 자신감을 높이기 위해 친구, 동료, 가족에게 도움을 요청한다. 예 : 신뢰할 수 있는 멘토에게 도움을 요청한다.
대인 커뮤니케이션 전략	상대방에게 귀 기울이기	효과적인 듣기 기술을 사용하여 다른 사람의 의미를 이해하도록 한다. 효과적이고 공감적인 듣기를 한다. 예 : 대답하기 전에 누군가의 말을 확실히 이해하기 위해 무엇을 들었는지 바꿔 말해본다.
	대인관계 능력 개발하기	자기 노출, 자기 주장, 적절한 언어적 · 비언어적 커뮤니케이션을 사용한다. 갈등을 해소하기 위해 노력한다. 예 : 친한 친구와의 감정 공유 여부와 방법을 결정한다.
	스스로 알 수 있도록 돕기	다른 사람들이 자신의 감정을 더 잘 알도록 도와준다. 그들이 효과적으로 말하고 들을 수 있도록 돕는다. 예 : 고민 중인 친구에게 감정적 지지를 보내준다.

너는 매력적인 낮선 사람이 애인을 보고 웃었다. 의심형 질투는 이러한 제스처를 관계에서 위협적인 수준으로 받아들이고 낮선 이성과 시시덕거리는 애인에 대해 분노하게 된다."[74]

흥미롭게도 일부 연구는 극단적인 질투가 어떤 사람들의 두뇌에 고정되어 있을 수 있다고 본다. 강박적으로 의심하고 질투심이 많은 사람들이 무고한 행동을 불신하고, 사랑하는 사람을 떠나보내게 할 가능성이 있다. 이것은 극단적인 분노와 폭력적인 행동으로 이어질 수 있다.[75]

사람들은 여러 가지 방법으로 질투를 표출한다. 여기에서는 비난과 비꼼이나 우울과 신체적 금단('묵살') 등이 있다. 극단적

으로 질투하는 사람들은 종종 공격적이거나 교묘하거나 폭력적이다. 병적으로 질투하는 사람들은 '불성실을 나타내는 환경에서의 모든 뉘앙스'에 매우 민감하다. 극단적인 질투는 관계를 파괴하고 분노와 열등감을 더 강하게 만든다.[76] (아래에 있는 질투에 대한 대처 전략을 참조할 것)

그러나 누군가의 질투가 극단적이거나 근거 없는 신념에 기반을 둔 경우 논의된 전략 중 어느 것도 도움이 되지 않는다. 질투심 많은 사람들이 잔혹하게 공격적이거나, 교활하거나, 폭력적으로 변하면 전문적인 상담이 요구된다.

질투에 대한 대처

질투심 많은 상대방의 눈에 사이를 의심할만한 친구와 시간을 보내는 남자 친구, 직장에서의 실적에 대해 인정받고 있는 아내, 다른 형제자매보다 부모에게서 더 많은 사랑과 관심을 받는 자녀, 파티에서 오랜 친구를 포옹하는 애인이 있다. 질투심 많은 사람들은 결백한 표정이나 다른 사람과의 대화를 실제 그렇지 않아도 외도의 신호나 잠재적 라이벌로 해석할 수 있다.

25년 이상 결혼 생활한 부부를 대상으로 한 연구에서 자신이 행복하다고 답한 커플 중 아무도(0%) 배우자가 다른 사람에게 매료될 것이라 염려하지 않았다. 이와 반대로 불행한 부부의 약 20%는 '자주' 또는 '때로' 걱정하거나 불신한다고 답했다.[77]

다음의 커뮤니케이션 전략은 관계에 있어 질투의 부정적인 영향을 최소화하는 데 도움 이 될 수 있다. 관계 유지에 대한 높은 동기 부여가 있는 경우 특히 그렇다.

커뮤니케이션 전략	질투심을 없애기 위해 …
침착하게 동요 없이 천역덕스럽게 행동한다.	일이 잘 풀릴 수 있도록 질투심에 대해 직접적이지만 공격적이지 않은 커뮤니케이션을 한다. 다시 말하면 침착하고 자애롭게 이야기한다.
질투하는 감정을 완화시킨다.	관계를 개선하기 위해 노력하고 스스로 더 매력적으로 만든다. 꽃을 보내고, 선물을 주고, 애정 표현을 하고, 이외에도 더 좋아하는 것 등을 하면서 질투심을 줄이거나 막을 수 있다.
상처받았다는 것을 보여준다.	질투심 많은 사람이 자신에게 어떤 영향을 미쳤는지 볼 수 있도록 비폭력적으로 표현한다(상처, 속상함, 울음 등을 표현한다).[78]
솔직해진다.	상대방이 질투하는 정당한 이유가 있다면 앞으로의 관계에 있어 가슴 아프지만 대화를 나누는 시간이 필요하다.
포괄적이고 감정이입을 하면서 듣는다.	상대방의 감정과 두려움을 거부하지 않는다. 상대방도 질투심이나 염려를 털어놓고 표현하는 것은 쉽지 않을 것이다.
상대방의 자신감을 높여준다.	질투가 자신이나 자신의 행동과 관련이 없다는 것을 알아야 한다. 상대방이 질투할만한 상황이 아님에도 질투한다는 것은 자신감이 하락했다는 것을 보여준다.[79]

감정적 지지

누군가가 감정적 지지와 위로를 필요로 할 때 무슨 말을 해야 할지 몰랐던 적이 있는가? 동료의 집이 화재나 폭풍으로 재해를 입었다. 사랑하는 사람이 '확실한' 직업을 얻지 못하고 있다. 사촌의 배우자나 가족이 사망했다. 어떻게 말하거나 행동하는가? 공손하고 연민 어린 마음으로 친구, 동료, 애인, 가족들을 위로하고자 했을 것이다. 불행히도 많은 사람들은 이 일이 부적절하다고 생각한다. 우리는 말을 잘못하게 될까 봐 걱정한다. 연하장을 보낼 때 우리는 할 수 있는 것보다 '말할 수 있는 것'을 찾는다.

어려움에 처한 사람을 지지하고 위로하기를 원하는 만큼 많은 사람들은 감정적 지지의 기본 성격과 그 목적을 달성하는 데 필요한 커뮤니케이션 능력에 대한 이해가 부족하다. 커뮤니케이션학 학자인 브랜트 벌러슨(Brant Burleson)은 **감정적 지지**(emotional support)를 "정신적 고통에 효과적으로 대처하도록 돕기 위해 한 당사자가 보여주는 커뮤니케이션 행위의 특정한 태도"라고 정의한다. 이 고통은 급성적(곧 있을 시험에 대한 불안감이나 대회에서 이기지 못한 실망감)이거나, 만성적(사랑하는 사람과 이별한 슬픔이나 건강 약화를 넘어 우울증을 겪는 경우)일 수 있고 특성 상 강하거나 약할 수도 있다.[80]

감정적 지지를 보내는 커뮤니케이션 전략은 다른 사람들을 위로하고 지지할 수 있다. 이러한 전략은 의도를 분명히 하고, 다른

사람의 자존심을 지켜주며, 메시지를 다른 사람에게 집중하는 것 등을 포함한다.

명확하게 의사 전달하기 누군가가 고민에 빠졌을 때 도움이 되고 지지가 되기를 원한다고 생각할 수 있다. '존재'만으로도 상대방에게 배려하고 있다는 것을 알려줄 수도 있다. 어떤 경우에는 추정이 맞을 것이다. 다른 상황에서는 고통받는 사람에게 당신이 돕고 싶거나 도움을 줄 것임을 알려야 한다.

직접적인 진술("너를 돕고 싶어.")과 분명한 배려("너를 위해 내가 여기 있어.")는 지지 메시지의 정확성을 높일 수 있다. 또한 돕고 싶어 하는 의지를 강화시키거나("정말 내가 할 수 있는 한 어떻게든 돕고 싶어."), 공유하고 있는 기억을 상기시키거나("우리는 항상 서로를 위해 같이 있어줬잖아."), 느낌을 나타내는("나에게 중요한 사람이니까 돕고 싶어. 내가 돕지 못한다면 가슴이 아플 거 같아.") 등 성실한 반응을 보여줌으로써 메시지를 강화할 수 있다.[83]

자존심 지켜주기 도움이 다른 사람의 문제를 해결할 수 없거나 상황을 처리할 수 없는 것인지 확인한다. 그렇지 않으면 누군가의 자존심을 손상시킬 수 있다. 좋은 의도에도 불구하고, 동정하는 표정("불쌍한 것…")은 상대방에게 그 사람의 능력이나 자립심이 부족하다는 판단으로 비춰질 수 있다. 다른 사람을 격려하고 칭찬해보자.[84]

사람 중심의 메시지 보내기 '도와주는 사람이 고민하는 사람의 감정을 확인하고 속상한 일에 대해 말하도록 격려하는 정도'를 반영하는 메시지는 **사람 중심 메시지**(person-centered message)이다.[86] 누군가를 기분 좋게 하는데 초점을 맞추기보다 사람들이 문제를 해결하거나 대처하는 일을 할 수 있도록 문제를 더 깊이 이해하도록 도와주는 것이 목적이다. 문제나 발생한 상황에 대한 개인적인 이야기를 하도록 격려함으로써 문제에 처한 누군가가 이를 이해하도록 도와줄 수 있다. 감정적 지지가 필요한 사람들은 신뢰할 수 있는 친구와 자세한 내용을 공유하는 것 이상은 아무것도 원하지 않을 수도 있다.

돕고자 하는 의지, 감정적 지지, 개인적 헌신을 표현하는 동안 이러한 커뮤니케이션 전략의 역효과가 나타나지 않도록 주의해야 한다. 자신의 감정적 경험에 집중하거나 이를 공유하지 않아야 한다. 예를 들어 "네가 어떻게 느끼는지 알아. 작년에도 비슷한 문제가 있었어. 모든 것의 시작은…"과 같은 말은 다른 사람과 공유하는 것이 아니라 자신에게 초점을 옮기는 것이다. 또한 다른 사람을 비판하거나 부정적으로 평가하는 메시지는 도움을 주는 것이 아니라 피해를 줄 수 있으므로 피해야 한다. 다른 사람들의 감정이 잘못되었거나, 부적절하거나, 미성숙하거나, 난처하다고 말하지 않는다. 평가하지 말고 설명하고, 무관심이 아닌 감정이입해야 하며, 우월성이 아닌 형평성을 표현하는 등과 같은 지지 커뮤니케이션 환경을 조성하기 위해 깁이 제안한 행동 중 일부를 적용해보자.

커뮤니케이션과 윤리

배려 윤리

윤리적 커뮤니케이션을 위한 NCA 신조에 대인관계에 직접적으로 적용할만한 원칙이 포함되어 있다. "우리는 각각의 커뮤니케이터의 독특한 욕구와 특성을 존중하기 위해 상호 이해와 배려의 커뮤니케이션 분위기를 장려한다."[87] 배려 윤리의 가치는 우리가 대인관계에서 다른 사람들에게 갖는 책임에 초점을 두고 있다.[88]

어떤 면에서 배려 윤리를 보여주고 있는가? 이런 행동은 커뮤니케이션을 어떻게 촉진시키는가?

미국 교육철학자인 넬 나딩스(Nel Noddings)는 우리가 배려 윤리에 기초하여 도덕적 선택을 한다고 말한다. 예를 들어 어머니는 우는 아기를 데리러 간다. 왜냐하면 의무감 때문이 아니라 다른 사람들이 아이를 돌보지 않는다고 말하는 것에 대해 걱정하기 때문이다. 관계 이론가들은 이것을 이성에 기반한 윤리가 아니라고 강조한다. 오히려 윤리적 행동의 두 가지 기본 특성, 즉 피해를 주지 않으려 하고 상호 간 지지를 제공하려는 사고방식에 기인한다.[89]

커뮤니케이션 사례

위로의 손길

어릴 적 언어를 이해하고 전달하기 전에 비언어적인 위로를 경험했다. "유아기에 처음 사용한 비언어적 행동은 평생 동안 감정적 지지의 표현으로 유지된다. 껴안고, 접촉하고 토닥이고, 손을 잡고, 익숙한 표정과 부드러운 목소리는 안심, 사랑, 따뜻함, 수용을 표현하는 확실한 방법이다."[90] 신체 건강 측면에서 연구자들은 병원 환자의 가족과 친구들은 무엇을 말해야 할지보다 방문하는 것만으로도 도움이 된다고 강조한다.[91] 또 다른 연구에 따르면 5초간 접촉은 동정이나 슬픔과 같은 일부 감정을 전달할 수 있다.[92]

접촉은 다른 사람들을 위로하는 데 중요한 역할을 한다. 기분 좋은 몸의 변화를 가져다줄

접촉은 천 단어의 가치를 지닌다.

수 있는 신경 전달 물질인 "옥시토신의 분비가 촉진되면 피부 접촉이 특히 부드러워진다." 혈압이 낮아지고 긴장을 풀어준다. 고통을 느끼는 한계점이 높아져 불쾌감에 덜 민감해진다. 상처도 더 빨리 치유된다.[93]

동성애자가 애인과 이별했다고 말하면 비언어적으로 어떻게 반응할 것인가? 한 연구에서 대부분의 대학생들은 껴안기를 첫 번째로 꼽았다. 다음으로 경청하기, 더 가깝게 움직이기, 특정 표정 짓기, 더 접촉하기, 눈 맞추기 등으로 나타났다. 당연히 남성과 여성은 서로 다른 비언어적 반응을 보였다. 남자들은 여자보다 어떤 문제에 놓인 친구를 안아줄 가능성이 적었다. 대신 팔이나 어깨를 가볍게 두드리며 해결책을 제안하고, 문제를 신경 쓰지 않고 다른 일을 하는 것으로 나타났다. 여성들은 친구와 함께 울어주고 다양한 위로의 손길을 보내는 경향이 있는 것으로 나타났다.[94]

감정표현

얼마나 정서 지능이 높은가?[95]

이 장의 앞부분에서 우리는 정서 지능을 대인 커뮤니케이션의 여섯 가지 역량으로 설명했다. 이러한 역량을 다음의 질문으로 제시하였다. 각 질문에 대한 역량 수준을 평가하기 위해 다음의 척도를 사용해보자.

5 = 항상 그렇다 4 = 보통 3 = 가끔 그렇다 2 = 드물게 그렇다 1 = 전혀 그렇지 않다

자의식 개발하기

_____ 1. 자신이 경험하는 감정과 그 감정을 경험하는 이유를 정확하게 파악할 수 있는가?

_____ 2. 자신의 강점과 한계를 알고 있는가?

_____ 3. 대부분의 관계에서 소속, 통제, 애정 욕구가 충족되었는가?

자기 감정 관리하기

_____ 4. 파괴적인 감정을 통제할 수 있는가?

_____ 5. 감정과 그에 따른 행동에 대해 책임을 지고 있는가?

_____ 6. 어려운 상황을 다루는 데 있어 개방적이고 유연성이 있는가?

스스로 동기 부여하기

_____ 7. 최고 수준의 우수성을 향상시키거나 충족시키기 위해 노력하는가?

_____ 8. 장애물과 좌절에도 불구하고 계속하고 있는가?

_____ 9. 만족을 미뤄두고 기분을 조절할 수 있는가?

상대방에게 귀 기울이기

_____ 10. 다른 사람의 말을 정확하게 듣고 이해하는가?

_____ 11. 능동적–공감적 듣기에 관여하는가?

_____ 12. 다양한 맥락에서 적절한 반응을 하는가?

스스로 알 수 있도록 돕기

_____ 13. 다른 사람의 감정과 욕구를 정확하게 해석하는가?

_____ 14. 다른 사람에게 적절한 감정적 지지를 제공하는가?

_____ 15. 다른 사람을 돕거나 도움을 주고 싶다는 의사를 명확하게 전달하는가?

대인관계 능력 발휘하기

_____ 16. 다른 사람들과 대화가 편안하고 효과적인가?

_____ 17. 감정적인 불일치를 효과적으로 관리하고 해결하는가?

_____ 18. 적절한 자기 노출과 피드백의 제공 및 요청을 하는가?

점수 집계 : 모든 점수를 더한 것이 평가 점수이다. 점수가 높을수록 더 '정서 지능'을 가지고 있는 것이다. 평가 점수는 자신의 감정과 행동에 대한 인식일 뿐이다. 예를 들어 생각은 그렇게 해도 다른 사람의 감정과 욕구를 정확하게 해석하지 못하거나 장애물에 직면해있을 수 있다. 다른 한편으로 비록 공감하는 듣기를 원하는 친구가 있는데도 우리는 다른 사람에게 적절한 감정적 지지를 줘야 한다는 것을 인식하지 못할 수도 있다.

요약

대인관계의 이해

7.1 효과적인 대인 커뮤니케이션의 특성과 이점을 파악해보자.

- 좋은 대인관계는 정신적·신체적 건강과 행복, 사회 및 도덕적 발달, 스트레스에 대처하는 능력에 긍정적인 영향을 미친다.
- 윌리엄 슈츠의 대인관계 지향(FIRO) 이론은 사람들의 세 가지 대인관계 욕구, 즉 소속, 통제, 애정 욕구를 확인하였다.

대화

7.2 대화 역량을 향상시키는 전략과 기술을 설명해보자.

- 좋은 대화는 서로에게 질문하고 적절하게 응답하며 자연스럽게 결론에 도달하는 것이다.
- 우리는 주로 대화 중에 비언어적 행동을 통해 화제 전환을 한다.

개인적 관계 강화

7.3 친구, 연인, 가족과의 관계 개선을 위한 구체적인 전략에 대해 논의해보자.

- 강한 우정은 삶의 만족도를 높이고 기대 수명을 연장시키는 데 도움이 된다.
- 대부분의 연인 관계에는 일반적으로 10개의 단계가 있으며, 5개의 함께하는 단계와 5개의 헤어지는 단계로 나뉜다.
- 모든 유형의 가족 관계에서 커뮤니케이션에 영향을 주는 두 가지 중요한 변수는 (1) 가족의 역할과 규칙, (2) 육아 기술 및 또래의 영향이다.

자기 노출

7.4 자기 노출과 피드백의 정도가 어떻게 대인관계를 강화시킬 수 있는지 설명해보자.

- 자기 노출은 개인 정보, 의견, 감정을 다른 사람들과 공유하는 과정이다.

- 조해리의 창은 자기 노출의 의지와 타인의 피드백의 수용성을 나타낸다.
- 사회적 침투 이론은 개인이 피상적인 커뮤니케이션에서 더 깊고 친밀한 커뮤니케이션으로 이동하는 관계 형성 과정을 설명한다.
- 효과적인 자기 노출은 현재에 집중하고, 설명적이며 이해력이 있고, 타인을 존중하고 적응하며, 자기 노출에 보답하고, 친밀감을 지향하는 것이다.
- 효과적인 피드백은 자신과 타인을 변화시킬 수 있는 행위, 행동, 인식, 감정에 대한 정보를 제공하고 요청해야 한다.
- 깁의 방어 및 지지 커뮤니케이션 행위에는 평가-설명, 통제-문제 지향, 전략-자발성, 무관심-감정이입, 우월성-형평성, 확실성-유연성 등이 있다.

감정 표현

7.5 정서 지능과 감정적 지지를 실천해보자.

- 로버트 플러치크의 여덟 가지 기본적인 감정은 두려움, 놀람, 슬픔, 혐오, 분노, 기대, 기쁨, 인정이다.
- 정서 지능은 자신과 타인의 감정을 인식하고 동기를 부여하며 관계에서 감정을 효과적으로 관리할 수 있는 역량이다.
- 반응형 질투와 의심형 질투는 관계에 대한 위협이 감지되어 생기는 격렬한 감정이다.
- 능동적-공감적 듣기와 위로의 손길은 타인에게 감정적 지지를 제공할 수 있다.
- 다른 사람을 위로할 때, 의도를 분명히 하고, 다른 사람의 자존심을 지켜주며, 메시지를 타인에게 집중해야 한다.

주요 용어

가족	말할 차례 단서	정서 지능
감정	반응형 질투	조해리의 창
감정적 지지	방어 행동	지지 행동
개방형 질문	사람 중심 메시지	직업적 관계
개인적 관계	사회적 침투 이론	질투
관계	소속 욕구	친밀감
대인관계 지향(FIRO) 이론	심리진화 감정 이론	통제 욕구
대인 커뮤니케이션	애정 욕구	폐쇄형 질문
대화	의심형 질투	
들을 차례 단서	자기 노출	

연습문제

7.1 효과적인 대인 커뮤니케이션의 특성과 이점을 파악해보자.

1 로빈 던바의 연구에서 채택한 새로운 소셜미디어 앱 '패스'는 _____이하의 친구로 소셜 네트워크 사용을 제한한다.

   a. 50명
   b. 150명
   c. 500명
   d. 1,500명

2 윌리엄 슈츠의 대인관계 지향(FIRO) 이론에 따르면 소속 욕구를 가지고 있는 사람들은 어떠한가?

   a. 회사에서 필요로 하지 않으면 퇴사하고 더 외로워질 것이다.
   b. 주의를 끌려 하고 알고 있는 것에 대해 타인에게 인상을 남기려고 할 것이다.
   c. 타인과 함께 있는 것을 즐기지만 혼자 있는 것도 편안해한다.
   d. 권력에 아무런 문제가 없으며 타인에게 말하고 명령하는 것에 편안함을 느낀다.

7.2 대화 역량을 향상시키는 전략과 기술을 설명해보자.

3 대화 중에 몸을 앞으로 기울이거나 시선을 직접 마주치고 손을 들어 올리는 등의 제스처를 취하면 이 신호는 무엇인가?

   a. 타인에게 권력과 유의미한 영향력을 행사하고 싶어 하는 것이다.
   b. 소속되고, 통제하고, 애정받고 싶어 하는 것이다.
   c. 발언을 마무리할 때까지 듣고 싶어 하는 것이다.
   d. 말하고 싶어 하는 것이다.

7.3 친구, 연인, 가족과의 관계 개선을 위한 구체적인 전략에 대해 논의해보자.

4 냅과 반젤리스티의 관계 단계 모델에 따르면, 분리된 개인이 아닌 커플이 되기 위해서 두 사람의 성격, 의견, 행동들을 함께 참여하는 단계는 어느 단계인가?

   a. 강화
   b. 차별화
   c. 통합
   d. 유대

7.4 자기 노출과 피드백의 정도가 어떻게 대인관계를 강화시킬 수 있는지 설명해보자.

5 조해리의 창 모델에서 다른 사람들에게 피드백을 받기가 보다 수용적이고 적응력이 높을수록 _____ 영역이 커진다.

   a. 공개된
   b. 감추는
   c. 맹목적
   d. 미지의

6 지지 커뮤니케이션 환경을 조성하기 위한 깁의 행동 범주와 관련하여 다음 문장은 어떻게 분류할 수 있는가? "우리 둘 다 원하는 휴가를 보낼 수 있는 방법을 찾아보자."

   a. 설명
   b. 전략
   c. 감정이입
   d. 문제 지향

7 다음 중 피드백을 주고받는 효과적인 방법이 아닌 것은 무엇인가?

   a. '나' 중심의 말보다 '당신' 중심의 말을 사용한다.
   b. 일반적이거나 추상적이 아닌 구체적인 문장을 말한다.
   c. 말과 행동에 초점을 맞춘다.
   d. 과거의 행동보다 현재의 행동에 집중한다.

8 다음 중 효과적인 자기 노출 전략이 아닌 것은 무엇인가?

   a. 현재가 아닌 과거에 초점을 맞춘다.
   b. 사실뿐만 아니라 자신의 감정도 드러낸다.
   c. 사람과 맥락에 맞춰야 한다.
   d. 판단력이 아닌 설명력이 있어야 한다.

7.5 정서 지능과 감정적 지지를 실천해보자.

9 플러치크의 심리진화 감정 이론에서 사랑이라는 감정을 복합적으로 만들어내는 두 가지 기본 감정은 무엇인가?

   a. 항복과 놀람
   b. 기대와 경외
   c. 인정과 기쁨
   d. 경외와 시기

10 다음 중 감정적 고통을 겪는 사람을 도와주고 지지하는 문장은 무엇인가?

   a. 기운 내야 해.
   b. 나도 같은 일을 겪었어.
   c. 네가 말한 것처럼 나쁜 것이 확실해?
   d. 내가 돕지 못한다면 가슴이 아플 것 같아.

정답 확인 : 355쪽

대인 커뮤니케이션 8

01 별이나 이혼을 예견할 수 있는가? *Uncoupling: How Relationships Come Apart*의 저자 다이앤 본(Diane Vaughan)은 그렇다고 말한다. 다이앤의 연구에서 두 사람의 헤어짐은 대개 비밀로 시작한다고 주장한다. 상대방 중 한 사람은 관계의 불편함을 느끼기 시작하고 이러한 생각, 감정, 행동을 자신만 알고 있다. 두 사람이 함께 만든 세상은 더 이상 '예전과 같을 수' 없다.[1]

심리학자 존 고트먼(John Gottman)은 어떤 비밀을 파헤치지 않아도 이혼을 예견할 수 있다고 주장한다. 부부가 부정적으로 논쟁하는 시간의 양과 접촉하고 미소 짓고 칭찬하고 웃는 등 긍정적으로 상호작용하는 시간의 양을 도표로 만든 후 고트먼은 긍정적 상호작용과 부정적 상호작용 간의 일정한 비율을 발견했다. 이 '마법'의 비율은 5:1이다. 파트너 간에 부정적인 상호작용보다 긍정적인 상호작용이 5배 많은 경우 관계는 안정적이고 영구적일 가능성이 높다. 부정적인 상호작용의 비율이 증가하면 이혼할 확률이 높아진다.[2]

미디어는 유명인과 연예인의 결별 소식을 주로 전한다. 전 캘리포니아 주지사 아널드 슈워제네거가 가정부와의 사이에서 낳은 사생아에 대한 이야기와 전 사우스캐롤라이나 주지사 마크 스탠퍼드가 아르헨티나인 정부와 바람을 피운 이야기는 제니퍼 로페즈와 마크 앤서니, 크리스틴 스튜어트와 로버트 패틴슨, 조지 클루니와 여자 친구의 결별 소식 등과 함께 미디어 공간에서 경쟁하듯 쏟아진다.

대부분의 이별은 뉴스거리가 되지 않거나 대중들의 검증을 위해 공개되지도 않는다. 그것은 수백만 사람들의 모든 삶에 영향을 미친다. 그러나 대다수의 사람들은 계속해서 사랑하며 지속적인 관계 속에서 살고 있다.

이 장에서는 대인관계의 긴장이 연인, 친구, 가족, 동료, 이웃, 지인 등과의 관계에 어떤 영향을 미치는지 알아본다. 이후 긴장감을 해소함으로써 건전하고 만족스러운 대인관계를 개발하고 유지하기 위한 커뮤니케이션 전략을 제시할 것이다.

대인관계의 긴장과 균형

8.1 대인관계에서 상반되는 긴장의 균형을 유지하기 위한 방법을 설명해보자.

모든 대인관계에는 긴장이 존재한다. 결혼한 부부 중 한 사람은 집에서 조용히 저녁을 보내고 싶고 다른 한 사람은 외출하고 싶다면 긴장감을 느낄 수 있다. 직장 동료가 일정보다 앞서 또는 제시간에 프로젝트를 완료한 반면 다른 동료는 마지막 순간에 프로젝트를 끝내거나 일정을 넘기는 경우에도 긴장감을 느낄 수 있다. 이런 긴장감은 해결되지 않은 채 계속 악화될 경우 회복할 수 없을 정도로 관계를 손상시킬 수 있다. 그러나 그러한 긴장을 분석하고 해결하는 방법을 알고 있다면 관계를 강화할 가능성은 크게 높아진다.

이 단원에서는 대인관계의 모순되는 긴장을 인식하고, 존중하고, 적절하게 대응하는 데 도움이 될만한 두 가지 방법을 설명한다. 이 두 접근법은 관계적 변증법과 성격 유형에 초점을 맞춘다.

관계적 변증법

다음의 일반적인 속담은 개인적 관계에 관한 여러 모순된 믿음을 보여준다.

"반대끼리 끌린다." ─ "끼리끼리 모인다."
"아는 것이 사랑하는 것이다." ─ "친숙해지면 서로를 멸시하게 된다."
"눈에서 멀어지면, 마음에서도 멀어진다." ─ "떨어져 있으면 그리움은 더해진다."

이 모순되는 속담은 어느 것이 참이고 거짓인지 결정하여 둘 중 하나를 선택할 것을 요구하지 않는다. 오히려 이 말들이 왜 전해져 오는지 보여준다. 이 말들은 상황, 관련된 사람들, 대인관계의 본질에 따라 모두 사실일 수 있다.

관계적 변증법 이론은 양자택일의 문제가 아니라 다른 사람과의 커뮤니케이션에서 두 가지 모두에 초점을 맞춰야 함을 강력하게 주장한다. 이 이론은 대인관계를 향상시키기 위한 확실한 방법을 주는 것은 아니지만 새로운 관계와 지속적인 관계에 대한 경험을 설명하는 데 도움이 된다. 또한 친밀한 개인적 관계에서 긴장을 해소하기 위한 몇 가지 전략을 제시한다.[3]

통합-분리 변증법은 자녀가 대학 진학을 위해 집을 떠날 때 나타난다.

관계적 변증법 이론

레슬리 백스터(Leslie Baxter)와 바버라 몽고메리(Barbara Montgomery) 교수의 관계적 변증법 이론에 따르면 인간관계는 **변증법**(dialectics), 즉 서로 상반되거나 모순된 힘의 상호작용에 의해 규정된다고 주장한다. **관계적 변증법 이론**(Relational Dialectics Theory)은 인간관계에서 모순되는 충동 사이의 지속되는 긴장에 초점을 맞추고 있다.[4]

관계적 변증법은 상대적인 긴장을 어느 한 쪽이 아니라 둘 모두의 반응으로 본다. 예를 들어 사랑하는 관계에 있는 두 사람은 함께

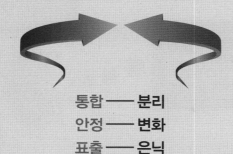

통합 —— 분리
안정 —— 변화
표출 —— 은닉

하기를 원하지만, 혼자 있는 시간, 개인적 필요에 투자하는 시간, 일상을 벗어나 타인에게 공유하지 않는 개인의 관심사에 참여하는 시간도 필요하다. 많은 가까운 사이에는 친밀함

과 독립성이 모두 필요하다.

사람들은 안정된 관계의 편안함과 변화로 인한 흥분을 원한다. 한 학생이 3개월간의 연인 관계에 대해 쓴 "모든 관계는 두 사람 간의 만남이며 아무리 노력해도 하나의 완전한 관계를 형성하기 어려울 것이다. 화합이 필요하지만 관계가 정말 가까워지기 위해서는 개개인의 특성을 존중해야 한다."라는 말에서 변증법적 긴장감을 찾을 수 있다.[5]

레슬리 백스터와 동료들은 개인적 관계에서 세 가지 주요한 변증법으로 통합-분리, 안정-변화, 표출-은닉 등을 제시한다.[6]

1 통합-분리 변증법

대인관계는 연결과 독립 모두에 대한 욕망을 성공적으로 성사시킬 때 유지된다. 일반적으로 우리 대부분은 각자 자신을 포기하지 않고 다른 사람들과 친해지고 싶어 한다. 예를 들어 자라면서 부모와 긴밀한 관계를 유지하면서 부모의 간섭으로부터 자유롭게 독립 생활을 누리고 싶어 할 수도 있다. 또는 애인과 함께 생활하기 원하지만 자신의 경력을 쌓고 싶다고 가정해보자. 다른 사람들과 가까워지기 원하는 만큼 독립적인 사람이 되어야 한다.

2 안정-변화 변증법

대부분 우리는 안정된 관계의 보장과 변화로 인한 새로움과 흥분, 일상적 상호작용의 예측 가능성과 틀에 박힌 일상의 변화 가능성을 원한다. 예를 들어 결혼을 약속한 커플은 청첩장, 결혼식 피로연, 꽃과 웨딩 음악, 하얀 드레스의 신부까지, 여러 가지 결혼식에 관한 전통을 따르기로 할 수 있지만 신랑과 신부가 말을 타고 등장하는 결혼식을 하기로 결정한다. 또 다른 부부는 도시에서 영구 주택을 함께 쓸 수 있지만 매년 여름 야외 캠핑을 갈 수도 있다.[7]

3 표출-은닉 변증법

대부분의 사람들처럼 사생활을 보호하면서 다른 사람들에게 개방적이고 정직할 수 있다. 가장 친한 친구, 애인, 가족들이 내가 가지고 있는 모든 비밀을 알고 있는가? 그들도 그러한가? 이 변증법은 비밀을 말하고 숨기려는 상충된 갈등을 다룬다.[8] 예를 들어 제인이 직장 근처 아파트에 살고 싶다고 말하자 잭은 시외에서 살고 싶다고 말한다. 사실 잭은 전 여자 친구가 살고 있는 건물로 이사하고 싶지 않았다.

변증법적 긴장 완화 전략

전략	사례
인생의 다른 시점에서 다른 선택을 한다.	어릴 때는 형제들과 가깝지만 결혼하고 자신의 가족이 생기면 멀어지게 된다.
다른 상황에서 다른 선택을 한다.	같은 직장 내에 있는 친한 친구와 상호작용할 때 덜 친해지고 덜 솔직해질 수 있다.
하나를 선택하면 다른 선택 사항은 무시한다.	가족이 아닌 친구와 어울리는 것보다 특정 시기에는 가족과 가까이 지내는 것이 더 중요하다고 여길 수 있다.
다른 선택 사항 중에 타협점을 선택한다.	친척들을 집에만 오기 보다 휴가를 같이 보내자고 요청할 수 있다.
반대처럼 보이지 않는 새로운 관점을 선택한다.	가끔식은 서로 시간을 좀 갖고 거리를 둔다면, 누군가와 친해져야겠다고 결심할 수도 있다.
긴장을 피할 수 있는 주제를 가려서 선택한다.	성 문제, 재정적 문제, 너무 개인적 문제를 제외한 모든 주제에 대해 동료들과 완전히 터놓기로 결정할지도 모른다.

위에 제시된 전략은 변증법적 긴장을 해결하기 위한 실행 목록이 아니다. 오히려 선택의 범위를 설명해주는데, 그것의 성공은 선택이 두 커뮤니케이터의 대인관계상의 요구에 가장 잘 부합하는지에 달려있다.

**의미 있고 지속적인
대인관계는 그냥 일어나지 않는다.
자기 스스로 그렇게 되도록 노력해야 한다.**

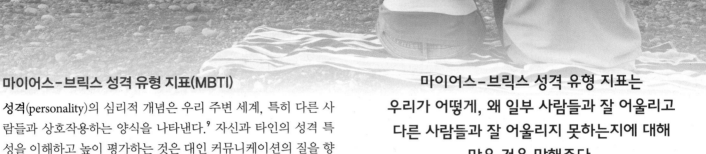

마이어스-브릭스의 직관형 사고
"바다는 삶의 원천이다. 바다가 없다면 가장 작은 단세포 유기체, 모든 인간, 육지와 바다의 모든 생물들은 사라질 것이다. 우리는 심오한 바다로 이뤄진 행성에 살고 있다."

마이어스-브릭스의 감각형 사고
"바다는 거대하고 짜며, 폭풍우가 일면 위험하다. 지인들은 휴가를 보내기 위해 바다에 가는 것을 좋아한다."

마이어스-브릭스 성격 유형 지표(MBTI)

성격(personality)의 심리적 개념은 우리 주변 세계, 특히 다른 사람들과 상호작용하는 양식을 나타낸다.[9] 자신과 타인의 성격 특성을 이해하고 높이 평가하는 것은 대인 커뮤니케이션의 질을 향상시키는 데 있어 핵심이다.

캐서린 쿡 브릭스(Katharine Briggs)와 그의 딸 이사벨 브릭스 마이어스(Isabel Briggs Myers)가 스위스의 심리치료가이자 정신분석학자인 칼 융(Carl Jung)의 성격 유형 이론에 근거하여 **마이어스-브릭스 성격 유형 지표**(MBTI, Myers-Briggs Type Indicator)를 개발했다. MBTI는 우리가 주변 세계를 인식하고 결론에 도달하고 결정을 내리는 데 있어 어떤 선호 경향이 있는지 알아보기 위한 성격 유형 검사 도구이다.[10] 포춘 100대 기업을 포함한 수천 개의 기업들은 '최고의 성과를 낼 수 있는 기술력을 갖춘 지원자를 알아내고', '현재 직원들 간의 커뮤니케이션 기술을 개발하고 팀워크를 증진시키기 위해' MBTI를 이용한다.[11]

마이어스-브릭스 성격 유형 지표는 우리가 어떻게, 왜 일부 사람들과 잘 어울리고 다른 사람들과 잘 어울리지 못하는지에 대해 많은 것을 말해준다.

아래의 표에서 볼 수 있듯이 MBTI는 사고와 행동에 대한 네 가지 양극단으로 분리된 선호 경향으로 구성되어 있다. 방식을 나타내며, 각 유형별로 상반되는 선호 경향을 네 가지 유형으로 나눌 수 있다. 이러한 유형과 특성을 살펴보고 자신의 커뮤니케이션 방식을 가장 잘 나타내고 있는 선호 경향은 무엇인지 생각해보자.[12]

외향형-내향형 외향형과 내향형은 개인의 주의 초점이 인간의 외부로 향하는지 내부로 향하는지에 따라 나뉜다. **외향형**(extrovert)은 사교적이다. 말하기 좋아하고 말할 때 제스처를 자주 사용한다. 사람들과 함께 있을 때 활력을 얻고 집단에서 문제를 해결함으로써 즐거움을 얻는다. 또한 다른 사람들의 말을 듣지 않고 대화를 지배하려는 경향이 있다.

내향형(introvert)은 말하기 전에 생각하고 외향형의 사람들에 비해 말이 많지 않다. 많은 사람들과 시간을 보내는 것보다 한두 명의 친한 친구들과 사교하는 것을 더 좋아한다. 혼자 있을 때 재충전되며 혼자 일하는 것을 선호한다.

"외향형의 사람들은 내향형의 사람들이 회의에서 적당한 때에 말하지 않는다

마이어스-브릭스 성격 유형 선호 지표

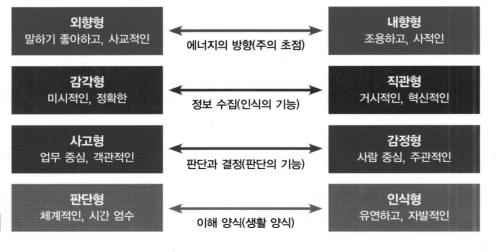

외향형 말하기 좋아하고, 사교적인	에너지의 방향(주의 초점)	내향형 조용하고, 사적인
감각형 미시적인, 정확한	정보 수집(인식의 기능)	직관형 거시적인, 혁신적인
사고형 업무 중심, 객관적인	판단과 결정(판단의 기능)	감정형 사람 중심, 주관적인
판단형 체계적인, 시간 엄수	이해 양식(생활 양식)	인식형 유연하고, 자발적인

제8장 대인 커뮤니케이션

고 불평한다. 내향형의 사람들은 말이 너무 많고 잘 듣지 않는다고 외향형의 사람들을 비판한다."[13] 교실에서 외향형의 사람들은 열띠게 토론하기를 좋아하지만 내향형의 사람은 그 자리에 있는 것조차 싫어한다.

감각형-직관형 주변 세상을 어떻게 바라보는가? 숲(큰 그림)을 보는가, 아니면 나무(세부 사항)를 보는가? **감각형**(sensor)은 세부적인 것에 초점을 맞추고 한 번에 하나의 작업에만 집중하는 것을 선호한다. 또한 아이디어에서 사소한 결점을 찾아내고 자세한 지침에 따라 업무를 수행하기 좋아한다. **직관형**(intuitive)은 규칙이나 결함보다는 연결과 개념을 찾고자 한다. 큰 아이디어를 가지고 전체를 보려고 하기 때문에 세부적인 것에는 관심이 없다. 감각형의 사람들은 규칙, 단계별 설명이나 사실에 집중하는 반면, 직관형의 사람들은 규칙을 넘어서 이론적 설명을 제공하며 세부 사항을 생략하고자 한다.

두 가지 성격 유형 모두 직장에서 필요하다. 경영 커뮤니케이션 전문가 칼 라슨(Carl Larson)과 프랭크 라파스토(Frank LaFasto)는 '너츠와 볼트 유형'과 창의적이고 개념적인 개인들 간의 균형을 유지하는 것이 중요하다고 강조한다.[14]

사고형-감정형 사고형와 감정형은 인식된 정보를 가지고 결정을 내리는 방법을 설명하는 특성이다. **사고형**(thinker)은 어려운 결정을 내릴 수 있는 능력에 자부심을 갖고 분석적이고 업무 중

마이어스-브릭스의 사고형 "선생님은 똑똑하고, 분석적이고, 체계적이고, 단호하며, 공정하게 평가하기 때문에 좋다."

마이어스-브릭스의 감정형 "선생님은 모든 학생에게 관심을 가지고 있어서 좋다. 배움과 관계없이 배려해주고 수업시간에 아무도 내쫓지 않는다."

심적인 사람들이다. 타인의 감정을 희생하면서까지 일을 마무리하고자 한다. **감정형**(feeler)은 더 사람, 관계에 초점을 맞춘다. 모두가 잘 지내길 원하며 다른 사람들을 돕기 위해 시간과 노력을 기울인다.

사고형의 사람들은 인간미 없거나 공격적으로 보일 수 있는 반면, 감정형의 사람들은 사회적 잡담으로 '시간 낭비'를 함으로써 사람들을 불편하게 할 수도 있다. 사고형의 사람들은 결정을 내리고 그대로 추진하지만 감정형의 사람들은 모두가 따라올 수 있도록 하고 함께 조화롭게 일한다.

판단형-인식형 외부 세계와 도전 과제에 대해 체계적이고 조직

TV 시리즈 〈모던패밀리〉의 각 등장인물들은 각자 독특한 개성을 지니고 있다. 이들을 마이어스-브릭스의 성격 유형에 따라 어떻게 분류할 수 있는가?

적으로 접근하는가? 그렇다면 판단형일 가능성이 높다. **판단형**(judger)은 계획을 세우고 기한을 엄수하는 매우 체계적인 사람들로, 시간에 늦거나 낭비하는 사람들을 이해하지 못한다. **인식형**(perceiver)은 판단형의 사람들보다 덜 엄격하다. 제한을 두지 않기 때문에 시간을 맞추는 것보다 유연하게 적응력을 높이는 것

이 더 중요하다. 인식형의 사람들은 새로운 선택을 시도하는 위험을 감수한다. 때로는 미루고 제시간에 업무를 완료하지 못하기도 한다.

판단형의 사람과 인식형의 사람들은 서로를 잘 이해하지 못한다. 판단형의 사람들에게 인식형의 사람들은 산만한 사람으로 보

자신에 대해 알기

성격 유형은 무엇인가?

각 성격 유형에 대한 설명을 읽고 자신에게 가장 알맞은 성격 유형을 골라 표시해보자.[15] 예를 들어 일을 먼저하고 게임을 하는지, 게임을 먼저하고 일을 하는지 등이다. 각 질문에 대해 하나만 선택한다. 질문에 대한 선택이 끝나면 각 열에 체크된 표시를 합하고, 가장 많이 체크된 성격 유형을 확인해보자.

1. 외향형인가, 내향형인가?

_____ 나는 활발하고, 사교적이며, 말로 표현하기 좋아한다.
_____ 나는 집단 토론을 좋아한다.
_____ 나는 자주 먼저 말하고 생각은 나중에 한다.
_____ 나는 소리 내어 생각한다.
_____ 다른 사람들은 내게 에너지를 준다.

_____ 외향형(E) 계

_____ 나는 말수가 적고 조용하다.
_____ 나는 일대일 대화를 선호한다.
_____ 나는 보통 생각한 후에 이야기한다.
_____ 나는 혼자 생각한다.
_____ 다른 사람들은 종종 나를 지치게 한다.

_____ 내향형(I) 계

2. 감각형인가, 직관형인가?

_____ 나는 세부 사항에 중점을 둔다.
_____ 나는 실용적이고 현실적이다.
_____ 나는 사실을 좋아한다.
_____ 나는 실제의 경험을 믿는다.
_____ 나는 명확한 현실 목표를 원한다.

_____ 감각형(S) 계

_____ 나는 전체적인 상황에 집중한다.
_____ 나는 이론적이다.
_____ 나는 사실과 세부 사항에 관심 없다.
_____ 나는 영감과 직관에 의존한다.
_____ 나는 비전을 추구하고자 한다.

_____ 직관형(N) 계

3. 사고형인가, 감정형인가?

_____ 나는 업무 지향적이다.
_____ 나는 객관적이고, 확고하며, 분석적이다.
_____ 나는 능력, 이성, 정의에 가치를 둔다.
_____ 나는 직접적이고 강직하다.
_____ 나는 머리로 생각한다.

_____ 사고형(T) 계

_____ 나는 사람 지향적이다.
_____ 나는 주관적이고, 배려하고, 친화적이다.
_____ 나는 관계와 조화에 가치를 둔다.
_____ 나는 재치 있고 인정이 많다.
_____ 나는 마음으로 생각한다.

_____ 감정형(F) 계

4. 판단형인가, 인식형인가?

_____ 나는 조직화와 체계화를 중시한다.
_____ 나는 마감 기한을 지킨다.
_____ 나는 지금 일하고, 나중에 놀 것이다.
_____ 나는 일을 끝내기 위해 스케줄을 조정한다.
_____ 나는 미리 계획한다.

_____ 사고형(J) 계

_____ 나는 유연성과 자발성을 중시한다.
_____ 나는 마감을 지키지 않는다.
_____ 나는 지금 놀고, 나중에 일할 것이다.
_____ 나는 마지막 순간에 일을 한다.
_____ 나는 되는 대로 적응한다.

_____ 감정형(P) 계

위의 결과를 토대로 성격 특성과 선호도를 가장 잘 나타내는 유형을 대문자로 표시해보자.

_____	_____	_____	_____
외향형(E) 또는	감각형(S) 또는	사고형(T) 또는	판단형(J) 또는
내향형(I)	직관형(N)	감정형(F)	인식형(P)

인다. 인식형의 사람들은 판단형의 사람들을 융통성 없고 강압적으로 느낄 수도 있다. 판단형의 사람들은 결정을 내리고 문제를 해결할 준비가 되어있지만 인식형의 사람들은 "'결정'에 만족하지 않으며 논쟁의 여지를 두고 재개하고 논의하고 재작업하고 논쟁하기를 원한다."[16] 판단형의 사람들은 미리 수업 과제를 계획하고 끝내는 반면, 인식형의 사람들은 자신의 과제를 끝내기 위해 모든 사람을 끌어들일 수 있다. 이 두 유형은 일을 수행하는 시기와 방법에 차이가 있을 뿐 모두 주어진 일은 완료한다는 점에 주목해야 한다.

대인 간 갈등 해결

8.2 대인 간 갈등을 해결하기 위한 전략을 연습해보자.

의견 차이가 있으면 관계에 있어 **갈등**(conflict)이 발생한다. 모든 건전한 관계는 아무리 중요하거나 잘 관리했더라도 대인관계에서의 갈등에 직면한다. 갈등은 불만, 싸움, 분노, 적대감과 관련이 있다. 이러한 감정이 나타날 수 있지만 갈등은 부정적인 감정을 수반할 필요는 없다. 더들리 위크스(Dudley Weeks)가 *The Eight Essential Steps to Conflict Resolution*에서 쓴 것처럼, "갈등은 우리의 사고, 태도, 신념, 인식, 사회 시스템 및 구조를 특징짓는 다양성의 결과이다."[17]

많은 사람들은 파괴적 갈등과 건설적 갈등의 차이점을 이해하지 못하기 때문에 갈등을 피하려고만 한다. **파괴적 갈등**(destructive conflict)은 적대감을 유발하거나 문제 해결을 막는 행동의 결과이다. 끊임없는 불평, 개인적인 모욕, 갈등 회피, 격렬한 논쟁이나 위협은 모두 파괴적 갈등에 해당된다.[18] 이런 종류의 갈등은 관계에 돌이킬 수 없는 손상을 주기도 한다.

파괴적 갈등
- 타인에 대한 공격
- 타인에 대한 모욕
- 방어적
- 융통성 없음
- 경쟁적
- 갈등을 피하거나 조장

건설적 갈등
- 문제 중심
- 타인에 대한 존중
- 협력적(지지하는)
- 유연함
- 협력적
- 갈등 관리에 전념

이와 반대로 **건설적 갈등**(constructive conflict)은 다른 사람의 관점을 존중하고 문제 해결을 촉구하는 방식으로 의견 차이를 표현할 때 발생한다. 분쟁해결센터의 케네스 클로크(Kenneth Cloke)와 조앤 골드스미스(Joan Goldsmith)는 우리 모두는 갈등을 어떻게 대처할지 선택할 수 있다고 설명한다. 우리는 갈등을 "우리를 억압하거나 우리를 이끌어주는 경험으로, 우리를 괴롭히는 전쟁이나 배움의 기회로 다룰 수 있다. 이러한 대조적인 태도와 접근법 사이의 선택은 갈등이 전개되는 방식을 형성할 것이다."[19]

갈등 유형

개인적인 갈등을 겪는다면 싸움에 뛰어드는가, 아니면 도망가려 하는가? 힘을 모으고 이기기 위해 게임을 하는가, 아니면 상호 동의하는 해결책을 찾기 위해 모든 사람들과 협력하는가?

심리학자 케네스 토머스(Kenneth Thomas)와 랄프 킬먼(Ralph Kilmann)은 우리는 대부분의 상황에서 회피, 순응, 경쟁, 타협, 협력 등 다섯 가지 갈등 유형 중에서 한두 가지 유형을 주로 사용한다고 말한다.[20] 이 다섯 가지 유형은 자신과 타인의 요구를 충족하기 위한 관심 정도를 나타낸다. 148쪽의 "커뮤니케이션 평가하기 : 갈등에 어떻게 대처하는가?"는 주요 갈등 유형을 확인하는 데 도움이 될 것이다.

자신의 요구를 충족시키려는 사람들은 보다 경쟁형 접근 방식을 선택하는 경향이 있는 반면, 협력형 사람들은 서로의 목표를 달성하는 데 더 관심이 있다. 다음 쪽의 그림은 갈등 유형과 개인의 동기에 대한 관계를 보여준다.[21]

회피형 자신이나 타인의 관심사에 부응할 수 없거나 꺼리는 경우 **회피형 갈등 유형**(avoidance conflict style)에 해당된다. 이 유형을 사용하는 사람들은 종종 주제를 바꾸거나, 논쟁의 여지가

갈등 유형

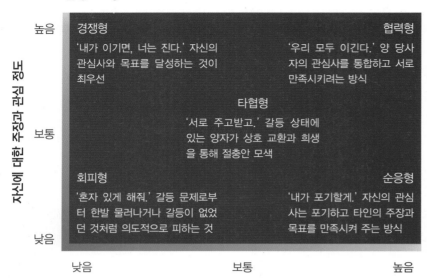

자신에 대한 주장과 관심 정도

	낮음	보통	높음
높음			

경쟁형
'내가 이기면, 너는 진다.' 자신의 관심사와 목표를 달성하는 것이 최우선

협력형
'우리 모두 이긴다.' 양 당사자의 관심사를 통합하고 서로 만족시키려는 방식

타협형
'서로 주고받고.' 갈등 상태에 있는 양자가 상호 교환과 희생을 통해 절충안 모색

회피형
'혼자 있게 해줘.' 갈등 문제로부터 한발 물러나거나 갈등이 없었던 것처럼 의도적으로 피하는 것

순응형
'내가 포기할게.' 자신의 관심사는 포기하고 타인의 주장과 목표를 만족시켜 주는 방식

낮음

낮음　　　　　　　보통　　　　　　　높음

타인에 대한 협조와 관심 정도

있는 문제를 피하거나, 갈등의 존재 자체를 부정하기도 한다. 갈등을 피하는 것은 문제를 해결하지 못하고 관계에서 긴장을 증가시킬 수 있기 때문에 비생산적일 수 있다.

그러나 경우에 따라 갈등을 피하는 것이 적절한 대응이 될 수도 있다. 문제가 중요하지 않을 때, 생각을 가다듬고 감정을 조절할 시간이 필요할 때, 대립의 결과가 너무 위험할 때, 해결할 가능성이 없을 때에는 갈등 회피를 고려해야 한다.

> **갈등은 무시하거나 피한다고 없어지지 않는다.**

순응형 다른 사람들과 갈등을 겪을 때 자신의 요구가 충족되는 것을 포기하는가? 그렇다면 **순응형 갈등 유형**(accommodating conflict style)이다. 다른 사람에게 순응하는 것이 안정과 조화를 유지시키는 것이라고 믿을 수 있지만 다른 사람을 수용함으로써 갈등을 다루는 것은 개인적 또는 직업적 관계에 덜 영향을 줄 수 있다.

반면에, 어떤 문제가 다른 사람에게는 매우 중요하지만 자신에게 별로 중요하지 않은 경우 순응형 갈등 유형이 적절하고 효과적일 수 있다. 또한 특정 문제를 해결하기보다 조화로운 관계를 유지하는 것이 더 중요할 때, 마음이 바뀌었을 때보다 틀렸다는 것을 깨달았을 때 순응형이 적합하다.

경쟁형 다른 사람들의 요구보다 자신의 요구를 충족시키는 것에 더 관심이 있다면 **경쟁형 갈등 유형**(competitive conflict style)이라 할 수 있다. 간단히 말해 본인의 아이디어가 다른 누구보다도 낫다고 믿고 있기 때문에 이기려고 한다. 경쟁형 갈등 유형은 적절히 사용할 수 있지만 적대감, 조롱, 타인에 대한 인신공격이 발생할 수 있다. 갈등 상황을 경쟁적으로 접근하면 승자나 패자가 감소되는 경향이 있다.

그러나 특정 상황에서는 경쟁형이 적절할 수도 있다. 중요한 문제에 대해 강한 믿음이 있거나 긴급한 상황에서 즉각적인 조치가 필요할 때 갈등 상황을 경쟁형으로 접근할 수 있다. 경쟁형 접

부부는 목적지로 가는 방법에 대해 다른 의견을 가지고 있지만 적대적인 주장을 하지 않는다.

친구들은 어떤 이슈에 대해 의견 차이가 있지만 서로를 협박하거나 모욕적인 태도를 취하지 않는다.

다양성과 갈등의 이해

문화적 가치는 사람들이 갈등에 대해 어떻게 생각하는지와 갈등을 해결하는 방법에 대해 많은 것을 말해준다. 예를 들어 집단주의 문화권에서는 '체면'에 높은 가치를 부여한다. 문화적 관점에서 보면 **체면**(face)은 우리가 만들고 유지하고자 하는 긍정적인 이미지이다. '체면 지키기'를 중요하게 여기는 문화권은 다른 사람의 체면을 '잃게' 하거나 인신공격을 꺼려 한다. 아래 표는 갈등에 대한 개인주의와 집단주의의 시각을 요약해서 보여준다.[22]

또한 문화적 차이는 불일치가 발생하는지, 그러한 차이를 표현해야 할지 말아야 할지 여부에 영향을 미친다. 일본, 독일, 멕시코, 브라질 등과 같은 체제 순응적인 문화권 사람들은 미국, 스웨덴, 프랑스와 같은 개인주의 문화권에서보다 의견 차이에 대해 덜 표현한다.[23] 어른을 공경하는 문화권에서는 자신보다 나이가 많은 사람과 말다툼하는 것을 무례한 행동으로 본다. 일부 인디언과 아프리카 문화권에서는 고령자가 더 현명하고 지식이 풍부하며 젊은 사람들은 자신보다 나이 많은 사람들에게 도전하거나 반항하는 것이 아니라 그들의 견해를 받아들이려고 한다.

갈등에 대한 문화적 시각

개인주의 문화	집단주의 문화
• 갈등은 개인의 목표와 밀접하게 관련되어 있다. • 갈등은 공개적이고 정직하게 다루어야 한다. • 갈등은 구체적인 해결책이나 행동 계획으로 이어져야 한다. • 갈등은 상황과 시기 측면에서 적절하게 다루어진다.	• 갈등은 관계의 맥락과 체면을 유지하고자 하는 필요성에서 이해될 수 있다. • 갈등 해결을 위해서는 다른 문제에 대한 논의 이전에 체면 문제를 상호 관리해야 한다. • 갈등 해결은 양 당사자가 체면을 지키면서 모두 이겼다고 할 수 있을 때 성공한 것으로 간주된다. • 갈등을 해결하기 위해 관계의 본질뿐만 아니라 언어적/비언어적 커뮤니케이션에 주의를 기울여야 한다.

근 방식은 특히 잘못된 결정의 결과가 유해하거나 비윤리적이거나 부적절한 경우 적합하다.

타협형 **타협형 갈등 유형**(compromising conflict style)은 다른 사람들이 성취하고자 하는 목표를 인정하는 '절충적' 접근 방식이다. 이론상으로 보면 모두가 동등하게 이기기도 하고 지기도 하기 때문에 많은 사람들은 타협이 문제를 해결하는 데 효과적이고 공정한 방법이라고 믿는다. 그러나 결과에 만족하지 못하거나 불공정하다고 생각하면 해결책이나 방안을 구현하는 데 많은 노력을 기울이지 않을 수 있다.

만장일치를 보지 못하거나 문제를 해결할 수 없는 경우 타협형 접근 방식을 이용해야 한다. 다른 갈등 해결 방법이 효과적이지 않고, 문제가 발생하거나, 더 많은 생산적인 선택 사항을 검토할 충분한 시간이 없는 경우에는 타협형을 고려할 수 있다.

협력형 **협력형 갈등 유형**(collaborative conflict style)은 자신과 타인의 목표를 모두 달성하기 위해 새로운 해결책을 찾는 모두에게 유리한(윈윈) 방식이다. 본인의 아이디어가 더 우월하다고 주장하는 대신 당사자들과 협력하여 모든 사람들을 만족시킬 수 있는 창의적인 해결책을 모색한다.

협력형은 두 가지 단점을 지닌다. 먼저 협력하는 데 많은 시간과 노력이 필요하며 어떤 이슈는 충분한 시간과 노력을 들일 만큼 중요하지 않을 수도 있다. 또한 협력을 성공적으로 수행하려면, 회피자와 조정자를 포함한 모든 사람이 협력 과정에 전부 참여해야 한다. 협력 작업은 양 당사자가 새롭고 창조적인 아이디어를 기꺼이 받아들이고 결과를 도출하는 데 전념할 때 가장 효과적이다.

갈등 해결 전략

효과적인 커뮤니케이션은 유연하며 다양한 갈등 해결 유형과 전략을 사용한다. 갈등 상황은 매번 달리 나타나기 때문에 갈등을 관리하거나 해결할 수 있는 '최상의' 방법은 없다. 이 단원에서는 갈등을 해소하거나 완화하기 위한 두 가지 전략, 즉 단계별 모델 적용 및 감정 관리 전략을 제시하고자 한다.

단계별 모델 적용하기　갈등 해결 방법을 모를 경우 A-E-I-O-U 모델과 6단계 모델과 같은 단계별 갈등 해결 전략을 사용하

갈등 해결의 AEIOU 모델

A (assume, 가정) : 다른 사람들이 선의를 가지고 갈등을 해결하고자 한다고 가정해본다. "나는 우리 모두 일을 잘 해내고자 이 프로젝트를 제시간에 끝내기를 원한다는 것을 알고 있다."

E (express, 표현) : 감정을 표현해야 한다. "나는 그다지 중요하지 않은 프로젝트에 시간을 투자하라고 하면 좌절감을 느낀다."

I (identify, 확인) : 무엇을 하고 싶은지 확실히 한다. "나는 당신과 책임과 일에 대해 공유하고 싶다."

O (outcome, 결과) : 기대하고 있는 결과를 분명히 한다. "우리 모두 끝까지 최선을 다하지 않으면 일을 잘 해내거나 제시간에 끝낼 수 없다."

U (understanding, 이해) : 성취하고자 하는 공통의 기준을 이해한다. "업무를 분배하고 마감기한을 정하거나 도와줄 수 있는 다른 사람을 데리고 올 수 있는가?"

는 것이 좋다. 갈등 해결의 A-E-I-O-U 모델(A-E-I-O-U Model of Conflict Resolution)은 개인의 관심사를 전달하고 갈등을 해결하기 위한 대안을 제시하는 데 중점을 둔다.[24] 이 모델에서 가장 중요한 점은 갈등에 연루된 사람들의 태도, 신념, 가치를 이해하려고 한다는 것이다.

갈등 해결의 6단계 모델(Six-Step Model of Conflict Resolution)은 성공적인 갈등 해결을 위한 일련의 단계를 제공한다. 아래 설명되어 있는 여섯 단계는 단순하지도 쉽지도 않다. 그러나 갈등 상황에서 '상대방과 대면할 때 무엇을 해야 하고 하지 말아야 하는지'를 알려준다.[25]

감정 관리하기　제7장 "대인관계의 이해"에서 정서 지능은 대인관계에서 감정을 인식하고 관리하는 능력이라는 것을 배웠다. 갈등 상황에서 가능한 한 정서적으로 똑똑해지길 원한다. 두 가지 중요한 기술을 통해 갈등 해결에 도움이 되는 감정적인 분위기를 조성할 수 있다. 첫째, '재빨리 스트레스를 줄이기' 위해 노력한다. 둘째, '논쟁으로 인식되는 공격 중에도 건설적인 방식으로 반응하기 위해 감정을 충분히 편안하게 유지하려' 노력한다.[26]

갈등 해결의 6단계 모델

단계		해야 할 일	전략
1	준비	갈등에 대한 문제, 이슈, 원인 파악하기	자문함으로써 갈등 분석하기 : 누가 관여되어 있는가? 어떤 문제가 발생했는가? 어디서, 언제, 왜 갈등이 발생했는가? 예 : "왜, 어떻게 잘못되었는가?"
2	시작	상대방에게 말하기. "우리 대화해보자."	상대방과 만나서 문제에 대해 대화할 것을 요청하자. 대상에 대해 일부 정보를 제공한다. 예 : "같이 점심을 먹고 이후 보고서에 대해 얘기해보는 게 어때?"
3	대립	갈등과 이를 해결해야 하는 필요성에 대해 상대방과 이야기하기	본인의 감정을 체계적으로 표현하고, 특히 생각하고 있는 해결책을 설명한다. 예 : "네가 우리 가족 모임에 와주길 바라."
4	고려	상대방의 관점을 고려하기	듣고, 공감하고, 바꿔 말하고, 이해하고 있다고 반응한다. 예 : "네 어머니가 아프신지도 모르고 너에게 늦게까지 일하라고 말했어."
5	해결	상호 이해하고 합의에 도달하기	양 당사자들이 수용할 수 있는 결과를 명시한다. 예 : "좋아. 오후 6시 이후에 일하기 원한다면 내가 네게 전화할게."
6	재평가	해결책에 대해 사후관리하기	원하는 해결책을 확인할 수 있는 시기를 지정한다. 예 : "2주 후에 만나서 우리가 원하는 대로 일이 진행되었는지 확인해보자."

얼마나 논쟁적인가?[27]

논쟁 성향(argumentativeness), 즉 '다른 사람들과 논쟁의 여지가 있는 이슈에 대해 토론하려는 의향'은 적개심이나 불안을 조장하지 않는 적극적인 특성이다.[28] 논쟁하기 좋아하는 사람들은 가장 중요한 문제에 집중하는 경향이 있으며 인신공격하려는 생각이 전혀 없다.[29] 이 설문 문항은 다른 사람들과의 논쟁을 어떻게 느끼는지 평가한다. 각 문항에 대해 다음 등급의 숫자를 써서 응답해보자.

1 = 매우 그렇지 않다   2 = 대체로 그렇지 않다   3 = 그저 그렇다   4 = 대체로 그렇다   5 = 매우 그렇다

1. _____ 나는 논쟁 중에 상대방이 나에 대한 부정적인 인상을 받게 될까 걱정한다.

2. _____ 논쟁의 여지가 있는 쟁점에 관해 언쟁을 벌이는 것은 내 지능을 향상시킨다.

3. _____ 나는 논쟁을 피하는 것이 좋다.

4. _____ 나는 논쟁을 벌일 때 활기가 넘치고 열정적이다.

5. _____ 논쟁을 마친 후에 나는 다른 언급을 하지 않겠다고 스스로 다짐한다.

6. _____ 다른 사람과의 논쟁은 나에게 해결할 수 있는 것보다 더 많은 문제를 만든다.

7. _____ 나는 논쟁에서 이기면 기쁘고 기분 좋아진다.

8. _____ 누군가와의 논쟁이 끝나면 나는 긴장되고 화가 난다.

9. _____ 나는 논쟁적인 이슈에 대해 좋은 논쟁을 즐긴다.

10. _____ 내가 논쟁을 하고 있다는 것을 깨달을 때 나는 불쾌해진다.

11. _____ 나는 문제에 대한 내 견해를 변호하는 것을 즐긴다.

12. _____ 나는 논쟁을 계속하면 행복하다.

13. _____ 나는 논쟁의 여지가 있는 문제를 논할 기회를 놓치지 않는다.

14. _____ 나와 의견이 다른 사람들과 어울리는 것이 더 좋다.

15. _____ 나는 논쟁을 흥미진진한 지적 도전이라고 생각한다.

16. _____ 나는 논쟁 중에 반박할 의견을 생각할 수 없다는 것을 알게 된다.

17. _____ 논쟁의 여지가 있는 문제에 대해 논쟁을 한 후 기분 전환이 된다.

18. _____ 나는 논쟁을 잘할 수 있는 능력이 있다.

19. _____ 나는 논쟁을 피하려고 한다.

20. _____ 내가 하는 대화가 논쟁을 불러일으킬 것으로 생각하면 흥분된다.

평가 방법
1. 2, 4, 7, 9, 11, 13, 15, 17, 18, 20번 항목의 점수를 더한다.
2. 1단계의 합계에 60점을 더한다.
3. 1, 3, 5, 6, 8, 10, 12, 14, 16, 19번 항목의 점수를 더한다.
4. 논쟁 성향에 대한 점수는 2단계 합계 점수에서 3단계 합계 점수를 뺀다.

점수별 해석
73~100점 = 높은 논쟁 성향
56~72점 = 보통 논쟁 성향
20~55점 = 낮은 논쟁 성향 또는 논쟁 성향 없음

온라인상에서의 갈등 해결

이메일이나 페이스북, 트위터, 구글 행아웃과 같은 온라인 소셜미디어의 사용 여부와 상관없이 갈등 해결을 위한 최상의 매체는 면대면 상호작용이다. 캐슬린 밸리(Kathleen Valley) 교수의 연구에 따르면 이메일로 진행된 협상 결과의 50%는 실패했으며 면대면 상호작용은 단 19%만이 실패한 것으로 나타났다. 밸리 교수는 다음의 연구 결과에 대해 설명한다.

이메일을 통한 협상은 불편한 거래로 악화될 가능성이 더 커진다. 면대면 만남에서 대화가 조금 심각해지면 어느 한쪽은 물러난다. "미안합니다. 그런 뜻이 아니었어요." 또는 "내가 말하려고 했던 것을 이해하지 못했을 것입니다. 다르게 설명해볼게요. 제가 말하려고 하는 것은…" 상호작용이 단순히 온라인으로 이뤄진다면 사람들은 갈등을 심화시키고 노골적으로 무례하게 대할 수도 있다. 플레이밍 (flaming)*이 인터넷에서 흔하게 사용되

* 역자 주─온라인상의 의사소통에서 사회적 상호작용의 기준을 의도적으로 어기는 메시지, 악성 댓글 등을 말한다. 주로 상대에게 상처를 주거나 언어 폭력성을 띤다.

는 이유기도 하다.[30]

밸리 교수는 또한 사람들이 이메일에 거짓말을 할 확률이 높으며, 현재나 미래에 누구나 볼 수 있도록 서면으로 토론이 이뤄지기 때문에 정말로 믿는 것이 무엇인지 말하는 것을 꺼리게 된다고 지적한다. 결국 이용자들은 "융통성이 적고 개인 커뮤니케이션에서 정상적으로 주고받을 수 있는 것을 포함하기 꺼리게 된다."[31]

이러한 결과는 놀랍지 않다. 대부분 이메일이나 소셜미디어를 통한 상호작용에서는 비언어적 커뮤니케이션(신체적이거나 음성적인 것 모두)이 부족하기 때문에 갈등을 효과적으로 해결하는 데 한계가 있다. 다른 사람의 표정을 보거나 목소리를 들을 수 없다면 그 의미를 오해하게 된다. 또한 "갈등은 온라인에서 확대될 수 있다. 작은 의견 차이나 오해가 시작되면 매우 빠른 속도로 심각한 문제로 확산된다."[32]

다음의 전략은 문제의 성격과 중요성, 관련된 사람들의 성격과 태도, 사용하고 있는 특정 미디어 유형을 고려한 것으로 갈등 해결의 온라인 장애물을 극복하는 데 도움이 될 것이다.

1. 심호흡을 한다. 즉시 응답하지 않는다. 응답하기 전에 게시물을 여러 번 읽고 처리한다.

2. 다른 사람들과 어려움을 겪은 적이 없다면 대부분의 다른 사람들이 선의를 지니고 있다고 가정한다.
3. 다른 사람들의 뜻을 이해하지 못하면 설명해줄 것을 요구한다. 이해한 것을 바꿔 말해보고 맞는지 확인해본다.
4. 비난받기 쉬운 '당신' 중심의 문장보다 '나' 중심의 문장을 사용한다(제5장 "언어적 커뮤니케이션"에서 '나'와 '당신'을 현명하게 사용하는 방법을 참조할 것).
5. 개인적으로 메시지를 받아들이지 않는다. 자신이 아닌 업무나 문제에 초점을 둔다.
6. 다른 사람이나 집단과의 공통점이나 일치된 의견을 찾으려고 한다.
7. 갈등을 해결하는 상호작용을 조정하기 위해 준비, 시작, 긴장, 고려, 해결, 재평가 등 6단계의 갈등 해결 모델을 활용한다.

갈등 상황에서 다음의 스트레스 증상을 경험한 적 있는지 잠시 생각해보자. 근육이나 위가 경직되는가? 손을 꼭 쥐고 있는가? 평소보다 얕은 숨을 쉬거나 심장이 빨리 뛰는가?[33] 이러한 증상이 나타나는 경우 몸의 긴장을 풀도록 노력해보자. 이러한 전략은 커뮤니케이션의 불안을 해소하는 데에도 도움이 된다.

● 조용히 스스로 진정한다. 차분하게 감정을 통제할 수 있어야 효과적으로 커뮤니케이션하고 갈등을 해결할 수 있음을 기억

조용히 이~~완~~하기

갈등을 겪거나 감정이 자신과 생각을 통제할 때 2음절 단어나 구절을 스스로에게 조용히, 음절과 음절을 깊이 호흡하고 내쉬면서 반복해본다. 예를 들어 '이완'이란 단어를 사용하면, 천천히 코로 숨을 들이쉬면서 길게 '이~~'라고 조용히 말한다. 2~3초 정도 걸릴 것이다. 그다음 약 2~3초 동안 천천히 숨을 내쉬면서 '완~~'이라고 조용히 말한다. 숨을 내쉬고 들이마시고 또 내쉬면서 '이~~~완~~~'을 4~5번 생각한다. 30초 이완 운동이 끝날 때쯤엔 맥박이 느려지면서 편안함을 느낄 수 있을 것이다. 주의사항은 현기증이 나거나 기절할 정도로 너무 깊이 오랫동안 숨을 들이쉬거나 내쉬지 않는 것이다.

해야 한다.

- 긴장, 불안, 적대감이 아닌 토론할 수 있는 얼굴 표정과 자세를 유지한다.
- 심호흡, 한숨, 주먹 쥐기, 복근 강화와 같은 이완 기술을 사용한다. 이전 쪽의 '조용히 이완하기' 기술은 많은 학생들이 진정하고 집중할 수 있도록 도와준다.

갈등에 대한 감정 반응을 통제할 수 있으면 다른 사람이나 집단의 관점을 이해하기 위한 더 많은 에너지와 시간을 얻을 수 있다. 이러한 인식은 실제 문제를 이해하는 데 도움이 된다. 또한 감정을 조절하는 것은 "갈등이 해결될 때까지 동기를 유지하는 데 도움이 된다. 명확하고 효과적으로 커뮤니케이션 능력을 향상시킬 수 있다. 그리고 준비를 잘하면 다른 사람들에게 영향을 미칠 가능성이 높아진다."[34]

분노 관리

8.3 자신과 타인의 분노에 적절하게 대처하고 대응해보자.

분노는 자연스러운 인간의 감정이다. 누구나 때로는 화를 낸다. 많은 경우에 분노(anger)는 충분히 정당화될 수 있다. 분노는 자연스러운 반응이다. 친구가 거짓말을 하고 동료가 자신의 공로를 가로채거나 애인이 배신한다면, 사소한 분노에서 극심한 분노에 이르기까지 충족되지 못한 기대 심리로 인해 감정적 반응으로서 분노가 나타난다. 효과적으로 분노를 다스리기 위해서는 상대방을 존중하면서 대하는 동안 화가 난 감정을 적절하게 전달하는 방법을 알고 있어야 한다.

분노에 대한 이해

누구나 분노를 경험한다. 이것이 문제는 아니다. 문제는 분노를 조절할 수 없어 자신과 타인에게 해를 가할 때 발생한다. 진 시걸(Jeanne Segal)과 멜린다 스미스(Melinda Smith)는 *Help Guide*에서 "분노를 조절하고 적절하게 표현할 수 있는 방법을 배우면 더 나은 관계를 구축하고 목표를 달성할 수 있으며 보다 건강하고 만족스러운 삶을 영위할 수 있다."라고 말한다.[35]

분노를 어떻게 관리해야 하는지 살펴보기 전에 "분노에 대한 세 가지 오해" 표처럼 많은 사람들이 분노에 대해 가지고 있는 일반적인 오해에 대해 생각해보자.

화를 잘 내는 편이라면 왜 화가 났는지 그 이유를 분석하는 것이 좋다. 분노는 충족되지 않은 기대에 대한 반응이라는 것을 기억하자. 우리는 다른 사람들이 정직하길 기대하지만 그렇지 않다. 다른 사람들이 존중해주길 기대하지만 그 또한 아니다. 다

> 문제는
> 화가 난 것이 아니라
> 분노를 얼마나 잘 이해하고
> 관리하는가이다.

분노에 대한 세 가지 오해[36]

1. **분노와 공격성은 인간 본능이다.** 인간이 선천적으로 공격적이라는 주장을 뒷받침하는 과학적 증거가 없다. 우리의 생존력은 협력에 달려 있으며 파괴적인 갈등과 공격은 아니다.[37]

2. **분노는 항상 도움이 된다.** 분노는 위험을 경고하거나 신체가 투쟁-도피 반응(fight-flight response)을 준비할 때 유용하다. 그러나 다른 사람들에 대한 적개심으로 인한 분노(경고 역할을 하는 분노와는 대조적으로)는 건강에, 특히 심장에 좋지 않다.[38]

3. **분노는 다른 사람들에 의해 야기된다.** 화가 났을 때 "그녀가 나타나지 않아 화가 났다."라고 말하거나 "상사가 보고서 작성 공로를 인정하지 않아 화가 났다."라고 말할 수도 있다. 화는 다른 사람을 탓하는 것으로, 어떤 방식으로든 본인의 행동을 바꿀 필요는 없다. 결과적으로 화만 내는 것이다.[39]

른 후보보다 더 낫다고 생각하는 후보가 이기길 바라지만 그 후보는 진다. 좋은 성적, 직업, 승진, 상을 받을 것으로 기대하지만 얻지 못한다. 결과적으로 화가 난다. 아니면 시걸과 스미스가 말했듯이 우리의 분노는 "당혹스러움, 불안, 상처, 수치, 약점 등과 같은 다른 감정을 가리기 위한 것인가?"[40]

분노의 표현

분노를 다루는(참거나 표출하는) 가장 좋은 방법은 무엇인가? 어떤 사람들은 분노를 항상 억압해야 하는 파괴적인 감정으로 본다. 그러나 정당화된 분노를 감추면 반복적인 문제가 해결되지 않은 채 덧나거나 쌓일 수 있다. 심리치료사 빌 드푸어(Bill DeFoore)는 억압된 분노를 압력솥에 비교한다. "우리는 폭발하기 전까지 오랫동안 분노를 참거나 억압하려고만 한다. 중간에 폭발하면 모든 종류의 문제가 야기된다."[41]

다른 사람들은 분노가 얼마나 극심하거나 잠재적으로 손해를 끼칠지에 상관없이 본인의 분노를 충분히 표현한다고 믿고 있다. 또한 분노가 표출되면서 긴장이 풀리고 진정된다고 믿는다. 심리학자들은 기분을 풀기 위해 화를 내는 것은 "아무것도 안 하는 것보다 더 나쁘다. 분노를 표현한다고 해서 화가 감소되는 것은 아니다. 심지어 더 화나게 할 수도 있다."라고 설명한다.[42] 게다가 화를 내기 시작하는 사람들은 대개 화를 내면서 결국 문제를 악화시킨다.

분노에 관한 이 상반된 견해는 비생산적일 수 있다. 대인관계

에 영향을 미칠 뿐만 아니라 고혈압이나 심장병과 같은 심각한 건강 문제를 야기할 수 있다.[43]

기원전 4세기 후반 아리스토텔레스는 니코마코스 윤리학(*Nicomachean Ethics*)에서 "누구든지 화를 낼 수 있다. 이것은 쉽다."라고 썼다. 그러나 올바른 사람에게, 올바른 정도로, 올바른 때에, 올바른 목적으로, 올바른 방식으로 화를 내는 것은 칭찬할 가치가 있다.[44] 여기에 필자는 자신의 분노를 건설적으로 표현하기 위한 몇 가지 전략을 제시하고자 한다.[45]

- 화가 났다고 말한다.
- 화풀이하거나 억압하지 않는다.
- 인신공격에 분노를 표출하지 않는다.
- 분노의 근원을 확인한다.

토니 소프라노(미국 HBO의 TV 시리즈 〈소프라노스〉의 주인공인 마피아 두목)는 종종 억제하지 못하는 분노로 인해 자신과 가족, 희생자들을 다치게 한다.

소리를 지르는 것은 화가 났다는 것을 다른 사람들에게 알릴 수 있지만 "화났어."라고 침착하고 분명하게 말하면 자신이 어떻게 느끼는지 알리고, 갈등을 건설적으로 해결할 수 있는 방법을 알려줄 것이다. 또한 누구든 자신의 감정에 대한 권리가 있지만 누군가에게 화를 내며 소리를 지르는 것은 파괴적이고 무례하며 어떤 것도 해결하지 못한다.

인신공격은 피하도록 한다. 이는 갈등만 확대시킬 뿐이다. '당신' 중심의 문장("당신 때문에 엉망이 됐어.") 대신 '나' 중심의 문장("나는 기대하고 있었어.")을 사용한다. 마지막으로 자신이 화를 내는 이유를 상대에게 이해시킨다. "보고서가 아직 마무리되지 않아서 내가 지금 난처해졌어." 사회심리학자 캐럴 태브리스(Carol Tavris)는 분노에는 "선택에 대한 인식과 이성의 포용이 필요하다. 이는 언제 화를 내야 하는지('뭔가 잘못됐다. 항의해야

겠다.'), 언제 화해해야 하는지, 언제 행동을 취해야 하는지, 침묵해야 하는지를 아는 것이며, 분노가 원인이 될 수 있다는 것을 알고 애꿎은 사람을 비난하지 않아야 한다."라고 말한다.[46]

타인의 분노 이해

자신의 분노를 이해하고 적절하게 표현하더라도 이는 다른 사람들이 아닌 자신의 감정만을 해결한 것이다. 화를 내는 사람과 상황을 피하면 좋겠지만, 이것은 불가능한 일이다. 분노 관리 상황의 나머지 절반은 다른 사람의 분노에 어떻게 반응하는지를 배우는 것이다.

사과

사과는 분노를 분산시키는 데 상당한 효과가 있고 건설적인 갈등 해결을 위한 기회가 된다. 그러나 사과의 중요성과 단순함에도 불구하고 많은 사람들이 '미안하다'는 말을 하기 어려워한다. 갈등에서 '지거나' 자존심이 상해도 사과를 잘하면 다른 사람들에게 존중을 받고 신뢰 관계를 구축할 수 있게 해준다. 효과적으로 사과하기 위해 다음 사항을 고려해보자.[47]

- '나' 중심의 문장으로 행동에 대해 책임을 진다. "내가 청구서를 늦게 냈어."
- 잘못된 행동을 확실히 파악한다. "당신과 먼저 상의하지 않고 내가 중요한 약속을 했어."
- 다른 사람이 느끼는 감정을 인정한다. "나한테 화내는 게 당연해."
- 다르게 행동했을 수 있음을 인정한다. "당신이 이 프로젝트를 함께할 수 있는지 물어봤어야 했어."
- 유감의 뜻을 나타낸다. "미리 생각하지 않은

것에 대해 나 스스로에게 화가 나있어."
- 상황을 바로잡기 위해 약속을 이행한다. "보고서에 당신의 이름도 포함되어야 한다는 사실을 오늘 이메일로 보낼게."
- 용서를 요구하되 강요하지 않는다. "우리 관계를 소중히 여기고 있어. 나를 용서해주길 바라."

미안하다는 말은 행동과 행위에 책임을 지는 것이다.

누군가가 자신에게 분노를 표출한다면 다음의 전략을 적절히 사용해보자.[48]

- 다른 사람의 분노하는 감정을 인정한다. "당신이 얼마나 화가 났는지 이해해." "당신이 얼마나 화가 났는지 알 것 같아."
- 분노의 근원이 되는 문제나 행동을 파악한다. "나는 다음 주말에 교대 근무를 약속하지 않았는데, 당신은 우리가 이렇게 합의했다고 생각하는 것 같아."
- 분노 정도와 문제의 중요성을 평가한다. "친구 결혼식에 참석하기 위해 교대 근무를 바꾸려는 것이면 다른 누군가를 찾는 것이 중요할 것 같아."
- 갈등 해결을 위해 협력적으로 접근한다. "이번 주말 교대 중 하루는 내가 근무할 수 있어. 다른 날 누가 일해줄 수 있는지 같이 찾아보자."
- 관계에 대해 긍정적으로 말한다. "당신과 함께 일하는 것이 즐거워. 이 문제도 같이 해결할 수 있을 거야."

자기주장

8.4 다른 사람의 권리와 요구를 존중하면서 자기주장을 실천해보자.

지금까지 우리는 대인관계에 영향을 미치는 불가피한 긴장과 이러한 긴장이 다른 사람들과 잘 지낼 수 있는 능력에 어떻게 영향을 미치는지 살펴보았다. 또한 갈등과 분노를 잘 관리하고 대응하는 방법에 대해 설명했다. 이 단원에서는 자기주장에 중점을 둔다. 자기주장은 커뮤니케이션 목표를 달성하고 갈등 상황과 감정 반응을 최소화하고 피하는 데 도움을 주는 커뮤니케이션 전략이다.

다음의 가정적 상황을 생각해보자. 회사에서는 더 오랜 시간 일하기를 원하지만 가족과 더 많은 시간을 보내기 원한다면 어떻게 할 것인가? 파티에 가고 싶지만 집에서 공부해야 한다면 어떤가? 이러한 상반된 요구의 균형을 맞추고 잠재적 갈등을 어떻게 해결할 수 있는가? 대답은 얼마나 자기중심적인지에 달려있다.

자기주장(assertiveness)은 다른 사람들의 권리와 요구를 존중하면서 자신의 권리와 요구도 솔직하게 내세우는 능력이다. 자기중심적이면 자신과 다른 사람들의 요구에 동일하게 관심을 보일 것이다. 자신의 감정을 정확하고 적절하며 정중하게 표현하고 전달할 수 있다. 도움을 요청할 수도 있다. 원하는 것을 요청하고 원하지 않는 것을 거부할 수 있다. 자신의 생각, 감정, 행동에 대해 책임을 질 수 있다.[49]

수동성과 공격성

자기주장은 세 가지 개념, 즉 수동성, 공격성, 수동-공격성을 고려하면 가장 잘 이해할 수 있다.

수동성(passivity)은 갈등과 불일치를 피하기 위해 자신의 요구를 희생시키고 다른 사람들을 만족시켜 주는 것이 특징이다. 예를 들어 에밀리의 사장은 주말에도 일해줄 것을 부탁했다. 에밀리는 알겠다고 하고 중요한 가족 행사에 참석해야 하는 것을 말하지 못했다. 수동적인 개인은 종종 타인에 의해 이용된다고 느끼며 자신의 불행에 대해 타인을 원망한다. 결국 자신의 행동과 그 행동의 결과에 대해 책임지지 않는다.[50] 수동적으로 커뮤니케이션을 하는 사람들은 자신의 이익에 최선이 아니더라도 타인에게 맞추는 경향이 있다. 다른 사람들에게 아니라고 말을 못하고 의사 결정이나 타인과 시선 맞추는 것에 어려움을 겪으며 어떻게 해서든지 대립되는 상황을 피한다.[51]

수동성의 반대는 **공격성**(aggression)으로 이는 자신의 요구를 우선순위에 두면서 다른 사람의 요구와 권리를 침해하는 것이다.

자기주장의 **이점**

- 자신의 감정을 적절하게 표현할 수 있다.
- 칭찬을 기꺼이 받아들인다.
- 적절한 때에 자신의 권리를 말할 수 있다.
- 자존감과 자신감이 향상된다.
- 중요한 문제에 대한 의견 불일치를 표현할 수 있다.
- 타인의 부적절하거나 공격적인 행동을 개선하도록 요청할 수 있다.[52]

대인관계의 윤리 원칙

커뮤니케이션의 윤리적 결정은 일상에서 매일 도전을 받는다. 그러나 갈등, 분노, 공격성, 수동성이 혼합되면 윤리적으로 대응하는 것이 불가능해 보일 수 있다. 우리는 애써 참기보다 눈에는 눈, 이에는 이로 대응하길 원하는가? 격렬한 논쟁 중이라면 이를 피할 것인가, 아니면 싸울 것인가? 화가 많이 났다면 자신이 당한 만큼 다른 사람에게 상처를 주는 단어를 사용하려 할 것인가? 이러한 딜레마는 커뮤니케이션의 문제 이상으로 윤리적 문제이기도 하다.

폴라 톰킨스(Paula Tompkins)는 자신의 저서 *Practicing Communication Ethics*에서 개인 간의 만남에서 직면하는 윤리적 문제를 평가하기 위한 네 가지 원칙을 제시하고 있다.[53]

1. **황금률** : 다른 사람에게 자신이 대접받기 원하는 대로 다른 사람을 대접하라. 공정하고, 정직하고, 배려하는 커뮤니케이션 반응을 원하는가?
2. **플래티넘의 법칙(백만금률)** : 다른 사람들이 원하는 방식으로 대접하라. 다른 사람들에게 묻거나 듣지 않고 실제 원하거나 생각하는 것을 알고 있는가? 나이, 문화, 민족, 성별, 지위, 교육 등을 고려했는가? 다시 말하면 '내가 대접받기 원하는 것'은 그들이 원하는 방식이 아닐 수도 있다.
3. **일반화 가능성의 원칙** : 순간적이거나 제한적인 것, 더 오래 지속되거나 광범위하게 적용되는 것을 구분하라. 특정 사람이나 특정 상황에서 다른 윤리적 가치나 원칙을 적용하는가? 예를 들어, 내 가장 친한 친구는 내가 다른 사람을 비난하는 비윤리적 행동을 취해도 내버려 두는가?
4. **대중성 평가** : 커뮤니케이션 반응이 윤리적이고 정당하다는 것을 다른 사람들에게 납득시킬 수 있는가? 친구나 동료는 뭐라고 말할 것인가? 궁극적으로 자신의 행동에 영향받을 수 있는 사람은 누구인가?[54]

두 사람 사이에 해결되지 않은 갈등이나 통제할 수 없는 분노가 커다란 결과를 가져올 수 있다. 분노를 다스리지 못하면 폭력으로 확대될 수 있다. 자신의 요구와 권리를 주장하지 않으면 다른 사람의 요구와 권리를 침해할 수도 있다. 자신과 타인의 윤리적인 행동을 평가하기 위해 위의 원칙을 활용해보자.

공격적인 개인은 다른 사람들에게 규정 준수를 요구한다. 공격적인 행동은 폭력적으로 비춰질 수 있지만 일반적으로 큰 소리, 부릅뜬 눈, 주눅 들게 만드는 시선 등과 같은 미묘한 행동으로 나타난다.[55] 공격적으로 커뮤니케이션하는 사람은 오직 자신에게만 집중한다. 그들은 흥분하고, 다른 사람들에게 소리치거나 괴롭히는 경향이 있다. 화를 낼 때 다른 사람들의 이름을 부르거나 외설적이고 공개적으로 비판하고, 타인의 잘못을 찾으려 하며, 충분히 했음에도 계속 논쟁하려고 한다.[56]

사실 때때로 사람들의 의도가 공격적이면서 수동적으로 보일 수 있다. **수동-공격성**(passive-aggressive)은 협조적이며 다른 사람의 요구를 수용하고자 하는 경우에도 미묘하게 공격적인 행동이 나타난다. 수동-공격적 행동의 사람들은 원하는 것을 얻기 위해 조작한다. 예를 들어 형제에게 호의를 베풀기를 거절당하면, 요구를 들어줄 때까지 집안을 둘러볼 것이다. 수동-공격적 개인을 한눈에 인식하는 것은 어려울 수 있다. 유쾌하게 보일지도

DESC 각본

단계	사례
D(설명) : 가능한 명확하고 객관적으로, 불필요한 상황이나 공격적 행동에 대해 설명한다. 인식된 동기가 아닌 다른 사람의 행동 자체를 설명한다.	"지난 마지막 그룹 프로젝트를 수행하는 데 내가 대부분 다했어."
E(표현) : 자신의 감정을 분명하고 침착하게 표현한다. 방어적인 반응을 피하기 위해 '당신'이 아닌 '나' 중심의 문장을 사용한다.	"결과적으로 나는 지쳤고 화가 났어."
S(구체화) : 자신이 원하는 일이나 상대방이 원하는 행동을 구체화한다. 상대가 자신이 요구한 것을 할 수 있는지, 자신이 유도한 변화가 있었는지 고려한다.	"다음 프로젝트에서는 동등하게 일을 분배하자."
C(결론) : 자신의 요구를 수락하거나 거절한 (긍정/부정 모두) 결론을 내린다. 자문해본다. 내가 제공할 수 있는 결과에 따르는 보상은 무엇인가?	"우리가 프로젝트를 함께 수행하면 더 잘 할 수 있고, 더 일찍 끝내고, 좋은 성적을 얻을 수 있을 거야."

모르지만 내면에 억울함을 숨기고 있다. 다른 사람들이 포기하도록 미루고, 약속한 것을 잊어버렸다고 말하며, 모면할 수 있다면 다른 사람들에게 해를 끼칠 수도 있다.[57]

수동성, 공격성, 수동-공격성의 행동들은 처음에는 효과적일 수 있지만 장기적으로는 대인관계와 직장 내 인간관계에 도움이 되지 않는다.

자기주장의 기술

자기주장은 배우기 어려울 수 있다. 특히 이의 제기를 받을 때 수동적이거나 공격적으로 변할 경우, 회피형, 순응형, 경쟁형, 타협형의 갈등 유형에 의존하는 경우 특히 그렇다.

자기주장하기는 일부 맥락에서 이러한 유형이 적절할 수 있다는 것을 인식하면서 오래된 커뮤니케이션 습관을 깨는 것을 포함할 수 있다. 처음에는 자신의 권리를 주장하는 것이 갈등을 야기하기 때문에 자기주장 행동이 이상하거나 불편하게 느껴질 것이다.

샤론 바우어(Sharon A. Bower)와 고든 바우어(Gordon H. Bower)는 저서 나만의 캐릭터로 승부하라(*Asserting Yourself*)에서 **DESC 각본**(DESC script)을 개발했다. 이는 더욱 자기주장을 잘하기 위한 커뮤니케이션 기술에 따른 4단계 과정이다. DESC는 설명(Describe), 표현(Express), 구체화(Specify), 결론(Consequence)의 머리글자이다. 이 방법은 개인과 직업 관계 모두에서 사용할 수 있다.[58] 경우에 따라 누군가에게 대면하기 전에 먼저 DESC 각본을 작성하고 연습할 수 있다.

> **자기주장 행동은**
> **자존심, 갈등 해소 능력을**
> **향상시킬 수 있으며**
> **관계 개선에도 도움을 준다.**

커뮤니케이션 사례

'아니요'라고 말하기

누군가에게 '아니요'라고 말하는 것은 어려운 일이며, 심지어 두렵기도 하다. 에드먼드 본(Edmund Bourne)은 자신의 저서 불안·공황장애와 공포증 상담 워크북(*The Anxiety and Phobia Workbook*)에서 "자기주장의 중요한 측면은 당신이 원하지 않는 요구에 대해 '아니요'라고 말할 수 있는 능력이다. '아니요'라고 말하는 것은 자신의 욕구와 욕망에 상충되는 다른 사람들의 요구에 자신의 시간과 에너지를 제한하는 것을 의미하지 않는다. 또한 죄책감 없이 할 수 있음을 의미한다."라고 말한다.[59]

경우에 따라 가족, 친한 친구, 가까운 동료에게 '아니요'라고 말해야 할 수도 있다. 다음은 본이 제안하는 4단계이다.

1. 다른 사람의 요청을 반복하여 확인한다. "나는 내일 너와 점심을 먹고 싶어."
2. 거절하는 이유를 설명한다. "금요일까지 일을 마무리해야 해서 이번 주는 시간을 내기 어려워."
3. '아니요'라고 말한다. "그래서 나는 거절할 수밖에 없어."
4. (선택 사항) 자신과 타인의 요구가 모두 충족되는 대안적 제안을 한다. "시간을 다시 잡으면 좋겠어. 다음 주 화요일이나 수요일은 어때?"[60]

두 당사자 모두에게 적합한 합리적인 대안이 없을 경우 네 번째 단계는 생략해도 좋다. 본은 다음 사례를 설명한다.

이사하는 데 도움이 필요하다고 들었어(인정). 도와주고 싶지만 내 남자친구에게 이번 주말에 여행을 가자고 약속해서(설명), 도움을 줄 수 없을 것 같아(거절). 다른 사람을 찾기를 바란다.[61]

> **'아니요'라고**
> **말하는 것은 한계를 설정한다는**
> **의미이다.**

친구가 되고 싶지 않거나, 싫거나, '위험'해 보이는 사람에게 '아니요'라고 말해야 하는 경우도 있다. 그런 경우 간단하게 '아니요' 또는 "아니요. 괜찮습니다."라고 정중하고 확고한 태도로 말한다. 집요하게 계속 요구한다면 사과하지 말고 다시 '아니요'라고 말한다.

갈등에 어떻게 대처하는가?[62]

다음의 20개 문장은 갈등 상황에서 어떤 사람의 발언을 나타낸다. 각 메시지를 개별적으로 고려하고 갈등 상황에서 정확하게 일치하지 않더라도 본인에게 가장 유사한 태도와 행동을 표시해보자. 다음 5점 척도 중 하나를 골라 각 문항을 평가해보자.

5 = 매우 그렇다   4 = 거의 그렇다   3 = 보통이다   2 = 거의 그렇지 않다   1 = 매우 그렇지 않다

나는 갈등 상황에서 …

_____ 1. 내가 갈등을 겪을 때 주제를 바꾸려고 노력한다.

_____ 2. 나는 갈등이 너무 심각해지지 않도록 이견을 좁히고자 한다.

_____ 3. 나는 갈등에서 특히 내가 정말로 원하는 것이 있다면 뒤로 물러서지 않는다.

_____ 4. 나는 모두가 동의할 수 있는 절충안을 찾으려고 노력한다.

_____ 5. 나는 개인적으로 받아들이기보다 객관적으로 갈등을 보려고 노력한다.

_____ 6. 심각한 갈등의 조짐이 있으면 사람들과의 접촉을 피한다.

_____ 7. 나는 갈등을 해결하기 위해 다른 사람들이 원하는 대로 내 입장을 바꿀 용의가 있다.

_____ 8. 문제가 나에게 매우 중요하고 다른 사람들과 이견이 있을 때 나는 열심히 싸운다.

_____ 9. 나는 갈등을 해결하고자 할 때 내가 원하는 모든 것을 얻을 수 없다는 것을 이해한다.

_____ 10. 나는 갈등을 해결하기 위해 지위 차이와 방어적 태도를 최소화하려고 노력한다.

_____ 11. 나는 갈등을 미루거나 꺼린다.

_____ 12. 나는 갈등에 대한 느낌, 특히 부정적인 것은 거의 공개하지 않는다.

_____ 13. 나는 갈등 상황을 통제할 수 있는 충분한 힘이 있는 것이 좋다.

_____ 14. 나는 갈등을 겪는 당사자들 간에 타결을 보게 하는 일이 좋다.

_____ 15. 나는 모든 갈등이 긍정적인 해결책이 있다고 믿는다.

_____ 16. 나는 대부분의 경우 상대방의 요구에 응한다.

_____ 17. 나는 논쟁에서 이기는 것보다 친구를 지키고 싶다.

_____ 18. 우리가 해야 할 일이 무엇인지 알면 논쟁에서 시간 낭비할 필요가 없다.

_____ 19. 나는 일부 문제에 대해서는 기꺼이 포기할 용의가 있다.

_____ 20. 나는 모든 사람의 욕구를 충족시킬 수 있는 해결책을 찾는다.

갈등 유형	회피형	순응형	경쟁형	타협형	협력형
항목 점수	1 = _____	2 = _____	3 = _____	4 = _____	5 = _____
	6 = _____	7 = _____	8 = _____	9 = _____	10 = _____
	11 = _____	12 = _____	13 = _____	14 = _____	15 = _____
	16 = _____	17 = _____	18 = _____	19 = _____	20 = _____
전체 점수	_____	_____	_____	_____	_____

가장 자주 이용하는 갈등 유형별로 자신의 점수를 확인해보자. 옳고 그른 답은 없다. 여러분의 갈등 유형은 문제, 관련된 사람들, 상황에 따라 다를 수 있다.

대인관계의 긴장과 균형

8.1 대인관계에서 상반되는 긴장의 균형을 유지하기 위한 방법을 설명해보자.

- 관계적 변증법 이론은 모순된 힘의 상호작용의 세 가지 영역, 즉 통합-분리, 안정-변화, 표출-은닉 등이 대인관계에 어떻게 영향을 미치는지 설명한다.
- 마이어스-브릭스 성격 유형 지표(MBTI)는 자신과 타인의 성격 특성, 즉 외향형-내향형, 감각형-직관형, 사고형-감정형, 판단형-인식형 등을 이해함으로써 대인관계에서 긴장의 균형을 맞출 수 있게 도와준다.

대인 간 갈등 해결

8.2 대인 간 갈등을 해결하기 위한 전략을 연습해보자.

- 갈등은 커뮤니케이션의 의도와 방법에 따라 건설적 갈등과 파괴적 갈등으로 나눌 수 있다.
- 개인주의-집단주의 문화 차원은 대인관계 갈등에 어떻게 접근하고 이를 어떻게 해결하는지에 영향을 미친다.
- 다섯 가지 갈등 유형은 회피, 순응, 경쟁, 타협, 협력 등이다.
- A-E-I-O-U 모델과 6단계 모델은 갈등 해결에 도움을 준다.
- 자신이 얼마나 논쟁 성향을 지니고 있는지, 그리고 그것이 대인관계 갈등을 다루는 방식에 어떠한 영향을 미치는지를 알아보자.
- 추가적인 갈등 해결 전략은 감정 관리와 사과하는 방법을 배우는 것을 포함한다.

분노 관리

8.3 자신과 타인의 분노에 적절하게 대처하고 대응해보자.

- 분노는 충족되지 못한 기대 심리로 인한 자연스러운 감정적 반응이다.
- 분노에 대한 몇 가지 일반적인 신화가 있다. 분노는 인간 본능이며, 항상 도움이 되고, 다른 사람들에 의해 야기된다는 것이다.
- 분노는 화가 났다고 말하고, 화풀이나 억압하지 않으며, 인신공격을 피하고, 분노의 근원을 확인함으로써 적절하게 표현할 수 있다.

자기주장

8.4 다른 사람의 권리와 요구를 존중하면서 자기주장을 실천해보자.

- 자기주장이 강한 사람들은 다른 사람들의 권리와 요구를 존중하면서 자신의 권리와 요구도 충족시킨다.
- 수동성은 자신의 요구를 희생해서 다른 사람들을 만족시켜 주는 것이 특징이다. 공격성은 타인보다 자신의 요구를 우선순위에 두는 것이다. 수동-공격성은 다른 사람의 요구를 수용하는 것처럼 보이지만 공격적인 행동이 미묘하게 나타난다.
- DESC 각본은 더욱 자기주장을 잘하기 위한 커뮤니케이션 기술에 따른 4단계 과정(설명, 표현, 구체화, 결론)이다.
- 자기주장이 강한 사람은 원하지 않는 요구에 대해 '아니요'라고 말한다.

주요 용어

갈등	지표	직관형
갈등 해결의 A-E-I-O-U 모델	변증법	체면
갈등 해결의 6단계 모델	분노	타협형 갈등 유형
감각형	사고형	통합-분리 변증법
감정형	성격	파괴적 갈등
건설적 갈등	수동-공격성	판단형
경쟁형 갈등 유형	수동성	표출-은닉 변증법
공격성	순응형 갈등 유형	협력형 갈등 유형
관계적 변증법 이론	안정-변화 변증법	회피형 갈등 유형
내향형	외향형	DESC 각본
논쟁 성향	인식형	
마이어스-브릭스 성격 유형	자기주장	

연습문제

정답 확인 : 355쪽

8.1 대인관계에서 상반되는 긴장의 균형을 유지하기 위한 방법을 설명해보자.

1 배우자는 집에 머무르고, 취미 생활을 하고, 평생 친구와 대화하는 데 만족하는 동안 당신은 인생에서 새로운 흥분 거리를 찾고 있다면 어떤 관계적 변증법과 관련되어 있는가?

  a. 통합–분리

  b. 표출–은닉

  c. 안정–변화

  d. 개인주의–집단주의

2 다음에서 나타난 마이어스–브릭스 성격 유형의 특성은 무엇인가?

"사리타는 새로운 옵션을 시도하는 위험을 감수하는 사람이다. 그러나 프로젝트를 격분한 행동을 보이며 제시간 내에 겨우 끝내거나 종종 미루기도 한다."

  a. 내향형

  b. 감각형

  c. 직관형

  d. 인식형

8.2 대인 간 갈등을 해결하기 위한 전략을 연습해보자.

3 다음의 갈등 유형 중 자신의 욕구 충족을 희생하면서 타인의 요구에 부응하는 것은 무엇인가?

  a. 회피형

  b. 순응형

  c. 타협형

  d. 협력형

4 갈등 해결의 A-E-I-O-U 모델에서 'I'가 의미하는 바는 무엇인가?

  a. 위협(Intimidate)

  b. 확인(Identify)

  c. 직관(Intuitive)

  d. 시작(Initiation)

8.3 자신과 타인의 분노에 적절하게 대처하고 대응해보자.

5 분노에 대한 일반적인 오해가 아닌 것은?

  a. 분노는 자연스러운 인간 감정이다.

  b. 분노와 침략성은 인간 본능이다.

  c. 분노는 항상 도움이 된다.

  d. 분노는 다른 사람들에 의해 야기된다.

6 다음의 윤리 원칙 중 "내가 화를 내면 친구나 동료는 뭐라고 말할 것인가?"에 해당되는 것은 무엇인가?

  a. 황금률

  b. 플래티넘의 법칙

  c. 일반화 가능성의 원칙

  d. 대중성 평가

8.4 다른 사람의 권리와 요구를 존중하면서 자기주장을 실천해보자.

7 다음 중 수동–공격적 행동에 해당되는 것은 무엇인가?

  a. 다른 사람들의 요구와 권리를 존중하면서 자신의 요구와 권리를 발전시킨다.

  b. 갈등과 불일치를 피하기 위해 자신의 욕구를 희생시키면서 다른 사람을 만족시킨다.

  c. 다른 누군가를 희생시키면서 자신의 욕구를 우선적으로 생각한다.

  d. 다른 사람들과 어울리는 것처럼 보이지만 뒤에서 그들의 계획을 방해한다.

8 다음 중 약어로 표기되는 'DESC' 각본에 해당되는 단어는 무엇인가?

  a. 설명(Describe), 표현(Express), 구체화(Specify), 결론(Consequence)

  b. 결정(Decide), 공감(Empathize), 자기 노출(Self-Disclose), 갈등(Conflict)

  c. 변증법(Dialectic), 표출(Expression), 분리(Separation), 변화(Change)

  d. 결정적 성향(Decider), 외향적 성향(Extrovert), 감각적 성향(Sensor), 통제적 성향(Controller)

직장 내 **인간관계** 9

주요 목표

9.1 직장 내에서 생산적이고 만족스러운 인간관계를 보여줄 수 있는 특성을 설명해보자.

9.2 직장 내 소문과 가십, 사내 연애, 성희롱, 우정, 사직(퇴사) 등에 대응하기 위한 적절한 전략을 적용해보자.

9.3 취업 면접의 준비, 참여, 후속 조치를 위한 효과적인 전략과 기술을 연습해보자.

1982~2000년 사이에 태어난 세대를 밀레니엄 세대라고 한다. 이러한 세대는 긍정적이고(자신감 있고, 연결되어 있고, 변화를 받아들이고, 더 교육을 받았다) 부정적으로 (이기주의적이고, 매우 개인주의적이며, 시민 및 지역 사회 문제에 덜 관여한다) 묘사된다. 퓨 리서치의 조사에 따르면 "18~29세 사이의 사람들 중 40%가 실직 상태이며, 30세 이상 연령대에서 가장 높은 비중을 차지하고 있다"[1] 2008년 대불황 이후, 밀레니엄 세대는 특히 다른 실업자들과 경쟁하게 되면서 직장을 구하고 유지하고 성공시키기 훨씬 더 어려워졌다.

직업적 성공은 전문적인 환경에서 얼마나 잘 커뮤니케이션하는지에 달려있음에도 밀레니엄 세대는 종종 "성과가 좋지 않고 이상 행동을 보인다."[2] 제1장 "인간 커뮤니케이션"에서 언급했듯이 경영진은 대학 졸업생들이 일자리를 확보하고 취업에 성공하기 위해서는 더 나은 커뮤니케이션 기술이 필요하다고 말한다.

이 장은 21세기의 구직과 노동 시장에서 세대와 상관없이 성공하기 위해 필요한 직장 내 인간관계와 커뮤니케이션 전략 및 기술에 초점을 맞춘다.

직장 내 인간관계의 특성

9.1 직장 내에서 생산적이고 만족스러운 인간관계를 보여줄 수 있는 특성을 설명해보자.

그동안 전문직이라는 말을 의사, 엔지니어, 변호사와 같은 수익이 높은 직종에 대해서만 언급했다. 오늘날 전문직이라는 용어는 전문 지식, 전문 기술, 성실한 사람을 설명하기 위해 보다 광범위하게 사용된다. 다시 말하면 전문가들은 숙련된 업무 수행에 대한 높은 기준을 수립한다. 전문 운동선수, 요리사, 재무 분석가, 음악가는 물론 간호사, 군인, 손관리사, 조경사도 될 수 있다.

2013년 한 연구에 따르면 직장에서의 전문성은 업무가 완전히 숙련될 때까지 전문적으로 일하는 것이다. 또한 다음과 같은 특성이 있다.[3]

- 대인관계를 포함한 시민성
- 준수한 외모
- 시간 엄수 및 정기적 출근
- 커뮤니케이션 능력

이 사진에서 관리자가 누구이고 부하 직원이 누구인지 알 수 있는가? 이러한 결정을 하는 데 도움을 주는 비언어적 단서는 무엇인가?

이러한 모든 특성은 직장 내 인간관계에서 언어적 및 비언어적 커뮤니케이션을 얼마나 잘 사용하고 있는지를 반영한다. 전 세계 40만 명의 학생과 고용주에 대한 최근 설문 조사에서 연구진은 고용주가 찾고 있는 취업자들의 주요 특성을 파악할 수 있었다. 응답자의 86%가 가장 중요한 특성으로 전문성을 꼽았다.[4]

직장 내 인간관계의 질과 성공 여부는 상사, 직장 동료, 소비자나 고객들과 얼마나 잘 커뮤니케이션할 수 있는지에 달려있다. 예를 들어 변호사 사무실의 법률사무 보조원(상하 관계)과 상호 작용할 때, 동료(동료 관계)와 의논할 때 또는 고객(고객 관계)과 상담할 때 다르게 커뮤니케이션할 수 있다. 직장 내 인간관계는 전통적인 직장 환경을 넘어서서 확장된다. 예를 들어 노동조합, 학회, 지역사회 단체 또는 자원봉사 단체 등과 전문적인 상호작용을 할 수 있다.

직장 내 인간관계의 특성에 대한 연구에서는 직장 내 상호작용과 관련된 통계 수치를 보고하고 있다. 관리자의 55%는 직무에 적합하지 않다고 여겨지며[5] 직원의 60%는 직무와 관련하여 상사로 인해 가장 스트레스를 받는다고 한다.[6] 직장을 그만둔 근로자의 85%는 상사에 대한 불만 때문이라고 말한다.[7] 최근 설문 조사에서는 대부분의 미국 근로자가 그 어느 때보다 자신의 직업에 대해 더 나빠졌다고 보고하였다. 그러한 직원들의 이탈 비용으로 인해 손실된 생산성은 연간 3,000억 달러에 이른다.[8]

이러한 암울한 수치에도 불구하고 좋은 소식이 있다. 효과적이고 윤리적인 커뮤니케이션은 보다 긍정적이고 생산적이며 행복한 작업 환경을 조성하고, 대인관계의 갈등을 줄이며 직원들이 업무 관련 문제를 보다 효과적으로 처리할 수 있도록 도와준다.

상하 관계

조직 내 **상하 관계**(superior-subordinate relationship)에서 상사인 감독자는 부하 직원인 노동자의 생산성과 행동에 대한 공식적인 권위를 가진다.[10] 상사는 업무를 지시하고, 프로젝트를 감독하고, 정책을 수립하고, 부하 직원의 성과를 평가한다. 부하 직원은 자신과 동료들에 관한 정보는 물론, '수행해야 할 업무 및 수행 방법' 등 업무 진행 상황을 감독자에게 보고해야 한다.[11]

불완전한 상하 관계는 생산성, 직무 만족 및 직원 유지에 부정적인 영향을 미친다. 이전 쪽에서 제시된 통계 수치를 상기해보자. 대다수의 직원이 상사와의 상호작용을 업무의 가장 큰 스트레스라고 생각할 뿐만 아니라 퇴사한 이유를 상사에 대한 불만이라고 답했다.

감독자들에게 성공은 직접 지시하고 배려하며 부하 직원들과 신뢰를 쌓는 능력에 달려있으며 업무와 작업 과정에 대한 유용한 피드백을 주는 데 있다.[12] 당연히 행복한 직원, 건강한 조직문화, 공감하는 리더, 사회적 사명을 보유한 조직은 우수한 성과를 올리게 된다.[13] 따라서 어떤 조직 내 상하 관계는 친근하고 우호적이고 존중과 생산성을 저해하지 않는 위협적이지 않은 상호작용 안에서 존재하지만 일부 관계는 공식적이고 동떨어져 있기도 하다.

동료 관계

서로에 대한 공식적인 권위는 거의 없지만 조직의 목표를 달성하기 위해 협력해야 하는 사람들 간의 상호작용을 **동료 관계**(coworker relationship)라 한다.

중요한 정보를 공유하지 않거나 다른 업무 방식을 가진 동료는 조직성과를 떨어뜨릴 수 있다. 하잘 것 없는 일을 하는 동료나 비협조적인 동료는 존경을 받지 못한다. 아래의 "만족스러운 동료 관계의 기준" 상자에 있는 질문에 어떤 답을 할 것인가? 동료 관계에서 만족은 일하는 날이 두려운지 아니면 일하는 날을 고대하는지 그 차이를 만든다.

고객 관계

모든 비즈니스 또는 조직의 성공 여부는, 특히 기업들이 평균 5년 이내에 고객의 절반을 잃는 미국에서의 이러한 성공 여부는 소비자와 고객과의 효과적이고 윤리적인 커뮤니케이션에 달려

> " 동료와의
> 좋은 관계는 직업 만족도의
> 주요한 원천이다. "
>
> 로버트 롱글리[15]

만족스러운 동료 관계의 기준[14]

- 개인의 우수성. 둘 다 직장에서 업무를 잘 수행할 수 있는가?
- 상호 의존성. 서로 상호 보완적인 기술을 가지고 있으며 그 일을 잘하기 위해 서로를 필요로 하는가?
- 성공을 위한 투자. 둘 다 서로 성공하기 위해 시간과 자원을 투자하는가?
- 정보 공유. 둘 다 공개적으로 정보를 공유하는가?
- 화합. 업무 방식과 그에 맞는 가치를 지녔는가?
- 성실함. 서로 존경심으로 대하는가?

교사와 학생 간의 상호작용을 '고객 관계'로 설명할 수 있는가? 아니면 이러한 관계는 조직 내 '상하 관계' 또는 '동료 관계'에 더 가까운가?

있다.[16] **고객 관계**(customer relationship)는 조직을 대신하여 커뮤니케이션하는 사람과 조직 외부와의 상호작용을 말한다. 이 관계의 범주에는 대학에서 학생들을 대하는 방식, 의료 전문가가 환자를 돌보는 방식, 경찰관이 범죄 피해자에게 반응하는 방식, 기업이 주주와 커뮤니케이션하는 방식 등이 포함된다.

일부 직원들은 고객 서비스에 대한 적절한 교육을 받지 못하거나 부정확한 전제를 가지고 있는 경우가 있다. 한 연구에서는 식료품점에 지원한 수천 건의 지원서를 확인한 결과 고객 서비스

이론 살펴보기

조직 문화 이론

대부분의 직장은 권위와 의사 결정 권한을 수립하는 구조화된 위계 구조로 구성된다. 그 위계 구조는 누가 누구에게, 무엇을 위해, 어떤 방식으로 이야기하는지에 영향을 줄 수 있다. 대기업에서는 직원들이 직속 상사에게 정보를 전달하면서 의견을 표명하기도 한다. 해당 수준에서 문제를 해결할 수 없는 경우에만 직원은 위계 구조의 다음 사람에게 말할 '권리'가 있다.

일반적으로 조직 구조 내의 수준이 높을수록 '지휘 체계'를 따라가면서 커뮤니케이션이 왜곡될 가능성이 커진다. 정보의 정확성은 다른 수준을 통과하면서 메시지가 전달될 때마다 최대 20%까지 줄어들 수 있다.[17]

조직 구조 외에도 모든 조직에는 구성원들의 커뮤니케이션에 영향을 미치는 고유한 문화가 있다. 마이클 파카노브스키(Michael Pacanowsky)와 닉 오도넬-트루히요(Nick O'Donnell-Trujillo)는 **조직 문화 이론**(Organizational Culture Theory)을 공유된 상징, 신념, 가치, 규범이 조직 내에서 그리고 조직과 함께 일하는 사람들의 행동에 영향을 주는 방식이라고 설명한다.[18] 예를 들어 어떤 회사는 직원들이 정장을 입고, 사무실에서 대부분의 시간을 조용히 일하고, 정각에 출퇴근하며, 근무시간 후에만 사교 활동을 위한 소모임을 하도록 할 것이다. 또 다른 회사는 직원의 상호작용이 적극 권장되는 편안한 분위기를 장려할 수 있다.

다른 나라를 여행할 때 문화적 신념, 규범, 전통이 변화하는 것처럼 조직 문화는 직업마다 다를 수 있다. 조직 문화의 관습에는 개인적, 기념적 및 의례적 행동(이메일에 신속하게 응답, 생일 축하, 부서 회의 참석), 사회적 행동(공손함, 고객 감사, 직원의 경조사), 커뮤니케이션 행동(전설적인 이야기, 사내에서 사용하는 전문 용어, 동료들의 별명 짓기) 등이 있다.

조직 내에는 하위 문화도 있다. **조직의 하위 문화**(organizational subculture)는 행동에 참여하고 큰 조직 문화의 가치와 부분적으로 다른 가치를 공유하는 사람들로 구성된다. 예를 들어 조직의 마케팅 부서는 회계 부서와 다른 관습을 개발할 수 있다. 텍사스의 지역 영업 사무소는 시카고 사무소와 다른 전통을 가지고 있을 수 있다.

사진에 묘사된 직원들의 모습을 보고 구글의 조직 문화를 어떻게 설명하겠는가?

전형적인 조직의 위계 구조

이사회
정책 및 주요
결정 기구

고위 경영진
이사회 정책 및
의사 결정을
구현하는 고위 임원

중간 관리직
상급 관리자와 상사
및 직원을 연결하는
관리자

하위 관리직
근로자와 정기적으로
직접 접촉하는 감독자
또는 팀장

지원 담당자
비서, 행정 보조원,
프로젝트 책임자

일선 근로자
조직의 기본적인 임무를
수행하는 사람들

에 대한 몇 가지 잘못된 전제들을 알아냈다.[19] 지원자의 거의 절반은 고객이 도움을 원할 경우 회사 정책을 준수해야 하며 고객이 잘못되었을 때 알려야 한다고 믿었다. 지원자들의 약 10%는 자신들의 업무가 아니라면 고객을 도와줄 수 없으며 고객이 도움을 요청하지 않는 한 자발적으로 고객을 돕기 위해 나서지 않는다고 답했다.

효과적인 직원은 일반적인 고객 관계에서 고객들이 요구하는 몇 가지 기본적인 커뮤니케이션 사항을 이해한다.[20] 첫째, 소비자나 고객은 환영을 받고자 한다. 많은 소매 직원은 매장에 들어서거나 업무를 시작하는 순간 고객을 맞이할 수 있도록 교육을 받는다. 둘째, 고객은 서비스 또는 제품과 관련된 문제를 해결하거나 의사 결정을 하기 위한 충분한 정보를 필요로 한다. 따라서 영업 및 고객 서비스 담당자는 정보를 제공하고 통찰력 있는 질문을 제공하는 제품 전문가여야 한다. 마지막으로, 고객들은 특히 비즈니스를 다른 곳에 가져갈 수 있는 힘을 지니며, 다른 사람들로 하여금 똑같이 하도록 말할 수 있기 때문에 존중받기를 원한다.

> 고객 관계의 만족도는
> 비즈니스의 경영 건전성과 직원들의
> 직접 안정에 영향을 미친다.

고객(손님)은 왕이다?

고객의 불만족과 분노를 해결하는 일은 어렵고 까다로운 일이다. 특히 고객이 합법적인 불만 사항을 부적절한 방식으로 표출하는 경우 더욱 그렇다. 고객이 버릇이 없거나 무례한 경우 화가 날 수도 있다. 그러나 분노를 표현하면 분쟁이 심화될 수 있다. 거래개선협회(BBB)는 고객들이 해결책에 만족하지 않더라도 경청하고 도우려 하는 직원에게 협조적이라는 점을 지적한다.[21] 다음의 전략은 다루기 힘든 고객을 진정시키고 문제를 효율적으로 해결할 수 있도록 도와준다.[22]

- 개인적인 불만을 제기하지 말라.
- 주의 깊게 듣고 질문한다.
- 감정과 문제를 분리해야 한다. 무례한 고객은 합법적으로 불만 사항을 제기할 수 있으며 충분한 이유가 있는 불만을 부적절하게 표현하는 것뿐이다.
- 상대에게 공감한다는 것을 보여주는 말을 하라. "화가 나는 이유를 이해할 수 있습니다."
- 정보를 공유하거나 결정에 대한 이유를 설명하되 고객과 논쟁하지 말라.
- 회사가 잘못되었을 경우, 이를 인정하고 사과하라.
- 고객에게 문제 해결 방법을 물어보라.

직장 내 커뮤니케이션 문제

9.2 직장 내 소문과 가십, 사내 연애, 성희롱, 우정, 사직(퇴사) 등에 대응하기 위한 적절한 전략을 적용해보자.

나이젤은 직장 동료인 진과 데이트하고 있다는 것을 회사에서 알기를 원하지 않았다. 그러나 그의 직장 동료가 전화로 진과 이야기하는 것을 들었고 둘의 관계에 대해 사무실의 여러 다른 사람들에게 말했다. 이내 이 사실은 직장 내로 퍼져나갔다. 나이젤은 자신의 상사가 탐탁지 않아 하고 동료들에게 놀림거리가 될까 봐 걱정했다.

이 단원에서는 직장에서 경험할 수 있는 여러 가지 긴장감에 대해 설명하고자 한다. 이 긴장감은 승진 기회를 제한하고 직업에 대한 전반적인 만족도에 영향을 줄 수 있다. 특히 우리는 직장 내 소문과 가십, 사내 연애, 성희롱, 친구와의 협력, 퇴사나 사직을 경험할 수도 있다. 그러나 그 일을 하기 전에 다음 쪽의 "자신에 대해 알기"에서 일상적으로 커뮤니케이션을 잘하는지 평가해보자.

직장 내 소문과 가십

소문(rumor)은 상황의 사실에 대한 확인되지 않은 이야기나 진술인 반면, **가십(gossip)**은 타인의 사적, 개인적 또는 심지어 스캔들에 초점을 맞춘 소문의 유형이다. 로체스터공과대학의 니컬러스 디폰조(Nicholas DiFonzo)는 소문으로서 가십을 "본질적으로 더 사회적이며 일반적으로 개인에 대해 대개 모욕적"이라고 설명한다. "가십을 퍼뜨리는 데 있어 진실은 중요하지 않다. 단순히 가십을 퍼뜨리는 것이 재미있는 것이다."[23]

대부분의 사람들은 누구보다 많은 정보를 원하기 때문에 소문을 듣게 된다. 일반적으로 우리는 '잘 알고 있는' 사람으로 인식되기를 원하기 때문에 가십을 퍼뜨린다.[24] 직장인을 대상으로 한 조사에서 직원의 90% 이상이 가십을 퍼뜨리는 데 가담했음을 인정했다.[25] 또한 동료가 비밀이라고 한 정보를 들은 후 직원의 75%가 같은 날 최소한 2명의 다른 직원에게 이 비밀을 말한 것으

직무 관련 커뮤니케이션의 평가

이 장의 이전 단원에서는 관리자, 동료, 소비자 또는 고객 등 세 가지 수준에서 효과적이고 실무적인 커뮤니케이션을 위한 전략을 권고한 바 있다. 현재 또는 이전 직무와 관련하여 이 전략을 다시 검토해보자. '직업'은 유급 또는 무급도 가능하며, 전일제 또는 시간제, 정규직이나 비정규직 등도 활동에 해당한다.

직무에서의 커뮤니케이션 활동 평가

	매우 그렇다	거의 그렇다	보통이다	거의 그렇지 않다	매우 그렇지 않다
상사 : 당신의 상사는(또는 당신이 상사라면) _____					
1. 일관되고 예측 가능한 방식으로 행동하는가?					
2. 약속을 지키고 진실을 말하는가?					
3. 의사 결정을 공유하고 설명하는가?					
4. 직원들에 대한 관심을 드러내는가?					
직장 동료 : 동료들과 상호작용할 때, 당신은 _____					
1. 동료들과 잘 지내는가?					
2. 그들을 돕기 위해 시간과 자원을 투자하는가?					
3. 정보를 공개적으로 동료와 공유하는가?					
4. 동료들을 존중하는가?					
고객/소비자 : 고객/소비자들과 상호작용할 때, 당신은 _____					
1. 주의 깊게 듣고 질문하는가?					
2. 당신이 배려하고 공감한다는 것을 보여주는가?					
3. 정확한 정보를 공유하는가?					
4. 사과하는가(적절하다면)?					

위의 세 가지 영역에서 응답한 내용을 검토해보자. '매우 그렇다', '거의 그렇다'에 체크가 되어있는가? 아니면 '보통이다', '거의 그렇지 않다', '매우 그렇지 않다'에 더 많이 체크되어 있는가? 응답 내용에 따라 동료들과는 일을 잘하는 것으로 볼 수 있지만, 상사와는 잘 맞지 않을 수도 있다. 자신의 상사와 좋은 관계를 유지하는 것처럼 고객이나 소비자와도 공정한 관계를 유지해야 한다. 또는 동료와의 협력이 거의 없는 경쟁이 치열한 환경에서 일할 수도 있다. 자신의 대답을 바탕으로 전반적인 생산성 및 직무 만족도를 높이기 위해 다른 사람들과의 상호작용 방법을 개선하기 위한 계획을 수립해보자.

로 나타났다.

소문과 가십은 잠재적으로 유해성을 안고 있지만, 중요한 사회적 기능을 수행할 수도 있다. 컨설턴트 아넷 시몬스(Annette Simmons)는 "인생의 일부분을 공유할 수 있는 일정 정도의 소소한 이야기(small talk)는 사람들이 동료와 더 가깝게 느끼도록 도와준다. 그것은 직장 내 인간성 회복과 사람들과 유대감을 갖도록 돕는다."라고 말한다.[26] 그러나 확인되지 않거나 악의적인 가십은 심각한 결과를 초래할 수 있다. 사적이고 난처해질 가능성이 있는 정보, 심지어 사실이 아닌 정보들은 당신의 전문적인 신뢰도까지도 위태롭게 할 것이다. 회사 비밀을 누설하면 해고당할 수 있다. 가십을 떠들어대는 시간은 일을 하지 않은 시간이나 마찬가지이다.

조직은 직원에게 **충분한 정보**를 제공함으로써 가십을 방지해야 한다.[27] 예를 들어 한 대기업에서 회사를 합병할 경우 많은 직원이 직장을 잃게 될 것을 우려하여 한동안 남게 될 사람과 떠날 사람에 대해 이야기할 것이다. 인력 감축이 계획되지 않았으면 이를 직원들에게 알려야 한다. 감원이 예상되면 조직은 모든 사람에게 그러한 결정을 언제 어떻게 내릴 것인지 알려야 한다. 이렇게 해야 모든 사람이 보다 정확한 정보를

직장 내 가십 관리 **전략**

▶ 악의적인 소문을 퍼트리지 말라. 정보가 정확한지 알 수 없고 정보가 공유되는 경우 다른 사람이 상처를 입지 모르니 그것을 재생산해서는 안 된다.

▶ 사실을 확인하고 질문함으로써 소문이나 가십의 신뢰성을 평가하라.

▶ 다른 사람들이 험담을 할 경우, 화제를 바꿔 특정 주제에 대해 토론하지 않겠다고 말하거나, 너무 바빠서 지금은 말할 수 없다고 말한다.

▶ 기밀 정보를 누설할 경우 또는 소문이 확산될 경우의 잠재적 결과를 고려해보라.

▶ 직장 동료에게 자기 노출하기 전에 당신의 비밀이 다른 사람들에게 전달될 것이라고 간주하라.

▶ 가십이 심각한 문제를 만든다고 생각되면 더 많은 권력이나 영향력을 가진 사람과 이야기하라.[28]

질못된 정보가 소문의 근원지를 통해 확산되고 있음을 알게 되면 조직은 더 이상 해를 끼치기 전에 이에 대해 신속하게 설명하고 바로잡아야 한다.

갖게 된다.

사내 연애

직장에서의 연애는 "조직 내 두 사람이 서로를 단순히 직업적이고 플라토닉한 관계 그 이상으로 인식하고 서로에게 성적 매력과 애정을 느끼는 관계에서 발생한다."[29] 우리 중 대부분은 직장 내에서 시작되고 꽃을 피우는 사랑 이야기에 대해 듣고, 보고, 경험한 바 있다. 통계는 다양하게 나타난다. 약 40~60%의 직원이 적어도 한 번의 사내 연애를 한 것으로 나타났다.[30]

일부 사내 연애는 관계를 오래 지속하며 결혼으로 이어지지만 공과 사생활이 모호하여 어려움을 겪는 경우도 있다. 반면 멜린다와 빌 게이츠, 엘렌 드제너러스와 포샤 드 로시, 미셸과 버락 오바마의 성공적인 결혼은 사내 연애로부터 시작되었다.

직장 내에서 공개 연애는 전문가답지 못한 모습으로 보일 수 있으며 다른 동료들에게 불편함을 줄 수 있다. 동료들에게 상대방이 특별 대우를 받았다고 의심받을 여지도 있다. 연애하는 커플은 직장에서 발생하는 개인적인 문제와 그 이후에 발생하는 문제를 구분하는 것

직장 내에서의 악의적인 가십은 직장을 어지럽히고 적개심과 불신의 분위기를 조성한다.

오바마 대통령과 미셸 오바마는 직장 내 인간관계에서 연애 관계로 진화하여 오래 지속된 사례이다. 이 사진에서 오바마 대통령은 무서운 표정을 지으며 어린이들에게 책을 읽어주고 있고, 미셸은 웃고 있다.

이 어려울 수도 있다. 만약 관계가 나쁘게 끝나면 직장 내 인간관계가 어려워지거나 어색해질 수도 있다. 직장에서 시작된 연애 관계의 절반은 여기에서 끝이 난다.[32] 그러나 직장 내 연애를 바라보는 태도는 변화하고 있다. 특히 밀레니엄 세대의 직원들에게 더욱 그렇다. 워크플레이스 옵션스(Workplace Options)의 설문 조사에서 밀레니엄 세대 중 약 84%, X세대(30~46세) 중 46%, 베이비붐 세대(47~66세) 중 29%가 동료와 데이트를 하는 것으로 나타났다.[33]

매개 커뮤니케이션 사례

직장에서 트윗하는가?

직장에서 개인 이메일을 보내고 답장하는가? 직장에서 일하는 동안 페이스북이나 트위터에 글을 쓰거나 친구들과 교류하는가? '예'라고 대답하는 경우, SNS를 이용하기 전 본인의 행동을 다시 한 번 확인해보자.

IT 인재파견회사 로버트 하프 테크놀로지의 조사에 따르면 "54%의 기업이 직원들의 트위터, 페이스북, 링크드인 등 SNS 사이트 이용을 금지하고 있다. 설문 조사에 참여한 1,400개의 기업 중 10%만이 직원들이 근무 시간 중에 소셜 네트워크에 대한 모든 권한을 가질 수 있다고 말했다."[34]

왜 이렇게 엄격한 규칙을 적용하고 있는가? IT 조사회사 누클에우스 리서치는 이에 대해 "모든 온라인 근로자의 거의 절반이 사무실에서 페이스북을 이용하고 있으며 33명의 직원 중 1명은 근무 시간 중에 계정을 만들었다."라고 말한다. 또한 "회사에서 근무 시간 내 페이스북 이용을 허락한 경우 전체 직원의 생산성이 평균 1.5% 감소하는 것으로 나타났다."[35]

실무적인 문제에서 소셜 네트워킹은 직원들의 생산성에 대한 문제 이상으로 나타난다. 직원이 소셜미디어를 사용하여 차별적인 언행, 인종 차별, 노골적인 성적 메시지를 동료 또는 고객에게 전송하면 어떻게 될까? 직원이 의도적이든 비의도적이든 회사의 기밀 정보를 공개하면 어떻게 될까? 정보 기술 요원이 수리 중인 회사 컴퓨터에서 아동 포르노를 발견했다면 회사는 어떻게 해야 하는가? 직원 및 회사 임원을 해임하거나 회사가 고소당하고 법 집행 공무원이 기소할 수도 있다.[36]

대부분의 회사 및 조직에는 직장 내 소셜 네트워킹을 제한하는 정책 또는 지침을 마련하고 있다. 동시에 직장에 따라 특정 직원이 소

페이스북 페이지를 개설하거나 논쟁의 여지가 있는 온라인 정치 토론에 참여하기 전에 '규칙'을 알고 있는지 확인해야 한다.

셜미디어를 사용할 수도 있다. 두 경우 모두 회사에서 컴퓨터로 일을 하는 방법을 모니터링하는 경우가 많아지고 있다.

성희롱

사내 연애가 성희롱과 혼동되어서는 안 된다. 사내 연애는 친밀한 개인적인 관계에 있는 두 사람을 포함하는 반면, **성희롱**(sexual harassment)은 위협적이거나 적대적, 공격적인 업무 환경에서 나타나는 원치 않는 성적 행동, 부적절한 언어나 육체적 접촉 등을 말한다.[37]

성희롱은 결코 별개의 사건이 아니다. 대개 일정 기간 동안 발생하는 불쾌감을 주는 행동 패턴이다. 많은 경우 성희롱은 부하직원에게 승진, 임금 상승, 기간 연장 등을 조건으로 직업을 보장해준다며 성적인 행동을 요구하고 성적 취향을 강요하는 권한을 가진 감독자 또는 동료와 관련된다. 성희롱은 성적으로 노골적인 메시지와 농담 또는 동료에게 직접 제기한 부적절한 의견이 담긴 이메일 형태의 공격적인 커뮤니케이션을 포함할 수 있다.

사내 연애의 결과가 안 좋게 끝나는 경우 성적 괴롭힘이 발생하기도 한다. 예를 들어 무시당하거나 거부당한 사람은 인스타그램, 페이스북, 회사 이메일 첨부 파일을 통해 피해를 줄 수 있는 사진을 게시하여 '전 애인'에게 '복수'할 수도 있다. 피해자는 결국 모욕감을 느끼고 동료들과도 일하기 어려울 것이다. 피해자는 다른 사람들을 위해 성희롱 혐의로만 끝낼지도 모른다.

예를 들어 최근 미군에서 발생한 성희롱 사례를 생각해볼 수 있다. 2013년에 "펜타곤은 작년 한 해 동안 2만 6,000명이 성희롱을 경험한 것으로 발표했다. 2010년에는 1만 9,000명이었다." 육군, 해군, 공군 모두에서 2012년 성폭행 사건이 89건 보고되었으며 이는 전년도보다 23% 증가한 수치였다. 이 사건의 60% 이상이 콜로라도 스프링스에 있는 공군사관학교에서 발생한 것으로 나타났다.[38]

성희롱 피해자는 "업무 수행 능력 저하, 불안, 우울증, 자책, 분노, 무력감, 추가 범죄의 두려움, 사건 증언의 두려움 등을 경험하고 있는 것으로 나타났다."[39] 대부분의 직원들은 인사부서나 회사 내의 다른 적절한 그룹에 괴롭힘을 즉시 처리하거나 보고할 것이라고 말한다. 그러나 연구에 따르면 이러한 상황에서 많은 사람들이 불편함을 느끼고 행동을 보고하지 않았다.[40]

피해자들을 위해 대부분의 조직에서는 비용이 많이 드는 소송뿐만 아니라 성희롱에 대한 정책은 물론 성희롱에 대한 행동을 신고하기 위한 고충 처리 절차를 마련했다. 성희롱의 희생자라고 생각되는 즉시 불만 사항을 관리자에게 바로 보고해야 더 심각하게 받아들인다.[41]

직장 내 우정

직장 동료와의 우정은 업무적일 뿐만 아니라 개인적인 문제이기도 하다. 그러나 개인적인 관계와 직장 내 인간관계를 혼합하는 것은 어려울 수 있다. 친구를 원하지만 또한 존중해줄 수 있는 동료, 상사, 부하가 필요하다. 친구에게 승인해주고 싶지만 회사 입장에서 객관적인 결정을 내려야 한다. 직업적 성공을 원하지만 친구의 승진을 방해할 수는 없다.

*Organizational Communication*을 저술한 커뮤니케이션학 학자

커뮤니케이션 & 문화

성 문제에 대한 인식의 차이

성희롱에 대한 인식은 남성과 여성이 비슷한 행동을 다르게 인식한다는 사실 때문에 복잡하다. 여성들은 사무실에서 노골적인 성적 농담을 성희롱으로 간주할 수 있지만 남성은 농담을 악의가 없었다고 할 수 있다. 그러나 남성과 여성 모두 성행위에 대한 요구와 같은 명백한 행동은 성희롱으로 여긴다. 연방고용평등위원회에 따르면 매년 약 1만 5,000건의 성희롱 관련 사건이 접수된다.[42] 이들 중 13%는 남성에 의해 제기된 것이다.[43]

당신이나 아는 누군가가 직장에서 다음과 같은 행동을 경험했는가?

• 만지거나, 기대거나, 다가오거나, 꼬집는 행위
• 성적으로 도발하는 모습이나 언행
• 성적인 내용의 편지, 전화, 자료
• 데이트 강요
• 성적인 장난, 농담, 발언, 질문

이제 스스로에게 이 질문을 해보자. 이러한 경험 중 어떤 것이 성희롱의 사례라고 생각하는가? 8,000명 이상의 연방정부 공무원에게 이와 동일한 질문을 했다. 그 결과 여성은 이러한 모든 행동이 성희롱이라고 보았다. 그럼에도 불구하고 아무도 성적으로 적대적인 근무 환경이라고 인정하지 않았다.[44]

대니얼 모다프(Daniel Modaff)와 동료들은 직장 밖에서 중요한 관계를 추구하고 직장 내에서의 친구 관계는 그 결과를 관리할 수 있어야 한다고 권고한다.[45] 우정을 지키고 싶다면 일하는 팀에서 기대치를 충족시키지 못한 친구에게 말하기가 어려울 수 있으며 심지어 불가능할 수도 있다. 동시에 훌륭한 일을 하지 못하게 하는 한 친구는 그룹의 사기를 떨어뜨리고 평판과 리더십을 위험에 빠뜨릴 수 있다.

우정에 대한 **부담**[46]

- 우정으로 인한 동등한 지위는 직장 내 불평등에 의해 타협될 수 있다.
- 기밀 정보를 유지해야 하는 필요성이 우정의 개방성과 상충될 수 있다.
- 한 친구가 직장에서 더 많은 의사 결정 권한을 가진다면 협업이 불가능할 수 있다.
- 직장에서 받은 부정적인 피드백으로 우정에 금이 갈 수도 있다.
- 우정의 공개적인 표현은 직장에서 자제해야 할 수도 있다.

직장 내 인간관계의 **부담**

- 우정은 직장에서 불평등한 힘을 관리하는 것을 어렵게 만든다.
- 민감한 업무 정보를 신중하게 다루기 어려울 수 있다.
- 친구에 대한 개인적인 지식과 느낌은 직장에서의 객관성을 해칠 수 있다.
- 직장에서 친구가 더 높은 수행 기준을 지킬 수 있다.
- 사회화는 직장에서의 생산성과 성과에 나쁜 영향을 줄 수 있다.

사직(퇴사)

미국 노동통계청에 따르면, 평균적으로 32세 이전에 9개의 일자리를 갖고 있고 근로자의 1/3은 5년 이내에 일자리를 바꿀 것이

사직(퇴사)의 모범 사례[48]

- 사직할 때 회사 정책과 절차를 따른다.
- 직속 상사에게 퇴직 사실을 먼저 통보한다.
- 사임하고 짧은 사표를 작성한다.
- 적절한 시기에 사전 통보를 한다.
- 적극적으로 사직 이유를 설명한다.

라고 예측했다.[47] 퇴직하거나 직업을 바꾸는 데에는 여러 가지 이유가 있다. 이유가 무엇이든 가능한 한 좋은 관계에서 떠나고 전문성과 공손함을 가지고 사임하거나 퇴사해야 한다. 새로운 직업을 찾으려 할 때 좋은 첫인상을 주기를 원하는 것처럼 일을 떠날 때 긍정적인 인상을 남기는 것이 중요하다.

직장에 대한 불만이나 상사 또는 동료와의 불편한 관계 때문에 사직하는 경우에도 좋은 관계를 유지하는 것이 중요하다. 퇴직한 후, 감독관이나 인사 관리자는 **퇴직자 면접**(exit interview)을 요구할 수 있다. 조직은 퇴직자 면접을 통해 정보를 수집하고 다른 직원을 유인하기 위한 전략 개발과 직원들을 위한 개선에 활용한다. 이 정보가 어떻게 사용될지 또는 기밀로 취급될지 여부를 알지 못하기 때문에 침착하게 행동하고 긍정적인 태도를 유지해야 한다. 사람들이 아니라 문제에 집중해야 한다. "퇴직자 면접은 다시는 돌이킬 수 있는 시간이 아니다. 대부분 관련 분야의 시장은 좁기 때문에 나쁜 행동은 자신에 대한 기억만 나쁘게 할 뿐이다."[49]

때로는 직장을 떠나는 것이 선택할 수 있는 결정이 아닐 수도 있다. 스트레스를 받는 사건으로, 실직은 가족의 죽음, 이혼, 질병 등으로 인해 발생하기도 한다. 실직은 정서적 안정에 중대한 영향을 미칠 수 있다. 일반적으로 대부분의 사람들은 자기 부정, 분노, 좌절, 결국 적응의 결과로 이어진다.[50] 직장을 잃고 불안감이 통제되지 않는 경우 제2장 "자기 이해"의 커뮤니케이션 부분을 다시 확인해보자. 인지적 재구성, 시각화, 체계적 둔감화 등 커뮤니케이션 불안감을 해소하기 위해 제안하는 전략은 자신감을 높이고 스트레스를 줄이는 데 도움이 될 수 있다.

직장에서의 비협조적인 행동

관리자와 동료 등과 함께 일하기가 어려우면 업무 수행 능력에 부정적인 영향을 미칠 수 있으며 하는 일을 즐기기 어려울 수 있다. 만년 지각, 저성과, 경멸적인 이메일, 부정적 태도, 변화에 대한 저항, 새로운 아이디어에 대한 비난, 끊임없는 불평, 약속 무시, 성희롱, 업무 방해, 신체적 학대 등과 같은 비생산적인 행동을 보일 수 있다.[51]

그러한 행동을 최소화하거나 교정하지 않으면 모든 사람에게 피해를 주는 업무 환경을 조성할 수 있다. 할 플롯킨(Hal Plotkin)은 그의 저서 *Dealing with Difficult People*에서 그러한 사람들에게 피드백을 제공하고 잠재력을 최대한 발휘할 수 있도록 도와줄 수 있는 6단계 접근 방식을 제안한다.[52]

1. **구체적인 성공과 실패를 언급하기.** 정해진 기간 동안 그 사람이 늦은 횟수를 정확하게 말해야 한다. "당신은 항상 늦었다." 칭찬을 할 때도 이와 같이 구체적이어야 한다.
2. **말하기를 멈추고 듣기.** 주의 깊게 듣기, 이해하기, 해석하기, 평가하기, 적절하게 반응하기 등 모든 유형의 듣기를 통해 상대방의 관점을 완전히 파악할 수 있도록 해야 한다.
3. **행동의 함의를 토론하기.** 다른 사람들이 그

들의 행동의 결과를 조직적 또는 개인적으로 이해하도록 돕는다.
4. **과거 성취를 필요한 변화에 연결하기.** 과거의 성공으로 이어진 특성이 개선이 필요한 분야에 어떻게 적용될 수 있는지 지적한다.
5. **행동 계획에 대해 합의하기.** 함께 협력하여 구체적인 아이디어나 단계, 명확한 일정표, 성공을 위한 현실적인 계획을 수립한다.
6. **후속 조치하기.** 꾸준하게 정기적으로 만날

약속을 지킨다. 후속 과정들을 통해 다른 사람이 문제를 다루고 개인적인 지원을 제공하고 칭찬을 제공할 수 있도록 돕는다.

마지막으로 문제를 정의하는 방법을 알고 있어야 한다. 어렵다면 그들이 누구인지보다 그들이 무엇을 하는지에 집중한다. 오히려 그들의 '행동'을 문제로 파악한 다음에야 우리는 무엇인가를 할 수 있을 것이다.[53]

실직에 대처하기 위한 **체크리스트**

자기 주도적

- ☐ 실직 수당(예 : 퇴직금, 건강 보험, 생명 보험 등)에 대한 세부 사항을 인사 담당자와 상의했는가?
- ☐ 실직의 이유를 정직하고 객관적으로 평가했는가?
- ☐ 같은 분야에 머물기를 원하는가?
- ☐ 직업 변화의 시기인가?
- ☐ 꼭 필요한 직원이 되는 법을 배워야 하는가?

커뮤니케이션 기술 사용

- ☐ 잠재적인 고용주와 연락하기 위해 가족, 친구, 동료들과의 네트워크를 활용했는가?
- ☐ 취업 알선 기관에 문의하고, 구인 광고를 확인하고, 인터넷에서 취업 가능한 직업에 대해 탐색한 적이 있는가?
- ☐ 취업 면접에서 할 일과 해서는 안 될 일을 알고 있는가?

설득력 있는 메시지 전략

- ☐ 이력서에 경쟁력 있는 능력을 강조했는가?
- ☐ 이력서에 최근 경제 및 산업 동향에 대한 지식을 반영하였는가?
- ☐ 새로운 직업과 지위를 위한 준비와 능력을 어떻게 표현하고 있는가?

취업 면접

'취업 면접'이라는 말을 들으면 어떤 생각이 드는가? 대부분의 사람들은 취업 면접을 취업 과정의 마지막 단계 중 하나로 생각한다. 그러나 취업 면접은 끝이 아니다.

면접의 유형

선택 면접, 평가 면접, 정보수집 면접, 징계 면접, 퇴직자 면접 등 직장에서 하는 여러 가지 면접 유형이 있다(각 면접 장소의 목적과 고유한 기능에 대한 자세한 내용은 다음 쪽의 표를 참조할 것).

직업의 세계에서 **면접**(interview)은 적어도 한 당사자가 미리 결정된 목적을 가지고 있고, 질문 및 답변을 사용하여 정보를 공유하거나, 정보를 얻고 문제를 해결하고 다른 사람에게 영향을 주는 두 당사자 간의 상호작용이다.[54]

커뮤니케이션 능력 측면에서 TV 인터뷰는 직장 내에서 다른 유형의 인터뷰와 비슷한가, 아니면 다른가?

전통적인 취업 면접(선택 면접의 한 형태)은 스트레스가 많은 커뮤니케이션 상황이 될 수 있지만, 좋은 면접은 당신에게 꿈의 직업을 제공할 수 있다. 그러나 성공하지 못한 면접은 실망감과 유망한 직업 기회를 놓치는 결과를 초래할 수 있다.

다음 단원에서는 면접 준비, 면접 참여, 면접의 후속 조치에 필요한 커뮤니케이션 기술에 중점을 두고자 한다.

면접 준비

리처드 볼스(Richard Bolles)는 커리어 가이드서인 파라슈트 : 취업의 비밀(*What Color Is Your Parachute?*)에서, IBM 인력 모집에서 채용 담당자와 대학 졸업생 간의 인터뷰에 대해 이야기한다. 채용 담당자는 면접자에게 "IBM은 무엇인가요?"라고 물었다. 그러나 면접자는 알지 못했고 면접은 그대로 끝났다.[55]

> **첫인상을 남길 기회는 두 번 다시 없다는 말은 구직 면접에서 특히 그렇다.**

중요한 커뮤니케이션 상황과 마찬가지로 성공적인 면접을 위해 면밀한 준비가 필요하다. 한 설문조사에서 고위 경영진을 대상으로 면접에서 가장 많이 하는 실수를 물어본 결과, (1) 회사에

대한 지식이 거의 없거나 전혀 없는 경우, (2) 관련 기술과 경험을 토론할 준비가 되지 않은 경우, (3) 직업 계획과 목표에 관해 토론할 준비가 되어있지 않은 경우를 꼽았다.[56] 면접을 보기 전에 회사에 대한 정보를 조사하고, 자신의 강점과 약점을 평가하고, 실전 연습을 했는지 확인해보자.

회사 정보 조사하기 조직에 대해 할 수 있는 최대한 많이 알아야 한다. 회사의 웹사이트를 꼼꼼히 살펴보자. 회사의 비전 및 미션, 제품 및 서비스, 경영재무 현황 및 실적에 대해 많은 정보를 담고 있다. 웹사이트에 핵심 직원에 대한 정보가 포함되어 있는 경우 배경 및 업무 책임에 대해 읽어야 한다. 면접할 사람에 대한 정보가 있는지 확인하고 뉴스 웹사이트에서 회사 또는 조직에 대한 뉴스를 검색해보자.

다른 면접자들도 관련 웹사이트에 대해 조사할 것이라는 점을 감안해 한걸음 더 나아가야 한다. 회사나 조직에 직접 연락하여 팸플릿, 카탈로그, 뉴스레터, 연례 보고서 등과 같이 공개된 문서를 요청하거나 다운로드하자. 현직 또는 전직 직원을 알고 있다면 조직에 대해 물어본다. 아는 것이 많을수록 긍정적으로 기여할 수 있는 방법을 설명하는 것이 더 쉬워진다. 또한 이를 통해 노조 활동, 정치적 문제에 관한 회사의 정책에서부터 건강 보험

제9장 직장 내 인간관계

혜택, 연금 등에 이르기까지 해당 조직에서 일하고 싶지 않은 이유를 알 수도 있다.

강점과 약점 평가하기 영업 경험이 있는 32세의 론은 중소기업의 영업 이사직에 면접을 준비하고 있었다. 그는 인터넷에서 회사의 제품 가격 책정을 재평가했다는 기사를 발견했다. 직무에 대한 설명에서 이 분야에서 경험이 필요함을 언급하지는 않았지만 론은 마지막 직장에서 제품 가격을 책정하기 위한 재평가 작업을 했었다. 그가 조직에 관해 찾아낸 정보를 통해 자신이 왜 그 직책에 가장 적합한 후보자인지 입증할 수 있었다.

자신의 약점과 강점을 설명할 준비를 해야 한다. 이력서상의 근로기간 공백, 단기간의 여러 이직, 직무 내용에서 구체적으로 언급된 기술 부족 등에 대해 설명할 계획을 세워야 한다. 그러한 이유 있는 관심사에 대한 합당한 대답을 준비할 시간은 면접 중간에 찾아오지 않는다.

예를 들어 루크는 첫 아이가 태어나자 컴퓨터 애니메이션 작업을 그만두고 집에서 아이를 돌보기로 결정했다. 4년 뒤 직장에 다시 가기로 마음먹었을 때, 그는 자신의 분야에서 현재의 트렌드에 대한 지식을 증명해야 한다는 것을 알았다. 신중하게 검토한 후 그는 자신의 이력서에 지난 4년간의 변화를 질문할 수 있는 면접관을 만족시킬 만한 대답을 생각해냈다. 고용주들에게 온라인 애니메이션 강좌를 정기적으로 들었으며, 여러 비영리 단체의 마케팅 부서에서 프리랜서로 애니메이션 작업을 하는 등 업계 동향을 놓치지 않았다고 말할 것이다. 그는 또한 아버지이자 프리랜서 애니메이터로서의 경험이 그의 '디자인에 대한 안목'을 성숙하게 했고 더 정교하게 만들었다고 말했다. 최종 면접에서 자신의 약점이

면접의 유형	목적	과정
선택 면접	취업 또는 승진 후보자를 평가하고 선택하는 방법	잠재적 고용주는 당신의 지식, 성숙, 성격, 태도, 커뮤니케이션 기술, 업무 기록이 직업과 일치하는지 평가한다.
평가 면접	직원의 업무 성과를 평가	고용주는 직원의 직무 성과를 평가하고, 필요한 숙련도를 확인하며, 건설적인 피드백을 통해 동기 부여를 한다.
정보수집 면접	사실, 의견, 데이터, 느낌, 태도, 반응 등을 수집	고용주와 직원은 중요한 문제를 분석하고 확인된 문제를 해결하려고 노력한다.
징계 면접	문제가 되는 행동을 파악, 토론, 조정	고용주는 문제 발생 이유와 직원이 행동을 변화하고 문제를 해결할 수 있는 방법을 평가한다.
퇴직자 면접	직원이 퇴사하는 이유를 파악, 문제가 그 결정에 기여했는지 여부	고용주는 떠나는 직원과 합의하고 다른 직원의 만족도 및 잔류할 수 있는 개선 방법을 확인한다.

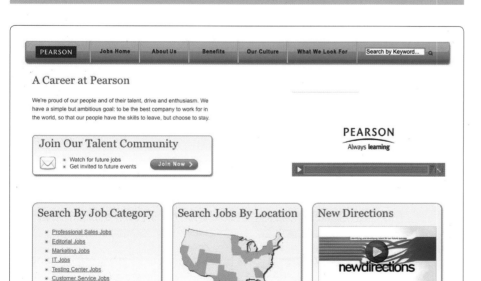

조직의 비전 및 미션, 제품, 서비스, 경영재무 현황 및 실적에 대해 알려주는 것 외에도 웹사이트를 통해 회사의 조직 문화 및 경력 기회에 대한 분위기를 느낄 수 있다.

무엇이든 간에 신청서나 이력서에 그것을 게재하지 않았다고 해서 면접관이 모르지 않는다. 면접관이 이에 대해 묻는다면 신중한 답변을 준비해야 한다.

면접 연습하기   취업 면접은 스트레스가 많은 커뮤니케이션 상황이 될 수 있으며 좋은 인상을 줄 시간이 없다. 실제 면접 전에 모의 면접을 해보면 효과가 있다. 이 단원에 제시된 공통 및 표준 면접 질문 목록 외에도 자신의 전문 지식에 대한 질문을 포함하는 추가 목록을 작성해보자. 그런 다음 답하는 연습을 해보자.

면접은 회의실이나 사무실에서 일어날 수 있으므로 책상이나 탁자에 앉아 대답을 소리 내어 자신 있게 말한다. 그런 다음 몇 명의 친구 또는 가족에게 면접 질문을 하도록 도움을 요청한다. 응답의 질에 대한 피드백을 줄 수 있으며 고려해야 할 몇 가지 추가 질문을 제안할 수 있다.

조직의 목표를 향상시킬 수 있는 직업에서 자신이 할 수 있는 일을 발견해보자.

면접 참여

면접은 당신과 면접관 모두에게 절호의 기회이다. 면접관은 당신에 대해 더 많이 알고 싶어 하고 당신은 긍정적인 인상을 남기고 직업과 조직에 대해 더 많이 배울 수 있다. 이러한 목표를 달성하는 정도는 질문에 얼마나 잘 답변하고 자신을 제시하느냐에 달려 있다.

표준 면접 질문   면접관은 종종 옆의 그림에 나열된 다섯 가지 표준 질문 유형 중 하나 이상을 요구한다. 제7장 "대인관계의 이해"에서 설명했듯이 폐쇄형 질문에는 '예' 또는 '아니요'와 같은 짧은 대답만 있으면 된다. 개방형 질문은 보다 자세한 답변을 요구하거나 장려한다. **가정형 질문**(hypothetical question)은 일련의 상황을 설명하고 그러한 상황에 어떻게 대응할 것인지 묻는다. **유도형 질문**(leading question)은 질문자가 듣고자 하는 답변을 제안하거나 암시하며, 동의하지 않는 이유와 이유를 알기 위한 도전 과제로 제기된다. **심화형 질문**(probing question)은 명확한 설명과 정교화를 장려함으로써 다른 질문 및 이전 답변을 추적하는 데 사용된다.

면접 질문에 답하기   질문의 유형에 관계없이 모든 질문에 대해 적절한 응답을 할 수 있어야 한다. 예를 들어 두 가지 공통적으로 묻는 면접 질문에 대해 어떠한 대답이 적절하고 부적절한지 그 차이를 생각해보자.

질문 1 : 왜 이전 직장을 그만두셨습니까?

부적절한 대답 : 저는 이전 직장의 상사와 잘 지내지 못했습니다. 저는 상사로서의 책임을 기대했지만 상사는 그렇지 못했습니

공통적인 면접 질문[57]

1. 자신에 대해 간략히 소개해보세요.
2. 앞으로 5년 동안 무엇을 하고 싶습니까?
3. 10년 동안 어디에 있기를 희망합니까?
4. 이 직업에 있어 당신의 가장 큰 장점은 무엇입니까?
5. 당신의 가장 큰 약점은 무엇입니까?
6. 열심히 하고 최선을 다하도록 동기를 부여하는 것은 무엇입니까?
7. 스트레스에 얼마나 잘 대처합니까? 예를 들어 설명해보세요.
8. 직업에서 추구하고자 하는 두 가지 또는 세 가지 특징은 무엇입니까?
9. 이전 직종에서 겪었던 주요 문제점을 설명해보세요. 그 문제를 어떻게 해결했습니까?
10. 상사와 부하 직원은 어떤 관계를 형성해야 합니까?
11. 왜 이 특별한 직업을 선택했습니까?
12. 왜 마지막 직장을 그만두었습니까?
13. 우리 회사에 어떻게 기여할 수 있습니까?
14. 성공을 평가하거나 결정하는 방법은 무엇입니까?
15. 다른 지원자들이 있음에도 불구하고 우리가 당신을 고용해야 하는 이유를 설명해보세요.

표준 면접 질문 및 예

폐쇄형 질문 ▶	주말에 근무할 수 있습니까?
개방형 질문 ▶	향후 몇 년 동안 이 산업이 직면한 가장 중요한 도전 과제는 무엇이라고 생각하십니까?
가정형 질문 ▶	성과가 좋은 직원이지만 경고를 받은 후에도 계속 지각한다면 어떻게 처리하겠습니까?
유도형 질문 ▶	그룹에서의 수행 능력이 일상적인 업무 수행 능력만큼 중요한 이유는 무엇입니까?
심화형 질문 ▶	'까다로운 고객'이 무엇을 뜻하는지 설명해주시겠습니까?

다. 또한 이전 직장에서는 제 일에 대해 다른 사람만큼 충분한 급여를 지급하지 않았습니다. 저의 불만 사항에 대해서도 아무도 신경 쓰지 않았습니다.

분석 : 솔직히 말하자면 이것은 매우 효과적이거나 적당한 대답은 아니다. 면접관은 이전 고용주와 문제가 있었는지 여부와 새로운 직장에서 문제를 일으킬 것인지 여부를 결정하기 위해 종종 이와 같은 질문을 한다. 위의 예에서 면접관은 지원자가 다른 사람들과 잘 어울리지 못하고, 필요한 업무를 수행하는 것에 저항하며 많이 불평하고 급여로만 평가한다고 결론 내릴 수 있다. 더 나은 방법은 새로운 직업이 더 바람직한 기회를 제공하고 당신의 가치와 목표에 더 잘 부합하는 이유를 설명하는 데 초점을 맞추는 것이다. 취업 면접은 이전 상사에 대한 불만을 표시하는 시간과 장소가 아니다.

질문 2 : 이 직업과 관련하여 가지고 있는 자신의 가장 큰 약점은 무엇입니까?

효과적인 대답 : 제 성격상 한 가지 일이 끝날 때까지 한 번에 한 가지에만 집중하는 것입니다. 그러나 대부분의 직무의 특성상 한 번에 여러 프로젝트를 관리해야 했습니다. 특히 극도의 상황에서도 다양한 일을 최대한 효율적으로 조직하는 법을 배워야 했습니다. 2년 전 저는 프로젝트 관리 소프트웨어를 사용하여 프로젝트를 추적하고 체계화하는 일을 시작했습니다. 이를 통해 우선순위 및 마감 시간을 놓치지 않고 프로젝트에 신경을 써서 처리할 수 있었습니다.

커뮤니케이션과 윤리

거짓말하지 말자

지원자의 약 20~45%는 이력서 또는 취업 면접에서 거짓말을 한다.[58] 또 다른 연구에 따르면 지원자의 11%가 이전 직장의 퇴사 이유에 대해 진실을 말하지 않았고, 9%는 이전 직장에서의 교육과 책임에 대해 거짓말을 하는 것으로 나타났다.[59] 이는 예비 고용주에게 비윤리적인 거짓말을 하는 것뿐만 아니라 역효과를 가져올 수 있으며 개인에게도 심각한 결과를 초래할 수 있다.

대부분의 조직에서 지원자를 심사하는 것이 훨씬 더 엄격해졌다. 사립 탐정 페이 패런(Fay Faron)은 많은 조직이 소송을 피하고 고객의 안전을 보장하기 위해 광범위한 배경 조사를 실시한다고 말한다.[60] 신중하게 심사를 받고, 참고 문헌을 확인하고, 범죄 사실에 대한 배경 조사를 받는다. 또한 거짓말이 발견되면 지원서가 거부되거나 이미 고용된 경우에는 해고를 당하게 된다. 헤드헌팅 회사가 실시한 설문 조사에 따르면 고용주의 95%는 대학 학위에 대해 거짓 정보를 기재한 이력서를 탈락시킬 것이고 80%는 이전 직위를 위조한 사람을 채용하지 않을 것이라고 밝혔다.[61]

우리의 목표는 직업을 얻는 것 이상으로 올바른 직장을 얻는 것이다.[62] 자격이나 경력을 속이는 경우 해당 직무에 대한 자격조차 없다. 게다가 거짓말의 결과는 오래 지속될 수 있다. 거짓 사실이 밝혀지면 앞으로 몇 년 동안 자신의 명성에 큰 타격을 입게 될 것이다.

> **질문에 응답하기 전에 질문을 명료화해줄 것을 요청하는 것을 주저하지 말자.**

분석 : 이 답변은 효과적이고 전략적이다. 약점에 대한 질문에 대답할 때 그것을 어떻게 인정하는지 알아내는 동시에 그것을 어떻게 다루거나 극복하는지를 보여주고 있다. 결과적으로 약점을 문제 해결 능력의 사례로 전환시킨 것이다. 그러나 과장해서는 안 된다. 약점에 대해 질문하면 "저는 너무 열심히 일합니다."라고 말하지 말자. 이것은 누구나 하는 말이다. 열심히 일하는 것은 일반적으로 장점으로 여긴다.

부적절한 면접 질문에 답하기 미국 연방법 및 주 법률은 고용 시 차별을 금지한다. 따라서 대부분의 면접관은 인종, 민족, 결혼 여부, 종교, 성적 취향, 장애 등에 관해 질문하지 않도록 주의해야 한다. 그러나 그러한 질문을 받는 경우 질문을 받는 상황이나 편안하게 드러낼 수 있는 정보는 무엇인지, 개인적 커뮤니케이션 스타일은 무엇인지 고려해야 한다. 이러한 고려사항들은 질문에 대한 가장 효과적인 접근 방법을 결정하는 데 도움을 줄 수 있다. 면접 시 올 수 있는 다음의 질문을 살펴보자. 부적절하다고 생각하는 이유는 무엇인가?

- 미혼입니까, 기혼입니까?
- 배우자는 무슨 일을 합니까?
- 자녀 계획은 어떻게 됩니까?
- 은퇴 전에 몇 년 더 일할 계획입니까?
- 종교가 있습니까?
- 장애를 가지고 있습니까?
- 부모님이나 조부모님은 어느 나라 출신입니까?

위의 모든 질문은 취업 면접에 부적합하다.[63] 부적절하다고 생각되는 질문에 대해서는 답변을 거부할 권리가 있음을 알아야 한다. 그러나 질문이 부적절하다고 생각하기 전에 그 목적을 평가해봐야 한다. 그런 다음 면접관이 당황해하지 않도록 최대한 조심스럽게 반응하고 자질을 평가하기 위한 면접을 재지정하도록 한다. 예를 들어 "자녀가 있는가?"는 바쁜 부모는 일에 전적으로 헌신해야 할 시간에 일하지 않을 것이라는 면접자의 걱정을 반영할 수 있다. 적절한 대응 방법은 "직업적 특성과 가족의 의무를 균형 있게 유지할 수 있는지 묻는다면 저는 과거에도 항상 효과적으로 해왔다."라고 답하는 것이다.

또한 면접관이 차별을 하고자 한다고 가정하지 않는다. 예를 들어 자녀를 가질 계획이 있는지 여부를 묻는 고용 관리자는 회사의 뛰어난 육아 및 보육 혜택에 대해 이야기하거나 자신의 신생아에 대해 자랑할 수 있다. 이러한 유형의 질문은 종종 간단한 호기심이나 사회적 대화에 참여하려는 노력으로 인해 나타나기도 한다.

면접에서 고려해야 할 마지막 권장 사항은 질문에 대한 답변을 준비하는 것 외에도 몇 가지 질문을 준비하는 것이다(오른쪽 위에 있는 샘플 질문 참조). 많은 면접 담당자는 지원자가 묻는 질문의 종류에 따라 지식, 관심사, 커뮤니케이션 능력을 평가한다. 이 기회를 활용하여 신뢰도를 높이고 직장, 직원 및 조직에 대해 자세히 알아볼 수 있게 된다.

면접은 고용주가 지원자의 답변에서뿐만 아니라 면접 동안 말하고, 질문하고, 행동하는 방식에서도 회사에 적합한 사람인지 여부를 결정하는 데 도움이 된다. 지원자는 면접 장소에 도착한 순간부터 건물을 떠날 때까지 관찰된다. 사실 면접관이 접수원이나 사무실 관리자에게 지원자의 인상을 묻는 것은 그리 드문 일이 아니다.

면접의 실패와 성공 사례 취업 면접 기술에 관한 모든 책, 기사, 웹사이트, 상담, 세미나 등에서는 할 일과 하지 말아야 할 일을 제공한다. 각 목록은 회사 임원, 인사 담당자, 전문 면접관의 설문 응답을 기반으로 작성된다. 이 단원에서는 이러한 목록 중에서 가장 일반적인 할 일과 하지 말아야 할 일을 정리하고 제시하고자 한다.

특별히 원하는 직업에 대한 면접 요청을 받았다고 해보자. 준비를 잘해서 면접을 보았다. 그러나 면접 이후 연락이 없었고 취업하지 못했다. 면

제9장 직장 내 인간관계

면접 중 요청해야 할 질문[64]

- 이 직책의 구체적이고 일상적인 책임에 대해 더 말씀해주실 수 있습니까?
- 면접관님 생각에 이 조직이 직면한 주요 문제는 무엇입니까?
- 이 직책의 직원이 갖춰야 할 가장 중요한 특성은 무엇입니까?
- 이 회사의 조직 문화를 어떻게 설명할 수 있습니까?
- 이 직책에 대한 성공은 어떻게 측정됩니까?
- 저는 어떤 부서에서 또는 어떤 다른 사람들과 함께 일하게 됩니까?

면접 역량	효과적인 면접 연습
1. 외모 : 전문적이고, 호감이 가고, 면접과 직업에 걸맞도록 할 것 	• 업무에 적합한 복장을 갖춰 입을 것 • 몸단장이 잘 되어있는지 확인 • 단정한 액세서리의 착용과 메이크업 • 적절한 크기의 가방 소지 • 곧바른 자세로 앉거나 서 있기
2. 태도 : 긍정적이고 자신감 있게 전문적인 태도와 기질을 보여줄 것 	• 주의를 기울이고 적극적으로 경청 • 진정한 관심과 열정을 보여주기 • 자신감과 좋은 성격 보이기 • 이전 고용주를 비난하거나 비판하지 말 것 • 공손하고 예의 바르게 행동 • 자신이 아닌 직무에 집중 • 회피하거나 변명하지 말 것
3. 표현 : 아이디어와 의견을 명확하고 설득력 있게 전달할 것 	• 시선을 직접 맞추고 유지할 것 • 질문에 바로 간결하게 대답할 것 • 문법적으로 올바른 언어 사용 • 상냥하고 표현력 있는 목소리 • 직업 관련 전문 용어 사용 • 질문은 적절한 횟수로 할 것 • 너무 말을 많이 하지 말 것 • 미소 지을 것!
4. 행동 : 행동과 버릇을 적절하고 전문적으로 할 것 	• 시간을 지킬 것, 일찍 도착할 것 • 면접에 음료나 음식을 가져가지 말 것 • 휴대전화 끄기 • 자신감을 가지고 당차게 악수할 것 • 시간을 확인하거나 시계를 자주 쳐다보지 말 것 • 경계하거나 앞으로 숙여 앉지 말 것 • 스카이프(Skype) 또는 페이스타임(Facetime)을 통한 영상 면접에서도 전문적으로 행동하고 차려입을 것

접관을 비난하기 전에 다른 적격한 지원자가 있었거나, 남들보다 유리한 위치의 누군가가 있었거나, 본인이 제시한 급여 조건과 차이가 있었다는 것을 생각하자.

노스웨스턴대학교가 실시한 설문 조사에서 153개 회사를 대상으로 지원자를 탈락시킨 이유를 조사했다.[65] 확인된 50가지 이유

중 거의 절반이 커뮤니케이션 능력이 부족하고 긍정적인 인상을 주지 못한 것과 관련되어 있었다. 지원자들이 가장 자주 범하는 실수 중 하나는 너무 많이 말하는 것이다. 너무 많이 말하면 청자가 지루해하거나 면접 시간 제한을 의식하지 못하는 것처럼 보일 수 있다.

면접 시 하지 말아야 할 것

'디지털 세상'은 언제 어디서나 구직자를 면접하고, 이력서나 자기소개서를 신속하게 보내고 받을 수 있게 해준다. 그러나 이로 인해 사람들은 언어와 자기표현에 있어 형식상의 절차가 거의 없어졌다. 트위터나 페이스북에서의 축약어, 채팅 용어 등을 이용한 말하기가 학교, 거리, 잠자리에서도 매우 일반적으로 사용되고 있다고 해서 공식적인 상황에서도 그렇게 말해도 된다는 것은 아니다.

최근 여론 조사에서 고용 관리자를 대상으로 설문 조사한 결과, 약 75%의 응답자가 밀레니엄 세대를 중심으로 한 많은 취업 지원자들이 면접에 적절한 복장을 착용하지 못했다고 전했다. 면접이 스카이프나 페이스타임으로 진행되는 경우에도 면접관은 여전히 지원자를 볼 수 있기 때문에 직무와 관련된 복장을 착용해야 한다. 또 다른 보고서에서는 두 가지 추가적인 실수가 발견되었다. 하나는 면접 이전에 지원자들의 소셜미디어 사이트에서 '무분별한 콘텐츠'를 제거하지 못했다는 것과 다른 하나는 장래의 직책에 대해 정확하게 알지 못했다는 것이다.[66]

속어와 비속어를 사용하는 면접자의 행동도 있었다. 다음과 같은 비전형적인 면접 행동을 보이는 경우도 있다.

- 면접장에 부모, 친구, 배우자와 동행하기
- 면접 이후 부모, 배우자가 회사에 전화를 걸어 더 높은 급여 조건을 협상하는 경우
- 인터뷰 도중 누군가와 통화하고 메시지 주고받기
- 면접에 애완동물 데리고 오기

한 지원자가 고양이를 데리고 와 면접관 책상에 놓고 계속 고양이와 놀아주자 면접관은 이렇게 말했다. "놀랍군요. 이것이 괜찮다고 생각하십니까? 기회조차 오기 전에 스스로 그 기회를 차버렸군요." HR 정책협회의 제이미 폴(Jaime Fall) 부회장은 다음과 같이 충고한다. "면접 이외의 상황에서는 완전히 적합한 행동이라도 면접에서는 허용되지 않을 수 있다. 대부분의 면접은 전형적인 상황에서 진행된다."[67]

포브스의 모린 헨더슨(J. Maureen Henderson)은 밀레니엄 세대들에게 몇 가지 권장 사항을 제시하였으며, 이를 수정하여 조언을 덧붙였다.[68]

1. **면접은 자신에 대한 것이 아니다.** 고용주는 자신을 위해 할 수 있는 일에 대해서만 생각하고 있다. 이러한 목적으로 자신이 말하는 것을 듣고 행동을 지켜보는 것이다. 본인의 능력과 경력이 조직의 목표를 달성하는 데 얼마나 도움이 되는지를 면접관에게 알려야 한다.

2. **전자기기는 적당한 곳에 둔다.** 휴대전화로 '디지털 발자국'을 남기거나 자랑하지 않는다.[69] MS 오피스를 사용하거나 소셜미디어 친구나 팔로워가 많다고 자랑하지 않는다. 다른 사람들도 마찬가지이다. 대신 기술적인 숙련도가 조직의 목표와 미션을 달성하는 데 어떻게 도움이 되는지 설명해야 한다. 마찬가지로 많은 고용주들이 자신의 소셜미디어 사이트, 트위터 피드를 확인할 수 있음을 명심해야 한다. 어떤 기업의 회장이 말했듯이 "일상어라는 것은 알고 있지만 축약어로 가득 찬 스트림(stream)*을 보면 12세처럼 보인다. 당신을 절대 채용하지 않겠다."[70]

3. **면접은 안전망이 없다.** 분명하게 해야 되는 이유를 분명히 말해야 한다. 부모님이 이력서를 쓰지 않도록 한다. 스스로 해야 한다. 가족이나 친구들에게 검토를 요청할 수는 있다. 또한 부모님이나 친구와 면접 장소에 동행하지 말자. 심지어 가장 친한 친구, 배우자, 부모님과 작별 인사까지 한다면 자신이 면접에 관심이 없는 것처럼 보일 수도 있다.[71] 구직 면접을 걱정한다면 경력상담가와 상의하거나 면접 전략을 읽어보자.

물론 밀레니엄 세대만이 면접에서 '유별나게' 행동하는 것은 아니다. 어느 세대나 성패를 좌우하는 프레젠테이션처럼 면접 준비가 잘 되어있는지 확인해야 한다.

---

* 역자 주—문자 형식의 데이터 항목이 연속한 열로 되어있는 것. 여기서는 소셜미디어 사이트상의 게시 공간

리처드 볼스(Richard Bolles)에 따르면 인터뷰에서 질문하거나 답변할 때 가장 좋은 인상을 남기려면 "한 번에 2분 이상 말하지 않도록 해야 한다."[72] 일반적으로 면접관들에게 많은 정보로 압도하기보다는 자신에 대한 정보를 갈망하게 두는 것이 더 낫다.

물론 수십 가지의 할 일과 하지 않을 일에 대한 면접 계명을 나열함으로써 이 장을 마무리할 수도 있다. 그러나 그 대신 안 좋은 상황을 최선의 것으로 만들기 위한 대안을 제시하기로 했다. 166쪽의 표는 (1) 외모 (2) 태도, (3) 표현, (4) 행동의 네 가지 역량 범주에서 최고의 면접 방법을 제시한다.[73]

면접의 후속 조치

면접이 끝났다고 해서 지원 절차가 끝난 것은 아니다. 이제부터 결과를 기다리는 시간이 남았다. 한 상담가는 '후속 조치의 부족은 관심 부족'이라고 하면서 면접 담당자에게 시간과 배려에 대한 감사의 편지를 보내라고 한다. 그 편지에는 면접에서 논의된 핵심 이슈들을 언급해야 한다. 업무 수행 능력과 조직의 목표 달성을 위해 기여할 수 있는 부분을 다시 강조하라. 간결하지만 잘 쓴 편지 또는 상황에 따라 이메일이나 문자 메시지는 구직에 대한 전문적인 접근과 열정을 강화해준다.

면접을 하는 동안 훌륭한 인상을 남길 수 있었으며, 여러 명의 뛰어난 지원자 중 한 명이었기 때문에 채용되지 않았음을 명심해야 한다. 채용 여부에 관계없이 각 면접을 커뮤니케이션 기술을 연습할 수 있는 기회로 간주해야 한다.

커뮤니케이션 **평가하기**

면접 수행 평가[74]

과거 구직 면접, 과제, 면접을 앞둔 모의 연습 등에서의 행동을 아래 항목으로 평가해보자. 제1장 "인간 커뮤니케이션"에서 논의된 효과적인 커뮤니케이션의 일곱 가지 주요 역량에 기반한 기준을 통해 면접 대상자로서 자신을 평가해보자.

E = 우수, G = 양호, A = 보통, W = 미흡, P = 아주 미흡, N/A = 해당 사항 없음

면접 역량	E	G	A	W	P	N/A
자신 : 나는 면접을 제대로 준비했고 자신감에 차 있었다.						
타인 : 나는 조직에 대해 많은 조사를 해서 알고 있었다. 면접 질문을 경청하고 신중하게 대처했다.						
목적 : 나는 내가 채용된다면 조직의 미션뿐만 아니라 개인적 · 전문적인 목표를 어떻게 발전시킬 것인지를 설명했다.						
맥락 : 나는 면접 진행 절차와 사회심리적 분위기에 적응했다.						
내용 : 나는 직무나 과제에 필요하고 관련된 아이디어와 정보를 활용했다. 나는 좋은 질문을 했다. 나는 조직과 이러한 도전 과정에 대해 많은 것을 알고 있었다.						
구조 : 내 대답의 내용을 분명하고 기억에 남을 수 있게 정리했다. 면접 중 적당한 시점에 질문을 했다.						
전달 : 나는 언어적/비언어적 행동을 적절하고 효과적으로 사용했다. 나는 적절하고 전문적으로 복장을 착용했다.						
종합 평가 :						

추가적인 평가 질문 :

1. 어느 질문에 가장 잘 대답했는가? 효과적으로 대답할 수 있었던 이유는 무엇인가?

2. 어떤 질문이 가장 어려웠는가? 향후 면접에서 이러한 질문이 다시 나올 가능성이 있는가? 앞으로 이러한 질문에 보다 효과적으로 대답할 수 있는 방법은 무엇인가?

3. 나의 강점을 강조할 기회를 놓치지 않았는가? 어떻게 하면 다른 답변에 나의 강점을 포함시킬 수 있는가?

4. 추가 질문을 해야 할 것은 무엇인가?

5. 향후 취업 면접에서 달라져야 할 점은 무엇인가?

직장 내 인간관계의 특성

9.1 직장 내에서 생산적이고 만족스러운 인간관계를 보여줄 수 있는 특성을 설명해 보자.

- 전문직이라는 용어는 전문 지식, 전문 기술, 근면함을 요하는 사람을 말한다. 전문가들은 숙련된 업무 수행에 대한 높은 기준을 수립한다.
- 조직 문화는 공유된 상징, 신념, 가치, 규범이 조직 내에서 그리고 조직과 함께 일하는 사람들의 행동에 영향을 주는 방식을 말한다.
- 상사는 업무를 지시하고, 프로젝트를 감독하고, 부하 직원의 성과를 평가한다. 부하 직원은 자신과 동료들에 관한 정보는 물론, '수행해야 할 업무 및 수행 방법' 등 업무 진행 상황을 감독자에게 보고해야 한다.
- 만족스러운 동료 관계의 기준은 개인의 우수성, 상호 의존성, 성공을 위한 투자, 정보 공유, 화합, 성실함 등이다.
- 고객들이 요구하는 세 가지 기본적인 커뮤니케이션 사항이 있다. 즉, 고객들은 환영을 받고, 의사 결정을 위한 충분한 정보를 제공받고, 존중받기를 원한다.

직장 내 커뮤니케이션 문제

9.2 직장 내 소문과 가십, 사내 연애, 성희롱, 우정, 사직(퇴사) 등에 대응하기 위한 적절한 전략을 적용해보자.

- 소문과 가십은 조직의 여러 사회적 기능을 담당하고 있기는 하지만, 이기적인 소문과 악의적인 가십은 타인을 당황하게 하고, 당신에 대한 신뢰를 떨어뜨리며, 시간 낭비이고, 적대적이고 불신하는 업무 환경을 조성하게 된다.
- 직장 내에서 공개 연애는 생산성을 떨어뜨리고 다른 동료들에게 불편을 줄 수 있으며 상대방에 대한 특별대우를 의심할 여지가 있기 때문에 많은 조직에서는 사내 연애에 대한 반감이 있다.
- 성희롱은 원치 않는 성적 행동, 부적절한 언어나 육체적 접촉, 위협적이거나 적대적·공격적인 업무 환경에서 나타난다.
- 한 직장에서 친한 친구와 함께 일한다는 것은 우정과 직장 내 인간관계 간에 긴장감을 초래하기도 한다.
- 직장 내에서 누군가 비협조적인 행동을 취할 때에는 구체적인 성공과 실패를 언급하고, 적극적으로 듣고, 행동의 결과를 설명하고, 사람들의 강점을 언급하고, 행동 계획에 대해 합의하고 유지하도록 한다.
- 원하든 원치 않든 직장을 옮기는 데에는 이전 고용주에게는 좋은 인상을 남기고 새로운 또는 예비 고용주에게도 좋은 인상을 주기 위한 커뮤니케이션 전략이 필요하다.

취업 면접

9.3 취업 면접의 준비, 참여, 후속 조치를 위한 효과적인 전략과 기술을 연습해보자.

- 직장에서는 여러 가지 목적에 따라 선택 면접, 평가 면접, 정보수집 면접, 징계 면접, 퇴직자 면접 등 다양한 면접 유형이 있다.
- 면접 전에 조직을 조사하고, 자신의 강점과 약점을 평가하고, 가능한 질문에 대답하도록 연습하자.
- 면접을 하는 동안 자신과 본인의 능력에 대해 적극적으로 표현하고 바로 간결하게 대답하도록 한다.
- 효과적인 면접을 위해 응시자는 외모, 태도, 표현, 행동 측면 등 네 가지 핵심 역량을 입증할 수 있어야 한다.
- 면접 이후 채용 담당자에게 후속 결과에 대한 확인 메일을 보내서 본인의 수행 실적을 파악하고 향후 면접을 더 잘 수행할 수 있을지 생각해본다.

주요 용어

가십	상하 관계	조직 문화 이론
가정형 질문	성희롱	조직의 하위 문화
고객 관계	소문	퇴직자 면접
동료 관계	심화형 질문	
면접	유도형 질문	

연습문제

9.1 직장 내에서 생산적이고 만족스러운 인간관계를 보여줄 수 있는 특성을 설명해보자.

1 직장 내 상하 관계에서 능력 있는 부하 직원은 _____를 제외하고 관리자에게 모두 제공한다.

   a. 자신과 동료에 대한 정보

   b. 업무의 진행 과정에 대한 정보

   c. 수행할 업무에 대한 정보

   d. 관리자가 어떻게 도움을 주어야 하는지에 대한 정보

2 조직 문화 이론에 따르면, 동료들 간에 별명을 지어주는 것은 _____ 행위의 한 예이다.

   a. 의례적인

   b. 비인격적인

   c. 커뮤니케이션

   d. 기념하는

9.2 직장 내 소문과 가십, 사내 연애, 성희롱, 우정, 사직(퇴사) 등에 대응하기 위한 적절한 전략을 적용해보자.

3 다음 중 직장 내 가십을 관리하기 위한 효과적인 전략은 무엇인가?

   a. 가십의 신뢰성에 대해 확신이 없더라도 관리자와 공유한다.

   b. 얼마나 가십에 대해 아는지 확인하기 위해 사람들에게 이를 질문해본다.

   c. 동료들에게 이 문제를 논의하지 말 것을 알리고 대신에 당면한 과제에 집중하도록 한다.

   d. 가십에 대해 얘기할 시간을 얻기 위해 회의를 신속히 끝내달라고 요청한다.

4 다음 중 성희롱으로 오해할만한 행동은 무엇인가?

   a. 상사가 직장을 계속 보장받기 원하는 부하 직원에게 성적 호의를 요구한다.

   b. 상사가 홍보를 하기 위해 부하 직원에게 성적 호의를 요구한다.

   c. 점심시간에 동료와 성적인 농담을 한다.

   d. 다른 동료에 대해 성적으로 모욕적인 글을 남긴다.

9.3 취업 면접의 준비, 참여, 후속 조치를 위한 효과적인 전략과 기술을 연습해보자.

5 다음 중 직원의 업무 성과를 평가하기 위해 실시되는 면접은 무엇인가?

   a. 선택 면접

   b. 평가 면접

   c. 정보수집 면접

   d. 징계 면접

6 "현재 경제 상황에서 이 산업이 직면한 가장 큰 도전 과제는 무엇이라고 생각하는가?"와 같은 유형의 면접 질문은 무엇인가?

   a. 폐쇄형 질문

   b. 유도형 질문

   c. 심화형 질문

   d. 개방형 질문

정답 확인 : 355쪽

집단 **활동** 10

주요 목표

10.1 집단 활동의 장단점을 설명해보자.

10.2 다양한 집단 발달 단계에서 개인과 집단 사이의 긴장을 관리하기 위한 적절한 전략을 선택해보자.

10.3 집단 규범과 구성원의 역할이 집단의 생산성과 구성원의 만족도에 미치는 영향을 설명해보자.

10.4 리더십의 전략과 기술을 연습해보자.

태양의 서커스는 독특하면서도 막대한 성공을 거둔 오락산업 회사이다. 태양의 서커스 공연을 본 적이 없다면, 유튜브에 게시된 영상과 함께 태양의 서커스 공식 웹사이트를 확인해볼 것을 강하게 추천한다.[1] 실제로든 매체를 통해서든 태양의 서커스 공연을 한 번이라도 보게 된다면 많은 사람들이 공연 후에 "어떻게 저렇게 할 수 있을까?"라고 질문하는 이유를 이해할 수 있을 것이다.

또한 태양의 서커스는 집단 활동의 힘을 보여준다. 태양의 서커스 전임 크리에이티브 디렉터이자 특수 효과 제작 감독인 린 휴어드는 자기 작품의 필수 요소는 집단 창조성이라고 설명한다. 그녀는 "사람들이 서로를 처음 알게 되고, 곧이어 서로 믿는 것을 배우게 되는 업무 집단에서 창조성이 길러집니다. 그리고 이 운동장에서 우리는 훌륭한 아이디어가 조직의 어딘가에서 그리고 팀 속에서 나올 수 있다는 것을 알게 됩니다. 우리의 쇼는 이런 집단 창조성에서 만들어집니다."[2]라고 말한다.

태양의 서커스에 비하면 직원 회의, 시험 전의 스터디 그룹, 즉석 농구 시합 같은 것은 매우 하찮은 일로 보일 것이다. 그러나 그렇지 않다. 만약 당신이 일을 잘하는 집단에 속해있다면, 훌륭한 아이디어, 문제의 해결책, 갈등 해소 전략은 누구에게서든 나올 수 있다는 것을 알게 될 것이다. 그리고 태양의 서커스처럼 집단 구성원의 상호 보완적 능력, 다양한 관점, 공동 목표에 대한 헌신이 기대 이상으로 집단의 성공을 보장한다는 것도 알게 될 것이다.

이 장에서는 집단의 구성 방법, 생산적인 팀으로 발전할 때 직면할 수 있는 커뮤니케이션에서의 도전과 같은 집단의 본질에 대해서 살펴볼 것이다.

집단 내 커뮤니케이션

10.1 집단 활동의 장단점을 설명해보자.

우리 모두는 집단 속에서 활동을 한다. 집, 학교, 직장에서 가족, 친구, 동료, 자원봉사자들과 함께 운동장과 전쟁터에서 부터 법정과 교실에 이르기까지 다양한 상황 속에서 집단으로 일한다. 한때 개인의 성취가 성공의 척도였으나, 오늘날과 같이 복잡한 세계에서 뛰어난 업적은 집단 활동 능력에 달려있다. 스티브 코즐로프스키(Steve Kozlowski)와 대니얼 일젠(Daniel Ilgen)과 같은 연구자들은 집단에 대한 엄청난 의존에 대해 이렇게 이야기한다.

공동의 목적을 위해 함께 일하는 사람들이 모인 팀은 모든 사람들의 삶에 감동을 준다. 비행기 여행, 소방 활동, 유나이티드웨이* 운동 참여와 같은 일상적인 활동에서부터 에베레스트 등반과 같은 불가능한 일을 이룩한 인류의 엄청난 위업까지 현대사회에서 이러한 과업을 완성할 수 있는 방법의 중심에는 팀이 있다는 것이다.[3]

컬링 팀의 선수들은 공통 목표를 달성하기 위해 서로에게 의지한다. 1명의 컬러와 2명의 스위퍼가 특정한 목표를 향해 이동하는 '스톤'을 배치하기 위한 전략적 경로를 그려내는 하나의 잘 조화된 팀을 이룬다.

집단 활동은 대학교에서 배울 수 있는 가장 중요한 기술이다. 전미대학협의체에서 실시한 종합적인 연구 안에 고용주들을 대상으로 하는 질문이 있었다. 대학을 졸업하고 회사에 들어오는 사원들에게 요구되는 필수적인 학습 성과의 우선순위를 묻는 질문이었다. 이론 기술과 실용 기술, 개인적 책임감과 사회적 책임감이라는 주요 범주에서 가장 많은 답변이 나온 학습 성과는 '공동작업 기술과 다양한 집단과 서로 협업할 수 있는 능력'이었다. 최근의 졸업생들도 같은 학습 성과를 최우선순위로 선정했다.[4]

집단 커뮤니케이션의 본질

2009년 미국교육평가원은 교수들이 대학원 입학을 희망하는 학생들의 잠재력을 평가하는 데 사용할 수 있는 평가 도구인 개인 잠재력지표(Personal Potential Index)를 발표했다. 그 지표에는 여섯 가지 중요한 특성들이 제시되어 있는데 그중 두 가지가 커뮤니케이션 기술과 공동 작업에 대한 것이다. 공동 작업 특성은 집단 활동을 잘할 수 있는 능력, 개방적이고 친절하게 행동하는 능력, 다른 사람의 업무를 지원할 수 있는 능력, 생각을 쉽게 공유

할 수 있는 능력과 같은 것으로 구체화되어 있다.[5] 미국경영협회(AMA)는 '2010 핵심 기술 조사'를 통해, 최고 경영자의 72%가 경력 향상의 핵심 요소로 다른 사람들과 함께 일할 수 있는 능력을 꼽았다고 밝혔다.[6] 이러한 핵심적인 기술은 공통 목표 달성을 위해 일하는 셋 또는 그 이상의 상호 의존적 사람들의 상호작용이라는 효과적인 **집단 커뮤니케이션**(group communication)의 본질을 규정한다.[7]

집단의 크기 "둘은 좋지만, 셋은 너무 많다."라는 말은 두 사람 사이의 상호작용은 세 사람 사이의 토론과는 상당히 다르다는 것을 보여준다. 문제 해결을 위한 집단의 가장 이상적인 규모는 5~7명이다. 의사 결정의 교착 상태를 방지하기 위한 집단 구성원의 수는 짝수보다 홀수가 더 효과적이다. 구성원 수가 7명보다 많은 집단에서는 하위 집단으로 나뉘는 경향이 나타나기 쉽고, 말이 많은 구성원들이 조용한 구성원들을 지배하거나 몰아낼 수도 있다.

상호작용과 상호 의존성 차후 당신이 어떤 집단에 들어가게 되면 구성원들이 서로에게 어떻게 행동하는지를 한번 관찰해보라. 집단 구성원 1명이 논쟁거리를 제기한다. 이에 모든 사람이 동

---

* 역자 주—1887년 미국에서 시작된 자선모금단체로 2010년 기준 미국 전역에 약 1,300여 개의 지역조직으로 이루어져 있다.

시에 이야기하기 시작한다. 시간이 지나면 구성원들은 중요한 개념을 설명하거나 실현 가능성 있는 실천 계획을 주장하는 구성원의 말을 열심히 듣는다. 갈등이 발생했을 때 재미있는 말이 긴장을 완화시키기도 한다. 구성원들은 모임에서 결론이 나거나 행동 방침이 마무리되었을 때 좋은 기분을 함께 느낀다. 당신이 관찰한 바로 그것이 면대면 그리고 가상 회의 모두에서 효과적인 집단 커뮤니케이션의 필수 요소인 집단 상호작용이다.

집단 구성원들은 상호 의존적이다. 상호 의존적이라는 것은 각 집단 구성원의 행동이 모든 다른 구성원에게 영향을 미친다는 말이다. 예를 들어 한 구성원이 필요한 배경 정보를 제공하지 못한다면 다른 전체 구성원들은 중요한 결정을 내릴 때나 중대한 문제를 해결하고자 할 때 곤란을 겪게 될 것이다.

> **공통의 목표가 없다면 집단은
> 이런 의문을 가지게 된다.
> 왜 우리가 만나야 하는가?
> 걱정하거나 열심히 일해야 하는
> 이유가 무엇인가?**

공통의 목표 집단 구성원은 집단을 규정하고 결속하는 집단의 목적 또는 목표를 이유로 합쳐진다. 칼 라슨(Carl Larson)과 프랭크 라파스토(Frank LaFasto)는 자신들의 대표적 연구에서 "예외 없이 모든 경우에 효율적으로 작동하는 팀은 분명하게 이해할 수 있는 팀의 목표를 가지고 있다."[9]라고 결론 내린다.

어떤 집단은 스스로의 목표를 개발할 자유를 가진 반면 다른 집단은 할당된 목표를 가진다. 예를 들어 이웃 모임에서는 인근의 범죄를 감소시킬 수 있는 방법을 토의하기 위해 모일 것이다. 학생들은 다가오는 시험에 대비하기 위해 스터디 그룹을 구성할 것이다. 한편 마케

집단 활동은 종종 우정, 강화된 학습, 구성원의 만족을 이끌어낸다.

▨ 커뮤니케이션과 윤리

'좋은' 집단 결정 내리기

집단 구성원들과 함께 긴밀하게 업무를 할 때, 당신의 결정이 전체 집단에 영향을 미칠 뿐만 아니라 집단의 결정과 행동 또한 다른 많은 부분에 영향을 미칠 가능성이 있다. 2008년 경제 위기를 야기한 재정 손실과 불량 저당을 은폐했던 비윤리적 기업 임원을 생각해보자. 이런 결정의 결과들은 그들이 결정을 내린 장소를 넘어서서 널리 확대되었고, 수천 명의 투자자와 피고용자들에게 영향을 미쳤고 수만 명의 미국인들도 영향을 받는 것은 마찬가지였다.

다음 시나리오들을 읽어보고 각각 묘사되고 있는 행동이 비윤리적인지 또는 대중적이지는 않지만 정당한지 결정해보자.

1. 회의에서 회의록 작성 역할을 맡은 한 구성원이 자신의 개인 선호를 반영하여 제안과 동의 발언을 수정한다.
2. 직원들은 기강이 해이하고 화려한 파티 같은 연례 매출 회의에 익숙했지만, 새로운 사장은 벌금과 강등, 심지어는 중요 작업 과정에 참여하는 모든 임직원들의 해고와 같은 처벌을 강조한다.
3. 당신이 속한 집단은 극복하기 힘든 사업 관행에 혁명을 일으킬 수 있는 계획을 개발하기 위해 몇 달 동안 일했다. 보고서를 작성하기로 한 구성원이 보고서의 주 작성자로 자신의 이름을 넣고 다른 구성원들의 이름은 단지 보고서 말미에 기입한다.
4. 당신의 제안을 집단에 설명하면 구성원들은 논의도 없이 그것을 거부한다. 당신은 자신의 기여가 고의적으로 무시되고 있다고 믿고 있기 때문에 관리자에게 이런 생각을 말하고 그 집단의 결정과 행동이 잘못된 이유에 대해서 설명한다.
5. 불우한 가정을 지원하기 위한 기금을 모금하는 단체가 모금 요청을 정당화하기 위해서 프로그램의 성공률을 부풀린다.

팅 관련 강사는 한 학기 동안 마케팅 캠페인을 연구, 개발, 제출하는 프로젝트를 학생 집단에 할당할 것이다. 제조회사는 다양한 부서에서 직원을 조합하여 그들에게 위험 화학물의 안전한 저장 방법을 개발하게 할 것이다. 어떤 상황에서든 효과적인 집단은 공통의 목표를 달성하기 위해 일한다.

집단 활동의 장단점

대부분의 사람들은 우리와 마찬가지로 길고 지루한 회의에 자리를 지키고 앉아있어야만 한다. 혼자 한다면 더 빨리, 더 잘할 수 있는 간단한 업무도 완수하지 못하는 집단에 있다면 인내심을 잃거나 화가 날지도 모른다. 그러나 긴 안목에서 보면 집단에서 일하는 것은 단점보다 장점이 더 많다.

장점 존 카첸바흐(Jon Katzenbach)와 더글러스 스미스(Douglas Smith)는 *The Wisdom of Teams*에서 집단은 "개인보다 월등히 뛰어나다. 특히 복합적인 능력, 판단, 경험이 요구되는 경우는 더욱 그렇다."[10]라고 지적한다. 일반적으로 "협동을 잘하는 집단의 접근 방법과 결과는 단지 집단 구성원의 평균보다 나은 정도가 아

니라 집단 내 최고의 문제 해결사가 혼자 문제를 푸는 것 이상이다." 게다가 1명의 문제 해결사는 집단의 지식과 관점의 다양성에 상대가 되지 못한다.[11]

친구를 만들 수 있고, 사회화될 수 있으며, 성공적인 팀의 일원이 될 수 있기 때문에 대부분의 사람들은 집단에 속하고 그 속에서 일을 한다. 또한 구성원들이 정보를 공유하고, 비판적 사고를 실험하고, 가설에 도전하고, 높은 성취 기준을 세울 때, 집단 활동은 학습을 강화한다.

단점 집단으로 활동하는 데에는 시간, 열정, 자원이 요구된다. 일례로 3M 연구원들이 직장의 회의 시간당 임금과 간접비를 계산했는데 연간 7,880만 달러를 사용하는 것으로 집계됐다.[12] 제록스에서 진행된 유사한 연구에서는 회의에 쓰이는 직접비가 한 해 1억 40만 달러 소요되는 것으로 추정됐다.[13] 재정적 지출과 더불어 구성원들 사이의 회복하기 어려운 불화도 잠재되어 있다.

집단 구성원들 모두가 협동하고 일을 더 잘하기를 바라는 만큼 일부 구성원들의 행위는 문제를 일으키기도 한다. 말이 너무 많을 수도 있고, 회의에 지각하기도 할 것이며, 공격적인 논쟁을 벌

집단의 유형

	목적	구성원
기초	애정, 지지, 소속감을 구성원에게 제공	가족, 절친한 친구
사회	우호적인 환경에서 공공의 이익 공유 또는 사회 활동 참여	운동부원, 동호인, 여/남학생 사교 단체 회원
자립	개인적인 문제에 대한 도움을 원하거나 도움이 필요한 구성원을 지지 또는 격려	치료 집단 구성원, 웨이트 와처스 (Weight Watchers)*와 알코올중독자 자주치료협회와 같은 프로그램 참여자
학습	구성원들의 지식 습득과 능력 개발	동급생, 독서 모임, 도자기 공방 참여자
봉사	소속 집단 외부의 다른 사람을 돕는 것과 같은 가치 있는 일을 지원	키와니스(Kiwanis)** 회원, 경찰체육연맹(Police Athletic League)***, 기부 단체
시민	소속 집단 또는 지역사회 구성원을 위한 가치 있는 일을 지지	사친회(PTA) 회원, 노동조합, 재향 군인 단체, 반상회
업무	회사나 조직을 위한 특정한 목표 성취	위원회 구성원, 피고용자, 전담조직원, 경영진
공공	공공 영역이 직면한 문제 또는 공공의 이익과 관련된 중요한 문제를 논의	공개 토론회 참석자, 심포지엄, 포럼, 정부 단체

---

* 역자 주─1963년 미국에서 설립된 체중 감량·유지 상품 및 프로그램을 제공하는 업체로 현재 30개국이 넘는 국가에서 서비스 중이다.
** 역자 주─미국, 캐나다의 실업가들이 참여하는 민간 봉사단체
*** 역자 주─청소년을 대상으로 스포츠 활동과 운동 경기 등을 통한 사회 봉사 활동을 하는 미국의 경찰관 단체

가상 집단과의 업무

가상 집단(virtual group)은 종종 시간, 거리, 조직의 영역을 넘나드는 커뮤니케이션을 위해 기술을 사용한다. 커뮤니케이션은 문자 메시지, 블로그, 위키, 전자우편, 웹세미나, 원격회의 등의 형식으로 이루어진다. 스카이프나 웹엑스(WebEx)와 같은 멀티미디어 회의 도구를 통해 참여자들은 서로 보고 들을 수 있고, 집단 구성원들 간에 개인적 또는 공개적으로 인스턴트 메시지를 주고받을 수도 있다. 전자 칠판과 구글 독스와 같은 도구는 가상 브레인스토밍, 정보 공유, 편집, 집단 의사 결정을 가능하게 한다.

린다 스튜어트(Linda Stewart)는 포브스에 실린 자신의 글에서 "가상의 팀은 사람들 대부분의 직업 활동에서 중요한 부분이며 이들을 효과적으로 운영하는 것은 매우 빠른 속도로 주요한 도전이 되고 있다."라고 강조한다. 대기업을 대상으로 한 조사에 따르면, 이 "도전은 점점 커지고 있다." 조사 대상자 가운데 절반이 넘는 56%의 응답자들은 "향후 몇 년 동안 가상의 팀이 증가할 것으로 기대했다. 이와 비슷한 숫자인 57%의 응답자들은 가상의 팀이 운영하는 데 있어 가장 핵심적인 장애물은 신뢰 얻기라고 말했다."[14]

가상 집단은 복합적이다. 구성원들은 각기 다른 조직, 문화, 시간대, 지리적 장소에서 왔을지도 모른다. 그들이 만나게 될 기술적 변수에 대해서는 더 말할 것도 없다. 예를 들어 집단 구성원들은 서로 다른 수준의 가상 매체 사용 경험을 가질 수도 있다. 커뮤니케이션에 사용될 소프트웨어의 버전도 맞지 않는 등 각자가 지닌 컴퓨터의 성능도 제각각일 것이다. 결

국 집단의 면대면 회의와는 다른 집단의 역학(dynamic)을 가상 집단은 만들어낸다.[15]

몇몇 구성원들은 가상 집단에 참여할 때 이 집단에 참여하는 것이 면대면 회의보다 더 쉬울 것이라고 오해한다. 결과적으로 그들은 준비, 조정, 협력에 들어가는 시간을 과소평가한다.[16] 그들은 또한 원격 회의가 진행되는 동안 '숨는 것'이 가능하다고 생각할지도 모른다. 비록 가상 집단의 다른 구성원이 같은 공간 또는 심지어 같은 대륙에 있지 않다고 하더라도 집단 활동에 기여할 수 있도록 완벽한 준비를 반드시 해야 한다.

가상 팀 회의를 지휘하거나 참여할 때 집단 구성원들은 다음과 같은 책임감을 가져야 한다.

- 회의 전에 배경 자료를 읽고 기술에 익숙해질 수 있도록 준비할 것
- 집단의 목표를 확인하고, 구성원이 당신에게 기대하는 것뿐만 아니라 집단에 참여하게 된 이유를 완전히 이해할 것[17]
- "_____ (이)라는 말씀이신가요?"라고 바꿔 말하는 것을 통해 이해 정도를 확인할 것. 침묵하고 있는 팀 구성원이 동의하는 것이라고 가정하지 말고 어떤 결정이든 구두 동의를 얻을 것[18]
- 회의 중에는 구두 또는 서면으로 분명하게 말할 것
- 다른 사람의 말을 읽거나 들을 것. 평가를 내리기 전에 정확하게 이해하고 있는지 확인할 것
- 회의 결과를 철저히 따를 것[19]

이기도 할 것이다. 그러나 동시에 이런 구성원들은 훌륭한 연구자들이며, 유능한 비판적 사고자들이고 좋은 친구들이기도 하다.

집단의 유형

집단은 집단에 속한 사람들만큼 그리고 그들이 추구하는 목적만큼이나 다양하다. 그러나 집단을 몇 개의 유형으로 나눌 수 있는 공통적인 특성이 있다. 집단의 유형은 가장 개인적이고 비공식적 형태의 집단에서부터 더 전문적이고 공식적인 집단에 이르기까지 다양하다. 집단이 모이는 목적과 어떤 사람들로 구성되어 있는지에 따라 집단의 유형을 구별할 수 있다.

이전 쪽에 있는 그림의 처음 여섯 가지 유형은 개인적 욕구와 이해에 기반을 둔 집단을 보여준다. 제7장 "대인관계의 이해"에서 가족, 친구, 연인과 같이 가족과 사회적 집단에 소속된 사람들 사이의 효과적인 커뮤니케이션의 중요성에 대해 검토한 바 있다. 자립 단체, 학습 조직, 봉사단체, 시민단체는 지지와 격려를 제공하고 지식 습득을 돕고 타인에게 도움을 주고자 하는 사람들의 선택에 의해서 가입되는 조직이다. 업무 집단과 공공 단체와 같이 조직과 대중의 다양한 이해를 충족시키는 조직도 있다. 이런 유형의 집단 속에서 자신의 역할이 무엇인지 이해하기 위해서는 집단의 다양한 형태, 기능, 목표에 대한 더 자세한 정보가 요구된다.

업무 집단 작업조, 영업사원, 관리자, 연구팀은 모두 정책 결정, 문제 해결, 과제 수행, 조직 내에서 할당된 임수 수행에 대한 책임이 있는 **업무 집단**(work group)이다. 위원회와 실무진은 업무 집단의 두 가지 형태이다. 사회적 위원회, 예산위원회, 심사위원회와 같은 **위원회**(committee)는 다수의 인원으로 구성되거나 특정 과제에 대해 권한을 지닌 한 사람에 의해서 만들어진다. **실무진**(work team)은 대개 업무 수행을 위한 모든 책임과 자원을 부여받는다. 위원회와 달리 실무진은 비교적 영구적이다. 실무진은 회의에 많은 시간을 보내지 않고 일하기 위해 협력한다.

공공 집단 패널 토의, 심포지엄, 포럼, 정부 단체 등은 공공 영역이 직면한 문제나 공공의 이익을 논의하기 위한 **공공 집단**(public group)의 형태들이다. 공공 집단의 회의는 보통 일반 청중을 대상으로 특별한 제한이 없는 공공 영역에서 열린다. **패널 토의**(panel discussion) 진행 중에는 여러 사람들이 청중들에게 가르침, 감동, 즐거움을 주기 위해 공동 주제에 대해서 상호작용을 한다.

심포지엄(symposium)에서 구성원들은 청중의 이익과 관련된 주제의 다른 측면에 대해서 짧으면서도 연속적인 프레젠테이션을 발표한다. 패널 토의와 심포지엄 이후에는 보통 **포럼**(forum)이 이어지는데, 포럼에서는 청중들에게 발언 또는 질문을 할 수 있는 기회가 주어진다. 포럼에서는 청중들에게 동등한 발언 기회를 제공할 수 있고 회의의 질서와 예의를 확실하게 유지할 수 있는 유능한 사회자가 필요하다.

주의회, 시의회, 공공 기관과 교육 기관의 운영위원회와 같은 **정부 단체**(governance group)는 공공 영역에서 정책 결정을 담당한다.

집단 발달과 긴장의 균형

10.2 다양한 집단 발달 단계에서 개인과 집단 사이의 긴장을 관리하기 위한 적절한 전략을 선택해보자.

집단이 형성되고 발전됨에 따라 유능한 구성원들은 개인과 집단의 목표의 다양성을 관리하는 방법을 배우게 된다. 최상의 조직에서는 개인의 목표가 집단의 공동 목표를 뒷받침한다. 그러나 이런 균형 잡기를 위해서는 1차 및 2차 긴장, 숨겨진 의도, 집단 내 갈등과 유대 사이의 긴장과 같은 성공으로 향하는 길목을 가로막는 몇몇 장애물들에 대한 이해가 요구된다.

1차 긴장

집단 커뮤니케이션학자 어니스트 G. 보어먼(Ernest G. Bormann)은 새로운 집단에 익숙해지는 동안 수반되는 사회적 불안과 억압으로 **1차 긴장**(primary tension)을 묘사한다.[20] 대부분의 새로운 구성원들은 좋은 첫인상을 주기를 원하기 때문에 서로 지나치게 예의를 지키는 경향이 있다.

대부분의 집단에서 1차 긴장은 구성원들이 서로에게 더 편안함을 느낄수록 감소한다. 그러나 만약 집단이 1차 긴장의 수렁에 빠진다면 이에 대해 이야기하고 그 순환을 깰 수 있는 방법에 대한 토론을 통해 개입할 수 있거나 개입해야 한다. 구성원이 집단의 의제에서 벗어나지 않도록 하고 관련 쟁점에 대해서 의견을 제시할 수 있도록 강하게 촉구해야 한다. 집단 회의 시간에 임할 때에는 긍정적이고 열정적이며 열린 마음가짐을 지녀야 하고 철저한 준비가 필요하다.

2차 긴장

집단 구성원들이 서로 편안하게 상호작용을 하게 되면, 다른 종류의 긴장이 나타난다. 자신감 있는 구성원들은 서로 경쟁하기 시작한다. 그들은 본질적인 문제에 대해서 공개적으로 의견을 달리하기도 한다. 이러한 경쟁의 결과가 무엇인지 예측하기는 그 집단에 아직 너무 이르다. 바로 이 시점에서 2차 긴장이 발생한다. **2차 긴장**(secondary tension)은 집단 구성원들이 사회적 수용, 지위, 성취를 위해 경쟁하기 때문에 경험하게 되는 좌절과 개성의 충돌을 말한다.[21] 어떤 이유로든지 2차 긴장이 효과적으로 관리되지 못한다면 집단의 목적 달성은 기대하기 어렵다.

집단이 2차 긴장을 해소하지 못하고 있다는 것을 파악했다면,

1차 긴장의 특성

- 구성원들이 서로 개입하는 일이 거의 없다.
- 발언 사이에 길고 어색한 중단이 종종 발생한다.
- 구성원들의 말투가 부드럽고 매우 예의 바르다.
- 구성원들이 적극적인 의견 제시나 감정 표현을 자제한다.

2차 긴장의 특성

- 활동성과 경계 수치가 높다.
- 집단은 요란하고 동적이며 구성원들 또한 시끄럽고 단호하다.
- 여러 명의 구성원들이 동시에 말하기도 한다.
- 구성원들은 똑바로 앉거나 몸을 앞으로 숙이기도 하고 자리에 가만히 있지 못한다.

터크먼의 집단 발달 모델

대부분의 집단은 인식 가능한 중요 시점을 경험한다. '새로 만들어진' 집단은 오랜 기간 동안 함께 일한 '성숙된' 집단과는 다르게 행동한다. 1965년 교육심리학자 브루스 터크먼(Bruce Tuckman)은 집단의 생애 주기를 형성기, 격동기, 규범기, 수행기의 독립된 네 가지 단계로 구별했다.[22] **터크먼의 집단 발달 모델**(Tuckman's Group Development Model)이 소개된 이후, 집단이 유지기간 동안 어떻게 움직이며 다양한 '경로'를 통과하는지 설명하는 모델들이 100가지도 넘게 등장했다.[23] 여기서는 모든 형태의 집단에 매우 포괄적으로 적용할 수 있고 관련성이 높은 터크먼의 최초 모델을 중점적으로 살펴보자.[24]

1단계 : **형성기**

형성기(forming stage) 동안 집단 구성원들은 집단 전체에 대해서보다 "다른 구성원들이 나를 받아들이고 좋아할까?"와 같이 자신에 대한 걱정을 더 할지도 모른다. 1차 긴장이 만연할 것이다. 당연히 이 단계 동안 구성원들은 다른 구성원들이 업무와 서로에 대해 어떤 생각과 느낌을 가지는지 더 많이 알게 될 때까지 적극적인 의사 표현과 강한 개인적 요구를 주저한다. 비록 이 단계에서 완료하기는 어렵겠지만 구성원들이 서로 친숙해지고 집단의 목표를 정의하는 시간이 필요하다.

2단계 : **격동기**

격동기(storming stage) 동안 집단 구성원들은 중요한 쟁점에 대해서 토론하고 리더십과 지위를 위해 경쟁할 때 더욱 논쟁을 많이 하며 감정적이 된다. 어떤 집단은 이 단계에서 겪는 2차 긴장과 갈등을 억압하려고 한다. 그러나 갈등은 구성원들 사이의 관계 형성, 책임자 결정과 믿을 수 있는 사람의 결정, 집단의 공동 목표를 분명히 하는 것에 도움이 될 수 있다.

3단계 : **규범기**

규범기(norming stage) 동안 구성원들은 역할을 규정하고 규범을 세운다. 집단의 응집력이 높아지고 공동 목표를 성취하는 최선의 방법에 대한 의사 결정이 이뤄지면서 집단 내 활동이 조화롭게 이뤄지기 시작한다. 이 발달 단계에서 구성원들은 서로에게 더욱 편안함을 느끼고 반대나 자신의 견해를 흔쾌히 표현한다. "구성원들 서로 간의 긍정적인 업무 관계가 단단해짐에 따라 커뮤니케이션이 더욱 개방적이고 업무 지향적이 된다."[25]

4단계 : **수행기**

수행기(performing stage) 동안 구성원들은 집단의 목표 달성을 위해 조화롭게 일하는 데 자신의 에너지를 집중한다. 역할과 책임은 집단의 요구에 따라 변화한다. 결론이 내려지고, 문제는 해결되며, 생각은 실현된다. 수행기가 제대로 진행될 때, 구성원들은 열정이 넘치고, 서로에게 충실하며, 발생하는 모든 도전을 기꺼이 받아들인다.

터크먼의 집단 발달 모델은 각 발달 단계에 따른 집단과 구성원들의 행동 원인과 방법을 설명하는 데 도움을 준다. 집단의 자연스러운 발달 단계에 대한 이해는 집단의 생산성과 구성원의 만족을 설명, 예측하고 발전시키는 데 도움이 될 수 있다.

사람들처럼 집단도 발전하고 성숙하는 단계를 거친다.

그때가 바로 개입해야 하는 시점이다. 긴장에 대해서 농담을 해보는 것이 하나의 방법이다. 그 농담으로 발생한 웃음은 개인과 집단의 스트레스를 해소할 수 있다. 또 하나의 선택지는 집단 구성원 개인과 함께 개인적인 어려움과 걱정거리에 대해서 의논하기 위해 집단 환경 밖에서 일을 해보는 것이다.

성공적인 집단은 약간의 긴장이 행동에 대한 동기를 부여할 수 있고 피드백에 대한 집단의 민감성을 증가시킬 수 있다는 것을 배운다. 도널드 엘리스(Donald Ellis)와 오브리 피셔(Aubrey Fisher)가 지적한 바와 같이 "사회적 긴장이 없다는 것이 성공적이고 사회적으로 건강한 집단임을 보여주는 것이 아니다. 사회적 긴장을 성공적으로 관리하는 집단이야말로 성공적이고 사회적으로 건강한 집단이다."[26]

숨겨진 의도

대부분이라고 할 수는 없지만 우리 중 많은 사람들은 집단 내에서 성취하고자 하는 개인 목표를 가지고 있다. 개인 목표가 집단의 목표와 부합되는 한 모든 것은 순조롭게 흘러간다. 그러나 구성원의 목표가 집단의 목표와 충돌하기 시작할 때 **숨겨진 의도**

(hidden agenda)가 발생한다. 숨겨진 의도는 사람들이 말로 원하는 것을 표현하는 것보다 그들이 **진짜**로 원하는 것이 무엇인지 보여준다. 숨겨진 의도가 집단의 의제나 목표보다 더 중요해질 경우 그 집단은 좌절, 해소되지 않는 갈등, 실패로 귀결될 가능성이 높다.

심지어 집단이 숨겨진 의도를 감지했더라도 숨겨진 의도는 불신의 분위기를 만들지도 모르기 때문에 몇몇은 그것을 공유할 수 없거나 공유하려 하지 않는다. 일례로 많은 사람들은 집단 토론에서 "내가 여기 있기 싫은 이유는 케네스와 일하고 싶지 않아서입니다. 그는 믿음직스럽지 못하고 무능합니다."라고 폭로하는 것을 원하지 않을 것이다.

사회학자 로드니 네이피어(Rodney Napier)와 매티 거센펠드(Matti Gershenfeld)는 집단 발달의 초기 단계에서 숨겨진 의도에 대한 토론을 통해 숨겨진 의도가 지닌 파괴적인 힘을 무력화할 수 있다고 제안한다.[27] 초기 토론에서는 다음과 같은 문제에 대해서 논의해볼 수 있다.

- 집단의 목표는 무엇인가?
- 몇몇 구성원들이 여타 구성원들과는 다른 개인적인 관심사나 목표를 가지고 있는가?
- 구성원들이 기대하고 있는 결과는 무엇인가?

인식되지 못하고 해소되지 못한 숨겨진 의도는 집단 발달의 모든 단계에 스며들어 집단을 병들게 할 수 있다.

**아주 조금의 긴장은
집단이 더 열심히 그리고 더 잘 일할 수 있는
동기를 제공할 수 있다.**

집단 내 갈등과 유대

집단이 발달하고 중요한 쟁점에 대해서 토론하기 시작함에 따라 구성원들은 더욱 논쟁을 많이 하고 감정적이 된다. 많은 집단들은 갈등을 두려워하거나 최소화하기를 원하기 때문에 이런 행동들을 중단시키거나 방지하려고 한다. 그러나 갈등을 통상적인 것이고 유익한 것이라고 받아들일 경우 구성원들이 서로의 견해에 자유롭게 반대할 수 있는 분위기를 조성하는 데 도움이 된다.[28]

집단에 대해서 연구하는 학자들은 집단에서 발생하는 갈등을 업무 갈등, 관계 갈등, 과정 갈등의 세 가지 유형으로 분류한다.

1. 업무 갈등은 구성원들이 집단의 업무에 대해서 다르거나 반대하는 생각과 의견을 가질 때 발생한다.
2. 관계 갈등은 구성원들 사이에 적개심, 심리적 긴장, 불안이 있을 때 발생한다.

유대감 있는 집단 구성원들은 자신의 일에 대해서 구성원으로서의 자부심을 가진다.

3. 과정 갈등은 결정 과정과 조정을 포함하는 '직무와 자원의 할당에 대한 불일치'가 존재할 때 발생한다.[29]

앞의 두 가지 형태의 갈등에 대해서는 제8장 "대인 커뮤니케이션"에서 이야기하였다. 여기서는 해소되지 않은 과정 갈등의 특성과 잠재적 영향을 중점적으로 살펴볼 것이다. 우리가 속한 집단이 다음 문제들 가운데 직면한 것이 있다면 적절한 갈등 해소 전략을 선택하고 나서 이를 적용할 수 있는 과정과 절차를 찾아볼 필요가 있다.

- 구성원 한 명이 마찰을 일으키고 종종 집단의 과정에서 이탈한다.
- 구성원들이 자신을 드러내기를 꺼리거나 불편해한다.
- 업무 할당 분배가 불공정하다.
- 시간 관리가 제대로 되지 못해 마감시간이 비현실적이고 회의하기가 어렵다.
- 구성원들의 커뮤니케이션이 무례하고 비효율적인 방식으로 이루어진다. 다른 사람에게 훼방을 놓고 시간을 제대로 쓰지 못하거나 문제를 해결하려고 시도하기보다 불평한다.
- 쟁점이나 문제를 제기하는 절차에 구성원들이 동의할 수 없다.
- 논의 구성, 상황 분석, 차이의 수용, 의사 결정 방식에 대한 견해 차이를 구성원들이 해소할 수 없다.[30]

**유능한 집단은
공동의 목표를 실현하기 위한
상호작용을 하면서 갈등과 유대
사이의 균형을 습득한다.**

비효율적인 절차 또는 불공정한 업무 할당은 좌절과 분노를 유발할 것이기에 업무, 관계, 과정 갈등은 분명히 관련되어 있다. 이러한 환경에서 갈등을 해소하기 위해서는 과정에서 발생하는 감정보다는 과정 그 자체에 주력해야 할 것이다.

집단 **유대감**(cohesion)은 "하나를 위한 모두, 모두를 위한 하나!"라는 말로 표현되는 집단 구성원을 하나로 묶어주는 상호 간의 끌어당기는 힘을 말한다. 유대감이 있는 집단은 공동의 목적을 향해 단결되어 있고 헌신적이며 상호작용 수준이 높고 다른 사람을 지지하는 방식의 커뮤니케이션 분위기를 즐긴다. 그런 집단의 구성원들은 또한 협동심을 공유하고 조직의 일원임을 자랑스럽게 여긴다. 그리고 집단의 기대에 부응하기를 바라고 집단의 목적을 달성하기 위해 기꺼이 창조적인 방법을 사용한다.[31] 집단의 업무 수행에 '구성원들 사이의 조화, 커뮤니케이션, 상호 수행 관찰'이 요구될 때, 유대감은 집단의 공동 목적을 수행할 수 있는 능력에 의미 있고 긍정적인 효과를 준다는 것이 수십 년 동안의 연구를 통해 입증되고 있다.[32]

집단을 더 행복해지고 생산성 있도록 만드는 유대감을 발달시킬 수 있는 네 가지 일반적인 전략을 제안하고자 한다.[33]

- **집단 정체성과 전통을 수립하라.** 집단에 대해서 지칭할 때 '나' 또는 '나의'라는 대명사보다는 '우리' 또는 '우리의'라는 대명

사를 사용하라. 집단의 전통과 가치를 강화할 수 있는 의식이나 예식을 개발하라.
- **협력을 강조하라.** 개인적인 성취보다는 집단을 강조하라. 구성원들은 자신이 한 일과 다른 구성원들이 한 일 모두에 대해서 책임감과 자부심을 가져야 한다. 개인의 공로를 인정받는 대신에 구성원들은 집단의 성취를 강조한다.
- **기여를 인정하고 그것에 대해 보상하라.** 훌륭한 기여를 보상해주는, 타인을 지지하고 격려하는 분위기를 만들라. 몇몇 집단은 개인의 노력과 솔선에 대한 보상으로 축하연, 감사 편지, 증명서, 선물을 활용하는데 이는 비록 작은 칭찬이지만 집단 구성원 스스로가 인정을 받고 있다는 느낌을 받도록 만들 수 있다.
- **집단 구성원을 존중하라.** 구성원들의 개인적 요구, 자신이 받아들여지고 있다는 느낌의 신장, 다양성의 가치 인정에 관심이 있음을 보여줌으로써 모든 사람을 존중하라.

집단과 구성원 간의 균형

10.3 집단 규범과 구성원의 역할이 집단의 생산성과 구성원의 만족도에 미치는 영향을 설명해보자.

집단 발달 단계에서 규범기에 있는 구성원들은 자신의 역할을 규정하고 집단이 추후 일하는 방식을 결정한다. 유능한 집단은 집단의 관습, 규칙, 기준에 대한 약속과 달라지고 바꾸려는 의지 사이의 균형, 즉 순응과 불응 사이의 균형을 습득한다. 또한 구성원들이 긍정적인 역할을 수행하고 공동의 목표를 달성하기 위해 협력하면서 이 긍정적인 역할의 진가를 알고 발전시키는 것을 배우기도 한다.

순응과 불응의 균형

커뮤니케이션 학자 퍼트리샤 앤드루스(Patricia Andrews)는 **규범**(norms)을 "어떤 행동이나 의견이 받아들여지고 받아들여지지 않는지, 좋은지 나쁜지, 옳은지 그른지, 적절한지 적절하지 않은지에 대해서 집단 구성원들이 지니고 있는 기대치들의 집합"[34]이라고 정의한다. 집단 규범은 집단의 가치를 표현하고 집단이 부드럽게 기능할 수 있도록 돕는다. 또 적절한 행동과 그렇지 않은 행동을 정의하고 집단의 성공을 촉진한다.[35] 규범은 집단의 행동 규칙으로 구성원들이 입고, 말하고, 듣고, 일하는 방식을 결정한다. 예를 들어 한 집단은 남의 말을 끊는 것을 금지할 수도 있는

반면에 다른 조직에서는 말을 끊거나 동시에 말하는 행동이 허용된 상호작용 형태라고 볼 수도 있다. 규범이 없는 조직은 업무를 조직하고 수행하는 합의된 방법이 부족한 것이라고 할 수 있다.

조직 규범은 구성원의 행동과 조직의 성공에 대해서 긍정적 효과와 부정적 효과 모두를 초래할 수 있다. 예를 들어 즐겁고 평화로운 토론을 높게 평가하는 조직 규범이 있는 조직의 구성원은 동의하지 않는 목소리를 내거나 나쁜 소식을 공유하는 것을 꺼릴 수도 있다. 지각이나 조퇴가 허용되는 조직이라면 일을 할 구성원이 충분하지 못할 수도 있다. 집단의 목표를 뒷받침하지 못하는 규범은 집단이 유지되는 것을 어렵게 만들기도 한다. 이러한 상황이 벌어졌을 때가 규범에 불응할 수 있는 권리를 행사할 수 있는 가장 완벽한 순간이다. 사실 이것은 권리가 아니라 의무일지도 모른다. 구성원이 집단의 목표 달성을 위해 여전히 일을 하는 동시에 규범에 저항하는 순간 **건설적인 불응**(constructive nonconformity)이 발생한다.

"나는 우리가 예전부터 골프 리조트에서 연례 휴양을 즐길 수 있다는 것을 알고 있지만, 많은 새로운 직원들은 골프를

치지 않고 골프를 치는 것에 부담을 느끼거나 완전히 소외되어 있다고 느낀다."

건설적인 불응이 필요한 시기와 높게 평가되는 시기가 있다. 영화, TV 프로그램, 책에서는 저항하는 배심원, 매우 완강하고 정직한 정치인, 강한 원칙과 신념으로 복종하지 않는 군인이나 승무원을 옹호한다. 진행 과정을 재편하고, 비판적인 피드백을 제공하며, 잘못된 결정이지만 집단이 용인해오고 있었던 것에 대해 의심하는 불응자가 필요하다는 사실을 인정해야 한다는 엄청난 압력을 집단 구성원들이 받는 일도 종종 있다. 불응을 통해 구성원들이 중요한 정보를 무시하지 않거나 잘못된 결정을 내리지 않는다면 불응은 집단에 상당한 도움이 될 수 있다.

이 해병대 행진은 집단 규범의 중요성과 가치를 어떻게 보여주는가?

집단 규범은 구성원들이 그것에 순응하는 한에서만 제 기능을 다한다.

건설적인 불응은 구성원들이 개인적인 비판이나 다른 입장을 이유로 배제당하는 것에 대한 두려움 없이 중요하고 매우 적절한 반대 목소리를 낼 수 있게 만들기 때문에 효과적인 집단 결정과 더욱 창조적인 해결책을 마련하는 데 기여한다. 반대로 **파괴적인 불응**(destructive nonconformity)은 늦게 나타나 이목을 끌거나 권력을 행사해서 다른 사람을 방해하는 것과 같이 구성원이 집단과 집단 목적의 최대 이익에는 관심도 없이 순응에 저항할 때 발생한다.

구성원들이 규범에 순응하지 않을 때 집단은 특정 규범의 가치에 대해 논의하여 변경, 명확화, 존속 및 준수를 결정할 것이다. 적어도 불응 행위는 구성원들이 집단의 규범을 인지하고 이해하도록 돕는다. 예를 들어 회의 도중에 일찍 자리를 떠나 징계를 받은 구성원이 있다면, 다른 구성원들은 회의가 중단되기 전에 자리를 뜨는 것이 받아들여지지 않는다는 것을 배우게 된다.

집단 역할의 균형

모든 구성원은 고유한 재능, 선호, 집단에 대한 견해를 가지고 있다. 결국 집단 구성원들은 집단의 성격, 구성원, 목표에 따라 다른 역할을 맡는다. **집단 역할**(group role)은 특정 집단의 상황 속에서 예상되는 기능과 관련된 행동 양식이다. 예를 들어 누군가 "다음 회의에 필요한 정보를 누가 얻을 수 있습니까?"라고 물으

유능한 집단은 건설적인 불응의 진가를 인정한다.

자신의 규범에 대해 말할 수 있는가?

다음 표의 왼쪽 열은 집단 규범의 여러 가지 유형을 묘사하고 있다. 가운데 열에는 교실에서의 규범과 관련된 것을 나열해보고, 오른쪽 열에는 전임, 시간제, 유급, 자원봉사 등 현재 또는 과거 직장에서의 규범과 관련된 것을 나열해보자. 이 모든 규범에 대해서 비판적인 시각으로 검토해보자. 이 규범들이 집단의 공동 목표를 성취하는 데 도움이 되는가? 만약 아니라면 집단에 좋은 영향을 미칠 수 있도록 이 규범들에 기꺼이 도전하겠는가?

규범의 유형	교실	직장
언어(전문용어, 비속어, 음담패설, 불경한 언어와 같은 격식 및 비격식 유형)		
비언어(격식 및 비격식 의상, 물리적인 배치, 활동 수준, 접촉, 시선 처리)		
상호작용(성 또는 이름의 사용, 별명, 발언 순서, 경청 태도, 쾌활한 또는 무질서한 행동)		
내용(심각한 토론, 업무 관련, 사회, 친밀함, 유머)		
지위(결정권자, 영향력 있는 사람, 이의 제기 가능 여부)		
보상(성공의 측정 방식, 성취에 대한 보상 방식)		

면 모든 눈길은 주에게 모이는데 그가 자료 조사와 정보 공유에 능숙하기 때문이다. 만약 두 집단 구성원들 사이에서 의견 충돌이 격화되면 그 집단은 도움을 요청하기 위해 알리시아를 찾을 것이다. 왜냐하면 그녀는 갈등을 해소하고 다툼을 중재하는 데 재능이 있기 때문이다.

집단 업무와 유지관리 역할

주요 집단 구성원의 기능은 업무 역할과 유지관리 역할 두 가지로 구별된다. 집단 **업무 역할**(task role)은 업무를 관리하고 직무를 완료하는 데 도움이 되는 커뮤니케이션 행위에 초점을 둔다. 업무 역할을 맡은 구성원들은 유용한 정보 제공, 중요 문제 제기, 절차 설명, 쟁점 분석, 문제 해결을 담당한다.

집단 **유지관리 역할**(maintenance role)은 공동의 목표를 추구하는 동안 집단 구성원이 서로 잘 지내는 방법에 영향을 준다. 유지관리 역할을 담당하는 구성원들은 협력적 커뮤니케이션 분위기 조성, 갈등 해소, 구성원에 대한 격려나 잘한 일에 대한 칭찬과 같은 것을 촉진한다.

각자가 자신의 역할을 하는 것과 함께 필요한 것은 중요한 역할이 빠지지는 않았는지

확인하는 것이다. 예를 들어 구성원 1명 또는 2명이 모든 일을 떠맡아서 좌절하고 있다면, 누군가 조정자 역할을 하는 것이 좋겠다고 제안할 수도 있다. 만약 집단이 어떤 과정을 추적하는 데 어려움을 겪고 있다면, 누군가 기록자/서기를 담당할 것을 제안한다. 매우 효율적인 집단에서는 공동의 목표 성취를 위해 모든 업무 역할과 유지관리 역할이 집단을 충분히 준비시킬 수 있다.

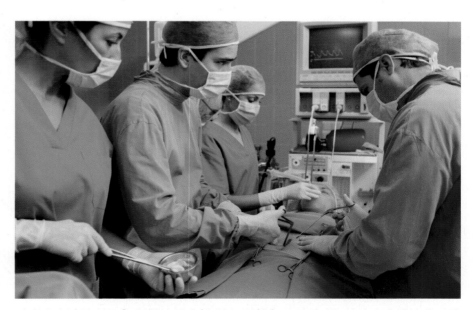

외과 수술팀의 성공을 위해서 중요한 업무 역할은 무엇인가? 외과 수술팀의 유지관리 역할에 어울리는 위치가 있는가?

집단 **업무** 역할[36]

역할	설명	예시
선도자/공헌자	생각 제안, 방향 제시, 집단 구성	"고객의 입장을 고려하는 것에서부터 시작해봅시다."
정보추구자	관련 정보 요청, 설명 요구, 정보 격차 지적	"비용과 법적 요건에 대해 더 많이 알고 있지 못한 상황에서 어떻게 정책을 결정할 수 있습니까?"
정보제공자	관련 정보를 연구, 조직, 제공	"제가 인사과에 확인해본 결과 인사과에서는 …(이)라고 했습니다."
의견추구자	의견 요청, 동의 및 비동의 확인	"라일, 당신의 생각은 어떻습니까? 효과가 있을 것 같나요?"
의견제공자	개인적 신념 서술, 감정 공유, 분석과 논점 제공	"그가 유죄라는 것에 저는 동의하지 않습니다. 그가 다른 사람을 성가시게 했을지는 몰라도 그것이 희롱까지는 아니었습니다."
정리자/요약자	생각과 그 결과를 설명, 혼란의 감소, 요약	"우리는 2시간 동안 이 문제에 대한 분석을 시도해왔습니다. 우리가 동의한 것은 이것입니다."
평가자/비평자	생각과 논의의 가치 측정, 문제 진단	"이 수치들에는 매달 발생하는 운영비가 고려되지 않았습니다."
활력제공자	구성원들에게 동기 부여, 열정을 창조하고 필요시 긴박감 조성	"믿을 수가 없군요! 우리가 이 문제에 대해서 독창적이고 실현 가능한 해결책을 만들어냈습니다."
절차전문가	회의 준비 보조, 공간 배열, 기구와 장비 제공	"괘도가 다시 필요하시면 다음 회의 전까지 제게 말씀해주시기 바랍니다."
기록자/서기	집단 의견과 결정의 정확한 문서화와 보존	"매기, 제가 회의록에 적을 수 있도록 마감 일자를 두 번 반복해서 말씀해주세요."

집단 **유지관리** 역할[37]

역할	설명	예시
지원자/지지자	집단 구성원들에 대한 칭찬과 격려, 공감적 경청	"저희가 필요한 정보를 찾기 위해 모든 시간을 할애해주셔서 감사합니다."
화합자	갈등 해소, 다툼 중재, 협력과 집단의 조화 장려	"우리 모두가 초조해하고 있다는 것을 알고 있습니다. 그러나 거의 끝났습니다. 좌절이 아니라 업무에 집중합시다."
중재자	다툼을 최소화하는 제안 제시, 집단의 합의 도모	"어쩌면 그 일을 진행하기 위해 새로운 방식을 도입하기보다는 예전 체계를 개선할 수 있을지도 모릅니다."
긴장해소자	긴장, 짜증, 스트레스 완화에 도움이 되는 유머 사용	"누가 그 일을 맡을지 캐런과 내가 팔씨름으로 결정하는 것은 어떨까요?
조정자	커뮤니케이션의 흐름 관찰 및 조정, 생산적 참여 장려	"미셸을 제외한 모든 분들이 들으셨을 것이라고 생각합니다. 그녀는 이 문제에 대해서 확고한 생각을 가지고 있습니다."
기준감시자	집단의 규범과 규칙 상기, 조직에서 세운 기준에 반하는 생각 조사	"오전 10시에 시작하기로 우리 모두 동의했습니다. 자리에 앉아서 지각생들을 30분만 더 기다려봅시다."
관찰자/해석자	감정 및 비언어적 커뮤니케이션 관찰 및 해석, 구성원의 발언을 다른 말로 표현	"아마도 우리 생각이 완전히 다르지는 않은 것 같습니다. 제 생각에는 …(이)라는 점에는 동의했다고 봅니다."
추종자	집단과 구성원들을 지지, 타인의 생각과 지시를 기꺼이 받아들임	"저는 괜찮습니다. 기한이 언제까지인지 말만 해주세요."

자기중심적 역할

때때로 구성원들은 자신의 목표를 조직의 목표와 다른 구성원들의 요구보다 우선시하는 **자기중심적 역할**(self-centered role)을 맡기도 한다. 자기중심적 역할은 집단 업무의 붕괴, 구성원 관계에 대한 악영향, 조직의 목표 성취 방해를 야기할 수 있다.

조직에서 자기중심적 구성원을 다루기 위한 세 가지 전략은 수용, 직면, 문제 구성원의 배제이다. 수용은 허가와는 다르다. 분열적인 행동이 집단의 궁극적인 성공을 해롭게 하지 않을 때 또는 부정적 행동을 감수하는 것에서 비롯되는 불편함과 짜증보다 그 구성원의 긍정적인 공헌이 훨씬 많을 때, 집단은 분열적인 행동을 계속하는 것을 허용할 수도 있다. 예를 들어 '광대'는 때때로 파괴적인 행위를 할지도 모르지만 집단 최고의 보고서 작성자 또는 중요한 화합자가 될 수도 있다.

자기중심적 역할을 받아들이거나 무시하기가 어려워질 때, 집단은 행동을 취한다. 예를 들면 개인의 비생산적 행위에도 불구하고 집단이 발전할 것임을 분명하게 함으로써 구성원들은 다른 구성원과 대립할 수 있다. "론, 내 생각에 우리는 당신의 강력한 반대를 충분히 이해합니다. 그러나 궁극적으로 이것은 집단의 결정입니다." 극심한 분노 속에서, 모든 사람이 생각하는 것을 한 구성원이 말할 수도 있다. "리사, 제발 좀 제 말을 끝까지 들어주세요!" 비록 이런 돌발행동이 모든 사람들을 불편하게 할 수도

일반적인 자기중심적 역할[38]

- **공격자.** 다른 구성원을 말로 몰아세우고 빈정거리는 말과 혹평을 한다. 다른 사람의 업무나 생각에서 나온 결과를 가로챈다.
- **차단자.** 진행 상황을 방해하고 비타협적인 입장을 나타낸다. 생각이나 제안을 실패하게 만들기 위한 지연 전략을 사용한다.
- **지배자.** 다른 사람의 참여나 개입을 막는다. 다른 사람을 조종하려고 시도한다.
- **인정추구자.** 개인적 성취를 자랑으로 여기고 관심의 중심이 되려고 한다. 충분히 관심받지 못하면 토라진다.
- **광대.** 부적절한 유머를 쏟아내고, 업무보다 빈둥거리는 것을 더 좋아하는 경향이 있다. 집단의 업무에 대한 집중력을 흩뜨린다.
- **포기자.** 집단에서 탈퇴하기도 하고, '모든 것에 초연한' 것처럼 보이기도 한다. 토론을 성가셔하거나 지루해한다. 집단에 대한 기여를 멈춘다.
- **고백자.** 매우 개인적인 감정과 문제까지 공유한다. 부적절한 방식으로 집단 업무에 대한 구성원의 집중력을 떨어뜨리면서 자신의 감정적 지지를 위해 집단을 이용한다.

있지만, 이는 파괴적인 행위를 멈추게도 한다.

다른 모든 것이 실패했을 때, 집단은 분열을 초래하는 구성원에게 그룹에서 나가줄 것과 회의 참석을 하지 말아줄 것을 요구할 수도 있다. 이는 혼자 일하는 것을 좋아하는 심한 외골수 구성원을 제외한 모두에게 굴욕적인 경험이다.

자신에 대해 알기

집단 업무에 지장을 주는 사람인가?

분열적인 집단 행동은 다양한 형태로 나타난다. 다음 유형들 중 집단에서 자신이 커뮤니케이션하는 방식에 해당하는 것이 있는가?[39] 각 항목에 대해서 얼마나 자주 그렇게 행동하는지 (1) 항상 그렇다, (2) 자주 그렇다, (3) 가끔 그렇다, (4) 거의 그렇지 않다, (5) 절대 그렇지 않다로 표시해보자.

_____ 1. **비관자** : 구성원들이 옳다고 증명되기 전까지 그들이 틀렸다고 가정하는가? 집단이 쟁점에 대해 충분한 논의를 진행하기도 전부터 "그것은 효과가 절대 없어.", "해봤던 일이야, 다 끝났어, 잊어버려.", "내 맘에 안 들어."와 같은 부정적 발언을 하는가?

_____ 2. **방해자** : 다른 사람의 말이 끝나기도 전에 먼저 말을 시작하는가? 참기가 어렵고 짜증이 난다고 다른 사람을 중단시키는가?

_____ 3. **부정적인 비언어 사용자** : 과장되고 지장을 줄만한 비언어적인 태도로 반대 의사를 표현하는가? 누군가의 이야기를 들을 때 눈살 찌푸림 또는 인상 쓰기, 고개 젓기, 두리번거리기, 자리에서 꼼지락거리기, 상대방이 들릴 정도로 한숨 쉬거나 신음소리 내기, 정신없이 낙서하기 등의 행동하는가?

_____ 4. **지체자** : 회의 시간에 지각하는가? 자신이 도착하기 전에 무슨 일이 있었는지 묻거나 말해달라고 요청하는가? 할당된 업무를 보통 기한 내에 끝내지 못하는가?

_____ 5. **만성적 다언자** : 수다쟁이는 집단 속에서 조용히 있는 것을 매우 어려워하고 조용히 있고 싶은 욕구가 거의 없는 강박적인 커뮤니케이터이다. 만성적 수다쟁이들은 말을 굉장히 많이 하고, 집단에 피해를 주며 다른 구성원을 짜증 또는 화나게 한다. 조용히 있는 것이 훨씬 더 현명하다는 것을 아는 상황임에도 말을 한 적이 있는가? 다른 집단 구성원들이 자신에게 말이 너무 많다고 종종 이야기하는가?[40]

집단 리더십 개발

10.4 리더십의 전략과 기술을 연습해보자.

만약 리더십이라는 단어를 아마존에서 검색해보면 수천 권의 책을 검색 결과에서 볼 수 있을 것이다. 그리고 검색 결과들을 검토해보면 대부분 매우 존경받는 학자들과 잘 알려진 사업가들이 그 책들을 썼다는 것을 알게 될 것이다. 한편 몇몇 특이한 제목들은 리더십 관련 서적의 범위를 보여준다. 몇 가지를 제시해보면 다음과 같다.

- 비전을 전파하라 : 신념의 CEO 링컨(*Lincoln on Leadership*)
- *Leadership Secrets of Hillary Clinton*
- 콜린 파월 리더십(*The Leadership Secrets of Colin Powell*)
- 마음을 움직이는 리더십(*Jesus on Leadership*)
- 훈족 아틸라, 그 리더십의 비밀(*Leadership Secrets of Attila the Hun*)
- 산타클로스의 리더십 비밀(*The Leadership Secrets of Santa Clause*)

산타클로스의 리더십 비밀이라는 제목을 보고 웃음 짓기 전에 산타클로스의 '비밀들'을 유용한 리더십 조언으로 활용할 수 있는 방법을 생각해보자. 그 책에서 제시하는 리더십 조언들은 현명하게 순록 고르기, 목록을 작성하고 두 번 확인하기, 요정들의 이야기를 듣기, 누가 착한 아이이고 나쁜 아이인지 가려내기 그리고 착하게 살기이다.[41]

리더십(leadership)은 전략적 결정을 내리고 공동 목표 성취를 위해 집단 구성원들을 움직이게 하는 커뮤니케이션을 사용하는 능력이다. 거의 모든 사람들이 리더십의 중요성을 인식하고는 있지만, 리더십을 효과적으로 활용하는 것이 항상 쉬운 것은 아니다. 리더십 연구에 대한 한 논평에서는 무능한 리더십이 "60~75%에 이를 정도로 높고 임원진에 의해 고용된 지도자의 50% 이상이 피할 수 없는 실패를 경험할 정도로 고용 관행이 형편없다."[42]라고 평가한다.

앤서니 벨(Anthony Bell)은 리더십에 대한 자신의 책에서 커뮤니케이션이 모든 리더십 역량을 연결하는 회반죽이나 접착제라고 설명한다. 자기 인식과 자기 수양을 유지하면서 사고하고 행동하는 능력은 리더십 역량을 기르는 중요한 소재이며, 이 소재들을 단단하게 결속시키기 위해 커뮤니케이션이 필요하다.[43]

리더십의 세 가지 접근법

리더십은 정확하게 측정하기 어려운 자질이다. 그렇지만 특성 이론, 유형 이론, 상황 이론의 세 가지 이론을 통해 자신과 타인의 리더십에 대한 이해를 도모할 수 있을 것이다.

라는 믿음에 기반하고 있는 **리더십의 특성 이론**(Trait Theory of Leadership)은 리더십에 결부되는 구체적인 특성을 확인해준다. 대부분의 사람들은 지능, 자신감, 열정, 단체에 적합한 재능, 신뢰성, 겸손, 유머, 단호함, 정서적 안정성, 외향성, 남의 말에 귀 기울이기 등을 바람직한 리더십의 특성으로 떠올린다. 특성 이론의 약점은 많은 훌륭하고 위대한 지도자들이 이러한 특성들 가운데 단지 일부만을 보여준다는 것이다. 일례로 글자를 모르는 노예였던 해리엇 터브먼은 말을 거의 하지 않았지만 수백 명의 남부 사람들을 해방시키기 위해 북부로 이끌었다. 내성적인 컴퓨터 광이었던 빌 게이츠는 개인용 컴퓨터의 사용법을 좌지우지하는 마이크로소프트사의 최고경영자가 되어 세계에서 가장 부유한 사람이 되었다.

유형 이론 **리더십의 유형 이론**(Styles Theory of Leadership)은 독재형, 민주형, 방임형으로 뚜렷하게 구별되는 세 가지 리더십 유형을 구성하는 구체적인 행동들의 집합을 검토한다. **독재형 지도자**(autocratic leader)는 토론 방향과 결과 통제, 대부분의 집단 의사 결정 사항에 대한 지도자의 결정, 상명하복, 성공적 결과의 독식을 통해 권력과 권위를 추구한다. 문제에 대해서 토론할 시간이 부족하거나 모든 구성원의 희망사항을 고려할 여유가 없을 때와 같은 심각한 위기 상황에서는 독재형이 많은 경우 적합하다. 위급한 경우에 집단은 자신의 지도자가 전체적인 책임을 지기를 바라기도 한다. 그러나 과도한 통제는 집단의 사기를 떨어트릴 수 있고 장기적인 생산성을 희생시킬 수 있다.

민주형 지도자(democratic leader)는 집단 구성원들의 사회적 평등과 이익을 도모한다. 이런 유형의 지도자는 의사 결정을 집단과 분담하고 집단의 행동 방침을 세우는 것을 돕는다. 집단의 과제뿐만 아니라 사기에도 중점을 두며 성공의 공로를 전체 집단에 돌린다. 민주적 리더십이 있는 집단의 구성원들은 많은 경우 집단 경험에 더 만족하고, 지도자에게 더 충성하며, 장기적으로는 더 생산적이다.

방임을 의미하는 레세페르(*laissez-faire*)라는 말은 "그들이 선택한 대로 행하게 하라."라는 뜻의 프랑스어이다. **방임형 지도자**(laissez-faire leader)는 집단이 모든 결정과 행동을 책임지게 한다. 여유 있는 리더십은 커뮤니케이션이 장려되고 보상받을 수 있는 분위기를 형성할 수 있기 때문에 방임형 지도자는 성숙되고 높은 생산성을 지닌 집단에 완벽하게 적합할 것이다. 안타깝게도 방임형 지도자들은 집단에 단호한 결정이 필요할 경우에는 거의 또는 전혀 도움이 되지 못한다.

특성 이론   지도자는 타고나는 것이지 만들어지는 것이 아니 상황적 리더십 이론   **상황적 리더십 이론**(Situational Leadership

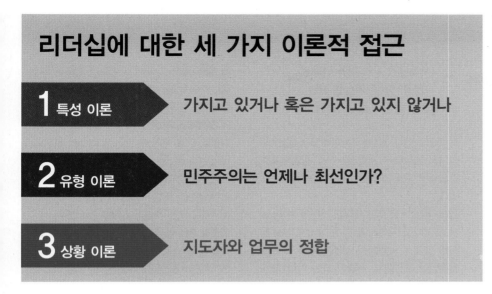

리더십에 대한 세 가지 이론적 접근

1 특성 이론 ▶ 가지고 있거나 혹은 가지고 있지 않거나

2 유형 이론 ▶ 민주주의는 언제나 최선인가?

3 상황 이론 ▶ 지도자와 업무의 정합

무가 완수되기를 바란다. 그들은 과업을 완료하는 과정에서 지도자와 구성원 사이에 감정의 골이 생기더라도 그 과업이 완료되는 것에서 만족감을 얻는다. 결국 과업 지향형 지도자들은 지나치게 업무에 집중하고 집단의 사기를 간과한다는 비판을 종종 받기도 한다. **관계 지향형 지도자**(relationship-motivated leader)는 과업의 실패라는 비용을 치르더라도 다른 사람들과 잘 지내는 것에서 만족을 얻는다. 때때로 그들은 지나치게 구성원들의 감정에 집중하고 집단의 분열을 초래하는 행동에 대해서 관대하다고 비판받는다.

상황 이론은 상황에 맞는 리더십 유형을 지도자-구성원 관계, 과업 구조, 권력이라는 세 가지 중요한 차원을 통해 제시한다. **지도자-구성원 관계**(leader-member relation)는 긍정, 중립, 부정으로 설명된다. 집단 구성원들은 지도자 그리고 다른 구성원에게 우호적이고 충실한가? 그들은 협력적이고 서로 지지하는가? **과업 구조**(task structure)는 비조직성 및 혼란스러운 구조에서부터 고도의 조직성 및 규칙 주도적인 구조까지 포함한다. 목표와 과업은 분명한가? 세 번째 상황 요인은 지도자가 지니고 있는 권력과 통제의 양이다.

왼쪽의 그림은 리더십 유형과 상황 요인 사이의 관계를 보여준다. 과업 지향형 지도자들은 최고 수준의 리더십 통제력이 요구되는 상황이나 통제를 거의 할 수 없는 상태와 같은 극심한 곤경 속에서 최고의 능력을 보여준다. 그들은 긍정적인 지도자-구성원 관계, 명확한 직무, 상당한 권력이 있을 때 탁월한 능력을 발휘한다. 관계 지향형 지도자들은 준구조화된(semistructured) 과업 또는 관심은 있지만 그다지 열정적이지는 않은 구성원들과 같은 여러 가지 상황이 섞여있는 가운데서 적절한 리더십을 발휘한다.

상황적 리더십 이론은 리더십 유형에 대한 식별을 통해 지도자로 성공할 수 있는 시기와 이유를 이해할 수 있도록 해준다. 또한 상황적 리더십 유형은 리더십 유형을 바꾸는 것보다는 리더십 상황을 바꾸는 것이 더 쉽다는 것을 보여준다.

Theory)은 리더십의 특성이나 유형을 설명하기보다 유능한 지도자들이 상황에 따라 다른 리더십 전략과 유형을 사용한다고 주장한다. 이 이론은 지도자와 리더십의 역할 사이에서 이상적인 결합을 찾아내고자 한다.[44] 상황적 접근은 지도자가 자기 자신, 집단, 상황을 분석함으로써 어떻게 더욱 유능해질 수 있는지 설명한다.

상황 이론은 과업 지향형과 관계 지향형 두 가지로 리더십 유형을 구별한다. **과업 지향형 지도자**(task-motivated leader)는 업

> 리더십이 없다면, 집단은 목표 달성을 위한 협동과 의지가 결여된 개인들의 집합에 지나지 않을 것이다.

리더십과 상황 요인 사이의 관계

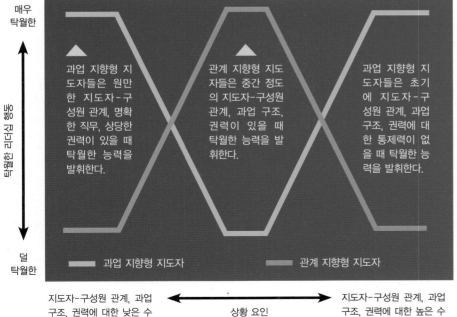

매우 탁월한

리더십과 업무 정합

덜 탁월한

과업 지향형 지도자들은 원만한 지도자-구성원 관계, 명확한 직무, 상당한 권력이 있을 때 탁월한 능력을 발휘한다.

관계 지향형 지도자들은 중간 정도의 지도자-구성원 관계, 과업 구조, 권력이 있을 때 탁월한 능력을 발휘한다.

과업 지향형 지도자들은 초기에 지도자-구성원 관계, 과업 구조, 권력에 대한 통제력이 없을 때 탁월한 능력을 발휘한다.

— 과업 지향형 지도자   — 관계 지향형 지도자

지도자-구성원 관계, 과업 구조, 권력에 대한 낮은 수준의 통제력

← 상황 요인 →

지도자-구성원 관계, 과업 구조, 권력에 대한 높은 수준의 통제력

지도자가 되는 것

그 어떤 누구라도 지도자가 될 수 있다. 에이브러햄 링컨, 해리 S. 트루먼, 버락 오바마는 보잘것없는 신분과 역경을 이기고 미국의 대통령이 된 인물들이다. 회사의 임원들은 영업부와 비서실에서부터 승진하여 최고경영자가 되었다.[45]

- 버라이즌의 최고경영자 이반 사이덴버그는 전기 공급 회사 사장의 아들로 태어났으며, 전화선 가설사의 보조가 그의 첫 직업이었다.[46]
- 오프라 윈프리는 10대 미혼모 어머니에게서

지도자가 되기 위한 전략이 성공적인 리더십을 지닌 사람들의 전략과 같을 필요는 없다.

태어났고 미시시피의 코시어스코에 있는 할머니의 농장에서 자랐지만 최고경영자이자 미국에서 가장 부유한 자수성가 여성이 되었다.[47]

- 존 베이너는 12명의 자식들 가운데 한 명으로 태어나 신시내티에 있는 아버지가 운영하던 앤디스 카페에서 일했고 이후 그곳을 물려받아 운영했다. 나중에 그는 미국 하원의장이 되었다.[48]

적당한 시기에 적절한 장소에 있거나 어려운 일을 기꺼이 하려는 유일한 사람이라면 지도자가 되는 것이 쉬운 일일 수 있다.[49] 비록 지도자가 되기 위한 아주 간단한 방법은 없지만 집단의 지도자가 되기 위한 기회를 늘릴 수 있는 방법은 있다.

- 먼저 그리고 자주 말하라(그리고 들어라). 처음 그리고 가장 자주 말하는 사람이 집단의 지도자가 될 가능성이 많다.[50] 얼마나 자주 말하는지는 무슨 말을 하는지보다 중요하다. 기여의 질은 지도자가 된 이후에 더욱 중요해진다.

- 더 많이 알고 있어라(그리고 그것을 공유하라). 지도자들은 종종 전문가라고 여겨진다. 잠재적인 지도자는 다른 집단 구성원들보다 더 분명하게 자신의 생각과 정보를 자주 설명한다. 이를 통해 더 많이 알고 있는 것으로 인식된다. 집단은 박식한 지도자를 원하지만 자기 의견이 가장 중요하다고 생각하는 똑똑한 척하는 사람을 원하지는 않는다. 유능한 지도자는 모든 사람의 기여를 존중한다.
- **의견을 제시하라(그리고 반대를 기꺼이 받아들여라).** 집단은 가치 있는 생각이나 정통한 의견을 제공하는 사람을 높게 평가한다. 하지만 이는 질문 없이 당신의 생각이 받아들여지는 것과는 다르다. 당신이 마지못해 합의하거나 대안을 듣는 것을 내키지 않아 한다면 집단은 당신을 따르는 것을 꺼릴 수도 있다. 유능한 지도자들은 건설적인 반대를 기꺼이 받아들여 적대적인 대결을 단념하게 만든다.

지도자가 되면 말하는 것보다 더 많은 사람들의 의견을 듣고, 더 잘 알고 있는 구성원들의 의견을 받아들이고 보상해야 하며, 다른 사람들에게 의견을 구하는 것이 필요하다는 것을 알게 될 것이다. 당신은 지도자가 '되는 것'에서 당신의 집단에 '봉사하는 것'으로 개념을 전환해야 한다.

리더십 효과 5-M 모델

이 장의 앞부분에서 살펴본 것과 같이 리더십과 관련된 수천 건의 책과 글이 발표되어 왔다. 이렇게 많은 접근법들이 제공하는 기여에 대한 이해를 돕기 위해 **리더십 효과 5-M 모델**(5-M Model of Leadership Effectiveness)을 제시하고자 한다. 이는 모델링, 동기 부여, 관리, 결정, 멘토링이라는 다섯 가지 상호 의존적인 리더십 기능에 적용 가능한 구체적인 커뮤니케이션 전략과 기술을 강조하는 리더십 효과의 통합 모델이다.[51]

리더십 행동의 모범 되기 모범적인 지도자들은 자신감, 역량, 신뢰성 있는 모습을 보여준다. 또한 그들은 자신의 성취와 욕구보다는 집단과 집단의 목적을 공개적으로 옹호한다. 그들은 말하고 듣는 것에 능숙하며, 일관되고 단호하게 행동하며, 문제에 정면으로 부딪쳐 해결점을 찾기 위해 일한다.

모범적인 지도자가 되고 싶은 사람은 많지만, 이는 오로지 추종자들이 부여할 수 있는 명예에 달린 문제이다. 콜린 파월 리더십에서 저자는 본받을만한 행위에 대한 파월의 견해를 다음과 같이 인용한다.

> 본보기는 지도자가 만드는 것이다. 군대 안이든 밖이든, 조직 내의 다른 사람들은 그들의 지도자를 본보기로 삼는다. 사람들이 본보기로 삼는 것은 지도자가 했던 말이 아니라 지도자가 했던 행동이다.[52]

구성원들에게 동기 부여하기 다른 사람들에게 동기를 부여해주는 것은 지도자의 중요한 과업이다. 유능한 지도자는 집단 구성원들을 인도하고, 성장시키며, 지원하고, 옹호하며, 고무시킨다. 그들은 추종자들의 개인적인 요구와 기대에 부응하는 관계를 발전시킨다. 동기 부여 전략에는 자격이 있는 구성원에 대한 지원과 보상, 구성원의 대인관계에서 생기는 문제 해결, 구성원의 능력과 기대에 맞는 업무와 과제 부여가 포함된다. 가장 중요한 것은 동기를 부여하는 지도자는 구성원에게 집단 내 업무 진행에

제10장 집단 활동

대한 결정 권한을 준다는 점이다.

'코치 K'로도 알려져 있는 마이크 시셰프스키는 듀크대학교 남자 농구팀 코치로 매우 성공한 사람이다. 그는 팀원들에게 동기를 부여하는 것이 성공의 열쇠라고 믿는다. "코치이자 지도자로서 그리고 선생님으로서 나의 주된 과업은 동기 부여이다. 어떻게 하면 선수 개개인이 최고의 성적을 낼 뿐만 아니라 더 나은 팀이 되도록 동기 부여를 할 수 있을까?"[53]

마틴 루서 킹 2세는 리더십 효과 5-M 모델의 어느 정도까지 보여주었는가? 그가 리더십의 모범 되기, 구성원들에게 동기 부여하기, 집단 수행 과정 관리하기, 결정하기, 구성원들과 멘토링하기를 각각 또는 전부 잘 해냈다고 생각하는가?

집단 수행 과정 관리하기 집단이 사라지느냐 살아남느냐의 측면에서 집단 수행 과정의 관리는 리더십의 가장 중요한 기능일 것이다.[54] 집단이 혼란에 빠지고 문제 해결을 위한 충분한 정보를 얻지 못하거나 중요한 결정이 필요한 시기에 내려지지 못한다면 그 집단은 유지될 수 없다. 유능한 지도자들은 모든 회의와 업무를 훌륭하게 구성하고 이에 대한 만반의 준비를 한다. 그들은 구성원의 강점과 약점을 적용하여 업무상, 절차상의 문제가 해결되도록 만든다. 또한 그들은 집단의 실행력 강화를 위해 관찰해야 할 때와 개입해야 할 때를 알고 있다.

결정하기 유능한 지도자는 적절하고 시기에 맞으며 책임감 있는 결정을 기꺼이 내리며 또한 그럴 능력이 있다. 만약 당신이 지휘를 맡거나 지도자 역할에 임명된다면 당신의 어떤 결정은 반발을 불러일으키며 또 어떤 결정은 잘못된 것으로 밝혀질 수도 있다는 사실을 받아들여야 할 것이다. 그러나 당신은 여전히 결정을 내려야만 한다. 아무런 결정을 내리지 않는 것보다 나쁜 결정을 내리는 것이 집단에 가끔은 더 좋을 수도 있다. "왜냐하면 만성적인 우유부단함에 빠진 지도자를 따를 사람들은 없기 때문이다."[55]

캐럴 타이스(Carol Tice)는 '21세기형 지도자 만들기'라는 글에서 기업 리더십의 진화를 검토한다. 오늘날의 지도자들은 다른 사람들과 협업하면서도 단호함을 동시에 지닐 수 있어야 한다고 주장한다.[56]

지도자가 집단과 집단의 목표를 지지하는 결정을 내리는 데 도움을 주는 몇 가지 전략이 있다. 우선 양질의 결정을 내리는 데 필요한 정보를 모든 사람들이 확보하고 공유하게 할 필요가 있다. 만약 적절하다면 완전히 결정을 내리기 전에 구성원들과 토론하고 그들에게 피드백을 요청하는 것이 좋다. 결정을 내리기 전에 구성원들의 의견, 주장, 제안 등을 들어야 한다. 결정을 내릴 때에는 그렇게 결정을 내린 이유를 설명하고 모든 사람들과 결정에 대해서 소통하는 것이 바람직하다.

> **❝** 합의를 이뤄내겠다는 열망 또는 모든 관계자들로부터 동의를 얻어내겠다는 열망을 어느 시점에서는 단념해야 하고 지도자는 결정을 내려야만 한다. **❞**
>
> 캐럴 타이스[57]

리더십 효과 5M 모델

- 구성원들에게 동기 부여하기
- 리더십 행동의 모범 되기
- 집단 수행 과정 관리하기
- 구성원들과 멘토링하기
- 결정하기

집단이 결정에 대한 자신감, 의지, 능력이 결여될 때 유능한 지도자들은 구성원들 사이에 개입하여 그들이 무엇을 해야 하는지 이야기한다. 그러나 집단 구성원들이 자신감, 의지 그리고 능력이 있을 때 지도자는 모든 책임을 집단에 부여할 수 있고, 구성원들이 집단의 결정을 실행하는 데 기여하는 것에 중점을 둘 수도 있다.

구성원들과 멘토링하기 좋은 지도자는 매우 바쁜 사람들이다. 특히 그들이 리더십의 본보기를 보여주고, 구성원들에게 동기를 부여하며, 집단 수행 과정을 관리하고, 결정을 내린다면 더욱 그렇다. 이렇게 많은 일들을 한다 하더라도 훌륭한 지도자들은 다른 사람들과 멘토링하기 위한 시간과 열정을 찾아낸다. 그들은 효과적인 멘토링이 누군가에게는 업무에 대한 것을 가르치는 것보다 더 많은 효과가 있다는 것을 알고 있다. 멘토링은 또한 사람들이 더 높은 기준을 세우고, 필요한 경우 조언을 구하고, 우수한 지도자와 같은 능력을 배양하도록 동기를 부여한다.

필자들도 고등학교와 대학교 생활을 성공적으로 보낼 수 있도록, 그리고 대학 교수가 되어 어려운 문제를 다룰 수 있도록 도움을 주고 전문적인 지도자가 될 수 있도록 지도해준 탁월한 멘토들의 공로를 인정하고 있다. 선생님들, 토론 팀의 코치들, 선배 교수들, 저명한 연구자들, 훌륭한 동료들이 우리의 멘토들이다.

앤서니 벨(Anthony Bell)은 자신의 저서 그레이트 리더십(Great Leadership)에서 지도자가 되고자 하는 사람은 멘토를 찾아야 하는데, 왜냐하면 좋은 "멘토는 당신에게 어려운 질문을 하고 또 대답을 하도록 의욕을 북돋아 주기 때문이다."[58]라고 강조한다. 다음 전략들은 언제 그리고 어떻게 집단 구성원들과 멘토링할 것인지에 대해 지도자들이 결정을 내릴 때 도움이 될 수 있다.

1. 모든 구성원들과 멘토링할 수 있도록 준비하고 기꺼이 모든 구성원들과 멘토링하라. 비록 모든 사람을 위한 전업 멘토가 될 수는 없지만, 조언을 요청하는 사람들에 대해서 열려있어야 한다. 마침내 미래 비전을 공유하는 몇몇 멘티들과 긴밀한 관계를 발전시킬 수도 있을 것이다.

2. 다른 사람들도 이끌 수 있도록 장려하고 권유하라. 집단 구성원들이 지도자의 책임을 맡을 수 있는 상황을 만들어보자. 구성원들에게 회의 사회를 맡기고, 집단 계획이나 결정의 시행에 대한 전체적인 책임을 부여해볼 필요도 있다. 이 경우 당신이 후방에서 지원하고 있다는 확신을 구성원들에게 심어줘야 한다.

3. 낙관주의를 고무시켜라. 문제나 좌절이 발생했을 때, 집단이나 구성원들을 비난하지 말아야 한다. 대신 무엇인가를 배울 수 있는 상황으로 전환시키고 구성원들이 문제와 그 결과에 대한 개인적인 책임감을 받아들일 수 있도록 장려하라.[59]

4. 책임의 균형을 잡아라. 유능한 멘토는 적절한 균형과 경계를 만들어낸다. 그들은 개입해야 할 때와 뒤로 물러나야 할 때를 안다. 멘토는 정신의학 상담사도 아니고 집단 구성원의 가장 친한 친구도 아니다. 어떤 면에서 최고의 멘토는 자신의 멘티들이 스스로 성공 또는 실패하도록 두고 보아야 할 때도 있다.

커뮤니케이션 & 문화

다양성과 리더십

리더십에 대한 초기 연구에서 글로 쓰이지는 않았지만 지도자가 되기 위한 부가적인 필요조건이 있었는데 그것은 남성이어야 한다는 것이었다. 뛰어난 여성 지도자들의 업적에도 불구하고 몇몇 사람들은 여전히 여성이 지도자의 위치에서 일할 수 있는 능력에 대해서 의문을 가진다.

리더십과 젠더에 대한 연구들은 "여성들은 여전히 지도자로 사전에 선택되는 경우가 드물고 같은 리더십 행동일지라도 여성보다는 남성일 때 종종 더 긍정적인 것으로 평가받는다."[60]라고 결론 내린다.

리더십을 드러내는 것은 대부분의 젊은 사람들에게는 매우 어려운 일이다. 특히 여성들의 경우는 더욱 그렇다. 여성들이 남성 지도자와 비슷한 행동을 할 경우 그들은 여성적이지 못하다고 인식되고 반대로 '귀부인처럼' 행동하면 약하고 무능하게 여겨진다. 한 여성 전문가는 이런 딜레마를 다음과 같이 묘사했다.

내 상사가 나에 대해서 '생각이 분명하고, 근면하며, 원숙한 판단력을 지닌 노련한 외교관'이라는 평가를 내렸을 때 가슴이 설렜습니다. 저를 혼란스럽게 한 것은 제가 동료들을 지휘하거나 그들과 일을 했을 때 들었던 나에 대한 평가의 말이었습니다. 좋은 이야기도 많이 들었지만 그들 중 몇몇은 저를 '막무가내인', '참을성이 없는', '사회적 관례를 무시하는', '몰아붙이는' 사람이라고 묘사했습니다. 제가 어떻게 해야 할까요? 같은 행동을 두고 내 상사는 저를 열정적이고 창의적이라고 하는 반면 다른 사람들은 억지를 부리고 공격적이라고 생각합니다.

문화적 차이 또한 구성원들이 지도자로 성장할지 그리고 성공할 수 있을지에 영향을 미친다. 예를 들어 미국, 호주, 영국과 같은 개인주의적 서구 문화에서 구성원들은 개인적인 성장과 성취를 통해 동기 부여가 된다고 여긴다. 그러나 집단주의적인 구성원은 개인적인 성장보다는 지도자 또는 다른 집단 구성원들과의 친밀한 관계를 더 바랄 수도 있다. 같은 구성원일지라도 개인적 성취나 물질적 이익보다는 지도자와 집단에 대한 충성심을 위해 행동하는 경우도 있을 수 있다.[61]

집단 구성원 참여도와 리더십 평가

자신이 속해있거나 속해있었던 집단 구성원의 질적·양적 참여도를 수행 수준에 따라 해당하는 숫자에 동그라미를 그려 측정해보자.

---

1. **과업 기능.** 구성원들은 정보와 의견을 제공 또는 요청, 토론 주도, 분명한 행동, 요약, 평가, 격려 등의 활동을 수행한다.

5	4	3	2	1
훌륭함		평균적임		형편없음

---

2. **유지 기능.** 하나 또는 그 이상의 구성원들이 지원자, 화합자, 중재자, 긴장해소자, 조정자, 기준감시자, 관찰자, 추종자 등의 역할을 한다.

5	4	3	2	1
훌륭함		평균적임		형편없음

---

3. **집단 과정.** 구성원들이 분열을 초래하는 행동을 삼가고, 의제를 따르며, 집단 발달 단계와 집단의 규범에 순응한다.

5	4	3	2	1
훌륭함		평균적임		형편없음

---

4. **관리의 어려움.** 구성원들이 곤란한 행동이나 전반적인 집단의 문제를 다룰 준비, 의지, 능력이 있다.

5	4	3	2	1
훌륭함		평균적임		형편없음

---

5. **리더십.** 하나 또는 그 이상의 구성원이 리더십 행동의 모범 되기, 다른 구성원들에게 동기 부여하기, 집단 수행 과정 관리에 기여하기, 필요한 결정하기, 다른 구성원들과 멘토링하기를 수행한다.

5	4	3	2	1
훌륭함		평균적임		형편없음

---

6. **집단의 전반적인 유능함.**

5	4	3	2	1
훌륭함		평균적임		형편없음

의견 :

집단 내 커뮤니케이션

10.1 집단 활동의 장·단점을 설명해보자.

- 집단 커뮤니케이션은 셋 또는 그 이상의 상호 의존적인 사람들이 공동의 목표 성취를 위해 수행하는 상호작용을 일컫는다.
- 일반적으로 집단으로 활동하기는 단점보다 장점이 훨씬 많다.
- 집단은 사적 목적, 업무적 목적, 공적 목적에 따라 각각 차이가 있다.
- 가상 집단은 커뮤니케이션을 위해 기술을 사용하며 종종 시간, 공간과 조직의 경계를 넘나든다.

집단 발달과 긴장의 균형

10.2 다양한 집단 발달 단계에서 개인과 집단 사이의 긴장을 관리하기 위한 적절한 전략을 선택해보자.

- 브루스 터크먼의 집단 발달 단계에는 형성기, 격동기, 규범기, 수행기를 포함한다.
- 집단 발달 형성기의 대부분 집단은 새로운 집단에 익숙해지는 기간에 수반되는 1차 긴장, 사회적 불안, 억압을 경험한다.
- 집단 발달 단계 중 격동기의 집단은 유대감 형성을 위해 2차 긴장과 개성의 충돌을 해소해야 한다.
- 숨겨진 의도는 구성원 개인의 목표와 집단의 목표가 충돌할 때 발생한다.
- 집단에서 발생하는 대부분의 충돌은 업무 갈등, 관계 갈등, 과정 갈등의 세 가지 유형 가운데 단독 또는 복합으로 나타난다.
- 유대감이 있는 집단은 협동심과 자부심을 공유한다.

집단과 구성원 간의 균형

10.3 집단 규범과 구성원의 역할이 집단의 생산성과 구성원의 만족도에 미치는 영향을 설명해보자.

- 건설적인 불응은 적절하고 집단의 목표 달성에 기여하는 데 반해 파괴적인 불응은 집단과 집단 목표의 최상의 이익에 대해서는 거의 관심이 없다.
- 집단 업무 역할은 집단이 목표를 달성하는 데 도움이 된다. 집단 유지관리 역할은 집단 구성원들끼리 원만한 관계를 유지하는 방법에 영향을 준다.
- 자기중심적 역할은 과업과 사회적 목표에 부정적인 영향을 끼친다.

집단 리더십 개발

10.4 리더십의 전략과 기술을 연습해보자.

- 리더십은 전략적 결정을 내리고 공동 목표 성취를 위해 집단 구성원들을 움직이게 하는 커뮤니케이션을 사용하는 능력이다.
- 리더십의 특성 이론은 개별적인 리더십 특징을 식별한다.
- 리더십의 유형 이론은 독재형, 민주형, 방임형 리더십을 검토한다.
- 상황적 리더십 이론은 지도자 유형과 리더십 상황 사이의 이상적인 결합을 찾아내고자 한다.

- 더 많이 말하는 것, 더 많이 아는 것 그리고 자신의 의견을 제시하는 것을 통해 사람들은 지도자가 된다.
- 리더십 효과 5-M 모델은 (1) 리더십 행동의 모범 되기, (2) 구성원들에게 동기 부여하기, (3) 집단 수행 과정 관리하기, (4) 결정하기, (5) 구성원들과 멘토링하기의 다섯 가지 핵심적인 리더십의 과업을 제시한다.
- 집단 내 여성과 소수자 구성원들은 지도자로 사전에 선택되는 경우가 드물고 남성 지도자들보다 덜 긍정적인 평가를 받는다.

주요 용어

가상 집단	리더십 효과 5-M 모델	자기중심적 역할
건설적인 불응	민주형 지도자	정부 단체
격동기	방임형 지도자	지도자-구성원 관계
공공 집단	상황적 리더십 이론	집단 역할
과업 구조	수행기	집단 커뮤니케이션
과업 지향형 지도자	숨겨진 의도	터크먼의 집단 발달 모델
관계 지향형 지도자	실무진	파괴적인 불응
규범	심포지엄	패널 토의
규범기	업무 역할	포럼
독재형 지도자	업무 집단	형성기
리더십	위원회	1차 긴장
리더십의 유형 이론	유대감	2차 긴장
리더십의 특성 이론	유지관리 역할	

연습문제

10.1 집단 활동의 장단점을 설명해보자.

1 문제 해결을 위한 가장 이상적인 집단의 규모는 _____명이다.

a. 2~4

b. 3~5

c. 5~7

d. 7~12

2 다음 중 포럼에 대한 설명으로 가장 적절한 것은 무엇인가?

a. 여러 명의 사람들이 청중 앞에서 공통의 주제에 대해 상호작용한다.

b. 집단 구성원이 청중의 이익과 관련된 다양한 측면에 대한 짧고 중단 없는 프레젠테이션을 한다.

c. 청중들이 발표자 또는 발표자 집단을 논평하거나 그들에게 질문한다.

d. 선출된 공무원과 공공기관의 이사회가 공개적으로 회의한다.

10.2 다양한 집단 발달 단계에서 개인과 집단 사이의 긴장을 관리하기 위한 적절한 전략을 선택해보자.

3 터크먼의 집단 발달 단계를 바르게 나열한 것은 무엇인가?

a. 형성기, 격동기, 규범기, 수행기

b. 격동기, 형성기, 수행기, 규범기

c. 형성기, 규범기, 격동기, 수행기

d. 규범기, 형성기, 수행기, 격동기

4 집단의 2차 긴장에 대한 설명으로 옳지 않은 것은 무엇인가?

a. 집단에 논쟁이 더 많아지고 감정적으로 변한다.

b. 집단 구성원들은 수용과 성취를 위해 경쟁한다.

c. 새로운 집단에 익숙해지는 기간에 수반되는 사회적 불안, 억압을 말한다.

d. 지위를 위한 경쟁 과정에 수반되는 사회적 불안과 근심을 말한다.

10.3 집단 규범과 구성원의 역할이 집단의 생산성과 구성원의 만족도에 미치는 영향을 설명해보자.

5 다음 문장의 빈칸에 가장 적절한 내용은 무엇인가? 불응은 _____.

a. 언제나 집단의 실행력을 서서히 손상시킬 것이다.

b. 집단의 실행력을 개선시킬 수 있다.

c. 오직 완고한 구성원이 있을 때만 발생한다.

d. 리더십이 부족할 경우 발생한다.

6 다음 중 집단 업무 역할에 속하는 것은 무엇인가?

a. 긴장해소자

b. 조정자

c. 지원자/지지자

d. 정리자/요약자

10.4 리더십의 전략과 기술을 연습해보자.

7 다음의 리더십 관련 이론과 모델 중에서 "가지고 있는가, 혹은 가지고 있지 못한가?"라는 문장으로 요약할 수 있는 것은 무엇인가?

a. 특성 이론

b. 유형 이론

c. 리더십 5-M 모델

d. 유형과 상황 이론

8 다음의 전략들 가운데 지도자가 되는 데 가장 도움이 될 수 있는 것은 무엇인가?

a. 먼저 그리고 자주 말하기

b 더 많이 알고 있기

c. 의견 제시하기

d. 위의 것 모두

정답 확인 : 355쪽

의사 결정과 문제 해결 11

주요 목표

11.1 집단 숙의 강화를 위한 전제조건의 근거를 제시해보자.

11.2 집단 내 의사 결정 방법의 장단점을 비교해보자.

11.3 집단 내 문제 해결 방법의 본질과 가치를 분석해보자.

11.4 효과적인 회의 전략과 기술을 연습해보자.

중요한 세 집단의 결정은 2011년 5월 2일 오사마 빈 라덴의 죽음을 초래했다. 먼저 첫 번째 집단인 미국중앙정보국(CIA)은 2010년과 2011년 초 빈 라덴의 소재를 파악하기 위해 정보를 수집해온 결과, 그가 파키스탄의 은신처에 있을 확률이 60%라고 보고했다.[1]

두 번째 집단은 당시 오바마 대통령 주재로 소집된 국가안보회의(NSC)이다. 국가안보회의는 CIA 보고서를 검토하고 군사적 행동 가능성에 대해 논의했다. 다수의 군 관계자들은 빈 라덴이 정말 그 은신처에 있는지, 특수부대가 기습 공격을 감행해야 할 가치가 있는지에 대해 의구심을 표명했지만 오바마 대통령은 일련의 군사 작전을 실행하도록 명령했다.[2]

수차례에 걸친 회의와 숙의 그리고 CIA가 확보한 정보를 기반으로 국가안보회의는 주요 의사 결정권자들이 선택할 수 있는 세 가지 구체적인 실행 계획(기습 공격, 미사일 폭격, 어떤 조치도 취하지 않는 것)을 제안했다. 바이든 부통령을 포함한 다수의 반대 의견이 있었음에도 불구하고 그들은 기습 공격을 권고했다.[3] 오바마 대통령은 이에 동의했다. 마침내 헬리콥터 공격 작전이 단행되었다. 최종 결정은 오바마의 몫이었지만, 그는 참모들과의 오랜 논의 끝에 결정을 내렸다.

작전 개시 명령이 떨어지자, 이미 준비된 해군 특수부대 네이비실 팀은 행동에 들어갔다. 이들이 바로 세 번째 집단이다. 큰 피해 없이 네이비실 팀은 오사마 빈 라덴을 사살했다. 그리고 빈 라덴의 시신을 확보하고 확인한 뒤 극비리에 수장했다.

미국 대외정책 전문가 존 A. 갠스 2세(John A. Gans Jr.)는 *애틀랜틱*에 실린 기사에서 이번 작전을 "복잡한 국가 안보 정책 결정의 교과서적인 예"[4]로 묘사했다. 또한 빈 라덴 기습 공격 작전은 집단, 특히 우리 삶에 중대한 영향을 미치는 집단에서의 효과적인 의사 결정과 문제 해결 능력을 보여준다.

집단 의사 결정과 문제 해결의 전제조건

11.1 집단 숙의 강화를 위한 전제조건의 근거를 제시해보자.

사람들은 매일 수백 번의 결정을 내리며 산다. 아침 몇 시에 일어날지, 무엇을 입을지, 등교나 출근을 위해 몇 시에 집을 나설지, 여가시간을 누구와 함께 보낼지 등을 결정한다. 문화, 나이, 가족, 교육, 사회적 지위, 종교와 같은 많은 요인들이 이러한 결정에 영향을 준다. 그뿐 아니라 꿈, 불안, 믿음, 가치, 대인관계에 대한 욕구, 개인적 선호도 영향을 미친다.[5] 5명의 사람들을 선정하여 한 공간에서 집단 결정을 하도록 요청해보자. 집단에서 무엇인가를 결정한다는 것은 혼자 결정하는 것만큼 어려우며 그 어려움은 몇 배나 더 증가한다.

다행스럽게도 구성원들 사이에 많은 차이점이 있어서 다양한 사람들이 문제와 관련된 작업을 진행하기 때문에 유능한 집단은 훌륭한 결정을 내릴 수 있는 잠재력을 가지고 있다. 제10장 "집단 활동"에서 강조한 바와 같이, 집단은 개인이 혼자 일하는 것보다 더 잘 성취하고 실행할 수 있는 가능성이 있다. 그래서 비록 난관이 길목마다 깔려있을지도 모르지만 집단의 의사 결정과 문제 해결은 매우 창조적이고 효율적이며 만족스러울 수 있다.

의사 결정과 문제 해결이라는 단어는 종종 같은 뜻으로 쓰이지만, 의미는 다르다. **의사 결정**(decision making)은 판단을 내리고 결론에 도달하며 마음을 먹는 것이다. 집단 상황에서 결정은 입장, 견해, 판단, 행동이라는 결과를 낳는다. 예를 들어 인사위원회는 어느 지원자가 가장 적임지, 배심원은 피고가 유죄인지 무죄인지, 가족들은 결혼식에 누구를 초대할지 결정한다. 경영전문가 피터 드러커(Peter Drucker)는 "결정은 판단이다. 이것은 대안들 사이의 선택이다."[6]라고 간명하게 말한다.

> **집단에서 무엇인가를 결정한다는 것은
> 혼자 결정하는 것만큼 어려우며,
> 그 어려움은 몇 배 더 증가한다.**

대부분의 집단이 결정을 내리기는 하지만 모든 집단이 문제를 해결하는 것은 아니다. **문제 해결**(problem solving)은 집단이 문제를 분석하면서 그리고 문제를 해결하거나 역효과를 줄일 수 있는 계획을 세우면서 다각적인 결정을 내리는 복잡한 과정이다. 예를 들어 입학생 수가 심각한 수준으로 감소하면 대학은 심각한 문제에 직면하는데, 살아남기 원한다면 그 문제를 반드시 분석하고 해결해야 한다. 다행히도 집단이 '결심을 하고' 문제를 해결하는 데 도움이 될 수 있는 의사 결정과 문제 해결 전략이 있다.

그러나 집단이 이러한 문제들에 도전하기 전에 갖춰야 할 네 가지 전제조건이 있다. 명확한 목표, 양질의 내용, 구조화된 절차, 효과적인 숙의에 대한 의무가 그것이다.

토론 질문의 유형을 구별할 수 있는가?

다음 질문들은 사실, 추측, 가치, 방침에 대한 질문들이다. 각각의 유형을 정확하게 구별할 수 있는가?

1. 지구 온난화의 원인은 무엇인가?
2. 지역 대학이 명문 대학교보다 고등교육을 시작하기에 더 적합한가?
3. 다음 분기 회사의 매출이 증가할 것인가?
4. 학생자치연합회장 후보자 가운데 우리는 어느 후보를 지지해야 하는가?
5. 미국인들은 2008년 경기 침체의 부정적인 영향을 몇 년 동안 더 느낄 것인가?
6. 차가운 맥주가 고추의 매운맛을 완화시키는가?

정답 : 1. 사실, 2. 가치, 3. 추측, 4. 방침, 5. 추측, 6. 사실

명확한 목표

제10장 "집단 활동"에서 강조한 것과 같이, 모든 집단의 가장 우선적이고 중요한 과업은 모든 사람들이 이해하고 지지하는 목표를 공유하는 것이다. 집단 목표의 개발과 이해를 위한 한 가지 전략은 집단의 목표를 질문으로 적어보는 것이다. 질문 형식은 집단이 생각, 신념 또는 제안에 대해 수락, 거절, 수정 또는 중지해야 할지를 결정하는 데 도움을 준다.

집단은 목표를 성취하기 위해 네 가지 형태의 질문을 할 수 있다. **사실에 대한 질문**(question of fact)은 가능한 최고의 정보를 활용하여 진실성, 신뢰성, 원인을 조사한다. **추측에 대한 질문**(question of conjecture)은 가장 가능성 있는 결론에 도달하기 위해 유효한 사실과 전문가의 의견을 사용하여 미래에 무엇인가 일어날 수 있는 가능성을 시험한다. **가치에 대한 질문**(question of value)은 중요한 것과 의미 있는 것을 고려하고, **방침에 대한 질문**(question of policy)은 계획을 실행하기 위한 행동 과정을 조사한다.

집단 구성원은 각 유형의 질문에 대한 대답이 논의의 본질을 형성할 것이라는 것을 이해하고 있다. 어떤 집단의 상황에서는 외부 집단이나 권력자들이 업무를 지시할 수도 있다. 예를 들어 작업 집단은 고객의 요구를 처리하거나 고객에게 연락을 취하는 시간을 절약하는 방법을 찾도록 지시받을 수 있다. 연구 집단은 신제품의 내구성을 실험하도록 지시받을 수 있다. 그럼에도 불구하고 질문으로 표현된 업무 지시는 집단이 그 과제를 이해하고 구조화하는 데 도움이 된다.

양질의 내용

정보에 정통한 집단은 좋은 결정을 내릴 가능성이 높다. 집단에 유효한 정보의 양과 정확성은 집단의 성공을 예측하는 데 있어 중요한 요인이다.

정보에 정통한 집단이 되는 것의 핵심은 집단의 목표를 성취하는 데 필요한 정보를 모으고, 공유하고, 분석할 수 있는 구성원의 능력에 달려있다.

집단에 적절하고 가치 있는 정보가 부족하다면, 효과적인 의사 결정과 문제 해결은 어렵거나 심지어 불가능할 수도 있다. 초기 회의에서 집단은 더 나은 정보를 얻을 수 있는 방법에 대해서 논의해야 할 것이다.

구조화된 절차

집단은 의사 결정과 문제 해결을 할 수 있는 구체적인 방법에 대한 명확한 절차가 필요하다. 집단 커뮤니케이션학 학자 마셜 스콧 풀(Marshall Scott Poole)은 구조화된 절차를 "집단 작업의 심장이며 회의 운영 방식을 개선하는 가장 강력한 도구"[7]라고 주장한다.

그런데 절차의 종류는 아이디어 생성, 대안 평가, 해결책 실행과 같은 과업을 위해 마련된 의사 결정 방법들뿐만 아니라 전반적인 문제를 해결하기 위해 고안된 이론 기반 문제 해결 모델 등에 이르기까지 매우 복잡하고 다양하다. 다양한 절차들이 집단

> **다양한 정보를 모으고 유지하는 집단의 능력은 높은 수준의 의사 결정을 할 수 있게 하는 유일하고 가장 중요한 결정 요인이다.**
>
> 랜디 히로카와, 집단 커뮤니케이션학 학자[8]

집단 연구 전략

- 집단의 현재 지식 수준을 평가하라.
- 필요한 조사 영역을 확인하라.
- 조사 책임을 할당하라.
- 조사 마감일을 설정하라.
- 정보를 효과적으로 공유하고 분석할 수 있는 방법을 결정하라.

의사 결정과 문제 해결 개선에 어떻게 사용될 수 있고 사용되어야 하는지에 대해서는 이 장의 나머지 부분에서 설명할 것이다.

숙의에 대한 의무

효과적인 의사 결정과 문제 해결을 위한 네 번째 전제조건은 도전적인 과업에 적극적으로 대응할 준비와 의지, 다른 구성원의 요구에 대한 충족, 경쟁 과정의 긴장에 대한 균형을 갖출 것을 모든 구성원에게 요구한다. 바꿔 말하면, 집단 구성원은 생산적인 **숙의**(deliberation)에 참여할 의무를 지게 되는 것이다. 이는 생산적인 숙의 민주주의 가치를 고양하고, 이를 커뮤니케이션 맥락에 접목시키는 집단적이고 중대한 사고 과정이다. 존 개스틸(John Gastil)은 건설적인 숙의는 사려 깊은 논쟁, 비판적인 청취, 진지한 의사 결정을 필요로 한다고 설명한다.[9]

집단이 의사 결정과 문제 해결의 여정을 떠나기 전에, 모든 구성원들은 숙의할 수 있는 준비, 의지, 능력을 확실하게 갖춰야 한다. 우리가 속한 집단은 다음과 같은 강한 의무를 공유해야 할 것이다.

- 아이디어, 정보, 의견을 신중하고 공정하게 고려할 것
- 개인적 그리고 감정적인 경험에 대해서 이야기를 나눌 것
- 모든 참여자에게 동등한 발언 기회를 제공할 것
- 모든 참여자가 능동적인 청취를 할 수 있도록 장려할 것, 특히 이견이 있을 경우 더욱 장려할 것
- 새로운 정보와 의견을 공유할 것
- 참여자들의 사고, 발언, 청취 방식의 다양성과 차이를 이해, 토론, 존중, 적응할 것[10]

집단 구성원들이 숙의의 원칙을 받아들이고 적용하지 못한다면, 숙의가 무엇인지 그리고 무엇을 해야 하는지 아는 것만으로는 아무것도 성취하지 못할 수도 있다. 비록 대부분의 배심원들은 공정하고 지적으로 심사숙고하지만, 일부 배심원들은 증거를 평가하고 현명하게 논쟁할 능력이 없을 수도 있고, 다른 사람의 말을 철저하고 분석적으로 듣지 못할 수도 있다. 또한 배심원들 사이의 차이를 극복하지 못할 수도 있다. 비록 작고 독립적인 업무 집단도 몇 시간 동안 이야기를 나눌 수는 있지만, 건설적인 숙의를 이해하지 못하고 헌신하지 못한다면 그 어떤 것도 성취하지 못한다.

이 장의 나머지 부분에서 이러한 기본 전제조건을 넘어 의사 결정 및 문제 해결 과제에 직면할 때 집단 숙의의 효율성과 효과를 증진시킬 수 있는 이론, 전략, 기술 등에 대해 설명할 것이다.

〈서바이버〉에 출연하는 '부족' 구성원들은 팀이 '도전'에서 승리하기 위한 전략적인 집단 결정을 내린다.

집단사고

키스 소여(Keith Sawyer)는 자신의 책 그룹 지니어스(Group Genius)에서 지역 진료소에 있는 금연 집단에 가입한 12명의 애연가 집단 이야기를 다시 이야기한다. 한 애연가는 집단에 들어간 직후 담배를 끊은 적이 있다고 밝혔다. 그의 발언은 다른 11명의 구성원들을 분노하게 만들었다. 그들은 다음 모임이 시작되었을 때 그를 맹렬하게 공동 공격했고, 그는 다시 하루에 두 갑을 피우겠다고 선언했다. 전체 집단은 환호했다. 소여는 "그 집단의 전체적인 중점 사항은 흡연을 줄이기 위한 것이었다는 점을 명심하세요!"[11]라고 말한다.

금연 집단에서 일어난 일이 특이한 일은 아니다. 비록 집단의 규범에 순응하고 집단의 화합을 촉진하는 것은 여러 면에서 집단에 도움이 되지만, 둘 중 하나에 너무 치중하는 것은 나쁜 일이다. 이는 결과적으로 예일대학교의 어빙 재니스(Irving Janis)가 집단사고(groupthink)라고 개념화한 현상으로 나타날 수 있는데 이는 집단 내 압박의 결과로 집단의 효율성이 악화되는 것이다.[12] 집단사고는 "사람들이 집단 내 응집력에 지나치게 몰두해있을 때, 대안적인 행동방침에 대해 현실적으로 평가하려는 동기를 무효화하고 만장일치를 얻으려고 분투할 때 사로잡히는 사고방식"[13]이다.

> 집단사고는 정보의 자유로운 흐름을 억누르고, 건설적인 이의 제기를 억압하며, 효과적인 의사 결정과 문제 해결 주변에 거의 뚫을 수 없는 장벽을 세운다.

재니스의 집단사고 이론은 쿠바 피그스만 침공, 한국전쟁과 베트남전쟁 중의 판단 착오, 비극적인 우주왕복선 챌린저호 사고, 2003년 이라크 침공 결정 등과 같은 완전히 실패한 정책 결정 행동 양식에 초점을 둔다.

집단사고는 집단 내에 세 가지 필수조건 및 원인 가운데 하나 또는 그 이상이 존재할 때 발생하는 경향이 있다.

- **집단의 응집력이 매우 높다.** 구성원들은 자신들의 역량과 공정성을 과대평가한다. 응집력을 유지하기 위해 집단은 전체의 의견이라는 이유로 이의 제기를 단념시킨다.
- **집단 과정에 구조적인 결함이 있다.** 집단을 다른 집단으로부터 고립시키거나 부적절한 리더십과 같은 구조적 결함은 "의사 결정 절차를 적용하는 과정에서 정보의 흐름을 억제하고 부주의함을 조장"[15]할 수 있다. 예를 들어 지도자 또는 한 구성원이 지나치게 많은 영향력을 끼칠 수 있거나 집단 절차가 집단의 외부 또는 집단에 불리한 정보에 대해 접근을 제한할 수도 있다.
- **집단이 일촉즉발의 상황에 놓여있다.** 집단의 존폐가 걸린 결정을 내려야 할 때, 집단의 스트레스 수준은 매우 높다. 구성원들은 결국 결함이 있는 것으로 판명될 의사 결정을 내리기 위해 서두르게 될 것이고 다른 합리적인 대안을 배제할 수도 있다.

다행스럽게도 집단사고의 잠재성을 줄일 수 있는 방법이 있다. 모든 구성원들이 비판적인 평가자 역할을 담당하고 의문을 제기해야 한다. 또 자신의 입장에 대한 이유를 제시하고 이의를 제기하여야 하며 다른 사람의 생각에 대해서 평가해야 한다.

회의에 전문가를 초대하고 건설적인 비평을 장려하는 것도 고려해보자. 적어도 집단은 어떤 결정이나 행동의 잠재되어 있는 부정적 결과에 대해서 논의해봐야 한다. 마지막으로 결론을 맺기 전에 구성원들에게 미심쩍은 부분은 더 이상 없는지 말할 수 있는 두 번째 기회를 주어야 한다.

유능한 집단은 책임감 있는 결정을 추구함에 있어 집단의 응집력을 해치지 않으면서 구성원들 사이의 차이를 활용해 일하는 것에 시간과 공을 들인다. 또한 긍정적인 결과로서 이러한 "절차적인 단계의 실행은 기능 장애를 가진 집단을 매우 역량 있는 집단으로 바꿀 수 있다."[16]

집단사고의 증상[14]

어빙 재니스는 집단사고의 여덟 가지 증상을 밝혀냈다. 각각은 결함이 있는 의사 결정의 원인 또는 지표가 될 수 있다.

증상	설명	예시
과신	집단이 자만심에 빠져있음, 큰 위험을 기꺼이 감수함	"우리가 옳습니다. 전에도 그렇게 했고 아무 문제도 없었습니다."
합리화	집단이 변명을 하고 경고를 무시함	"그가 뭘 알겠습니까? 그는 여기 온 지 고작 3주밖에 지나지 않았습니다."
도덕성	집단이 도덕적이고 윤리적인 귀결을 무시함	"때로는 목적이 수단을 정당화합니다. 오직 결과만이 중요합니다."
외부자에 대한 고정관념	구성원들은 상대가 너무 약하거나 영리하지 않아서 문제를 일으킬 수 없다고 믿음	"그들에 대해서는 걱정하지 맙시다. 그들은 정신을 차릴 수 없을 것입니다."
자기 검열	구성원들이 의문을 가지거나 반대 의사를 표시하는 것을 자제함	"동의하지 않는 사람이 나 하나 정도라면 그냥 진행해도 괜찮을 것 같은데."
동조 압력	구성원들이 동의에 대한 압력을 받음	"왜 업무를 중지시키고 있습니까? 당신이 계획을 망칠 것 같군요."
만장일치에의 착각	대부분의 구성원들은 모두가 동의할 것이라고 잘못 믿고 있음	"이견이 없는 것 같으니 발의는 통과입니다."
반대 정보의 차단	집단이 구성원들을 불리한 정보나 반대 측으로부터 차단시킴	"타멜라는 이 회의에 오고 싶어 했지만, 그럴 필요 없다고 그녀에게 말했습니다."

효과적인 집단 의사 결정

11.2 집단 내 의사 결정 방법의 장단점을 비교해보자.

모 든 집단은 결정을 내린다. 어떤 집단은 매우 간단하고 쉽게 결정을 내린다. 반면 어떤 집단에는 결정이 복잡하고 중대한 일이다. 쟁점과 상관없이 유능한 집단은 집단의 공동 목표와 구성원들의 특징과 선호도가 고려된 결론에 도달하기 위한 최선의 방법을 찾는다.

의사 결정 집단으로서 대법원은 학교에서의 인종 차별 철폐, 낙태, 정치와 종교의 분리, 언론의 자유와 같은 분야의 법률에 대한 합헌성을 결정할 수 있는 권한을 가지고 있다.

의사 결정 방법

다양한 의사 결정 방법들이 있지만 집단에 가장 잘 적용되는 특정한 방식들이 있다. 투표, 합의에 이르려는 노력, 권한을 가진 사람에게 최종 결정을 맡기는 등의 방법을 통해 집단은 다수의 사람들이 결정을 내릴 수 있다. 각각의 접근들은 각기 장점과 단점을 가지고 있다. 집단의 요구와 목적 그리고 과제에 맞게 적절한 접근법을 선택해야 한다.

투표 신속한 결정이 필요할 경우 투표만큼 효과적이고 결정적인 방법은 없다. 그러나 때로 투표는 중요한 결정을 내리는 데 가장 최선의 방법이 아닌 경우도 있다. 집단에서 투표가 진행될 때, 어떤 구성원은 승리하지만 다른 사람은 패배하게 된다.

다수결 투표(majority vote)에는 찬성하는 제안에 투표한 과반의 구성원이 필요하다. 그러나 만약 집단이 다수결을 진행할 때, 단지 51%의 구성원들만이 찬성에 투표를 한다면 충분한 지지를 받지 못할 수도 있다. 왜냐하면 패배한 49%의 구성원들은 자신들의 마음에 들지 않는 방식으로 계획이 진행되는 것을 싫어할 것이기 때문이다. 이러한 문제를 방지하기 위해 몇몇 집단들은 과반수 투표 결정 방식보다 2/3 투표 방식을 선택한다. **2/3 투표**(two-thirds vote) 방식에서는 적어도 반대에 투표하는 인원의 2배 정도의 인원이 찬성에 투표한다.

합의 투표에는 내재된 단점이 있기 때문에 많은 집단들은 합의에 의한 의사 결정을 한다. **합의**(consensus)는 "모든 구성원이 결정의 윤곽을 잡는 데 참여했고, 일부 상호적인 목표를 성취할 수 있는 수단에 대해 적어도 받아들일 수 있는 최소한의 합의점에 도달했다."[17]라는 집단의 동의를 나타내는 것이다. 모든 집단에 합의가 잘 적용되는 것은 아니다. 낙태 찬반론자 또는 총기 규제 찬반론자 사이에서 **진정한 합의**를 이룬다는 것이 얼마나 어려울지 상상해보자. 만약 집단이 의사 결정 시에 합의를 추구한다면 왼쪽의 지침을 따를 필요가

집단 합의를 성취하기 위한 지침

이렇게 **하라**	이렇게 **하지 마라**
• 잘 듣고 다른 구성원의 관점을 존중하라.	• 단지 자신의 입장을 고수하기 위해 고집을 부리거나 논쟁하지 마라.
• 감정보다는 논리를 우선하라.	• 충돌을 피하기 위해서 또는 빠른 결정을 위해서 생각을 바꾸지 마라.
• 교착 상태에 빠졌다면 모든 사람들에게 받아들여질 수 있는 차선의 대안을 찾도록 노력하라.	• 굴복하지 마라. 특히 공유할만한 중요한 정보나 식견이 있다면 더욱 굴복하지 마라.
• 단지 동의하는 것뿐만 아니라 최종 결정에 따를 것에 대한 약속을 구성원들에게 확인하라.	• 도저히 지지할 수 없는 결정이나 해결책에는 동의하지 마라.
• 모든 사람을 논의에 참여시켜라.	• 동전던지기, 다수결의 결정에 무조건적으로 따르기, 다른 결정과 교환하기와 같이 '단순'하거나 임의적인 방식을 사용하지 마라.
• 의견 차이를 받아들여라.	

허위 합의

많은 집단은 합의 달성이라는 미덕에 대한 철저한 신념을 가지고 있기 때문에 자신들의 공동 목표를 성취하지 못한다. 그 결과 그들은 집단은 반드시 '모든' 결정에 있어서 합의를 이뤄내야 한다고 믿는다. 허위 합의의 문제는 대부분의 의사 결정 집단에서 자주 나타난다. **허위 합의**(false consensus)는 구성원들이 마지못해 집단의 압력이나 외부의 권위에 굴복할 때 발생한다. 합의한 것이라기보다 합의하는 척하며 집단의 결정에 동의하는 것이다.[18]

게다가 합의에 대해 모 아니면 도라는 식의 접근은 "각각의 구성원들에게 전체 집단의 진전에 대한 거부권을 부여한다." 답보 상태를 회피하기 위해 구성원들은 '포기하고 굴복'하거나 불완전한 타협을 노릴 수도 있다. 이는 집단사고 증상 중 '만장일치에의 착각'과 매우 유사하다. 비록 결함이 있는 결정으로 결론이 날지라도 구성원들은 전체의 동의를 위해 열심히 일한다. 이런 일이 벌어지면 집단은 "100% 합의를 도출하지 못한 채"[19] 성공하지 못할 것이다.

팀을 이끄는 원칙(The Discipline of Teams)이라는 책에서 존 카첸바흐(John Katzenbach)와 더글러스 스미스(Douglas Smith)는 완전한 합의를 추구하는 구성원들이 의견 불일치와 갈등이 집단에 나쁜 것처럼 행동한다는 사실을 관찰했다.

> 영향력 있지만 그릇된 1명의
> 구성원 때문에 집단은
> 형편없는 결정을 내릴 수도 있다.

그들은 효과적인 집단 성과의 현실과는 거리가 멀다고 주장한다. "의견 차이가 없다면 팀들은 당면 과제에 대해 가장 훌륭하고 창의적인 해결책을 거의 마련하지 못한다. 그들은 둘 또는 그 이상의 상충되는 견해 가운데 최상

텔레비전 프로그램 〈탑 셰프〉의 제한된 시간과 형식은 심사위원들이 합의를 하게 만드는 요소이다. 그것이 비록 허위 합의일지라도 말이다.

의 것을 포함하는 해결책을 발전시키기보다는 … 타협할 뿐이다. … 의견 차이로부터 배우는 것, 건설적인 갈등에 의해 붕괴되는 것이 아니라 그것에서 활력을 찾는 것은 팀에 있어서 도전이다."[20]

있다.

의사 결정 방법으로 합의를 선택하기 전에 집단 구성원들이 서로 믿고 있는지 그리고 성실, 솔직함, 정직에 대해 기대하는지 확인해야 한다. 급하게 합의를 이루기 위해 서두르는 것을 피하기 위해서는 모든 사람들의 의견을 들었는지 확인하라. 마지막으로 진정한 합의를 불가능하게 만들 수 있는 지배적인 지도자나 구성원을 경계해야 할 것이다. 사회학자 로드니 네이피어(Rodney Napier)와 매티 거셴펠드(Matti Gershenfeld)는 다음과 같이 말했다. "의사 결정에 있어서 합의적 접근을 사용하고자 하는 집단은 합의가 제대로 작동할 수 있을 만큼의 시간을 들여서 기꺼이 기술과 규율을 개발해야 한다. 이런 것들이 없다면 집단은 약간의 지배와 협박에도 매우 영향받기 쉬운 상태가 된다. 그

커뮤니케이션과 윤리

집단 내 윤리적 의사 결정

토론이나 쟁점에 대한 논쟁의 여지와는 상관없이, 집단 구성원들은 의사 결정에 대해 윤리적 기준들을 적용시켜야 한다. 이러한 기준들에는 다음과 같은 윤리적 책임이 포함된다.[21]

1. **조사** : 윤리적 집단 구성원들은 정보에 능통하고 그들이 알고 있는 것을 정직하게 사용한다.
   - 정보를 왜곡, 은폐, 날조하지 말 것
   - 정보의 출처를 밝혀 다른 사람들이 그것을 확인할 수 있게 할 것
2. **공익** : 윤리적 집단 구성원들은 개인적 논쟁의 승리보다 집단의 목표 성취를 위해 노력한다.
   - 집단 의사 결정에 의해 영향을 받는 사람들의 이익을 고려할 것
   - 개인의 목표보다 집단의 목표를 우선하는 분위기를 조성할 것
3. **이성** : 윤리적인 집단 구성원들은 불완전한 논거 제시를 자제하여 유효한 논거를 수립하고 오류를 인지한다.
   - 다른 사람의 견해를 부정확하게 전하지 말 것
   - 유효한 증거들로 뒷받침되는 건전한 비판을 할 것
   - 비논리적인 논거 사용을 자제할 것
4. **사회적 관례** : 윤리적 집단 구성원들은 열려있고, 협력적이며, 집단 중심적인 분위기의 토론을 촉진한다.
   - 다른 집단의 구성원들을 동등하게 대할 것
   - 집단 구성원의 인격을 모독하거나 인신공격을 하지 말 것
   - 확립된 집단 규범을 존중할 것

리고 '그냥 내버려 두기'를 좋아하지 않는 개인들이 주도하는 심리학적 게임에도 매우 취약한 상태가 된다."[22]

권위 지배 때때로 1명의 개인이나 집단 외부의 누군가에 의해서 최종적인 결정이 내려질 때가 있다. **권위 지배**(authority rule)가 사용될 때, 집단은 정보 수집을 요청받을 수도 있고 다른 사람 또는 더 큰 집단의 결정을 추천받도록 요청받을 수도 있다. 예를 들어 단체의 후보추천위원회는 잠재적인 후보자를 검토하고 단체 임원 후보자 명단을 추천한다. 또는 인사위원회는 아주 많은 구직자들을 가려내고 상위 3명의 명단을 해당 인원들이나 고용 결정을 내리는 사람에게 제출한다.

지도자 또는 외부 권위자가 집단의 의견을 무시하거나 반대한다면, 구성원들은 의기소침해지고, 분노할 것이며, 앞으로의 과제에 대해 비생산적이 될 수도 있다. 심지어 집단 내에서도 강력한 지도자나 권위자는 협력적인 결정처럼 보이기 위해서 집단과 집단 구성원들을 이용할지도 모른다. 이런 식으로 집단은 '거수기'가 되고 자신의 의지를 권위 지배에 넘겨주게 된다. 집단 커뮤니케이션학 학자 랜디 히로카와(Randy Hirokawa)와 로저 페이스(Roger Pace)는 "영향력 있는 구성원들은 집단에 근거가 희박한 사실과 가정을 납득시키고, 조잡한 아이디어와 제안을 선보이며, 제공된 정보를 잘못 해석하도록 유도하고, 집단이 옆길로 빠져 부적절한 토론을 하게 만든다."[23]라고 경고한다.

의사 결정 유형

제8장 "대인 커뮤니케이션"에서 마이어스-브릭스 성격 유형 지표(Mayers-Briggs Type Indicator)를 설명했다. 사고와 감정이라는 두 가지 특성은 의사 결정을 하는 방법에 중점을 두고 있다. 사고형 인물은 결정하는 과정에서 논리를 사용하는 것을 선호하는 과제 지향적인 구성원이다. 한편 감정형 인물은 다른 집단 구성원과의 대립 또는 대인관계 문제를 감수하기보다는 그들의 책임까지 떠맡아 모든 사람들과 잘 지내기를 바라는 인간 지향적인 구성원들이다. 위의 두 가지 마이어스-브릭스 의사 결정 특성은 각각 집단의 의사 결정 방식 선택과 결과에 강한 영향을 준다.

이제부터 제시될 다섯 가지 의사 결정 유형은 각각 구성원 상호작용과 집단의 결과들을 발전 또는 저해할 잠재력을 모두 가지고 있다.[24]

합리형 의사 결정자(rational decision maker)는 의사 결정 이전에 정보와 선택지들에 비중을 둔다. 그들은 자신들의 최종 결정을 정당화하기 위해 논리적 합리성을 사용하여 "정보 처리를 위한 감각이나 질서 그리고 구조를 만드는 것"[25]에 초점을 맞춘다. 그들은 "모든 쟁점에 대해서 신중하게 고려해왔다."라고 주장한다. 그리고 체계적으로 의사 결정을 한다. 이 유형의 사람은 의사

자신에 대해 알기

의사 결정 유형은 무엇인가?[26]

다음 각 문장에 대해서 동의하는 정도를 (1) 매우 그렇지 않다, (2) 그렇지 않다, (3) 보통이다(동의도 반대도 아니다), (4) 그렇다, (5) 매우 그렇다 중에서 적당한 숫자에 동그라미로 표시해보자. 정답은 없으나, 최대한 솔직하게 답해보자. (3)번을 선택하기 전에 신중하게 생각하자. (3)번을 선택하는 것은 당신이 결정을 내릴 수 없다는 것을 암시할 수도 있다.

1. 중요한 결정을 내려야 할 때, 나는 평소 다른 사람들에게 의견을 물어보는 편이다.	1	2	3	4	5
2. 나를 불편하게 만드는 문제에 대한 결정을 미루는 편이다.	1	2	3	4	5
3. 논리적이고 체계적인 방법으로 결정을 내린다.	1	2	3	4	5
4. 결정을 내릴 때 보통 느낌 또는 직감을 믿는다.	1	2	3	4	5
5. 결정을 내릴 때 대체적으로 많은 대안들의 장단점을 따져본다.	1	2	3	4	5
6. 반드시 해야 할 때가 될 때까지 중요한 결정을 미루는 일이 종종 있다.	1	2	3	4	5
7. 종종 즉흥적으로 결정한다.	1	2	3	4	5
8. 결정을 내릴 때 본능에 의존한다.	1	2	3	4	5
9. 다른 사람들이 중요한 결정에 찬성하거나 그 결정을 지지하면 중요한 결정을 하는 것이 더 쉬워진다.	1	2	3	4	5
10. 결정을 매우 빨리 내린다.	1	2	3	4	5

평가 : 의사 결정의 각 유형에 대한 점수를 확인하기 위해, 표시한 특정 항목에 대한 답변 점수를 더해보자. 높은 점수를 받은 항목 순서로 당신의 의사 결정 유형의 우선순위를 확인할 수 있을 것이다.

3번과 5번 항목에 대한 응답 = _____ 합리형 의사 결정자   2번과 6번 항목에 대한 응답 = _____ 회피형 의사 결정자
4번과 8번 항목에 대한 응답 = _____ 직관형 의사 결정자   7번과 10번 항목에 대한 응답 = _____ 즉흥형 의사 결정자
1번과 9번 항목에 대한 응답 = _____ 의존형 의사 결정자

198

제11장 의사 결정과 문제 해결

결정을 하지 못할 정도로 너무 오랫동안 문제를 분석하지 않도록 조심해야 한다. **직관형 의사 결정자**(intuitive decision maker)는 직관, 느낌, 인상, 예감을 기반으로 의사 결정을 한다. 그들은 "그냥 제대로 하고 있다는 느낌이 든다."라고 말하는 경향이 있다. 그들은 자신의 결정 이유에 대해서 항상 설명할 수 없을지도 모르지만 자신의 결정이 옳다는 '느낌'을 인식한다.

의존형 의사 결정자(dependent decision maker)는 결정하기 전에 '당신이 괜찮다고 생각하면 진행할 것'이라는 식으로 다른 사람들의 조언과 의견을 요청한다. 그들은 다른 사람들이 못마땅해하거나 반대하는 의사 결정을 내리는 것에 불편함을 느낀다. 그들은 심지어 다른 사람들을 단지 기쁘게 만들기 위해 스스로는 행복하지 않은 결정을 내릴 수도 있다. **회피형 의사 결정자**(avoidant decision maker)는 의사 결정을 내리는 것을 골치 아픈 일이라고 느낀다. 결국 그들은 문제에 대해서 전혀 생각하지 않

을 수도 있고 "지금 당장은 이 문제를 처리할 수 없다."라며 미루다가 막판에 이르러서야 최종 결정을 내린다.

즉흥형 의사 결정자(spontaneous decision maker)는 즉흥적이고 빠르게 생각나는 대로 결정을 내린다. "지금 해버리고 결과에 대한 걱정은 나중에 하자."라는 식이다. 결국 그들은 나중에 후회할 결정을 종종 내리곤 한다.

집단의 절반은 합리형 의사 결정자이고 나머지 절반은 직관형 의사 결정자라면 어떤 일이 일어날지 생각해보자. 혹은 의존형 의사 결정자 또는 회피형 의사 결정자로만 이루어진 집단에서는 어떤 일이 벌어질지 생각해보자. 서로 다른 의사 결정 유형은 집단을 분열시킬 수도 있지만 오직 한 가지 유형의 의사 결정자만 있는 것 역시 위험하다. 중요한 점은 공동의 목표를 추구하는 동안 다양한 의사 결정 유형을 인식하고 적응하는 법을 배우는 것이다.

효과적인 집단 문제 해결

11.3 집단 내 문제 해결 방법의 본질과 가치를 분석해보자.

문제 해결 방법에는 여러 가지가 있지만, 효과적인 문제 해결을 보장하는 '최고'의 모형이나 마법 같은 공식 같은 것은 없다. 하지만 집단의 경험이 쌓이고 성공적으로 문제를 해결할수록 집단은 문제, 맥락, 구성원의 특성과 재능에 따라 어떤 절차가 더 잘 작동하는지를 배우게 된다. 다른 경우 집단은 자신들의 과업이나 사회적 요구에 맞게 문제 해결 절차를 수정하기도 한다. 여기서는 브레인스토밍, 명목집단법, 선택지소거법, 표준 행동 지침의 네 가지 문제 해결 방법을 살펴볼 것이다. 그리고 이러한 방식들을 사용해야 할 경우와 사용하지 말아야 할 경우에 대한 조언도 함께 제시할 것이다.

브레인스토밍에 대한 지침[27]

초점을 맞춰라.	• 문제에 대한 정확한 질문과 진술로 시작하라. • 브레인스토밍을 시작하기 전에 구성원들이 적절한 아이디어를 구상할 수 있는 어느 정도의 시간을 부여하라.
모든 사람이 아이디어를 볼 수 있게 하라.	• 집단의 아이디어를 기록하는 사람을 지정하라. • 모든 사람이 볼 수 있는 곳에 아이디어를 게시하라.
아이디어에 번호를 매겨라.	• "스무 가지 내지 서른 가지 아이디어를 목록으로 만들어봅시다."와 같이 생각에 번호를 매기는 것은 집단에 동기를 부여할 수 있다. • 번호를 매기는 것은 아이디어 사이를 이동하는 것을 용이하게 만든다.
창조성을 장려하라.	• 터무니없고 무모한 아이디어도 환영한다고 발표하라. • 양이 질보다 중요하다고 발표하라.
의견 제시를 강조하고, 비방을 금지하라.	• 아이디어가 계속 나오도록 만들어라. • 아이디어에 대한 평가는 오직 브레인스토밍이 '끝난 후에' 진행하라.
구축하고 도약하라.	• 새로운 아이디어를 만들기 위해 다른 사람들이 제공한 아이디어를 첨가, 수정, 통합하라.

브레인스토밍

1953년 앨릭스 오즈번(Alex Osborn)은 *Applied Imagination*에서 브레인스토밍의 개념을 소개했다.[28] 매우 간단하면서도 유명한 방식인 **브레인스토밍**(brainstorming)은 짧은 시간 동안 가능한 많은 아이디어들을 끌어내기 위해 사용된다. 이 방식은 아이디어에 대한 평가를 뒤로 미루면 참가자들의 의견이 늘어날 것이라고 가정한다. 또한 독창적인 아이디어는 명확한 생각을 얻어낸 후에야 비로소 나온다는 개념을 바탕으로 아이디어의 질은 양에서 비롯된다고 가정한다.[29] 70%가 넘는 사업가들이 브레인스토밍을 자신들의 조직에서 사용한다고 주장한다.[30] 그러나 실제 많은 집단은 브레인스토밍을 효과적으로 사용하지 못하고 있다.

브레인스토밍은 제한이 없고 불분명하며 광범위한 문제를 다루기에 훌륭한 방법이다. 많은 아이디어를 찾고 있는 중이라면 브레인스토밍은 매우 유용한 기법이다. 그러나 공식적인 행동 계획이나 단 하나의 '올바른' 답을 요구하는 중대한 문제를 다룬다면 다른 방식을 찾는 것이 더 나을 것이다.

브레인스토밍 시간을 망칠 수 있는 확실한 여러 가지 방법이 있다.[31] 예를 들어 지도자 또는 권위 있는 구성원이 먼저 그리고 장황하게 말하기 시작할 경우, 뒤이은 의견과 생각들의 방향과 내용은 영향을 받고 제한될 것이다. 민주적으로 진행해보려는 노력으로 몇몇 집단에서는 브레인스토밍에서 구성원들에게 돌아가면서 차례로 말을 하도록 요구한다. 그러나 이런 접근 방법은 집단의 추진력 신장을 저해하고 결과적으로 적은 의견만 나오게 만든다. 마지막으로 구성원들의 모든 생각을 받아 적으려고 하는 구성원들은 아이디어 제시는 거의 못하고 그저 받아 적기에만 급급한 채 끝날 수도 있다. 이보다는 집단 구성원들이 제시한 모든 아이디어들을 1명의 구성원이 기록하는 것이 좋다.

많은 집단들이 브레인스토밍을 진행하지만 성공 여부는 집단의 본성과 그 구성원의 특성에 달려있다. 만약 집단이 자의식이 강하고 암시적인 비판에 대해서 민감하다면 브레인스토밍은 실패할 수 있다. 그러나 자유분방한 과정을 선호하는 집단에서의 브레인스토밍은 창조성을 강화하고 많은 아이디어와 제안을 만들어낼 것이다.

명목집단기법

앤드리 L. 델베크(Andre L. Delbecq)와 앤드루 H. 반 드 벤(Andrew H. Van de Ven)은 집단 상호작용과 관련된 대인관계 문제들을 최소화하는 반면 문제 해결에 관여하는 것을 최대화하는 방법으로 **명목집단기법**(NGT, Nominal Group Technique)을 개발했다.[32] 명목(nominal)이라는 단어는 '단지 이름으로만 존재하는'이라는 뜻이다. 따라서 명목집단은 집단적이라기보다 독립적으로 행해지는 사람들의 집합이다. 명목집단기법은 집단이 합의

브레인스토밍 VS. 명목집단기법

브레인스토밍과 명목집단기법의 유효성 비교에 대해서 연구자들은 아이디어의 생산량과 창조성에 관해서는 명목집단기법이 보통 더 효과적이라고 결론을 내린다. *Encyclopedia of Creativity*에 수록된 글에 따르면, 일정 기간 동안 명목집단기법을 통해 생성된 아이디어의 숫자는 집단 브레인스토밍에 의해 생성된 숫자를 거의 언제나 초과한다고 한다. 게다가 브레인스토밍의 결과로 생성된 아이디어의 질은 보통 명목집단기법에 의해 생성된 아이디어의 질에 미치지 못한다고 한다.[35] 이러한 결과는 다음과 같은 다양한 방법으로도 설명될 수 있다.[36]

- 브레인스토밍 집단의 각 구성원들은 아이디어의 발전과 동시에 써 내려가지 않고 말하기 전 자신의 순서를 기다려야 하기 때문에 생각이 중단되고 아이디어 생산이 느려진다.
- 비록 집단이 판단을 보류하라는 지시를 받은 적이 있다고 하더라도 구성원들은 다른 사람들에게 평가받는 것에 대한 두려움 때문에 자신의 생각을 밝히지 않을 수도 있다.
- 모든 브레인스토밍 집단 구성원들의 수행이 동등하게 이뤄지는 것은 아니다. 어떤 사람들은 빈둥거리거나 열심히 하지 않고 다른 사람들에게 생각과 발언을 모두 맡겨버릴 수도 있다.
- 일반적으로 한 집단 구성원이 브레인스토밍 회의에서 더 많은 기여를 하여 지위가 높아지는 경우 다른 사람들의 말을 가로막는 경향이 있다.
- 외향적인 집단 구성원은 내향적인 집단 구성원보다 훨씬 더 독특하고 다양한 아이디어를 구상할 것이다. 이는 구성원들이 면대면 상황에 있든 매개 커뮤니케이션 상황에 있든 상관없이 나타나는 사례로 보인다.[37]

명목집단기법은 구성원들이 아이디어 생성 단계 동안 생각하고 작성할 시간을 가지기 때문에 이런 문제들을 대부분 방지한다. 브레인스토밍 집단 구성원 중에서 이런 문제들을 방지하고자 하는 구성원을 위해 집단이 네트워크로 연결된 컴퓨터에서 중요 아이디어 목록을 동시에 그리고 익명으로 만들도록 결정할 수도 있다.[38]

비록 명목집단기법이 다량의 고품질 아이디어를 구상하는 데 더 효과적이기는 하지만 브레인스토밍도 나름의 장점을 가지고 있다. 일례로 브레인스토밍은 집단의 사기를 진작시킬 수 있다. 또 다른 장점은 즐겁고 서로 힘이 되는 커뮤니케이션 분위기를 만들 수 있다는 것이다.

를 이루고 결정을 내리는 것을 촉진하기 위해 무언의 투표와 제한된 토론을 결합한다.[39]

명목집단기법은 아이디어 생성과 평가/투표의 두 가지 단계로 이루어져 있다. 첫 번째 단계인 아이디어 생성 단계에서 집단 구성원들은 다른 사람들과 상호작용을 하지 않고 자신의 생각을 정리하고 적는다. 두 번째 단계인 평가 단계에서는 자신들의 생각을 공유, 기록, 토론하고 가장 좋은 생각에 대해 투표한다. 투표 수를 집계하여 집단은 선호하는 순서에 따라 아이디어들의 순위를 매길 수 있다.

명목집단기법은 문제 해결에 개인의 판단력과 전문성이 중요할 때 특히 효과가 있다. 집단은 구직자의 순위를 매기거나, 가능성 있는 많은 해결책들 가운데 가장 지지받은 해결책을 결정하거나, 예산의 우선권을 수립하거나, 문제의 원인에 대한 합의를 할 때 명목집단기법을 사용한다. 고도로 구조화된 명목집단기법 과정은 아이디어 생성 단계 동안 동등한 관여를 보장하고 두 번째 단계에서는 토론과 비판적 평가의 기회를 제공한다. 명목집단기법은 또한 반대 의견이나 무수한 세부사항으로 논의가 마비될 수 있는 민감하거나 논쟁적인 주제를 다루는 데 유용하다.[40]

선택지소거법

선택지소거법(DOT, Decreasing Options Technique)은 수많은 의견과 생각을 관리가 가능한 선택 항목 수준으로 줄이고 정리하는 데 도움이 된다.[41] 필자들은 전문 도우미(facilitator)로 일을 하면서 이 기법을 전문직 단체의 윤리 신조를 만드는 일이나 대학의 미래상 선포 초안 작성과 같은 복잡하고 다양한 과업에 직면하고 있는 크고 작은 집단들을 돕기 위해 사용해왔다. 선택지소거법뿐만 아니라 점투표(Dot Voting), 다중투표(Multi-Voting) 같은 이름을 가진 다른 형태도 있고 닷모크라시(Dotmocracy, Dot+Democracy)처럼 독창적인 이름으로 불리는 방식도 있다.[42] 이런 모든 방식들의 유사한 목표는 수많은 사람들의 동의 수준을 측정하는 것이다.

개별적인 아이디어를 생성하라 선택지소거법 과정을 시작할 때 집단 구성원들은 특정 주제와 관련된 아이디어나 제안을 생성한다. 아이디어는 하나의 단어 또는 완전한 문장으로 제시될 수 있다. 앞서 언급한 전문직 단체의 윤리 신조를 만들 때 참가자들은 성실, 존중, 진실과 같은 단어들로 의견을 제시했다.[43]

모두가 볼 수 있도록 아이디어들을 게시하라 각 아이디어를 두꺼운 종이에 크게, 가독성이 높은 글자로, 개별적으로, 한 장당 하나씩 적어야 한다. 이렇게 적힌 아이디어들은 모두가 보고 생

선택지소거법을 사용할 수 있는 경우

- 집단이 너무 커서 개별 아이디어들에 대한 공개 토론을 실행하기 어려울 때
- 평가되어야 하는 상당수의 경쟁적 아이디어가 생성되었을 때
- 구성원들이 의견 제시에 동등한 기회를 원할 때
- 지배적인 구성원이 과도하게 영향력을 행사하지 않을 때
- 모든 아이디어에 대해서 토론할 시간이 충분하지 않을 때

각해볼 수 있도록 회의실 벽에 게시된다. 모든 구성원들이 개별적인 종이에 자신의 생각을 기재하는 것을 완료한 후에 게시물을 보여줘야 한다.

아이디어들을 정리하라   당연히 많은 집단 구성원들이 유사하거나 겹치는 아이디어들을 제출할 것이다. 이런 상황이 벌어지면 아이디어들을 정리하고 서로 비슷한 것들끼리 모아서 게시하라. 일례로 앞서 대학 미래상 선포를 개발할 때 학문적 탁월함, 양질의 교육, 수준 높은 강의와 같은 문구들이 게시됐다. 모든 사람들이 게시물을 정리하는 방법에 대해 적절하다는 생각을 공유한 뒤에 모은 아이디어별로 제목을 붙여라. 일례로 상기의 미래상 선포 회의에서 양질의 교육이라는 용어는 10여 개 이상의 유사한 개념을 대신하는 상위 문구로 사용됐다.

선택지소거법
✓ 아이디어를 생성하과   ✓ 아이디어를 정리하라
✓ 아이디어를 게시하라   ✓ 아이디어의 유선순위를 매겨라

아이디어들의 우선순위를 매겨라   이 시점에서 개별 구성원들은 게시된 아이디어 가운데 가장 중요한 것은 어느 것인지 결정한다. 우리가 가지고 있는 우리 대학에 대한 미래상을 가장 잘 반영한 것은 어떤 것인지, 어떤 개념이 우리 단체의 윤리 신조를 잘 반영하고 있을지 생각하고 결정하는 것이다.

아이디어들에 대한 우선순위를 능률적으로 매기기 위해 모든 구성원들은 제한된 양의 색깔 점 스티커를 받는다. 그들은 가장 중요한 아이디어들 또는 선택지들에 스티커로 '점'을 표시한다. 필자들의 사례에서 미래상 선포 집단의 각 구성원들은 10개의 점을 받았고 벽에 게시된 25개의 문구 가운데 가장 중요한 개념에 '점'을 찍도록 했다. 모든 사람들이 회의실 주변을 돌며 점들을 붙이는 것을 끝내면 보통 가장 중요한 아이디어가 무엇인지 확실히 드러나게 된다. 어떤 아이디어들은 점으로 뒤덮여있을 것이고, 다른 아이디어들은 3~4개 점들만 붙어있을 것이며, 어떤 몇몇은 빈칸으로 남아있을 것이다. 결과를 간략하게 검토하고 나서 집단은 몇몇 아이디어를 삭제할지 근소한 차이를 가진 아이디어들을 유지할지 합칠지 결정할 수 있고, 고민하고 논의해야 할 선택지 개수를 제한하고 관리 가능한 수준으로 정리하고 끝낼 수도 있다.

선택지소거법의 장점   집단이 수십 개의 아이디어들을 생성하면 회의시간은 아이디어의 가치나 관련성과 관계없이 모든 아이디어에 대한 논의로 소모될 수 있다. 선택지소거법은 아이디어의 수를 관리할 수 있는 정도로 줄여준다. 이러한 장점에도 불구하고 선택지소거법은 어떤 상황에서는 적절하지 않을 수도 있다. 집단은 아이디어의 양과 질을 개선하기 위해 확장된 브레인스토밍이나 명목집단기법 회의에서 아이디어를 결정할 수도 있다.

특정 생각에 왜 점을 붙였는지 그 이유에 대해서 간단히 점을 붙이는 것만으로는 충분히 설명되지 않을 경우, 생각이 적힌 게시물에 참가자들이 매우 동의, 동의, 보통, 반대, 매우 반대를 표시할 수 있는 종이를 한 장 덧붙일 수 있다. 구성원들은 또한 게시된 종이에 추가적인 의견을 적을 수도 있고 생각을 지지하거나 지지하지 않은 이유를 설명할 수도 있다.

여기서 예로 들은 선택지소거법은 면대면 상호작용에 중점을 두고 있지만, 이 전략은 가상 환경에서도 매우 효과적이다. 가상 집단은 전자우편이나 상호작용을 위해 개발된 집단 소프트웨어를 통해 같은 과정으로 진행할 수 있다.

표준 행동 지침

문제 해결 절차의 창시자는 미국의 철학자이자 교육자인 존 듀이(John Dewey)이다. 듀이는 1910년 발간된 하우 위 싱크(How We Think)에서 문제를 해결할 때 합리적인 사람이 따라야 하는 일련의 실용적인 단계를 묘사하고 있다.[44] 이 지침들은 듀이의 반성적 사고 과정(reflective thinking process)으로 알려지게 된다.

듀이의 단계적 지침은 집단 문제 해결에 적용되어 왔다. 이 지침은 문제 자체에 초점을 맞추는 것에서 시작하여 그다음 문제 해결을 위한 조직적인 숙의로 이어진다. 여기서는 이 과정의 한 가지 형태인 표준 행동 지침에 대해서 알아볼 것이다. **표준 행동 지침(Standard Agenda)**에는 당면 과제의 명확화, 문제의 이해와 분석, 가능한 해결방안에 대한 평가, 결정 또는 계획의 실행을 포함한다.[45]

과제 명확화 : 모든 사람들이 집단의 과제를 반드시 명확하게 이

가상 집단에서의 의사 결정과 문제 해결

이 장에서 살펴본 의사 결정 및 문제 해결 방법들은 비록 면대면 상황을 상정하고 개발됐지만 가상 집단에서도 역시 효과적이다. 게다가 특화된 컴퓨터 소프트웨어나 그룹웨어들은 집단의 협업, 의사 결정, 문제 해결을 용이하게 한다.

다양한 유형의 매개 기술이 있지만 이들이 모든 유형의 가상 집단에 동일하게 적용될 수 있는 것은 아니다. *Mastering Virtual Teams*에서 데버라 두아르테(Deborah Duarte)와 낸시 테넌트 스나이더(Nancy Tennant Snyder)는 회의 목적과 관련된 다양한 기술 유형의 효율성을 평가하는 매트릭스를 제공한다.[46]

아래의 매트릭스에서 "상품 생산" 항목은 복잡한 데이터 분석, 디자인 개발, 정책 초안 작성과 같은 공동 기획을 진행하는 집단 구성원들의 모임을 의미한다. 면대면 설정을 사용하는 전자 회의 시스템은 구성원들이 휴대용 컴퓨터를 이용하여 중앙의 화면을 통해 의견과 분석을 제공할 수 있다.[47]

가상 집단의 구성원들은 방해 요소가 더 적기 때문에 더 많은 아이디어를 생성하고 전반적인 생산성이 강화될 가능성을 가지고 있다. 연구자들은 아이디어의 매개된 생성과 정리가 면대면 활동보다 더 생산적이고 만족스러울 수 있다고 주장한다.[48] 반면, 컴퓨터로 연결되어 있는 대부분의 집단들은 어떤 과업을 완수하는 데 있어 더

많은 시간이 걸리기도 한다. 대기하는 동안 집단 구성원들은 좌절하거나 지루해할 수도 있다. 그러므로 "이제 직접 만나서 하는 회의는 그만합시다."라고 말하기 전에 다음의 연구 결과를 고려할 필요가 있다.

- 매개된 회의 초반에는 나이와 국적에 대한 인구통계학적 차이가 집단 구성원들의 협력을 더욱 어렵게 하고 집단의 창의성과 참여를 감소시킬 수 있다.[49]
- 가상 집단 회의를 진행하기 전에 먼저 초기 대면 회의를 계획하고 참석하는 것이 좋다. 특히 구성원들이 '서로를 모르기도 하고 계획이나 업무가 복잡하여 고도의' 조직화, 열린 마음, 개인적 전문성이 '필요한' 경우 더욱 그렇다.[50]
- 집단이 온라인 상태가 되면 두 가지 반대 현상이 발생할 수 있다. 첫째, 영어를 유창하게 구사하지 못하는 구성원들이나 글 쓰는 데 소질이 없는 사람들은 글쓰기 능력에 대한 염려 수준이 높아진다. 둘째, 글 쓰는 데 소질이 있는 일부 구성원들은 가상공간에서의 커뮤니케이션에 자신감을 느끼고 매개된 면대면 상호작용을 더 선호하게 된다.[51]
- 문자만으로 전달되는 미디어를 사용할 경우 몇몇 구성원들은 적절하게 응답하기 위한 추가적 시간이 필요하다. 그들은 자신들이 보

낸 어떤 것이 추후 자신을 난처하게 하지 않고 자신에게 불리하게 사용되지 않는다는 것을 확인하고 싶어 한다.
- 공유된 리더십은 가상 집단에 도움이 된다. 가상 집단의 지도자는 기술 훈련 제공, 집단의 전문 소프트웨어 사용 시기 및 방법에 대한 처리, 상호작용 규칙과 집단 의사 결정 기준 수립과 같은 추가적인 관리 의무를 맡는다. 만약 다른 구성원들이 이러한 지도자의 책임을 맡는다면 부담은 상쇄될 수 있다.
- 구성원들이 공유된 메시지의 의미, 특히 감정적인 구성요소를 가지고 있는 공유된 메시지를 이해하고 있는지에 대해 가상 집단이 지속적으로 확인한다면 가상 집단은 더욱 성공적으로 운영될 것이다.[52]

가상 집단 회의의 기술 매트릭스

기술 유형	회의 목적			
	정보 공유	토론 및 브레인스토밍	의사 결정	상품 생산
전화 또는 컴퓨터를 통한 음성 회의	효율적	다소 효율적	다소 효율적	비효율적
전자 우편과 문자 메시지	효율적	다소 효율적	비효율적	비효율적
게시판, 제한적인 블로그	다소 효율적	다소 효율적	비효율적	비효율적
문서를 공유하지 않는 화상 회의	효율적	다소 효율적	효율적	비효율적
문자와 그래픽을 활용한 화상 회의	효율적	효율적	효율적	효율적
동영상과 그래픽을 활용한 전자 회의 시스템	효율적	매우 효율적	매우 효율적	효율적
동영상을 활용한 공동 집필	효율적	효율적	다소 효율적	매우 효율적

해하도록 만들어라 첫 회의는 합의한 공동의 목표를 성취하기 위한 모든 사람들의 노력을 이끌어내기 위해 집단이 바라는 일 또는 해야만 하는 일이 무엇인지 결정하는 것을 주된 목적으로 한다. 이 단계 동안 집단 구성원들은 문제 해결 과정에서 자신의 역할과 책임에 대한 질문을 제기해야 할 것이다.

문제 식별 : 집단이 잘못된 방향으로 가는 것을 방지하라 집단이 공동 목표에 대해서 이해하고 지지할 때, 구성원들은 문제의 이해와 일련의 핵심 질문들을 개발하는 것에 집중해야 할 것이다. 사실, 가치, 추측, 방침 질문의 명확화는 집단이 올바른 방향을 잡는 데 그리고 그것을 추구하는 데 도움이 된다.

사실에 대한 발견과 분석 : 사실과 가치에 대한 의문을 제기하라 다음의 질문들에 대답하기 위해서는 사실, 원인, 문제의 심각성에 대한 연구와 비판적인 사고가 필요하다. 또한 해결 방안을 가로막는 장애물에 대한 분석도 필요하다.

- 그 상황의 진상은 무엇인가?
- 우리에게 필요한 추가 정보나 전문가 의견은 무엇인가?
- 문제의 심각성이나 파급력은 어느 정도인가?
- 문제의 원인은 무엇인가?
- 문제 해결 과정에서 우리에게 금지되거나 제한되어 있는 것은 무엇인가?

사실이나 의견을 신중하게 평가하는 것은 효과적인 문제 해결에 있어 중요하지만 집단 역시 분석 마비를 피해야 한다.

분석 마비(analysis paralysis)는 집단이 문제를 분석하는 데 너무 집중해서 결정을 내리지 못할 때 발생한다.[53] "좋은 아이디어가 제시되어 있지만, 많은 사람들이 상황을 고려하고 재고하면서 더 복잡해지거나 처음 생각한 것만큼 좋은 아이디어가 아닐 수도 있다. 결과적으로 행동 방식에 대한 결론에는 도달할 수 없게 된다."[54]

문제를 놓고 너무 많은 시간을 보내거나 정답을 찾는 것을 단념하기보다는 집단이 앞으로 나아갈 수 있는 해결책을 찾아야 한다.

해결방안의 기준과 제한 : 이상적인 해결방안의 기준을 세워라 해결방안의 기준은 문제의 이상적인 해결방안을 달성하기 위해 충족시켜야 하는 수준을 말한다. 해결방안이 합리적이고 실현 가능한지, 또는 감당할 수 있는지, 해결방안을 실행할 수 있는 직

표준 행동 지침의 기본 7단계

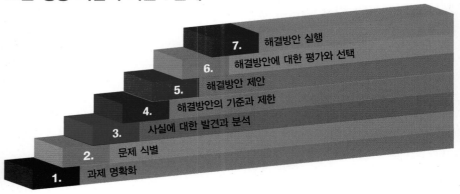

7. 해결방안 실행
6. 해결방안에 대한 평가와 선택
5. 해결방안 제안
4. 해결방안의 기준과 제한
3. 사실에 대한 발견과 분석
2. 문제 식별
1. 과제 명확화

원, 자원, 시간은 있는지와 같은 질문 제기를 통해 기준을 세울 수 있다. 해결방안의 개발은 해결방안의 제한에 대한 이해 또한 포함해야 한다. 그것은 재정, 제도, 실용성, 정치, 법적인 것이 될 수도 있다.

해결방안 제안 : 판단을 내리지 말고 다방면으로 숙의하라 집단 숙의가 이 단계에 이르면, 명백한 해결방안이 몇몇 도출될 것이다. 그렇다 하더라도 집단은 제안된 해결방안에 대해서 비판을 하지 말고 가능한 많은 해결방안을 찾아낼 수 있는 브레인스토밍이나 명목집단기법을 제안 또는 시작해야 한다. 문제 분석과 해결방안의 기준 수립에 시간을 할애하여 구성원들이 많은 해결방안을 내놓을 수 있어야 한다.

해결방안에 대한 평가와 선택 : 각 제안에 대한 찬반 토론을 하라 이 단계에서 집단은 해결방안의 기준으로 되돌아가 그 기준을 활용하여 제안된 각 의견의 장단점을 평가해야 한다. 표준 행동 지침의 단계들 중 이 단계가 가장 어렵고 논란이 많을 것이다. 토의는 과열되고 의견충돌이 격렬하게 번질 것이다. 가능성 있는 해결방안을 정리하고 우선순위를 매기기 위해 수정된 선택지소거법을 고려해보자.

하지만 만약 집단이 문제 분석과 해결방안의 기준 수립을 성실하게 해왔다면 몇몇 해결방안은 빠른 속도로 부결되는 반면 목록의 상위로 신속하게 올라가는 다른 해결방안들도 있을 것이다.

해결방안 실행 : 실행 계획을 선택하라 해결방안을 선택한 뒤 집단은 결정된 내용을 어떻게 실행할 것인가라는 한 가지 도전에 직면한다. 집단은 늘 문제를 해결하는 데 많은 시간을 할애하지만 해결방안을 실행하는 일을 준비하는 것에는 더 많은 시간이 필요할 것이다. 아무도 책임을 지지 않거나 집단의 결정을 실행할 권한을 아무도 가지고 있지 않다면 훌륭한 해결방안도 실패할 수 있다.

효과적인 집단 회의

11.4 효과적인 회의 전략과 기술을 연습해보자.

미국에서는 매일 수백 건의 업무 회의가 열린다. "직원들과 관리자들은 일주일에 약 3.2개의 회의에 참여한다. 그러나 조사 대상 사례의 41.9%가 이런 회의의 질에 대해서 형편없다고 평가하고 있다."[55] 이 문제는 얼마나 심각한 것일까? *Business Management Daily*에 따르면, 가장 높은 순위를 차지한 '과중한 업무'에 이어 '너무 많은 회의'가 직원들의 두 번째 불만사항으로 나타났다.[56] 사람들이 회의에 들이는 시간은 심지어 '행복(well-being)의 감소 및 피로의 증가'와도 관련이 있다.[57] 그럼에도 불구하고 이 모든 회의들을 폐지한다는 것은 전혀 가능성이 없는 일이다.

그렇지만 회의가 잘 계획되고 수행되면 강한 유대관계를 구축할 수 있고 통제력을 얻게 된다. 구성원들은 의사 결정 과정에서 진정한 발언권을 가진다면 집단의 아이디어와 활동을 수행하기 위한 강한 동기 부여를 받는다.[58] 다행히 '크고, 형편없고, 지루한' 회의 문제의 해결 방안은 회의를 더 많이 하는 것이 아니다.

회의의 준비와 진행 방법을 알아보기 전에 우리는 단어를 통해 우리가 의미하는 바를 구체화해야 할 것이다. 어떤 장소에 무작위로 사람들이 모이는 것을 보고 회의라고 부르지 않는다. 정

> **❝** 세심한 계획은 집단 회의에서 매번 낭비되는 시간 중 적어도 20분은 아낄 수 있게 해준다. **❞**
>
> 캐런 앤더슨,
> *Making Meetings Work*[59]

확히 말하면, **회의**(meeting)는 지정된 의장에 의해 관리되는 구조화된 토론 집단 구성원들의 예정된 모임이다. 회의의 의장으로 지정된 지도자는 회의의 성패를 좌우하는 엄청난 영향력과 책임을 가진다.

회의 계획

회의의 성패는 대체로 적절한 계획을 통해 가름된다. 효율적이고 효과적인 회의 진행을 위해, 그리고 심지어는 회의가 필요한지 여부를 결정하기 위해서도 다섯 가지의 W 질문들에 대해서 묻고 답해야 한다(아래 제시된 "회의 계획하기의 5W" 참조). 다섯 가지 W 질문은 다음과 같다. 왜(why) 회의를 하는가? 누가(who) 참석할 것인가? 언제(when) 회의를 할 것인가? 어디서(where) 회의를 할 것인가? 무엇이(what) 회의 시 필요한가?

안건 준비

회의 전에 미리 준비하여 집단에 배포해야 하는 것들 중 가장 중요한 것은 **안건**(agenda)으로, 안건은 집단의 토론 주제를 토론할 순서대로 나열한 개요를 말한다. 잘 준비된 안건은 다양한 목적으로 사용된다. 다른 무엇보다도 안건은 조직화 도구로, 집단이

회의 계획하기의 5W

왜 (why) 회의를 하는가? 회의 계획의 가장 중요한 단계는 회의의 목적과 분명한 목표를 설정하는 것이다. 그저 무엇에 대해서 회의할 것인지를 묻는 것은 '직장 어린이집'과 같이 단지 토론의 주제를 확인할 뿐이다. 주제에 대해서 토론해야 하는 '이유'를 묻는 것이 '직장 어린이집 제도의 확장이 필요한지 결정하기 위함'과 같은 회의 목적을 도출하게 한다. 만약 집단이 한 번의 회의로 목적을 달성할 수 없다면, 더 구체적인 결과에 초점을 맞춰라. 많은 경우 집단의 목표를 완수하기 위해서는 일련의 회의가 필요할 것이다.

누가 (who) 참석할 것인가? 대부분의 집단 구성원들은 사전에 정해져 있을 것이다. 그러나 특정 사람들만의 의견이 필요한 과업이 있다면 의미 있는 기여를 할 수 있는 참가자들만 회의에 참석시켜라. 특수한 전문성, 의견과 접근방식의 다양성, 결정을 수행할 수 있는 능력을 기준으로 참가자들을 선택하자.

언제 (when) 회의를 할 것인가? 최적의 자원을 투입할 수 있고 결정을 내릴 수 있는 회의 날짜와 시간을 찾아라. 그뿐 아니라 회의의 시작 시간과 끝나는 시간도 정하라. 가장 필요하고 생산성 있는 구성원들이 자유로운 시간에 회의 일정을 짜라.

어디서 (where) 회의를 할 것인가? 회의의 목적과 규모에 맞는 적절한 장소를 정하자. 쾌적한 환경을 찾기 위해 노력하고, 전

화벨 소리나 시끄러운 대화 소리에 방해받지 않는지 회의실을 확인하라. 멋지고 조용한 회의실은 집단에 동기를 부여하고 그들이 집중력을 유지할 수 있도록 돕는다.

무엇이 (what) 회의 시 필요한가? 회의 안건은 준비 및 배포되는 가장 중요한 항목이다. 보고서 또는 검토를 위한 다른 자료들 또한 회의 전에 배포될 필요가 있을 것이다. 또한 사용 가능한 펜, 종이, 컴퓨터, 화면과 같은 물품과 장비들을 확인하자.

안건의 사례

회의 안건 사례

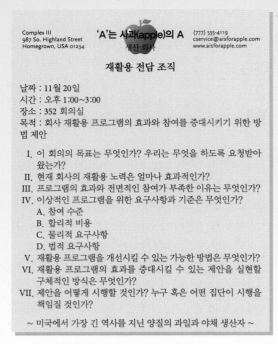

Complex III
987 So. Highland Street
Homegrown, USA 01234

'A'는 사과(apple)의 A
생산 회사

(777) 555-4119
cservice@aisforapple.com
www.aisforapple.com

재활용 전담 조직

날짜 : 11월 20일
시간 : 오후 1:00~3:00
장소 : 352 회의실
목적 : 회사 재활용 프로그램의 효과와 참여를 증대시키기 위한 방법 제안

I. 이 회의의 목표는 무엇인가? 우리는 무엇을 하도록 요청받아 왔는가?
II. 현재 회사의 재활용 노력은 얼마나 효과적인가?
III. 프로그램의 효과와 전면적인 참여가 부족한 이유는 무엇인가?
IV. 이상적인 프로그램을 위한 요구사항과 기준은 무엇인가?
  A. 참여 수준
  B. 합리적 비용
  C. 물리적 요구사항
  D. 법적 요구사항
V. 재활용 프로그램을 개선시킬 수 있는 가능한 방법은 무엇인가?
VI. 재활용 프로그램의 효과를 증대시킬 수 있는 제안을 실현할 구체적인 방식은 무엇인가?
VII. 제안을 어떻게 시행할 것인가? 누구 혹은 어떤 집단이 시행을 책임질 것인가?

~ 미국에서 가장 긴 역사를 지닌 양질의 과일과 야채 생산자 ~

특정 주제를 집단 검토하는 토론 안건의 사례 : 회사 재활용 프로그램 개선 방법

표준 업무 사례

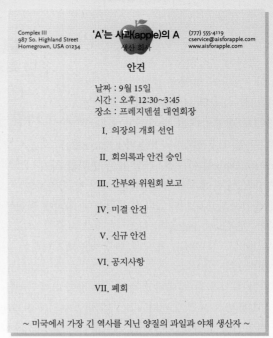

Complex III
987 So. Highland Street
Homegrown, USA 01234

'A'는 사과(apple)의 A
생산 회사

(777) 555-4119
cservice@aisforapple.com
www.aisforapple.com

안건

날짜 : 9월 15일
시간 : 오후 12:30~3:45
장소 : 프레지덴셜 대연회장

I. 의장의 개회 선언

II. 회의록과 안건 승인

III. 간부와 위원회 보고

IV. 미결 안건

V. 신규 안건

VI. 공지사항

VII. 폐회

~ 미국에서 가장 긴 역사를 지닌 양질의 과일과 야채 생산자 ~

공식 업무 회의의 전통적인 형태를 따른 표준 업무 안건의 기본 요소

자신의 과업과 목표에 초점을 맞출 수 있도록 돕는 토론의 길잡이 역할을 한다.

*Meetings: Do's, Don'ts, and Donuts*에서 샤론 리핀코트(Sharon Lippincott)는 잘 준비된 안건이 효과적인 회의 진행에 왜 필수적인지 설명하기 위해 비유를 사용한다.

> 안건 없이 회의를 시작하는 것은 지도도 없이 그리고 목적지로 가는 대강의 경로만 생각하면서 낯선 길을 따라 여행을 떠나는 것과 같다. 목적지에 도착할 수도 있지만 장시간 동안 헤매고 난 뒤에야 비로소 도착할 것이다. 훌륭한 안건은 회의의 목적지를 정해주고, 가장 가까운 경로를 지도로 그려주며, 길을 따라 있는 점검 지역을 제공한다.[60]

안건이 적절하게 사용될 경우 안건은 회의에서 참가자들이 무엇을 기대하고 준비해야 하는지를 확인하게 한다. 회의가 끝난 뒤에는 안건의 모든 항목에 대해 언급된 정도를 파악하여 회의의 성공 여부를 평가하는 데 사용할 수 있다.

안건 준비를 위한 다음 지침들은 회의의 생산성을 개선할 수 있다.

- 토론 항목 또는 실행을 완료하는 데 걸리는 시간을 기록하라.

> **안건은 … 집단이 자신의 과업과 목표에 초점을 맞출 수 있도록 돕는 토론의 길잡이다.**

이는 집단이 각 항목의 상대적인 중요성을 파악할 수 있게 하고 토론 시간을 관리하는 데 도움을 준다.

- 각 항목을 어떻게 다룰 것인지 확인하라. 집단이 정보 공유, 주제에 대한 토론 또는 의사 결정을 할 것인가? **정보용, 토론용, 결정용**과 같은 문구를 적절한 안건 항목 뒤에 적는 것을 고려해보자.
- 특정 항목에 대한 정보를 보고하거나 토론의 일부를 수월하게 해줄 수 있는 책임자의 이름을 기재하라. 이러한 임무를 통해 구성원들은 참여에 대한 준비를 상기하게 된다.

안건 항목 선정 이후에는 각각의 주제에 대한 토론 순서를 세심하게 고려하라. 한 번의 회의에서 여러 가지 주제를 논의해야 하는 경우 생산성과 집단 만족도가 높은 순서로 배열하라.

- 간단한 사업 항목이나 논의하기 쉬운 주제로 회의를 시작하라.

- 중요하고 어려운 항목을 논의하기 위한 시간은 회의의 중간 부분으로 잡아두라.
- 회의 시간의 마지막 1/3은 어려운 결정이 필요하지 않은 쉬운 토론 항목에 할애하라.

회의록 작성

대부분의 사업상 회의와 업무 회의는 집단 경과와 의사 결정을 기록하게 하거나 활용한다. 책임감 있는 집단 지도자는 집단의 토론과 활동을 문서로 기록하는 회의록 작성의 중요 임무를 기록자, 서기 또는 자원자에게 맡긴다. **회의록**(minutes)은 논의에 참석한 사람들을 위한 논의 주제와 결정 내용을 포함하며, 회의에 참석하지 않은 사람들과 커뮤니케이션할 수 있는 방법이 되기도 한다. 가장 중요한 것은 회의록이 회의에서 나온 말 또는 결정된 사항 그리고 각 구성원들이 동의한 과업 또는 개인에게 할당된 임무에 대한 의견 충돌을 방지한다는 점이다.

잘 작성된 회의록은 간결하고 정확하다. 그것은 구성원들이 말한 모든 것을 그대로 받아 쓴 기록이 아니다. 대신 논쟁, 중요한 생각, 활동, 투표를 요약한다. 회의록은 회의가 끝난 직후 바로 집단 구성원들

에게 배포될 준비가 되어야 한다. 지연 시간이 길어질수록 구성원들이 회의의 세부사항과 회의에서 배정된 개별적인 과업에 대해서 기억해내기가 더 어려워진다.

회의 주재

회의 기획, 안건 준비, 정확하고 유용한 회의록 확인의 책임은 의장직을 맡은 사람에게 있다. 회의의 의장을 맡는 사람은 집단의 지도자나 지정된 도우미 또는 집단 내에서 보통 의장직을 맡는 구성원이 될 것이다.

의장은 집단의 생각에 영향을 미치기는 하지만 집단의 생각을 반드시 좌우지하는 것은 아닌 '정교한 균형 잡기'라고 3M 회의관리팀은 의장을 다음과 같이 묘사한다.

그들은 참여를 독려하면서도 한 구성원에 의해 논의가 지배되는 것은 막아야 한다. 그들은 아이디어를 기꺼이 받아들여야 하지만 또한 아이디어에 대해서 의문을 제기하고 도전하며, 아이디어를 뒷받침하는 증거를 강력하게 요구해야 한다. 그들은 회의를 통제해야 하지만 과잉 통제를 하지 않도록 주의해야 한다.[61]

직장의 관리자 주도 집단 회의에

CLOSE TO HOME   JOHN McPHERSON

© 1994 John McPherson/Dist. by Universal Press Syndicate

8:45, 8:46, 8:47, 8:48, 8:49, 8:50, 8:51.....

McPHERSON   12-5

펠스터 부인이 이전 회의의 회의록을 읽기 시작하자마자 이사들은 그녀가 새로운 비서로 나올 생각이 없다는 것을 알았다.

회의록 작성 시 포함되어야 하는 정보

- ✓ 집단명
- ✓ 회의 날짜와 장소
- ✓ 참석자 및 불참자 명단
- ✓ 의장 역할 담당자명
- ✓ 정확한 개회 및 폐회 시간
- ✓ 회의록 작성자명
- ✓ 안건 항목을 제목으로 하는 집단의 토론과 결정에 대한 요약
- ✓ 회의 이후 개별 구성원들에게 배정된 구체적 실행 항목 또는 과업

회의 주재를 위한 지침

- ■ 항상 제시간에 시작하라. 만성적이고 사려 깊지 못한 지각을 방지하라.
- ■ 늦게 온 구성원들에게 앞서 논의한 내용에 대해 설명하느라 시간을 낭비하지 마라.
- ■ 구성원들이 토론에서 동의나 반대, 어떤 의견이든 편안하게 제시할 수 있는 긍정적인 분위기를 조성하라.
- ■ 구성원의 행동에 대한 기본 원칙을 수립하라.
- ■ 회의록 작성은 다른 사람에게 위임하라. 회의록은 회의가 끝난 직후 구성원들에게 배포하고 확인받아라.
- ■ 안건을 개발하고 따르라. 집단이 진행하는 과정을 따라가고 감지하라. 필요하다면 각 안건 항목에 시간제한을 두는 것도 좋다.
- ■ 모든 의견들을 다 들을 수 있도록 하라. 구성원들이 횡설수설하거나 주제와 무관하게 논의하고 있을 때 개입하라.
- ■ 아이디어와 제안들을 요약하라.
- ■ 자신을 포함한 그 누구도 회의를 지배하게 하지 마라.
- ■ 정해진 시간에 폐회 및 중지하라.[62]

대한 글의 결론에서 연구자들은 효과적인 과업 성취와 구성원 만족을 촉진하기 위한 분명한 세 가지 방법을 발견했다. 저자들은 지도자들이 "회의 과정, 회의 참가자들에 대한 공정한 대인관계 처우, 결정과 절차에 대한 타당한 설명"에 특히 주목한다고 주장한다.[63] 이전 쪽에 제시한 회의 주재를 위한 지침의 실행은 이와 같은 중요한 목표를 성취하는 데 도움이 될 것이라고 믿는다.

커뮤니케이션 & 문화

다문화 집단 구성원들에게 동기 부여하기

제3장 "문화 적응"에서 몇몇 문화 차원을 살펴본 바 있다. 그 모든 것들은 집단 의사 결정과 문제 해결 회의에 집단 구성원들이 전적으로 참여하도록 동기를 부여하는 것이 함축되어 있다.

- **개인주의-집단주의.** 개인주의적인 구성원들은 개인적 기여에 대한 칭찬과 대중적인 인정을 추구할 것이다. 집단주의적인 구성원은 대중의 칭찬에 대해 당황할 것이며 뛰어난 집단의 구성원으로서 영광을 누리는 것을 선호할 것이다.
- **높은 권력 거리-낮은 권력 거리.** 권력 거리가 높은 문화권에서 온 구성원들은 지도자의 인정에 가치를 두며 지시를 정확하고 효과적으로 수행하는 것에 자부심을 가진다. 권력 거리가 낮은 문화권의 구성원들은 다른 집단 구성원들에게 칭찬받는 것을 좋아하고 협력적인 환경에서 일하는 것을 즐긴다.
- **젠더 지향성.** 생물학적 성별을 막론하고 남성적 가치를 지닌 구성원들은 경쟁, 리더십을 발휘할 기회, 적극적인 행동이 요구되는 과업에 의해 동기 부여된다. 여성적 가치를 지닌 구성원들은 집단의 목표를 달성하는 데 매우 효과적이고 도움이 될 수 있지만, 집단 내에서 존중받는 목소리나 영향력을 얻는 데에는 다소 어려울 수도 있다. 몇몇 구성원들은 지원자/지지자, 화합자, 중재자와 같은 집단 유지관리 역할을 맡을 때 동기 부여된다.
- **고맥락-저맥락.** 고맥락 문화권에서 온 구성원들은 누군가가 자신의 일에 대해 칭찬하는 말을 들을 필요가 없다. 그들은 비언어적 신호들에 더 민감하기 때문에 존경과 인정을 감지하는 데 매우 능숙하다. 저맥락 문화권의 구성원들은 실제로는 다른 구성원들이 그들을 존경하고 있고 그들의 기여를 중요하게 여기고 있는데, 자신은 칭찬이나 보상을 절대 받지 못하고 있다고 종종 불평한다. 저맥락 구성원들은 칭찬의 말을 듣고 유형의 보상을 받을 필요가 있다.
- **단기-장기 시간 지향성.** 단기 시간 지향성을 지닌 문화권에서 온 구성원들은 구체적인 과업에 자신의 열정과 노력을 쏟을 수 있고 회의의 기한이 정해져 있으며 즉각적인 보상이 있는 집단에 있을 때 동기 부여된다. 장기 시간 지향성을 지닌 문화권의 구성원들은 단기 시간 구성원들의 한 가지 일에만 매진하는 성향을 통해 동기 부여가 되기보다 종종 답답함을 느낀다. 그들은 마감일이 유동적인 다중적인 과업을 선호한다. 장기 시간 구성원들은 앞으로 있을 보상의 가능성에 의해 더욱 효과적으로 일할 수 있는 동기가 부여된다.

집단 문제 해결 역량[64]

다음의 평가 도구를 사용하여 자신 또는 다른 집단 구성원들이 문제 해결 논의에 얼마나 잘 참여하고 있는지 평가해보자. 자신 또는 다른 집단 구성원에 대해서 각 항목별로 적당한 열에 표시하여 등급을 매겨보자. 척도는 아래를 참조하라.

1 = 우수   2 = 만족   3 = 불만족

집단 문제 해결 역량	1	2	3
1. 과업을 명확해지게 만들었다. 구성원들의 역할과 책임뿐만 아니라 집단의 전체적인 목표를 명확하게 만드는 데 도움이 됐다.			
2. 문제를 식별했다. 문제와 집단 책임의 본질을 집단이 정의하는 데 도움이 됐다.			
3. 논점을 분석했다. 논의 중에 나타난 쟁점을 식별하고 분석했다. 적절하고 가치 있는 정보를 제공했다.			
4. 해결방안의 기준을 수립했다. 해결방안의 실행 가능성, 효과, 가치를 평가할 수 있는 기준을 제안했다.			
5. 해결방안을 마련했다. 기준에 맞는 실현 가능성 있는 해결방안을 발견했다.			
6. 해결방안을 평가했다. 가능성 있는 해결방안을 평가했다.			
7. 해결방안을 실행할 수 있는 계획을 세웠다. 필요한 자원을 포함하여 실행 가능성 있는 해결방안을 집단이 개발하는 데 도움이 됐다.			
8. 전담 조직을 유지했다. 과업에 지속적으로 참여했고 동의했던 안건을 따랐다. 회의록 작성 및 배포 책임을 맡았을 경우, 반드시 회의록을 정확하게 작성하도록 했다.			
9. 지원하는 풍조를 유지했다. 다른 집단 구성원과 협력하고 그들을 적절하게 지원했다.			
10. 상호작용을 촉진했다. 적절하게 커뮤니케이션을 하고, 상호작용을 관리했으며, 다른 사람의 참여를 독려했다.			

무엇이 이 집단을 효과적 또는 비효과적으로 만드는가?

_____

_____

_____

이 집단은 자신의 문제 해결 전략과 기술을 어떻게 개선할 수 있는가?

_____

_____

_____

집단 의사 결정과 문제 해결의 전제조건
11.1 집단 숙의 강화를 위한 전제조건의 근거를 제시해보자.

- 의사 결정은 판단을 내리거나 마음을 정하는 것을 의미하는 반면, 문제 해결은 집단이 문제를 해결하기 위해 노력하는 동안 내리는 다양한 결정이 포함된 복잡한 과정이다.
- 집단이 결정을 내리거나 문제 해결 과제를 처리하기 전에 명확한 목표, 양질의 내용, 구조화된 절차, 효과적인 숙의에 대한 의무라는 네 가지 전제조건이 마련되어야 한다.
- 집단은 집단사고를 방지하기 위한 단계를 밟아야 하는데, 집단사고는 집단 내 압박의 결과에 따른 집단 효율성 저하가 나타나는 현상이다.
- 집단의 가장 중요한 과업은 모든 구성원들이 집단 공동의 목표를 확실하게 이해하고 지지하도록 만드는 것이다. 집단 구성원들은 사실, 추측, 가치, 방침에 대한 질문의 대답 여부를 결정해야 한다.
- 정보에 정통하는 것과 더불어 의사 결정 및 문제 해결을 할 수 있는 구체적인 방법에 대한 명확한 절차가 집단에 필요하다.
- 건설적인 숙의에는 사려 깊은 논쟁, 비판적인 청취, 타인에 대한 배려, 진지한 의사 결정이 요구된다.

효과적 집단 의사 결정
11.2 집단 내 의사 결정 방법의 장단점을 비교해보자.

- 투표는 집단이 의사 결정을 하는 가장 용이한 방법이지만, 집단에서 투표가 진행될 경우 어떤 구성원은 승리하지만 다른 사람은 패배하게 된다.
- 합의는 결정에 대한 모든 구성원들의 동의가 요구된다. 집단은 허위 합의를 찾아내고 이를 미연에 방지해야 한다.
- 권위 지배는 1명 또는 집단 외부의 누군가에 의해서 집단의 최종 의사 결정이 내려질 때 발생한다.
- 합리형, 직관형, 의존형, 회피형, 즉흥형의 각기 다른 의사 결정 유형은 집단 의사 결정을 개선 또는 악화시킬 수 있다.

효과적인 집단 문제 해결
11.3 집단 내 문제 해결 방법의 본질과 가치를 분석해보자.

- 브레인스토밍은 짧은 시간 동안 가능한 많은 아이디어를 생성하기 위한 집단 기법으로 집단 구성원들이 규칙에 익숙할 경우 매우 효과적이다.
- 명목집단기법(NGT)은 문제 해결 과정에서 아이디어 생성 단계와 평가/투표 단계를 분리하기 때문에 집단 상호작용과 관련된 몇몇 대인관계 문제를 최소화하는 반면, 해결에 대한 참여를 최대화한다.
- 선택지소거법(DOT)은 집단이 수많은 의견과 생각을 관리가 가능한 선택 항목 수준으로 줄이고 정리하는 데 도움이 된다.
- 표준 행동 지침은 듀이의 반성적 사고 과정에 기반을 두고 있으며 과제 명확화, 문제 식별, 사실에 대한 발견과 분석, 해결방안의 기준과 제한, 해결방안의 제안, 해결방안에 대한 평가와 선택, 해결방안 실행이라는 일련의 연속적인 단계로 문제 해결을 나눈다.

효과적인 집단 회의
11.4 효과적인 회의 전략과 기술을 연습해보자.

- 회의를 소집하기 전에 집단이 회의를 하는 이유, 참석자, 회의 시간과 장소, 회의에 필요한 물품에 대해서 확실하게 결정 또는 알고 있어야 한다.
- 토론할 항목과 회의에서 완수되어야 하는 과업의 개요인 안건은 회의 이전에 모든 집단 구성원들에게 배포될 수 있게 준비되어야 한다.
- 회의록은 집단 토론, 활동, 결정을 문서로 기록하는 것이다.
- 회의를 주재할 때에는 정해진 시간에 맞게 시작하고 끝내고, 긍정적인 분위기를 조성하며, 다른 사람에게 회의록 작성을 위임하고, 의사 진행하고, (자유) 토론을 용이하게 해야 한다.

주요 용어

가치에 대한 질문	선택지소거법(DOT)	표준 행동 지침
권위 지배	숙의	합리형 의사 결정자
다수결 투표	안건	합의
명목집단기법(NGT)	의사 결정	허위 합의
문제 해결	의존형 의사 결정자	회의
방침에 대한 질문	즉흥형 의사 결정자	회의록
분석 마비	직관형 의사 결정자	회피형 의사 결정자
브레인스토밍	집단사고	2/3 투표
사실에 대한 질문	추측에 대한 질문	

연습문제

11.1 집단 숙의 강화를 위한 전제조건의 근거를 제시해보자.

1 다음 집단 가운데 주로 문제 해결에 대한 책임이 있는 집단은 어느 것인가?

   a. 배심원

   b. 고용위원회

   c. 부처의 사회위원회

   d. 유독성 폐기물 재해 처리반

2 다음의 집단사고 증상 가운데 "다른 부서가 이에 대해서 어떻게 느낄지는 걱정하지 맙시다. 그들은 모두 바보라서 문제가 있었다는 것도 모를 것입니다."와 같은 구성원의 말로 표현되는 증상은 무엇인가?

   a. 과신

   b. 외부자에 대한 고정관념

   c. 합리화

   d. 반대 정보의 차단

11.2 집단 내 의사 결정 방법의 장단점을 비교해보자.

3 다음 중 합의를 성취하기 위한 지침이 아닌 것은 무엇인가?

   a. 합의를 성취하기 위해 동전던지기 또는 다수결의 결정에 무조건 따르기와 같은 스트레스가 없는 방법을 사용하라.

   b. 고도로 감정적이 되기보다는 논리적이고자 노력하라.

   c. 이견을 기꺼이 받아들여라.

   d. 주의 깊게 듣고 비록 자신의 관점과 너무 다르다 하더라도 다른 구성원의 관점을 존중하라.

4 다른 집단 구성원들을 동등하게 대우하고 동의하지 않는 사람까지 포함하여 모든 사람에게 쟁점에 대해 대답할 기회를 준다면 다음 중 집단 내에서 지고 있는 윤리적 책임은 무엇인가?

   a. 조사 책임

   b. 공익 책임

   c. 사회적 관례 책임

   d. 도덕 책임

11.3 집단 내 문제 해결 방법의 본질과 가치를 분석해보자.

5 브레인스토밍은 어떤 경우에 문제 해결 방법으로 유용한가?

   a. 집단이 신속한 결정과 명확한 리더십이 필요한 위기 상황에 처해있을 경우

   b. 정답을 알고 있고 문제를 바로잡을 방법을 알고 있을 경우

   c. 집단이 스스로의 목표를 알고 있고 그것의 실현 방법까지 알고 있으나 세부 계획을 준비할 수 있는 기획 회의가 필요할 경우

   d. 집단이 짧은 시간 동안 가능한 많은 아이디어를 생성할 필요가 있을 경우

6 브레인스토밍과 달리 명목집단기법(NGT)은 다음과 같은 특징이 있다.

   a. 구성원들에게 상당한 양의 아이디어를 생성할 수 있는 기회를 준다.

   b. 구성원들에게 아이디어 생성 과정 동안 개인적으로 생각하고 글로 작성할 시간을 준다.

   c. 구성원들이 공유할 때까지 토론과 비평을 연기한다.

   d. 다른 사람들의 창의적인 아이디어를 듣고 재미를 느낄 수 있게 하여 구성원의 사기를 진작시킨다.

7 선택지소거법(DOT)은 어떤 경우 사용하는가?

   a. 집단이 작고 개인적인 아이디어를 터놓고 논의할 수 있는 경우

   b. 집단이 생각 또는 해결방안을 좌지우지하는 지배적인 구성원의 방지를 원할 경우

   c. 집단이 입장을 취하거나 반대 의견에 대해서 논의하기를 바라지 않을 경우

   d. 집단이 모든 사람의 제안을 반드시 고려하고 승인하기를 바라는 경우

8 다음 중 문제 해결의 표준 행동 지침 모형의 처음 세 단계를 순서대로 바르게 나열한 것은 무엇인가?

   a. 과제 명확화, 문제 식별, 사실에 대한 발견과 분석

   b. 사실에 대한 발견과 분석, 문제 식별, 해결방안 제안

   c. 해결방안 제안, 해결방안에 대한 평가와 선택, 해결방안 실행

   d. 문제 식별, 사실에 대한 발견과 분석, 해결방안의 기준과 제한

11.4 효과적인 회의 전략과 기술을 연습해보자.

9 회의를 소집하기 전 제기해야 할 질문이 아닌 것은 무엇인가?

   a. 회의하는 이유는 무엇인가?

   b. 누가 참석할 것인가?

   c. 언제, 어디서 만날 것인가?

   d. 결정을 누가 시행할 것인가?

10 다음 중 효율적인 회의 주재를 위해 필수적인 책임이 아닌 것은 무엇인가?

   a. 정해진 시간에 시작하라.

   b. 긍정적인 커뮤니케이션 분위기를 조성하고 구성원들의 행동에 대한 기본 원칙을 수립하라.

   c. 회의록을 작성하라.

   d. 안건을 따르라.

정답 확인 : 355쪽

프레젠테이션 **계획** 12

주요 목표

- **12.1** 프레젠테이션을 준비하기 위한 핵심 역량을 알아보자.
- **12.2** 프레젠테이션의 목적과 주제의 중요성과 차이점을 설명해보자.
- **12.3** 청중의 특성과 태도를 분석하고 그에 맞게 프레젠테이션을 조정해보자.
- **12.4** 실행 계획과 프레젠테이션 상황을 점검해보자.
- **12.5** 화자의 신뢰성을 높이기 위한 전략과 기술을 연습해보자.

그것은 4분짜리 연설이었다. 절대로 우리가 접할 수 없는 4분짜리 연설. 호르헤 마리오 베르고글리오 추기경의 연설이었다. 그는 아르헨티나로 돌아가는 자신의 비행기 표를 이미 끊어두었고, 다른 추기경들이 이용하는 운전수가 있는 리무진도 거절했으며, 예수회 대학에 위치한 평범한 방에 머물렀다. 그럼에도 불구하고⋯ 이 미래의 프란치스코 교황은 단 4분 만에 추기경단의 관심과 지지를 얻어냈다.

2013년 3월 7일, 베르고글리오 추기경은 전체 추기경 회의에서 연설을 했다. 그는 "빼곡하게 손으로 쓴 작고 하얀 메모 한 장을 꺼냈다. 거기에는 큰 점으로 강조할 내용이 표시되어 있었다." 메모는 스페인어로 쓰였지만, 그는 "바티칸 시국에서 주로 사용되고, 교황 선출권을 가진 28명의 이탈리아 추기경들의 모국어인 이탈리아어로 연설했다." 베르고글리오는 다른 추기경들과 달리 그들이 이야기하지 않은 '교회의 장기적 미래와 최근 실패의 역사'에 대해서 말했다.

베르고글리오는 가톨릭 교회의 강화와 진흥에 대해서 이야기하기보다는 '정의, 인간의 존엄성'에 대해서 이야기했다. "정의와 인간의 존엄성은 단순하고 명백하며 활기찬 것이었다."라고 말했다. 교황이 된 그는 교회 내부의 운영, 정치, 추문보다 어려움에 처한 이들에게 봉사하는 교회에 집중했다.[1]

교황이 된 베르고글리오 추기경의 이 이야기는 가톨릭 그리고 다른 종교에 대한 신념이나 의견과는 상관없이 연설의 힘을 분명하게 보여준다. 에이브러햄 링컨의 '게티즈버그 연설'과 마틴 루서 킹 2세의 '나에게는 꿈이 있습니다'와 같은 유명한 연설은 우리가 살아가는 세상을 만들어왔다. 책임감 있는 화자들은 더 나은 세상을 만들기 위해 연설의 힘을 이용한다. 비윤리적인 화자는 압제와 고통을 수백만에게 가하기 위해 같은 힘을 사용한다. 이 장 그리고 다음 장에서는 효과적이고 윤리적인 말하기를 구현하는 이론, 전략 그리고 기술을 검토할 것이다.

말하기 준비 과정

12.1 프레젠테이션을 준비하기 위한 핵심 역량을 알아보자.

*Speak with Courage*의 저자 마틴 맥더멋(Martin McDermott) 은 "성공적인 발표는 운이 아니라 준비의 문제다."라고 말한다. 그 말에 이어 그는 수업 준비가 제대로 되지 않은 학생의 발표 모습을 묘사한다. "이는 마치 달려오는 대형 트랙터의 전조등 앞에 서있는 사슴을 슬로우 모션으로 보는 것과 같다. 발표자와 듣는 사람 모두에게 극심한 고통이다." 이러한 고통을 막기 위해 그는 중요한 세 마디 충고를 한다. "준비하고, 준비하고, 준비하라."[2]

존 데일리(John Daly)와 동료들의 연구에 따르면, 간단히 말해 불안해하는 화자들은 어떻게 준비해야 할지를 모르기 때문에 효과적으로 준비할 가능성이 낮다.[3] 그들은 목적, 청자, 내용, 짜임새, 언어, 전달에 대해서 정연하게 결정을 내리는 것이 아니라 과정 속에서 '길을 잃어'버린다.[4]

치과에 가거나 세금 준비를 미루는 것처럼 우리가 하기 싫은 일을 질질 끌 듯이 우리는 발표하기도 종종 미루고 있다고 맥더멋은 보고하고 있다. 그러나 치과의사의 진료실에서 일어나는 일이나 국세청(IRS)과 대면하는 동안에는 당신이 통제할 수 있는 것이 거의 없는 반면, 프레젠테이션을 준비하고 전달하는 방법을 통제하는 것은 가능하다. "준비는 당신의 불안감을 낮춰주고 긍정적인 결과가 나올 가능성을 높여줄 것이다. 부족한 준비는 종종 잘 준비하지 못한 청자가 잘 해내지 못하게 되어 공개적인 연설을 '질색'하게 된다는 자기 충족적 예언(self-fulfilling prophecy)에 이르기도 한다. 당신의 운명은 당신 손에 달렸다."[6]라고 맥더멋은 말한다.

다양한 말하기 기회와 시기에 대해서 논의하기 위해 우리는 **프레젠테이션 말하기**(presentation speaking)라는 문구를 사용하여 언어 및 비언어적 메시지를 통한 청중들과의 의미 생성 과정을 설명하고자 한다. 프레젠테이션 말하기에는 구두 보고, 비공식 회담, 비공개 비즈니스 브리핑, 소규모 및 대규모 청중에 대한 공개 연설 등을 포함한다. 프레젠테이션 말하기의 목적, 청중, 장소에 관계없이 강렬한 프레젠테이션을 효과적으로 계획하고 전달할 수 있는 방법을 안다면, 화자는 주목받고, 신뢰받고, 존중받고, 기억될 가능성이 크다.

몇 년 전 직장인들과 대학 교육 수준의 대중 연설 과정을 이수하고 있는 학생들을 대상으로 효과적인 프레젠테

말하기 기술의 우선순위[5]

직장인		대학생
청중의 관심 유지	**1**	청중의 관심 유지
프레젠테이션의 시작과 끝	**2**	프레젠테이션 구성
프레젠테이션 구성	**3**	주제와 접근 방식의 선택을 통해 무엇을 말할 것인지 결정
프레젠테이션을 위한 아이디어와 정보의 선택	**4**	효과적인 음성 사용
주제와 접근 방식의 선택을 통해 무엇을 말할 것인지 결정	**5**	프레젠테이션을 위한 아이디어와 정보의 선택
청중에 대한 이해와 적응	**6**	프레젠테이션의 목적 결정
프레젠테이션의 목적 결정	**7**	불안감, 무대 공포의 극복 및 감소
적절하고 효과적인 어휘 선택	**8**	청중에 대한 이해와 적응
신뢰성 강화	**9**	프레젠테이션의 시작과 끝
효과적인 음성 사용	**10**	적절하고 효과적인 어휘 선택

미얀마의 민주주의 지도자이며 노벨 평화상 수상자인 아웅 산 수치가 대통령 출마를 선언했던 2013 세계 경제 포럼에서 연설하고 있다.

이션에 가장 중요한 기술이 무엇인지 묻는 두 건의 전국적인 조사가 있었다.[7] 학생들과 직장인들의 대답은 두 항목을 제외하면 거의 유사했고(앞 쪽의 표 참조), 이에 대해서는 이 장과 이후 이어지는 장에서 논의할 예정이다.[8]

프레젠테이션 준비 방법을 아는 것은 조사 결과의 상위 항목을 터득하기 위한 필수적인 단계이다. 효과적인 준비는 또한 불안감을 줄여주고 성공의 가능성을 증대시킬 수 있다. 준비 과정을 시작하기 위한 핵심 역량은 목적의 결정, 청중에 대한 분석과 적응, 맥락에 대한 적응, 신뢰성 강화 등에 중점을 두는 것이다.

목적과 주제 결정

12.2 프레젠테이션의 목적과 주제의 중요성과 차이점을 설명해보자.

경험이 많지 않은 화자에게 연설 과제가 주어지면 종종 마음속에 떠올리는 첫 번째 질문은 "무엇에 대해서 이야기해야 할까?"이다. 이 책을 보고 있는 당신도 자신 또는 교수에게 똑같은 질문을 해본 적이 있을 것이다. 그렇지만 수년간의 강의와 연설은 효과적인 프레젠테이션을 발전시키기 위한 첫 단계 그리고 가장 중요한 단계가 주제가 아닌 다른 것이라는 점을 가르쳐주고 있다. 그것은 바로 자신의 목적을 결정하는 것이다.

자신의 목적에서 시작하라

목적(purpose)을 고민한다는 것은 무엇에 대해서 이야기할까보다는 프레젠테이션을 들은 청중들이 알게 되거나 생각하게 되는 것, 느낌 또는 그들이 무엇을 하기를 원하게 될까를 고민하는 것이다. 목적의 결정은 나는 왜 이야기하려 하는가, 내가 원하는 결과는 무엇인가와 같은 '왜'라는 문제에 초점을 맞춘다. 적절한 주제를 결정하고 발전시키기 전에 이야기해야 하는 이유를 반드시 알아야만 한다.

전문 연설가들이나 커뮤니케이션 상담가들은 목적 결정의 필요성을 완벽하게 이해하고 지지한다. *Power Speak*의 저자 도로시 리즈(Dorothy Leeds)는 "청중석에서 앉아서 대체 화자가 언제 핵심을 말할지 스스로에게 물어본 적이 있는가? 또는 청중을 따라 이리저리 표류하는 연설을 들어본 적이 있는가? 아무리 주제가 강력하다고 한들 화자가 카리스마가 있다고 한들 분명한 목적이 없다면" 프레젠테이션은 실패할 것이라고 말한다.[9]

> 목적이 없으면 무엇을 말할지,
> 어떤 자료를 포함시킬지,
> 프레젠테이션을 어떻게 전달할지
> 결정하는 것이 어려워진다.

유명한 커뮤니케이션 트레이너이자 프레젠테이션 전문가인 낸시 두아르테(Nancy Duarte)는 무엇보다도 '청중이 어디에서 시작하고 있는지' 그리고 어디에서 끝나기를 원하는지 알아야 한다고 주장한다. 그녀는 "이것은 당신이 프레젠테이션을 계획하는 데 가장 중요한 단계이다. 우선 도달하고자 하는 종결점은 당신이 발표하는 이유가 되며, 청중들은 스스로 그 지점에 도달할 수 없기 때문이다."라고 말한다.[10] 다시 말해 전체 목표를 설정하고 준비 과정을 시작해야 한다. 그러면 강력하고 힘 있는 아이디어와 단어로 프레젠테이션을 구성할 수 있다.[11]

목적을 결정했다고 해서 목적을 달성할 수 있는 것은 아니다. 그러나 명확한 목적이 없다면 무엇을 말할지, 어떤 자료를 포함시킬지, 프레젠테이션을 어떻게 전달할지 결정하는 데 어려울 것이다.

프레젠테이션의 유형을 식별하라

목표를 수립할 때, 의도한 메시지를 가장 잘 전달할 수 있는 프레

설득력 있는 주제의 유형

생각
분노의 원인은 타인이 아니다.

사람들
수전 B. 앤서니는 가장 영향력 있는 미국 여권 신장의 옹호자였다.

사물
자전거 안전모가 생명을 지킵니다!

행동
재활용으로 지구를 보호합시다.

젠테이션의 종류를 고려해야 한다. 당신은 정보를 전달하고, 설득하고, 즐겁게 하고, 독려하거나 혹은 이 네 가지 모두를 할 계획인가?

정보 전달을 위한 말하기　정보 전달에 중점을 두는 프레젠테이션은 새로운 정보를 보고하거나, 어려운 용어를 명확하게 하거나, 과학적 현상을 설명하거나 혼란과 오해를 극복하기 위해 설계된다. 선생님들은 강의 시간 대부분을 학생들에게 정보를 주기 위해 사용한다. **정보전달 프레젠테이션**(informative presentation)은 교실이나 회의실에서의 구두 보고, 계획의 갱신, 작동 방법 시연, 재정 회계 설명, 연구 요약, 일반적인 강의 등의 형태를 가질 수 있다(제15장 "정보 전달" 참조).

설득을 위한 말하기　설득을 목적으로 하는 프레젠테이션은 청중의 의견이나 행동을 변화시키거나 영향을 주는 것을 추구한다. 광고는 상품을 구매하도록 소비자를 설득한다. 정치 입후보자는 자신에게 투표하도록 유권자를 설득한다. **설득 프레젠테이션**(persuasive presentation)은 법정과 교실에서도 발생한다. 대학 진학 설명회, 자동차 판매, 저녁 식사 자리, 일상적인 대화 등도 설득적 프레젠테이션이라고 할 수 있다(제16장 "설득" 참조).

오락을 위한 말하기　오락적 기능을 위한 말하기는 청중들을 즐겁게 하고, 관심을 끌고, 기쁘게 하거나 '호의적으로' 만든다. 스탠드업 코미디는 **오락을 위한 말하기**(entertainment speaking)의 한 형태이다. 정찬 이후의 테이블 연설은 심각한 생각이나 복잡한 정보를 전달받거나 받아들이기에는 너무 배가 부른 청중들을 유쾌하게 만든다. 은퇴자 환송회에서는 친구들이 은퇴자에게 '웃음을 자아내는 재치 있는 혹평'을 할 수도 있을 것이다(프레젠테이션에서 유머를 사용하는 시기와 방법에 관한 더 자세한 내용은 제15장 "정보 전달" 참조).

독려하기 위한 말하기　독려하기 위한 말하기는 같은 생각을 가진 사람들을 하나로 모으고, 사회적 화합을 이끌고, 선의를 기르고, 청중의 감정을 유발하여 환호하게 만든다. **독려하기 위한 말하기**(inspirational speaking)는 특정한 맥락 속에서 발생하고, 다양한 형태를 취하며, 사회적이고 문화적인 가치에 호소하여 폭넓은 감정을 불러일으킨다. 독려하기 위한 말하기는 생각보다 더 일상적으로 일어난다. 동기 유발을 위한 연설, 설교, 결혼식이나 기념일의 건배사, 고인에 대한 추도사와 유가족에 대한 위로, 졸업식 연설, 헌정사, 찬사뿐만 아니라 수상 소감, 수락 연설까지도 포함된다(독려하기 위한 말하기에 대한 더 자세한 내용은 제16장 "설득" 참조).

정보 전달, 설득, 오락, 독려　정보 전달, 설득, 오락, 독려 가운데 한 가지만을 목적으로 하는 말하기는 찾아보기 어렵다. 이 네

가지를 모두 활용함으로써 더욱 설득력 있는 프레젠테이션이 가능하다. 교수는 강의를 통해 학생들에게 문화 간 커뮤니케이션에 대한 지식을 이해시키는 것과 함께 문화적 차이에 대한 이해가 일상생활과 사회생활에서 커뮤니케이션을 향상시킬 것이라고 설득할 수도 있다. 학생들에게

〈더 데일리 쇼〉는 오락을 뛰어넘는 풍자적인 텔레비전 쇼다. 존 스튜어트는 정보를 주고 설득하며 게다가 독려하기도 한다. 2008년과 2009년 그는 미국에서 가장 신뢰감 있고 영향력 있는 사람 가운데 한 명으로 평가되었다.

게 즐거움을 주기 위해 문화적 차이 때문에 생길 수 있는 재미있는 예를 들 수도 있고, 학생들이 해외여행을 하고 싶다는 마음이 생기도록 다른 문화에 대한 매혹적인 이야기들을 강의에 포함할 수도 있다.

적절한 주제를 선택하라

주제(topic)는 프레젠테이션의 소재이다. 주제는 종종 간단한 한 단어나 구로 표현된다. 그러나 프레젠테이션의 주제가 같다고 하더라도 각각의 프레젠테이션은 매우 다른 목적을 가질 수 있다. '이집트'라는 주제에 대한 정보 전달을 위한 다음 두 가지 주장의 차이점을 살펴보자.

"서구 문명에 대한 고대 이집트의 놀라운 업적과 공헌을 높이 평가해주시기 바랍니다."

"2011년과 2013년 이집트에서 발생한 두 건의 혁명적인 반란 사이의 차이점을 이해해주시기 바랍니다."

좋은 주제를 찾으려면 다음의 질문들에서 출발해야 한다. (1) 당신의 관심사는 무엇인가? (2) 당신이 가치 있다고 여기는 것은 무엇인가? (3) 당신과 청중 사이의 공통점은 무엇인가?

관심사는 무엇인가　프레젠테이션을 의뢰받았는데 도무지 주제를 결정할 수 없다면, 개인적 관심사, 특별한 전문 지식, 독특한 직업, 특이한 경험 또는 지지하는 가치 있는 일로부터 이야기를 시작하는 것을 생각해볼 수 있다. 또는 스포츠, 음식, 취미, 장소, 유명인사, 음악, 주요 사건, 개인적 목표, 지역 사회 문제 등 광범위한 제목에 잠재되어 있는 주제 목록을 만들어볼 수도 있다.

가치 있다고 여기는 것은 무엇인가　**가치**(values)는 무엇이 옳고 그른지, 좋고 나쁜지, 정당하고 정당하지 않은지, 맞고 틀린지에

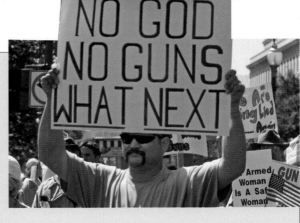

친구들이 선택한 흥미로운 주제들

- 아프로큐반(Afro-Cuban) 재즈
- 대체 에너지원
- 맥주 양조
- 빅 데이터
- 보디 피어싱
- 4월의 성탄절
- 후기 성도 교회
- 클레오파트라 신화
- 막힘(clogging)
- 영업 마무리하기
- 해몽
- 운동과 장수
- 분노에 찬 필리버스터
- 댄스 플래시 몹
- 계보학과 족보
- 관타모
- 총기 규제법
- 머리 땋기
- 어려운 숙제
- 이민 개혁
- 식용 곤충
- 인터넷 중독
- 투자 전략
- 우리 안의 네안데르탈인 유전자
- 프레지(Prezi) 소프트웨어
- 개인 대 국가 안보
- 스틸레토 슈즈
- 치료 목적의 마사지
- 미국 우정청
- 백신 안정성
- 비타민 신화
- 뷰직스(Vuzix)사의 스마트 안경
- 역도

자신에 대해 알기

가치를 두고 있는 것은 무엇인가?

문화나 교육에 관계없이 모든 사람들은 핵심 가치를 지니고 있다. 세계윤리연구소는 사랑, 진실함, 공정, 자유, 통합, 관용, 책임, 생명 존중의 여덟 가지 보편가치를 제시한다.[12] 이러한 가치들을 생각하면 어떤 쟁점이 떠오르는가? 다음의 가치와 쟁점의 조화에 대해서 깊이 생각해보자. 처음의 예시를 참고하여 각각의 가치에 대한 프레젠테이션 주제를 결정하고 개인의 관심사와 가치가 주제 선택에 어떻게 반영되었는지 생각해보자.

- **사랑** + 배우자에 대한 부정(不貞) = 프레젠테이션 주제 : 배우자가 바람을 피웠을 때 결혼 생활을 보호하는 방법

- **진실함** + 표절 = 프레젠테이션 주제 : _____

- **공정** + 젠더 편견 = 프레젠테이션 주제 : _____

- **자유** + 총기 규제 = 프레젠테이션 주제 : _____

- **통합** + 노동조합 = 프레젠테이션 주제 : _____

- **관용** + 증오 연설 = 프레젠테이션 주제 : _____

- **책임** + 부모로서의 의무 = 프레젠테이션 주제 : _____

- **생명 존중** + 인간 복제 = 프레젠테이션 주제 : _____

대한 생각을 인도하는 신념이다. 가장 중요한 가치로 두는 것이 무엇인지 살펴보게 되면, 당신과 청중들에게 올바르고 적절한 연설 주제를 찾게 될 것이다.

> **❝ 가치는 감정을 유발하고 행동을 인도한다. ❞**
>
> 세계윤리연구소[13]

주제에 대한 개인적인 가치를 검토할 때 주의할 점은 당신과 청중의 가치가 일치하지 않을 수 있다는 것이다. 예를 들어 당신은 총기 규제를 강력하게 지지할 수 있지만, 청중은 총기 소유가 기본적 자유라고 생각할 수 있다. 또한 문화는 무엇에 가치를 두느냐에 따라서 달라진다. 대부분의 미국인들이 개인주의에 가치

를 두고 있지만, 다른 문화권에서는 공동체나 집단의 목표에 더 큰 가치를 둔다.

청중과의 공통점은 무엇인가 낸시 두아르테는 발표자들에게 "청중의 마음속에 있는 것이 당신의 마음속에도 있다고 생각하라."라고 강조한다. 이 말은 청중들에게 무언가 강요하지 않는 방법을 말하고 있다. 대신 "청중들이 이미 지니고 있는 생각에 집중해야 한다."[14]라는 것이다. 화자와 청중 사이에서 공통점을 찾는 데 도움이 되는 질문 몇 가지를 제시하고자 한다.

- 공통으로 지니고 있는 특징들, 경험들, 배경들, 흥미들은 무엇인가?
- 청중들과 함께 겪거나 지켜본 역사적 사건은 무엇인가?

- 가족, 지역 사회, 직업, 평화에 대한 희망, 건강 관리, 안전을 위한 공통의 목표는 무엇인가?
- 청중들에게 도움이 될 공동의 도전과 실패에서 배운 것이 무엇인지 알고 있는가?

주제를 좁혀라

발표의 목적을 달성하고 청중의 요구 및 관심에 호응하기 위해 주제를 적절하게 좁히고 조정해야 한다. 주제에 대해서 자신이 아는 모든 것을 청중에게 이야기하기보다는 프레젠테이션을 위한 가장 중요하고 재미있는 생각이나 정보를 선택해야 한다.

비록 자신은 발표 주제에 대해서 전문가일지 몰라도 청중들은 그 이야기를 난생 처음 듣는 것일 수도 있다. 정보의 무더기 속에 청중을 묻어버리지 말자. "청중에게 오직 한 가지만 이야기할 시간이 주어진다면 무엇에 대해 이야기해야 할까?"라고 스스로에게 물어보자. 한 가지 중요한 생각만 전달되어도 목적을 달성하기에는 충분하다.

목적 문장을 개발하라

화자가 말하려는 이유(발표 목적)와 무엇을 말해야 하는지(발표 주제)를 알고자 한다면, 분명한 **목적 문장**(purpose statement)을 개발해야 한다. 목적 문장은 프레젠테이션의 목적과 중심 생각을 확인하게 해주는 구체적이면서 달성 가능성 있는 적절한 문장을 말한다. "전화 상담원이라는 나의 직업에 대해서 청중들에게 이야기하는 것이 나의 목적이다."라고 이야기하는 것은 충분하지 않다. 이러한 문장은 너무 일반적이어서 시간제한이 있는 프레젠테이션에서는 목적을 달성하기가 거의 불가능할 것이다. 그보다는 "전화 상담원들이 고객들의 거절을 효과적으로 극복하기 위한 두 가지 공통적

> 목적 문장은 메시지를 연구하고, 만들고, 조직하고, 표현하는 데 지침을 제공한다.

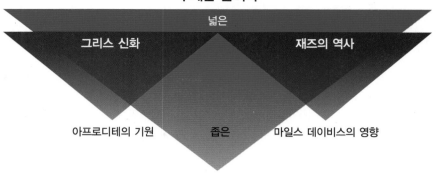

인 전략을 청중에게 인식시키고자 한다."와 같이 목적 문장은 프레젠테이션의 구체적인 목표를 전달해야 한다.

목적 문장은 작가의 논제 문장과 유사한데, 이는 독자와 소통하고자 하는 주요한 생각을 명확하게 드러낸다.

아래 표에 제시된 목적 문장들의 예시가 특정 주제에 대한 당신의 관점보다 더 많은 것을 포함하는 방식에 주목해보자. 이 문장들은 또한 청중들이 왜 프레젠테이션에 관심과 흥미를 가져야 하는지를 나타낸다. 목적 문장에서 이러한 단어의 사용은 "청중들이 당신을 위해서 해야 할 것이 아니라 당신이 청중을 위해서 할 수 있는 것"으로 주의를 환기시킨다.[15]

존 데일리는 자신의 저서 *Advocacy*에서 발표자들은 WIIFT(What's In It For Them?, 그들에게 무슨 이익이 되는가?)라는 문제를 해결해야 한다고 주장한다. WIIFT는 "왜 내가 신경 써야 하는가?", "나에게 이익이 되는 것은 무엇인가?"와 같은 청중들의 질문에 대한 응답이다. 목적 문장을 작성할 때에는 자신의 목적을 성취하는 것이 건강, 재정, 성공적인 경력, 가족 및 사회관계, 안전, 지위, 기쁨, 능력, 정서적 안녕과 같은 측면에서 청중에게도 이익이 될 것인지를 고려해야 한다.[16]

효과적인 목적 문장의 특징

목적 문장	효과적	비효과적
구체성 청중과 목적에 적합하도록 주제를 내용으로 좁혀라.	맞춤식 다이어트 지침으로 정부의 새로운 권장 식품군을 사용하라.	건강의 이익
달성 가능성 주어진 시간 내에 목적을 달성할 수 있다.	우울증에 대한 두 가지 효과적인 치료법은 당신과 당신을 알고 있는 사람에게 도움이 된다.	우울증의 원인, 증상, 치료, 방지에 대해서 확인해보자.
적절성 주제는 청중의 구체적인 필요 및 관심사와 관계가 있다.	추후 당신이 사고의 목격자가 된다면, 무엇을 해야 할지, 어떻게 도와야 할지 알게 될 것이다.	추후 에콰도르 독화살 개구리를 만난다면 그 형태를 분간할 수 있을 것이다.

청중에 대한 분석과 적응

12.3 청중의 특성과 태도를 분석하고 그에 맞게 프레젠테이션을 조정해보자.

청중 분석(audience analysis)은 프레젠테이션 이전 또는 도중에 청중을 이해하고 존중하며 그들에게 적용하는 과정이다. 여기에는 청중에 대해서 연구하고, 연구를 통해 발견된 것을 해석하며, 목적을 달성하기 위해 적절한 전략을 선택하는 것까지 포함된다.

청중을 이해하라

청중을 이해한다는 것은 청중들이 주제에 대해 알고 싶은 것 또는 알고 싶지 않은 것이 무엇인지뿐만 아니라 청중의 특성, 태도, 가치, 배경, 요구에 대한 질문에 대답하는 것이다. 다음에 이어지는 질문들에 대한 대답은 청중들에 대한 이해와 프레젠테이션에 포함되어야 하는 내용을 결정하는 데 도움을 줄 것이다.

> 프레젠테이션에서
> 사용한 예들, 선택한 어휘, 심지어는
> 전달 방식까지도 청중들의 관심과
> 요구에 따라 수정되어야 한다.

그들은 누구인가 나이, 성별, 결혼 여부, 인종, 종교, 거주지, 민족, 직업, 교육, 수입 등과 같은 청중들의 일반적인 **인구통계학 정보**(demographic information)를 가능한 많이 수집해야 한다. 만약 청중들이 특정 집단에 속해있거나 특별한 목적을 가진 모임에 참여하고 있다면 더 구체적인 인구통계학 정보 또한 필요하다. 오른쪽에 있는 청중들의 인구통계학 관련 그림을 참조하라.

나이, 인종, 성별, 직업, 국적, 종교와 같은 청중들의 눈에 보이는 명백한 특성을 근거로 '일률적인' 결론을 내리는 것은 삼가야 한다. 제3장 "문화 적응"에서 살펴본 바와 같이 지나치게 간소화된 결론은 지각을 왜곡할 수 있는 고정관념이다. 당신의 나이, 국적, 인종, 성별, 교육 수준, 사회경제적 배경 또한 청중이 당신의 이야기에 얼마나 잘 귀를 기울일지 결정하는 데 중요하게 작용할 수 있다는 것을 기억해야 할 것이다.

그들은 왜 여기에 있는가 청중들은 여러 가지 이유로 프레젠테이션에 참석한다. 어떤

과정을 통과하기 위한 수업이기 때문에 참석하거나 클레오파트라에 대해서 명성이 있고 재미있게 강의를 한다는 교수에 대해 들어본 적이 있기 때문에 프레젠테이션에 참석한 것일 수도 있다. 공직 입후보자, 유명인사의 대중 연설과 같이 화자에 관심이 있어 참석하기도 한다.

주제에 관심이 있거나 프레젠테이션 참석을 통해 이익을 얻기 위해 꾸준히 노력하는 청중들은 자신들이 왜 참석했는지 알지 못하는 사람들이나 타의에 의해 참석한 사람들과는 다를 것이다. 관심도가 높고 사전 정보가 많은 청중들은 설득력 있고 박식하며 잘 준비된 화자를 원한다. 타의에 의해서 또는 마지못해 온 청중들은 들어야만 하는 이유를 주는 역동적인 화자에게 유쾌히 놀라거나 영향을 받을 것이다. 전체 청중들이 동일한 유형 또는 집단으로 되어있는 경우는 좀처럼 없다. 청중들 속에는 여러 가지 다양한 이유로 참석한 사람들도 있을 것이다.

그들이 알고 있는 것은 무엇인가 말하는 사람보다 자신이 더 많이 알고 있는 주제에 대해 듣고 있는 것만큼 따분한 일은 없다. 자신의 이해 수준을 넘어서는 이야기를 듣는 것도 짜증 나는 일이다. 청중을 고려할 때 다음과 같은 질문을 해보자. 이 주제에 대해서 그들은 얼마나 알고 있는가? 관련 배경 자료들을 자신이

일반적			
나이 인종 직업	문화적 배경 결혼 여부	거주지 수입 수준 성별	교육 부모의 지위 장애 여부

청중의 인구통계학

독특한	
소속 정당 직위 군(軍) 경험	전문적인 회원 경력상의 목표 개인 및 단체 업적

청중에 대해 무엇을 알고 있는가?

청중의 권리 장전을 존중하는가?

진 젤라즈니(Gene Zelazny)는 자신의 책 맥킨지, 발표의 기술(Say It with Presentations)에서 청중의 권리 장전(Bill of Rights)[17]을 제안한다. 젤라즈니의 청중의 권리 장전은 다음과 같다. 왼쪽에 제시된 각 항목을 검토해보자. 이러한 권리를 보장하기 위해 사용할 수 있는 화자의 전략을 예시로 제공된 두 가지 전략을 참고하여 오른쪽에 적어보자.

청중의 권리	화자의 전략
1. 프레젠테이션에 참석한 시간에 대한 정당한 대가를 받을 권리	나는 _____ 있다.
2. 자신의 경험, 지성, 학식, 문화를 존중받을 권리와 질문하고 대답을 들을 권리	나는 _____ 있다.
3. 프레젠테이션 결과를 따라 행동 또는 생각하게 하려는 것이 무엇인지 알 권리	나는 프레젠테이션의 처음 또는 마지막에 나의 목적 문장을 공유할 수 있다.
4. 정해진 시간에 시작하고 끝나는 프레젠테이션을 들을 권리와 소요 시간을 사전에 알 권리	나는 _____ 있다.
5. 화자의 입장, 입장의 근본적 이유 그리고 그 입장을 뒷받침하는 증거를 알 권리와 복잡한 차트에 대한 설명을 들을 권리	나는 _____ 있다.
6. 화자의 계획과 앞으로 프레젠테이션이 어떻게 진행될지에 대해서 알 권리	나는 프레젠테이션의 요점을 미리 검토할 수 있고, 필요한 경우 슬라이드에 보여줄 수 있다.
7. 발표장 어디에서든 화자의 이야기를 듣고 화자를 볼 수 있는 권리와 모든 시각 자료의 글씨를 읽을 수 있는 권리	나는 _____ 있다.

얼마나 다룰 수 있는가? 주제와 관련된 용어나 전문어를 그들은 얼마나 이해할 수 있는가?

그들의 관심사는 무엇인가 자신의 목적과 주제에 일치하는 청중들의 관심사를 찾아야 한다. 자기중심적 관심사와 주제중심적 관심사라는 두 가지 유형을 고려할 필요가 있다.

자기중심적 관심사(self-centered interest)는 프레젠테이션이 개인적 이익으로 이어질 때 유발된다. 몇몇 청중들은 자신에게 돈을 버는 방법이나 아끼는 방법을 조언하는 화자에게 마음을 빼앗긴다. 다른 청중들은 외모나 건강을 증진시키는 방법을 알려주는 말에 매료된다. 이러한 모든 경우는 청중들이 프레젠테이션의 결과와 산출물을 통해 무언가를 얻으려고 한다는 것을 보여준다.

청중들은 또한 그들이 듣기 또는 배우기 좋아하는 주제와 연관된 **주제중심적 관심사**(topic-centered interest)를 지닌다. 취미, 좋아하는 운동, 오락 또는 계략과 미스터리로 점철된 주제까지도 주제중심적 관심사에 포함된다. 주제중심적 관심사는 개인적인 것이다. 미국 남북 전쟁의 전투에 대한 자세한 묘사는 남북 전쟁 역사광들의 관심을 사로잡기도 하지만 다른 청중들을 지루하게 만들 것이다. 자기중심적이든 주제중심적이든 청자의 관심사는 화자와 메시지에 청중들이 얼마나 잘 주의할지에 대해서 큰 영향

을 미친다.[18]

그들의 태도는 무엇인가 청중의 태도(audience attitude)를 평가할 때 청중들의 동의 여부와 정도를 살펴보게 된다. 몇몇 청중들은 이미 동의하고 있을 수도 있고, 다른 사람들은 무슨 이야기를 해도 동의하지 않을 수 있다. 그리고 또 다른 사람들은 결정하지 않거나 의견이 없을 수도 있다(청중들의 구체적인 태도에 대한 전략 또는 적응에 대해서는 제16장 "설득" 참조).

> **청중들의 의견은 그 발표를 듣기 위해 모인 사람의 숫자만큼 많을 수 있다.**

청중에게 맞춰라

청중에 대해 배우는 모든 것들은 프레젠테이션을 어떻게 준비하고 전달해야 하는지에 대해서 말해준다. 프레젠테이션을 준비할 때 청중에 대한 조사와 분석이 이루어진 만큼 그것을 청중에게 적용할 수 있다. 또한 발표를 하는 도중에도 청중의 피드백을 통해 프레젠테이션을 수정할 수 있다.

프레젠테이션 이전의 수정　청중의 특성과 태도와 관련된 정보를 조사, 분석한 뒤에 목적 문장으로 돌아가 그 내용을 수정하라. 오른쪽에 제시한 청중에 대한 다섯 가지 질문에 대한 대답은 최초 목적을 청중들에게 더 적합한 형태로 바꾸는 것에 도움이 될 수 있다.

프레젠테이션 중의 수정　프레젠테이션을 얼마나 잘 준비하든 예기치 못한 상황이 벌어질 것을 예상해야 한다. 청중 가운데 불안해 보이거나 적대적인 태도를 보이는 사람이 있다면 어떻게 될까? 조정할 수 있는 방법은 있는가? 다른 발언자에게 10분을 제공하기 위해서 20분이었던 프레젠테이션 시간이 10분으로 줄어든다면 어떻게 하겠는가?

　프레젠테이션 중에 청중들에게 적응하는 것은 세 가지 일을 동시에 하도록 요구한다. 즉, 프레젠테이션을 전달하고, 말하는 동시에 청중의 피드백을 정확하게 해석하고, 메시지 · 실행 계획 · 전달 방식을 능숙하게 수정해야 한다. 청중의 반응을 해석하는 것은 개별 청중들을 고찰하고, 그들의 비언어적 메시지를 해석하고, 그들의 분위기를 감지하는 것까지 포함된다. 청중들과 소통이 제대로 되지 못했다는 피드백을 받는다면 발표를 멈추고 청중들의 이해도를 확인하기 위해 "더 진행하기 전에 이 부분에 대해서 더 자세한 설명이 필요하신가요?"라고 묻는 것을 두려워해서는 안 된다.

　친구와 대화 중에 대화를 조절하는 것처럼 프레젠테이션의 조정을 생각하자. 친구와 대화할 때 친구가 혼란스러워 보인다면 당신은 불분명한 부분이 무엇이냐고 물을 것이다. 대화 중에 친구가 질문을 한다면 당신은 그 질문에 대답하거나 대답하기 전에 잠시 판단을 멈춰줄 수 있는지 물을 것이다. 또한 만약 친구가 긴급한 약속이 있다고 하면 하고 싶은 말을 줄일 것이다. 이와 같은 적응은 청중들에게 말할 때에도 유사하게 작동한다.

문화적 차이에 적응하라

다양한 청중들을 존중하고 이해하는 것은 다양한 문화들의 본성과 특징에 대한 이해에서 출발한다. 제3장 "문화 적응"에서 살펴본 문화의 두 가지 차원인 권력 거리, 개인주의-집단주의는 프레젠테이션에 있어서 매우 중요하다.

청중을 고려한 목적 수정

최초 목적: 21세기 저널리즘에 대한 설명

그들은 누구인가?　12명의 여성과 6명의 남성으로, 대부분 18세에서 21세이며 일부는 30대 및 40대 초반이다.

그들은 왜 여기에 있는가?　그들은 매스 커뮤니케이션 과정의 학생이다.

그들이 알고 있는 것은 무엇인가?　대부분의 사람들이 온라인을 통해 뉴스를 접하고 있는 저널리즘의 변화상을 그들은 이미 알고 있으며 종이신문만 발행하는 신문사들이 재정적 위기에 처해있다는 것도 알고 있다.

그들의 관심사는 무엇인가?　일부는 홍보에 더 관심이 있고 다른 일부는 블로그, 사보나 기업보고서, 온라인 신문이나 잡지와 같은 온라인 매체 관련 저널리즘 진로에 대해서 더 알고 싶어 한다.

그들의 태도는 무엇인가?　스마트폰 카메라, 인터넷 접속, 글쓰기 능력으로 무장된 누구나 저널리스트가 될 수 있다고 몇몇은 생각한다.

수정된 목적. 배낭 저널리즘, 시민 저널리즘, 산업 기반 온라인 저널리즘 등 최근의 저널리즘 동향과 직업으로서의 잠재성에 대해서 설명한다.

는 문화 구성원 속의 평등과 지위의 다양한 수준을 말한다. 권력 거리가 낮은 미국과 같은 나라의 권위자들은 종종 자신의 지위를 낮추는 행동을 하곤 한다. 미국 대통령은 일상복을 입은 모습이 곧잘 사진에 찍히고, 기업의 중역은 오픈 도어(open-door) 정책* 을 촉진하기도 한다. 또한 대학생과 교수가 서로 이름을 부르면서 교류하기도 한다.

　대부분의 청중들이 권력 거리가 낮은 문화에서 온 사람들이라

공원 관리자들은 청중들의 인구통계학적 특성, 관심사, 태도에 어떻게 적응하는가?

권력 거리　제3장 "문화 적응"에서 지적한 바와 같이 권력 거리

* 역자 주－회사의 임원이나 관리자실의 문을 항상 열어두어 직원들과의 일상적인 상호 교류를 증진하려는 정책

영어를 모국어로 사용하지 않는 사람들에게 적응해보자

고등학교나 대학교 또는 성인 대상 교육 프로그램에서 외국어 과정을 배워본 적이 있는가? 그런 경험이 있다면 배우는 언어를 모국어로 사용하는 화자의 말을 들었을 때 어떤 일이 벌어졌는가? 모든 말을 다 이해했는가? 그들에게 편하게 이야기할 수 있었는가? 아마 아닐 것이다. 그런 경험은 매우 힘들고 좌절감을 줄 수 있다. 그럼 이제 영어를 모국어로 사용하지 않는 사람들이 일반적인 속도의 영어 프레젠테이션을 이해하려고 할 때 어떨지 상상해보자. 다음의 지침들은 일반적인 문화 간 연구와 자국 및 외국의 국제적 청중들에 대한 관찰에서 도출된 내용이다.[19]

- **천천히 분명하게 말하라.** 영어를 모국어로 사용하지 않는 사람들은 화자의 말을 영어에서 자신의 모국어로 번역하는 데 종종 더 많은 시간이 필요하다. 그렇다고 그들에게 소리를 지르지는 말자. 그들은 청력이 약한 것은 아니다.
- **시각적 보조 자료를 사용하라.** 영어를 모국어로 사용하지 않는 사람

들의 대부분은 듣기보다는 읽기가 더 능숙하다. 중요한 정보는 슬라이드나 인쇄물을 이용하자. 청중들에게 읽고 받아쓸 수 있는 시간을 제공하라.
- **격식을 더욱 갖추라.** 국제적인 청중들을 대상으로 할 때에는 일반적으로 더 격식 있는 방식과 옷차림을 갖추라.
- **맥락적인 관점을 적용하라.** 고맥락적인 관점(제3장 "문화 적응" 참조)에서 연설하게 되면 덜 직접적이 될 것이다. 청중들로 하여금 스스로 결론을 이끌어내도록 하라. 청중들이 화자에 대해서 알 수 있고 믿을 수 있는 시간을 주자.
- **유머나 진부한 표현은 삼가자.** 유머는 다른 언어로 번역되기가 쉽지 않을뿐더러 오해하면 엉뚱한 결과를 야기하기도 한다. 특정 문화에서 남용되는 익숙하고 진부한 표현, 이른바 클리셰와 속어 사용을 삼가자.

면, 권위에 도전하고 독자적인 결정을 내리도록 장려하는 것이 좋다. 그러나 권력 거리가 높은 문화에서 온 사람들이 대부분이고 당신이 권한과 영향을 통제하는 상황이라면, 당신이 그들에게 원하는 것을 말할 수도 있고 그에 대한 협력을 기대할 수도 있다.

개인주의와 집단주의 미국이나 호주, 영국에서 온 개인주의적 성향이 있는 청중에게 말할 때에는 그들의 모험심, 개인적 목표를 향한 성취욕, 개인의 인권 보호에 호소하는 것이 좋다. 아시

아나 남미의 집단주의적인 청자들에게는 그들의 회사, 가족 또는 지역사회에 이익을 주는 특정한 행동방침에 대해서 분명하게 해야 한다. 만약 프레젠테이션을 통해 당신 스스로 또는 당신이 속한 조직의 성취에 대해 주목을 끄는 것을 편하게 생각하는 개인주의적 성향의 미국인이라면, 집단주의적 청중들은 당신을 오만하고 타인을 고려하지 않는 사람으로 보고 좋아하지 않을 수도 있다.

상황에 대한 적응

12.4 실행 계획과 프레젠테이션 상황을 점검해보자.

화술 수업, 공식적인 축하연, 기도회, 은퇴 환송회, 시상식 등 여러 가지 경우의 프레젠테이션을 준비할 때 상황을 분석하는 데에는 시간이 걸린다.

실행 계획을 분석하고 점검하라

발표를 해야 하는 장소에 적응한다는 것은 실행 계획을 깊이 있게 고민해야 한다는 것을 의미한다. **실행 계획**(logistics)은 청중의 규모, 시설과 장비, 가용 시간 등 프레젠테이션과 관련된 사람, 시설, 시간, 자료 등을 이용하는 전략적 계획이자 배치를 말한다.[20]

청중의 규모 청중의 규모를 알고 있다면 적절한 시청각 환경을

조성하는 데 도움이 된다. 예를 들어 100명의 청중을 대상으로 한다고 하면, 마이크를 사용하고 좋은 음향 시설의 지원이 확보되어야 한다. 만약 500명가량의 청중이 예상된다면 큰 화면에 프로젝터를 이용하는 것이 작은 차트나 자세한 순서를 보여주는 것보다 더 효과적이다.

시설 이야기를 하게 될 장소에 대한 가능한 많은 정보를 반드시 확인하자. 청중들이 극장식의 강당에 앉아있는가? 긴 회의 탁자에 둘러앉아 있는가? 아니면 세미나실 원탁에 전체적으로 흩어져 있는가? 만약 800석 규모의 강당에 100명 정도만 참석할 것으로 예상된다면 발코니석이나 가장자리 좌석은 앉지 못하도록 해서 청중들을 앞쪽으로 유도하는 것을 고려해야 할 것이다.

장비 컴퓨터를 활용한 슬라이드는 많은 발표 상황에서 일반적인 것이다. 무선 마이크와 정교한 음향 설비를 이용한다면 대규모 청중을 대상으로 하는 연설을 잘 진행할 수 있다. 발표장에서 가용한 장비와 가용하지 않은 장비에 대해서 반드시 확인해야 한다.

프레젠테이션 실행 계획에 대해서 잘못된 가정을 하지 않았다면 더 나은 결과가 있을 수 있었던 한 여성의 사례가 있다.[21] 70명의 대기업 종사자들 앞에서 이야기할 수 있는 자리에 초대를 받았을 때 그녀는 의자가 줄지어 놓여있는 전통적인 공간에 어울리는 격식 있는 프레젠테이션을 준비했다. 그러나 거기 도착했을 때 그녀는 20명의 사람들과 함께 좁은 회의실에서 진행해야만 했고 벽에 걸린 화면에는 웹캠을 통해 참석한 사람들의 얼굴들이 작게 비춰지고 있었다. 대본이 있는 격식 있는 프레젠테이션보다 질의응답 또는 대화적 접근이 더 나은 선택일 수 있었다. 대신 그녀는 어디에 서있어야 하는지, 시선은 어디에 두어야 하는지, 웹캠을 통해 참석하는 사람들이 슬라이드를 볼 수는 있는지 등의 예상치 못한 질문 공세에 직면해야 했다. 사전 이메일이나 전화 한 통이 많은 문제들을 방지할 수 있었을 것이다.

발표장에는 가능하면 적어도 발표시간 45분 전에 도착하는 것이 좋다. 필요한 모든 것이 발표장에 준비되어 있는지, 장비들은 잘 작동하는지, 필요하다면 조명을 어둡게 또는 밝게 할 수 있는 방법은 무엇인지 확인하라. 빠진 것이 있거나 막바지에 무언가를 변경해야 할 경우에 대비하여 장비를 확인할 수 있는 충분한 시간을 확보해야 한다.

시간 시간과 관련한 실행 계획에서 가장 중요한 것은 발언의 소요 시간을 계획하는 것이다. 주어진 시간 내에 끝낼 수 있도록 프레젠테이션을 준비하는 것이 좋다. 발언할 때 시계를 옆에 두거나 다른 사람에게 결론을 내야 할 시간이 되었다는 신호를 주도록 부탁하자. 그리고 신호가 오면 비록 프레젠테이션의 주요한 부분을 건너뛰어야 할지라도 그 신호를 무시하지 마라. 청중들은 장황하게 이야기하는 사람에게 호감이나 감사함을 거의 느끼지 않고 다시 듣고 싶어 하지도 않는다.

발표 시간과 관련해서 다음과 같은 질문들을 고려해야 한다.

몇 시에 발표할 것인가? 소요 시간은 얼마나 걸릴 것인가? 다른 발표자, 점심 식사, 여흥, 질의응답 시간 등 프레젠테이션 전후에 어떤 순서가 있는가?

> 프레젠테이션이
> 청중의 관심의 중심이 되어야
> 한다는 것을 기억하자.
> 만약 화자의 등장에도 무언가가
> 청중을 산만하게 한다면
> 이를 처리해야 한다.

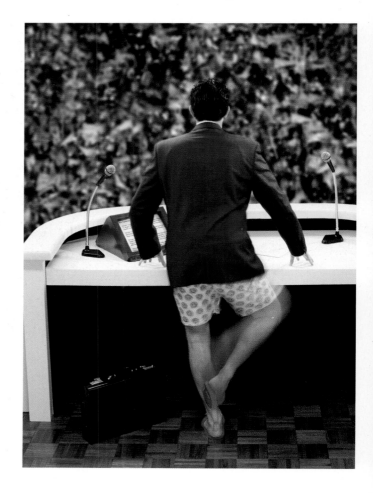

상황을 분석하고 점검하라

어떤 상황에서 프레젠테이션이 진행되고 있는가? 축하를 위한 자리에서 발언할 것인가? 또는 구두 수업 과제, 추모행사, 협약의 기조연설, 정부 기관에서의 증언인가? 특정한 장소나 시간에 청중들이 모인 이유, 즉 **상황**(occasion)에 맞아떨어지는 프레젠테이션을 준비해야 한다. 실행 계획과 마찬가지로 프레젠테이션을 준비하는 데 있어 상황과 관련된 중요한 질문들이 있다.

청중이 기대하는 것은 무엇인가 상황의 성격은 프레젠테이션을 준비하고 전달하는 방법에 대한 청중의 기대감을 자아낸다. 사업 목적을 지닌 청중들은 정교함과 컴퓨터 그래픽으로 준비된 생생한 프레젠테이션에 능숙하고 숙련된 발표자를 기대할 것이다. 정치 행사의 청중들은 TV를 통한 짧고 인상적인 발언에 익숙하고 간결하고 또렷한 말씨를 기대한다. 졸업식에서는 격려가 되는 어조를, 축구 응원을 위한 모임에서는 시끌벅적한 어조를 기대한다. 장례식에서의 추도문은 감동적이거나 재미있을 수 있다. 그러나 대부분은 언제나 경의를 표하거나 짧은 추도문이 주를 이룬다. 자신의 발언 양식과 메시지가 청중의 기대에 부응할 수 있도록 최선을 다해야 한다.

무엇을 입을 것인가 청중들은 화자가 말하는 것을 듣기 훨씬 전부터 화자를 바라볼 것이기 때문에 프레젠테이션의 목적과 분위기에 맞는 차림새를 갖춰야 한다. 비싸거나 자기 자신만의 독특한 복장일 필요는 없다. 중요한 것은 상황에 맞는 차림새다. 상식이 가장 중요한 하나의 조언을 제시한다. 바로 편하고 매혹적이며 적절한 옷을 입으라는 조언이다. 프레젠테이션은 옷에 대한 걱정이 아니어도 충분히 많은 긴장을 받는 일이다. 프레젠테이션을 위한 옷을 고를 때 주요 청중들이 입을 것 같은 옷을 고르는 것이 좋다.

옷이나 장신구 자체에 주의를 끌만한 것은 착용하지 않아야 한다. 짤랑짤랑 소리를 내는 팔찌나 큰 무늬 또는 만화 등장인물이 그려진 넥타이는 적절하지 않을 것이다. 상의 주머니에 필기구든 하의 주머니에 잔돈이나 열쇠든 주머니는 비우는 것이 좋다.

웹 기반 프레젠테이션

웹 기반 프레젠테이션은 다양한 형식으로 나타난다. 예를 들어 유튜브는 자신의 신상과 관련된 영상물을 제작할 수 있고 영상물 프레젠테이션을 다른 사람과 공유할 수 있는 공간을 제공한다. 많은 대학교에서는 학생들이 교수가 제공하는 온라인 강의에 접속하기 위해 온라인 과정에 등록한다. 더 상상력이 풍부한 지도자들은 '원격 교육 교실을 진행하기 위해' 세컨드라이프(Second Life)와 같은 가상 세계를 사용한다. 그들은 '디지털 정체성'을 사용할 때 학생들과의 커뮤니케이션이 실제로 더 활발해진다고 주장한다.[22] 커뮤니케이션을 연구하는 필자의 동료 중 몇몇은 세컨드라이프에 학생들이 서로의 프레젠테이션을 전달하고 평가할 수 있는 특별한 공간을 만들어왔다.

필자들의 경우처럼 처음으로 웹엑스(WebEx) 프레젠테이션을 사용하는 발표자가 있다고 해보자. 웹엑스를 사용하면 발표자는 컴퓨터에서 생성된 슬라이드와 목소리를 사용해 지리적으로 분산된 컴퓨터 앞에 앉아있는 청중이나 컴퓨터 프로젝션으로 보고 있는 다수의 청중들에게 설명할 수 있다. 웹엑스를 통한 화상 회의도 가능하지만, 대부분의 화상 회의는 보통 웹엑스 없이 이뤄진다. 그런 경우에는 청중들이 당신을 볼 수 없을 뿐만 아니라 당신 역시 청중들이나 그들의 반응을 볼 수 없다.

웹엑스 프레젠테이션에 대한 괴로운 첫 경험을 한 후에 진 젤라즈니(Gene Zelazny)는 거기에는 몇 가지 새로운 규칙들이 작용한다는 것을 알았다. 일반적으로 "매체는 시각적인 도해가 필요하거나 질의응답과 같이 짧은 시간이 요구되는 청중과의 상호작용에 관련된 정보를 전달하는 데 최적으로 작동한다."[23]는 점을 젤라즈니는 깨달았다. 매체의 종류에 상관없이 기술적인 지원뿐만 아니라 기술을 이해하고 잘 이용하는 전문가의 도움을 얻는 것은 필자도 권하는 바이다.

대개 온라인 프레젠테이션에는 청중들을 직접 대면하는 전통적인 발표보다 상당히 많은 준비가 필요하다. 대기업 수준의 컴퓨터 회사를 대표하여 온라인 프레젠테이션을 준비한 한 발표자의 회고를 참고해보자.

싱가포르에서 열린 500명의 군(軍) 고위 관리와 정부 관계자들 회의에서 기조연설을 해야 했던 적이 예전에 있었습니다. 설상가상으로 온라인 연설을 해야 하는 그 시간에 저는 뉴욕에 있었습니다. 높은 열정이 요구되는 원격 교육 경험을 위해서 학습 활동과 기술 지원을 결합시켜야 했습니다. 매 3분마다 새로운 시각 자료를 보여주고 싶었고 프레젠테이션의 형식도 두서너 번 변화를 주고 싶었습니다. 저는 슬라이드, 제 자신과 청중들의 실시간 동영상(뉴욕에 있는 모니터를 통해 싱가포르 회의실을 볼 수 있는 카메라를 설치했습니다) 그리고 사진을 결합했습니다. 또한 발언이 끝난 뒤에는 청중들이 질문할 수 있는 시간을 약 15분 확보해두었는데, 이는 저를 포함한 모든 참가자들이 실제로 같은 방에 있다는 느낌을 가질 수 있도록 기획한 것이었습니다. 청중들이 한가한 시간에 참고할 수 있도록 수백 개의 링크와 자료를 게시한 프레젠테이션을 위한 웹사이트도 구축했습니다.

프레젠테이션을 위해서 대체 얼마나 많은 정열을 쏟아야 하는가라는 생각이 문득 들었습니다. 저는 제 노트북에서 커서를 움직이고 클릭하면서 프레젠테이션을 만들어내야 했습니다. 그러나 소기의 목적은 달성할 수 있었습니다. 40분의 프레젠테이션으로 28시간의 여행 시간을 절약했습니다. 주최 측의 비용도 많이 절감할 수 있었습니다. 그러나 가장 중요한 것은 온라인 형식을 통해 기술 지원 학습의 힘을 확인했다는 점입니다.[24]

얼마나 오랫동안 말해야 하는가?

프레젠테이션 시간과 관련하여 두 가지 질문을 종종 받곤 한다. "시간제한이 없다면 어떻게 해야 하는가?"라는 질문과 "말해야 하는 정말 중요한 것이 있다면 길게 이야기해야 하는가?"라는 질문이다.

시간제한이 없는 상황이라면 프레젠테이션 시간은 20분 이하로 유지하는 것이 좋다. 레이건 대통령의 연설 초고 집필자인 페기 누난은 20분으로 발언 시간을 제한할 것을 제안한다.[25] *The Articulate Executive*의 저자 그랜빌 투굿(Granville Toogood)은 사람들이 정보를 듣고 유지할 수 있는 시간에 관한 미국 해군의 연구 결과를 발표하였는데, 연구 결과는 18분이었다.[26]

테드(TED, Technology, Entertainment, Design) 토크를 보거나 들어본 적이 있다면 각각의 발표들은 18분을 넘기지 않는다는 것을 알게 될 것이다. 테드는 권위 있는 강연 대회를 후원하는 비영리단체로, 강연 대회는 '세계에서 가장 매혹적인 사상가들과 행동가들을 초청하여 자신의 삶을 이야기하는 장'이다. 왜 테드 토크는 18분의 시간제한이 있을까? 테드에 따르면, "심각해지기에 충분한 시간이고 사람들이 집중할 수 있을 만큼 짧은 시간"이기 때문이다. 18분의 시간은 발언자들에게 "진정으로 자신이 하고 싶은 말이 무엇인지, 사람들과 소통하고 싶은 핵심이 무엇인지 고민하도

록 만들고, 분명해지는 효과와 절제를 제공한다." 구글에서 테드 토크를 검색하면 경연에서 우승한 많은 프레젠테이션 영상을 볼 수 있을 것이다.[27]

물론 상황이나 내용에 따라 18분 또는 20분 이상 이야기해야 할 수도 있다. 이 경우 몇 가지 선택지가 있다. 20분 동안 발표의 기본적인 내용을 진행하고 질의응답 시간은 따로 구성할 수 있다. 이야기를 멈추기 위해 프레젠테이션 보조물이나 영상을 사용할 수도 있다. 또한 핵심을 이해시키고 청중들의 즐거운 휴식을 위해 짧은 개인적 이야기나 일화를 넣을 수도 있다.[28]

내가 말해야 하는 것은 더 많은 시간을 들여야 할 만큼 매우 중요하다는 식의 자의식의 덫에 빠지는 것은 시간제한 문제와는 상관없이 경계해야 한다. 얼마의 시간이 걸리든 청중들을 납득시켜야 한다는 생각을 청중들은 공유하지 않을 수도 있다. 청중들의 시간에 대한 존중을 보여준다면 청중들은 화자의 절제력과 배려에 감사할 것이다.

신뢰성 강화

12.5 화자의 신뢰성을 높이기 위한 전략과 기술을 연습해보자.

화자의 신뢰성(speaker credibility)은 청중이 발표자와 그 메시지를 믿고 있는 정도를 나타낸다. 청중들에게 신뢰성을 얻으면 얻을수록 프레젠테이션의 목적 성취는 더 쉬워진다. 청중들이 신뢰성을 높게 평가한다면 발표가 다소 미진하더라도 청중들은 양해할 것이다. 청중들은 프레젠테이션은 완벽할 수 없다고 믿을 준비가 되어있다.[29]

신뢰성의 구성요소

인격, 역량, 카리스마는 화자의 신뢰성을 구성하는 세 가지 요소이다.[30] 화자의 신뢰성에 대한 다음 쪽의 표는 각 요소의 구체적인 특성을 명료하게 보여준다.

인격　화자의 신뢰성을 구성하는 세 요소 가운데 가장 중요한 요소는 인지된 정직과 선의인 **인격**(character)이다. 훌륭한 인격을 가진 화자는 믿음직하고 성실하며 공정함을 지닌 나무랄 데 없는 사람이다. 화자의 근거는 타당하고 주장은 정당한가? 정의롭고 윤리적인 행동을 하고 있는가? 청중들이 화자를 믿지 않는다면,

화자가 전문가인지 열정적인 사람인지는 중요하지 않다.

> **청중들에게 신뢰를 얻으면 얻을수록 프레젠테이션의 목적 성취는 더 쉬워질 것이다.**

역량　**역량**(competence)은 화자의 인지된 전문지식과 능력을 말한다. 역량은 경력과 경험을 언급하는 것처럼 간단하게 증명될 수 있다. 청중들은 인정받는 뇌외과 의사, 프로야구 선수, 유명한 패션 디자이너들이 각기 자신들의 주제에서 벗어나지 않는 한 그들을 의심하지는 않을 것이다. 숙련된 자동차 정비사, 종업원, 6명의 자식을 둔 부모, 간호사, 공무원 역시 자신들의 지위에서 전문가가 될 수 있다. 이런 화자들은 자신의 전문성, 삶의 경험, 역량을 입증하는 평가에 의존한다.

만약 전문가가 아니라면 어떻게 해야 할까? 말하고자 하는 것에 대해 알고 있는 것을 어떻게 보여줄 수 있을까? 해답은 바로

조사라는 하나의 단어 속에 있다. 어떤 분야에 대해서 직접 경험이 없거나 전문가라고 단언하기 어려울 때는 "30명 이상을 대상으로 전화 조사를 실시한 결과 …" 또는 "이 주제에 대한 상위 10개의 관련 서적을 검토한 뒤, 단지 1명의 저자만이 …에 대한 정보를 논의하고 있다는 점에 깜짝 놀랐습니다."라고 말하여 발표에 만전을 기했다는 것을 청중들이 알도록 해야 한다.

카리스마 인지된 힘, 열정, 활력, 몰두의 정도가 **카리스마(charisma)**를 보여준다. 카리스마 있는 화자는 역동적이고, 설득력 있으며, 강력하고, 자신감 넘치고, 진지해 보인다. 역대 미국 대통령 가운데 카리스마가 있는 대통령으로는 존 F. 케네디, 로널드 레이건, 빌 클린턴이 꼽힌다. 카리스마는 말하고자 했던 것보다 더 많은 것을 발표할 수 있게 한다. 그런 점에서 아돌프 히틀러 역시 카리스마 있는 연설가라고 할 수 있다.

강력하고 표현력 있는 목소리를 지닌 화자는 더듬거리거나 표현력이 부족한 화자보다 더 카리스마가 있는 것처럼 보인다. 자연스럽고 예의 바른 몸짓을 지닌 화자는 청중 앞에서 불편하고 어색해하는 화자보다 카리스마 있어 보인다. 또한 카리스마 있는 화자는 청중들의 시선을 피하지 않고 눈을 똑바로 쳐다본다. 준비가 역량 있는 화자를 만드는 것처럼 발표에 필요한 기술들을 연습하고 발전시키는 것은 카리스마를 향상시킨다.

신뢰성 개발

신뢰성은 어떤 절대적인 기준으로 존재하는 것이 아니다. 오로지 청중들의 태도와 인식에서 기인할 뿐이다. 그렇기 때문에 발표 주제에 대해 세계에서 으뜸가는 전문가이든, 능숙한 발표 기술을 지니고 있든, 화자의 신뢰성에 대한 최종 결정은 청중들에게 달려있다. 신뢰성은 "학교에서 성적을 받는 과정과 같다. 오직 선생님(또는 청중)만이 학생(또는 화자)에게 성적을 매길 수 있지만 학생들은 과제 제출, 수업 준비, 규범 준수 등 온갖 종류의 일을 함으로써 성적에 영향을 줄 수 있다."[31]

*Rhetorical Public Speaking*의 저자 네이선 크릭(Nathan Crick)은 "에토스를 확립하는 것은 업적과 훌륭한 성격의 목록을 청중들에게 단순히 전달하는 것 이상을 포함하는 복잡한 과정"[32]이라고 충고한다. 긍정적인 개인 이미지를 전략적으로 구축하고(제2장 "자기 이해"의 인상 관리 부분을 참조) 청중과 효과적으로 공감할 수 있는 더 정교한 접근이 필요하다.

최신 정보에 대한 조사와 공유는 양심적이고 박식한 화자로서의 역량 형성에 도움이 된다.

여러분과 프레젠테이션에 대한 청중들의 견해에 긍정적인 영향을 줄 수 있는 몇 가지 전략이 있다. 가치 있는 일에 전념했다는 증거와 성취를 공유한다. 관심을 사로잡을만한 프레젠테이션을 준비해야 한다. 그리고 청중들에게 왜 자신이 프레젠테이션을 할 수 있는 특별한 동기와 자격을 갖추었는지 보여준다.

자신의 성취를 공유하라 우리 각자는 다른 사람들과 구별되는 어떤 것을 할 수 있거나 해왔다. 문제는 그 어떤 것이 무엇인가라는 점이다. 신뢰성을 강화시킬 수 있는 자신만의 독특한 재능, 성공, 가치 있는 것에 대한 공헌을 정확하게 짚어볼 수 있는 시간을 가져라. 스스로에게는 반복적이고 일상적인 경험일지라도 청자들에게는 새로운 경험일지도 모른다. 다음과 같은 질문에 뭐라고 대답할 수 있을까 생각해보자. 다른 마을, 도시, 주(state) 또는 국가에서 살거나 일해본 적이 있는가? 특별한 직업을 가졌거나 가졌던 적이 있는가? 훌륭한 명분을 위한 일에 봉사하거나 후원하는가? 출산, 외국 방문, 인생을 바꿔준 조언자, 자연 재해, 팀원으로서의 경쟁, 참전 경험 등 당신의 삶에 주요한 영향을 미친 경험이나 사람이 있는가? 첼로 연주, 작곡 또는 단편 소설 쓰기, 터키어 구사 등 또래들은 대부분 못하는 자신만이 할 수 있는 일은 무엇인가?

전반적인 지지율을 참고했을 때 오바마 대통령의 에토스는 어떠하다고 평가할 수 있는가? 화자의 신뢰성을 이루는 세 가지 구성요소 가운데 오바마 대통령이 지닌 가장 큰 강점과 약점에 대해 어떻게 생각하는가?

화자 신뢰성의 구성요소

인격	역량	카리스마
정직	숙련	능동성
친절	철저한 준비	열정
친화력	자격	활력
공정	최신 정보	자신감
경의	박식함	자극
배려	지성	역동

신뢰성 강화

아리스토텔레스의 에토스

화자의 신뢰성에 대한 개념은 2,000년 넘게 이어져 왔다. 아리스토텔레스는 기원전 4세기 후반 집필한 수사학(Rhetoric)을 통해 오늘날 우리가 사용하는 연설의 많은 전략들을 확립했다. 아리스토텔레스에게 있어 **수사학(rhetoric)**은 "특정 상황에서 이용 가능한 설득 수단"[33]을 찾아내는 능력으로 특정 상황에서 특정 청중에 대한 가장 적절한 설득적 논거 선정을 위한 전략에 초점을 둔다. 그의 논증은 논리적 논거인 '로고스(logos)', 감정적 논거인 '파토스(pathos)', 화자의 신뢰성에 기반한 논거인 '에토스(ethos)'로 나뉜다. 이는 설득적 말하기 원칙의 학습 모델로 여전히 이어지고 있다(제16장 "설득" 참조).

여기서는 아리스토텔레스의 **에토스**에 집중해보자. 에토스는 '인품'을 뜻하는 그리스어로 우리가 화자의 신뢰성이라고 언급한 것을 포함한다. 아리스토텔레스는 "연설이 화자를 믿을만한 가치가 있다고 말하기에 충분할 때 화자의 인품(에토스)은 설득의 원인이 된다 … 화자의 인품(에토스)은 설득의 모든 요소 가운데 가장 주요한 요소다."[34]라고 말했다.

화자의 에토스는 영구적인 것도 아니며 개인적인 인품도 아니다. 청중이 누구냐에 따라 또는 시대에 따라 다양하다. 따라서 어떤 청중들에 대해서는 높고 긍정적인 에토스를 지니고 있다고 하더라도 다른 청중들에 대해서는 부정적인 에토스를 가질 수도 있다. 예를 들어 공직 선거 운동을 할 때, 공화당 후보자는 진보적인 청중보다는 보수적인 청중에게 말할 때 더 높은 에토스를 지닌다. 또한 "한때 높게 평가된 화자일지라도 10년 후에는 시대에 뒤떨어진 사람으로 간주될 수도 있다."[35] 선거에서 큰 차이로 패배한 이후 같은 후보의 에토스 또한 충성스러운 추종자들 사이에서도 감소할 수도 있다.

> 아리스토텔레스의 에토스 개념은 우리가 지금 말하고 있는 소위 화자의 신뢰성으로 진화했다.

> 신뢰성은 어떤 절대적인 기준으로 존재하는 것이 아니다. 오로지 청중들의 태도와 인식에서 기인할 뿐이다.

청중들은 프레젠테이션을 통해 철저한 준비 이상의 것에서 우러나오는 생각과 의견을 듣게 된다. 이러한 생각과 의견은 개인 경험, 성공, 특별한 기술에 기반을 둔다. 적절하게 사용한다면 '저', '저의', '저에게', '저를'과 같은 스스로를 지칭하는 단어를 사용하는 것이 잘못된 것은 아니다. 그러나 지나친 사용은 자화자찬을 늘어놓는 것처럼 보일 수도 있다. 대신 "10년 만에 선도적인 위치에 올라…" 또는 "전국 토론 대회에서 동료와 제가 우승했을 때…"와 같이 청중에게 말해보자. 이런 경우에는 과장이나 과시로는 보이지 않을 것이다. 오히려 말하는 것에 대해서 알게 된 방법과 이유에 대한 설명이라고 할 수 있다.

청중과 동일시하라 **동일시(identification)**는 "화자와 청중의 특성 사이에서 유사점을 끌어내는 것을 통해 청중과 공통적인 유대감을 형성하기"[36] 위한 커뮤니케이션 전략이다. 바꿔 말하면 동일시는 당신과 청중들이 '나'와 '당신'이 아니라 '우리'라는 것을 보여주는 것이다. 만약 프레젠테이션의 목적을 결정하고 주제를 선택하는 데 있어 청중과의 공통점이 무엇인지 고려한다면, 청중과 동일시하고 에토스를 확보하는 좋은 방법이 될 것이다.

윤리적 화자

에토스라는 말은 '인품'을 의미하는 그리스어에서 유래한다. 인격에 대한 논의에서 지적한 것처럼 화자의 명백한 '훌륭함'은 그 화자에 대한 신뢰 여부를 결정하는 데 있어 중요하게 작용한다. 청중들이 윤리적인 화자라고 여기면 화자에 대한 믿음이 더 생기기 쉬울 것이다. 그러나 에토스와 윤리는 같지 않다. 에토스 또는 화자의 신뢰성은 화자의 인지된 인격, 역량, 카리스마에 의존한다. 화자의 에토스는 청중이 결정하지만 화자의 윤리는 무엇이 옳거나 그른지, 도덕적인지 비도덕적이지, 선인지 악인지에 대한 화자의 믿음으로 결정된다. 얼마나 도덕적인지를 결정하고 보여줄 수 있는 것은 오직 자신뿐이다.

윤리적 청중

2012년 미국 대통령 선거는 대중들의 야유 광상곡(狂想曲)이라고 부를 수 있을 정도였다. 후보자들의 상호 비방과 모략, 날카로운 공격과 함께 다음과 같은 청중들의 반복적인 야유는 화자에 대한 정중함과 존중의 결여를 보여줬다.

- 오바마 대통령이 참석한 클렘슨대학교에서 열린 학군사관후보생(ROTC) 임관식에서 모든 육군사관후보생의 미국 대통령에 대한 복종을 서약하는 전통적인 맹세 순서 중에 청중들이 야유를 보냈다.
- 공화당 예비 선거 토론 기간 중에 보험에 들지 않은 30세 남성을 보살핌도 없이 죽게 내버려두자는 의견에 청중들은 박수와 "옳소!"라는 환호를 보냈다. 다른 토론에서는 일부 청중들이 영상 공유 사이트인 유튜브를 통해 질문한 이라크 주둔 게이 군인에게 야유를 퍼부었다.
- 전미흑인지위향상협회(NAACP) 대회에서 미트 롬니의 경제 및 교육 정책 제안에 대해 대부분의 흑인 회원들이 야유를 보

나치 독일 대학살의 생존자이며 노벨 평화상 수상자인 엘리 위젤(Elie Wiesel)이 증오, 인종차별, 집단학살에 반대하는 연설을 할 때 그를 신뢰성 있는 연사로 만들어주는 것은 무엇인가?

에토스
청중의 결정

윤리
화자의 결정

냈다.

● 전미퇴직자협회(AARP) 대회에서 청중들은 오바마의 부담적 정보험법에 대한 폐지를 지지하는 공화당 부대통령 지명자인 폴 라이언에게 야유를 보냈다.[37]

화자와 청자 간에 진정한 교감이 이루어지려면 편견 없는 열린 마음이 필수적이다.

부정적 선거 캠페인에 대해 불만을 제기하는 것만큼 우리는 윤리적으로 행동하고 표현의 자유를 존중할 의무가 있다. 윤리적 청중은 열린 마음으로 아이디어와 정보를 듣는다. 그들은 화자가 어떤 의미로 말하는지 이해할 때까지 평가를 보류한다. 윤리적 청중은 능동적인 청자이다. 그들은 이해하고, 공감하고, 평가하고, 고려하고, 인정하기 위해 듣는다. 화자의 메시지에 대해서도 비판적으로 사고한다. 일상적인 프레젠테이션에서 일부 청중들은 이러한 기술이 결여되어 있다.

심지어 그들은 프레젠테이션이 시작되기도 전에 메시지나 화자가 마음에 들지 않는다고 하면서 아무것도 들으려 하지 않는다.

비록 최종적인 판단은 청중에게 달렸지만, 그들은 화자에게 대접받은 대로 화자를 대접해야 하는 윤리적 책임 또한 가지고 있다.

표절의 위험성

표절(plagiarism)은 부정직하고, 비윤리적이며 많은 경우 불법이다. 표절을 의미하는 영어 단어 'plagiarism'은 '납치'를 의미하는 라틴어 *plagium*에서 유래했다. 간단히 말해서 다른 출처에서 가져온 인용이나 생각을 자신의 생각이나 말이라고 주장하면, 그것이 바로 표절이다.

> **표절을 하는 순간, 그것은 다른 사람에게 속한
> 어떤 것을 훔치거나 납치하고 있는 것이다.**

어떤 화자는 표절의 법칙이 자신에게는 적용되지 않는다고 믿는다. 또 다른 사람들은 발각되지 않을 수 있다고 생각한다. 심지어 어떤 사람들은 자신이 표절하는지도 모른 채 표절을 한다. 그러나 무지가 변명이 될 수는 없다. 다음 열거된 예들은 모두 표절로 간주된다.

- 다른 사람의 작업을 자신의 것이라고 제출하는 것
- 다른 사람의 생각이나 글을 허가 없이 베끼는 것
- 인용구에 따옴표를 붙이지 않는 것
- 인용된 원전에 대해서 잘못된 정보를 제공하는 것
- 단어는 바꾸었으나 허가 없이 원전의 문장 구조를 베끼는 것
- 허가의 유무와 상관없이, 작업의 대부분을 다른 사람의 단어나 생각을 베껴서 만드는 것[38]
- 웹에서 사진, 도식, 파워포인트 슬라이드를 다운로드하여 자신의 작업으로 처리하는 것[39]

대학 총장들을 대상으로 진행된 한 설문조사에서는 "컴퓨터와 인터넷은 다른 사람의 작업을 훔쳐 그것을 자신의 것이라고 주장하는 행위가 증가하는 것의 주요한 원인"[40]이라는 주장과 함께 절반 이상의 응답자들이 표절이 현저하게 증가하고 있다고 생각한다는 결과가 나왔다. 표절과 관련된 또 다른 연구에서는 50%가 넘는 학생들이 수업 과제를 위해 인터넷을 베낀 적이 있다는 결과를 통해 급격한 표절의 증가를 입증한다.[41] 책, 논문, 수업 과제, 프레젠테이션 등 표절의 대상이 무엇이었는지 상관없이, 표절이 다른 사람의 것을 훔치는 것이라는 결과가 달라지는 것은 아니다.

대부분의 화자들이 다른 사람의 작업을 납치하고 훔칠 의도가 있는 것은 아니지만 표절은 더 자주 발생하고 종종 심각한 결과를 초래한다. 표절한 학생은 수업에서 낙제되었고, 학위 수여가 거부되었으며, 대학 프로그램과 고등교육기관에서 쫓겨나기도 했다. 출판 산업의 경우 표절 작가는 자신의 생각과 이야기가 표절당했다고 주장하는 다른 작가에 의해 고소를 당하게 된다. 높은 존경을 받는 과학자, 정치인, 대학 관계자, 시민 사회 지도자들 역시 표절로 인해 명예에 오점을 남기거나 심지어는 파멸에 이르기도 한다.

- 고등학생 블레어 혼스타인은 지역신문의 학생 기자로 자신이 쓴 기사에 유명인들의 연설과 저술을 사용했다는 것이 밝혀지면서 대학교 입학 허가가 취소되었다.[42]
- 비틀스 멤버 조지 해리슨은 자신의 솔로 활동곡 "다정한 나의 하나님(My Sweet Lord)"의 멜로디가 쉬폰스의 "그는 정말 멋있어요(He's So Fine)"를 표절했다는 의혹에 대해 장기간의 소송을 통해 성공적으로 대응했다.[43]

대학 강사들은 다른 사람의 지적 재산을 '침해'하는 학생들을 잡아내기 위해 다양한 방법을 사용한다. 한 강사는 "학생의 작업에 대해서 표절 여부를 확인하고 싶을 때 처음으로 하는 것은 구글 검색으로 … 의심스러운 문구를 따옴표에 넣고 검색해본다."[44]라고 말했다. 교수진들 또한 표절을 찾아내기 위해 PlagScan, CheckForPlagiarism, iThenticate, PlagiarismDetection, Turnitin과 같은 여러 곳의 웹사이트에 접속한다.[45]

표절과 표절에 따른 결과를 방지하기 위한 핵심은 프레젠테이션에 정보의 출처를 밝히는 것이다. 다른 사람의 작업에서 어느 정도의 단어만 바꿨다고 해서 표절이 아니라고 하기에는 어렵다. 몇몇 학생들은 오직 전체 글이나 다른 사람의 프레젠테이션을 사용했을 때만 표절이라고 말하기도 한다. 또한 다른 이들은 약간의 문구나 다른 사람의 생각을 '빌리는 것'은 괜찮다고 믿는다. 이런 학생들에게 우리는 그것이 바로 표절이며 훔친 부분이 적다 하더라도 훔친 것은 훔친 것이라고 즉각적으로 대답해준다. 자신만의 생각, 기획, 작업이 아니라면 누구의 말과 글또는 기획물인지 그리고 어디에서 그것들을 가져왔는지 청중들에게 말할 의무가 있다.

> **표절은 단순히 비윤리적인 행위가 아니라 엄연한 불법이다.**

표절을 방지하기 위해 다음의 지침들을 참고하자.

- 다른 사람의 작업에 등장한 핵심 문구나 생각을 포함했다면 언제나 출처를 알리고 표기한다.
- 구조상의 유사점을 밝히거나 알리지 않고 다른 사람의 사고 과정이나 조직 패턴을 사용하지 않는다.
- 프레젠테이션에서 다른 사람의 말이나 생각을 그대로 사용했으면 청중에게 정확하게 알린다.
- 다른 사람의 말 또는 글을 사거나 사용하면서 그것을 자신의 것이라고 절대 주장하지 않는다.

커뮤니케이션 평가하기

프레젠테이션 계획은 무엇인가?[46]

메시지의 내용과 구조를 결정하거나 발표를 실행하기 전에 프레젠테이션 계획과 관련된 네 가지 역량인 목적, 청중 분석 및 상황, 화자의 신뢰성에 대한 적절한 결정을 반드시 내려야 한다. 다음 점검표는 프레젠테이션 준비의 다음 단계로 진행할 수 있는지 여부를 결정하는 데 도움이 될 것이다.

목적과 주제

_____ 1. 나는 발표 목적이 정보 전달, 설득, 오락, 독려하기 중 어떤 것인지 알고 있다.

_____ 2. 나는 구체적이고 성취 가능하며 관련성 있는 목적 문장을 가지고 있다.

_____ 3. 나의 주제는 관심사, 가치, 지식, 청중과의 공통 영역을 반영하고 있다.

청중 분석

_____ 1. 나는 청중의 특성, 동기, 지식, 관심사에 적용하기 위한 방법을 조사, 분석, 계획했다.

_____ 2. 나는 청중의 태도에 적용하기 위한 방법을 조사, 분석, 계획했다.

_____ 3. 나는 청중의 문화적 차이에 적용하기 위한 방법을 조사, 분석, 계획했다.

상황

_____ 1. 나는 청중의 규모, 시설, 장비, 시간과 같은 프레젠테이션 실행 계획에 적용하기 위한 방법을 조사, 분석, 계획했다.

_____ 2. 나는 사회심리적 맥락과 상황에 적용하기 위한 방법을 조사, 분석, 계획했다.

_____ 3. 나는 문화적 맥락에 적용하기 위한 방법을 조사, 분석, 계획했다.

화자의 신뢰성

_____ 1. 나는 강점, 재능, 업적, 명백한 성격적 특성의 확인을 통해 나의 잠재적 신뢰성을 평가했다.

_____ 2. 나의 역량과 좋은 성품을 보여줄 수 있는 방법을 계획했다.

_____ 3. 나의 프레젠테이션의 목적, 청중, 맥락에 관해서 윤리적인 결정을 내렸다.

준비 노트 :

준비를 향상시키기 위한 방법

_____

_____

_____

_____

_____

_____

_____

_____

_____

_____

_____

말하기 준비 과정

12.1 프레젠테이션을 준비하기 위한 핵심 역량을 알아보자.

- 프레젠테이션에 대한 철저한 준비는 불안감을 감소시키고 긍정적인 결과가 나올 가능성을 높여준다.
- 많은 화자들은 '청중들이 관심을 가지도록 유지하는 것'이 중요한 연설 기술이라고 인정한다.
- 준비 역량에는 목적 결정, 청중 분석, 실행 계획 점검, 신뢰성 강화가 포함된다.

목적과 주제 결정

12.2 프레젠테이션의 목적과 주제의 중요성과 차이점을 설명해보자.

- 프레젠테이션의 목적을 결정하는 것은 청중들에게 무엇을 알게 하고 생각하고 느끼게 할지, 그리고 무엇을 하게 만들지 결정하는 데 도움을 준다.
- 정보 전달, 설득, 오락, 독려하기 또는 이 네 가지 목표의 조합 등을 통해 프레젠테이션의 목적을 결정한다.
- 목적, 관심사, 가치, 지식, 청중과 공유하고 있는 것과 어울리는 프레젠테이션 주제를 선택한다.
- 준비 과정의 방향을 결정하고 주제를 적절하게 좁힐 수 있도록 구체적이고 성취 가능하며 관련성 있는 목적 문장을 개발해야 한다.

청중에 대한 분석과 적용

12.3 청중의 특성과 태도를 분석하고 그에 맞게 프레젠테이션을 조정해보자.

- 청중 분석에는 프레젠테이션 전과 진행 중에 청자들에 대한 이해, 존중, 적응이 필요하다.
- 청중에 대한 다음 질문에 답해보자. (1) 그들은 누구인가? (2) 그들은 왜 여기에 있는가? (3) 그들이 알고 있는 것은 무엇인가? (4) 그들의 관심사는 무엇인가? (5) 그들의 태도는 무엇인가?
- 프레젠테이션을 준비할 때에는 청중에 대해서 알고 있는 것을 프레젠테이션에 적용하고, 발표할 때에는 청중의 피드백을 확인하여 프레젠테이션을 수정해야 한다.
- 화자는 청중의 권리 장전을 지키고, 청중은 스스로의 권리를 수립하고 지켜야 한다.

상황에 대한 적응

12.4 실행 계획과 프레젠테이션 상황을 점검해보자.

- 청중의 규모, 시설, 장비, 프레젠테이션의 시기와 길이의 분석과 조정을 통해 프레젠테이션 실행 계획을 점검한다.
- 시간제한을 준수하고 만약 시간제한이 없다면 프레젠테이션 시간은 통상 20분을 넘기지 않는다.

- 입장을 명확하게 하고 청중의 기대를 반영하여 프레젠테이션 상황을 조정한다.
- 프레젠테이션 실행 계획과 상황에 따라 편안하고 적절한 옷차림을 갖춘다.

신뢰성 강화

12.5 화자의 신뢰성을 높이기 위한 전략과 기술을 연습해보자.

- 아리스토텔레스의 에토스라고 할 수 있는 화자의 신뢰성은 청중이 화자의 메시지를 신뢰하는 정도를 나타낸다.
- 화자 신뢰성을 구성하는 세 가지 주요한 요소는 인격, 역량, 카리스마이다.
- 화자 신뢰성은 오로지 청중의 태도와 인식에 기반한다.
- 화자 신뢰성은 성취를 공유하고, 선의를 보여주며, 청중과 공감할 때 향상될 수 있다.
- 화자의 신뢰성(에토스)은 청중이 결정하는 반면, 무엇이 옳고 그른지, 도덕적인지 비도덕적인지, 좋은 것인지 나쁜 것인지에 대한 믿음인 윤리는 화자가 결정한다.
- 청중은 열린 마음과 편견 없는 마음 그리고 발언의 자유에 대한 존중을 가지고 들어야 하는 윤리적 책임이 있다.
- 프레젠테이션 내용에 대한 출처를 정확하게 밝혀 표절과 그에 따른 결과를 방지해야 한다.

주요 용어

가치	실행 계획	주제
독려하기 위한 말하기	에토스	주제중심적 관심사
동일시	역량	청중 분석
목적	오락을 위한 말하기	청중의 태도
목적 문장	인격	카리스마
상황	인구통계학 정보	표절
설득형 프레젠테이션	자기중심적 관심사	프레젠테이션 말하기
수사학	정보 전달형 프레젠테이션	화자의 신뢰성

연습문제

12.1 프레젠데이션을 준비하기 위한 핵심 역량을 알아보자.

1 존 데일리와 그의 동료들이 불안해하는 화자들은 프레젠테이션을 효과적으로 준비할 가능성이 낮다는 결론을 내린 이유는 무엇인가?

　a. 효과적인 프레젠테이션을 준비할 수 있는 방법을 모르기 때문에

　b. 목적 성취보다 주제 선정을 더 걱정하기 때문에

　c. 윤리와 에토스를 혼동하기 때문에

　d. 말하고자 하는 것이 무엇인지 이미 알고 있기 때문에

2 대학생들을 대상으로 한 프레젠테이션을 잘하기 위해 가장 중요한 기술이 무엇인지에 대한 조사에서 가장 많은 응답이 나온 것은 다음 중 무엇인가?

　a. 훌륭한 아이디어와 정보의 선택

　b. 청중의 관심 유지

　c. 훌륭한 주제 선정을 통해 무엇을 말할 것인지 결정

　d. 불안감, 무대공포 감소

12.2 프레젠테이션의 목적과 주제의 중요성과 차이점을 설명해보자.

3 청중의 의견과 행동을 바꾸거나 그것에 영향을 주기 위한 목적의 프레젠테이션은 다음 중 무엇인가?

　a. 정보전달 프레젠테이션

　b. 설득 프레젠테이션

　c. 오락형 프레젠테이션

　d. 독려형 프레젠테이션

12.3 청중의 특성과 태도를 분석하고 그에 맞게 프레젠테이션을 조정해보자.

4 "내가 다르푸르에서 국경 없는 의사회 활동을 했기 때문에 청중들이 내 이야기를 듣고 싶어 한다."라는 대답은 다음 청중 분석 질문 가운데 어떤 질문에 대한 대답으로 적절한가?

　a. 그들은 누구인가?

　b. 그들이 여기 모인 이유는 무엇인가?

　c. 그들의 인구통계학적 특징은 무엇인가?

　d. 그들의 태도는 어떠한가?

5 화자가 목적 문장을 프레젠테이션의 처음 또는 마지막 또는 둘 다에서 분명하게 말해야 하는 것은 청중의 권리 장전 가운데 어떤 항목과 가장 관련 있는가?

　a. 프레젠테이션에 참석한 시간에 대한 정당한 대가를 받을 권리

　b 프레젠테이션 결과를 따라 행동 또는 생각하게 하려는 것이 무엇인지 알 권리

　c. 화자의 계획과 앞으로 프레젠테이션이 어떻게 진행될지에 대해서 알 권리

　d. 발표장 어디에서든 화자의 이야기를 듣고 화자를 볼 수 있는 권리

12.4 실행 계획과 프레젠테이션 상황을 점검해보자.

6 다음 중 프레젠테이션의 물리적 상황에 초점을 둔 실행 계획 질문의 요소가 아닌 것은 무엇인가?

　a. 청중의 숫자

　b. 시설과 장비

　c. 상황의 본질

　d. 시간

7 연구자들과 경험이 많은 화자들에 따르면 대부분의 청중들은 특정 시간 이상 지속되는 연설의 정보를 효과적으로 듣고 받아들일 수 없다고 한다. 그 시간은 어느 정도인가?

　a. 4~7분

　b. 8~10분

　c. 18~20분

　d. 30~45분

12.5 화자의 신뢰성을 높이기 위한 전략과 기술을 연습해보자.

8 세계윤리연구소는 여덟 가지 보편 가치를 제시한다. 그 가운데 프레젠테이션의 표절 위험을 방지할 수 있는 방법과 관련된 가치는 무엇인가?

　a. 자유

　b. 통합

　c. 사랑

　d. 진실함

9 화자의 신뢰성(에토스)의 요소 가운데 화자의 힘, 열정, 활력, 몰두의 정도를 반영하는 것은 무엇인가?

　a. 인격

　b. 역량

　c. 카리스마

　d. 자비

10 에토스는 청중에 의해 결정되는 반면 윤리는 무엇에 의해 결정되는가?

　a. 내용

　b. 화자

　c. 다른 사람

　d. 구조

정답 확인 : 355쪽

내용과 조직화 13

연설을 준비하는 데 어느 정도 시간이 걸렸는지 묻자 우드로 윌슨(Woodrow Wilson) 대통령은 다음과 같은 정석을 제시했다.

"10분 연설하기 위해 일주일 동안 준비합니다. 15분 연설은 3일, 30분이라면 2일의 준비 시간이 필요하죠. 1시간 연설은 바로 준비되어 있습니다."[1]

윌슨의 말이 자주 인용되는 데에는 기억해야 할 두 가지 중요한 점이 있다. 첫째, 잘 만들어진 프레젠테이션에는 많은 준비 시간이 필요하다는 것이다. 거의 모든 사람이 프레젠테이션의 목적이나 구조에 신경 쓰지 않고 여러 가지 주제에 대해 장황하게 말할 수 있다. 그러나 잘 조직화된 5분 내지 10분 분량의 프레젠테이션을 만들고 전달하는 것은 더 어려운 일이다. 포함(제외)할 내용, 의미 있게 내용을 조직화하는 방법, 특정 대상에게 적합한 커뮤니케이션 전략을 적용하는 방법 등을 결정해야 한다. 둘째, 짧은 프레젠테이션은 일주일 이상 준비하는 것이 현실적이고 합리적이라는 것이다.

강렬하고 설득력 있는 프레젠테이션을 만들기 위해 시각적 스토리텔링 원칙을 적용하고 있는 두아르테사(Duarte, Inc.)의 CEO 낸시 두아르테(Nancy Duarte)는 윌슨 대통령의 관찰의 중요성을 확인한다.

우리는 초안(first-draft) 문화에 살고 있다. 이메일을 작성하고 보낸다. 블로그에 글을 쓰고 게시한다. 슬라이드 몇 장을 서둘러 만들어 발표한다. 그러나 반복과 예행연습을 통해 만들고 다듬어져야 탁월함이 발현된다.[2]

메시지를 '만들고 다듬기' 위해서는 명확한 목적과 주제를 염두에 두어야 하고, 청중과 프레젠테이션의 상황에 맞게 조정해야 하며, 화자의 신뢰성을 높이고, (가장 중요한 것은) 말하고자 하는 것이 무엇인지 알아야한다. 로마시대 최고의 정치가이자 연설가였던 키케로(Cicero)는 '무엇에 대해 말해야 할 것인지 찾아내는' 화자의 노력과 관련하여 '착상(inventio)'을 통해 설명한다. 또한 다음 단계로 프레젠테이션을 하기 위해 아이디어와 정보를 가장 효과적인 순서로 나열하는 방법인 '배열(dispositio)'을 제시했다.[3] 이 장에서는 효과적인 프레젠테이션을 개발하는데 있어 이러한 두 가지 역량과 그 핵심적인 역할에 대해 살펴보고자 한다.

내용 조사와 선택

13.1 프레젠테이션에 적합한 아이디어와 근거 자료를 검토, 분석, 선택해보자.

프레젠테이션의 **내용**(content)은 메시지에 포함된 아이디어, 정보, 의견 등으로 구성된다. 프레젠테이션을 하게 되면 발표하는 목적을 설명하거나 발전시킬 수 있는 **근거 자료**(supporting material)를 찾고 수집해야 한다. 전문가이거나 독특한 배경을 가지고 있거나, 주제와 관련된 삶의 경험을 가지고 있다고 해도 광범위한 조사는 화자의 메시지와 신뢰도를 지지하고 강화하는 데 도움이 된다.

자료 수집하기

근거 자료는 사전적 정의, 백과사전의 배경 및 역사 정보, 온라인과 연감의 사실 및 통계, 잡지와 개인 웹 사이트의 실생활 이야기, 신문의 사설, 뉴스레터, 다수의 온라인 자원 등 다양한 출처로부터 다양한 형태로 제공된다. 발표를 잘하는 사람은 한 가지 유형에만 의존하지 않고 여러 가지 근거 자료를 같이 사용한다. 왜인가? 다양한 유형의 근거 자료는 각기 다른 장점과 단점을 지니고 있다. 대부분의 청중들은 끝없이 제시되는 통계 수치를 지루해한다. 청자들은 이야기를 하는 분명한 이유도 없이 이야기를 계속하는 화자에 대해 못마땅해한다.

다양한 유형의 정보는 프레젠테이션에 생명과 활력을 더한다.

사실 **사실**(fact)은 증명 가능한 관찰, 경험이나 진실이라고 알려진 사건이다. 예를 들어 "〈아르고〉가 2013년 아카데미 작품상을 수상했다.""라는 말은 사실이지만, "〈레미제라블〉이 수상해야 한다고 생각한다."라는 말은 의견이다. 사실은 개인적("나는 2013년 슈퍼볼에 갔다.")일 수도 있고 공식적인 기록("볼티모어 레이븐스가 2013년 슈퍼볼에서 우승했다.")일 수도 있다. 전 세계 뉴스 헤드라인에 다음과 같은 사실이 실려있다.

근거 자료의 종류	
사실	설명
통계	비유
증언	사례
정의	이야기

미국 질병통제예방센터(CDC)는 새로운 치명적인 중동호흡기증후군(MERS, 메르스)에 경고를 발령했다. 사우디아라비아, 카타르, 요르단, 아랍에미리트 등과 최근 중동 지역을 여행한 유럽인들의 감염 사례가 보고되고 있다.[4]

때로는 알려지지 않았거나 드물게 일어나는 사실이 청중의 관심을 불러일으킬 수도 있다. "도시의 하수 처리장의 수질을 검사함으로써 연구자들은 특정 주민들이 불법 약물을 사용하고 있는지 알아낼 수 있다."[5] 대부분의 프레젠테이션은 그 목적과는 관계없이 정보를 제공하고, 주지시키며, 분명히 보여주고, 입증하고, 명확하게 하는 사실에 의해 뒷받침된다.

통계 **통계**(statistics)는 수치 데이터를 수집, 요약, 분석, 해석하는 등 수학의 한 분야로 간주된다. 통계는 특정 모집단의 특성을 기술하는 것부터 경제 동향, 축구 경기 결과 등 다양한 사건들을 예측하는 것까지 다양한 목적으로 사용된다.

2010년 유네스코(UNESCO) 연설에서 미국 교육부장관 안 던컨(Arne Duncan)은 미국에서 고등학교 졸업에 실패하는 문제를 강조하기 위해 통계 수치를 이용했다.[6]

미국 전역의 2,000개 미만의 고등학교에서 전체 중퇴자의 절반가량을 배출하고 있습니다. 이러한 '중퇴 공장(중퇴율이 높은 학교)'의 약 75%(4분의 3)는 아프리카계, 라틴계 등 소수 민족 출신 학생들입니다.

흔히 청중들은 통계와 사실을 동일시하지만 통계는 타당하게 수집되고 분석되는 경우에만 사실에 입각한 것이다.

증언 **증언**(testimony)은 누군가가 말하거나 쓴 진술이나 의견을 말한다. 책, 연설, 연극, 잡지 기사, 라디오나 TV, 법정, 인터뷰, 웹 페이지 등에서 나온 증언으로 프레젠테이션을 구성할 수 있다. 증언의 신뢰성은 화자나 작성자의 신뢰성에 달려있다. 다음 한 학생의 발표 내용의 일부를 살펴보자.

조앤 캔터(Joanne Cantor) 교수는 자신의 저서 *Mommy, I'm Scared*에서 "지난 15년간 매스 미디어와 어린이들의 두려움에 관한 연구를 수행한 결과 TV 프로그램과 영화가 어린이들의 악몽과 불안의 가장 큰 원인이지만 이는 예방할 수 있다."라고 말했습니다.

정의 **정의**(definition)는 단어, 구, 개념 등의 의미를 설명하거나 명확히 한다. 정의를 통해 특정 단어를 사용하거나 백과사전 정의와 같이 상세하게 의미하고자 하는 것을 설명할 수 있다. 다음의 예에서 화자는 두 가지 다른 정의를 사용하여 재즈와 블루스의 차이점을 설명하고 있다.

기술적 정의에 의하면 블루스는 블루 노트(음계의 제3·5·7도 음보다 반음 낮은 음)라는 표현이 풍부한 음조와 아프리카계 미국인의 독특한 음색이 결합한 3행시형 12마디를 기

위키피디아에 대해 현명해져라

*Inside Higher Education*의 편집자이자 공동 설립자인 스콧 재킷(Scott Jaschik)은 2007년 기사 '위키피디아 반대 입장'에서 위키피디아의 '정확성이나 전체 완성도의 부족'에 대한 강사들의 불만사항과 그 결과로 인해 교수진과 학부에서 학생들이 논문과 발표 자료로 위키피디아를 사용하는 것을 금지하고 있다고 설명했다. 이러한 비판에 위키피디아 대변인은 다음과 같이 대응했다.

위키피디아는 연구를 시작하고 주제에 대한 전체적인 그림을 그릴 수 있는 있는 곳이지만 권위 있는 출처는 아닙니다. 사실상 학생들은 위키피디아에서 발견한 사실들을 다른 자료들과 비교하여 검토할 것을 권장합니다. 또한 논문을 쓰거나 시험을 치르는 데 원본 출처를 인용하는 것은 일반적으로 연구 관행입니다. 일반적으로 글이나 리포트를 쓰거나 시험을 치를 때 원자료를 인용하는 것이 좋은 연구 방법입니다. 보통 백과사전을 인용하는 것은 특히 대학 수준에서는 바람직하지 않습니다.[7]

10년이 채 지나지 않아 위키피디아와 그 내용에 대한 의견은 오히려 더 긍정적으로 바뀌었다. 일부 전문가 조사 결과에 따르면 위키피디아의 내용은 몇몇 유명한 백과사전에 실린 정보보다 더 정확하고 확실한 최신의 것으로 나타났다.[8] 위키피디아는 품질 향상을 위한 약속을 입증하기 위해 다음과 같은 내용 평가 기준을 개발했다.[9]

1. 도입부는 이해하기 쉽게 만들어야 한다.
2. 구조를 명확히 해야 한다.

3. 주제를 다양한 관점에서 균형 있게 제시해야 한다. 모든 측면과 관련 관점을 포함시켜야 한다.
4. 적용 범위는 중립적이어야 한다. 문서는 편견 없이 작성해야 한다.
5. 각주 참조는 많아야 하고 신뢰할만해야 한다.[10]

이 기준을 충족시키지 못하는 문서 위에는 경고 배너가 나타난다. 예를 들어 위키피디아에서 '위키피디아에 대한 비판'에 대한 문서를 조회하자 시계가 겹쳐있는 지구 모양이 뜨면서, "이 내용은 과거 버전의 자료입니다. 최근 사건이나 새로 이용할 수 있는 정보를 반영하여 이 내용을 업데이트하십시오(2012년 8월)."라는 경고 문구가 떴다.[11] 문서가 업데이트되자 이 배너는 사라졌다.

이는 위키피디아 내용의 품질이 향상되면서 더 많은 개인들이 편집자로 참여하면서 나타난 결과이다. 문서를 검색하고 둘러보다가 오류나 편향된 문장을 발견하면 그 문서로 이동해 불확실한 내용을 바로잡거나 수정할 수 있다. 더 적극적인 이용자는 다른 편집자들과 서로의 글을 점검하면서 협업으로 문서를 작성

하는 '위키피디안(Wikipedian)'이 되어간다. 수천 명의 참여자들이 위키피디아의 웹 페이지가 명확하고, 관련성이 있고, 정확하고, 균형이 잡혀있고, 정치적으로 중립적이며, 가장 최근 정보가 있고, 신뢰도 높은 곳으로 만들기 위해 최선을 다하고 있다. 하지만 이로 인해 위키피디아를 '유일한' 연구 자료로 의지하게끔 만들 수 있다. 항상 둘 이상의 출처를 참조해야 한다.

게다가 위키피디아의 정보가 더 정확하고 신뢰할 수 있게 되었기 때문에, 어떤 학생들은 주제와 관련된 내용을 그저 복사해서 발표 자료에 붙여 넣은 다음 자신이 작성한 것처럼 제시하는 것이 정당하다고 느낄 수 있다. 이러한 행동은 정당화될 수 없다. 사실상 위키피디아의 주제와 내용 구성을 베끼는 것은 명백한 표절이다. 어떤 형태로든 표절은 심각한 범죄이며, 위키피디아를 표절하는 것은 특히 어리석은 일이다.

강사들도 위키피디아를 이용할 수 있고 해당 주제와 관련된 문서를 찾아볼 수 있다는 것을 명심하자. 그들은 여러분이 성실하게 과제를 수행했는지 아니면 다른 사람들의 아이디어와 글을 베꼈는지 많은 노력을 기울이지 않고도 알아낼 수 있다.

본형으로 사용하는 가곡 및 그 음악 형식이다. 경험적 정의에 의하면(나이 많은 블루스 가수의 정의) 블루스는 피할 수 없는 인생의 현실일 뿐이다.

> 프레젠테이션에 청중이 모르거나 오해할 수 있는 단어나 어절이 포함되는 경우 정의를 사용한다.

설명 설명(description)은 청자를 위한 정신적 이미지를 만들어낸다. 원인, 효과, 역사적 배경 정보 및 특성을 제공함으로써 정의보다 더 자세한 내용을 제공한다. 애틀랜타에 있는 시민권기념센터 연설에서 캐럴 블레어(Carole Blair)는 기념물(인권 운동 기념 분수대)에 대해 다음과 같이 설명한다.

벽 바로 앞에는 검은 화강암으로 만들어진 직경 약 12피트(약 366cm) 크기의 타원형 상(像)이 있다. 물은 구조물의 중

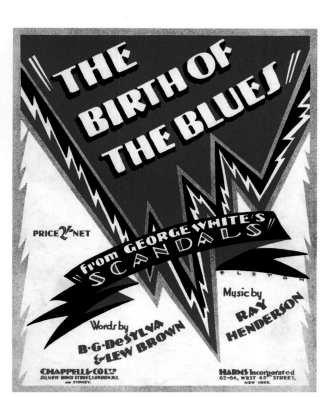

오래된 악보의 표지를 그린 시각적인 사례에서도 초기 블루스 음악의 '탄생'과 발전, 인기를 추적할 수 있다.

심 근처에서 솟아올라 그 표면을 따라 천천히 그리고 부드럽게 흐른다. 테이블 상단 둘레는 1954년 브라운 대 교육 위원회 판례(Brown v. Board of Education)*를 시작으로 1968년 마틴 루서 킹 목사의 암살까지 인권 운동에 대한 53개 사건이 시간 순서대로 새겨져 있다.[12]

비유 **비유**(analogy)는 유사점을 강조하기 위해 두 가지를 비교한다. 비유는 서로 다른 상황에서 작용하는 대상의 유사점들을 식별할 수 있도록 해준다. 예를 들어 "부조종사가 비행기를 조종할 자격이 있다면, 미국 부통령도 국가를 통치할 자격이 있어야 한다."와 같다. 비유는 복잡한 과정을 설명하거나 새로운 개념을 청중이 잘 이해하는 것과 연관시키는 유용한 방법이다.

시인은 비유를 사용한다. 예를 들어 엘리자베스 보엔(Elizabeth Bowen)은 The House in Paris(1949)에서 "컵받침이 컵을 위해 있듯이, 기억은 사랑을 위한 것이다."라는 비유를 썼다. 코미디언도 비유를 사용한다. 루이스 블랙(Lewis Black)은 "KFC가 닭이듯이, MTV는 음악이다."라고 비유적으로 말한다. 말을 잘하는 사람들도 이와 마찬가지로 비유를 사용한다.

비유를 통해 복잡한 과정을 설명하거나 청중이 이미 이해하고 있는 것과 새로운 개념을 연관시킨다. 다음의 비유는 학생의 성적 조사와 경주마의 실적 예측을 비교하여 보여준다.

---

* 역자 주─흑인 아동의 백인학교 입학을 거부한 사건으로 미연방 대법원은 전원일치로 공립학교의 흑백 분리 부당 판결을 내림

학생의 고등학교 성적은 경주마의 실적과 같다. 더 좋은 성적을 가지면 더 성공할 가능성이 높다. 기수와 조련사는 교수진과 같으며 재능 있는 사람들의 지원을 받으면 성공할 가능성이 더 크다. 이기는 종마와 암말 사이에서 길러진 말은 대학 교육을 받은 부모 밑에서 자란 학생과 같다. '승리하는' 부모를 가진 학생은 '승리'하는 것과 같다.[13]

사례 **사례**(example)는 특정한 경우나 예시를 나타낸다. 사례는 크고 추상적인 아이디어를 구체적이고 이해할 수 있게 만든다. 사례에는 사실, 간략한 설명이나 자세한 이야기 등이 있다. 누군가 "예를 하나 들어봐."라고 말하면 아이디어를 설명할 수 있는 실례나 예시로 대답하는 것이 당연하다. 개인주의 문화권의 예를 묻는 질문에 미국, 호주, 영국, 캐나다 등을 열거할 수 있다. 또는 1920년대 여성 블루스 가수에 대한 프레젠테이션을 한다면 마 레이니(Ma Rainey), 베시 스미스(Bessie Smith), 빅토리아 스파이비(Victoria Spivey), 앨버타 헌터(Alberta Hunter) 등의 이름을 언급할 수 있다.[14]

이야기 현실 세계에 실재하는 사람들에 관한 실제 이야기는 관심을 불러일으키고 적절한 분위기를 조성하며 중요한 아이디어를 강화할 수 있다. **이야기**(story)는 일어난 일에 대한 설명이나 보고이다.

다음의 예는 신체적 장애가 있었지만 변호사로서 성공할 수 있었던 개인적인 이야기를 통해 희망, 노력, 강한 의지 등의 중요성을 강조한다.

저는 고등학교를 졸업한 직후 교통사고를 당해 평생 휠체어 신세를 지고 있습니다. 저는 결혼 문제, 그 밖의 개인적인 문제들을 해결하기 위해 노력해왔습니다. 그중에서도 특히 내가 무엇을 할 수 있을지, 내 자신의 잠재력이 얼마나 되는지에 대해서는 확신이 없었습니다.[15]

청중들은 프레젠테이션에 대해 많은 것을 기억하지 못하지만 좋은 이야기는 기억에 남는다.

제15장 "정보 전달"에서는 좋은 이야기를 발견하고, 개발하고, 말하기 위한 내용을 다룰 것이다. 역대 가장 위대한 연설가 중 한 사람인 에이브러햄 링컨(미국의 제16대 대통령)은 다음과 같이 말한다.

제가 이야기를 많이 한다고 사람들은 말합니다. 저도 그렇게 생각합니다. 그러나 저는 보통 사람들은 다른 어떤 방법보다도 다양하고 재미있는 사례를 보여줄 수 있는 매체에 더 쉽게 영향을 받는다는 것을 오랜 경험을 통해 배웠습니다.[16]

출처 문서화하기

문서화(documentation)는 근거 자료의 출처를 인용하는 것이다. 발표를 위해 사용한 모든 근거 자료는(인터넷 출처, 인터뷰 등 포함) 문서로 작성하고 나서 프레젠테이션에서 구두로 말해야 한다.

> 문서화하기는 청자들에게 내용의 타당성을 보장하는 동시에 화자로서의 신뢰성을 높여준다.

작가와 달리 화자가 발표 중에 완벽하게 각주를 인용하는 경우는 드물다. 말하는 상황에서는 문서화된 출처에 대해 구두로 말해야 한다. **구두 각주**(oral footnote)라고도 하는 구술된 인용문에는 관심 있는 청자가 원래 출처를 찾을 수 있도록 충분한 정보를 포함해야 한다. 일반적으로 인용하고 있는 개인(또는 사람들)의 이름을 알려주고, 그 사람의 자격 정보를 한두 단어로 말해야 하며, 정보의 출처를 언급하는 것이 좋다. 사용하는 정보에 청중들이 영구적으로 접근할 수 있도록 하려면 참고 자료 목록을 유인물로 제공할 수 있다.

격렬한 운동 후에 초콜릿 우유를 마시는 것이 도움이 된다는 연설에서 한 학생은 누구나 자신의 진술을 찾고 검증할 수 있도록 필요한 모든 정보를 공개했다.

2011년 텍사스대학교의 보도 자료에 따르면, 존 아이비(John Ivy) 박사가 이끄는

2003년 힐러리 클린턴은 〈투나잇 쇼〉에 출연해 그 당시 진행자였던 제이 레노와 함께 *Weekly World News*의 'UFO 밀회 장소에서 함께하는 힐러리와 나의 로맨틱한 밤'이라는 헤드라인을 보고 웃음을 터뜨렸다. 그런 터무니없는 주장을 누가, 어떻게 믿을 수 있는지 궁금해했다.

■ 커뮤니케이션과 윤리

맥락에서 벗어나지 마라

'맥락에서 벗어난 단어를 사용하면' 출처와 다른 문장을 선택하게 되고, 화자나 작가가 의도한 의미가 왜곡되거나 상충되게 된다. 맥락에서 벗어난 단어를 사용하면 작가, 청중, 결국 자신에게 손해이다.

2010년 맥락에 벗어난 단어의 사용으로 정치적 소동이 일어났다. 아프리카계 미국인 셜리 셰로드 미국 농무부(USDA) 조지아주 농촌개발국장은 보수 성향의 블로거 앤드루 브라이트바트가 올린 2분 30초 분량의 동영상 때문에 해고당했다. 이 짧은 동영상에서 셰로드는 백인 농부에 대한 지원 여부에 대해 인종적인 문제로 받아들이는 것처럼 보여졌다. 이에 대해 케이블 TV쇼에서 빌 오라일리는 셰로드의 사임을 요구했다. 전국유색인종협회(NAACP)는 그녀의 발언에 대해 비난하고 나섰다.

그러나 브라이트바트가 편집한 동영상은 셰로드가 한 말의 맥락에서 벗어난 것이었다. 셰로드가 동영상에서 한 말 바로 다음에는 백인과 흑인의 문제가 아니라 '가난한 사람과 가진 사람들에 관한 문제'를 말했다고 설명했다. 그녀는 백인 농부에 대해 "나는 지원하는 데 있어 (인종이) 방해되지 않도록 했다."라며, "우리는 아주 좋은 친구가 되었고 우리의 우정은 지속되고 있다."라고 말했다.[18] 이후 인터뷰에서 해당 농부인 로저 스푸너는 셰로드가 우리 가족을 위해 할 수 있는 모든 일을 했다고 밝혔다.

브라이트바트의 영상 편집본을 읽거나 시청한 사람들은 그녀가 언급한 전체를 보지는 못했다. 그녀의 발언이 전후 맥락과 다른 것으로 밝혀지자 백악관 관계자, NAACP, 농무부 장관은 이에 대해 사과했다. 농무부는 복직을 제안했지만 셰로드는 거절했다. 빌 오라일리도 연설의 나머지 부분에 대해 알게 되자 "제 업무를 하지 못하고 제대로 된 맥락 안에서 셰로드의 말을 확인하지 않은 점에 대해 사과드린다."라고 말했다.[19]

비윤리적인 화자, 청중, 기자 등은 저자를 공격하거나, 아이디어에 신빙성이 없거나, 전체적인 맥락으로 뒷받침되지 않는 것에 대한 신뢰를 얻기 위해 맥락을 무시하는 증언을 한다.[20]

> **"** 맥락을 잘못 잡으면 진실도 그렇게 된다. **"**
> 댄 르 바타드(Dan Le Batard),
> 마이애미헤럴드 칼럼니스트[17]

선형 사고 vs. 나선형 사고

미국과 같은 저맥락 문화권에서는 메시지 개발 과정에서 사실, 근거, 논증으로부터 논리적인 결론에 이르는 선형 사고를 하는 경향이 있다. 다른 문화권은 메시지 개발 과정에서 극적인 관련 자료로부터 미묘한 결론을 내릴 수 있는 나선형 사고를 더 많이 한다. 예를 들어 아랍과 아프리카의 문화권에 속한 많은 사람들은 주장을 강화하거나 강조하기 위해 은유, 직유, 이야기와 우화 등을 사용한다. 마지막 메시지는 아주 미묘하거나 심지어 파악하기 어려울 수 있다. 의도한 결론을 도출하는 것은 청중에게 달려있다.[21]

이 책은 주로 미국인 화자와 청중을 대상으로 쓰여졌기 때문에 관련 주장을 뒷받침하는 명확한 근거 자료와 메시지 내용을 보여주기 위한 개요를 사용하는 선형 사고를 권장한다. 그러나 나선형 사고를 더 선호하는 청중에게 말할 때에는 근거 자료를 더욱 극적으로 사용하고 덜 직접적으로 결론을 제시해야 한다는 것을 명심해야 한다.

연구진의 한 연구 결과, "많은 아마추어 운동선수들이 격렬한 운동을 한 후에 저지방 초콜릿 우유를 마셨을 때 신체적인 회복 효과가 있었다."라고 밝혔다.

다음과 같이 출처를 문서화해서 말하는 것이 얼마나 다루기 힘든 일인지 생각해보자.

"2011년 6월 22일 텍사스대학교 총장 명의의 보도 자료 제목 '텍사스대학교 오스틴캠퍼스의 연구 결과, 운동 후에 마시는 초콜릿 우유가 운동선수들에게 도움이 된다', 게시된 웹사이트 주소 : http://www.utexas.edu/news/2011/06/22/milk_studies."

자료 평가하기

많은 성공적인 화자는 자신의 주장을 뒷받침하고 신뢰성을 높이기 위해 조사된 정보에 의존한다. 하지만 자료를 사용하기 전에 모든 근거 자료를 평가해야 한다. 아이디어, 정보, 의견 등이 근거가 충분한지, 정당한지, 정확한지 등 근거 자료의 **타당성**(valid)을 확인해야 한다. 다음 단원에서 설명하는 질문들은 근거 자료의 타당성을 검증하는 데 도움을 준다.

정보원을 확인, 신뢰할 수 있는가 저자와 출판사를 확인할 수 있는가? 그에 대한 평판은 어떠한가? 예를 들어 내셔널 인콰이어러에 실린 선정적이고 특이한 기사는 재미있을지 모르지만, 뉴욕 타임스와 월 스트리트 저널은 정확한 정보를 생산한다는 전 세계적인 명성을 얻고 있기 때문에 더 신뢰할만한 정보를 포함할 가능성이 높다. 정보원이 정평 있는 전문가인지, 직접 목격한 관찰자인지, 존경받는 언론인인지, 정보에 입각한 블로거인지 등을 재차 확인해야 한다.

1차 자료인가, 2차 자료인가 근거 자료를 조사하고 선택할 때 1차 자료를 사용할지 2차 자료를 사용할지 결정한다. **1차 자료**(primary source)는 정보가 처음 제시된 문서, 증언, 간행물 등이

다. 예를 들어 저자의 독창적인 연구 결과가 포함된 학술지 논문은 1차 자료이다. 그리고 가장 확실한 1차 자료인 자신을 간과하지 말아야 한다. 전문가 인터뷰를 하거나 설문 조사를 실시하는 경우 결과를 보고하는 데 있어 1차 자료는 자기 자신이다.

2차 자료(secondary source)는 뉴스 보도를 간추린 내용, 백과사전에 수록된 정보 등과 같이 여러 출처의 정보를 보고하고, 반복하고, 요약한 것이다. 2차 자료를 잘 살펴보고 가능한 한 정보의 1차 자료를 알아내야 한다.

정보원이 편향적인가 어느 한 방향으로 너무 치우쳐 객관적이거나 공정하지 않은 의견을 말하는 정보원은 **편향**(biased)적이다. 만약 그 정보원이 매우 확고한 의견을 가지고 있거나 상대방의

온라인 정보 평가 기준

다음의 전문화된 질문을 통해 온라인 근거 자료의 타당성 및 신뢰성을 평가해보자.[22]

기준 1 : 정보원의 신뢰성
1. 저자/후원자(정보 제공자)의 신원과 자격이 웹사이트에서 명확하게 확인되는가?
2. 도표, 그래프 등 데이터 자료가 정확하고 신뢰할만한 것인가?
3. 저자/후원자(정보 제공자)의 정당성과 객관성을 평가하기 위해 다른 정보원을 확인해본 적이 있는가?
4. 저자/후원자(정보 제공자)가 연락할 수 있는 이메일이나 주소, 전화번호를 제공하는가?

기준 2 : 정확성
1. 다른 신뢰할만한 정보원에서 그 정보를 찾고 확인할 수 있는가?
2. 질 낮은 정보를 선별할 수 있는 것으로, 문법, 맞춤법, 인쇄상의 오류가 없는 정보인가?

기준 3 : 객관성
1. 사실로 표현된 정보는 실제로 광고인가, 아니면 편향된 의견인가?
2. 충분히 입증된 논거를 통해 관점을 명확하게 표현하고 있는가?

기준 4 : 최신성
1. 정보가 언제 생성되고 업데이트되었는가?
2. 정확하고 관련성이 있는 최신 자료라 할 수 있는가?

동의로 인해 이득을 얻게 된다면 주의해야 한다. 수년간 담배 회사들은 흡연이 해롭다는 연구 결과를 확인했음에도 공식적으로는 부인해왔다. 심지어 미국총기협회, 낙태 반대자나 찬성자, 미국퇴직자협회 등과 같은 특수 비영리 단체들도 편향되어 있다. 그들이 발표하는 정보는 사실일 수도 있지만 그 정보로부터 도출된 결론은 편향적일 수 있다.

최신 정보인가 사용하려는 정보의 날짜를 항상 기록해야 한다. 정보가 언제 수집되었는가? 언제 출판되었는가? 정보와 사건이 빠르게 변화하는 요즘 시대에 우리가 사용하려는 근거 자료는 몇 시간 만에 낡은 정보가 될 수도 있다. 최근 사건이나 과학적 성과에 대해 저명한 잡지, 학술지, 신문, 웹 사이트 등을 찾아보도록 한다.

일관성 있는 정보인가 사용하려는 정보가 다른 명성 있는 정보원과 유사하게 사실과 결과를 보고하고 있는지 확인해야 한다. 주제에 대해 알고 있는 것을 근거로 정보를 이해할 수 있는가? 예를 들어 대부분의 의사와 의학 전문가들이 페니실린이 일반적인 바이러스성 감기를 치료하지 못할 것이라는 데 동의한다면, 왜 그것을 치료제로 권장하는 분명하지 않은 정보원을 믿는가?

유의미한 통계인가 좋은 통계는 유익하고, 극적이며, 설득력이 있다. 하지만 통계는 또한 오해하고, 왜곡하고, 혼란스럽게 할 수 있다. 사실에 입각한 정당하고 정확한 통계인지 확인해야 한다. 통계가 믿을만한 것인지, 연구원이 편견 없이 데이터를 수집하고 분석했는지 여부를 생각해야 한다. 통계를 보고하는 사람이 책임 연구원인지, 보조 연구원인지도 분명히 해야 한다.

내용의 조직화

13.2 프레젠테이션의 핵심 아이디어와 요점을 파악해보자.

마케팅 커뮤니케이션 전문가인 마이클 케퍼(Michael Kepper)는 인체에 빗대어 프레젠테이션 내용 구성의 필요성에 대해 설명한다.

> 구조가 없는 말은 골격이 없는 인체와 같다. 척추가 없는 것처럼 스스로 서지 못한다. 구조가 있다고 해서 훌륭한 연설이 되는 것은 아니지만, 구조가 결여되어 있으면 영감을 받은 모든 생각들은 확실히 사라진다. 청자들은 어디에 관심을 기울여야 할지 정신이 없기 때문이다.[23]

조직화(organization)는 프레젠테이션 내용을 명확하고 질서 정연한 순서로 배열하는 방식을 말한다. 조직화는 프레젠테이션의 목적에 초점을 맞추면서 무엇을 포함시키고 메시지의 영향을 극대화하기 위한 방법이 무엇인지 결정할 수 있도록 도와준다.

청중들은 잘 조직화된 프레젠테이션에는 긍정적으로 반응하고 제대로 조직화되지 못한 프레젠테이션에는 부정적인 반응을 보인다.[24]

청중으로서 우리는 조직화가 중요하다는 것을 알고 있다. 아이디어를 연결시키지 않고 횡설수설하는 화자의 말을 이해하고 기억하는 것은 어렵다. 그 화자의 말을 다시 듣고 싶지 않을지도 모른다.

핵심 아이디어 결정하기

핵심 아이디어(central idea)는 프레젠테이션의 요점을 요약한 문장이다. 핵심 아이디어는 목표를 달성하기 위한 조직화 유형을 간략하게 미리 보여준다.

다음 예는 주제, 목적, 핵심 아이디어가 서로 다르지만 서로 밀접하게 연관되어 있음을 보여준다.

- **주제** 해외여행
- **목적** 여행자들의 해외여행 준비를 위해
- **핵심 아이디어** 외국을 방문하기 전에 그 나라의 문화와 방문 장소를 조사하고, 여행자 구비 서류를 확인하고, 요구되는 예방 접종과 예방약을 처방받는다.

요점 정리하기

요점을 파악하여 프레젠테이션을 조직화하기 시작한다. **요점**(key point)은 청중이 메시지에 대해 이해하고 기억하기를 원하는 가장 중요한 문제나 주요 아이디어를 나타낸다.

요점의 기본이 되는 아이디어나 정보의 자연스러운 분류나 유형을 찾는다. 목적과 주제에 따라 이것은 쉬울 수도 어려울 수도 있다. 경험이 부족한 화자는 관련 없어 보이는 사실과 수치에 압도당할지도 모르지만, 포기하지 말자!

개요를 작성하기 전에 요점을 파악하고 메시지에 대한 예비 구조를 구축하기 위해 다음의 두 가지 기법, 즉 마인드 매핑과 스피치 프레이머를 적용해보자.

마인드 매핑 마인드 매핑(mind mapping)은 브레인스토밍을 통해 잠재적인 아이디어와 정보를 정리하고 기록하는 방법이다. 이를 통해 아이디어의 자유로운 흐름을 장려하고 이러한 아이디어

프레젠테이션의 요점을 결정하는 것은 퍼즐 조각을 맞추는 것과 같다. 하나의 요점이 어울리지 않거나 맞지 않으면 나머지 부분도 잘 안 맞을 수 있다.

들 간의 관계를 정의할 수 있다. 또한 매우 창의적인 사고방식으로 아이디어를 창출하면서 뇌의 잠재된 능력을 활용할 수 있게 한다.[25] '무자크(Muzak, 상점, 엘리베이터, 사무실 등에서 흔히 들을 수 있는 배경 음악)'에 대한 프레젠테이션을 위해 만든 오른쪽 아래 마인드 맵을 살펴보자.[26]

하버드 비즈니스 리뷰의 기고가 낸시 두아르테는 "빈 종이나 화이트보드에 접근하는 것은 겁나는 일이지만, 어딘가에서 시작은 해야 한다. 핵심 단어와 파생되고 확장되는 단어를 적는다. 여러분의 마음이 가는 대로 움직이게 한다. 그리고 선으로 연결한다."[27]라고 설명한다. 그 결과로 나타나는 마인드 맵은 단어, 어절, 목록, 원, 화살표가 뒤섞여져 있다. 물론 그것은 하나의 프레젠테이션에 포함되어야 하는 것보다 더 많은 개념을 포함하고 있다. 마인드 맵을 완성한 후에는 원을 그린 아이디어를 요점으로 분류하고 이를 논리적인 순서대로 놓을 수 있다.

마인드 맵을 사용하면 미리 정해진 조직화 유형을 겹쳐놓지 않아도 아이디어를 볼 수 있다. 마인드 매핑은 내용 구성에 필요한 정보가 충분히 수집될 때까지 아이디어를 유형에 따라 배열해야 할 필요성을 보류할 수 있다. 아이디어와 정보가 많아도 프레젠테이션 자료를 선택하고 배열하는 방법을 결정하는 데 어려움을 겪는다면 마인드 매핑을 사용해보자.

위의 예처럼 손으로 마인드 맵을 그릴 수도 있지만 다른 방법도 있다. 포스트잇이나 3×5 색인 카드를 사용하여 각 메모에 하나의 아이디어를 넣고 이를 게시한 다음 유사한 범주로 분류할 수 있다. 이는 제11장 "의사 결정과 문제 해결"에서 설명한 선택지소거법(DOT)과 비슷한 방법이다. 컴퓨터로 마인드 맵을 그려보고 싶다면 Inspiration, MindManager, Mindmapper, Mindmup과 같은 상용 소프트웨어 제품을 사용할 수 있다.[28]

마인드 매핑에 관한 논의에서 컨설턴트 제리 와이즈먼(Jerry Weissman)은 사용하려는 마인드 맵 방법과 상관없이 "자유로운 흐름 속에서 구조를 강요하려는 유혹을 물리쳐야 한다. 내용의 구조를 너무 빨리 받아들이면 검열을 하게 되고 새로운 아이디어를 잃게 된다. 브레인스토밍이 끝난 후에 구조화하여 저장해야 한다."라고 말한다.[29]

스피치 프레이머 스피치 프레이머(speech framer)는 프레젠테이션의 모든 구성 요소를 위한 공간을 제공하는 동시에 실험과 창의성을 장려하는 프레젠테이션 내용을 구성하기 위한 시각적 모델이다.[30] 다음 쪽의 스피치 프레이머에 대한 예시는 카밀 던랩(Camille Dunlap)이 수업에서 발표한 졸음운전의 위험성에 대한 것이다.[31]

스피치 프레이머를 사용하면 다양한 조직화 유형을 실험할 수 있다. 예를 들어 네 가지 요점이 있는 경우 틀 안에 세로줄을 추가하면 된다. 세 가지 요점 중에 두 번째 요점에 대한 근거 자료가 부족하다고 생각되면 해당 요점을 삭제하는 것이 좋다. 하나의 요점에 대해 세 가지 유형의 근거 자료가 있고, 다른 요점에는 두 가지 유형의 근거 자료가 있다면 괜찮다. 근거 자료가 확실한지만 확인하면 된다. 두 가지 요점에 여러 가지 근거 자료가 적용된다면 새로운 요점으로 분리시킬 수 있다. 5개 이상의 요점을 가지고 있어야 하는 경우 각 요점에 대한 1~2개의 근거 자료를 활용하여 프레젠테이션의 길이를 조정한다.

프레젠테이션의 내용 구성 이외에도 한 쪽짜리 스피치 프레이머를 말하기 노트로 활용할 수 있다. 이를 통해 프레젠테이션을 연습하거나 전달하는 데 있어 프레젠테이션의 전반적인 개요를 살펴볼 수 있게 해준다.

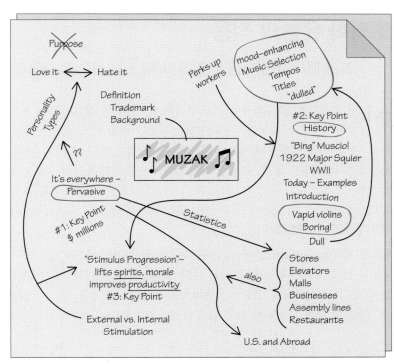

무자크에 대한 발표를 위한 이 마인드 맵은 요점을 결정하고 아이디어들 간의 관계를 설정해주는 방법 중 하나이다.

\multicolumn{4}{	c	}{**스피치 프레이머 : 졸음운전**}

스피치 프레이머 : 졸음운전

서론 : 교통사고로 인한 가장 친한 친구의 죽음에 대한 이야기

핵심 아이디어 : 매년 10만 건의 교통사고와 1,500명의 사망자가 발생한다. 음주운전의 위험성에 대해서는 누구나 알고 있지만, 졸음운전의 위험성과 그것에 대해 어떻게 대처해야 하는지 아는 사람은 거의 없다.

요점	1. 왜 우리는 수면이 필요한가? 전환 : 충분한 수면을 취하지 못하면 어떤 일이 일어나는가?	2. 수면 부족은 건강, 웰빙, 안전에 영향을 미친다. 전환 : 지친 몸과 마음은 어떻게 회복할 수 있는가?	3. 다음의 세 단계는 숙면을 취하는 데 도움을 준다.
근거 자료	음주한 채로 집까지 운전할 수 있는가? 14시간 동안 자지 않는 것=혈중 알코올 농도 0.1 수준 매우 힘든 하루를 보내는 것=혈중 알코올 농도 0.05 수준	수면 부족은 태도와 기분에 영향을 미친다 (연구 결과).	1. 적정 수면 시간을 결정한다. a. 수면 일지를 기록한다. b. 대부분의 사람들은 8시간 이상 수면이 필요하다.
근거 자료	하루주기성 시계는 수면을 제어하고 호르몬, 심장 박동, 체온 등을 조절한다.	수면 부족은 건강에 영향을 미친다. 가장 충분한 수면 시간은 7~8시간이다.	2. 편안한 수면 환경을 만든다. a. 과식이나 공복 상태로 자지 않는다. b. 수분 섭취를 줄인다. c. 자기 전에 술이나 카페인을 마시지 않는다.
근거 자료	수면을 방해하는 것 : 24시간 영업 매장, 인터넷, TV, 공부, 숙제, 좋은 책 등	증상 • 낮잠을 자거나 꾸벅꾸벅 조는가? • 스누즈 버튼(아침에 잠이 깬 뒤 조금 더 자기 위해 누르는 라디오의 타이머 버튼)을 자주 누르는가? • 문제를 해결하는 데 어려움을 느끼는가? • 나른하고 무기력한가?	3. 고민을 잠자리까지 가져오지 않는다. a. 잠이 오지 않으면 일어난다. b. 조용한 음악을 듣는다. c. 책을 읽는다.

결론 : 세 가지 요점을 요약한다. (결어 : 인생에는 즐길 것이 너무 많다. 더 오래 자야 더 오래 산다.)

조직화 유형의 적용

13.3 프레젠테이션 내용 배열을 위해 일반적으로 사용하는 조직화 패턴을 설명해보자.

아무리 경험이 많은 화자라 해도 자신의 아이디어와 정보가 명확한 구조로 되어있는지 확인하는 일은 어려울 수 있다. 핵심 아이디어를 명확하게 하고 효과적인 프레젠테이션 구성방식을 찾는 데 도움을 줄 수 있는 몇 가지 일반적인 조직화 유형이 있다.[32]

하위 항목으로 배열하기

항목별 배열(topical arrangement)은 큰 주제를 작은 하위 주제로 나누는 것을 포함한다. 하위 주제는 근거, 특성, 기술 등을 설명할 수 있다. 아이디어와 정보가 상대적으로 동등한 중요성을 지닌 개별적인 범주로 나눌 수 있는 경우 항목별 배열을 사용한다.

• **주제** 다른 문화권의 얼굴 표정
• **목적** 얼굴 표정을 문화권마다 다르게 인식한다는 것을 알기 위해

• **핵심 아이디어** 미국인과 일본인은 두려움, 슬픔, 혐오감을 묘사한 얼굴 표정을 다르게 해석한다.
• **요점**
  A. 두려움
  B. 슬픔
  C. 혐오감

순차적으로 배열하기

시간적 배열(time arrangement)은 시간이나 일정 날짜에 따라 정보를 정리한다. 대부분의 단계별 절차는 첫 번째 단계부터 시작하여 마지막 단계까지 순차적으로 이어진다. 조리법, 조립설명서, 기술적 절차, 역사적 사건 등과 같이 요점이 서로 상대적인 시점에서 발생하는 경우 시간적 배열을 사용한다.

• **주제** 바닐라 아이스크림 만들기

- **목적** 커스터드로 바닐라 아이스크림을 만드는 방법을 설명하기 위해
- **핵심 아이디어** 수제 바닐라 아이스크림을 만들기 위해서는 재료를 제대로 배합하고 가열해야 한다. 커스터드가 언제 충분히 걸쭉해지는지 파악하고, 아이스크림을 적당히 휘저어야 한다.
- **요점**
  - A. 첫 번째 재료를 따뜻하게 데우면서 계속 저어준다.
  - B. 천천히 커스터드를 만든다.
  - C. 식힌 후 마지막 재료를 넣는다.
  - D. 휘젓기 전에 냉장고에 넣는다.

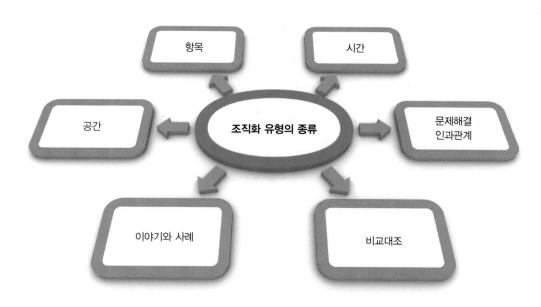

(가운데) 조직화 유형의 종류

- 항목
- 시간
- 문제해결 인과관계
- 비교대조
- 이야기와 사례
- 공간

공간의 위치로 배열하기

공간적 배열(space arrangement)은 요점을 서로의 위치나 물리적 관계로 배열할 수 있는 경우 사용할 수 있다. 새로 제안된 고속도로 체계가 어디로 이동할지, 무엇을 대체할지 보여주지 않는 한 설명하기가 어렵다. 또한 공간적 배열을 이용하여 미국의 각 주별로 시행하고 있는 특이한 법률이나 다른 국가들의 고유한 휴일에 대해 논의할 수 있다.

- **주제** 뇌 구조
- **목적** 뇌의 주요 부분이 어떻게 다른 기능을 담당하는지 설명하기 위해
- **핵심 아이디어** 뇌 속 여행은 후뇌에서 시작, 중뇌를 통해 이동하고, 좌뇌와 우뇌를 거쳐 전뇌에서 끝난다.

다른 문화권의 얼굴 표정에 대한 프레젠테이션은 항목별 배열이 적합하다.

- **요점**
  - A. 후뇌
  - B. 중뇌
  - C. 전뇌
  - D. 좌뇌와 우뇌

문제와 해결책 제시하기

문제해결형 배열(problem-solution arrangement)을 통해 해롭거나 어려운 상황(문제)을 설명한 다음 문제를 해결하기 위한 계획(해결책)을 제시한다. 문제는 삐걱거리는 문처럼 단순하거나 세계 기아 문제만큼 중대할 수도 있다.

- **주제** 집단 내 행동 문제
- **목적** 토론 및 회의에서 발생하는 일반적인 행동 문제를 해결하기 위한 전략을 제공하기 위해
- **핵심 아이디어** 세 가지 일반적인 행동 문제를 해결하는 방법을 학습하는 것은 집단의 성과를 향상시킬 것이다.
  - **요점**
    - A. 불참가자에 대한 문제 해결
    - B. 분열적인 행동에 대한 문제 해결
    - C. 지각자와 조퇴자에 대한 문제 해결

원인과 결과 보여주기

인과관계형 배열(cause-effect arrangement)은 원인과 결과를 제시하거나 특정 원인으로 인한 효과를 상세하게 설명하기 위해 사용된다.

- **주제** 청소년과 비디오게임
- **목적** 비디오게임이 청소년에게 미치는 부정적인 영향을 설명하기 위해

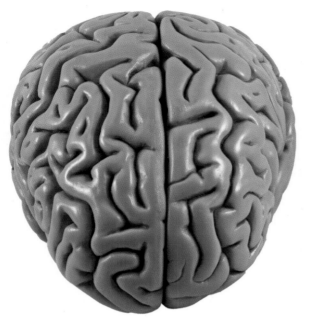

뇌의 주요 부분에 대한 프레젠테이션은 공간적 배열이 적합하다.

- **핵심 아이디어** 과도한 비디오게임은 청소년과 가족들에게 부정적인 영향을 미치는데, 이는 더 중요한 활동에 소요할 수 있는 시간을 게임이 차지하기 때문이다.
- **요점**
  A. 비디오 게임은 청소년의 신체적 건강에 부정적인 영향을

미친다.
  B. 비디오 게임은 청소년의 학업 성취도에 부정적인 영향을 미친다.
  C. 비디오 게임은 심각한 중독이 될 수 있다.

원인을 먼저 제시하고 결과를 보여주는 프레젠테이션에서는 붉은 육류를 먹으면 질병을 유발한다거나 세금을 더 낮춰야 경기를 부양시킬 수 있다고 주장한다. 결과를 보여주고 원인을 제시하는 프레젠테이션에서는 졸음이나 에너지 부족은 철분의 결핍으로 인해 야기된다거나 어류의 감소는 지구 온난화로 인한 것이라고 주장할 수 있다. 인과관계형 배열은 신중하게 사용해야 한다. 하나의 사건 다음에 다음 사건이 일어났다고 해서 첫 번째 사건이 두 번째 사건의 원인이 되었다는 의미는 아니다. 졸음은 철분 결핍이 아니라 수면 부족이 원인이 될 수도 있다. 이러한 결론 도출은 잘못된 인과관계의 오류의 전형적인 예이다(제16장 "설득" 참조).

이야기하고 사례 공유하기

잘 알려진 이야기를 하거나 극적인 사례를 제시하는 것은 매우 매력적이고 흥미롭기 때문에 프레젠테이션의 조직화 유형이 될 수 있다.

- **주제** 지도자와 역경
- **목적** 장애는 성공의 방해물이 아님을 청중에게 설득하기 위해

얼마나 창의적인 사람인가?

더 흥미롭고 기억에 남는 프레젠테이션을 하려면 프레젠테이션의 구조를 창의적으로 생각해야 한다. 국제혁신가협회 대표인 리 토우(Lee Towe)는 창의성을 창조적 사고와 창조적 결과의 두 가지로 정의한다.[33] '창조적 결과'는 이전에 관련되지 않은 요소들을 연결하고 결합하는 것으로 구성된다. 예를 들어 마인드 맵에서 그려지는 원과 화살표는 다양한 아이디어를 결합할 수 있도록 해준다. 또한 고객서비스 전문가인 퍼트리샤 필립스(Patricia Phillips)는 창의적인 방식으로 교육 세미나를 시작하기 위해 롤링스톤스의 "I Can't Get No Satisfaction", 비틀스의 "Help", 어리사 프랭클린의 "Respect.", 레이 찰스의 "Don't You Come Back No More" 등 대중가요를 발췌해 사용했다.

하지만 창의성은 위험을 동반한다. 일부 청중들은 퍼트리샤가 선택한 곡에 대해 잘 알지 못할 수도 있다. 아니면 청중들은 더 기술적인 프레젠테이션을 기대하거나 원했을 수도 있다. 만약 창의적인 유형을 사용하고 싶다면 청중들이 창의성을 이해하고 높이 평가할 수 있도록 해야 한다.

그렇다면 여러분은 얼마나 창조적인 사람인가? 다음을 연습해 보자. 3분 안에 풍선과 연관시켜 여러분이 상상할 수 있는 모든 용도를 나열해보자. 3분 동안의 생각이 끝나면, 다음 기준에 따라 자신의 답변에 대한 창의성을 평가해보자.[34]

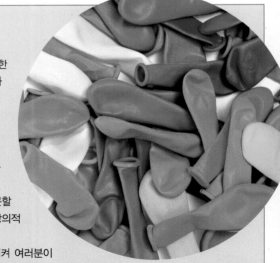

- **수량** : 24개 이상의 아이디어를 생각해냈는가?
- **다양성** : 최소 다섯 가지 이상의 범주로 나눠질 수 있는 답변인가? 예를 들어 생일 장식품과 파티 장식품은 장식품이라는 같은 범주 안에 포함된다.
- **특이 사항** : 나열된 목록 중 특이한 항목이 있는가? 예를 들어 대부분의 사람들은 풍선이 파티 장식품으로 사용될 수 있다고 말한다. 더 창의적인 사람은 상자를 포장할 때 빈 공간을 채우기 위해 풍선을 사용한다고 제시할 수 있다.

- 핵심 아이디어 세계적으로 유명한 지도자들은 장애를 가지고 살았다.
- 요점
  A. 프랭클린 D. 루스벨트 미국 대통령, 소아마비
  B. 얀 스크럭스, 상이군인, 베트남 참전용사 기념관 설립
  C. 헬렌 켈러, 청각 장애인과 시각 장애인 지원 사회운동가

비교와 대조하기

비교대조형 배열(comparison-contrast arrangement)은 두 가지에 대한 유사점과 차이점을 보여주기 위해 사용한다. 이 유형은 (1) 생소한 개념을 익숙한 개념과 비교하여 설명할 수 있는 경우 또는 (2) 다른 대안보다 하나의 대안의 장점을 보여주려는 경우에 적합하다. 비교는 현실적인 것(제품을 비교하거나 치료법을 대조하는 것)이거나 추상적인 것(학생의 성취도와 경주마의 승리를 비교하는 것)일 수도 있다.

- 주제 일반 자동차 vs. 하이브리드 자동차
- 목적 일반 자동차와 하이브리드 자동차의 평가 방법을 추천하기 위해

연비가 높은 자동차의 장점에 대한 프레젠테이션은 비교대조형 배열을 고려할 수 있다.

- 핵심 아이디어 자동차의 성능, 연비, 신뢰성은 일반 자동차를 구입할지 하이브리드 자동차를 구입할지를 결정하는 데 도움이 된다.
- 요점
  A. 성능
  B. 연비
  C. 신뢰성과 배터리 수명 예측

프레젠테이션 개요

13.4 프레젠테이션 구성을 위한 다양한 개요 방법을 설명하고 적용해보자.

프레젠테이션이나 화자와 같이 개요는 다양한 형태와 형식으로 나타난다. 여기에서는 개요의 세 가지 유형과 프레젠테이션의 내용을 구성하는 데 도움이 되는 방법에 대해 살펴보고자 한다.

예비 개요

개요는 몇 가지 기본 구성 요소가 있는 예비적 형태에서 시작된다. **예비 개요**(preliminary outline)를 사용하면 거의 모든 프레젠테이션의 주요 부분을 순서대로 배치하고, 요점의 수와 근거 자료의 유형 및 분량에 따라 수정할 수 있다. 각 요점에 대해 사실, 통계, 증언, 정의, 설명, 비유, 사례, 이야기 등 최소한 두 가지 근거 자료를 준비하도록 해야 한다.

핵심 아이디어를 뒷받침할 수 있는 요점을 파악하고 메시지를 구성하는 조직화 유형을 선택한 후에, 어떤 요점을 처음에 두고 마지막에 둘지 결정한다. 대부분의 경우 조직화 유형을 통해 순서를 정한다. 예를 들어 시간적 배열을 사용하는 경우 해당 절차 중 첫 번째 단계가 먼저 제시될 것이다. 요점의 순서를 지정할 필요가 없다면 가장 좋은 아이디어를 전략적 위치에 배치하면 된다.

마인드 매핑이나 스피치 프레이머를 사용하여 요점을 찾는다면 프레젠테이션의 예비 개요 개발에 필요한 모든 준비가 되어 있는 것이다. 240쪽의 '졸음운전'에 대한 스피치 프레이머를 다시 보자. 그것이 244쪽의 '졸음운전'에 대한 예비 개요의 기초로 얼마나 쉽게 사용되었는지 알 수 있다.

포괄적 개요

포괄적 개요(comprehensive outline)는 확립된 개요 규칙을 따르는 모든 것이 포함된 프레젠테이션 체계이다. 예비 개요는 프레젠테이션을 계획하는 데 도움을 주며, 포괄적 개요는 프레젠테이션의 초안을 작성할 수 있게 해준다. 포괄적 개요에는 두 가지 기본 규칙이 있다. 즉, (1) 숫자, 문자, 들여쓰기를 사용하며, (2) 하

위 항목을 논리적으로 구분한다.

숫자, 문자, 들여쓰기 사용하기 대부분의 좋은 개요와 마찬가지로 포괄적 개요는 숫자, 문자, 들여쓰기 체계를 사용한다. 로마 숫자(I, II, III)는 서론, 본론, 결론과 같은 대분류를 나타낸다. 들여쓰기를 한 대문자(A, B, C)는 요점에 사용한다. 구체적인 요점과 관련 자료는 더 들여쓰기를 한 아라비아 숫자(1, 2, 3)를 사용한다. 네 번째 단계까지 필요하면 다시 들여쓰기하고 소문자(a, b, c)를 사용한다.

하위 항목을 논리적으로 구분하기 각 요점에는 적어도 들여쓰기를 한 2개의 하위 항목을 두거나 아예 없어야 한다. A가 있으면 B가 있어야 하고 1이 있으면 2가 있어야 한다.

잘못된 예 : I.
         A.
    II.
바른 예 : I.
         A.
         B.
    II.

    가능한 한 문법과 형식에서 요점을 일관되게 유지하도록 노력해야 한다. 예를 들어 각 하위 항목을 동사로 시작하면 다음 하위

항목도 동사로 시작해야 한다. 다음 쪽에 제시된 레지나 스미스(Regina Smith)의 '공정한 것이 공정한 것이다'라는 제목의 포괄적 개요는 대학 입학 허가 제도와 소수자 우대 정책과 관련하여 수업 발표 자료를 위해 작성한 것이다.

말하기 개요

프레젠테이션을 진행하는 데 있어 주요 요점에 대한 목록과 관련 자료를 상기시켜 줄 수 있는 간단한 개요, 아니면 인용문, 통계나 기타 데이터를 포함하는 보다 복잡하고 상세한 개요 등 **말하기 개요**(speaking outline)를 별도로 만들 수 있다. 일부 말하기 개요에는 시각적 보조 도구를 도입하고 제거하거나 유인물 제공 시기에 대한 메모가 포함되기도 한다.

요점 순서 설정 전략[35]

- **강조점과 친숙성** 강조하고 싶은 부분을 처음과 마지막에 두고, 가장 약하거나 친숙하지 않은 부분을 가운데 두어 힘 있게 시작하고 끝내야 한다.
- **청중이 필요로 하는 것** 청중이 최신 정보를 필요로 한다면 그 필요성을 일찌감치 충족시켜 줘야 한다. 배경 정보는 나중에 제공한다. 논쟁의 여지가 있는 주제에 대해 말하고 있다면 문제의 배경이나 변화의 이유에 초점을 맞춰 시작해야 한다.
- **실행 계획** 여러 발표자 중 1명이라면 원래 예정되었던 시간보다 발표 시간이 더 줄어들 수도 있다. 프레젠테이션 시간이 부족할 경우를 대비하여 중요한 요점이 가장 먼저 오도록 프레젠테이션을 계획해야 한다.

포괄적 개요

레지나 스미스(Regina Smith)의 "공정한 것이 공정한 것이다"

I. 서론

  A. 미국인들은 공정성을 지지한다.

  B. 많은 미국인들은 소수 민족 학생들을 위한 입학 할당제(Affirmative Action)가 부당하다며 반대한다.

  C. 대학 입학 허가를 위한 다른 제도들도 불공정하긴 마찬가지다.

(전환 : 가장 오래된 허가 제도부터 시작하자.)

II. 본론

  A. 기여 입학제

    1. 1920년대 기여 입학제는 유대인과 이민자 자녀들보다 부유한 백인 동문의 자녀들에게 입학 허가를 주기 위해 시작되었다.

    2. 기여 입학생의 SAT 성적과 고등학교 평점은 다른 학생들보다 낮다.

    3. 기여 입학생 비율 : 펜실베이니아대학교 41%, 버지니아대학교 52%, 노트르담대학교 57%

  B. 체육 특기생 입학제

    1. 미국대학체육협회(NCAA)의 대학 입학 기준

      a. SAT 1,010점 + 고등학교 평점 2.0

      b. SAT 850점 + 고등학교 평점 2.5

    2. 운동선수에 대한 특별 혜택 : 특별 상담, 개인 지도교사, 쉬운 과목 이수

    3. 저조한 졸업률

      a. 1부 리그 축구 선수 중 51%

      b. 1부 리그 농구 선수 중 40%

      c. 3,700명 운동선수 중 50%만 학위 취득

      d. 예외 : 듀크대학교의 경우 졸업률 90%

    4. 체육 특기생 입학제의 이유는 돈이다.

      a. NCAA TV 계약 수익금 60억 달러

      b. 모교에 1억 8,700만 달러 기부

      c. 저소득층 장학금

  C. 소수자 입학 할당제

    1. 왜 소수자 입학 할당제가 불공정한가?

    2. 대학들은 동문 자녀와 운동선수에 대한 기준을 완화하면서 소수자에 대해서는 그렇게 하지 않는 이유는 무엇인가?

    3. 텍사스주 출신의 대표적인 아프리카계 미국인 론 윌슨(스포츠 감독, 전 아이스하키 선수)의 말을 인용한다.

III. 결론

  A. 기존 학생과 운동선수에 대한 입학 허가를 중단하거나 아니면 소수자 입학 할당제를 계속 유지해야 한다.

  B. 공정하게 해야 한다.

요점 연결하기

개요를 통해 프레젠테이션의 구조, 요점, 근거 자료 등을 볼 수 있지만, 요점을 서로 연결하고 프레젠테이션을 전체적으로 일관되게 만들어주는 '접착제'가 빠져있다. **연결사**(connectives)는 이러한 접착제 역할을 한다. 여기서는 미리 보여주기, 내용 요약하기, 전환하기, 방향 제시하기 등 네 가지 유형에 대해 알아보자.[36]

미리 보여주기(internal preview)는 프레젠테이션이나 각 부분의 내용을 미리 확인할 수 있게 해준다. 이를 통해 청중에게 무엇을 다루고 어떤 순서로 진행되는지 알려줄 수 있다.

예 : 연구원들과 의사들은 비만에 대해 어떻게 설명할까요? 어떤 사람들은 유전적인 설명을 하고 다른 사람들은 심리적인 원인으로 설명합니다. 둘 중 하나 혹은 두 가지 원인 모두는 체중계와의 끝없는 싸움에 책임이 있습니다.

내용 요약하기(internal summary)는 주요 내용을 끝내고 중요한 아이디어를 강화하는 유용한 방법이다. 또한 핵심 아이디어나 정보를 반복해서 말할 수 있게 해준다.

예 : 다이어트 책과 운동 기구에 수백 달러를 쓰기 전에 지방 세포의 수와 크기, 호르몬 수치, 신진대사, 혈당 수치 등에 의해 체중 문제가 영향을 받지 않도록 주의해야 한다는 것을 기억해야 합니다.

전환하기(transition)는 단어, 숫자, 간단한 구문이나 문장 등 하나의 요점에서 다른 부분으로 이동할 수 있게 도와주는 가장 일반적인 연결사 유형이다. 전환하기는 프레젠테이션을 원활하게 진행하기 위한 윤활유 역할을 한다. 다음 예에서 전환하기에 밑줄이 표시되어 있다.

기억하는 것도 중요하지만, ~합니다.
신진대사 <u>외에도</u>, ~ 있습니다.
<u>반면에</u>, 어떤 사람들은 ~ 믿습니다.
<u>마지막으로</u>, 책임감 있는 부모라면 ~해야 합니다.

또한 전환하기는 하나의 내용의 결론과 다른 내용의 도입을 연결하는 간단한 미리 보여주기 및 요약하기 기능도 한다.

예 : 체중 증가에 대한 이러한 네 가지 유전적인 원인에 대해 설명을 했으니, 이제 몇 가지 심리적 원인을 생각해보도록 하겠습니다.

방향 제시하기(signpost)는 고속도로의 표지판과 같이 프레젠테이션의 조직 구조에서 청중이 어디에 있는지 알려주거나 상기시키는 짧은 구문으로 되어있다. 체중 증가에 대한 네 가지 유전적 설명을 하고 있다면, 각각의 설명을 숫자 첫 번째, 두 번째, 세 번째, 네 번째 등으로 시작한다. "네 번째, 마지막으로 혈당 수치를 측정하고 정상 수치 내에 있는지 확인해야 합니다."

예 : 체중 증가에 대한 유전적인 원인을 다 기억할 수 없더라도 한 가지만 기억해주십시오. 식이요법을 시작하기 전에 반드시 의사와 상담하십시오.

프레젠테이션 시작

13.5 효과적인 프레젠테이션을 위한 서론 전개 전략을 실행해보자.

서론은 첫인상의 힘을 이용한다. 긍정적인 첫인상을 만들면 성공적인 프레젠테이션을 위한 길을 열어줄 것이다. 마찬가지로 설득력이 없는 서론은 청중에게 신뢰를 떨어뜨리고 의문을 갖게 하는 좋지 않은 첫인상을 준다. 효과적인 서론은 청중의 관심을 끌 수 있고, 청중들이 적응하고, 방해 요소를 차단하고, 메시지에 집중하도록 시간을 준다.[37] 효과적인 서론은 왜 화자가 주제에 대해 논의할 자격이 있는지, 주제의 핵심이 무엇인지, 청중이 프레젠테이션을 듣고 무엇을 얻을 수 있는지를 보여줌으로써 화자, 메시지, 청중 간의 중요한 관계를 정립한다.

카밀 던랩(Camille Dunlap)의 설득력 있는 프레젠테이션 '졸음운전'에 대한 다음 서론을 검토해보자. 서론의 목표는 어느 정도 달성되었는가?

2001년 6월 23일 오후 7시 43분, 연기가 나는 차가 나무에 걸려 뒤틀린 채 발견되었습니다. 어른 1명과 아이 1명, 2구의 시체가 발견되었습니다. 왜 이런 일이 일어난 것일까요? 음주 운전이었을까요? 아닙니다. 도로 노면 상태가 안 좋았기 때문일까요? 아닙니다. 차의 결함 때문일까요? 아닙니다. 다른 무엇이 제 친한 친구와 동생의 목숨을 빼앗아 갔습니다. 아주 단순하고, 아주 흔한 일이며, 그렇지만 치명적인 것입니다. 제 친구는 운전 중에 졸았습니다. 가장 친한 친구가 잠들었습니다. '졸음운전으로 인한 사고'는 매년 10만 건의 교통사고와 1,500명의 사망자를 발생시킵니다. 음주 운전의 위험성에 대해서는 누구나 알고 있지만, 수면 부족의 위험성에 대해서 아는 사람은 거의 없습니다.[38]

카밀의 서론은 모든 표준 조건을 충족하고 있다. 자신과 메시지, 청중을 성공적으로 연결시키고, 목적을 분명히 했으며, 흥미로운 이야기로 시작하여 효과적으로 청중의 관심을 사로잡았다.

다양한 효과적인 전략으로 프레젠테이션을 시작할 수 있다. 스토리텔링은 하나의 방법이다. 통계와 사례 사용하기, 인용하기, 이야기하기, 질문하기, 장소나 상황, 현재의 일이나 사건 등을 언급하기, 청중의 요구 해결하기 등 별도로 또는 결합해서 사용할 수 있는 효과적인 방법은 여러 가지가 있다.

통계나 사례 사용하기

때로는 연구 결과에서 특이하거나 인상적인 통계나 사례를 발견하기도 한다. 청중의 관심을 얻고 유지하는 데 문제가 있을 것으로 예상되면 재미있는 통계나 사례를 통해 다음과 같은 이점을 얻을 수 있다.

통계 자료를 보면 더 놀랍습니다. "평균적으로 미국의 연간 총기 살인 비율이 인구 및 경제 규모가 비슷한 22개국의 총 살인 비율보다 20배 더 높다."고 합니다.[39] 더 놀라운 것은 아니더라도, 2012년 뉴타운 초등학교 총기 난사 사건 이후 6개월 만에 "미국에서 총기 사고로 인한 사망자 수가 이라크 전쟁으로 사망한 미군의 총 사망자 수를 넘어섰다."는 사실도 마찬가지입니다.[40]

인용하기

다른 누군가가 쓴 극적인 문장이나 유창한 표현을 통해 가장 완벽하게 시작할 수 있다. 존경받는 작가, 연설가, 해당 분야의 전문가 등으로부터 나온 좋은 인용문은 청자들이 화자와 메시지에 대해 가질 수 있는 의심을 극복하는 데 도움이 된다. 전적으로 인용문의 작성자나 화자 덕분임을 잊지 말자.

우리는 모든 과학 수업에서 더 많은 경제적 지원과 고품질의 교육, 더 나은 장비를 필요로 합니다. 미국 교육부장관 안 던컨은 2009년 미국과학교사협회에서 이에 대해 다음과 같이 말했습니다. "미국은 우주 개발 경쟁에서 이겼지만, 여러 면에서 미국의 과학 교육은 경쟁에서는 졌습니다. 10년 전만 해도… 우수한 지역의 경우 세계 어느 나라와도 경쟁할 수 있었지만, 저소득층이 많이 포함된 열악한 지역은 제3세계 국가들과 비슷한 수준입니다."[41]

효과적인 서론은 세 가지 요소, 즉 화자, 메시지, 청중 간의 관계를 정립한다.

서론의 목표

청중의 주의와 관심을 집중시킨다.
필요로 하는 근거 자료를 사용하고, 청중의 적극적인 참여를 유도하며, 표현력 있게 말함으로써 청중의 관심을 얻어야 한다.

청중과 연결한다.
청중의 관심, 태도, 신념, 가치관과 메시지를 연결시킬 수 있는 방법을 찾아야 한다.

프레젠테이션에 자신을 활용한다.
전문 지식, 경험, 개인적인 감정 등을 주제나 목적과 연관시킨다. 메시지를 개인화해야 한다.

감정적인 어조를 설정한다.
서론에서 목적에 맞는 적절한 감정적 어조를 설정하도록 한다. 적절한 언어 선택, 전달 방식, 근거 자료 등을 활용해야 한다.

메시지를 미리 보여준다.
청중에게 말할 내용을 미리 알려준다. 핵심 아이디어를 말하고 전달하고자 하는 주요 내용을 간략하게 나열해야 한다.

이야기하기

좋은 이야기를 잘 말해주면 청중은 화자에게 전적으로 관심을 기울일 것이다. 개인적인 역경, 성공, 심지어 황당한 이야기도 활용할 수 있다. 좋은 이야기는 아이디어, 개념, 의견 등을 강조하고 설명할 수 있다는 것을 유념해야 한다. 다음은 학생 프레젠테이션의 예이다.

15세가 되던 해에 저는 피부암 중 가장 치명적인 흑색종을 제거하는 수술을 받았습니다. 의사들은 흉터가 생기지 않도록 상처 부위에 3주

이론 살펴보기

초두효과와 최신효과

기억과 망각 연구의 선구자인 독일 심리학자 헤르만 에빙하우스(Hermann Ebbinghaus)가 예측한 것처럼 청중들이 가장 잘 기억하는 프레젠테이션의 부분은 시작과 끝이다. '망각 곡선(forgetting curve)'과 '학습 곡선(learning curve)'을 발견한 것으로 알려진 에빙하우스는 '서열 위치 효과(serial position effect)'를 확인했다. 즉, "정보를 순차적으로 학습하는 경우, 목록의 중간에 위치한 항목보

다 처음[초두효과(primacy effect)]과 끝[최신효과(recency effect)]에 제시된 항목을 더 잘 기억한다."는 것이다.[42]

흥미롭게도 초두효과와 최신효과는 우리가 알고 있는 듣기와 기억과 관련이 있다. 우리는 가장 최근에 들은 것을 기억할 가능성이 높다. 왜냐하면 여전히 단기 기억 속에 정보가 남아있기 때문이다. 이와 반대로 우리는 처음 들었던 정보를 기억할 가능성이 높다. 이는 장기 기억으로 정보를 저장할 시간이 있었기 때문이다. 회상률이 가장 낮은 정보는 중간에 위

치한 정보이다. "이는 정보가 더 이상 단기 기억에도 없고 장기 기억으로 저장되지도 않았기 때문이다."[43]

원래 초두효과와 최신효과에 대한 연구는 사람들이 단어나 숫자 목록을 듣고 회상하는 연구에서 발전해왔다. 오늘날에는 첫인상과 마지막 인상이 다른 사람들에 대한 반응과 감정에 미치는 영향, 프레젠테이션의 서론과 결론의 중요성을 연구하는 데 적용되고 있다.

마다 10개의 스테로이드를 주사했습니다. 그 모든 고통과 아픔을 겪고 나서야 여름마다 선탠을 할 필요가 없다는 것을 알았습니다. 태양의 해로운 영향으로부터 자신을 보호하기 위해 지금 당장 조치를 취하세요.

질문하기

질문을 던지면 청중들을 생각하게 하기 때문에 관심을 끌게 된다. 가장 좋은 질문 중 하나는 "전혀 몰랐어요!"와 같은 대답을 이끌어내는 것이다. 한 학생은 다음과 같은 일련의 질문에 이 기법을 사용했다.

중국, 이란, 사우디아라비아, 미국의 공통점은 무엇일까요? 핵무기일까요? 아닙니다. 풍부한 석유 자원인가요? 아닙니다. 이들의 공통점은, 지난해 전 세계 총 사형 집행의 대부분이 이 네 나라에서 이루어졌다는 것입니다.[44]

장소나 상황 언급하기

프레젠테이션은 발표 장소나 모임의 상황을 언급함으로써 간단하게 시작할 수 있다. 특정 장소나 상황에 대한 청중의 기억과 느낌은 관심과 흥미를 끄는 데 필요한 장소나 상황에 대한 청중의 기억과 감정이 그들의 관심과 흥미를 끄는 데 필요한 감정을 불

강렬한 시작을 위한 조언

- **마지막에 시작을 계획한다.** 프레젠테이션 내용을 개발하기 전에 서론을 구성하지 않는다.
- **사과하지 않는다.** 도입부를 준비 부족, 부족한 전달력, 긴장감 등에 대해 변명하거나 사과하는 데 사용하지 않는다.
- **농담은 피한다.** '매우 짧거나 재미있고, 직접적으로 주제와 관련된 것'이 아니라면 농담으로 시작하지 않는다.[45] 서투르거나 불쾌한 농담을 하면 바보처럼 보일 수도 있다.
- **"오늘 말할 주제는…"으로 시작하지 않는다.** 지루한 시작은 청중의 관심을 끌거나 화자의 신뢰성을 높이지 않는다. 독창적이고 창의적이어야 한다.

러일으킨다.

마틴 루서 킹 목사가 링컨기념관 계단에서 '나에게는 꿈이 있습니다'라는 유명한 연설을 했을 때, 그의 첫 몇 마디는 에이브러햄 링컨의 유명한 '게티즈버그 연설(1863년 11월 19일)'을 떠올리게 했다[게티즈버그 연설문은 지금으로부터 '87년 전(Four score and seven years ago)'으로 시작하고, 마틴 루서 킹 목사의 연설문은 '100년 전(Five score years ago)'으로 시작한다].

100년 전, 위대한 한 미국인은 '노동해방선언'에 서명했고, 우리는 오늘 그 상징적인 그림자 위에 서있습니다.[46]

청중의 요구 해결하기

위기가 발생하면 문제를 직접적이고 즉각적으로 해결해야 한다. 예산 삭감으로 인해 임금 감축이 필요한 경우 청중은 영리한 질문이나 인상적인 통계에 관심이 없다.

알다시피 정부 지원 예산이 전년 대비 270만 달러 감소했습니다. 우리 모두는 내년, 그다음 해에도 여기서 일해야 하기 때문에 이러한 상황을 아는 것도 중요합니다. 해고는 없을 것입니다. 그 대신 인건비 외 경비 삭감, 프로그램 축소, 가능한 대로 단기 휴가가 있을 것입니다.

프레젠테이션 마무리

13.6 효과적인 프레젠테이션을 위한 결론 도출 전략을 실행해보자.

청중이 처음에 제시된 것을 기억하는 것처럼(초두효과), 마지막에 제공된 정보도 기억한다(최신효과). 마지막 말은 청중에게 강력하고 지속적인 영향을 끼치며, 화자와 발표에 대해 어떻게 생각하고 느끼는지를 결정한다. 서론과 마찬가지로 결론은 화자와 주제, 청중 간의 관계를 정립한다. 프레젠테이션을 마무리하는 몇 가지 방법은 메시지를 강화시켜 주고, 청중들에게 최종적인 인상을 형성하게 한다.[47] 다음의 방법, 즉 요약하기, 인용하기, 이야기하기, 행동 요구하기, 도입부 언급하기 등을 개별적으로 또는 결합하여 사용해보자.

요약하기

프레젠테이션을 마무리 짓는 가장 직접적인 방법 중 하나는 요점을 강화하는 간결한 요약을 제공하는 것이다. 요약은 기억에 남고, 명확하고, 간결해야 한다. 여기서 한 학생은 질문을 사용하여

핵심 아이디어와 요점을 강조한다.

이제, 만약 누군가 더 많은 여성들이 미국 의회에 참여해야 하는지 질문하는 것을 들었다면 오늘 논의한 두 가지 질문에 답해보세요. 여성과 그들의 문제가 거액의 기부자들을 끌어들일 수 있나요? 그리고 여성들이 정치에서 '냉정'하게 행동하기에 너무 친절한가요? 이제 이러한 질문들에 대답할 줄 알았으니, 의심하는 사람들이 의회에 여성의 자리를 만드는 것을 방해하지 않도록 해야 합니다.

요점을 요약하는 것은 대부분의 프레젠테이션을 마무리 짓는 효과적인 방법이다. 그러나 요점을 명확하게 제시하고, 청중들에게 동기를 부여하고, 영감을 주고, 감정을 자극하고, 행동의 변화를 유도할 수 있는 결론을 내리고 싶다면 다른 추가적인 결론 전략

결론의 **목표**

을 고려해야 한다.

인용하기

프레젠테이션을 인용문으로 마무리하는 것은 서론에서 인용문을 사용하는 것만큼 효과적이고 매력적일 수 있다. 잘 선택된 인용문은 기억에 남고, 명확하고, 간결해진다. 예를 들어 루돌프 줄리아니 뉴욕 시장은 9 · 11 테러로 사망한 사람들에 대한 헌정 연설 마지막에서 에이브러햄 링컨의 게티즈버그 연설 마지막 말을 인용했다.

"… 여기에서 죽어간 이들이 헛되이 죽어가지 않았다는 것을 굳게 다짐합니다. 신의 가호 아래 이 나라는 새로운 자유의 탄생을 보게 될 것이며, 국민의, 국민에 의한, 국민을 위한 정부는 지구상에서 결코 사라지지 않을 것입니다." 뉴욕에 축복이 있기를, 미국에 축복이 있기를 빕니다.

이야기하기

청중이 프레젠테이션의 핵심 아이디어를 시각화하기 원한다면 이야기로 끝낼 수 있다. 오지브웨 인디언의 밀랙스 구역 최고 지도자 마지 앤더슨(Marge Anderson)은 이야기로 프레젠테이션을 마쳤다(제16장 "설득"의 전체 연설문을 참조할 것).

수년 전에 백인 정착민들이 이 지역에 와서 최초로 유럽식 주택을 지었습니다. 인디언들이 이 집들을 지나다니면서 벽에 있는 물건들이 무엇인지, 낯선 사람들이 무엇을 하는지 보기 위해 안을 들여다봤습니다. 정착민들은 충격을 받았지만, 생각해보면 이해가 됩니다. 창문이 양쪽 모두에서 보여지도록 만들어진 것이죠. 그 이후로 우리들은 여러분의 창문을 통해 세상을 바라보며 많은 세월을 보냈습니다. 제가 오늘 여러분들에게 우리들을 살펴볼 이유가 되었기를 희망합니다.[48]

행동 요구하기

프레젠테이션을 끝내는 데 있어 도전적이고도 효과적인 방법은 행동을 요구하는 것이다. 낸시 두아르테는 "프레젠테이션은 사람들을 행동하게 하지만 어떤 행동을 요구하는지 명시적으로 드러내야만 한다."라고 말한다.[49] "행동해라."라는 요청은 청중들에게 청원서에 서명하거나, 기부하거나, 식습관을 바꾸거나, 정치 후보자에게 투표하도록 할 수 있다. 또한 깜짝 놀랄만한 통계를 기억하고 관련 이야기를 생각하거나 지적인 도전을 받아들일 수 있도록 한다.

모어하우스대학의 로버트 M. 프랭클린(Robert M. Franklin) 박사는 캠퍼스에서 열린 타운홀 미팅에서 학생에게 행동을 촉구하는 설득력 있는 발언으로 연설을 마무리했다.

모어하우스는 여러분의 집과 같습니다. 대학의 우수성은 여러분이 책임져야 합니다…. 만약 여러분이 희귀하고 고귀한 것의 일부가 되고 싶다면, 세상에서 흔히 볼 수 없는, 즉 교육을 받고 윤리적이며 규율에 잘 따르는 군대보다 더 강력한 흑인 공동체가 되고 싶다면, 그럼 여러분은 제대로 찾아왔습니다. 일어나십시오. 모어하우스의 용사이자 영혼의 귀족들이여. 여러분들은 원하는 모든 것을 성취할 수 있을 것입니다![50]

도입부 언급하기

프레젠테이션 시작과 동일한 방법으로 프레젠테이션을 끝낼 수 있다. 인용문으로 시작했다면 동일하거나 유사한 인용문으로 끝낼 수 있다. 어떤 이야기로 시작했다면 마무리에 그 이야기를 다시 언급한다. 청중들은 친숙한 내용으로 다시 되돌아가서 프레젠

강력한 마무리를 위한 **조언**

분위기와 형식에 일관성이 있는지 확인한다.
무관하거나 부적절한 결말을 내리지 않는다.

적정한 기대치를 갖는다.
요청이 신중하게 표현되고, 합리적이며, 가능하지 않으면 대부분의 청중들은 요청 시 행동하지 않을 것이다.

결론을 읽지 않는다.
최신효과를 기억해보자. 결론을 읽는 것은 무의미하며, 정보를 전달하고, 설득하고, 오락을 주고, 영감을 주고자 하는 사람들에게서 멀어지는 것이다. '자신감 있고 단호하게 전달할 수 있을 때까지' 결론을 반복해서 연습해야 한다.[51]

간결하게, 기억에 남게, 침착하게 한다.

**말하기 목적을 합리적으로
달성할만한 확신이 없다면
무언가를 요구함으로써 끝내지 말라.**

테이션 내용을 '받쳐주기' 때문에 이와 같은 마무리 방법을 좋아한다.

제가 여러분께 두 살 난 조이에 대해 했던 이야기를 기억해 보세요. 조이는 목에 난 구멍을 통해 숨을 쉴 수 있었고 위와 연결된 튜브를 통해 우유를 먹을 수 있었습니다. 조이에게 있어서 불의의 중독은 극도로 고통스럽고 끔찍한 경험이었습니다. 조이의 부모에게도 두려움과 공포, 무력함이 가득한 시기였습니다. 따라서 지금이 준비해야 할 때이며 그것보다도 더 좋은 예방해야 할 때입니다.

커뮤니케이션 평가하기

조직화 유형을 확인할 수 있는가?

다음의 예는 이 장에서 논의한 조직화 유형 중 하나(또는 그 이상)를 보여준다. 각각의 개요에 맞는 조직화 유형을 적어보자.

조직화 유형

A. 항목별 배열
B. 시간적 배열
C. 공간적 배열
D. 문제해결형 배열

E. 인과관계형 배열
F. 이야기와 사례
G. 비교대조형 배열

개요 예

_____ 1. 임신의 세 단계
제1삼분기(14주 이전)
제2삼분기(15~28주)
제3삼분기(29주 이후)

_____ 2. 배구의 기본 기술 네 가지
세트(팔로 미는 동작을 하면서 공을 손가락 끝으로 넘기는 기술)
범프(양손을 모아 팔을 쭉 뻗어 팔뚝으로 공을 쳐내는 기술)
스파이크(네트보다 높은 위치에서 손바닥으로 공을 치는 공격 기술)
서브(경기를 시작할 때 공을 쳐 넣는 기술)

_____ 3. 다이아몬드 광산이 있는 곳
남아프리카공화국
탄자니아
미국 아칸소주(州) 머프리즈버러

_____ 4. 4년제 대학교보다 2년제 대학에 다니는 것
낮은 학비 vs. 높은 학비
소규모 강의 vs. 대규모 강의
개개인에 대한 관심 vs. 군중 속에서의 무관심

_____ 5. 레이건, 부시, 클린턴, 부시 주니어 대통령의 유산
국내 정치
국제 정치
정당 정치

_____ 6. 천연 가스의 수압 파쇄에 대한 위험성
공기 오염
지하수 오염
지진

_____ 7. 노숙자 보호소와 노숙자 가족
쿠의 가족
테일러의 가족
아리아스의 가족

_____ 8. 아스피린과 심장마비
아스피린이 심장마비를 예방한다는 연구 결과가 있는가?
누구에게 아스피린을 처방해야 하는가?
아스피린 치료의 잠재적인, 위험한 부작용이 있는가?

_____ 9. 식수 부족
심한 가뭄
공업용수로 인한 오염
열악한 위생시설
남용과 낭비

내용 조사와 선택

13.1 프레젠테이션에 적합한 아이디어와 근거 자료를 검토, 분석, 선택해보자.

- 효과적인 화자는 사실, 통계, 증언, 정의, 설명, 비유, 사례, 이야기 등 다양한 근거 자료를 사용한다.
- 모든 근거 자료는 문서로 작성하고 나서 프레젠테이션에서 구두로 말한다.
- 정보원을 확인하고 이를 신뢰할 수 있는지, 편향적이지 않은지 확인한다.
- 1차 자료나 2차 자료에서 나왔는지, 최신 정보인지, 일관성 있는 정보인지를 결정하여 근거 자료의 타당성을 검증한다.
- 통계가 사실에 입각한 정당하고 정확한 통계인지 확인하여 통계의 타당성을 평가한다.

내용의 조직화

13.2 프레젠테이션의 핵심 아이디어와 요점을 파악해보자.

- 프레젠테이션의 내용을 조직화하는 첫 단계는 핵심 아이디어를 결정하고 요점을 정리하는 것이다. 요점이 핵심 아이디어를 반영하는지 확인한다.
- 마인드 매핑과 스피치 프레이머는 요점을 파악하고 메시지를 구성하는 데 도움을 준다.

조직화 유형의 적용

13.3 프레젠테이션 내용 배열을 위해 일반적으로 사용하는 조직화 패턴을 설명해보자.

- 일반적인 조직화 유형에는 항목, 시간, 공간, 문제해결, 인과관계, 이야기와 사례, 비교대조 등이 있다.
- 프레젠테이션을 더 흥미롭고 기억에 남게 하기 위해 일반적인 유형을 뛰어넘는 창의적인 조직화 방법을 사용해야 한다.

프레젠테이션 개요

13.4 프레젠테이션 구성을 위한 다양한 개요 방법을 설명하고 적용해보자.

- 예비 개요를 사용하여 프레젠테이션의 기본 구성 요소를 확인한다.
- 포괄적 개요는 숫자, 문자, 들여쓰기를 사용하고, 하위 항목을 논리적으로 구분하며, 개요를 일관된 형식으로 작성한다.
- 연결사(미리 보여주기, 내용 요약하기, 전환하기, 방향 제시하기 등)는 요점을 서로 연결하고 프레젠테이션을 전체적으로 일관되게 만들어 주는 '접착제' 역할을 한다.

프레젠테이션 시작

13.5 효과적인 프레젠테이션을 위한 서론 전개 전략을 실행해보자.

- 초두효과는 프레젠테이션의 중간보다 처음을 더 잘 기억하는 경향을 설명한다.
- 프레젠테이션의 서론은 주의와 관심을 집중시키고, 청중과 연결하고, 신뢰를 높이고, 감정적인 어조를 설정하고, 메시지를 미리 보여주어야 한다.
- 프레젠테이션을 시작하는 방법은 통계와 사례 사용하기, 인용하기, 이야기하기, 질문하기, 장소나 상황 언급하기, 청중의 요구 해결하기 등이 있다.
- 효과적인 서론을 만들기 위한 전략은 마지막에 시작을 계획하고, 사과하지 않으며, 농담은 피하고, "오늘 말할 주제는…"으로 시작하지 않는 것이다.

프레젠테이션 마무리

13.6 효과적인 프레젠테이션을 위한 결론 도출 전략을 실행해보자.

- 최신효과는 프레젠테이션의 결론을 기억하는 경향을 설명한다.
- 프레젠테이션의 결론은 기억에 남게 하고, 명확하고 간결하게 한다.
- 프레젠테이션을 마무리하는 방법은 요약하기, 인용하기, 이야기하기, 행동 요구하기, 도입부 언급하기 등이 있다.
- 효과적인 결론을 만들기 위한 전략은 프레젠테이션의 목적에 맞게 분위기와 형식을 일관되게 유지하고, 청중의 기대와 태도에 대해 적정한 기대치를 갖는 것이다.

주요 용어

공간적 배열	사례	증언
구두 각주	사실	초두효과
근거 자료	설명	최신효과
내용	스피치 프레이머	타당성
내용 요약하기	시간적 배열	통계
마인드 매핑	연결사	편향적
말하기 개요	예비 개요	포괄적 개요
문서화	요점	항목별 배열
문제해결형 배열	이야기	핵심 아이디어
미리 보여주기	인과관계형 배열	1차 자료
방향 제시하기	전환하기	2차 자료
비교대조형 배열	정의	
비유	조직화	

연습문제

13.1 프레젠테이션에 적합한 아이디어와 근거 자료를 검토, 분석, 선택해보자.

1 다음 프레젠테이션의 일부 발췌한 내용에서 사용한 근거 자료의 유형은 무엇인가? 텍사스주 출신의 대표적인 아프리카계 미국인 론 윌슨은 "선발제 대학교들이 아프리카계 미국인이 아닌 졸업생들의 자녀와 운동선수들의 학업 수준을 완화하도록 법원이 허용한 것은 대단한 위선이다."라고 말했다.

  a. 사실
  b. 통계
  c. 증언
  d. 설명

2 다음에서 사용한 근거 자료의 유형은 무엇인가? 신경가소성(뇌가 적응하고 채택하는 방식)을 이해하는 한 가지 방법은 스키 타는 법과 비교하는 것이다. 신경가소성은 겨울에 언덕 위에 쌓인 눈과 같다. 언덕 위에서 스키를 타고 내려가는 길을 선택한다면 많은 길로 갈 수 있기 때문에 유연성이 있다. 그러나 유연성이 있다고 해서 계속 같은 길로 간다면 길이 생기고, 홈이 생기며, 결국은 그 안에 갇히게 된다.

  a. 설명
  b. 비유
  c. 사례
  d. 이야기

3 다음 예를 읽고 근거 자료를 검증하기 위한 질문에서 필요하지 않은 것은 무엇인가? 보수적인 성향의 음모론 웹사이트인 월드뉴스데일리의 편집인 조셉 파라는 "오바마 대통령이 미국에서 아래로부터의 혁명을 꾀하고 있다. 그 혁명에서 우리 자신을 구하기 위해서는 수 세대가 걸릴지도 모른다. 그가 떠난 후에야 비로소 대통령으로서의 자격이 없었다는 것을 알게 된다면 부끄러운 일이다."라고 썼다.

  a. 정보원을 신뢰할 수 있는가?
  b. 정보원이 편향적인가?
  c. 정보원을 확인할 수 있는가?
  d. 정보원이 타당한가?

13.2 프레젠테이션의 핵심 아이디어와 요점을 파악해보자.

4 다음 중 다른 문화권의 얼굴 표정이 가진 다른 의미에 대한 프레젠테이션의 핵심 아이디어로 가장 알맞은 것은 무엇인가?

  a. 얼굴 표정은 문화마다 다르다.
  b. 일부 얼굴 표정의 의미는 문화마다 다르다.
  c. 두려움, 슬픔, 혐오감 등에 대한 얼굴 표정은 문화마다 동일하다.
  d. 미소와 같이 다른 문화권에서 많은 얼굴 표정이 같은 의미이지만 그 밖에 다른 표정은 다른 의미를 지닌다.

13.3 프레젠테이션 내용 배열을 위해 일반적으로 사용하는 조직화 패턴을 설명해보자.

5 다음 중 케이크를 굽는 방법을 설명하기 위해 사용할 수 있는 조직화 유형은 무엇인가?

  a. 시간적 배열
  b. 항목별 배열
  c. 공간적 배열
  d. 인과관계형 배열

13.4 프레젠테이션 구성을 위한 다양한 개요 방법을 설명하고 적용해보자.

6 다음 중 프레젠테이션 개요 작성에 필요한 원칙이 아닌 것은 무엇인가?

  a. 숫자와 문자를 사용한다.
  b. 서론과 결론을 개요에서 제외한다.
  c. 하위 항목을 논리적으로 구분한다.
  d. 개요를 디자인과 문법 구조에서 일관되게 유지한다.

7 다음에서 사용된 연결사는 무엇인가?
일단 재료를 모두 모으면, 조리법을 함께 만드는 과정을 시작할 수 있다.

  a. 미리 보여주기
  b. 방향 제시하기
  c. 내용 요약하기
  d. 전환하기

13.5 효과적인 프레젠테이션을 위한 서론 전개 전략을 실행해보자.

8 다음 에이브러햄 링컨의 게티즈버그 연설의 시작하는 방법은 다음 중 무엇인가? 지금으로부터 87년 전, 우리 선조들은 이 대륙에서 자유 속에 잉태되고 만인은 모두 평등하게 창조되었다는 명제에 봉헌된 한 새로운 나라를 탄생시켰습니다….

  a. 현재의 장소나 상황 언급하기
  b. 잘 알려진 일이나 사건 언급하기
  c. 인용하기
  d. 청중의 요구 해결하기

9 다음 중 초두효과에 대한 설명은 무엇인가?

  a. 초두효과는 프레젠테이션 시작에 효과적인 서론이 중요한 이유를 설명한다.
  b. 초두효과는 프레젠테이션 마무리에 효과적인 결론이 중요한 이유를 설명한다.
  c. 초두효과는 프레젠테이션 도중에 전환하기가 중요한 이유를 설명한다.
  d. 초두효과는 프레젠테이션을 강렬하게 끝내야 하는 이유를 설명한다.

13.6 효과적인 프레젠테이션을 위한 결론 도출 전략을 실행해보자.

10 다음 클리프노트에 대한 프레젠테이션의 마무리하는 방법은 다음 중 무엇인가? … 적어도 이제 우리는 로널드 맥도날드나 호머 심슨과는 달리, 클리프노트가 실제로는 주요 산업을 시작한 사람이자 문제를 회피하지 않은 사람이라는 것을 알게 되었다. 클리프노트와 그 경쟁사들은 전 세계의 학생들에게 더 좋은 문학 작품의 장점을 계속해서 설명할 것이다. 왜냐하면 교사들이 고전 문학을 교과목에 포함시키는 한 이러한 참고서는 계속해서 성장하고 번창할 것이기 때문이다.

  a. 요약하기
  b. 인용하기
  c. 이야기하기
  d. 행동 요구하기

언어와 전달 14

제 12장 "프레젠테이션 계획"에서 직장인과 대학생들이 화자로서 성공하기 위한 말하기 기술의 우선순위를 밝힌 한 연구를 소개한 바 있다. 각 집단에서 말하기 기술의 우선순위로 '효과적인 음성 사용'과 '적절하고 효과적인 어휘 선택'을 10위로 꼽았다.

언어와 전달 능력은 의미 없는 말과 의미 있는 말, 즉 쉽게 잊혀질 말하기와 동기 부여가 되는 말하기 간의 차이를 만든다.

화자와 달리 배우는 그들이 하는 말을 적지 않는다. 배우들은 대사의 의미와 기교를 전달하기 위해 자신들의 목소리와 몸을 이용하는 방법을 수년간 훈련받아 왔다. 훌륭한 배우는 맡은 배역에 따라 음성, 외모, 행동 등을 바꾸는 법을 안다. 그러나 일부 배우들에게 대본대로 말고 그들 자신의 말로 해보라고 하면 어려워하기도 한다. 화면이나 무대 위에서 연기하는 배역보다 배우들의 언어는 유창하지 않을 수 있고, 전달력은 세련되지 못할 수 있다. 화자로서 우리는 한 인물을 '연기하는 것' 그 이상을 한다. 우리는 우리 자신의 '대본'을 쓰고 우리 자신을 연기한다.

루 캐넌(Lou Cannon)은 그의 책 *President Reagan: The Role of a Lifetime*에서 '좋은 연설을 할 줄 아는 배우'에 불과하다는 비판에 대한 로널드 레이건의 반응을 인용했다.

그렇게 틀린 말은 아니다. 배우는 자신이 하는 일에 대해 솔직하고 청중과 접촉하기 위한 두세 가지 중요한 일을 알고 있기 때문이다. 정치인에게도 나쁘지 않은 충고이다. 배우의 본능은 내가 보는 대로 진실을 말하라고 내게 말해주었다.[1]

이 장에서 우리는 효과적인 언어와 전달 능력을 습득함으로써('활용'함으로써), 매력적인('주목할 만한, 흥미로운, 설득력 있는') 화자가 될 수 있음을 보여주고자 한다.

CORE 언어 유형

14.1 CORE 언어 유형이 프레젠테이션의 효과를 어떻게 향상시킬 수 있는지 설명해보자.

신중하게 선택된 단어는 프레젠테이션에 힘과 권위를 더해주고 좋은 연설을 훌륭한 연설로 변모시킨다. 언어 유형은 모든 프레젠테이션에 뚜렷한 멋과 흥미, 명료함을 더해줄 수 있다.

언어 유형(languge style, 또는 말하기 유형)은 어휘, 문장 구조와 길이, 문법과 구문, 수사적 기교를 사용하여 메시지를 표현하는 방법을 나타낸다.[2] 이 단원에서는 네 가지 **CORE 언어 유형**(CORE language style)인 간결체, 구어체, 수사체, 웅변체 등에 대해 설명한다. 어떤 유형을 사용할지 결정하고 화자, 목적, 청중, 프레젠테이션의 배경과 상황, 메시지에 맞는 유형이 무엇인지 선택하는 것이 우리의 임무이다.[3]

네 가지 CORE 언어 유형은 결합해서 사용할 때 가장 효과적이다. 일단 간결체와 구어체를 능숙하고 편안하게 구사하는 사람은 청중을 설득하고 독려하기 위한 수사체와 웅변체 사용에도 '확고한 기반'을 갖춘 사람이다. 즉, 화자와 메시지에 가장 잘 맞는 언어 유형을 적절히 사용하면 된다.

간결체

명확성은 항상 우선되어야 한다. 분명하게 말하지 않으면 청중은 화자나 메시지를 이해하지 못한다. **간결체**(clear style)는 간단하고 단순하며 직접적인 단어와 구절뿐만 아니라 구체적인 단어와 평이한 언어를 사용하는 것이다. 길고 복잡한 말로 메시지를

CORE 언어 유형

- E 웅변체
- R 수사체
- O 구어체
- C 간결체

CORE 언어 유형은 수사체와 웅변체를 구축하기 위한 확실한 근거로서 간결체와 구어체를 사용하는 강력한 토대 위에 구축된다.

> **❝ 아무도 상대방이 무슨 말을 하려고 하는지 알아내려고 애쓰지 않기 때문에 직설적으로 말해야 한다. 가장 좋은 광고는 직설적이다. 그것은 사람들이 말하는 방식이며, 사람들이 읽는 방식이다. 그것이 바로 제품과 서비스, 아이디어를 파는 방식이다. ❞**
>
> 제리 델라 페미나, 마케팅 전문가[4]

방해하지 않아야 한다. 화자가 자신을 분명하고 간단하게 표현할 때 화자는 "더 신뢰할 수 있는 사람으로 간주되며, 아이디어는 좀 더 긍정적으로 판단된다."[5]

구어체

제5장 "언어적 커뮤니케이션"에서 우리는 다른 사람들과 상호작용할 때 구어를 사용하는 것이 중요하다는 점을 강조했다. 간결하고 친근한 언어, 간단명료하고 단순한, 심지어 불완전한 문장과 더 많은 인칭 대명사와 비공식적인 말하기 표현 등 구어체의 특징을 다시 생각해보자. **구어체**(oral style)는 대부분 우리가 대화하는 방식과 비슷하다. 격식어, 완벽한 문법, 다양한 어휘 등에 대해 걱정하기보다 자신의 목적과 성취하고자 하는 바를 잊지 않도록 한다. 간결체와 구어체의 예는 287쪽 존 설리번의 정보전달 프레젠테이션인 "클리프노트(Cliffs Note)"를 참조하라.

> **구어체를 사용할 때에는 쓰는 방식이 아닌 이야기하는 방식으로 말하고자 하는 의미를 표현해야 한다.**

수사체

수사체(rhetorical style)는 영향력을 행사하거나 설득하거나 독려하기 위해 고안된 언어를 사용한다. 생생하고 강력한 단어는 설득력 있는 프레젠테이션의 강도를 높여준다. **언어의 강도**(language intensity)는 언어가 무미건조하고 중립적인 용어에서 벗어난 정도를 말한다.[6] 예를 들어 '좋은'이라는 단어 대신 '유쾌한'이나 '매혹적'이라는 단어를 사용해보자. '재난'은 '실수'라는 단어보다 더 강렬하다. '맛없는' 식사는 '나쁜' 식사보다 더 심하게 들린다. 제5장 "언어적 커뮤니케이션"에서 우리는 강한 언어와 약한 언어에 대해 다루었다. 강한 언어는 직접적이고, 적극적이고, 자신감 있고, 설득력이 있다. 또한 화자의 인지된 신뢰성을

문어체와 구어체의 차이점[7]

신경음악학 관련 에세이 중

"평생 동안 음악에 대해 잘 몰랐지만 음악을 느낄 수 있었다 (Peter, 350쪽)." 이것은 이고르 스트라빈스키가 한 말이다. 그는 당대에 가장 복잡하고 정교한 음악을 작곡했다. 위대한 스트라빈스키가 파악하기 힘든 음악의 본질을 받아들이고 여전히 음악을 사랑한다면, 왜 우리는 그렇게 할 수 없는 것인가? 왜 우리는 음악을 유용하게 만들려고 분석하고 있는가?

우리는 정보의 시대, 즉 인간 뇌의 모든 미스터리를 정복하고자 하는 시대에 살고 있다. 오늘날 음악이 우리의 감정, 행동, 건강, 지능 등에 미치는 영향을 연구하는 경향이 증가하고 있다. 언론인 알렉스 로스는 비교적 새로운 분야인 신경음악학(음악 지각과 생산 등 음악이라는 현상과 관련된 신경과학적 연구)에서 음악을 하나의 도구로서 실험하고 사회의 요구에 맞추기 위해 어떻게 개발하고 있는지 설명한다. 이러한 관찰을 통해 우리는 완전히 새로운 방식으로 음악을 보고, 음악을 사용해 측정 가능한 행동의 변화를 가져오게 되는 문턱에 와 있다는 것을 알 수 있다. 그러나 이러한 새로운 접근법은 위험을 수반하며 일단 한 방향으로 나아가면 되돌릴 수 없게 된다. 음악학 연구를 얼마나 발전시키고 싶은가? 그것이 우리의 듣는 즐거움에 어떤 영향을 미치게 될 것인가?

그 이유는 분명하지 않지만 음악이 우리에게 영향을 미친다는 인식이 있어왔다는 것은 간단한 역사적 사실에서도 드러난다. 기원전 약 900년경, 성경의 다윗 왕은 '사울의 광기를 치유하기 위해' 하프를 연주했다(Gonzalez-Crussi, 69쪽).

출처 : Ann Raimes, *Keys for Writers: A Brief Handbook*, 3rd ed. (Boston: Houghton Mifflin, 2004), pp. 152–158.

신경음악학 관련 프레젠테이션 중

[참고 : 서론에 앞서 화자는 세서미 스트리트의 테마 음악 일부와 뒤이어 'God Bless America'의 일부를 청중에게 들려줬다.]

'God Bless America'를 들으면서 여러분은 어떻게 생각하고 느끼셨습니까? 세서미 스트리트 테마곡은요? 여러분들은 'God Bless America'가 많은 사람들에게 9·11 사태, 아프가니스탄 전쟁, 애국심 등을 떠올리게 한다는 것을 잘 알고 있습니다. 그리고 세서미 스트리트 테마곡은 '개구리 커밋', '미스 피기', '빅 버드' 등이 있는 세상을 회상하면서 아마도 미소를 짓게 만들었을 것입니다.

여러분의 반응은 왜 이렇게 예측 가능하고 감정적이었을까요? 그 답은 바로 새로운 뇌 과학 안에 있습니다. 즉, 여러분이 듣는 음악을 통제함으로써 여러분까지 통제할 위협이 되는 과학입니다. 저항은 소용없는 것일까요?

다음 몇 분 동안은 신경음악학 분야에 대해 자세히 살펴보겠습니다. 무엇을 살펴보게 될까요? 신경학은 뇌와 신경계와 관련된 용어입니다. 그리고 음악학은 음악에 대한 역사적이고 과학적인 학문이죠.

언론인 알렉스 로스는 이렇게 말합니다. 신경계와 음악에 대한 반응을 이해함으로써 신경과학자들은 음악을 하나의 도구로서 연구하고 사회의 요구에 맞게 만듭니다.

새로운 시대가 도래함에 따라 신경과학자들의 주장을 뒷받침할만한 많은 역사가 있습니다. 예를 들어보면 성경 속에 다윗 왕이 '사울의 광기를 치유하기 위해' 하프를 연주했다는 사실은 널리 알려져 있습니다.

높인다.

수사적 유형은 프레젠테이션의 영향력과 설득력을 높이기 위한 전략인 **수사적 기교**(rhetorical device)에 의존한다. 프레젠테이션에서는 특히 두 가지 수사적 기교, 즉 반복과 은유가 많이 활용된다.

반복 청중은 화자가 말한 내용을 되감기해서 바로 들을 수 없기 때문에 청중이 기억할만한 소리, 단어, 아이디어, 문구를 반복을 통해 강조해야 한다. 반복은 일련의 단어들이(또는 비슷한 단어를 함께 배열하여) 동일한 소리로 시작하는 것과 같이 간단하게 할 수 있다. 이러한 유형의 반복을 **두운법**(alliteration)이라고 한다. 예를 들어 링컨의 게티즈버그 연설의 첫 문장 "지금으로부터 87년 전, 우리 선조들은 … 새로운 나라를 탄생시켰습니다."에는 'f'로 시작하는 단어가 3개 이상(four, fathers, forth) 포함되어 있다.

반복은 단어, 구절, 전체 문장에 확대해서 적용할 수 있다. 마틴 루서 킹 목사는 워싱턴 DC에서 열린 유명한 1963년 연설에서 "나에게는 꿈이 있습니다."라는 문장을 9번이나 사용했다. 그리고 "자유의 종을 울리자."라는 말을 10번이나 사용했다. 반복은 아이디어를 잘 인식시키고 행동을 촉구할 수 있도록 한다. 청중들은 반복되는 문장을 예상하고 기억한다.

인지언어학자 조지 레이코프(George Lakoff)는 "단어나 구절이 오랫동안 반복되면 그것은 물리적으로 뇌를 변화시킨다."라고 하였다.[8] '오바마 케어'에 대한 부정적인 의미와 '세금 면제'가 가진 긍정적인 의미는 고착화되어 정치적 논의에서 변화를 가져오기 어렵게 되었다.

은유 은유, 직유, 비유 등은 강력한 수사적 기교이다. **은유**(metaphor)는 관련성이 없는 두 가지 사물이나 아이디어를 비교한다. 셰익스피어의 작품에 등장하는 유명한 대사인 "세상은 연극무대다(All the world's a stage)."는 고전적인 은유 표현 중 하나이다. 세상은 연극 무대가 아니지만 우리는 평생 동안 많은 역할을 맡는다. 이사벨 아옌데(Isabel Allende)의 예술에 대한 화려한 묘사는 또 다른 강력한 은유를 보여준다. "예술은 반항적인 아이이며, 길들여지지 않을 야생 동물이다." 은유는 청중에게 그 의미를 찾아가도록 맡겨둔다.[9] 제13장 "내용과 조직화"에서 우리는 셜리 셰로드의 연설문이 어떻게 맥락에서 벗어나게 되었는지 설명했다. 그녀의 연설은 또한 품격 있는 것으로, 결론에서 사용한 은유적 표현이 알려져야 한다. "인생은 맷돌이지만, 그것이 우리를 짓밟거나 닦게 할지는 우리에게 달려 있다."[10]

많은 언어학자들은 은유가 인간 마음을 움직이는 창이라고 말한다.[11] 은유는 우리의 언어에 매우 깊이 뿌리내려 있어 우리는 그것을 깨닫지 못한 채 사용한다. 예를 들어 아는 사람이 많아 활동범위가 넓을 때 '발이 넓다'라는 표현을 사용한다. 혹은 '산머리'나 '강어귀'처럼 신체 부위를 이용해서 사물을 묘사하기도 한다.[12] 스티브 잡스는 2007년 아이폰을 출시하면서 애플의 인텔 프로세서 전환을 '거대한 심장 이식'이라고 평가했다.[13]

은유는 강력하지만, 지나치게 과하게 사용하면 안 된다. '전쟁'이라는 단어는 종종 정치인과 선출직 공무원들에 의해 사용되어 왔다. 이는 린든 존슨 전 대통령의 '빈곤과의 전쟁'에서부터 로널드 레이건 전 대통령의 '마약과의 전쟁', 2012년 미국 대통령 선거에서의 '여성과의 전쟁'과 '가족과의 전쟁'에 이르기까지 다양하게 사용되었다.

웅변체

웅변체(eloquent style)는 시적이고 표현력이 풍부한 언어를 사용하는데, 생각과 감정을 분명하게 하고 고무적으로 기억하기 쉽게 한다. 설득력 있는 언어는 화려하거나 거창할 필요가 없다. 그것은 구어체, 인칭 대명사, 반복이나 은유를 사용할 수 있다. 연설을 잘하기 위해 유명한 연설가, 에이브러햄 링컨이나 마틴 루서 킹이 될 필요는 없다. 샌프란시스코 포티나이너스의 제리 라이스는 2010년 미식축구 명예의 전당에 헌액된 것에 대한 소감에서 구어체와 반복적 표현을 사용했다. "더 이상 뛸 곳도 없고, 더 이상 기록할 거리도 없고, 더 이상 기록을 세울 곳도 없어요. 미시시피 출신의 어린 소년은 마침내 달리기를 멈췄어요. 내가 여기서서 숨을 쉴 수 있게 해주세요."[14]

*Eloquence in an Electronic Age: The Transformation of Political Speechmaking*에서 저자 캐슬린 제이미슨(Kathleen Jamieson)은 웅변가들이 개인적인 경험과 감정을 편안하게 드러낸다고 말한다. 오늘날의 가장 훌륭한 웅변가들은 과거의 교훈을 설명하거나 대중의 윤리 의식을 조성하기보다는 청중을 독려하기 위해 자신의 과거나 자신만의 윤리관을 제시한다는 것이다.[15] 파키스탄의 10대 소녀들이 학교에 갈 권리가 있다고 주장하여 탈레반 무장 세력에 의해 거의 살해당할 뻔했던 말랄라 유사프자이의 말을 생각해보자. 말랄라는 2013년 7월 12일 유엔 총회에서 첫 공개 연설을 했다.[16]

친애하는 여러분, 2012년 10월 9일, 탈레반은 제 이마 왼쪽에 총을 쏘았습니다. 그들은 내 친구들도 총격했습니다. 그 총알이 우리를 침묵시킬 것이라고 생각했지만 실패했습니다. 그리고 그 침묵에서 수천 명의 목소리가 들려왔습니다. 테러리스트들은 제가 목표를 바꾸고 야망을 멈출 것이라고 생각했습니다. 하지만 나약함과 두려움, 절망이 죽은 것 말고는 아무것도 제 인생을 바꿀 수 없었습니다. 기운, 힘과 용기가 생겼습니다. 저는 여전히 말랄라입니다. 저의 야망은 같습니다. 제 희망도 같습니다. 그리고 제 꿈도 같습니다.

웅변체는 시와 같다.
몇 마디 간단한 단어로 심오한 생각과 감정을
포착하는 놀라운 능력을 지니고 있다.

자신감 있는 전달

14.2 프레젠테이션 불안에 대한 원인과 결과를 확인하고 관리해보자.

프레젠테이션 말하기에 대한 강의 서두에 필자들은 학생들에게 "발표하기는 나에게 … ( ) 느낌을 준다."라는 문장을 완성하라고 요구한다. 학생들의 대답은 역량 증진부터 엄청난 공포까지 다양하다. 다음은 몇 가지 예이다.

- "발표를 하면 제가 강해지는 것을 느낍니다. 긴장감이 들기는 하지만 힘이 솟는 느낌입니다. 모두가 주의를 기울이고 제 견해를 전달할 수 있다는 생각만으로도 제가 마치 책임자가 된 것처럼 느껴집니다."
- "발표한다고 하면 마음이 불편해집니다. 저는 많은 사람들 앞에서 매우 조용하고 수줍음이 많습니다. 특히 모르는 사람 앞에서 더욱 그래요. 저는 내성적이어서 누군가와 이야기 하는 것이 불편합니다. 발표하는 것은 마치 처음 만난 사람들 앞에서 말하는 것과 같습니다."
- "발표를 하면 심장이 뛰기 시작하고 몸이 떨리기 시작하면서 자제력을 잃을 것 같은 느낌이 듭니다. 이런 느낌이 들 때마다 마음을 진정시키려고 숨을 깊이 들이마십니다."

이 3명의 학생들은 모두 프레젠테이션을 잘했는데, 특히 자기 혼자만 두려움에 떨고 있는 것이 아니라는 것을 깨닫고 나서였다. 긴장감은 피할 수 없지만 확실히 크게 중요하지는 않다. 사실상 약간의 불안감은 여러분을 긴장하게 하고 효과적인 발표를 개발하고 전달하는 데 필요한 시간과 노력을 들이도록 동기를 부여할 수 있다.

제2장 "자기 이해"에서 그룹 토론, 회의, 대화, 연설 등에서 커뮤니케이션과 관련된 두려움이나 불안감에 대해 설명했다. 36쪽의 자기 보고식 커뮤니케이션 불안감 척도(PRCA)를 작성하지 않았다면 지금 평가해보자. 연설 관련 항목의 점수를 대다수 사람들의 평균 점수와 비교할 수 있다. 불안감 수준이 여러분만 그런게 아니라는 것을 발견할 수 있을 것이다. 그러나 미국 성인들에게 무엇이 가장 두려운지 물었을 때 51%의 사람들은 뱀이라고 대답했다. 대중 연설은 2위(40%), 높은 곳은 3위(36%)를 기록했다.[17]

어떤 형태의 불안에 대처하는 데 있어서 우리는 종종 우리가 이해하지 못하는 것들을 두려워한다. 말하기 불안감에 관한 두 가지 일반적인 오해를 바로잡기 위해 최근 연구를 인용하고자 한다.

- "나는 다른 사람들보다 더 긴장하는 편이다."
- "말하기 불안감에 대해 읽는 것은 나를 더욱 긴장하게 만들 것이다."

다른 사람들보다 더 긴장하는 편인가

학생들에게 프레젠테이션 목표에 대해 질문하면 '자신감을 얻고 싶다', '불안감을 극복하고 싶다', '긴장을 풀고 싶다', '초조함을 없애고 싶다', '진정되면 좋겠다' 등의 대답을 한다. 이외에 다른 대답은 별로 없다. 대부분의 학생들은 또한 자신이 다른 발표자들보다 더 긴장하고 있다고 생각한다.

성공하는 발표자들은 말하기 불안감에 대한 매우 중요한 두 가지 사실을 알고 있다. 말하기 불안감은 매우 일반적인 현상이며, 보통 눈에 보이게 나타나지 않는다는 것이다. 경험이 있든 없든 화자로서 우리 모두는 걱정스러운 생각, 신체적인 불편함, 심리적인 불안감을 똑같이 공유한다. 이는 대부분의 청중들이 화자의 감정을 이해하고, 그 자리를 바꾸고 싶어 하지 않으며, 심지어 그 자리에 서있는 용기에 감탄할 수도 있다는 의미이다.

그래도 다른 사람보다 더 긴장하고 있다고 생각한다면 강사와 약속을 잡아 이러한 걱정을 논의해보자. 많은 대학과 커뮤니케이션 관련 학과에서는 다른 사람들과 말하기에 관련된 두려움과 불안감 수준에 문제가 있다고 생각하는 학생들을 위해 특별 지원을 제공한다.

> **대부분의 사람들이 큰 두려움을 느끼더라도 청중은 대개 화자에게 친절하다. 그들은 단순한 실수에 대해 기꺼이 잊어버리고 용서한다.**

말하기 불안감에 대해 읽는 것이 더 긴장하게 하는가

말하기 불안감에 대해 말하는 것을 더 많이 배울수록 더 긴장하게 된다고 생각할 수도 있다. 사실은 그 반대이다. 말하기 불안감에 대해 더 정확한 정보와 조언을 읽을수록 자신감을 더 기르게

청중들은 내가 긴장하고 있다는 것을 알까?

많은 화자들은 청중들이 자신이 불안해한다는 것을 알아챌까 봐 두려워한다. 다음 표를 사용해서 여러분이 다른 사람들에게서 보거나 들은 말하기 불안감과 관련된 증상을 기록해보자. 왼쪽 열에는 청중이 보거나 들을 수 '있는' 증상을 나열하고 오른쪽 열에는 청중이 보거나 들을 수 '없는' 증상을 나열해보자. 각각에 해당되는 예를 제시하였다.

대부분의 경우 말하기 불안감은 보이지 않는다. 청중은 두근거리는 심장, 메스꺼운 속, 차가워진 손, 걱정스러운 생각 등을 볼 수 없다. 또한 목소리의 작은 변화를 알아차리지 못하고 가끔 하는 실수를 기억하지 못한다. 비록 여러분이 다리가 후들거리고 주체할 수 없을 정도로 몸이 떨리는 것처럼 느낄지라도 청중들은 어떤 움직임도 거의 보지 못할 것이다.

자신이 매우 긴장하고 있다고 말하는 대부분의 화자들은 청중에게 자신감 있고 침착하게 보인다. 심지어 경험이 풍부한 커뮤니케이션 강사들조차도 화자가 얼마나 불안한지에 대해 물어보면, 화자의 불안감 수준을 정확하게 평가하는 사람은 거의 없다.[18]

청중이 보거나 들을 수 있는 증상	청중이 보거나 들을 수 없는 증상
예 : 악수	예 : 속이 메스꺼움
1.	1.
2.	2.
3.	3.
4.	4.
5.	5.

될 것이다. 마이클 모틀리(Michael Motley)는 대중 연설 불안감에 대한 읽기 연구에서 대학생들을 대상으로 하나의 그룹은 말하기 불안감을 최소화하기 위한 전략뿐만 아니라 불안감의 본질과 원인에 대해 다룬 소책자를 읽도록 했다. 두 번째 그룹에는 기분전환 영상을 보여주고 두려움을 줄이는 데 인기 있는 자기계발서에서 발췌한 내용을 읽게 하고 다른 조치는 취하지 않았다. 말하기

불안감이 가장 크게 감소한 그룹은 말하기 불안감에 대한 소책자를 읽은 그룹이었다.[19] 마찬가지로 이 교재를 읽으면 프레젠테이션을 해야 할 때 불안해하는 이유를 이해할 수 있도록 해주고, 그러한 두려움을 다루는 기술을 가르쳐주며, 말하기 자신감을 증진시키는 데 도움이 된다.

전달 방식

14.3 네 가지 전달하는 방식의 장점과 단점을 비교해보자.

전달(delivery)이라는 용어는 메시지를 표현하는 데 도움을 주는 음성, 신체, 프레젠테이션 도구 등을 사용하는 다양한 방법을 의미한다. 즉흥형, 절충형, 원고형, 암기형 또는 여러 형식의 조합 등 전달 방식을 결정하여 프레젠테이션을 계획해야 한다. 하지만 그 전에 화자와 목적에 가장 접합한 전달 방식으로 결정해야 한다.[20]

즉흥형

즉흥형 말하기(impromptu speaking)는 사전 준비나 연습 없이 말하는 경우이다. 예를 들어 수업 중이나 직장에서 질문에 답하거나 의견을 제시해야 할 때가 있다. 또는 공개석상에서 중요한 문제를 논의하고 대책을 강구해야 한다. 즉흥형 말하기는 준비할 시간이 많지 않은 경우에도 청중에게 맞는 메시지를 조직화하고 조정할 수 있는 목적과 방법을 신속하게 생각할 수 있게 한다.

절충형

절충형 말하기(extemporaneous speaking)는 가장 일반적인 전달 방식으로 미리 준비된 프레젠테이션을 설명하기 위한 노트나 개요를 준비하여 사용하는 것이다. 노

트는 슬라이드의 주요 단어일 수도 있고 아니면 더 자세한 전체 문장일 수도 있다. 강의, 업무 브리핑, 법정 변론은 주로 절충형 말하기로 전달된다.

절충형 말하기는 초보자들이 가장 쉽게 잘할 수 있는 방법이며 전문가들도 선호하는 방법이다. 다른 유형의 전달 방식에 비해 미리 계획된 자료를 통해 자연스럽고 융통성 있게 전달할 수 있다. 잘 연습된 절충형 프레젠테이션은 자연스러워 보이며 청중과 화자를 평안하게 해주는 이점이 있다.

원고형

원고형 말하기(manuscript speaking)는 사전에 프레젠테이션 원고를 작성하고 이를 보고 읽는 것이다. 매우 긴장한 화자에게 원고는 마치 생명을 구하는 문서처럼 보일 수 있다. 그러나 전문가가 아닌 한 원고형 말하기를 제대로 전달하기 힘들기 때문에 사용을 권장하지 않는다. 그러나 여러분의 말 한마디 한마디가 보도되는 주요한 공개석상이라면 적어도 프레젠테이션의 일부에 대한 원고를 사용하는 것 외에는 선택의 여지가 없을 것이다. 그리고 추도사를 해야 하는 등 매우 감정적인 상황이라면 원고의 도움이 필요할지도 모른다.

즉흥형 전달 방식의 장점과 단점	
장점	**단점**
• 자연스럽게 대화하듯 말할 수 있다. • 청중과의 시선을 유지하고 피드백을 받을 수 있다. • 화자의 지식과 능력을 보여줄 수 있다.	• 목적, 청중, 내용, 조직화에 대한 기본적인 결정을 내릴 수 있는 시간이 제약된다. • 화자의 불안감이 높아질 수 있다. • 화자가 '할 말을 잃게 된다.' • 전달이 어색하고 비효율적일 수 있다. • 발언 시간을 예측하기 어렵다. • 근거 자료가 제한적이거나 아예 제공되지 않는다. • 화자는 촉박해지면 할 말을 못하게 된다.

제14장 언어적 전달

258

절충형 전달 방식의 장점과 단점

장점	단점
• 즉흥형 전달 방식보다 준비할 수 있는 시간이 더 많다. • 자연스럽게 보이지만 실제로는 잘 준비된 것이다. • 화자는 청중의 피드백을 모니터링하고 이에 따라 조정할 수 있다. • 원고 전달보다는 더 많은 시선을 주고받으면서 청중과 상호작용을 가능하게 한다. • 청중은 일반적으로 절충형 전달 방식을 사용하는 화자에게 긍정적으로 반응한다. • 화자는 핵심 아이디어와 요점에 대해 간결하게 설명할 수 있다. • 연습이 더해진다면 가장 강력한 전달 방식이다.	• 노트에 포함되지 않은 내용으로 인해 화자의 불안감이 높아질 수 있다. • 언어가 잘 선택되지 않거나 문체가 적합하지 않을 수도 있다. • 발언 시간을 예측하기 어렵다.

원고를 사용하면 각 단어를 신중하게 선택할 수 있다. 모든 세부 사항을 계획하고 실행할 수 있다. 또한 할당된 발표 시간 내에 말할 수 있도록 해준다.

원고를 사용해야 하는 경우 프레젠테이션에 대해 구어체로 작성하도록 한다. 즉, 말하는 것처럼 원고를 작성해야 한다.

암기형

암기형 말하기(memorized speaking)는 화자가 일부 노트나 노트 없이 내용을 암기해서 프레젠테이션하는 것이다. 암기형 프레젠테이션은 하나의 큰 장점과 하나의 큰 단점이 있다. 가장 큰 장점은 신체적으로 자유롭다는 것이다. 자유로운 제스처를 취하고 청중에게 100% 시선을 둘 수 있다. 그러나 단점은 암기한 내용을 잊어버릴 경우 자신과 청중 모두에게 어색한 순간을 만들지 않

원고형 전달 방식의 장점과 단점

장점	단점
• 화자는 효과적인 말하기의 모든 기본 원칙에 주의를 기울일 수 있다. • 화자는 간결하고 적절한 언어를 선택할 수 있다. • 대본을 작성하면 화자의 불안감을 완화할 수 있다. • 화자는 프레젠테이션을 반복해서 연습할 수 있다. • 프레젠테이션 내용에 대한 정확한 전달을 보장해준다. • 화자는 제한 시간 내에 마무리할 수 있다.	• 전달 방식이 지루할 수도 있다. • 충분한 시선 교환이 어렵다. • 제스처와 움직임이 제한된다. • 언어가 너무 형식적이고 구어체가 아닐 수도 있다. • 청중의 반응이나 상황에 따라 수정하거나 조정하기 어렵다.

으면서 기억을 찾아내는 일이 더 어렵게 된다는 것이다.

화자는 프레젠테이션 전체를 다 외우지 않는다. 하지만 의지할 수 있는 노트가 있다면 도입부나 일부 주요 섹션을 암기하는 것에는 아무런 문제가 없을 것이다.

로큰롤 명예의 전당 시상식에서 브루스 스프링스틴은 시상대에 서서 U2에 대한 헌정사(준비된 원고)를 읽었다.

맞춤형 전달 방식

여러 가지 전달 방식을 적절하게 조합할 수 있는 방법을 배우면 자신과 목적에 가장 적합한 방법을 선택할 수 있다. 즉흥형으로 말하는 사람은 정치인이 언론의 질문에 답하는 것과 같이 기억할 만한 통계치나 미리 연습한 주장을 열거할 수 있다. 절충형으로 말하는 사람은 긴 인용문이나 일련의 통계 자료를 읽은 다음 암기된 결말을 제시할 수도 있다.

말하기 노트

효과적인 화자들은 말하기 노트를 효율적으로 사용한다. 즉흥형 프레젠테이션을 할 때에도 말하기 직전에 적어둔 몇 마디 단어를 사용할 수도 있다. 말하기 노트에는 색인 카드와 개요, 원고 등이 있다.

색인 카드 및 개요　프레젠테이션 각 구성 요소에 하나의 카드를 사용할 수 있다. 예를 들어 서론용 카드 1개, 각 요점별 카드, 결론용 카드 1개를 별도로 준비할 수 있다. 완전한 문장을 기록하기보다 주요 단어를 기록하고, 각 색인 카드의 한쪽 면만 사용한다. 프레젠테이션을 구성하고 마지막 순간에 요점을 재정렬할 수 있도록 각각의 카드에 번호를 매긴다. 색인 카드에 대한 노트가 너무 많으면 종이 한 장에 개요를 구성하여 사용한다.

원고　연설 원고를 준비할 때 페이지마다 두 줄씩 띄우고 14~16 포인트 크기의 글꼴을 사용한다. 각 페이지 하단을 보려고 머리를 구부리면서 청중과의 시선 접촉을 방해하거나 기관지가 조여지지 않도록 하기 위해 페이지의 2/3만 사용한다. 마지막 순간에 변경 사항을 반영할 수 있도록 페이지의 여백을 넓게 설정한다. 각 페이지에 번호를 매겨서 모든 페이지를 순서대로 하되 스테이플러로 고정하지 않는다. 대신 원고를 강연대의 한쪽에 놓고 다음 페이지로 넘어갈 때 다른 쪽에 넘겨둔다. 어떤 화자는 원고를 삼공 바인더에 묶어서 제자리를 벗어나지 않고 페이지를 재빨리 넘기기도 한다.

목소리의 전달

14.4 목소리를 효과적으로 전달하기 위한 요소를 설명해보자.

말하기에 효과적인 목소리를 만드는 것은 어떤 기술을 습득하는 데 드는 시간과 노력과 마찬가지로 많은 시간과 노력이 필요하다. 하룻밤 사이에 기량이 뛰어난 목수, 피아니스트, 수영 선수, 작가, 화자가 될 수 없다. 운이 좋게 아름다운 목소리를 지니고 태어난 사람은 극소수에 불과하기 때문에 우리 대부분은 분명하고 표현력이 높은 목소리를 내기 위해 노력해야 한다. 다행히도 목소리의 특성과 질을 향상시킬 수 있는 방법들이 있다. 우선 호흡, 성량, 속도, 성조, 조음, 발음 등과 같은 기본 사항부

심호흡을 위한 운동

1. 등을 대고 반듯이 눕는다. 베개로 무릎 아래를 받친다.
2. 적당히 무겁고 딱딱한 책을 배꼽 바로 위에 올린다.
3. 입으로 숨을 쉬기 시작한다. 숨을 들이마실 때 책은 위로 올라가고, 내쉴 때 아래로 내려가야 한다.
4. 손을 가슴 윗부분에 얹고 '국기에 대한 맹세' 자세를 취한다. 숨을 들이마시고 내쉬는 동안 이 부위를 위아래로 움직이면 안 된다.
5. 책을 치우고 그 자리에 다른 손을 올려놓는다. 복부 부위는 숨을 들이마실 때 계속해서 올라가고 내쉴 때 가라앉아야 한다.
6. 5단계에 익숙해지면 앉아있거나 서있는 동안에도 같은 호흡을 시도해본다.
7. 소리를 추가한다. 숨을 내쉴 때 5초 동안 한숨을 쉬거나 '아~'라는 음을 유지한다. 이후에는 숫자를 세거나 알파벳을 소리 내어본다.

터 시작해보자.[21]

호흡

효과적으로 호흡(breathing)을 조절하면 더 크게 말하고, 한 번에 많이 말하며, 거친 소리나 성량 부족과 같은 발성 문제가 발생할 가능성을 줄여준다. 따라서 프레젠테이션에서 호흡하는 법을 배우는 첫 번째 단계는 항상 하는 얕고 무의식적인 호흡과 강하고 지속적인 소리를 내는 깊은 호흡 사이의 차이점에 주목하는 것이다. 많은 스피치 코치들은 심호흡과 복식 호흡을 배우기 위해 위의 표에 나와있는 운동을 권장한다.

성량

성량(volume)은 목소리의 크기로 측정한다. 적절한 성량을 만드는 핵심은 청중의 규모와 말할 장소의 크기에 맞추는 것이다. 청중이 5명밖에 되지 않고 가까운 거리에 앉아있다면 평범하고 일상적인 성량으로 말한다. 청중이 50명이라면 목소리를 유지하기 위해 더 많은 에너지와 힘이 필요하다. 청중이 50명을 넘으면 마이크를 사용하는 것이 더 편할 수 있다. 그러나 강한 성량은 전자적인 증폭 없이도 1,000명의 청중에게 전달될 수 있다. 예를 들어 오페라 가수는 항상 이렇게 한다. "우리는 우리 몸의 자연적인 힘만으로 100가지 악기로 구성된 오케스트라와 같은 수의 코러스 단원들을 통해 증폭시킬 수 있다. 이는 100% 완전히 자연스럽고 순수하게 몸에서 나오는 힘이다. 목소리에 맞는 신체를 만드는 것이다."[22]

프레젠테이션할 장소와 같은 규모의 방에서 연습하거나 적어도 그런 장소에 있는 것처럼 말해보자. 친구에게 멀리 구석에 앉

대부분의 오페라 가수들은 마이크가 필요 없거나 사용하는 것을 좋아하지 않는다.

> 청중은 말하는 것보다
> 더 빨리 들을 수 있다는 것을 기억하자.
> 그래서 천천히 말하는 것보다
> 속도를 유지하는 것이 더 낫다.

아서 자신의 성량과 정확도에 대해 얘기해달라고 요청해보자. 또한 사람들로 가득 찬 방은 소리를 흡수한다는 것을 염두에 둬야 한다. 청중 앞에서는 성량을 한 단계 올려야 한다. 화자의 목소리가 들리지 않는 경우는 흔한 문제이다. 그러나 화자가 큰 소리를 내는 것은 매우 드문 일이다.

속도

말하기 **속도**(rate)는 분당 말하는 단어의 수(wpm)를 나타낸다. 일반적으로 125wpm 미만의 속도는 너무 느리고, 125~150wpm은 적당하며, 150~180wpm이 더 좋고, 180wpm 이상은 제한 속도를 초과한다. 하지만 이 지침이 절대적인 것은 아니다. 메시지의 특성과 분위기, 청중에 따라 선호하는 속도는 달라질 수 있다. 고도의 기술적인 과정을 설명하거나 개인적인 슬픔을 표현하고 있다

마이크 완전히 익히기

'마이크 공포증'(특징을 설명하기 위해 고안된 용어)으로 고통받고 있는 사람이 있는가? 이것은 커뮤니케이션 불안감 또는 말하기 불안감과는 다르다. 오히려 매우 일반적이고 단순하며 유용한 증폭 장치를 사용하는 것과 관련된 두려움과 불안감이다. 우리는 이 두려움을 설명할 수 없지만 마이크를 효과적이고 자신 있게 사용할 수 있는 방법을 설명하고자 한다.

마이크는 화자와 청중 모두에게 도움을 준다. 마이크가 없으면 청중들은 화자의 말을 듣기 위해 안간힘을 쓰게 되고, 들은 것을 잘못 해석하고, 전혀 듣지 못할 수도 있으며, 화자의 능력을 의심하게 될지도 모른다. 한 스피치 트레이너는 "연설을 준비하기 위해서 온갖 노력을 다했다면 … 이제 여러분의 말을 들어줄 사람들과 그 말을 확실히 듣게 해줄 적절한 장비가 필요하다. 그렇지 않으면 여러분의 시간과 노력이 낭비된다…."라고 말한다.[23]

말하기 상황에서 마이크가 필요한 경우 이 기술을 최대한 활용해보자. 음향 기술자가 프레젠테이션을 모니터링하지 않는 한 마이크는 특정 볼륨으로 미리 설정된다. 너무 큰 성량으로 말하면 청중에게 소리 지르고 있는 것처럼 들릴 수 있다. 너무 부드럽게 말하면 마이크가 해야 할 말을 모두 담아내지 못할 수도 있다.

이 요령은 본능에 어긋나는 것이다. 부드러운 음색으로 말하고자 하면 마이크에 더 가까이 대고 말하고 성량을 낮춘다. 목소리는 더 친밀하게 들리고 미묘한 감정을 전달할 것이다. 더 강력하게 말하고 싶다면 마이크에서 멀리 떨어져서 말하면 된다.

> **숙련된 화자는 증폭 시스템을 통해 나오는 자신의 목소리를 듣고 처음 몇 초 동안 필요한 조정을 한다.**

가장 중요한 것은 사용할 특정 마이크와 시스템에 대해 숙지하는 것이다. 예를 들어 마이크가 옷깃에 꽂혀있으면 마이크는 위쪽이 아닌 바깥쪽을 향하게 된다. 그 결과 핸드 마이크보다 직접적인 소리가 덜 수신되고 적게 보내진다.[24] 다음은 마이크 사용에 대한 몇 가지 팁이다.

- 미리 마이크 테스트를 한다.
- 마이크가 여러 각도와 거리에서 목소리를 포착할 수 있을 만큼 정교한지, 아니면 입에 가까이 대고 있어야 하는지 여부를 판단한다.
- 입에서 5~10인치 정도 떨어진 곳에 마이크를 놓는다. 핸드 마이크를 사용하는 경우 입 아래 턱 높이에 대고 마이크를 잡는다.
- 마이크가 아닌 청중에게 집중한다. 마이크를 가까이에서 두드리지 말고, 구부리거나, 계속 재조정하거나, 테스트한다고 '프-프-프-프'와 같은 소리를 내지 않는다.
- 마이크는 목소리를 증폭시키는 것 이외에도 기침하거나, 목을 가다듬거나, 서류를 뒤적거리거나, 펜을 두드리는 등 다른 소리도 증폭시킨다는 것을 명심해야 한다.
- 마이크가 잘 조정되었다면 자연스럽게, 대화하듯 말한다.

면 말하기 속도는 125wpm으로 느려질 수 있다. 반면에 흥미진진하고 재미있는 이야기나 격분할만한 이야기를 하고 있다면 말하기 속도는 200wpm에 달할 수도 있다. 최대의 효과를 위해 화자는 자신의 속도에 변화를 줄 수 있다. 마틴 루서 킹 목사의 '나에게는 꿈이 있습니다' 연설은 분당 90wpm으로 느리게 시작했지만 분당 150wpm으로 끝났다.[25]

청자들은 빠르고 분명하게 말하는 화자를 더 유능하고 신뢰할 수 있는 사람뿐만 아니라 열정적이고, 동기 부여가 되고, 흥미로운 사람으로 인식한다.[26] 선택을 한다면 청중을 지루하게 할 위험을 감수하는 것보다 너무 빨리 말한다는 비난을 받는 편이 낫다. 말하는 속도가 너무 느리면 자신에 대한 확신이 없거나 심지어 자신이 그다지 똑똑하지 않은 것처럼 보여지게 된다.

성조

성조(pitch)는 음계의 음표처럼 목소리의 높고 낮은 정도를 나타낸다. 해부학적인 구조가 성조를 결정한다(대부분의 남성이 여성과 어린이보다 낮은 성조로 말한다). **최적의 성조**(optimum pitch)

는 가장 쉽고 표현력 있게 말하는 성조이다. 최적의 성조로 말을 하면 쉽게 지치지 않는다. 목소리는 더 강하게 들리고 문장 끝에서 목소리가 줄어드는 현상이 덜하게 된다. 또한 목이 쉬거나 거칠고 숨이 차게 들리지 않을 수 있다.

최적의 성조를 찾으려면 자신이 낼 수 있는 가장 낮은 음에서부터 음계를 부른다. 5번째나 6번째 음에서 최적의 성조에 도달했을 것이다. 최적의 성조인지 알아보기 위해 목소리가 선명한지, 최소한의 노력으로 성량을 높일 수 있는지 시험해본다. 최적의 성조를 찾는 것은 프레젠테이션에서 하는 모든 말에 그 성조를 사용한다는 것을 의미하지 않는다. 최적의 성조를 '중립'에 두고 그것을 기준선으로 삼아 강조하거나 다양한 표현을 하기 위해 성조를 높이거나 낮출 수 있다.

조음

표현력이 뛰어난 강하고, 잘 유지되고, 최적의 성조를 지닌 목소리라도 프레젠테이션을 성공적으로 전달하기에 충분하지 않을 수도 있다. 제대로 된 **조음**(articulation), 즉 언어 내의 단어 소리

인상적인 자기 표현

만약 메시지에 대해 흥분하고 그 메시지를 청중과 공유하는 데 진정으로 관심이 있다면 여러분은 표현력 있는 화자가 되는 길에 들어섰다. **표현력**(expressiveness)은 화자가 전달하는데 있어 불어넣는 활력, 다양성, 성실함 등이다.

표현력 있는 화자들은 자신이 말하는 것뿐만 아니라 목소리 질을 변화시키는 것이 의도된 의미를 전달하는 데 얼마나 도움이 될지도 염두에 둔다. 목소리의 표현력을 향상시키기 위해서는 음조, 강세, 음절, 단어, 어군 내의 성량이 변하는 **억양**(inflection)을 변화시켜야 한다. 이러한 억양이 없으면 단조로운 목소리가 나온다. 그러나 아주 작은 변화만 주어도 문장의 전체적인 의미를 바꿀 수 있다.

나는 뉴저지에서 태어났다. (반면 당신은 텍사스에서 태어났다.)
나는 뉴저지에서 태어**났다.** (물론 의심할 여지가 없다!)
나는 뉴저지에서 *태어*났다. (그래서 내 방식대로 알고 있다.)
나는 **뉴저지**에서 태어났다. (뉴욕에서가 아니다.)

표현력 있는 화자는 **유창함**(fluency)을 보여준다. 말실수를 하지 않고 어색한 순간에도 멈추지 않고 부드럽게 말한다. 프레젠테이션을 많이 연습할수록 더욱 유창해질 것이다. 연습은 표현이 어색하거나 맞지 않은 단어, 구절, 문장을 알려준다.

'음…', '어…', '에…' 등과 같은 **채움말**(filler phrase)은 유창함을 떨어뜨리고 청중을 짜증나게 할 수도 있다. 가끔은 채움말이 문제가 되지 않는다. 특히 비공식적이거나 즉흥적으로 말할 때 더욱 그렇다. 사실상 '음…', '어…'는 지구상에 있는 모든 언어 구조에서 결합된 보편적인 채움말이다.[27] 마이클 에라드(Michael Erard)는 그의 저서에서 '음…', '어…'라는 말은 '이전에 생각했던 것처럼 사고하는 것이 아닌, 생각의 결여'를 보여주는 것이라고 말한다.[28]

실제 과도한 사용을 줄이려면 발표 연습을 녹음하고 들어보면 된다. 채움말을 자주 사용하는 습관을 없애기 위해서는 천천히 사용하는 단어들을 들어보자. 청중들 앞에서 말할 때뿐만 아니라 일상에서 이러한 습관을 없애기 위해 노력해야 한다.

표현력은 열정, 에너지, 억양, 유창함 그 이상이다. 이 네 가지 전달 요소가 효과적으로 서로 상호작용할 때 여러분의 표현력은 성격, 태도, 효과적으로 커뮤니케이션하고자 하는 열망까지 확장될 것이다.

를 분명하게 하는 것도 그만큼 중요하다. 형편없는 조음은 엉성한 말, 서투른 말투, 중얼거리는 것처럼 보인다. 다행히도 좀 더 천천히 말하고, 더 큰 성량으로 말하고, 말할 때 입을 더 크게 벌리면 음성 표현을 향상시킬 수 있는 연습을 할 수 있다.

단어를 소리를 분명히 내기 위해서는 조음 위치와 조음 방법을 고려해야 한다. 먼저 자음은 조음 위치에 따라 양순음(두 입술소리 'ㅁ, ㅂ, ㅃ, ㅍ'), 치조음(혀끝윗잇몸소리 'ㄷ, ㅌ, ㄴ, ㅅ'), 경구개음(앞혓바닥센입천장소리 'ㅈ, ㅉ, ㅊ'), 연구개음(뒷혓바닥여린입천장소리 'ㄱ, ㄲ, ㅋ, ㅇ'), 성문음(목청소리 'ㅎ')으로 분류할 수 있다. 또한 자음은 조음 방법에 따라 파열음(터짐소리 'ㅂ, ㅃ, ㅍ, ㄷ, ㄸ, ㅌ, ㄱ, ㄲ, ㅋ'), 마찰음(갈이소리 'ㅅ, ㅆ, ㅎ'), 파찰음(터짐갈이소리=붙갈이소리 'ㅈ, ㅉ, ㅊ'), 비음(콧소리 'ㅁ, ㄴ, ㅇ'), 유음(흐름소리 'ㄹ') 등으로 분류한다.

모음의 경우 모음이 만들어지는 위치를 정확하게 감지하기가 어렵기 때문에 자음에 비해 정확하게 설명하고 기술하기가 좀 더 어려운 측면이 있다. 따라서 많은 경우에 있어서 화자나 청자가 같은 모음으로 인식한 단어의 소리들이 실제 다른 조음일 경우가 발생하기도 한다.

발음

제대로 된 **발음**(pronunciation)은 올바른 강세와 올바른 순서로 단어를 정확한 소리로 말하는 것이다. 프레젠테이션 상황에서 발음이 좋지 않으면 오해를 살 수 있고 당황스러운 상황을 초래할 수 있다. 예를 들어 우리는 어떤 화자가 '닭'이란 단어를 [닥]이라는 발음 대신에 [달]이라는 발음으로 반복해서 말하면 효과적인 커뮤니케이션 상황에서 화자의 신뢰도가 낮아지는 것을 알 수 있다.

발음은 변화하기도 하고 변화를 일으킬 수도 있다. 겹받침 'ㄺ'의 발음은 '닭이[달기], 닭을[달글]' 등과 같이 모음 앞에서 본음대로 'ㄺ'을 모두 발음하지만 '닭도[닥또], 닭과[닥꽈]' 등과 같은 자음 앞에서는 'ㄹ'을 탈락시키면서 'ㄱ'만을 발음하기도 한다. 또한 받침 'ㄷ, ㅌ(ㄾ)'이 조사나 접미사의 모음 'ㅣ'와 결합되는 경우에는 '굳이[구지], 미닫이[미: 다지], 밭이[바치]' 등과 같이 [ㅈ, ㅊ]으로 바꾸어서 뒤 음절 첫소리로 옮겨 발음한다.

신체적 표현 전달

14.5 신체적 표현을 효과적으로 전달하기 위한 요소를 설명해보자.

효과적으로 신체적 메시지를 전달하는 데 있어 핵심은 자연스러움이다. 하지만 자연스럽다는 것이 '모든 것을 그냥 내버려둔다'는 의미는 아니다. 오히려 잘 준비되고 잘 연습되어서 프레젠테이션에 진정성 있는 화자가 반영된다는 의미이다.

청중은 화자의 외모와 행동에 대한 첫인상을 바탕으로 재빨리 화자를 판단한다. 서있고, 움직이고, 제스처를 하고, 시선을 마주치는 것은 프레젠테이션에 중요한 영향을 미친다.[29]

시선 맞춤

청중 개개인과 직접적이고 시각적인 연결을 해주고 유지해주는 **시선 맞춤**(eye contact)은 효율적으로 신체적 표현을 하기 위한 가장 중요한 요소이다. 일반적으로 청중과 눈을 많이 마주칠수록 더 좋다. 프레젠테이션을 하는 동안 청중과 시선을 계속 마주치도록 해야 한다. 상세한 노트나 원고를 사용하는 경우 **아이 스캔**(eye scan)을 사용해보자. 아이 스캔을 통해 노트나 원고의 일부분을 훑어보고 나서 청중을 바라보며 말할 수 있다. 엄지와 검지 손가락을 페이지 한쪽에 올려놓고 사용 중인 노트 부분에 프레임을 만든다. 그런 다음 그 부분에서 구절이나 문장 끝에 다다르면 다시 아래를 내려다보고 다음에 말할 문장을 시각적으로 파악한다. 이렇게 하면 말할 위치를 놓치지 않고 최대한 시선도 청중들에게 유지할 수 있다.

시선 맞춤은 화자가 청중 쪽을 향하고 있다는 것 그 이상의 역할을 한다. 또한 시선 맞춤은 커뮤니케이션을 시작하고 통제하며, 신뢰성을 높이고, 소중한 청중과의 피드백을 해석하는 데에도 도움이 된다.

신체적 표현을 청중들에게 전달함으로써 자신이 누구인지, 청중들에게 얼마나 관심이 있는지 등에 대해 알려준다.

통제 교사가 부주의한 학생에게 '시선을 집중시키거나', '눈짓하는 것'을 본 적이 있는가? 청중과 처음으로 시선을 마주치면 화자는 말할 준비가 되어있고 청중은 들을 준비가 되어있다는 것을 나타낸다. 시선 맞춤이 부족하면 청중과 연결되는 것을 꺼린다는 메시지를 전달하는 것과 같다.

신뢰성 똑바로 시선을 마주치는 것은 "지금 여러분에게 말하고 있어요. 제 말을 들어보세요."라는 의미이다. 서양 문화권에서 이러한 직접적인 시선 맞춤은 상대방의 신뢰성에 긍정적인 영향을 미친다.[30] 이는 "나는 좋은 사람이야(나는 이 중요한 메시지를 여러분과 나눌 만큼 충분히 관심이 있어).", "나는 유능해(이 주제를 잘 알고 있기 때문에 노트를 두고 여러분을 보고 있는 거야).", "나는 카리스마가 있어(이곳에 있는 모든 사람들과 연결하고 힘을 주고 싶어)."라는 말이다.

화자도 청중을 보지 않는데, 왜 청중이 화자를 봐야 하는가?

피드백 시선 맞춤은 프레젠테이션 중에 청중의 피드백을 확인

시선 처리 전략

■ 친구나 동료들을 바라보고 이야기하는 것처럼 청중들을 바라보고 이야기한다.
■ 시선은 전체 방을 둘러보고, 가끔 누군가에 멈추고 직접적으로 시선을 마주쳐야 한다.
■ 눈동자를 경직되게 움직이지 말고, 가능한 한 많은 사람들과 시선을 마주치도록 노력한다.

할 수 있는 가장 좋은 방법이다. 처음에 청중 개개인과 시선을 마주치면 주의가 분산될 수도 있다. 어떤 사람들은 웃고 있고, 다른 사람들은 지루하거나 혼란스러워 보일 수 있으며, 어떤 사람들은 두리번거리거나 옆사람과 잡담을 할 수 있다. 이러한 청중들의 반응이 계속되면 프레젠테이션이 딴 방향으로 흘러가기 쉽다. 하지만 이러한 반응들이 청중들과 시선을 마주치고 유지해야 하는 이유가 된다. 청중을 직접적으로 보지 않는 화자들은 자신의 프레젠테이션이 왜 성공했는지 또는 왜 실패했는지 알지 못하게 된다.

얼굴 표정

얼굴은 태도와 감정 상태를 반영하고, 비언어적인 피드백을 제공하며, 말하는 단어 바로 옆에서 화자에 대한 주요한 정보원이 된다.[31]

얼굴 표정의 중요성에도 불구하고 이를 통제하기가 어렵다. 우리 대부분은 특정한 얼굴 표정을 가지고 있다. 어떤 사람들은 표정 변화 없이 대부분 냉정하게 무표정한 얼굴을 보인다. 다른 사람들은 너무 솔직하게 본인의 감정을 얼굴에 그대로 드러내기도 한다. '무표정한 얼굴'과 '솔직한 얼굴'을 바꾸거나 그 반대로 하는 것은 매우 어렵다. 화자가 긴장하게 되면 너무 정신이 없어서 미소를 지을 수도 없고, 웃음을 멈출 수도 없으며, 너무 불안해서 불쾌감이나 분노를 표출할 수도 있다.

청중들은 화자의 얼굴을 주시하게 된다. 따라서 발표 주제가 매우 심각하거나 진지하지 않는 한 미소를 짓도록 노력해야 한다. 화자의 미소는 프레젠테이션을 하는 데 편안하고 아이디어와 정보를 공유하고자 하는 것을 청중들에게 보여준다. 화자가 웃으면 청중들은 더 많이 웃을 것이다. 하지만 웃는 것이 편하지 않다면 억지로 미소를 보일 필요는 없다. 얼굴이 자신의 감정을 전달하게 하고, 자연스럽게 나오는 표정을 보여야 한다. 정직하고 진실하게 말한다면 얼굴 표정 역시 적절하고 효과적일 것이다.

제스처

제6장 "비언어적 커뮤니케이션"에서 설명한 바와 같이 제스처는 생각이나 감정을 전달하거나 강화하는 몸의 움직임이다. 대부분의 제스처는 손과 팔을 사용하지만 어깨를 으쓱하고 무릎을 구부리고 발을 구르는 것도 제스처이다. 제스처는 전달하고자 하는

"얼굴은 …"

"얼굴은 … 자신에 대한 (비언어적인) 정보의 주요한 출처이다."

—마크 냅과 주디스 홀

말을 명확하게 해주고, 긴장을 풀고, 청중의 관심을 불러일으킬 수 있다.

계속 안경을 올리거나 강연대를 두드리거나 주머니에 있는 동전이나 열쇠를 움직여 소리를 내는 등의 반복적인 움직임은 청중의 주의를 산만하게 하고 결국 신경을 거스르게 된다. 원치 않는 제스처를 줄일 수 있는 가장 좋은 방법은 연습하는 것을 촬영해 다시 보는 것이다. 얼마나 자주 안절부절못하는지 보게 되면 행동을 바로잡기 위해 더 열심히 준비하게 될 것이다.

학생들이 "손을 어떻게 해야 합니까?"라고 물으면 필자의 대답은 항상 똑같다. 평상시처럼 손을 움직이는 것이다. 다른 사람들과 대화할 때 제스처를 많이 한다면 자연스럽게 계속하면 된다. 만약 제스처를 평소에 거의 하지 않는다면 새롭고 부자연스러운 손동작을 하려고 하지 않는다.

로널드 레이건 대통령의 연설문 담당 작가 페기 누난(Peggy Noonan)은 프레젠테이션을 할 때 어떻게 손을 움직여야 하는지 사람들에게 알려주기 위해 관련 업계 전체에 대해 설명한다. 이것이 바로 정치인과 방송 기자들이 비슷하게 보이는 제스처를 하는 이유 중 하나라고 주장한다. "자연스러워야 할 필요는 없습니다. 청중은 미국인들이고 그들은 순조롭게 진행되고 있는 것을 보았습니다. 대신 자신을 그대로 보여줘야 합니다. 아직 그것은

보지 못했기 때문입니다."[32]

다시 말해 효과적인 제스처는 느끼는 것과 말해야 하는 것의 자연스러운 결과이다. 손으로 어떤 제스처를 취할지 생각하는 대신 청중과 메시지에 대해 생각해야 한다. 제스처는 언어적 및 비언어적 커뮤니케이션의 자연스러운 결합 속에서 화자의 감정에 힘을 더해줄 것이다.

자세와 움직임

자세와 움직임은 어떻게 서서 움직이는지, 움직임이 프레젠테이션을 돋보이게 하거나 저해하는지 여부와 관련이 있다. 편안하고 자신감 있게 서 있다면 빈틈없어 보이고 통제력을 발휘할 수 있다. 몸을 구부리거나 발을 구르는 등 자신감이 없어 보인다면 청중에게 불안감이나 무관심을 전달할 것이다. 똑바로 서 있되 경직되지 않도록 한다. 발은 30cm 정도 벌린다. 꼿꼿이 서서 몸을 앞으로 살짝 기울이고 힘을 준다면 기도는 열릴 것이고, 맑은 목소리와 적당한 성량을 만드는 데 도움이 될 것이다.

일반적으로 의도적인 움직임은 관심을 끌고, 활기나 지지를 전달하며, 말하고자 하는 요점을 강조할 수 있다. 움직임은 잠깐 멈춰 생각을 가다듬게 해주거나 청중들에게 들은 것을 숙고할 수 있는 시간을 줄 수 있다.

공식석상의 발표이거나 청중이 많다면 강연대가 있을 것이다. 움직임에 방해가 되지 않도록 강연대를 활용할 수 있는 법을 배워야 한다. 첫째, 강연대에 기대지 않는다. 아마 강연대와 화자가 청중 쪽으로 떨어질 것처럼 보일지도 모른다. 둘째, 말하는 동안 강연대를 치거나 펜이나 포인터로 두드리는 것은 피한다. 마이크가 흔히 강연대에 부착되어 있는 것을 감안하면 두드리는 소리는 귀청이 터질 듯한 소음이 될 수 있다.

강연대는 노트를 올려놓는 곳이자 청중의 관심을 끌 수 있는 지점이며, 조명과 마이크를 위한 전기 콘센트를 제공하는 공간이다. 가능하다면 적절한 시점에 강연대 뒤에서 나와서 그 옆에서 말해보자. 이렇게 하면 노트에 가까이 있을 수 있을 뿐만 아니라 청중에게도 더 가까이 다가갈 수 있다.

신체적 표현 전달

다양한 문화권의 제스처에 적응하기

전 세계 사람들은 손으로 '말'한다. 그러나 제스처의 의미는 국내외 문화권과 문화적 맥락에 따라 상당히 다를 수 있다. 에버렛 로저스(Everett Rogers)와 토머스 스타인패트(Thomas Steinfatt)는 태국의 한 대학에서 강의하는 미국인 교수에 대해 이야기한다. 교수는 수업 시간에 종종 주머니에 손을 넣거나 뒷짐을 지고 강의를 하기도 했다. 학기가 끝날 무렵 태국 학생들은 정중하게 교수에게 손을 앞으로 모아야 한다고 말했다. 커뮤니케이션할 때 상대방에게 손을 보이도록 하는 문화적 규범을 교수가 위반하자 학생들은 당황하고 혼란스러워했다.[33]

간단한 손동작도 문화마다 해석을 달리한다. 이를테면 엄지와 검지 손가락으로 동그라미를 만드는 제스처의 경우 미국에서는 일반적으로 모든 것이 '좋다'는 의미이지만 한국이나 일본에서는 '돈'을 의미한다. 프랑스에서는 '제로(0)'를 나타내는 신호로 쓰이며 몰타에서는 동성애를 의미하기도 한다.[34]

미국 안팎의 대부분의 말하기 상황에서 사용하는 특정 제스처는 청중의 부정적인 반응을 유발할 수 있다. 예를 들어 청중에게 검지 손가락으로 가리키거나 흔드는 것은 부모님의 꾸지람과 관련이 있기 때문에 무례하고 불쾌하게 여겨질 수 있다. 그 대신 손을 벌리고 손바닥과 손목이 청중 쪽으로 향하도록 약 45도 각도로 팔을 약간 구부리고 옆으로 뻗어보자(청중을 직접 겨냥하지 않는다).[35] 이 자세를 취하고 있는 화자의 사진은 260쪽에 있다.

프레젠테이션 보조도구

14.6 프레젠테이션 보조도구를 통한 효과적인 디자인 및 배치 전략을 적용해보자.

프레젠테이션 보조도구(presentation aid)는 핵심 아이디어와 근거 자료를 제시하고 강조하기 위해 사용되는 많은 보충 자료(대개는 시각적인)를 지칭한다.

모든 프레젠테이션에 컴퓨터로 만든 슬라이드를 사용하고 싶겠지만, 프레젠테이션이 먼저라는 생각을 해야 한다. 말하고 싶은 것과 청중들이 이해하고 기억하기 원하는 것을 결정한 후에 시각적인 부분을 준비해야 한다.[36]

> **현란하고 화려한 프레젠테이션 보조도구와 기술이 관심을 독차지해서는 안 된다.**

프레젠테이션 보조도구의 사용 전략

- **시각적인 것이 아니라 자신으로부터 시작한다.** 프레젠테이션 보조도구를 사용하기 전에 청중과의 공감대를 형성한다.
- **만진 뒤, 돌아서서 말한다.** 프레젠테이션 보조도구를 만진 다음(손이나 포인터를 통해 가리키고), 청중을 향해 돌아서서 말한다.
- **프레젠테이션 보조도구를 보여줄 수 있는 적절한 시간을 선택한다.** 적어도 일반 독자들이 두 번 읽을 수 있는 최소한의 시간을 할당한다. 프레젠테이션 보조도구에 대한 설명이 끝나면 이를 제거한다.
- **보조도구가 없을 때를 대비한다.** 프레젠테이션 보조도구 없이 프레젠테이션을 할 수 있는가? 만일의 사태를 대비하여 '플랜 B'를 갖는 것은 언제나 좋은 생각이다.
- **실전에 앞서 연습한다.** 실제 프레젠테이션과 같이 준비한다. 시각 자료를 넘기는 동안 컴퓨터 앞에 앉아 단어를 마우스로 가리키고 있지 않는다.

프레젠테이션 보조도구의 사용 전략(옆)과 프레젠테이션 보조도구의 디자인 원리(267쪽)에 비추어, 사진 속 화자뿐만 아니라 프레젠테이션 슬라이드와 디자인을 평가해보자.

프레젠테이션 보조도구의 기능과 유형

프레젠테이션 보조도구는 예쁜 사진이나 화려한 컴퓨터 그래픽 그 이상이다. 프레젠테이션 보조도구는 청중의 관심을 끌게 하고 메시지의 이해와 영향력을 증진시키기 위한 특정 기능을 수행한다. 또한 시간을 절약해주고 청중이 메시지를 기억할 수 있도록 도와준다.

프레젠테이션 보조도구에는 상상할 수 있는 것만큼 다양한 종류가 있다. 적절한 유형을 선택하는 방법은 다음 질문에 신중히 답하면 얻을 수 있다. 어떤 유형의 보조도구가 발표 목적을 달성하는 데 도움이 되는가? 268쪽의 다양한 프레젠테이션 보조도구의 유형과 기능을 검토해보고 메시지를 가장 잘 지원할 수 있는 유형을 결정하면 된다. 그러나 먼저 메시지에 도움이 되는 적절한 미디어를 선택하고 효과적인 디자인 원리를 이용해야 한다.

미디어 선택

프레젠테이션을 위한 미디어를 선택할 때에는 목적, 청중, 환경, 준비 상황 등을 고려한다. 멀티미디어로 프레젠테이션을 하고 싶겠지만 프레젠테이션으로 예정된 장소가 미디어가 제대로 구현되게끔 어두워질 수 없거나, 필요한 장비나 시설이 없을 수도 있다. 수백 명의 청중 앞에서 보드나 플립 차트에 자세한 내용을 기술하면 뒷줄에서 듣는 사람들은 이를 보지 못할 수도 있다.

디자인 원리 이용

아무리 좋은 의도, 최고의 장비와 최신의 소프트웨어를 가지고 있어도 프레젠테이션 보조도구가 효과를 발휘하지 못할 수도 있다. 디자인이 단조롭고 산만하거나 따라가기 어려울 수 있다.

> ❝ 소프트웨어가 아닌
> 디자인에 관한 것이다. ❞
>
> 재닛 보자르트, *Better Than Bullet Points*의 저자[37]

보조도구의 유형이나 배치 방법과 관련 없이 위쪽의 기본 시각 디자인 원리는 프레젠테이션을 방해하거나 산만하게 하지 않고

프레젠테이션 보조도구의 디자인 원리

미리보기 및 강조하기	프레젠테이션 보조도구는 요점을 미리 보여주고 중요한 사실과 특성을 강조해야 한다.
시각적으로 표제 만들기	표제가 명확하면 독자들이 메시지를 오해할 가능성이 줄어든다.
효과 자제하기	너무 많은 그래픽, 글꼴, 색상, 기타 시각적 요소와 효과를 사용하지 않는다.
가독성 높은 글꼴과 적합한 색상 선택하기	슬라이드에 두 가지 이상의 글꼴이나 24포인트 이하의 글꼴 크기를 사용하지 않고, 가독성이 떨어지는 색상을 사용하지 않는다.
적절한 그래픽 사용하기	그래픽이 필수적인지 그리고 발표의 목적에 도움이 되는지 확인한다.

보기 좋은 프레젠테이션 보조도구를 만드는 데 도움이 된다.

엄격한 디자인 원리가 모든 상황에 적용되는 것은 아니기 때문에 어떤 경우에는 '규칙'을 어겨야 할 수도 있다. 예를 들어 필자들은 슬라이드마다 최대 몇 개의 글머리 기호가 있는지, 글머리 기호마다 몇 개의 단어가 있는지에 대한 규칙을 제공하기 꺼린다. 대신 출처마다 3단어, 5단어, 7단어 등 서로 다른 숫자를 제시한다. 하지만 7단어 이상을 사용해야 하는 경우도 있고 1개의 단어만 강조해야 하는 경우도 있다. 슬라이드에 너무 많은 글머리 기호나 단락이 생기지 않도록 하기 위해 일반적으로 '6×6' 규칙(슬라이드당 6개의 글머리, 글머리당 6개의 단어)과 같은 적절한

◤ 커뮤니케이션과 윤리 ●━━━━━

프레젠테이션 보조도구 사용에 있어서의 표절 행위

영상이나 오디오 제작이 한 개인의 생계 수단이 되는 경우 그러한 저작물의 무단 사용은 저작권법 위반으로 윤리적·법적 문제를 야기한다.

이러한 문제에 대응하기 위해 마이크로소프트와 같은 회사는 콘텐츠가 공정하게 사용될 수 있도록 클립 아트, 클립 비디오, 클립 오디오 등의 온라인 뱅크를 개발했다. 예를 들어 마이크로소프트의 디자인 갤러리 라이브와 구글 이미지는 수십만 개 이상의 무료 이미지를 제공하고 있다. 미국 의회도서관의 자체 온라인 카탈로그는 700만 개 이상의 이미지를 제공하며 그중 다수는 공개 도메인으로 저작권의 보호를 받지 않는다. 그래픽 패키지를 구입하는 경우 이미지를 복사해서 프레젠테이션에 사용할 수 있다.

하지만 사진작가의 포트폴리오에서 스캔한 사진, CD나 아이팟에서 복사한 오디오나 비디오 클립, 인터넷에서 다운로드한 그래프를 출처를 밝히지 않고 사용하는 경우 표절 행위이다.

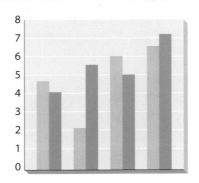

그래프는 비교를 통해 '얼마나 많고 적은'지를 보여준다. 수치를 나타내는 막대 또는 선을 사용하여 추세를 보여주고 증감을 나타낼 수 있다.

미디어	소규모 (50명 이내)	중규모 (50~150명 이내)	대규모 (150명 이상)
칠판/화이트 보드	✓		
플립 차트	✓		
핸드헬드형 오브젝트	✓	✓	
오버헤드 프로젝트용 슬라이드	✓	✓	✓
프레젠테이션 슬라이드	✓	✓	✓
비디오테이프/ DVD	✓	✓	✓
멀티미디어	✓	✓	✓

표는 데이터를 요약하고 비교한다. 그래프로는 자세히 보여줄 수 없고 설명하기에는 너무 많은 단어가 필요한 경우 표는 숫자 값을 표시하는 데 효과적인 대안이 될 수 있다. 표는 주요 특징을 요약하고 비교한다.

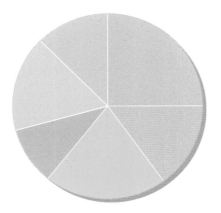

원형 차트는 전체에 대한 '비율'을 확인하여 그 양을 보여준다. 원형의 각 부분은 보통 백분율로 나타낸다. 대부분의 청중은 원형 차트를 빠르고 쉽게 이해한다.

지도는 데이터를 공간 패턴으로 변환하여 '위치'를 보여준다. 지도는 방향을 제시하고, 위치를 비교하거나, 통계 데이터를 모집단의 특성과 연결한다.

다이어그램과 삽화는 사물이 '어떻게 작동하는지' 보여준다. 순서도, 조직도, 연대표, 평면도, 심지어 엔진, 심장, 꽃 등의 내부를 볼 수 있는 물리적 대상의 확대도 등 다양한 형태가 있다.

집단 활동의 장점	집단 활동의 단점
• 집단 활동은 일반적으로 개인보다 업무를 잘 수행하고 성취도도 높다. • 집단 활동은 구성원들에게 사회화 기회를 제공하고 소속감을 느끼게 한다. • 집단 간 협업을 통해 학습을 촉진한다.	• 집단 활동은 많은 시간, 에너지, 재원을 필요로 한다. • 구성원들 간의 충돌은 해결되기 어렵고 좌절시킨다. • 준비가 되어있지 않거나, 일하기 꺼리거나, 성격이 좋지 않은 구성원들과 일하는 것은 집단 활동을 악화시킬 수 있다.

텍스트 차트는 제목이나 표제 아래에 '아이디어나 주요 문구를 나열'한다. 목표, 기능, 형식 유형, 권장 사항 및 지침 등을 묘사한다. 텍스트 차트에 나열된 항목은 번호를 부여하거나 글머리 기호로 나타내거나 별도의 줄로 구분할 수 있다.

사진은 '현실을 묘사'한다. 실제 얼굴이나 장소 등은 쉽게 인식되고 감정을 사로잡을 수 있다.

참고 : 이외 프레젠테이션 보조도구는 오디오, 비디오, 물체, 유인물, 물리적인 시연 등이 있다.

기준을 따르면 아무런 문제가 없다. 그러나 *The Non-Designer's Presentation Book*에서 로빈 윌리엄스(Robin Williams)는 우리가 듣거나 읽은 대부분의 슬라이드 규칙에 대해 회의적일 필요가 있다고 경고한다. 그리고 더 합리적인 조언을 한다. "모든 슬라이드마다 5개의 글머리를 넣어도 좋습니다." 하지만 필요에 따라 슬라이드에 적절한 수의 단락과 단어를 넣는 것이 더 좋다.[38] 그리고 이렇게 덧붙인다. "모든 단어를 가능한 한 간결하게 하고, 규칙 때문에 임의로 단어 수를 제한할 필요는 없습니다. 분명하게 하세요."[39]

프레젠테이션 보조도구의 처리

프레젠테이션 보조도구를 계획하고 준비하는 데 많은 시간과 노력, 중요한 자료를 투입한 후에는 다음과 같은 몇 가지 지침을 따라 원활하고 전문적으로 보조도구를 처리해야 한다. 청중에게 등을 보이거나 말하는 동안 화면 앞에 서거나 차트를 넘기지 않는다. 언제 보조도구를 소개할지, 그것을 얼마나 오래 남겨둘지, 제

이론 살펴보기

인지과학과 프레젠테이션 보조도구의 만남

마음과 지능에 대한 학제 간 연구인 **인지과학**(cognitive science)은 청중의 지각, 사고, 학습에 적응할 수 있는 시각적 요소를 디자인하는 데 도움을 줄 수 있다.

여기에서는 스티븐 코슬린(Stephen Kosslyn)의 파워포인트 프레젠테이션 연구와 리처드 메이어(Richard Mayer)의 언어적 형태(문어체와 구어체)와 이미지(삽화, 그래프, 사진, 지도, 애니메이션, 비디오 등)를 이용한 멀티미디어 학습 연구를 바탕으로 두 가지 중요한 인지과학 원리를 제시하고자 한다.[40] 이 두 가지 원리는 일관성과 대조성이며, 오른쪽 표에 설명되어 있다.

인지과학은 흥미롭지만 관련 없는 그림의 사용이 학습과 이해력을 '감소'시키는 이유에 대해 설명한다. **흥미유발 사항**(seductive details)은 청중의 관심을 끌지만 화자의 요점을 제대로 전달하지 못한다. 학습 대신에 청중은 재미있는 장면, 극적인 그래픽, 생생한 색상, 매력적인 동작과 같은 흥미유발 사항에 의해 '유혹'당하고 혼란스러워진다.[41]

컴퓨터로 만든 슬라이드를 디자인하거나 볼 때 슬라이드에 일관성이 있는지 그리고 청중의 주의를 집중시키기 위해 대조를 사용했는지 스스로 질문해봐야 한다. 아래에 제시된 2개의 슬라이드 중에 어느 것이 더 일관성 있고 어느 것이 더 대조를 효과적으로 사용하고 있는가? 오른쪽 슬라이드가 답이다.

인지 원리	연구 결과	실제 적용
일관성	관련 없는 단어, 그림, 소리, 음악 등은 우리의 활성화된 기억 속에서 인지 자원을 놓고 경쟁하며 우리의 주의를 전환시킨다.	외부 자료는 잘라내거나 제외시킨다. 필수 아이디어와 항목에만 집중하고 강조한다. 화려한 것을 버리고 메시지에 집중한다.
대조성	대조는 외부적 처리 과정을 줄여주고 청중의 주의를 중요한 정보로 유도한다.	시각적 대조를 사용하여 핵심 요소와 이들 간의 관계에 청중이 집중하도록 한다.

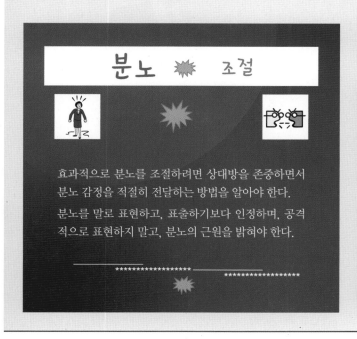

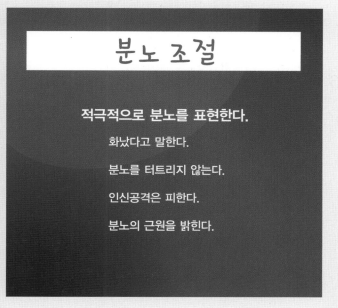

거할지 등을 결정한다. 보여줄 수 있는 보조도구가 많이 있다 하더라도 항상 청중과 직접적이고 개인적인 접촉을 통해 프레젠테이션을 시작하고 끝낸다.

프레젠테이션 보조도구는 프레젠테이션이 아니라 화자를 돕기 위한 것임을 명심하자. 화자와 전달하고자 하는 메시지가 항상 먼저이다.

프레젠테이션 리허설 전략

14.7 프레젠테이션의 언어와 전달력을 효과적으로 향상시킬 수 있도록 연습해보자.

*Present Like a Pro*에서 신디 맥시(Cyndi Maxey)와 케빈 오코너(Kevin E. O'Connor)는 미국연설가협회 약 4,000명의 전문가 회원을 대상으로 한 성공적인 연설을 위한 최고의 조언에 대한 연구를 설명한다. 응답자의 35% 이상이 성공적인 연설에서 '연습'을 가장 중요한 것으로 꼽았다.[42]

효과적인 리허설을 위해서는 프레젠테이션을 반복하는 것 이상을 필요로 한다. 연습을 하면 발음에 문제가 있는 단어가 있는지 아니면 한 번에 말하기에 너무 긴 문장이 있는지를 알 수 있다. 또한 예정된 10분을 넘어 전달하는 데 30분 정도 걸린다는 사실을 연습에서 발견할 수도 있다. 프레젠테이션 보조도구를 이용한 연습도 중요하다. 자신의 영상이 제대로 작동하지 않았던 당혹스러운 경험이 있거나 이를 본 사람들은 누구나 알 것이

다른 말로 하면, "당신이 그것을 주기 전에 당신의 연설을 하시오."[44]

다. 리허설은 잘 들리고 보기 좋은 프레젠테이션을 만드는 유일한 방법이다.[43]

연습은 다양한 형태로 할 수 있다. 프레젠테이션을 혼자 큰 소리로 연습하는 것처럼 간단할 수도 있고, 무대 위의 리허설을 비디오로 녹화해 보는 것처럼 복잡할 수도 있다.

동시에 과도한 연습으로 흥분해서는 안 된다. 너무 많이 연습하면 녹음된 소리(sound canned), 즉 너무 많이 연습하거나 같은 연설을 여러 번 반복하여 더 이상 자연스럽고 진정성 있는 정상적인 소리처럼 들리지 않을 수 있다. 우리가 줄 수 있는 조언은 다음과 같다. 만족할 때까지 계속 연습한다. 그리고 나서 프레젠테이션의 세부 사항을 개선하기 위한 목표를 가지고 연습한다. 자신감이 생길 때까지 연습하고, 그다음에는 그만한다.

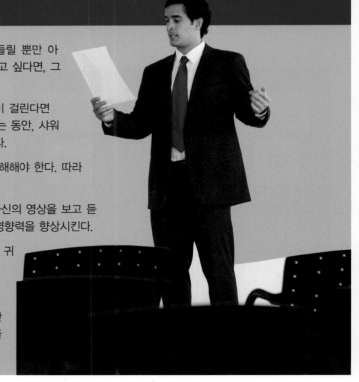

프레젠테이션 연습의 **권장 사항**

- **프레젠테이션을 암기하지 않는다.** 그러한 발표는 암기된 것처럼 들릴 뿐만 아니라 잊어버릴 위험도 따른다. 프레젠테이션의 핵심 부분을 암기하고 싶다면, 그 부분들이 자연스럽게 들릴 수 있도록 연습한다.

- **가능한 한 언제 어디서나 연습한다.** 출퇴근이나 통학하는 데 시간이 걸린다면 라디오를 끄고 발표할 부분을 크게 소리 내어 연습한다. 운동을 하는 동안, 샤워하는 동안, 방해하거나 주의를 산만하게 할 사람이 없을 때 연습한다.

- **연습 시간을 측정한다.** 실제 발표에는 시간이 더 오래 걸릴 것을 이해해야 한다. 따라서 10분 연설을 할 예정이라면 연습에서는 8분이 소요되어야 한다.

- **연습한 것을 오디오로 녹음한다.** 가능하면 비디오로도 촬영한다. 자신의 영상을 보고 듣고 비판해본다. 그런 다음 단어나 전달 방식을 조정하여 정확성과 영향력을 향상시킨다.

- **친구나 소규모 집단 앞에서 연습한다.** 사람들의 의견을 주의 깊게 귀 기울이고 어떤 것이 발표를 개선하는 데 도움이 되는지 결정한다.

- **긴 세션을 한 번에 연습하기보다는 여러 차례에 걸쳐 연습한다.**

- **5~10분 정도의 소규모 세션으로 나눈다.** "연습 시간을 관리 가능한 규모로 나눈다면 각 부문에 대해 더 자주 연습할 수 있고 자신감을 쌓을 수 있을 것이다."[45]

프레젠테이션을 연습하고 전달할 때 효과적으로 말하기 위한 '꼭 해야 할' 규칙은 없다는 것을 명심하자. 이 책은 훌륭한 조언으로 가득 차 있지만 성공적인 화자는 발표의 목적, 청중과 상황에 맞게 그 충고를 조정할 줄 안다. 말하는 동안 주머니에 손을 넣어도 괜찮을까? 그렇다. 어떤 상황에서는 서서 말하지 않고 자리에 앉아서 말할 수 있는가? 물론이다. 가끔씩 '음…', '어…'라고 말하면 청중들이 항의할까? 그렇지 않다.

전달과 연습의 '규칙'은 지령이 아니라 지침이다. 때로는 일반적인 규칙을 어기는 것이 프레젠테이션을 더 흥미롭고 기억에 남는 것으로 만들 수 있다. 똑똑한 화자는 프레젠테이션을 발전시키는 데 규칙을 사용하고 방해가 되면 규칙을 무시한다. 한 가지 중요한 규칙이 있다면 그것은 바로 규칙은 발표 목적을 달성하는 데 도움이 될 때에만 효력이 있다는 것이다.

커뮤니케이션 **평가하기**

언어 유형과 전달력 평가하기

다음 프레젠테이션의 일부 발췌된 내용을 읽어보자.

1. 2011년 1월 12일, 애리조나주 투손의 총기 난사 사건 희생자들을 위한 추모식에 참석한 버락 오바마 대통령의 연설[46]

잠시 상상해보세요. 여기 우리의 민주주의에 대해 인식하고 있는 한 어린 소녀가 있었습니다. 시민의 의무를 이해하기 시작했으며, 언젠가 국가의 미래를 형성하는 데 한몫을 할지도 모른다는 사실을 이제 막 보여주기 시작했습니다. 이 소녀는 학생회 임원으로 선출되었습니다. 공공서비스를 흥미진진하고 희망적인 것으로 생각했습니다. 그리고 자신이 존경하고 중요하다고 여긴, 롤모델이었던 하원 의원을 만나러 가는 길이었습니다. 소녀는 이 모든 것을 어린아이의 눈을 통해 보았고, 어른들이 너무도 당연하게 여기던 냉소와 독설에도 굴하지 않았습니다. 저는 이 소녀의 기대에 부응하고 싶습니다.

2. 2009년 8월 24일, 미국프레스클럽에서 닉 조나스의 '당뇨병 자각'에 대한 연설[47]

저는 2005년 11월에 제1형 당뇨병 진단을 받았습니다. 제 동생들은 제가 3주 만에 약 7kg의 몸무게가 줄었다는 것을 알게 되었습니다. 항상 목이 마르고 태도도 변해갔습니다. 긍정적인 사람이었는데 몇 주 동안 확 바뀐 것입니다. 정신없이 바쁜 일정 탓으로 돌리는 것이 쉬웠겠지만, 가족들은 병원에 가야 한다고 생각했습니다. 혈당의 정상 범위는 70~120 사이 입니다. 병원에 도착해서 제 혈당치가 700이 넘는다는 것을 알았습니다. 의사는 제게 제1형 당뇨병이라고 말했지만 그게 무엇을 의미하는지 전혀 몰랐습니다. 제가 먼저 물어본 것은 "제가 죽나요?"였습니다.

3. 아웅 산 수지 여사, 공포로부터의 자유, 1990년 발표[48]

아웅 산 수지 여사는 버마 민족주의의 영웅 아웅 산의 딸이다. 1989년 정부는 수지 여사를 가택 연금했고 21년 중 15년을 구금 생활로 보냈다. 1991년 수지 여사의 지속적인 노력으로 노벨 평화상을 수상했으며 마침내 2010년 11월에 가택 연금에서 풀려났다.

사람을 타락시키는 것은 권력이 아니라 공포이다. 권력 상실에 대한 공포가 권력을 행사하는 사람들을 타락시키고 권력의 채찍에 대한 공포가 권력에 예속된 자들을 타락시킨다. 기본 인권의 존재를 부인하는 체제 내에서 공포는 그날의 질서가 되곤 한다. 투옥에 대한 공포, 고문에 대한 공포, 죽음에 대한 공포, 친구, 가족, 재산이나 생활 수단의 상실에 대한 공포, 빈곤에 대한 공포, 고립에 대한 공포, 실패에 대한 공포. 가장 교활한 형태의 공포는 인간의 자존감과 타고난 인성의 존엄성을 지키는 데 도움이 되는 작고 일상적인 용기 있는 행동을 어리석고 무모하고 하찮거나, 쓸데없는 것으로 비난하며 상식이나 지혜로 가장하는 것이다.

****

추가 사항

각 화자의 유형과 언어 전략을 검토해보자. 어떤 CORE 언어 유형이 지배적인가? 화자는 어떤 언어 전략을 사용하는가? 언어 전략을 얼마나 잘 사용하는가? 화자들이 취하는 언어 유형의 유사점과 차이점은 무엇인가? 그런 다음 화자의 의도, 기분, 메시지를 가장 효과적으로 표현할 수 있도록 각 내용을 소리 내어 읽어보자. 연습을 충분히 하기 전까지는 어려운 일이라는 것을 알게 될 것이다.

다른 학생들이 이 발췌문을 읽을 때, 단어와 구절을 강조하기 위해 목소리와 몸을 사용하는 방법에 주목해보자. 또한 원고를 읽는 것이 각 화자의 연설에 어떤 영향을 미치는지 살펴보자. 참고로 연설문의 원본은 웹에서 검색하여 보고 들을 수 있다.

CORE 언어 유형

14.1 CORE 언어 유형이 프레젠테이션의 효과를 어떻게 향상시킬 수 있는지 설명해보자.

- CORE 언어 유형, 즉 간결체, 구어체, 수사체, 웅변체 중에서 적절한 언어 유형을 선택해서 사용한다.
- 간결체는 간단하고 단순하며 직접적인 단어를 사용한다.
- 구어체는 짧은 문장, 인칭 대명사, 구어체 표현 등 친근한 단어를 사용한다.
- 수사체는 생생하고 강력한 언어를 특징으로 한다.
- 웅변체는 고무적으로 기억하기 쉬운 방식으로 시적이고 설득력 있는 언어를 포함한다.

자신감 있는 전달

14.2 프레젠테이션 불안에 대한 원인과 결과를 확인하고 관리해보자.

- 모든 화자는 말하기 불안감을 경험하지만 대개는 보이지 않는다. 청중은 화자의 두려움을 보거나 들을 수 없다.
- 말하기 불안감에 대한 정확한 정보를 읽으면 두려움을 키우기보다는 자신감을 기르게 된다.

전달 방식

14.3 네 가지 전달하는 방식의 장점과 단점을 비교해보자.

- 즉흥형 말하기는 사전 준비나 연습 없이 말하는 경우이다.
- 절충형 말하기는 노트나 개요를 준비하여 사용하는 것이다.
- 원고형 말하기는 원고를 작성하고 이를 보고 읽는 것이다.
- 암기형 말하기는 노트 없이 프레젠테이션을 암기해서 하는 것이다.
- 네 가지 전달 방식을 적절하게 조합하면 대부분의 프레젠테이션에 적합하고 효과적으로 활용할 수 있다.

목소리의 전달

14.4 목소리를 효과적으로 전달하기 위한 요소를 설명해보자.

- 효과적으로 호흡을 조절하면 더 크게 말하고, 한 번에 많이 말할 수 있다.
- 청중의 규모와 말할 장소의 크기에 맞게 성량을 조정한다.
- 말하기 속도는 말하기 유형, 메시지의 특성, 청중에 따라 달라질 수 있다.
- 최적의 성조는 가장 쉽고 표현력 있게 말하는 성조이다.
- 전달하는 데 있어 활력, 다양성, 억양, 유창함, 성실함 등을 활용하여 표현력을 개발한다.
- 조음은 언어 내의 단어 소리를 분명하게 하는 것과 관련이 있다. 발음은 단어를 정확하게 말하는지 여부를 나타낸다.

신체적 표현 전달

14.5 신체적 표현을 효과적으로 전달하기 위한 요소를 설명해보자.

- 직접적이고 효과적인 시선 접촉은 커뮤니케이션을 통제하고 신뢰성을 높이

며, 청중과의 피드백을 해석하는 데 도움이 된다.
- 메시지에 확신을 줄 수 있는 얼굴 표정과 제스처로 자연스럽게 말한다.
- 편안하고 자신감 있게 서있다면 빈틈 없어 보이고 통제력을 발휘할 수 있다.

프레젠테이션 보조도구

14.6 프레젠테이션 보조도구를 통한 효과적인 디자인 및 배치 전략을 적용해보자.

- 발표의 목적, 맥락, 청중, 내용에 적합한 미디어와 프레젠테이션 보조도구를 선택한다.
- 프레젠테이션 보조도구를 만들기 위한 다섯 가지 기본 디자인 원리는 (1) 미리보기와 강조하기, (2) 시각적으로 표제 만들기, (3) 효과 자제하기, (4) 가독성 높은 글꼴과 적합한 색상 선택하기, (5) 적절한 그래픽 사용하기 등이 있다.
- 프레젠테이션 보조도구를 처리할 때에는 보조도구나 화자가 아닌 청중에게 맞춘다. 보조도구가 아니라 자신으로부터 시작하고, 보조도구 없이 말할 수 있도록 준비한다.

프레젠테이션 리허설 전략

14.7 프레젠테이션의 언어와 전달력을 효과적으로 향상시킬 수 있도록 연습해보자.

- 리허설은 소리가 잘 들리고 보기 좋은 프레젠테이션을 만들어준다.
- 각 연습 세션을 여러 개로 나누어 전체 프레젠테이션을 여러 번 연습한다.

주요 용어

간결체	암기형 말하기	절충형 말하기
구어체	억양	조음
두운법	언어 유형(말하기 유형)	즉흥형 말하기
발음	언어의 강도	채움말
성량	언어 유형	최적의 성조
성조	웅변체	표현력
속도	원고형 말하기	프레젠테이션 보조도구
수사적 기교	유창함	흥미유발 사항
수사체	은유	CORE 언어 유형
시선 맞춤	인지과학	
아이 스캔	전달	

연습문제

14.1 CORE 언어 유형이 프레젠테이션의 효과를 어떻게 향상시킬 수 있는지 설명해보자.

1 워싱턴 DC에서 열린 미국프레스클럽에서 '당뇨병 자각'에 대한 연설 중에 닉 조나스는 다음과 같이 말했다. 다음 중 조나스의 언어 유형에 해당하는 것은 무엇인가?

때로는… 포기하며 말을 하는 게 쉬웠습니다. "이만하면 됐어, 이제 그만하고 싶어. 당뇨병에서 벗어나 하루라도 편히 쉬고 싶어." 하지만 그렇게 되지 않았습니다.

　a. 간결체와 구어체

　b. 수사체

　c. 웅변체

　d. 학술체

2 에이브러햄 링컨의 첫 번째 취임사(1861)에서는 대부분의 남부 사람들에게 전쟁에 가담하지 말 것을 요청하면서 마무리 지었다. 다음 중 링컨의 언어 유형에 해당하는 것은 무엇인가?

"이 광활한 땅의 모든 전쟁터와 애국자의 무덤에서부터, 살아있는 모든 사람과 가정에까지 이어져 있는 환상적인 기억의 선율에, 언젠가 우리 본성에 깃든 보다 선량한 천사의 손길이 반드시 다시 와 닿을 것이며, 그때 연방의 합창은 울려 퍼질 것입니다."

　a. 간결체와 구어체

　b. 수사체

　c. 웅변체

　d. 학술체

14.2 프레젠테이션 불안에 대한 원인과 결과를 확인하고 관리해보자.

3 다음 중 말하기 불안감에 대한 설명이 아닌 것은 무엇인가?

　a. 말하기 불안감에 대해 읽는 것은 더 긴장하게 만든다.

　b. 미국인들은 뱀보다 대중 연설을 더 두려워한다.

　c. 말하기 불안감은 청중에게 일반적으로 보이지 않는다.

　d. 위의 모든 것은 대중 연설에 관한 일종의 신화이다.

14.3 네 가지 전달하는 방식의 장점과 단점을 비교해보자.

4 다음 중 가장 일반적인 전달 방식은 무엇인가?

　a. 즉흥형 말하기

　b. 절충형 말하기

　c. 원고형 말하기

　d. 암기형 말하기

14.4 목소리를 효과적으로 전달하기 위한 요소를 설명해보자.

5 다음 중 일반적으로 전달하는 데 있어 가장 효과적인 속도는 무엇인가?

　a. 분당 100~125단어

　b. 분당 125~150단어

　c. 분당 150~180단어

　d. 분당 180~200단어

14.5 신체적 표현을 효과적으로 전달하기 위한 요소를 설명해보자.

6 다음의 신체 표현 중 성공적인 프레젠테이션을 위해 가장 중요한 전달 요소는 무엇인가?

　a. 시선 맞춤

　b. 얼굴 표정

　c. 제스처

　d. 자세와 움직임

14.6 프레젠테이션 보조도구를 통한 효과적인 디자인 및 배치 전략을 적용해보자.

7 다음 중 흥미유발 사항은 무엇을 말하는가?

　a. 일부 화자의 자신의 삶의 개인적인 세부 사항에 집중하는 경향성

　b. 매우 생생하고 강렬한 언어를 사용하는 프레젠테이션

　c. 청중들과 시각적 보조도구를 더 성공적으로 공유하기 위해 사용하는 파워포인트 슬라이드

　d. 청중의 관심을 끌지만 화자의 요점을 지원하지 않는 프레젠테이션 요소

8 다음 중 너무 많은 그래픽, 글꼴, 색상, 기타 시각적 요소와 효과를 사용하지 않도록 하는 프레젠테이션 보조도구의 디자인 원리는 무엇인가?

　a. 적절한 그래픽 사용하기

　b. 시각적으로 표제 만들기

　c. 효과 자제하기

　d. 적절한 미디어를 선택하기

9 다음 중 슬라이드에 두 가지 이상의 글꼴이나 24포인트 이하의 글꼴 크기를 사용하지 않고, 가독성이 떨어지는 색상을 사용하지 않도록 하는 프레젠테이션 보조도구의 디자인 원리는 무엇인가?

　a. 미리보기와 강조하기

　b. 효과 자제하기

　c. 가독성 높은 글꼴과 적합한 색상 선택하기

　d. 적절한 그래픽 사용하기

14.7 프레젠테이션의 언어와 전달력을 효과적으로 향상시킬 수 있도록 연습해보자.

10 프레젠테이션 연습의 권장 사항은 전달력과 자신감을 향상시키는 데 도움이 될 수 있다. 다음 중 프레젠테이션 연습의 권장 사항에 해당하지 않는 것은 무엇인가?

　a. 프레젠테이션을 암기할 때까지 연습한다.

　b. 전체 프레젠테이션을 여러 차례에 걸쳐 연습한다.

　c. 오디오나 비디오를 사용하여 연습한다.

　d. 누군가의 앞에서 연습하여 피드백을 받는다.

정답 확인 : 355쪽

연습문제

정보 전달 15

주요 목표

15.1 정보전달 프레젠테이션의 목표에 대해 설명해보자.

15.2 다양한 유형의 정보에 가장 적합한 커뮤니케이션 전략을 파악해보자.

15.3 청중의 관심을 유도하기 위한 이야기, 유머, 참여 전략을 활용해보자.

15.4 효과적으로 정보를 전달하는 프레젠테이션을 위한 커뮤니케이션 역량을 실천해보자.

대학생들이 가장 자주 들을 수 있는 정보전달 프레젠테이션은 캠퍼스에서 실시하는 강의(온라인 강의 포함)이다.[1] 그러나 최근 몇 년 동안 전통적인 방식의 강의는 인기를 잃고 있다. 한 연구에 따르면 교수가 분당 150단어를 말하면 학생들은 그중 약 50단어만 듣는다고 한다.[2] 게다가 대부분의 학생들은 50분 강의의 약 40% 정도를 듣는다.[3]

학생들이 강의를 듣고 배울 수 있도록 교수가 할 수 있는 일은 무엇인가? 윌버트 매키치(Wilbert McKeachie)는 *Teaching Tips*에서 답을 제공한다. 다른 연구들과 마찬가지로 학생들의 전형적인 주의 집중 시간은 수업의 처음 10분 이내에 최고조에 달하고, 그 시점 이후 감소한다고 지적한다.[4] 결과적으로 매키치가 다른 교수법을 위해서 강의를 포기하라고 권장하는 것으로 생각할 수 있다. 오히려 그렇지 않다. 매키치는 강사가 학생들의 주의를 기울이고 유지하는 방법을 알고 있다면, 강의를 잘 계획하고 조직화한다면, 강의 내용에 다양한 유형의 근거 자료와 명확한 전환이 포함된다면, 그리고 강사가 학생들을 적극적으로 참여시키고 말을 잘하면 매우 효율적이고 효과적인 교수법이라고 본다.[5] 여기서 중요한 점은 성공적인 강의에 대한 매키치의 설명이 성공적인 정보전달 프레젠테이션의 특징을 설명하기도 한다는 것이다.

설득이 목적인 화자는 논란의 여지가 있는 문제를 다룸으로써 청중의 관심과 흥미를 얻고 유지할 수 있지만 정보 전달이 목적인 화자는 더 어려운 문제에 직면하게 된다. 대학생에게 정보를 전달하든 기업 임원에게 정보를 전달하든 청중들이 전달하는 메시지를 소중히 여기고 이해하고 기억하기를 원한다면 청중들에게 흥미를 주고 일깨워주는 방법을 알아야 한다. 이 장에서는 이러한 정보적 말하기의 목표를 달성하는 데 필요한 전략과 기술에 대해 설명하고자 한다.

정보적 말하기의 목적

15.1 정보전달 프레젠테이션의 목표에 대해 설명해보자.

정보적 말하기는 가장 일반적인 유형의 프레젠테이션이다. 학생들은 구두로 보고서를 발표하고, 동료들과 연구를 공유하고 그룹 과제를 설명하기 위해 정보적 말하기를 한다. 교실 외에도 기업들은 신입 사원들에게 방향을 제시하고 회사 보고서를 발표하며 새로운 정책을 설명하기 위해 정보전달 프레젠테이션을 사용한다.

정보전달 프레젠테이션(informative presentation)은 새로운 정보를 보고하고, 어려운 용어를 명확히 하며, 과학 현상을 설명하거나, 혼란과 오해를 극복한다. 또한 지시하고, 정의하고, 이해시키고, 설명하고, 수정하고, 상기시키고, 입증함으로써 정보를 제공한다. 평생 동안 많은 정보전달 프레젠테이션을 준비하고 전달하도록 요구받을 것이다. 그래서 프레젠테이션을 어떻게 잘 준비하는지 배우는 것에 따라 청중의 주의를 끌고, 이해 및 관심을 보장할 수 있다.[6]

때로는 정보전달 프레젠테이션이 어디서 끝나고 설득 프레젠테이션이 어디서 시작되는지 판단하기가 어렵다. 대부분의 정보전달 프레젠테이션은 설득적 요소를 포함한다. 예를 들어 지구 온난화의 영향을 설명하기 위한 정보전달 프레젠테이션은 청중들에게 대기 오염에 대한 더욱 엄격한 규제를 지지하도록 설득할 수 있다. 심지어 단추를 제대로 꿰매는 방법을 보여주는 것조차도 일부 사람들에게 그동안 자신의 방식을 바꾸도록 하거나 엄마나 수선실에 맡기지 않고 스스로 하도록 설득할 수 있다.

말하기 목적에 따라 정보전달 프레젠테이션과 설득 프레젠테이션을 구별할 수 있다. 청중에게 자신의 의견이나 행동을 바꾸라고 요청하면 프레젠테이션은 설득력을 발휘하게 된다.

정보 커뮤니케이션의 전략

15.2 다양한 유형의 정보에 가장 적합한 커뮤니케이션 전략을 파악해보자.

캐서린 로완(Katherine Rowan)은 **정보 · 설명 커뮤니케이션 이론**(Theory of Informatory and Explanatory Communication)에서 정보전달 프레젠테이션의 내용과 구조에 관한 전략적 결정을 내리는 방법에 대해 설명한다. 두 부분으로 이루어진 이 이론에서 로완은 정보 커뮤니케이션과 설명 커뮤니케이션이라고 명명한 것의 차이점에 중점을 두고 있다.

정보 커뮤니케이션(informatory communication)은 뉴스 보도와 같이 최신 정보를 보고함으로써 청중들의 인식을 창출하거나 향상시키려고 한다. **설명 커뮤니케이션**(explanatory communication)은 어려운 용어를 해설하고 유사 과학 현상을 설명하거나 혼란과 오해를 극복함으로써 복잡한 생각과 정보에 대한 청중의 이해를 심화시키고자 한다. 당연히 다양한 유형의 정보 메시지는 서로 다른 목적을 가지고 있으며, 서로 다른 커뮤니케이

정보전달 프레젠테이션은 평범한 것에서 별난 것까지 다양한 주제를 다룰 수 있다.

청중의 관심을 사로잡기 위한 가치 단계 포함하기

밴조 음악, 볼링, 이베이 입찰을 좋아한다고 해서 청중들이 여러분의 열정을 공유한다는 뜻은 아니다. 그렇다면 어떻게 청중에게 귀를 기울여야 할 이유를 줄 수 있을까? 그 대답은 도입부에 청중의 관심을 사로잡을 수 있는 가치 단계를 포함하는 것이다. **가치 단계**(value step)는 정보가 어떻게 개인의 행복과 성공을 향상시킬 수 있는지를 설명한다. 모든 정보전달 프레젠테이션에서 이 단계가 반드시 필요한 것은 아니지만, 청중의 관심을 높이고 강화하기 위해 가치 단계를 사용하는 데 아무런 문제가 없다.

가치 단계를 모색할 때 다음 중 어느 프레젠테이션이 청중에게 도움이 될지 자문해보자.

- **사회적** : 프레젠테이션이 청중들이 다른 사람들과 상호작용하는 것에, 더 많이 인기를 얻는 것에, 멋진 파티를 여는 데 도움이 되는가?
- **물리적** : 프레젠테이션이 일반적인 질병을 치료하고, 머리카락을 잘 자르고, 생산적으로 운동하는 법에 대한 조언을 제공하는가?
- **심리적** : 프레젠테이션이 청중들로 하여금 자신에 대해 더 나은 감정을 갖도록 하거나 심리적 문제를 극복하도록 도와줄 것인가?

- **지적** : 프레젠테이션이 과학의 흥미롭고 새로운 발견을 설명해줄 수 있는가? 청중의 지적 호기심을 만족시킬 수 있는가?
- **재정적** : 프레젠테이션이 청중들에게 현명하게 돈을 벌고, 저축하고, 투자하고, 소비하는 데 도움을 줄 것인가?
- **전문적** : 프레젠테이션이 청중들이 성공하고 직업이나 전문 문야에서 번창하는 데 도움이 될 것인가?

> 프레젠테이션을 해야 할
> 이유가 있다면
> 청중들이 귀를 기울여야 할
> 이유가 있어야 한다.

정보전달 프레젠테이션에서 경험이 부족한 화자는 이점보다는 특징과 기능에 대해 이야기하는 데 너무 많은 시간을 할애한다. *Advocacy: Championing Ideas and Influencing Others*의 저자 존 데일리(John Daly)는 특징은 어떤 항목이나 아이디어의 특성이며, 기능은 그 특징이 하는 것이며, 이점은 그 기능들이 우리에게 제공하는 것

이라고 설명한다. "병은 원통형(특징)이기 때문에 손으로 잡기 쉽습니다(기능). 즉, 걸으면서 이야기할 때 휴대할 수 있다(이점)는 뜻이죠."[7] 무엇을 듣고 싶은가? 물병에 사용된 기술에 대한 발표인가? 아니면 생수 제품이 우리에게 어떤 도움을 주는지에 대한 분석인가? 다시 말해 청중이 메시지를 소중히 여기지 않으면 귀담아들을 이유도, 관심을 가질 이유도 없을 수 있다. 또한 제12장 "프레젠테이션 계획"에서 소개한 WIIFT 개념을 떠올려보자. 가치 단계는 청중들에게 무엇이 필요한지 알려준다.

아래 표는 정보전달 프레젠테이션을 위한 주제, 관련 가치 범주, 가치 단계에 대한 두 가지 예를 제시하고 있다. 나머지 항목에 대해 빈칸을 채워보자. 가치 단계에 정보전달의 목적이 반영되어 있는지 확인해 보자.

가치 단계 결정하기(청중들은 왜 여러분의 프레젠테이션에 귀를 기울이거나 관심을 가져야 하는가?)		
주제	가치 범주	가치 단계
중동호흡기증후군(MERS)	물리적	중동에서 유럽으로 이동하면서 자국에 어떤 영향을 미칠 수 있는지에 대해 이 치명적인 질병의 경로를 따라가본다.
지리적 문해력	재정적	수자원의 고갈이 가정의 수도요금 부담에 어떠한 영향을 미칠지 알아본다.
수학 공포증		
밀레니엄 세대		
좋은 박테리아		
면접		

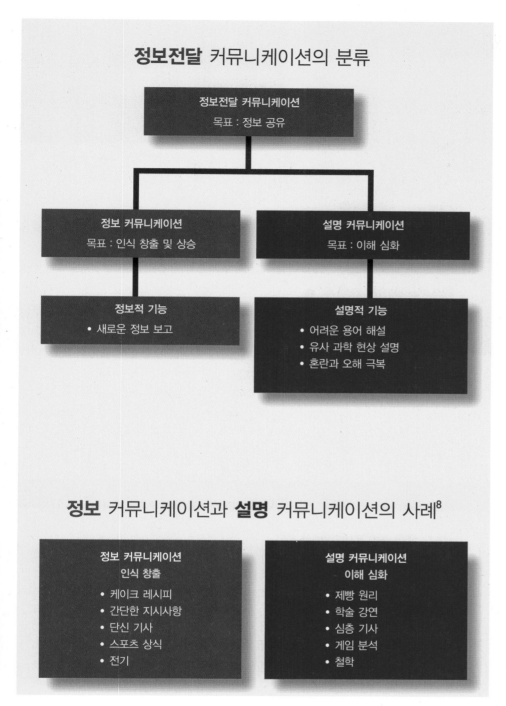

정보전달 커뮤니케이션의 분류

정보전달 커뮤니케이션
목표 : 정보 공유

정보 커뮤니케이션
목표 : 인식 창출 및 상승

설명 커뮤니케이션
목표 : 이해 심화

정보적 기능
• 새로운 정보 보고

설명적 기능
• 어려운 용어 해설
• 유사 과학 현상 설명
• 혼란과 오해 극복

정보 커뮤니케이션과 설명 커뮤니케이션의 사례[8]

정보 커뮤니케이션
인식 창출
• 케이크 레시피
• 간단한 지시사항
• 단신 기사
• 스포츠 상식
• 전기

설명 커뮤니케이션
이해 심화
• 제빵 원리
• 학술 강연
• 심층 기사
• 게임 분석
• 철학

어디서, 언제, 어떻게, 왜 등에 대한 질문에 답하는 것이다. 새로운 정보는 신문, 잡지, 온라인 등에 게시된다.

프레젠테이션이 정보를 제공할 때에는 두 가지 당면 과제가 발생한다. 첫째, 청중들에게 새로운 정보라면 분명하게 잘 정리해서 정보를 제공해야 한다. 둘째, 청중에게 듣고 배우고 기억할 이유를 주어야 한다. 로완은 새로운 정보를 보고하기 위한 네 가지 전략을 아래와 같이 권장한다.

정보 전략은 사물, 사람, 절차나 사건에 대한 새롭고 복잡하지 않은 정보를 보고할 때 가장 효과적이다. 하지만 주제가 목적 문장이나 핵심 아이디어가 아니라는 점을 명심해야 한다. 따라서 다음 쪽에 나와있는 불개미에 대한 프레젠테이션 개요에서 보듯이 주제를 개발할 필요가 있다.

청중에게 절차나 작동하는 방법에 대해 알려줄 때 그 과정을 보여주는 것을 고려해본다. 질서 정연한 일련의 단계를 통해 하는 **시범 연설**(demonstration speech)은 청중들에게 무엇의 사용법과 작동법 등을 보여준다. 이러한 프레젠테이션은 파워포인트 템플릿 만들기, 올바르게 세탁하기, 과카몰리 만들기, 마술 묘기 부리기 등 다양하다. 이러한 프레젠테이션을 위한 조직화 유형에는 항목별, 시간적, 공간적 배열 등이 포함되며, 효과적인 시각 자료를 수반하기도 한다.

달을 향한 경쟁(인류 최초로 달에 착륙하기 위해)이나 대통령 선거 운동 등에 대해 설명하려고 하면 사건의 일시, 규모, 중요도 등과 상관없이 프레젠테이션의 목적이 그 사건에 대해 어떻게 이야기할 것인지 결정한다는 것을 명심하도록 한다.

이션 전략이 필요하다. 로완은 정보 커뮤니케이션을 위한 전략을 제공하고 나서 설명 커뮤니케이션을 세 가지 유형의 설명적 기능으로 더 나눈다. 각 기능은 고유한 커뮤니케이션 전략을 가지고 있다. 훌륭한 설명 프레젠테이션은 "왜?" 또는 "그게 무슨 뜻입니까?"와 같은 질문에 답한다.[9]

(위의 정보 커뮤니케이션과 설명 커뮤니케이션의 분류 및 사례를 참조할 것)

새로운 정보 보고

새로운 정보를 보고하는 것은 대부분의 언론인이 누가, 무엇을,

새로운 정보 보고를 위한 전략

■ 도입부에 가치 단계를 포함시킨다.
■ 명확한 조직화 패턴을 사용한다.
■ 다양한 근거 자료를 활용한다.
■ 청중의 관심사와 요구에 관련된 정보를 다룬다.

프레젠테이션 개요 : 새로운 정보 보고

주제 : 불개미

목적 : 불개미의 구조에 대해 알기

핵심 아이디어 : 불개미의 구조를 살펴보면 개미들을 근절하기 어려운 이유를 이해할 수 있을 것이다.

가치 단계 : 불개미에게 물리면 고통스럽고 때로는 치명적이기도 하지만 이외에도 정원을 먹어 치우고, 집안을 손상시키며, 반려 동물과 야생 동물을 해칠 수 있다.

조직화 : 공간적 배열 — 불개미의 구조를 시각적으로 보여주기

요점

A. 외피(외골격)

B. 머리와 구성 요소

C. 가슴

D. 배

어려운 용어 해설을 위한 **전략**

■ 용어의 기본 특징을 정의한다.

■ 다양하고 대표적인 예시를 활용한다.

■ 맞는 예와 아닌 예를 대조한다.

■ 청중에게 퀴즈를 낸다.

어려운 용어 해설

어려운 용어를 이해하는 것은 어렵다. 사물, 사람, 절차, 사건 등과 달리 어려운 용어는 대개 추상적인 개념으로, 간단명료한 정의로 다루거나 묘사하거나 설명할 수 있는 경우가 드물다.

어려운 용어를 해설하는 것은 보고하는 것 그 이상이다. 여기에는 청중들이 기본 특징을 이해하고 불필요한 특성으로부터 분리할 수 있도록 도와주는 설명 커뮤니케이션이 필요하다. 예를 들어 '타당성'과 '신뢰성', '윤리'와 '도덕' 간의 차이는 무엇인가? 왜 산호는 '식물'이 아닌 '동물'로 분류되는가?[10]

다음 쪽의 개요에 나오는 휴리스틱의 의미는 로완이 어려운 용어를 해설하기 위해 권장하는 위의 네 가지 전략을 사용하면 설명할 수 있다.

매개 커뮤니케이션 사례

사실과 허구의 확산

우리 모두는 TV, 라디오, 신문, 잡지, 수많은 온라인 사이트와 출처 등의 뉴스 미디어를 접하면서 최근 사건, 대중문화, 보다 나은 삶을 위한 조언을 얻는다. 이러한 미디어는 이용자의 관심을 끌기 위해 하루 24시간 일주일 내내 끊임없이 서로 경쟁하고 있다.

결과적으로 사실과 허구의 경계가 쉽게 흐려진다. 컴퓨터와 소셜미디어 기기들은 누군가 그 정보가 사실인지 거짓인지를 검토하기 전에 즉각적으로 뉴스를 퍼붓는다. 뉴스 기사를 검증하는 데 오랜 시간이 걸리기 때문에 허위 정보, 절반의 진실과 거짓 등이 우리에게 도달한다.

미국의 미디어 연구소인 포인터 인스티튜트는 2013년 봄 보스턴 마라톤 대회에서 발생한 폭탄 테러와 같은 주요 속보로 다뤄지는 사건들이 "엄청난 루머와 거짓, 보고 오류, 허위 보도 등을 초래했다… 이는 허리케인과 관련된 일이든, 총격 사건이든, 대법원 판결이든, 폭탄 테러든지 간에 계속해서 일어날 것이다."라고 한탄했다.[11] 예를 들어 보스턴 마라톤 폭탄 테러 직후 CNN은 용의자가 체포되었다고 보도했다. 그러나 이는 사실이 아니었다. 뉴욕포스트는 폭탄 테러로 12명이 사망했다는 오보를 인정하지 않았다.[12]

사실과 허구 사이의 경계가 더욱 흐려지는 것은 잘못된 정보가 소셜미디어를 통해 확산될 때 나타난다. 강남스타일, Charlie Bit My Finger, 고양이 비디오(LOL 고양이, 키보드 고양이, 닌자 고양이 등)에 대해 떠들어대는 것은 확실히 재미있고 타인에게 해를 끼치지도 않는다. 재미도 없고 충격적인 것은 가짜 뉴스이다. 보스턴 마라톤 폭탄 테러의 용의자 사진이 공개되자 트위터와 레딧에는 폭탄 테러범 중 한 명이 실종된 브라운대 학생인 수닐 트리파티라는 이야기들이 떠돌아다녔다.[13] 첫 트윗은 수천 번이나 리트윗됐다. 그 직후에 "수천 개의 트윗이 쏟아지면서 수많은 사람들이 올드미디어를 흔드는 뉴미디어의 승리를 축하했다."[14] 슬프게도 그리고 지금 우리가 알고 있는 것처럼, 3월 중순에 실종된 수닐 트리파티는 폭탄 테러가 있은 지 약 일주일 후에 대학 근처의 강에서 시신으로 발견되었다.

진실이 밝혀지자 레딧 사용자들은 "… 그것은 이롭기보다 해가 더 많았다.", "최악은 모든 주류 언론들도 굶주린 하이에나처럼 이 정보에 뛰어들었다는 것이다.", "신뢰할 수 없는 크라우드소싱(crowdsourcing)이 된 소재와 언론의 신선한 정보를 갈망하는 욕구가 더해지면서 혐오스러운 사실로 판명되었다. 다시는 이런 일이 일어나지 않도록 해야 한다."라며 규탄하였다.[15]

많은 사람들이 뉴스의 주요 공급원으로 웹과 소셜미디어에 의존하고 있다. 트위터, 블로그, 웹사이트 기사에서 읽은 내용이 사실이 아닐 수도 있다는 것을 기억해야 한다. 의심스러운 경우 다른 뉴스 출처를 확인하고 수많은 뉴스 출처가 동의할 때까지 기다려야 한다.

영국의 일간지 *인디펜던트*는 주의를 촉구하며 다음과 같이 요약한다. "수닐 트리파티의 거짓 신원을 둘러싼 이야기는 소셜미디어의 파급 범위가 선과 악 모두에 어떻게 사용될 수 있는지를 상기시킨다."[16]

프레젠테이션 개요 : 어려운 용어 해설	프레젠테이션 개요 : 유사 과학 현상 설명

주제 : 휴리스틱

목적 : 휴리스틱이 설득에 미치는 효과 설명하기

핵심 아이디어 : 휴리스틱을 이해하면 설득력 있는 논증의 타당성을 분석하는 데 도움을 준다.

가치 단계 : 휴리스틱을 이해하면 다른 사람들을 설득하는 능력을 향상시킬 수 있고 근거 없는 논쟁을 거부할 수 있다.

조직화 : 청중에게 화제와 관련된 질문하기

요점

A. 휴리스틱 메시지의 기본 특징

B. 일반적 휴리스틱

   1. 메시지가 길수록 더 강해진다.

   2. 자신감 있는 화자를 더 신뢰할 수 있다.

   3. 유명인의 광고로 제품을 판매한다.

C. 타당한 메시지와 휴리스틱 메시지 대조

D. 휴리스틱 메시지의 특성과 용도에 대해 질문

유명인이 등장한 광고는 브랜드가 소비자의 의식에 도달할 수 있는 잠재력을 가속화시킬 수 있다. 팝 스타 비욘세와 펩시와의 5,000만 달러 계약은 휴리스틱을 사용하여 시청자의 관심을 끌고 긍정적인 인상을 준다.

유사 과학 현상 설명

유사 과학 현상이라는 말은 구체적인 설명이 필요하다. 여기서 핵심 단어는 '유사(quasi)'이다. '유사'는 무언가와 닮았거나 비슷한 것을 의미한다. **유사 과학 현상**(quasi-scientific phenomenon)을 설명할 때에는 복잡한 과학 용어, 데이터, 통계적 방법을 사

> **유사 과학 현상 설명을 위한 전략**
>
> ■ 요점을 분명하게 제공한다.
> ■ 비유와 은유를 사용한다.
> ■ 프레젠테이션 보조도구를 사용한다.
> ■ 미리 보여주기, 내용 요약하기, 전환하기, 방향 제시하기 등을 명백하고 빈번하게 사용한다.

주제 : 연설을 위한 호흡법

목적 : 연설에 필요한 정확한 호흡법 설명하기

핵심 아이디어 : 강하고 표현력이 풍부한 목소리를 내기 위한 능력은 들숨과 날숨 과정을 이해하고 통제하는 것이 필요하다.

가치 단계 : 연설을 위한 호흡법을 배우면 더욱 효과적이고, 표현력 풍부하고, 자신감 있는 화자가 될 수 있다.

조직화 : 호흡 과정의 세 가지 구성 요소를 비교하고 대조하기

요점

A. 능동적 날숨과 수동적 날숨

B. 깊은 횡격막 호흡과 얕은 쇄골 호흡

C. 숨을 들이마시기 위한 빠르고 동일한 시간

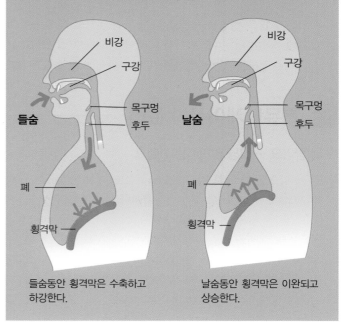

용하지 않고도 과학 개념에 대한 청중의 이해를 높일 수 있는 방법을 모색한다.

어려운 용어와 달리 유사 과학 현상은 복잡하고 다차원적인 과정이다. 청중들에게 복잡한 것을 풀어내고 이해시키기 위해서는 전문 지식이 필요할 수도 있다. 이러한 종류의 설명을 할 때 가장 큰 문제는 현상의 핵심 요소를 파악하는 것이다.

'연설을 위한 호흡법'에 대한 프레젠테이션 개요는 청중에게 목소리의 질을 향상시키는 방법을 가르치기 위해 고안되었다. 잘 알려진 것(일상생활에서의 호흡)과 잘 알려지지 않은 것(연설을 위한 호흡)을 비교함으로써 화자는 청중이 해부학적 과정을 이해하는 데 도움을 준다. 로완은 왼쪽과 같이 유사 과학 현상을 설명하기 위해 네 가지 전략을 권고한다.

혼란과 오해 극복

청중들은 때로 신념이 거짓으로 판명되었을 때조차도 강한 신념을 고수한다. 결과적으로 정보를 전달하고자 하는 화자들은 오래

되고 오류가 많은 신념을 새롭고 더 정확한 것으로 대체해야 하는 상황에 직면하게 된다. 최우선 목적이 지시하고 설명하고 분명히 하고 수정하는 것이라면 설득이 아니라 정보전달 프레젠테이션을 해야 한다. 로완은 위와 같이 혼란과 오해를 극복하기 위한 네 가지 전략을 권장한다.

위의 프레젠테이션 개요는 다이어트 관련 지방 함량에 대한

■ 커뮤니케이션과 윤리 •

날 믿어요 … 그냥 알려주는 거예요

TV에 나오는 긴 정보 광고[infomercials, 정보(information)와 광고(commercial)의 합성어로, 상품이나 점포에 관한 상세한 정보를 제공해 시청자(소비자)의 이해를 돕는 광고기법]는 단지 즐거움을 위해서 나오는 것이 아니다. 단 하나의 목적, 즉 제품을 사도록 설득하는 것이다. 영업 사원이나 정보 광고 속의 스타들은 이렇게 말한다. "저는 여러분에게 무엇을 팔기 위해 여기 있는 것이 아닙니다. 단지 이 놀라운 제품에 대한 정보를 드리고 싶습니다." 우리는 그 반대가 사실임을 안다.

히트 곡 'You Light Up My Life'로 유명한 데비 분(Debby Boone)은 오늘날 가장 성공한 정보 광고의 스타 중 한 명이다. 데비는 현재 라이프스타일리프트(Lifestyle Lift®)의 대변인이자 이 회사의 짧은 광고와 긴 정보 광고로 더 잘 알려져 있다. 라이프스타일리프트는 미국 내에서 가장 큰 규모의 노화 방지 시술을 하는 성형외과이다.[17] 데비 분의 주름 하나 없이 행복해하는 미소는 당연히 수익과 직결된다.

그리고 운동 DVD와 필수 피트니스 패키지에 대한 수많은 정보 광고가 있다. 토니 호턴(Tony Horton)의 놀라운 '10분 트레이너®베이스 키트'를 단 29.95달러(배송 및 취급료 별도)에 받을 수 있다. 이것은 500달러 이상의 가치를 얻는 것이다! 또한 기본 키트에 모든 구성이 포함된 'P90X 얼티메이트 키트'를 25% 할인된 가격으로 구입할 수 있다! 숀 티(Shaun T)의 '기적의 14분 운동'은 저렴한 가격대의 '인세니티' 29.97달러부터 '비치바디' 119.85달러까지 배송 및 취급료 포함된 가격에 만날 수 있다. 가격 할인 이외에 여기서 강조하고 있는 실제 정보는 무

정보 광고에 대한 선호를 떠나서 광고 속 '정보'가 시청자들을 설득하기 위한 것임에는 의심의 여지가 없다.

엇인가? 그리고 '비치바디'의 약속(효과)은 무엇인가? 실제로 이러한 운동은 실제로 해볼 때보다 더 쉬워 보인다. 결국 대다수의 비치바디를 꿈꾸는 사람들처럼 곧 포기할 가능성이 높다.[18]

정보전달 프레젠테이션의 목적을 고려할 때, "우리는 커뮤니케이션의 보전을 위해 필수적인 요소로 진실성, 정확성, 정직성, 합리성을 주장한다."라는 커뮤니케이션 윤리를 위한 NCA 신조의 첫 번째 원칙을 기억해보자.[19] 설득하는 것이 진짜 목적임에도 정보를 알리는 것이라고 주장하는 것은 이러한 윤리적 원칙을 위반하는 것이다.

오해를 없애준다.

처음에는 혼란과 오해를 극복하기 위해 고안된 설명 프레젠테이션이 정보 전달보다 더 설득력 있게 보일 수 있다. 그러나 정보전달 프레젠테이션은 분명하게 지시하고, 정의하고, 이해시키고, 서술하고, 수정하고, 상기시키고, 입증하기 위해 노력한다.

이러한 프레젠테이션의 주요 목적은 오해가 풀리기를 바라며 정확한 정보를 제공하는 것이다. 이를 위해 학자들은 이론에 대한 잘못된 믿음을 바로잡고, 의사들은 페니실린이 감기를 치료하지 못하는 이유를 설명하며, 영양사들은 식습관에서 지방의 필요성에 대해 알려준다.

청중의 관심 유도

15.3 청중의 관심을 유도하기 위한 이야기, 유머, 참여 전략을 활용해보자.

제12장 "프레젠테이션 계획"에서 직장인들과 대학생들을 대상으로 더 좋은 화자가 되기 위한 가장 중요한 기술을 밝힌 두 가지 설문조사를 소개한 바 있다. 두 경우 모두에서 최고의 기술은 '청중의 관심을 유지하는 것'[20]이었다. 따라서 많은 학생들이 "어떻게 지루하지 않게 할 수 있을까?"라고 질문하는 것은 당연한 일이다. 초보자들은 청중들이 자신의 말을 듣고 싶어 하는 이유를 상상할 수 없기 때문에 자신이 재미없다고 **생각한다**. 아니면 지루한 프레젠테이션을 많이 들었고, 그와 같은 처지가 될까 봐 두려워한다. 이러한 가정은 사실이 아니다. 이야기를 하고, 유머를 사용하고, 청중을 참여시키는 등 이러한 세 가지 전략은 청중들의 관심을 유지하는 데 도움이 될 것이다.[21]

이야기하기

역사를 통틀어 이야기꾼들은 전통의 수호자 역할을 했으며 사회에서 존경받는 자리를 차지해왔다.[22] 선사 시대 동굴 벽화에 묘사되었든, 책에서 읽었든, 영화로 기록되었든 간에 우리 모두는 이야기에 반응한다.[23]

이야기(story)는 실제적 사건이나 상상 속 사건이다. 성공 이야기, 개인적 이야기, 해학적 이야기, 놀라운 이야기가 될 수도 있다. 성직자들은 일상생활에서 종교적인 가르침을 적용하기 위해 교훈이나 도덕을 담고 있는 우화나 이야기를 사용한다. "정치인, 변호사, 영업 사원, 판매원, 희망과 성공에 관한 강연자들 모두는 성공, 진실, 강점, 의지, 마음, 인간의 인내력 등에 대한 이야기를 가지고 있다."[24]

스토리텔링(storytelling)의 힘은 어린 시절 이야기를 듣는 따뜻한 추억을 되살리는 것 이상의 역할을 한다. 이야기는 여러 가지 이유로 사람들의 관심을 사로잡고 유지할 수 있는 능력을 가지고 있다. 첫 번째 가장 분명한 것은 사람들을 즐겁게 하고 관여하도록 한다는 것이다. "누군가 '이야기 하나 해줄게.'라고 말하면 우리는 귀를 쫑긋 세우고 가까이 다가간다. 그리고 정신을 딴 데 팔지 않고 듣기만 한다."[25] 좋은 이야기는 복잡한 아이디어와 추상적인 개념을 이해하기 쉽게 만든다. 이야기를 잘하는 사람은 "복잡한 아이디어를 이해할 수 있도록 논리정연하게 이야기 속에 녹여낸다…." 마지막으로 청중들은 좋은 이야기와 '거기에서 파생

된 메시지'를 생생하게 기억한다.[26]

스토리텔링은 화자에게도 도움이 된다. 만약 화자가 불안해하는 경우라면 긴장감을 줄일 수 있다. 이야기는 기억하기 쉽고 대개는 말하기도 쉽다. 특히 개인적으로 경험한 사건과 관련이 있는 경우 더욱 그렇다.

이야기 발굴하기   이야기는 가장 좋아하는 동화책에서 지역 뉴스 소식에 이르기까지 어디에나 존재한다. 프레젠테이션을 위한 '올바른' 이야기를 찾기 위해 자신과 청중, 다른 사람 등 세 가지 훌륭한 출처를 고려해보자.

우리 **자신**은 살아 숨 쉬는 이야기의 집합체이다. 예를 들어 이름의 유래로 흥미로운 이야기를 만들어낼 수 있다. 인생을 바꿔 놓은 개인적 사건이나 행적은 좋은 이야기로 이어질 수 있다. 아니면 가족의 뿌리, 중요한 의미를 지니는 장소, 성공이나 실패, 가치관 등을 고려할 수도 있다.[27]

스토리텔링의 모범 사례

- **간단한 줄거리를 사용하라.** 간단한 줄거리를 사용한다. 복잡한 주제의 긴 이야기는 이해하기 어렵고 말하기도 어렵다. 25단어 이내로 요약할 수 없다면 말하지 않는다.[28]
- **등장인물의 수를 제한한다.** 자신이 뛰어난 배우나 이야기꾼이 아니라면 이야기 속의 등장인물 수를 제한한다. 이야기에 3~4명 이상이 등장한다면 다른 이야기를 찾아봐야 한다.
- **청중들과 관련짓는다.** 자신의 이야기가 청중들과 어울리는지 확인한다.
- **효과적으로 과장해서 이야기한다.** 이야기를 하면서 내용과 전달 모든 면에서 과장한다. 과장은 이야기를 더 생생하게 만들고 메시지를 강조하는 데 도움을 준다. 목소리의 음색, 제스처의 움직임, 얼굴 표정 등은 이야기에 의미와 강조를 더해준다.
- **교훈을 공유한다.** 모든 좋은 이야기에는 도덕적인, 즉 청중들이 이해하고, 감사하고, 기억하기를 바라는 교훈이 있다. 교훈적인 면을 설정하고 이야기를 전개하고 말한다.[29]
- **연습한다.** 친구나 동료, 가족들과 같은 다른 사람에게 이야기하는 것을 연습해본다. 노트 없이도 준비된 이야기를 말할 수 있을 때까지 연습한다.

어떤 종류의 이야기를 하든지 이야기는 말하는 목적과 관련된 요점, 이야기를 들어야 하는 이유를 담고 있어야 한다. 그렇지 않으면 청중을 짜증 나게 할 위험이 있다.[30]

알래스카의 헤인스에 사는 이 이야기꾼은 자신의 이야기를 전달하면서 자신의 신뢰도와 청중들의 관심을 높이기 위해 전통적인 스토리텔링 의복을 입는다.

또한 청중은 풍부한 이야기의 원천이기도 하다. 청중들의 관심사, 신념, 가치관을 활용해보자. 청중이 신앙심이 깊다면 선교 활동을 위해 재산을 포기하고 이웃에게 기부한 이웃의 이야기를 해줄 수 있다. 청중들이 스포츠를 좋아한다면 운동선수로서의 자신의 승리나 시련에 대한 이야기를 공유할 수 있다. 다양한 문화권에 속한 청중들이라면 자신, 친구나 동료들이 어떻게 문화적 차이를 극복하는 데 성공했는지에 대한 이야기를 공유할 수 있다.

마지막으로 다른 사람들에 대한 이야기들은 화자가 청중들과 연결되도록 도와줄 수 있다. 아는 사람이나 읽은 사람들에 대해 생각해보자. 친구나 가족과의 인터뷰를 통해 삶과 지식과 관련된 이야기를 한다고 해보자. 아는 사람에 대한 이야기를 하려고 한다면 그 사람의 허락을 받아야 한다. 비밀 이야기를 누설해서 좋은 친구나 동료를 당황하게 하면 안 된다.

이야기의 구조　아무리 짧거나 단순하더라도 대부분의 좋은 이야기는 다음 쪽의 이야기 구성 차트에서 설명하고 있는 구조를 따른다. 이 차트는 훌륭하고 독창적인 이야기를 개발하는 데 도움을 주고 듣고 읽는 이야기를 분석하는 데에도 도움을 줄 수 있다.

이론 살펴보기

서사 이론

커뮤니케이션 학자 월터 피셔(Walter R. Fisher)는 스토리텔링의 과정, 기술, 기법 등을 포함하는 **서사**(narrative)의 본질에 대해 연구한다. 피셔의 **서사 이론**(narrative theory)은 인간으로서의 본질적인 면에서 스토리텔링을 검토한다. 우리는 '갈등, 인물, 시작, 중간, 끝 등으로 계속되는 서사'로서의 삶을 경험한다.[31] 피셔는 좋은 이야기는 개연성(일관성)과 충실성(진실성)의 두 가지 본성이 있다고 말한다.[32]

　이야기 개연성(story probability)은 인물과 행동의 일관성과 같은 이야기 요소가 유기적으로 작용하고 이치에 맞게 표현되는지 여부를 나타낸다. 이야기의 개연성은 "이야기의 등장인물, 사건, 시기를 고려한다면 발생할 수 있는 문제인가?"라고 묻는다. 예를 들어 〈헝거게임(Hunger Games)〉에서 캣니스 에버딘이 '불타는 소녀'가 아니었다면 가능한 일이었

을까? (캐릭터 별명처럼 한번 활을 들면 겨냥하는 모든 것을 정확히 맞추는 솜씨를 지닌소녀다.) 캣니스는 이기기 위해 12구역에서 추첨된 피타 멜라크를 죽였을까? 의미 있는 이야기는 명확하고 일관된 구조를 갖는다. 하나의 사건은 다른 사건으로 논리적으로 이어진다. 이야기의 개연성을 평가하기 위해 다음 질문을 자문해보자.

- **이야기가 타당한가?** 전개되고 있는 사건들을 따라갈 수 있는가?
- **사건들이 논리적으로 이어져 있는가?** 이러한 사건들이 할당된 시간과 순서에 따라 일어날 수 있는가?
- **등장인물들은 일관되게 행동하는가?** '왜 그런 짓을 한 것인지' 또는 '말하고 행동했던 모든 것을 고려했을 때 그런 행동을 할 수 있는지' 궁금한가?
- **구성이 그럴듯한가?** "그것은 일어날 수 없는 일이야."라고 스스로에게 말하지 않는가?

이야기 충실성(story fidelity)은 이야기가 사실처럼 보이는지 여부와 듣는 사람의 심금을 울리는지 여부를 나타낸다. 이야기의 개연성은 구성과 등장인물과 관련된 일반 스토리텔링 규칙을 점검하는 반면, 이야기의 충실성은 청중의 가치와 지식과의 관계에 초점을 맞춘다.[33] 월터 피셔는 이야기의 충실성을 평가할 때 청중의 경험이 '인생에서 진실이라고 알고 있는 이야기'와 일치하는지 여부를 결정하려고 노력한다고 설명한다.[34] 다음의 질문들을 통해 이야기의 충실성을 평가해보자.

- **이야기 속의 사건은 자신의 삶의 경험과 일치하는가?**[35]
- **이야기의 사실과 사건이 현실적으로 보이는가?**
- **이 이야기가 자신의 가치, 신념, 경험을 반영하는가?**

이야기 구성 차트[36]

이야기 구성 요소	이야기 구성 가이드라인	이야기 사례
이야기 제목	이야기 제목	아기 돼지 삼형제[37]
발단	• 이야기는 언제, 어디서 전개되는가? 무슨 일이 일어나는가? • 이야기가 시작되기 전에 중요한 사건이 있었는가? • 이야기 초반의 극적 흥미를 이끈다. • 구체적인 세부사항을 활용한다. • 이야기의 시간, 장소, 상황에 대한 생생한 이미지를 만든다.	옛날 옛적에, 아기 돼지 삼형제가 스스로의 행운을 찾기 위해 집을 떠났어요….
등장인물 설정	• 이야기의 등장인물은 누구인가? • 이야기의 배경은 무엇인가? • 어떤 모습, 어떤 소리인가? • 청중들이 어떻게 느끼기를 바라는가? • 다채롭고 매력적인 말들로 등장인물을 소생시킨다.	아기 돼지 삼형제는 각자의 집을 지었어요. 첫째 아기 돼지는 짚으로 집을 지었어요. 둘째 아기 돼지는 나뭇가지를 엮어서 집을 지었어요. 가장 부지런한 셋째 아기 돼지는 벽돌을 쌓아 튼튼한 집을 지었어요….
행동 또는 갈등	• 무슨 일이 일어나고 있는가? • 자신이나 등장인물이 무엇을 보고, 듣고, 느끼고, 어떤 냄새를 맡고, 맛을 보았는가? • 등장인물들은 지금 일어나는 일에 대해 어떻게 반응하는가? • 전달하고자 하는 이야기는 행동으로도 보여준다.	얼마 뒤, 늑대가 따라왔어요. 늑대가 짚과 나뭇가지로 만든 집을 날려버리자, 두 아기 돼지는 벽돌집으로 도망갔어요. 벽돌집에서 늑대가 말했어요. "아기 돼지야, 아기 돼지야, 내가 들어가게 해줘!" 아기 돼지 삼형제는 모두 대답했어요. "어림없어, 우리 턱, 턱, 턱 수염을 걸고 맹세하는데 절대로 안 돼." 그래서 늑대는 훅훅 입김을 불었지만 튼튼한 벽돌집은 꿈쩍도 안 했어요….
정점 또는 절정	• 이야기에서 가장 중요한 순간이나 사건의 절정은 언제인가? • 행동의 전환점은 무엇인가? • 모든 행동은 발견, 결정, 결과로 이어져야 한다. • 등장인물이 어떻게 성장하고 상황이나 문제에 어떻게 대응했는지 청중에게 보여준다.	늑대는 매우 화가 났어요. "내가 굴뚝을 타고 내려가서 너희 모두를 다 잡아먹을 거야. 너희 턱, 턱, 턱을 포함해서 말이야." 하며 늑대는 웃었어요….
핵심 대목	• 핵심 대목은 어디인가? • 이야기의 절정을 전달하는 문장이나 구절이 있는가? • 핵심 대목은 다른 다섯 가지 요소를 함께 이끌어간다. • 핵심 대목을 빼먹으면 이야기가 말이 되지 않는다.	아기 돼지들은 지붕 위에 있는 늑대 소리를 듣고, 얼른 벽난로에 불을 피우고 솥단지 가득 물을 팔팔 끓였어요.
결론 또는 해결	• 상황은 어떻게 해결되는가? • 등장인물들은 절정에서 어떻게 반응하는가? • 청중이 등장인물의 운명에 대해 궁금해하지 않도록 해야 한다. • 경우에 따라 이야기의 결론을 내릴 필요는 없다. 핵심 대목으로 결론을 대신할 수 있다.	늑대는 굴뚝에서 뛰어내렸고 끓는 물 냄비에 떨어졌어요. 돼지들은 재빨리 뚜껑을 덮고 늑대를 삶아서 저녁 식사로 먹었어요. 그리고 아기 돼지 삼형제는 그 후로 행복하게 살았어요.
이야기의 핵심	이야기의 핵심	어떤 문제를 대비하기 위해 사용하는 시간과 에너지는 우리를 영원히 행복하게 살 수 있도록 해줄 것이다.

유머 사용하기

유머는 청중들의 관심을 끌고 화자와 프레젠테이션을 기억하도록 도와준다. 청중은 화자의 메시지에 열광하지 않더라도 유머 감각이 있는 화자를 긍정적으로 기억하는 경향이 있다.

일반적으로 유머의 가장 좋은 원천은 바로 자신이다. **겸손한 유머**(self-effacing humor), 즉 자기 자신을 유머 감각으로 표현하는 것은 책에서 만들어내거나 빌려온 재미있는 이야기보다 훨씬 효과적이다. 하지만 너무 자신을 비하하지 않도록 조심해야 한다. 자신이 어리석거나 능력이 부족해 보이면 신뢰성이 떨어진다. 로널드 레이건 대통령은 자신의 나이를 장난삼아 말하는 것으로 잘 알려져 있는데, 이는 또한 미국 역사상 최고령 대통령이라는 선거 캠페인의 논란을 잠재우는 계기가 되기도 했다.

한 유명 민주당원이 대규모 집회에서 "걱정하지 마세요. 로널드 레이건을 봤는데, 백만 살처럼 보였어요."라고 말했다고 합니다. 제 나이에 대해 이야기한 거죠.[38]

그러나 청중이 용납하지도, 용납할 리도 없는 유머들도 있다. 불쾌감을 주는 유머, 예를 들어 욕설, 조롱 섞인 농담, 개인의 신체에 대한 언급 등은 청중을 모욕하는 것이고 자신의 신뢰를 떨어뜨리기 때문에 가장 해서는 안 된다.

다양한 문화권의 사람들에게 말할 때 유머 사용에 대한 주의 사항 외에도 몇 가지 추가적인 조언을 하고자 한다. 여러 명의 화자가 귀빈에 대해 예의 바르게 놀리는 떠들썩한 행사에서 연설하는 것이 아니라면, 청중들을 조롱하지 않아야 한다. 그리고 당연히 민족이나 종교 관련 농담은 피해야 한다. 비록 청중 모두가 자신과 같은 민족과 종교를 가지고 있다 하더라도 이러한 유머를 높이 평가할 것이라고 가정해서는 안 된다. 청중의 웃음을 불러일으킬 수 있다고 해서 말하는 목적에서 주의를 딴 데로 돌려서는 안 된다. 유머는 중요하지만 너무 많이 사용하면 역효과를 낼 수 있다.

> **❝ 유머는 청중의 존경심을 불러일으킬 수 있고, 관심을 끌 수 있으며, 화자의 요점을 기억하도록 도와준다. ❞**
>
> 진 페레, *Using Humor for Effective Business Speaking*의 저자[39]

유머를 효과적으로 활용하려면 유머가 프레젠테이션의 핵심 아이디어와 요점을 뒷받침하는 역할을 하고 있는지 확인해야 한다. 그런 다음 농담, 이야기, 말장난, 모방 등 자연스럽게 표현할

커뮤니케이션 & 문화

유머의 경계 ― 선을 넘지 마라

유머는 보편적이지만 "한 문화에서 재미있다고 여겨지는 것들이 다른 문화권에서는 그렇지 않을 수 있다."[40] 루이지애나주에서 웃음을 자아내는 농담이 레바논의 청중을 모욕할 수도 있고, 그 반대도 마찬가지이다.

일반적으로 미국식 유머는 다른 나라의 유머보다 더 공격적이고 성적이다. 세계 대다수의 문화를 대표하는 집단주의 문화권의 사람들은 이러한 종류의 유머가 재미가 없다. 예를 들어 "중국인들은 덜 공격적인 유머를 사용한다. …(그들의) 농담은 사회적 상호작용에 초점을 맞추고 있다."[41] 다시 말해서 "개인보다 집단의 중요성에 더 중점을 두기 때문에 집단의 화합을 저해할 수 있는 비꼬거나 비방하는 형태의 유머를 사용하지 않는다."[42] 보수적인 문화와 공동체 문화에서는 미국의 성적으로 노골적인 유머가 청중에게 불쾌감과 충격을 줄 수 있다.

재미있고 없는지의 본질도 성별에 따라 다르다. 일반적으로 남성이 여성보다 더 재미있다. 생각해보자. 무대에서 단독으로 연기하는 코미디언은 대부분 남성이다. 일부 연구자들은 유머가 상대를 유혹하기 위한 방법으로 남성에게서 진화했다고 주장한다. 농담이 아니다. 여기 뒷받침할 주장이 있다. 한 연구에 따르면 유머 감각은 짝으로 좋은 여성을 찾을 수 있는 지능의 좋은 지표임을 입증한다. 게다가 유머는 여성의 배우자 선호도 조사에서 발견되는 세 가지 특성 중 하나이다. "예를 들어 데이트 광고에서 남성들보다 여성들은 적어도 2배 이상 유머 감각이 더 있는 상대에게 데이트를 요청했다. 여성들은 자신을 웃게 해

줄 남자를 원하는 반면, 남성들은 자신의 유머에 웃어줄 여성을 선호한다."[43] 완벽한 조합이다! 그 유머가 불쾌하고, 투박하고, 여성을 비하하지 않는 한 말이다.

몇 년 전 필자 중 한 사람이 국회의원들과 입법부 직원들의 모임에서 연설할 사람의 연설문을 쓴 적이 있다. 연설자는 초안을 읽고 나서 섹시한 젊은 여성과 결혼한 늙고 부유한 남성에 대한 농담으로 시작해도 되는지 물었다. "아니요."라고 답했다. 필자는 연설자에게 이러한 농담을 하지 말라고 경고했지만 어쨌든 연설자는 청중들에게 이러한 농담으로부터 시작했다. 연설자는 능숙하게 농담을 했고 대부분의 청중들은 웃었다. 그러나 몇몇 입법부 직원들을 포함하여 주요 요직의 여성들은 그 농담이 재미있을 리가 없었다. 그 사람들은 돌처럼 굳은 얼굴로 서서 눈을 치켜뜨며 동의할 수 없는 듯 고개를 저었다. 이런 일이 자신에게 일어나게 하지 않아야 한다. 프레젠테이션에서 유머를 사용하기 전에 그것이 효과가 있는지 확인하고 청중을 기분 나쁘게 하거나 자신의 신뢰를 떨어뜨리지 않도록 해야 한다.

여기서 필자가 언급한 연구 결과는 분명하다. 유머를 사용하면 문화적으로 다양한 청중이나 반대 성향의 청중을 대할 때 역효과를 낼 수 있다는 것이다. 이 경고에 주의하기 바란다. 동시에 신중하게 청중을 분석하고 적응한다면 유머는 청중의 관심을 유도하고 자신의 신뢰를 강화할 수 있는 강력한 전략이 될 것이다.

수 있는 종류의 유머를 사용한다. 유머 있는 말은 재치 있는 내용을 말하는 것 이상을 필요로 한다는 것을 기억해야 한다. 또한 효과적인 전달과 웃길 타이밍, 즉 언제 어떻게 말할 것인지, 언제 멈추고, 언제 청중들의 반응을 보아야 하는지 등에 대해 알아야 한다.

심리학자들이 성별, 유머, 지능 간의 관계를 조사하기 위해 대학생들을 대상으로 더 뉴요커의 캡션 없는 만화를 사용했다는 사실을 알기 전까지 오른쪽에 있는 만화 캡션 달기가 필자들만의 멋지고 독특한 활동이라고 생각했다.[44] 필자들이 관찰한 사실은 다음과 같은 연구 결과와 유사하다.

- 유머는 어려운 것이다. "제출된 캡션의 대부분은 별로 재미있지 않았다."
- 남성들이 더 재미있다. "평균적으로 남성들이 더 많은 캡션을 제출했으며, 중요한 사실은 더 재미있는 캡션을 달았다는 것이다. 이것으로 보아 남성들이 여성들보다 평균적으로 더 재미있고, 더 재미있어지려고 애쓴다는 것이다."
- 유머에는 지능이 요구된다. "재미있는 사람들은 평균적으로 더 지능적이었으며, 이러한 사실은 남녀 모두에게 해당된다."[45]

이 연구를 수행한 연구자들과 마찬가지로 유머는 매우 효과적인 커뮤니케이션 전략이지만 위험천만한 전략임을 기억해야 한다. 유머를 통해 다른 사람들에게 깊은 인상을 줄 수 있겠지만, 이에 실패할 수도 있고, 자신의 명성을 훼손할 수도 있으며, 발표의 목표를 달성할 수 있는 기회도 잃을 수 있다.

청중 참여시키기

청중의 주의를 환기시키고 관심을 갖도록 하는 가장 확실한 방법은 프레젠테이션에 적극적으로 참여시키는 것이다. 질문을 하고, 상호작용을 장려하고, 실행하도록 하고, 지원자를 요청하고, 피드백을 유도하는 등 여러 가지 전략을 통해 청중을 참여시킬 수 있다.

질문하기 발표 도중이나 마지막에 질문을 하거나, 수수께끼를 내거나, 반응을 유도함으로써 청중을 참여시킨다. 상대방은 고개를 끄덕이는 것 이상의 행동을 하지 않더라도 프레젠테이션에 참여하게 된다. 청중들은 발표 도중이나 후에 질문을 받거나 질문을 받게 될 것이라는 사실을 안다면 더 주의를 기울이고 관심을 가질 것이다.

상호작용 장려하기 청중에게 서로 악수를 하거나 양쪽에 앉아있

재미있는 사람인가요?

더 뉴요커 잡지는 매월 만화 캡션 달기 대회를 개최한다. 잡지는 만화의 삽화를 보여주고 독자들에게 재미있는 캡션을 쓰도록 한다.

여기서는 수년간 유머를 개발하고 사용하는 문제에 대해 논의하는 데 사용해온 만화를 소개한다. 이 만화는 2001년 프랭크 코섬(Frank Cotham)이 그린 그림이다. "왜 한 남자가 차고 앞에 앉아있는 2명의 남자 앞에서 원을 그리며 차를 운전하는 것일까?"[46] 시작에 앞서, 여기 학생들이 제출한 캡션의 예가 있다. "그게 우리가 말한 타이어 회전이 아니었어요."

어떤 캡션을 달겠는가? 편집자들은 단순하고, 품격 있고, 물론 재미있는 캡션을 찾는다.

는 사람들에게 자신을 소개하라고 하는 것과 같은 간단한 일로 청중의 관심과 흥미를 유발시킬 수 있다. 전문가나 사업상 고객들을 상대한다면 명함을 서로 교환하도록 할 수 있다. 대학생을 대상으로 연설한다면 자신의 전공이나 직업에 대한 포부를 서로에게 말하도록 부탁할 수 있다.

7 프레젠테이션에서 **유머 사용하기**에 대한 일곱 가지 조언[47]

1. 유머를 메시지에 집중시킨다. 농담이나 일방적인 말을 쓰지 말고, 어떻게 말해야 하는지 안다고 해서 당황스러운 이야기를 하지 않는다.
2. 그 유머가 잘 맞는지 확인한다. 노련한 화자는 바보 같은 유머와 유머로 인한 짜증으로부터 모면할 수 있다. 대부분의 화자는 청중의 태도뿐만 아니라 자신의 취향, 성격, 재능 등을 반영하는 유머를 고수해야 한다.
3. 신체에 대해 언급하는 등 불쾌감을 주는 유머는 피한다.
4. 청중들 중 누구도 조롱하지 않는다.
5. 악의적으로 자신을 웃음거리로 만들지 않는 한, 민족 또는 종교와 관련된 유머는 피한다.
6. 재미있는 내용은 제한한다. 이것은 프레젠테이션이지 단독 코미디 쇼가 아니다.
7. 연습하고, 연습하고, 또 연습한다. 그러고도 좀 더 연습한다.

실행해보기 간단한 게임이나 복잡한 훈련은 청중을 프레젠테이션에 참여시키고 함께할 수 있도록 한다. 서점에는 게임과 실행을 통해 집단을 참여시키는 방법을 설명하는 교재를 판매한다. 집단 실행을 위해 프레젠테이션을 중단하면 청중과 화자는 서로 입장이 다르지만 동등하게 효과적인 방법으로 상호작용할 수 있는 휴식 시간을 갖게 된다.

지원 요청하기 청중들 중 지원할 사람을 요청하면 보통 누군가는 참여하게 된다. 지원자들은 기술을 수행하는 방법이나 장비를 사용하는 방법을 보여주는 데 도움을 줄 수 있다. 어떤 사람들은

그래미상을 두 번 수상한 코미디언 루이스 블랙은 청중을 참여시키고 관여시키기 위해 개인적인 스토리텔링, 겸손한 유머, 과장된 전달 등을 전략적으로 사용했다.

재미있는 운동이나 게임에 참여하도록 설득당할 수도 있다. 대부분의 청중은 지원자가 활동하는 것을 보고 싶어 한다.

피드백 유도하기 청중으로부터 질문과 의견을 받는다. 청중들이 참여하기를 꺼리는 경우 계속 강요하거나 당황하게 하지 않는다. 아무도 응답하지 않으면 프레젠테이션을 계속 진행한다. 준비한 프레젠테이션의 흐름을 놓치지 않고서도 피드백을 장려하고 이에 대응하려면 숙련된 발표자가 되어야 한다. 말을 많이 할수록 더 쉽고 더 유용한 피드백을 유도할 수 있다.

이 사진에서 손을 들어 올린 화자의 행동은 프레젠테이션에 청중을 참여시키기 위한 방법 중 무엇을 나타내는가?

정보적 말하기의 실제

15.4 효과적으로 정보를 전달하는 프레젠테이션을 위한 커뮤니케이션 역량을 실천해보자.

"**클**리프노트(Cliffs Note)에 대한 모든 신뢰에도 불구하고, 나는 그것에 대해 한 가지도 모른다."라는 문장은 클리프노트에 대한 정보전달 프레젠테이션에 영감을 준 문장이었다.[48] 지금은 비영리 단체의 정보기술 책임자로 있는 존 설리번(John Sullivan)은 호감 가는 말하기 유형을 유쾌하고 기억에 남을만한 프레젠테이션으로 해석했다. 프레젠테이션에는 사실, 통계, 증언, 설명, 비유, 사례, 다양한 출처의 이야기 등 대부분의 근거 자료가 포함되어 있다. 존은 클리프노트의 역사에 대해 쓴

글이 거의 없다는 사실을 발견하고 본사에 전화를 걸어 당시 편집장이었던 개리 케리(Gary Carey)와 인터뷰를 했다.

이 프레젠테이션의 정보는 업데이트되었지만 화자의 목적, 요점, 조직화 유형, 개인 및 언어 유형은 변경하지 않았다.

292쪽의 "정보전달 프레젠테이션 평가하기"에 나와있는 "준비 및 메시지 내용" 항목을 통해 이 프레젠테이션과 다음에 나와 있는 개요가 효과적인 정보전달 프레젠테이션을 위한 기준을 얼마나 잘 충족하고 있는지 확인할 수 있다.

클리프노트
존 설리번

수요일 밤 8시. 내일 아침 일찍 영어 시험이 있습니다. 호메로스의 **일리아스**입니다. 아직 한 페이지도 읽지 못했어요. 오늘 밤은 맥주를 마시지 않고 책을 읽어보려고 했습니다. 8시 45분. 아직 12쪽밖에 읽지 못했습니다. 482쪽을 더 읽어야 합니다. 9시 30분. 돌에 맞은 느낌이에요. 다 끝내지 못할 것 같습니다.

제가 할 수 있는 세 가지 선택권이 있습니다. 수업을 포기하거나, 커닝을 하거나, '클리프'에게 물어보는 것입니다. 포기할 수는 없고, 부정행위가 잘못된 것임을 알고 있기 때문에 룸메이트에게 클리프노트를 빌리기로 했습니다. 네, 저도 알아요. 스파크노트(SparkNotes)나 슈뭅(Shmoop)을 사용할 수도 있었지만, 밤 9시 30분에 클리프노트 사본을 가까이에 둔 채로 온라인으로 비교할 생각은 없었어요.

그래서 저는 그날 밤 클리프노트만 믿었습니다. 비록 이 노란색과 검은색으로 된 책자의 기원이나 품질에 대해서는 한 가지도 말할 수 없었지만 말이죠. 더 배울 시간이 왔습니다. '피플, 오마하 월드 헤럴드, 포브스'와 같은 다양한 사이트를 비롯해 거의 100여 개의 웹 사이트를 철저하게 탐색한 후에 저는 클리프에 대한 진짜 이야기를 이해하게 되었습니다. 네, 클리프노트 뒤에는 클리프가 있습니다. 성은 노트가 아니에요. 클리프노트의 편집장과 두 번의 전화 인터뷰를 한 후에 클리프노트가 정말로 미국의 성공 이야기라는 것이 확실해졌습니다. 스파크노트와 슈뭅과 같은 신생 기업들이 시장에서 활개 치고 있지만 클리프노트의 역사는 이러한 학습 가이드의 장기적인 성장을 설명하는 데 도움이 됩니다.

한때 그 노트들은 단순한 줄거리 요약에 지나지 않았습니다. 하지만 오늘날 등장인물의 분석과 문학 비평 면에서도 독자들에게 훨씬 더 많은 정보를 제공합니다. 이 독특한 출판 현상을 더 잘 이해하기 위해서는 클리프노트의 역사를 추적하고, 회사가 겪은 변화와 경쟁 업체의 성장을 살펴보고, 마지막으로 학습 가이드에 대한 평가가 교사에겐 낮고 학생들에겐 칭찬받는 그 이유를 이해하는 것이 필요합니다.

클리프노트의 소유주이자 설립자인 클리프 힐리개스(Cliff Hillegass)는 1958년 4,000달러의 대출을 받고 이 사업을 시작했습니다. 본사는 집 지하실이었으며 통신 판매 회사로 활동했습니다. 네브래스카 출판사 직원으로서 클리프는 전체 학습 가이드를 보유한 캐나다 출판사의 공동 소유자인 잭 콜(Jack Cole)을 만났습니다. 캐나다 여행을 마치고 집으로 돌아온 클리프는 셰익스피어 희곡 16편에 대한 노트와 이를 미국에서 출판할 수 있는 권리를 가지고 왔습니다. 클리프는 즉시 각 3,000부의 사본을 제작하여 미국 전역의 서점에 보냈습니다. 서점 관리자는 이 아이디어를 매우 잘 받아들였으며 신속하게 첫 번째 노트를 판매했습니다.

클리프노트가 1958년 처음 현장에 등장했을 때 1만 8,000부가 판매되었습니다. 1960년까지 매출은 연간 5만 4,000부로 증가했습니다. 1960년대 중반이 되자 마법의 숫자처럼 200만 부가 되었고 곧 모든 사람이 사고 싶어 했습니다. 1968년까지 13개가 넘는 회사가 시장에 진출했습니다. 힐리개스는 아무도 자신을 따라잡을 수 없을 거라고 확신했고, 영업 사원들에게 걱정하지 말라고 말했습니다. "대부분의 경쟁사들은 대형 출판사들이기 때문에 이 분야에서 한 가지 항목 이상을 내놓지 못할 것이라고 생각합니다." 이 말은 정확히 맞아떨어졌습니다. 불과 2년 후인 1968년, 단 3개의 경쟁사들만 남았습니다. 경쟁 시장이 위축되면서 클리프노트의 매출액도 증가했습니다.

클리프 힐리개스의 직접 '인용문'은 이야기에 개인적인 느낌과 '신뢰도'를 더해준다.

클리프노트는 오랫동안 큰 성공을 거두었기 때문에 보기 드문 명예를 지니고 있습니다. 클리프노트는 보통 명사가 되어 형용사로 많이 사용되었습니다. 예를 들어 2011년 미국 금융위기 조사위원회의 보고서가 발표되자 뉴욕 타임스 기자는 "633쪽 분량의 보고서를 보기 힘든 사람들을 위해서… 클리프노트 버전을 제공합니다."라고 써서 보고서 요약을 시작했습니다. 간단한 웹 검색을 통해 '의료 개혁 : 클리프노트 버전', '위키리크스 : 클리프노트 버전', '클리프노트 버전 : 거짓말쟁이들의 7가지 심리 원칙' 등을 확인할 수 있습니다.

존은 클리프노트가 어떻게 널리 사용되는 일반적 용어가 되었는지에 대한 예를 설명한 후에 이러한 방식으로 사용 범위를 보여주는 세 가지 짧은 예를 제시한다.

이 문장은 첫 번째 요점을 끝내고 두 번째 요점으로 전환한다.

오랜 기간 수익성 있는 역사에도 불구하고 클리프노트는 이제 인쇄 업체와 온라인 경쟁 업체 모두로부터 최대 난제에 직면해있습니다. 뉴욕 타임스의 '온라인 요약'이라는 기사에서 클리프노트는 159권의 문학 책자를 출판하며 온라인상에서 250개 이상의 학습 가이드를 제공하고 있다고 밝혔습니다. 또한 3~5분 정도의 개요와 줄거리 요약으로 구성된 '문학적 조명' 버전의 무료 팟캐스트 크림캐스츠(CramCasts)를 가지고 있습니다. 스파크노트는 클리프를 스파크로 대체하기로 현명하게 결정한 주요 경쟁자로서 비슷한 책자와 온라인 자료를 보유하고 있습니다. 스파크노트 웹 사이트에서는 자신들이 '오늘날 가장 인기 있는 학습 가이드'라고 주장합니다. 새로운 온라인 사이트가 경쟁적 싸움에 참여하기 위해 생겨나고 있습니다.

존은 스파크노트가 특히 대학생들을 위한 학습 가이드의 주요 출판사라는 것을 인정하지만 초기 학습 가이드로서의 고유한 역사와 지위를 감안하여 클리프노트를 중점에 둔다.

수백 개의 책을 보유하고 있음에도 불구하고, 일부 책이 클리프노트사의 매출 대부분을 차지하고 있습니다. 분명한 건 어떤 책들은 수년 동안 상대적으로 일정하게 유지되어 왔다는 것입니다. 다음은 1992년에 판매된 상위 10위의 클리프노트입니다. 내림차순으로 나열한다면 어떤 책이 1위일지 추측해보세요. 힌트를 주자면, 대부분의 클리프노트가 판매되고 있다는 점을 명심하세요.

존은 청중들에게 참여를 독려한다. 목록을 아래부터 순서대로 제시함으로써 어떤 책이 결국 1위를 차지할지에 대해 비판적으로 생각하도록 한다.

10. 앵무새 죽이기
9. 주홍 글씨
8. 위대한 유산
7. 두 도시 이야기
6. (고등학생을 위한) 로미오와 줄리엣

5. 위대한 개츠비
4. 줄리어스 시저
3. 맥베스
2. 허클베리 핀의 모험
1. 햄릿

존은 셰익스피어의 햄릿을 아는 청중들과 재미있어 하고 있다. 이 짧은 문장에서 그 문학적인 인용문을 이해하였는가? 제5막 1장 묘지 장면에서 햄릿은 궁중 어릿광대 요릭의 두개골을 들고 "아아 불쌍한 요릭! 호레이쇼, 나도 이 사람을 잘 안다네…"라고 말한다.

이 단락은 존이 처음 두 가지 사항을 요약한 다음, 클리프노트 유형의 학습 가이드에 대한 세 가지 주요 비판을 요약하면서 세 번째 요점에 대해 미리 보여주기를 제공하는 주요 연결 요소이다.

존은 프레젠테이션의 여러 부분에서 일반적으로 유머러스하고 개인적인 면을 제쳐놓는다. 이런 식으로 존은 발표에서 친근하고 재미있는 존재이다.

존은 피셔 박사의 자격을 증명함으로써 피셔의 학습 가이드에 대한 평론가로서의 신뢰도를 확립한다.

50%의 요약과 50%의 분석은 지정된 책을 읽는 것보다 학습 가이드를 사용하는 것을 더 쉽게 혹은 더 어렵게 한다고 생각하는가?

이제 20년 후로 넘어가서 셰익스피어 희곡과 다른 고전 문학의 두 범주에 속해있는 2013년 베스트셀러를 살펴보도록 합시다. 클리프노트와 스파크노트에서 가장 인기 있는 3개의 셰익스피어 희곡은 로미오와 줄리엣, 햄릿, 맥베스입니다. 아아, 불쌍한 햄릿은 더 이상 1위가 아닙니다.

다른 고전을 살펴보면 클리프노트와 스파크노트 모두 10위권에 앵무새 죽이기, 위대한 개츠비, 파리대왕, 호밀밭의 파수꾼 등이 베스트셀러에 포함되었습니다. 앵무새 죽이기는 1992년에 베스트셀러 목록 10위에 올랐지만, 이제는 두 학습 가이드 모두에서 1위를 차지하고 있습니다. 우리가 읽은 책과 우리가 여전히 의존하고 있는 학습 가이드 목록은 크게 변화가 없을 것이라고 생각합니다.

다양한 유형의 학습 가이드가 존재하지만 많은 교육자들은 학습 가이드의 품질에 대해 심각하게 우려하고 있습니다. 저작권 침해에 대한 주장과 원서를 읽는 대신 학습 가이드를 사용하는 것에 대한 윤리적 문제도 있습니다.

학습 가이드 저자들이 문학 관련 박사, 강사, 대학원생일지라도 품질 관리 문제는 여전히 남아있습니다. 캘리포니아주립대학교 롱비치 캠퍼스의 고전 문학과 세계 비교 문학과의 학과장인 칼 피셔(Carl Fisher) 박사는 품질을 평가하기 위해 다양한 학습 가이드 출판사의 샘플을 수집했습니다. 다행히도 클리프노트와 스파크노트는 높은 평가 점수를 받았습니다. 슈뭅은 자신들의 작가가 일류 대학의 대학원생 출신이라고 주장하지만 가이드에는 저자의 이름과 기타 철자의 오류가 포함되어 있었습니다. 다른 3개의 가이드, 즉 핑크 몽키(Pink Monkey), 북 래그스(Book Rags), 북 울프(Bookwolf) 등은 "전혀 점수를 받지 못했습니다." 이런 이름들을 보면 그리 놀랄 일은 아닙니다.

초기에는 클리프노트에도 이런 문제점들이 상당히 많았습니다. 1966년 랜덤하우스 출판사는 윌리엄 포크너의 저작물 중 일부 작품들을 너무 광범위하게 인용한 것에 대해 클리프노트를 상대로 소송을 제기했습니다. 양측은 모두 변호사들을 준비시켜 놓고 싸울 태세를 갖추고 있었습니다. 그것은 획기적인 사건이 될 수도 있었습니다. 대신에 클리프와 랜덤하우스는 이 문제를 법정 밖에서 해결했습니다. 클리프는 이 사건을 자신과 회사 모두를 위한 전환점으로 여겼습니다. 이로 인해 클리프노트는 요약본을 다시 한 번 살펴보았습니다. 결과적으로 고전에 대한 가이드는 현재 약 50%의 본문 요약과 50%의 비판적 분석으로 개편되었습니다.

학습 가이드 출판사는 품질 관리 및 저작권법에 대한 교훈을 얻었지만 학계의 비평가에게는 여전히 직면한 문제가 남아있습니다. 여러분은 학습 가이드가 학생들에게 원문 읽기를 기피하게 한다는 교사의 불만 섞인 소리를 들어본 적 있거나 쉽게 상상할 수 있을 것입니다.

개리 캐리가 20년 전 클리프노트의 불확실한 품질에 대해 인정한 것이 클리프노트의 신뢰도에 도움이 되는가? 아니면 신뢰도를 해치는가?

클리프노트의 전 편집장인 개리 캐리는 이러한 비판을 언급하면서 다음과 같이 대응했습니다. "클리프노트에 관한 교사들의 우려는 주로 몇 년 전에 출판된 단순한 줄거리 요약이었던 것을 두고 한 것입니다. 하지만 오늘날 클리프노트는 주로 책을 읽지 않은 학생들에게는 거의 가치가 없는 주요 문학 비평의 복합체입니다." 크레이턴대학교와 네브래스카대학교에서 비공식적으로 실시한 설문 조사에서 캐리의 주장이 옳을지도 모른다는 것을 발견했습니다. 학생들의 형이나 누나가 실제 대신 클리프노트를 사용했을 수도 있지만 인터뷰에 응한 학생들의 80% 이상이 클리프노트를 스스로 사용하지 않았다고 말했습니다. 이 학생들은 필요한 텍스트를 읽는 데에만 사용한 것으로 나타났습니다.

다른 대학에서의 조사 결과의 차이점을 어떻게 설명할 것인가?

그러나 미주리주립대학교에서 학생들을 대상으로 한 설문조사에서는 "응답자 중 1/3이 실제 원서보다 '클리프노트'를 읽는 것을 즐긴다는 사실을 인정했습니다." 한 교육자가 말했듯이 "클리프노트를 읽는 것은 다른 사람이 자신의 저녁 식사를 먹게 하는 것과 같습니다. 클리프노트는 학생들에게 문학을 발견하는 즐거움을 박탈합니다."

어쨌든 제 경우에… 시험에 통과는 했습니다만 아직 **일리아스**를 읽지는 못했습니다. 그리고 **허클베리 핀**의 즐거움이나 **분노의 포도**의 비참함을 놓친 학생들은 틀림없이 많이 있을 것입니다. 그리고 "죽느냐 사느냐, 그것이 문제로다.", "친구, 로마인, 동포", "나가자, 저주받은 곳으로" 등 일부 학생들이 졸업에는 통과했지만 알고 있는 세익스피어의 대사는 이것들이 유일할 수도 있습니다.

존은 자신의 '개인적인 경험'으로 돌아가서 많은 학생들이 오직 클리프노트에만 의존함으로써 문학을 읽는 즐거움을 놓치고 있다는 것을 인정한다.

그래서 논쟁은 계속되고 있습니다. 하지만 최소한 이제 여러분은 로널드 맥도널드, 네모바지 스폰지밥, 호머 심슨 등과 달리 클리프가 주요 산업을 시작했고 이 문제를 회피하지 않는 사람이라는 사실을 알고 있습니다. 클리프노트와 그 경쟁사들은 전 세계의 학생들에게 계속해서 문학 작품의 장점들을 설명할 것입니다. 왜냐하면 교사들이 고전 문학을 수업에 배정하는 한 학습 가이드는 계속 성장하고 번창할 것이기 때문입니다.

존은 한번 더 '유머'를 사용하는데 이번에는 프레젠테이션을 효과적으로 마무리 짓기 위해 사용한다.

클리프노트 : 기본 개요

I. 서론
  A. 목적 / 주제

  B. 핵심 아이디어

  C. 요점 미리 보여주기
    1. 요점 #1
    2. 요점 #2
    3. 요점 #3
II. 프레젠테이션 본론
  A. 요점 #1
    1. 근거 자료
    2. 근거 자료
    3. 근거 자료

  B. 요점 #2
    1. 근거 자료
    2. 근거 자료

  C. 요점 #3
    1. 근거 자료
    2. 근거 자료
    3. 근거 자료

III. 결론

I. 서론 수요일 밤 8시…
  A. 학습 가이드는 학생들이 훌륭한 문학을 이해하고 문학 과목에서 좋은 성적을 얻을 수 있게 도와준다.

  B. 학습 가이드는 강사들은 비판하고 학생들은 칭찬하는 독특한 출판 현상이다.

  C. 미리 보여주기
    1. 클리프노트의 역사
    2. 학습 가이드들의 경쟁사 비교
    3. 학습 가이드에 관한 비판
II. 프레젠테이션 본론
  A. 클리프노트의 역사
    1. 클리프노트의 소유주이자 설립자인 클리프 힐리개스의 이야기
    2. 클리프노트의 성장과 성공
    3. 보통 명사/형용사가 된 클리프노트

  B. 경쟁사와의 비교
    1. 클리프노트와 스파크노트의 경쟁
    2. 베스트셀러 책의 비교

  C. 학습 가이드에 대한 비판
    1. 내용의 품질에 관한 문제
    2. 저작권 문제
    3. 학습 가이드에 대한 과도한 의존도

III. 결론
일리아스를 읽지 않고 시험에 합격했다.
학습 가이드는 계속 성장하고 번창할 것이다.

정보전달 프레젠테이션 평가하기

다음 등급을 사용하여 준비하고 있는 프레젠테이션이나 보고 듣고 읽은 프레젠테이션을 위한 평가 도구에 대한 각 역량을 평가해보자.

E = 우수　　G = 양호　　A = 평균　　W = 약함　　M = 누락　　N/A = 해당사항 없음

역량	E	G	A	W	M	N/A
준비 및 메시지 내용						
목적 및 주제						
청중 적응						
상황 적응						
서론						
조직화						
근거 자료						
전환						
결론						
언어						
관심 요인						
정보적 전략						
전달						
절충형						
목소리 전달						
신체 표현의 전달						
필요한 경우, 프레젠테이션 보조도구						
기타 기준						
개요/작성						
출처						
기타						
종합 평가 (O 표시)	E	G	A	W	M	N/A

기타 의견 :

정보적 말하기의 목적

15.1 정보전달 프레젠테이션의 목표에 대해 설명해보자.

- 정보전달 프레젠테이션은 새로운 정보를 보고하고, 어려운 용어를 명확히 하며, 과학 현상을 설명하거나, 혼란과 오해를 극복한다.
- 효과적인 정보전달 프레젠테이션은 지시하고, 정의하고, 이해시키고, 설명하고, 수정하고, 상기시키고, 입증한다.
- 화자의 목적에 따라 정보전달과 설득으로 구별할 수 있다.
- 정보적 말하기를 할 때 청중에게 정보가 가치 있는 이유와 성공이나 안녕을 어떻게 향상시킬 수 있는지를 설명하는 가치 단계를 포함한다.

정보 커뮤니케이션의 전략

15.2 다양한 유형의 정보에 가장 적합한 커뮤니케이션 전략을 파악해보자.

- 캐서린 로완의 정보·설명 커뮤니케이션 이론은 다양한 종류의 정보전달 프레젠테이션의 내용과 구조에 관한 전략적 결정을 내리는 방법에 대해 설명한다.
- 프레젠테이션의 목적이 정보적(새로운 정보 보고)인지 설명적(어려운 용어 해설, 유사 과학 현상 설명, 혼란과 오해 극복)인지에 따라 정보전달 프레젠테이션을 구분할 수 있다.
- 새로운 정보 보고를 위한 전략에는 서론에 가치 단계 포함시키기, 명확한 조직화 패턴 사용하기, 다양한 근거 자료 활용하기, 청중의 관심사와 요구에 관련된 정보 다루기 등을 포함한다.
- 어려운 용어 해설을 위한 전략에는 용어의 기본 특징을 정의하기, 다양하고 대표적인 예시 활용하기, 맞는 예와 아닌 예를 대조하기, 청중에게 퀴즈 내기 등을 포함한다.
- 유사 과학 현상 설명을 위한 전략에는 요점을 분명하게 제공하기, 비유와 은유 사용하기, 프레젠테이션 보조도구 사용하기, 미리 보여주기, 내용 요약하기, 전환하기, 방향 제시하기 등을 명백하고 빈번하게 사용하기 등을 포함한다.
- 혼란과 오해를 극복하기 위한 전략에는 신념이나 이론을 근거로 진술하기, 믿을 수 있는 것과 그 이유 밝히기, 오해에 대한 불만을 제기하거나, 좀 더 수용 가능한 정확한 신념이나 이론을 진술하고 설명하기 등을 포함한다.

청중의 관심 유도

15.3 청중의 관심을 유도하기 위한 이야기, 유머, 참여 전략을 활용해보자.

- 청중을 매료시키고 교육시키기 위한 이야기를 하기 위해 이야기의 좋은 출처를 찾고, 이야기를 효과적으로 구성하고, 개연성(일관성)과 충실성(진실성)을 확인하고, 효과적인 스토리텔링 기술을 활용한다.
- 유머를 사용하여 청중의 관심을 유도하기 위해서는 불쾌감을 주는 유머를 피하고, 자기 자신을 유머 감각으로 표현하며, 부적절한 유머를 피해야 한다.
- 유머를 사용하는 경우 문화나 성별의 차이에 적합한지 확인한다.
- 프레젠테이션에 청중을 참여시키고자 할 때 질문을 하고, 상호작용을 장려하고, 실행하도록 하고, 지원자를 요청하고, 피드백을 유도한다.

정보적 말하기의 실제

15.4 효과적으로 정보를 전달하는 프레젠테이션을 위한 커뮤니케이션 역량을 실천해보자.

- 효과적으로 정보를 전달하는 화자는 간결체와 구어체를 사용하고, 청중의 경험과 요구에 적응하며, 이야기와 유머를 사용하고 청중을 참여시키면서 청중의 관심을 유도하고 자신의 신뢰를 향상시킨다.

주요 용어

가치 단계	시범 연설	정보·설명 커뮤니케이션 이론
겸손한 유머	유사 과학 현상	정보전달 프레젠테이션
서사	이야기	정보 커뮤니케이션
서사 이론	이야기 개연성	
설명 커뮤니케이션	이야기 충실성	

연습문제

15.1 정보전달 프레젠테이션의 목표에 대해 설명해보자.

1 가치 단계를 모색할 때 "프레젠테이션은 과학에서의 흥미롭고 새로운 발견을 설명할 것인가?"라고 자문한다면, 다음 중 청중에게 어떤 이점이 있을 것이라고 생각하는가?

  a. 사회적 이점

  b. 심리적 이점

  c. 물리적 이점

  d. 지적 이점

2 다음 중 달걀을 완숙으로 삶는 방법에 대한 프레젠테이션의 가치 단계가 될 수 있는 것은 무엇인가?

  a. 완숙 달걀은 만들기 쉽다.

  b. 달걀을 완숙으로 삶는 방법을 알려준다.

  c. 달걀을 완숙으로 삶는 네 가지 단계는 차가운 물 끓이기, 가열 중단, 15분 대기, 찬물에 식히기이다.

  d. 완숙 달걀을 만들기 위해 이 방법을 사용하면 달걀이 깨지거나 금이 가는 일이 없다.

15.2 다양한 유형의 정보에 가장 적합한 커뮤니케이션 전략을 파악해보자.

3 다음 중 정보전달 프레젠테이션의 정보제공 유형에 적합한 주제가 아닌 것은 무엇인가?

  a. 사진을 찍고, 편집하고, 인화하는 방법을 배우는 것

  b. 자전거의 기어를 바꾸는 법을 배우는 것

  c. 단추를 꿰매는 데 필요한 지시를 내리는 것

  d. 제빵에서 이스트의 화학 작용을 이해하는 것

4 다음 중 정보전달 프레젠테이션에서 어려운 용어를 해설하기 위한 전략은 무엇인가?

  a. 비유와 은유를 사용한다.

  b. 다양하고 대표적인 예시를 사용한다.

  c. 프레젠테이션 보조도구를 사용한다.

  d. 청중에게 퀴즈를 낸다.

5 다음 중 유사 과학 현상을 설명하기 위한 전략은 무엇인가?

  a. 비유와 은유를 사용한다.

  b. 다양하고 대표적인 예시를 사용한다.

  c. 아닌 예를 사용한다.

  d. 이론에 불만을 제기한다.

15.3 청중의 관심을 유도하기 위한 이야기, 유머, 참여 전략을 활용해보자.

6 피셔의 서사 이론에 따르면, 다음 중 이야기의 개연성을 확인하기 위한 것은 무엇인가?

  a. 이야기의 사실과 사건이 진실처럼 들리는가?

  b. 등장인물들이 일관되게 행동하는가?

  c. 이야기는 개인적 가치, 신념, 경험 등을 반영하고 있는가?

  d. 이야기가 화자의 주장을 설명하거나 뒷받침하는가?

7 다음 중 이야기 구성 차트의 세 번째 단계는 무엇인가?

  a. 정점 또는 절정

  b. 행동 또는 갈등

  c. 발단

  d. 핵심 대목

8 다음 중 유머를 사용하기 위한 좋은 팁이 아닌 것은 무엇인가?

  a. 청중들 중 누구도 조롱하지 않는다.

  b. 유머를 메시지에 집중시킨다.

  c. 자기 자신에 대한 직접적인 유머를 하지 않는다.

  d. 신체 언급에 대한 이야기를 조심한다.

9 다음 중 프레젠테이션에 청중을 참여시키기 위해 권장하는 전략은 무엇인가?

  a. 질문하기

  b. 상호작용 장려하기

  c. 피드백 유도하기

  d. 위의 보기 모두

15.4 효과적으로 정보를 전달하는 프레젠테이션을 위한 커뮤니케이션 역량을 실천해보자.

10 다음 중 존 설리번이 클리프노트 프레젠테이션에서 주로 사용한 언어 유형은 무엇인가?

  a. 간결체와 수사체

  b. 구어체와 웅변체

  c. 간결체와 구어체

  d. 구어체와 수사체

정답 확인 : 355쪽

설득 16

설득을 통해 기업은 제품과 서비스를 판매하고, 변호사는 판사와 배심원에게 영향을 준다. 대학에서는 학생과 교수진을 모집하기 위해 설득력을 발휘하며 아이들은 잠자리로 가지 않으려 부모들을 설득한다.

설득 프레젠테이션은 제품을 판매하고 학생들을 모집하는 것 그 이상을 할 수 있다. 청중과 화자 모두에게 강한 감정을 불러일으킬 수 있다. 다른 사람들의 태도를 바꾸고 행동을 하도록 고무시키고 동기를 부여할 수 있다. 예를 들어 시카고 재계 리더 연설장에서 미셸 오바마는 하디야 펜들턴의 죽음에 대해 이야기하면서 눈물을 흘렸다. 펜들턴은 오바마 대통령 재선 취임식에서 공연을 한 후 일주일 만에 시카고 총기 폭력에 의해 희생된 15세 소녀이다.[1] 미셸 오바마의 연설 일부를 발췌하면 다음과 같다.[2]

10대들의 장례식이 불행하지만 드문 일이 아닌 이 도시에 많은 어린이들이 살고 있다. 뒷골목에서 헤매거나 현관에 서있는 것만으로 위험에 빠질 수 있다. 이것은 지난 2월 장례식을 치렀던 하디야 펜들턴과 같은 많은 젊은이들이 이 도시에서 직면하고 있는 현실이다.

그리고 펜들턴 가족을 위로하기 위해 하디야의 장례식에 참석했을 때 그들이 나에게 얼마나 친숙했는지 잊을 수가 없었다. 하디야의 가족이 내 가족처럼 생각되었기 때문이다. 하디야 펜들턴은 나였고, 나는 그녀였다. 그러나 나는 자라서 프린스턴과 하버드 로스쿨에 진학했고, 직업과 가족을 얻었고, 내가 상상할 수 있는 가장 축복받은 삶을 살고 있다.

하디야의 가족도 모든 것이 좋았지만 이제 그녀에게 기회는 없다. 우리는 이 도시와 이 나라에서 일어나는 이 이야기(하디야의 삶과 죽음에 관한 이야기)를 매일, 매월, 매년 한 번씩은 읽고 있다.

이 장에서는 설득이 다양한 상황에서 어떻게, 왜 작동하는지 설명한다. 그런 다음 청중을 타깃으로 하는 전략과 기술을 적용하여 효과적이고 설득력 있는 프레젠테이션을 개발하고 전달하는 방법을 보여줄 것이다.

설득의 목적

16.1 설득 프레젠테이션의 목표를 설명해보자.

설득(persuasion)은 청중의 의견(생각하는 것) 또는 행위(하는 것)를 변화시키기 위한 것이다. 말하기의 목적이 정보 전달인지 설득인지 여부를 결정한다. 정보전달 프레젠테이션은 청중에게 정보나 설명을 제공하는 반면, 설득 프레젠테이션은 청중들의 동의를 얻거나 의견이나 행위의 변화를 요구한다.

설득 프레젠테이션은 청중들의 동의를 얻거나 의견이나 행위의 변화를 요구하는 것이다.

설득 변화
의견 & 행위

- 가족은 직장보다 중요하다.
- 일본은 역시 최고의 자동차를 만드는 나라이다.
- 채식 식단은 몸에 좋고 지구에도 좋다.

- 일주일에 적어도 5번 이상은 가족과 함께 저녁 식사를 하십시오.
- 일본에서 생산한 자동차를 구입하십시오.
- 고기를 먹지 마십시오.

다른 사람 설득하기

16.2 청중들의 태도에 따른 설득 전략을 선택해보자.

청중들의 의견이나 행동을 바꾸려면 왜 변화를 거부하는지 먼저 이해해야 한다. 왜 사람들은 지지를 요구하는 첫 번째 후보자에게 투표하지 않는가? 연예인이나 스포츠 스타가 추천하는 모든 제품이 품절되거나 팔리지 않는 이유는 무엇인가? 휴대전화의 벨이 울려도 운전자들이 길 한쪽에 차를 대지 않는 이유는 무엇인가? 이 모든 질문에 좋은 해답이 있다. 이것이 바로 문제이다. 많은 사람들이 왜 투표를 하지 않고, 물건을 사지 않고, 차를 대지 않는지, 또는 그들에게 요청하는 어떤 것을 하지 않는지 알고 있다. 이유가 무엇인지 결정하고 해결하는 것은 자신에게 달려있다.

태도 분류하기

청중과 그들의 태도에 대해 더 많이 알수록 효과적인 메시지를

적용할 수 있다. 예를 들어 부동산 소유자는 재산세가 너무 높다는 것에 매우 동의하겠지만 대학생들은 고등교육을 위해 더 많은 세금을 지지할 수 있다. 총기 소지자, 수집가, 포수 등과 이야기해보면 이러한 사람들의 대부분이 엄격한 총기 규제 법안에 반대할 것이라고 예상할 수 있다.

청중들의 인구통계학적 특성 및 태도에 대해 알고 있는 내용을 검토해보자. 이후 청중들이 화자에게 동의(비동의)하는 정도를 측정(다음 쪽 하단 참조)하여 분류해보자. 청중들의 태도를 이해하면 설득하려는 사람들에게 메시지를 적용하는 과정을 시작할 수 있다.

같은 의견을 가진 청중 설득하기

청중이 이미 화자의 의견에 동의할 때 그들의 사고방식을 바꿀 필

소셜미디어의 설득력

소셜미디어는 세계에서 가장 강력한 설득력 높은 도구 중 하나가 되었다. 컴퓨터과학자 제임스 캐버리(James Caverlee)의 연구에 따르면 소셜미디어는 "업무를 수행하고, 마음을 설득하고 변화시키고, 세상을 변화시키기 위해 집단 지성을 활용한다."라고 결론지었다. 동시에 소셜미디어는 "대중 설득의 무기가 되었다."라고 경고했다.[3]

2011년 이후 몇 년 동안 소셜미디어는 뉴욕, 파리, 케이프타운(남아프리카공화국) 등 주요 도시의 점령 운동부터 튀니지, 이집트, 리비아에서 촉발된 아랍의 봄까지 전 세계의 혁명과 반란을 촉발시키는 데 중요한 역할을 담당했다. 또한 일본의 지진, 필리핀의 거대한 태풍, 뉴저지의 초강력 허리케인 샌디와 미국의 파괴적인 토네이도 및 홍수 등이 발생하자 소셜미디어를 통해 재난 현장 자원봉사 및 구

호 기금 모집 등이 이뤄졌다.

페이스북에서 웹페이지의 '팬' 또는 '팔로워'가 되어가면서 마케팅 전문가들은 구매 결정 및 습관에 영향을 미칠 수 있는 메시지를 만들었다. 유명한 기술 회사들은 시각적인 이미지 게시판인 핀터레스트(Pinterest)와 같은 사이트에 계정을 만들어서 이미지와 영상 중심의 고객 콘텐츠 선호를 반영하였다. 핀터레스트에 가면 이미지의 설득력을 활용한 많은 기업들의 다채로운 핀을 볼 수 있을 것이다.

*Persuasion, Social Influence, and Compliance Gaining*의 저자인 로버트 가스(Robert Gass)와 존 세터(John Seiter)는 오늘날 젊은 대학생 세대는 "평생 동안 정교한 마케팅 캠페인을 쏟아낸다."라고 말한다. 그들은 "결코 시장에 내놓지 않는다."[4] 설득력 있는 마케팅 전략은 이름에 '아이(i)'가 있는 모든 제품(아이패드, 아이폰)부터 디자이너 패션과 고급 호텔에 이르기까지 유명 브랜드 제품에 대한 흔들림 없는 열정과 욕구를 불러일으킨다. 분명 블링(bling)*을 얻지 못하는 것은 아무 의미가 없다.[5]

그렇다면 설득해야 하는 연설이나 프레젠테이션을 하는 것은 어떠한가? 우리의 대답은 모든 것에 해당한다. 이 장의 모든 이론, 전략, 기술은 설득력 있는 도구로서의 소셜미디어의 성공을 설명한다.

———————

* 역자 주 ─ 요란한 장신구나 옷가지, 과소비와 허세로 뭉친 행동 양식

요가 없다. 오히려 목표는 청중들의 태도를 강화하고 그들이 행동하도록 격려하는 것이다.

청중들이 화자에 동의한다면 **면역**(inoculation)을 고려해야 한다. 사회심리학자 윌리엄 맥과이어(William McGuire)는 '상대방'의 반대에 설득되지 않도록 청중의 태도를 보호하는 것은 질병에 대항하여 몸에 접종하는 것과 같다고 말한다.[6] 반대되는 주장의 결함을 노출시키고 청중에게 어떻게 논박할 것인지를 보여줌으로써 잠재적으로 설득에 저항을 길러줄 수 있다. 이 전략은 태도나 행동에 있어서 보다 지속적인 변화를 일으키게 된다.

다른 의견을 가진 청중 설득하기

의견 불일치가 청중들이 적대적이거나 무례함을 의미하는 것은 아니다. 그것은 의견을 바꾸는 것이 어렵다는 것을 의미한다. 청중과 의견을 달리한다 해도 세상을 바꾸려고 하지 말아야 한다. 합리적으로 변화할 수 있는 것에 주의를 기울인다. 예를 들어 고

> 면역 효과는 청중이 이슈에 개입하고 관심을 가질 때 가장 효과적이다. 자신의 태도가 공격에 취약하다는 것을 알게 하고 공격에 저항할 수 있도록 도와준다.[7]

기를 좋아하는 사람들에게 고기를 먹지 말고 채식주의자가 되기를 강요하지 않아야 한다. 기껏해야 고기를 적게 먹는 것이 더 건강하다는 사실을 납득시킬 수 있을 것이다. 그것만으로도 훌륭한 일이다. 모든 작은 발걸음은 시간이 지남에 따라 큰 변화를 가져올 수 있다.

면역 전략은 다른 의견을 가진 청중에게도 적용할 수 있다. 그러나 전술은 약간 다르다. 특정 아이디어나 의견에 반대되는 주장과 논쟁을 약하게 제기하고 보류되기를 바란다. 영업 전문가들은 "문 앞에 발을 들여놓아야 한다(기회를 잡는 것이 중요하다)."라고 말한다. 하지만 문을 쾅 닫고 발가락을 부러뜨릴 정도는 아니어야 한다.

우유부단한 청중 설득하기

일부 청중은 잘 모르거나 관심이 없거나 결정을 내리지 못했기 때문에 주제에 대한 의견을 내놓지 못할 수도 있다. 각각의 경우

태도에 대한 동의/비동의 정도

매우 동의함	동의함	보통	동의하지 않음	매우 동의하지 않음

에 어떠한 설득 전략 유형을 이용할 것인지는 청중의 우유부단함의 이유에 달려있다. 다음 예에서는 한 학생이 아직 결정을 하지 못한 학생들의 주의를 환기시키고 관심을 가져야 할 이유를 제시함으로써 투표의 중요성에 대한 프레젠테이션을 시작한다.

여러분 중 몇 명이 학자금 지원을 신청했나요? (학급의 반 이상이 손을 들었다.) 얼마나 많은 사람들이 신청하거나 필요한 만큼의 학자금 지원을 받았죠? (수업의 1/4 이하가 손을 들었다.) 먼저 나쁜 소식이 있습니다. 앞으로 학자금 지원이 더욱더 어려워질 거예요. 좋은 소식은 여러분이 이에 대해 할 수 있는 일이 있다는 것입니다.

인도주의적인 '일대일 기부' 캠페인(한 켤레의 신발을 판매할 때마다 한 켤레의 신발을 기부)으로 새로운 제철 신발, 합리적인 가격의 편안한 신발을 만들기 위해 전반적인 노력과 자선 활동을 하는 탐스. 탐스 애호가들은 더 많은 것을 얻기 때문에 싫증을 느끼지 않는다.

설득적 말하기의 상황에서 같은 의견이나 다른 의견을 가진 청중, 우유부단한 청중들과 대면하게 될 것이다. 이 경우 가장 크고 가장 영향력 있거나 가장 쉽게 설득할 수 있는 집단에만 집중할 수 있다. 또는 주목이나 관심을 얻고자 신뢰할 수 있는 출처에서 새로운 정보를 제공함으로써 세 가지 유형의 청중 모두에게 호소할 수 있다.

같은 의견을 가진 청중에 대한 설득 전략

- **새로운 정보를 제시한다.** 새로운 정보는 왜 그들이 동의하고 동의를 강화하는지를 다시 한 번 알려준다. 증거를 여러 번 듣거나 보게 되면 그 효과는 감소한다. "새로운 증거는 오래된 증거보다 설득력이 있다."[8]
- **반대 주장에 대한 청중의 저항을 강화한다.** 동의하지 않는 사람들이 묻는 질문에 대답하도록 준비시킨다. 반대 견해에 반박할 수 있는 논거를 그들에게 예방 접종한다.
- **감정을 자극한다.** 본인의 느낌(기쁨, 자부심, 공포, 행복)을 자극하는 예와 이야기를 사용한다. 적절한 경우 강력한 언어와 표현적인 전달을 사용한다.
- **개인적인 롤모델 역할을 한다.** 당신이 보거나 한 것을 그들에게 말해준다. 신뢰도를 높일 수 있다.
- **행동 방침을 제시한다.** 왜, 어떻게 이러한 행동을 취해야 하는지 설명한다(탄원서에 서명, 투표, 운동 등). 행동 촉구! 이것은 설득의 강력한 형태이다.

다른 의견을 가진 청중에 대한 설득 전략

- **합당한 목표를 설정한다.** 청중이 자신의 의견이나 행동을 근본적으로 바꿀 것을 기대하지 않는다. 당신의 방향으로 조금이라도 진전이 있다면 결국 큰 변화로 이어질 수 있다.
- **공통점을 찾는다.** 의견 충돌 영역으로 넘어가기 전에 서로 공통적으로 가지고 있는 신념, 가치, 태도, 의견을 찾는다.
- **의견 차이를 받아들이고 수용한다.** 잠재적인 청중의 의견의 합당함을 인정하고 원칙을 지키려는 사람들에게 의견을 제시한다. 상대방의 관점에 대한 존중을 보여준다.
- **공정하고 높이 평가되는 증거를 제시한다.** 가진 자료가 완벽한지 확인한다. 존경받고 편향되지 않은 출처에서 증거를 채택한다.
- **개인적으로 신뢰를 구축한다.** 자신을 신뢰할 수 있게 제시한다. 당신에 대한 긍정적인 감정은 당신의 설득력을 향상시킨다.

우유부단한 청중에 대한 설득 전략

정보가 없는 경우
- 주목과 관심을 끈다.
- 새롭고 인상적인 정보를 제공한다.

관심이 없는 경우
- 주목과 관심을 끈다.
- 관심 가질 이유를 제공한다.
- 관련 정보와 근거를 제시한다.

확실한 결정을 내리지 못한 경우
- 서로 다른 관점에 대한 타당성을 인정한다.
- 새롭고 주목할만한 정보를 제공한다.
- 자신이 가진 논점을 강조하거나 강화한다.

공통 견해 찾기

의견이 다른 청중에게 설명할 때 당신과 청중 사이에서 의견 차이가 없는 **공통 견해**(common ground)를 찾아야 한다. 공통 견해를 공유하는 것은 다른 의견을 가진 청중을 설득할 수 있는 열쇠가 된다. 숙련된 화자는 청중과 공유하는 입장이나 행동을 파악하고 토론한다. 예를 들어 흡연자와 비흡연자 모두 학교 주변에서 흡연을 금지해야 한다는 데 동의할 수

> **공통점을 찾으면 청중은 덜 우호적인 자세로 화자의 말에 더 귀 기울이게 된다.**

있다.

아래에는 학생들의 프레젠테이션 중에서 논란이 되는 두 가지 주제이다. 화자와 청중이 공통 견해를 찾을 수 있는 문제를 기술하여 각 문장을 완성해보자. 예를 들어 "자유로운 표현

의 주창자와 포르노그래피 반대 단체는 '아마도' 어린아이들에게 포르노그래피가 제공되어서는 안 된다는 데 동의할 것이다." '아마도'라는 단어에 작은따옴표가 표시되어 있을 것이다. 어떤 입장이나 신념에 있어 극단적인 청중들은 예외를 인정하지 않을 수도 있고 기꺼이 당신과 공통 견해를 취하려 하지 않을 수도 있다. 의견 불일치가 예상되는 경우, 자신의 견해와 반대의 견해를 나타낼 수 있는 유사한 문장을 빈칸에 채워보자.

1. 사형에 찬성하는 사람들과 반대하는 사람들은 '아마도' _____

_____ 에 동의할 것이다.

2. 이민 개혁에 찬성하는 사람들과 반대하는 사람들은 '아마도' _____

_____ 에 동의할 것이다.

이론 살펴보기

심리적 반발 이론

심리학자 잭 브렘(Jack W. Brehm)은 대중들에게 하지 말아야 할 것을 말하면 왜 정확히 반대되는 반응을 일으키는지 설명한다. **심리적 반발 이론**(Psychological Reactance Theory)에 따르면 우리가 원하는 만큼 믿거나 행동할 수 있는 자유에 대한 위협을 인식하면 그에 상응하는 심리적 반발을 초래하고, 그 결과 사람들은 위협당한 자유를 복원하기 위해 다양한 행동을 하게 된다.⁹

아이들은 항상 이런 식으로 반응한다. 부모들은 아이들에게 "저녁 식사 전에 간식 먹지 말아라!", "형제와 싸우지 말아라!", "비디오 게임 그만해라!"라고 말한다. 그래서 아이들은 간식을 숨기고, 몰래 때리며, 플레이스테이션 대신 컴퓨터 게임을 한다. 네덜란드에서는 18

세 이상의 네덜란드 사람이라면 암스테르담의 '커피숍(대마초 피우는 장소)'이라는 장소에서 합법적으로 대마초를 구입할 수 있다. 그러나 미국에서는 33%가 불법적으로 마리화나를 사용했던 반면 마리화나를 사용한 지 12년 이상 된 네덜란드 사람들은 약 15%만이 불법적으로 사용했다.¹⁰ 마약이 대부분 법으로 엄격히 금지되어 있기 때문에 반항의 구실로 더 유혹적일 수도 있는 것이다.¹¹

> **청중들에게 "이것을 해라." 또는 "그것을 믿지 마라."라고 말하면 강한 저항에 부딪치게 될 것이다.**

청중들이 어떤 조언이나 지침에 부정적으로 반응할 수 있다고 생각되면 다음 전략을 사용

하여 반발할 수 있는 반응의 가능성을 줄일 수 있다.

- "하지 마.", "멈춰.", "해야 해."와 같이 강력하고 직접적인 명령어조는 피한다.
- "죽을 거야.", "실패할 거야.", "벌받게 될 걸."과 같은 끔찍한 결과를 묘사하는 극단적인 말은 피한다.
- 손가락질(비난)은 피한다. 비난이나 혹평으로 특정 대중을 지목하지 않는다.
- 청중들의 자유와 존엄성을 유지하면서 태도나 행동 변화로 나아갈 수 있는 중도적인 견해를 지지한다.
- 의견이 다른 청중에게 적합한 전략을 사용한다.
- 청중의 관점, 요구, 생활 방식을 존중한다.

설득력 있는 주장 만들기

16.3 타당하고 설득력 있는 주장의 구성 요소와 특징을 설명해보자.

어떤 사람들은 논증을 두 사람 간의 분쟁이나 적대적인 대립으로만 생각한다. 그러나 **논증**(argument)은 증거와 추론이

뒷받침된 주장으로 정의한다. 예를 들어 "내년에 라틴계 헤리티지 클럽에 더 많은 기금을 제공해야 한다."라고 말하면 이 진술

을 뒷받침하는 증거나 이유가 없기 때문에 더 이상의 논증은 없다. 이를 논증으로 바꾸려면 "라틴계 헤리티지 클럽은 내년에 규모가 2배로 늘어나기 때문에 더 많은 기금이 제공되어야 한다. 자금의 증가 없이는 회원들에게 동등한 양질의 프로그램을 제공할 수 없다."라고 말할 수 있다. 이 진술에는 증거와 추론이 뒷받침된 주장이 포함되어 있다.

툴민의 논증 모델 이용하기

논증의 필수 구조를 이해하는 것을 돕기 위해 영국 철학자 스티븐 툴민(Stephen Toulmin)이 개발한 **툴민의 논증 모델**(Toulmin Model of an Argument)을 이용하고자 한다. 툴민 모델은 효과적인 논증을 위해 주장, 증거, 논거 등 세 가지 필수 요소가 필요하다고 주장한다. 또한 많은 말하기 상황에서 논거를 위한 입증, 단서, 요건 등 세 가지 추가 요소가 필요하다.[12] 프레젠테이션에 대한 논쟁을 이끌어내거나 발표자의 말을 경청하는 청중이 논쟁을 일으키는지 여부와 관계없이 이것이 신념에 합당한지 여부를 결정하기 위해 툴민의 모든 요소에 대해 비판적으로 생각해야 한다.

주장, 증거, 논거   **주장**(claim)은 논쟁의 결론 또는 프레젠테이션에서 옹호하는 전반적인 입장이다. 주장은 "**증명하고자 하는 논점은 무엇인가?**"에 대한 답이다. 그러나 주장이 논점은 아니다. 이는 출발점일 뿐이다. "논쟁의 시작점은 논리와 증거가 중요하기 때문에 끝보다 훨씬 덜 중요하다."[13]

효과적인 논쟁에서 관련 증거를 제공함으로써 옹호하고자 하는 주장을 지지하고 입증할 수 있다. **증거**(evidence)는 "어떻게 알 수 있는가?"에 대한 대답이다. 건전한 논쟁은 통계, 과거 선례 및 어떤 현상에 대한 세부 사례, 전문가의 증언, 일반적으로 수용된 청중들의 신념에 이르기까지 강력한 증거에 달려있다고 해도 과언이 아니다.

제13장 "내용과 조직화"에서 핵심 아이디어와 요점을 설명하고 발전시키기 위한 근거 자료를 수집하고 활용하는 방법에 대해 설명했다. 프레젠테이션에서 선택하여 사용하는 자료는 주장과 채택된 근거를 정당화하고 강화시키기 위한 증거로 구성된다. 전략적으로, 입증하려는 주장의 유형과 청중의 태도, 요구에 따라 증거를 선택해야 한다.

> **좋은 증거가 뒷받침되지**
> **않으면 상대방은 당신의 주장을**
> **받아들이기 어렵게 된다.**

예를 들어 하루 음식 섭취 일기를 작성하는 것이 다이어트와 체중 관리에 가장 좋은 방법이라고 주장하면 주요 의과 대학에서 실시한 연구 결과를 공유할 수 있다. 또는 2개월 동안 음식 섭취 일기를 작성하지 않아서 체중 감량에 실패한 사례를 들려줄 수도 있다. 음식 섭취 일기 작성 사례를 배포하여 '다이어트 기간' 동안 하루에 지방 섭취량 30g을 지키는 것이 얼마나 쉬운지를 보여줄 수도 있다.

논거(warrant)는 증거와 어떤 관련성이 있는지, 증거가 주장을 뒷받침하는 이유가 무엇인지를 설명한다. 예를 들어 논거는 음식 섭취 일기에 대한 기사를 쓴 사람이 국가의 주요 영양학 전문가 중 한 사람이라고 말할 수 있다. 논거는 "어떻게 알았는가?"라고 묻는 것이 아닌 "어떻게 결론에 도달했는가? 결론이 올바르게 도출될 수 있도록 하였는가?"에 대한 답이다. 프레드 화이트(Fred White)와 시몬 빌링스(Simone Billings)는 책 *The Well-Crafted Argument*에서 "강력한 논거는 주장과 증거 모두의 타당성과 신뢰성을 강화하기 때문에 강력한 증거만큼 힘 있는 논쟁에서 중요하다."라고 말한다.[14]

다음 쪽의 〈그림 16.1〉은 논증에 있어 툴민 모델의 세 가지 기본 필수 요소(주장, 증거, 논거)가 나타내는 바를 보여주고 있다. 음식 섭취 일기를 옹호하는 주장은 다음과 같이 말할지도 모른다.

> 체중 감량을 원하는가? 음식 섭취 일기를 작성하자. 의과대학 네이선 카터 박사는 음식 섭취 일기를 작성하는 환자가 그렇지 않은 사람들보다 체중 감량 가능성이 2배 높다는 연구 결과를 발표했다.

입증, 단서, 요건   툴민의 논증 모델에서는 세 가지 필수 요소에 더해 세 가지 추가 요소로 입증, 단서, 요건을 제시한다.

입증(backing)은 논증의 논거에 대한 뒷받침을 제공한다. 입증이 모든 논증에서 필요한 것은 아니지만 증거와 주장 간의 논리적 연결로서 논거를 수용한 이유에 대해 질문한다면 중요할 수 있다. 논거가 "어떻게 결론에 도달했는가?"라는 질문에 대한 대답이라면 입증은 "결론 도출에 있어 왜 이것이 올바른 방법인가?"라는 질문에 대한 대답을 제공한다. 입증은 정보원의 신뢰성에 더 많은 정보를 제공할 수 있다. "네이선 박사와 동료들은 체중 감량 연구에 대한 공로를 인정받아 국가로부터 2개의 상을 받았다." 또한 입증은 음식 섭취 일기의 효과성을 검증할 수 있는 체중 감량 연구에서 사용된 방법론으로 설명할 수도 있다.

모든 주장이 항상 사실은 아니다. 툴민 모델의 **단서**(reservation)는 특정 상황에서 주장이 사실이 아닐 수도 있다는 점이나 주장에 대한 예외를 인정한다.

예를 들어 음식 섭취 일기는 일일 섭취량 기준치만큼 좋다. 이상적인 체중이 57kg인 사람에게 하루 4,000cal와 100g의 지방을 설정하면 체중이 감소하지 않는다. 또한 일부 사람들은 일반 식단에 반응하지 않는 호르몬이나 유전적인 원인에 의해 체중에 문제가 있을 수도 있다. 단서 조항은 다음과 같이 주장의 범위의 한계를 명시한다. "음식 섭취 일기는 적절히 조정되어야 하며 유전 또는 호르몬에 비만의 원인이 있는 경우 효과가 없을 수 있다. 이런 경우에 표준 음식 섭취 일기를 고수하는 것은 충분하지 않을 수 있다."

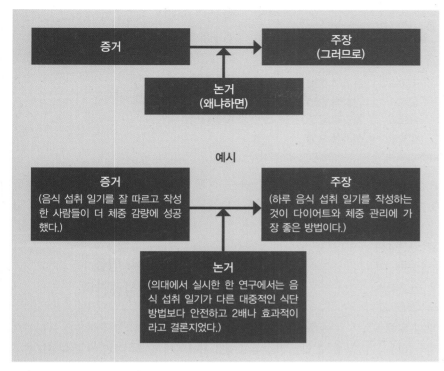

그림 16.1 툴민 논증 모델의 기본 필수 요소

제하기 위한 수단으로 사냥을 허용해야 한다는 주제로 프레젠테이션을 하는 발표자는 다음과 같은 몇 가지 이유를 제시했다.

> 사슴 개체 수의 증가로 ⋯ 굶주리거나 질병으로 죽어가고 있다. ⋯ 농작물, 정원, 산림 묘목을 먹어 치우고 있다. ⋯ 사람들에게 라임병(Lyme disease, 보렐리아 세균을 가진 사슴진드기에 물려 감염되는 세균성 질병)을 일으킨다. ⋯ 로드킬 건수가 증가하고 있다. ⋯ 다른 동물들이 필요로 하는 음식을 먹고 있다.

사슴 개체 수를 줄이기 위해 사냥 허용을 지지하는 주장이 많이 있지만, 발표자는 청중을 분석한 결과를 토대로 설득할 가능성이 가장 큰 의견을 선택해야 했다.

그러나 다양한 종류의 주장이 있다. 무언가가 진실이거나 거짓이거나, 가능하거나 불가능하거나, 좋거나 나쁘거나, 합리적이거나 불합리한 주장이라고 할지도 모른다.

대부분의 사람들은 프레젠테이션에서 여러 주장 유형을 보여준다. 예를 들어 사슴 사냥에 대한 발표에서 사슴 개체 수를 줄이기 위한 전반적인 주장은 정책형 주장이다. 요점은 사실형, 추측형, 가치형 주장에 의해 뒷받침될 수 있다(다음 쪽의 표 참조).

논증을 하는 데 단서가 있으면 그 주장은 다시 검증해야 한다. **요건**(qualifier)은 주장이 참이 되게 해주는 정도를 나타낸다. 요건에는 대개 '아마도', '가능한', '할 것 같은'과 같은 단어를 포함한다. 주장에 요건을 제시한 문장을 살펴보자. "다른 치료법을 찾는 의학적 이유가 없다면, 자신의 목표에 맞게 설정된 음식 섭취 일기를 사용하고 따르는 것이 '아마도' 체중 감량을 위한 최선의 방법일 것이다."

화자가 증거나 입증에 대한 확신이 적고 청중들이 의심을 가지고 있을 때 요건이 필요하다. 한정된 요건을 제시하여 상대적으로 주장의 설득력을 강화해 회의적인 청중들이 더 주장을 수용할 수 있도록 할 수 있다. 오른쪽의 〈그림 16.2〉는 툴민의 논증 모델의 전체 구성 요소들을 보여준다.

다음 단원에서는 주장이 충분히 신뢰할 수 있다는 것을 입증하는 데 필요한 전략과 기술에 대해 자세히 살펴보도록 하자.

설득력 있는 주장 선택하기

설득력 있는 주장을 하기 위한 좋은 방법은 사용 가능한 모든 주장(청중들이 동의해야 하는 모든 이유)을 나열하는 것이다. 예를 들어 사슴 개체 수를 통

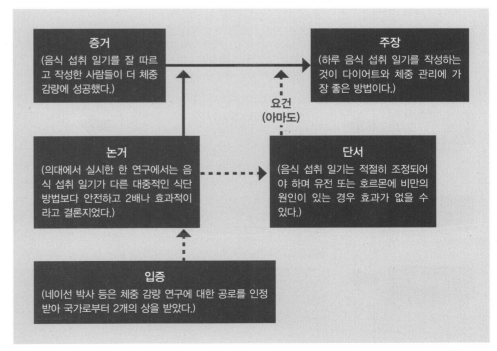

그림 16.2 툴민의 논증 모델

설득력 있는 증명 선택하기

배심원 앞에 선 변호사처럼 설득력 있게 자신의 주장을 입증할 수 있어야 한다. 변호사는 법정에서 어떤 증거를 사용할지 결정하지만 배심원이나 판사가 그 증거가 타당하고 설득력 있는지 여부를 결정하게 된다. 청중을 설득하려고 할때 설득력 있는 주장을 뒷받침하고 강화하기 위해 사용하는 주장과 근거, **증명**(proof)의 특성과 타당성에 따라 설득의 성공 여부가 달라진다. 청중과 설득하는 상황이 다르기 때문에 증명도 달라야 한다.[15]

제12장 "프레젠테이션 계획"에서 언급한 것처럼 기원전 4세기경 아리스토텔레스는 다차원적인 설득 이론을 개발했다. 약 2,500년 후 오늘날까지 이러한 결론은 우리가 설득을 연구하는 방식에 계속 영향을 미치고 있다. 아리스토텔레스는 수사학을 통해 세 가지 주요 증명을 제시한다. 여기에 네 번째 증명의 유형으로 **미토스**(서사적 증명)를 추가하였다.

로고스 : 논리적 증명   추론과 분석에 의존하는 논증은 **로고스**(logos)나 논리적 증명을 사용한다. 논리적 증명은 비판적으로 사고하고 정당화된 결론이나 결정에 도달하고자 하는 청중의 능력에 의존한다. 화자가 부담적정보험법에 찬성하여 다음의 사실과 통계 자료를 공유하는 방법에 유의해보자.

많은 근면한 미국인들은 가장 기본적인 형태인 건강 관리

설득력 있는 증명의 네 가지 유형

로고스	논리적 증명
파토스	감정적 증명
에토스	개인적 증명
미토스	서사적 증명

및 건강 보험을 제공받지 못하고 있다. 인구의 약 16.3%인 약 5,000만 명의 미국인이 건강 보험에 가입하지 않고 살고 있다. 2000년에는 64%가 고용주로부터 건강 보험을 받았지만 현재는 55%로 감소하였다.[16]

파토스 : 감정적 증명   **파토스**(pathos)는 정의, 관대함, 용기, 용서, 지혜 등에 대한 심리적인 정서적 감정을 목표로 한다.[17] 많은 TV 광고는 감정적 증명의 힘을 이해하고 있기 때문에 성공한다.

광고는 감정적 증명의 힘을 이해하고 있기 때문에 성공한다.

예를 들어 다음의 발표자가 청중의 공감과 두려움을 불러일으킬 수 있는 감정적 증명을 사용하여 말하는 방법에 주목해보자.

케빈은 27세이다. 새로운 일을 시작한 지 불과 2개월 만에 체중이 줄어들고 아픈 느낌이 들었다. 검사와 수술이 끝난 몇 주 후 대장암이 발견되었다. 병원비는 10만 달러(약 1억 2,000만 원)가 넘게 나왔다. 병원에서 퇴원하자마자 보험 회사를 찾아갔지만 '기존 병력'을 가지고 있다고 간주해 보험료 청구가 거절되었다. 케빈은 말한다. "암에 걸린 것과 보험이 없다는 말에 한순간 모든 것이 내려앉았고 자살까지

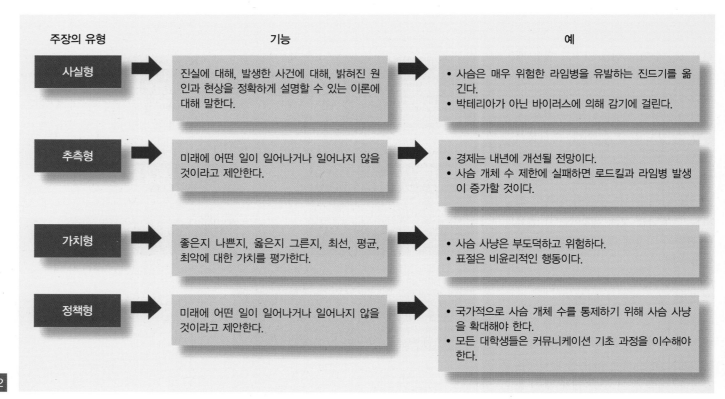

주장의 유형	기능	예
사실형	진실에 대해, 발생한 사건에 대해, 밝혀진 원인과 현상을 정확하게 설명할 수 있는 이론에 대해 말한다.	• 사슴은 매우 위험한 라임병을 유발하는 진드기를 옮긴다. • 박테리아가 아닌 바이러스에 의해 감기에 걸린다.
추측형	미래에 어떤 일이 일어나거나 일어나지 않을 것이라고 제안한다.	• 경제는 내년에 개선될 전망이다. • 사슴 개체 수 제한에 실패하면 로드킬과 라임병 발생이 증가할 것이다.
가치형	좋은지 나쁜지, 옳은지 그른지, 최선, 평균, 최악에 대한 가치를 평가한다.	• 사슴 사냥은 부도덕하고 위험하다. • 표절은 비윤리적인 행동이다.
정책형	미래에 어떤 일이 일어나거나 일어나지 않을 것이라고 제안한다.	• 국가적으로 사슴 개체 수를 통제하기 위해 사슴 사냥을 확대해야 한다. • 모든 대학생들은 커뮤니케이션 기초 과정을 이수해야 한다.

공포 소구를 두려워하는가?

설득학자 리처드 펄로프(Richard Perloff)는 공포 소구를 이용하여 다른 사람을 성공적으로 설득하는 데 다음과 같은 결론을 제시한다.

- **듣는 사람들이 겁내도록 한다.** 그래픽을 통해 위험 요소를 설명한다. 돌려서 이야기하지 않는다.
- **해결책과 문제점을 토론한다.** 희망을 보여준다. 청중을 놀라게 한 후에는 문제를 예방하거나 위험을 피하거나 그 결과를 최소화하는 방법을 알려준다.
- **행동을 취하지 않을 때의 대가와 행동을 취할 때의 이점을 강조한다.** 즉, '아프게' 한 후에 '잘해줘야' 한다.
- **당신이 무서워하는 것을 청중도 두려워하는지 확인한다.** 무엇이 그들을 겁먹게 했는지 고려하면서 청중의 가치와 요구 사항을 생각해야 한다.[18]

다음과 같은 상황을 고려하여 어떤 공포 소구가 각각의 태도, 의견, 행동에 영향을 주거나 영향을 미쳤을지 평가해보자.

1. 자물쇠나 집을 보호할 수 있는 보안 시스템 설치
2. 보호 차원에서 총을 소유하기로 한 결정
3. 해외 여행 의향
4. 금연이나 금주에 대한 결정
5. 손 소독제 사용과 바이러스 감염을 예방하거나 치료하기 위한 비타민 복용 결정

시도했다…"[19]

건강 보험이 없기 때문에 많은 미국인들이 고통받고 있음을 증명하기 위해 로고스를 사용하는 대신 화자는 청중의 공감과 두려움을 불러일으키려고 한다. 감정적 호소는 청중과 상황에 적응하고, 잘 만들어 잘 전달되고, 강한 가치를 가미하면 청중의 태도와 행동을 바꿀 수 있다. 얼마나 많은 광고가 이 방법을 사용하는지 생각해보자. 생명 보험 광고는 자신을 위해서가 아니라 사랑하는 사람들을 위해 투자할 것을 제안한다.

에토스 : 개인적 증명 제12장 "프레젠테이션 계획"에서 **에토스**(ethos, 화자의 신뢰성)가 인격, 역량, 카리스마 등 세 가지 주요 차원을 지닌다고 한 것을 기억할 것이다. 이러한 각각의 차원은 설득 프레젠테이션에서 개인적 증명의 한 형태로 사용될 수 있다. 훌륭한 인격을 지닌 유능한 연설자임을 입증하기 위해 신념을 갖고 발표해야 한다. 청중은 화자가 대의에 전념할 때 설득될 가능성이 더

높다.

수사학에서 아리스토텔레스는 화자 개인의 인격은 "가장 효과적인 설득 수단이라고 할 수 있다."라고 주장했다.[20] 일상생활에서 에토스가 어떻게 작용하는지 생각해보자. 좋아하는 교수가 말하는 것을 믿는가? 생각하기에 훌륭한 인격을 지녔고 그 분야에서 전문가라면, 아마도 그럴 것이다. 에토스는 강력한 증명이다. 그러나 설득의 목적을 달성하는 데 도움이 될 것으로 기대되는 경우 청중들로부터 인정받아야만 한다.

미토스 : 서사적 증명 20세기 후반에 미토스 또는 서사적 증명은 설득력 있는 증명의 네 번째 그리고 중요한 유형으로 나타났다. 커뮤니케이션 학자 마이클 오스본(Michael Osborn)과 수잰 오스본(Suzanne Osborn)에 따르면 **미토스**(mythos)는 우리 사회의 성격을 구성하고 가치, 신념, 감정을 다루며 전통적 이야기, 구전, 상징으로 표현되는 증명의 한 형태이다.[21]

미국인들은 애국심, 자유, 정직, 민족적 자긍심을 기념하는 신화적인 이야기 속에서 자란다. 예를 들어 가족의 체리 나무를 자른 후에 조지 워싱턴 전 대통령이 "거짓말을 할 수 없다."라고 말한 것에 얽힌 일화는 신화처럼 수백만 명의 젊은 미국인에게 정직의 가치를 가르치는 데 도움이 되었다. 또한 시민권 운동의 '우리 승리하리라(We shall overcome!)'라는 가사는 미국인의 신념과 가치를 알려주었다. 사람들의 미토스를 이용해 화자는 청자와의 강력한 동일시를 이룬다.

설득에 미토스를 이용하는 가장 좋은 방법 중 하나는 스토리텔링을 통하는 것이다. 예를 들어 종교는 비유를 통해 많은 가치를 가르친다(스토리텔링에 대한 더 자세한 내용은 제15장 "정보

버락 오바마 대통령은 2013년 대통령 메달을 실비아 멘데스(멕시코 및 푸에르토리코 출신 시민 운동가)에게 수여하였다. 명예 훈장 수상자는 '에토스'의 세 가지 차원 모두를 보여준다.

미국 뉴욕에 있는 자유의 여신상 받침대에는 19세기 미국 시인 에마 라자러스의 시가 새겨져 있다. "나에게 다오, 지치고 가난한 사람들을. 자유롭게 숨 쉬기를 갈망하는 무리들을. 부둣가에 몰려든 가엾은 난민들을. 거처도 없이 폭풍에 시달린 이들을 나에게 보내다오. 나는 황금빛 문 옆에 서서 그대들을 위해 횃불을 들어 올리리라." 자유의 여신상은 미국에서 더 나은 삶과 자유를 추구하기 위해 이주한 수천 명의 이민자들을 여전히 끌어들이고 있는 미토스로 작용한다.

미토스는 청중들의 사회문화적 정체성과 메시지를 연결하여 아이디어를 주의 깊게 경청할 수 있는 근거를 제공한다.[22]

전달"을 참조할 것). 리처드 맥스웰(Richard Maxwell)과 로버트 딕먼(Robert Dickman)은 저서 The Elements of Persuasion에서 "이

야기는 감정으로 둘러싸인 사실이다. [A] 사실이 이야기의 일부일 경우 기억될 가능성은 20배 더 높아진다."라고 말한다.[23]

오류 발견하기

대화와 논쟁, 집단 토의, 회의, 연설, 발표, 매개된 메시지, 매스커뮤니케이션의 내용에 대해 비판적으로 생각해보면 타당하거나 타당하지 않은 주장을 발견하게 될 것이다. 타당하지 않은 주장을 인식하는 한 가지 방법은 오류를 찾는 것이다. **오류**(fallacy)는 다른 사람을 오도하거나 속일 가능성이 있는 생각상의 착오를 말한다. 오류는 의도적일 수도 의도적이지 않을 수도 있다. 비윤리적으로 커뮤니케이션하는 사람들이 증거나 추론을 오용하거나, 선한 사람이 증거를 달리 해석하거나 잘못된 결론을 도출해도 결과는 여전히 동일하다. 즉, 그릇된 메시지를 듣거나 읽는 사람들은 기만당하거나 오해의 소지가 있거나 혼란스럽고 상대방을 신뢰하기 꺼려 할 수 있다.

다양한 오류를 파악하는 방법을 배운 후에 TV 광고, 정치 캠페인, 라디오 대담, 트윗, 일상 대화에서 모든 것을 알아채기 시작했다면 놀랄 필요 없다. 오류에 대해 배우면서 "다른 아스피린은 우리 제품보다 고통에 더 효과적이지 않다.", "미국에서 가장 잘 팔리는 소형 트럭을 사세요."라고 호소하는 광고주의 주장에 대한 오류를 찾아보자. 정치 후보자가 반전 시위자나 알코올 중독자였다고 상대의 과거에 관해 이야기할 때 이는 오류와 관련되어 있는가? 여기서는 가장 일반적인 오류 중 여섯 가지에 주목하고자 한다.

인신공격 **인신공격**(attacking the person)은 '사람에게 적대적'이라는 의미를 가지고 있으며 논쟁 자체가 아닌 논쟁하는 사람을 공격하는 오류이다. 인신공격은 논쟁을 부적절하게 하거나 그 사람의 메시지 내용이 아닌 사람에 대한 공격을 한다. "재산세를 인상해야 한다."라는 주장에 대한 응답으로 "당신이 뭘 안다고

휴리스틱 주의하기

'휴리스틱'은 의심스러운 증거 자료와 입증에 필요한 주장에 대한 우리의 감수성을 설명하는 데 도움이 된다. **휴리스틱**(heuristic)은 어떤 사안 또는 상황에 대해 엄밀한 분석에 의하기보다 제한된 정보만으로 즉흥적이고 직관적으로 판단, 선택하는 의사 결정 방식(의사 결정을 내릴 때 도움이 될 수 있는 인지적 지름길)을 의미한다. 비윤리적으로 설득하고자 하는 사람들도 때로는 주장에 결함이 있어도 청중들로부터 동의를 얻기 위해 휴리스틱을 사용한다.[24]

청중들은 듣는 데 흥미가 없거나 의욕이 없고 비판적으로 생각하지 않을 때, 타당한 증거가 결여되거나 화자의 주장과 관련 없는 증거를 제시하는 논증을 믿을 가능성이 더 크다. 다음의 항목은 일상생활에서 보거나 들을 수 있는 일반적인 휴리스틱 방법을 포함한다.

- 아이템의 품질은 가격과 관련이 있다.
- 바람직한 사람들을 믿어야 한다.
- 다른 사람들의 행동은 우리가 어떻게 행동해야 하는지에 대한 좋은 지침이 된다.
- 자신감 있는 사람들은 자신이 무슨 말을 하

고 있는지 알고 있다.
- 희소성 있는 것은 또한 가치가 있다.
- 긴 메시지는 강한 메시지이다.

성공적인 영업 사원은 종종 경험적 방법을 사용한다. 그들은 자신감 있고, 호감 있고, 신뢰할만하게 보인다. 또한 분별력 있는 고객에게 인기 있는 비싼 고품질의 한정판 제품을 구매해야 하는 여러 가지 이유를 제시한다. 휴리스틱과 함께 채워진 메시지를 들을 때 조심해야 한다. 설득당하기 전에 쟁점을 신중하게 분석해보자.

그래요? 집도 없으면서!"라며 주장보다는 사람을 공격한다. 비방적 명명(name-calling), 낙인찍기, 논쟁의 실체가 아닌 사람에 대한 공격은 비윤리적인 인신공격의 오류이다. 정치 캠페인 광고는 중요한 공공 문제에 대한 입장을 다루기보다는 개인적인 방법으로 후보자를 공격하는 것으로 잘 알려져 있다. 허핑턴 포스트와의 인터뷰에서 공화당 존 매케인 상원 의원이 같은 당의 랜드 폴 켄터키 상원 의원과 테드 크루즈 텍사스 상원 의원을 '미친 새'라고 언급하면서 티파티(Tea Party, 미국에서 정부의 건전한 재정 운용을 위한 세금 감시 운동을 펼치고 있는 시민 중심의 신생 보수 단체) 회원들과 보수 언론의 분노를 끌어냈다. 미국의 보수논객 앤드루 브라이트바트는 "매케인은 언론매체에 보수파의 최신 영웅을 공격하는 데 필요한 정확한 이야기를 혼자 해주고 있다."라고 비판했다.[25]

권위에의 호소 소위 전문가들의 의견은 종종 논증을 지지하기 위해 사용된다. 그러나 전문가가 논의되는 문제에 대해 관련 경험이 없으면 "의사는 아니지만 TV에서 의사 역할을 했었어. 닉의 감기약을 추천해."와 같이 **권위에의 호소(appeal to authority)**의 오류가 발생한다. 배우가 의료 문제에 대한 면허를 가지고 있지 않다면, 그 주장은 잘못된 것이다. 우리는 TV나 잡지 광고에서 유명인들이 사용하는 의약품, 보장해주는 보험 회사, 젊고 매력적으로 만들어주는 미용 제품을 칭찬하는 것을 보곤 한다. 누군가가 훌륭한 배우거나 선하게 생겼다고 해서 그 분야의 전문가는 아니다.

다수에의 호소 **다수에의 호소(appeal to popularity)**는 많은 사람들이 그렇게 하고 있기 때문에 행동이 용인되거나 면제될 수 있다고 주장한다. "대부분의 이웃들이 지역 개편 제안을 받아들이는 데 동의했다."는 다수에의 호소이다. 많은 사람들이 특정 신념을 가지고 있거나 행동에 참여했기 때문에 올바른 결론을 내리는 것은 아니다. 친구들이 다 술 마시러 간다면 당신은 어떻게 할 것인가? 많은 사람들이 페니실린이 감기를 치료할 수 있다고 말하면 의사에게 처방전을 요구할 것인가? 다수에의 호소는 차별, 비양심적인 재정계획, 위험한 행동을 정당화하기 위해 사용되어 왔다.

2012년 미국 대통령 선거 운동 기간 동안 오바마의 자원 봉사자들은 집집마다 방문 투표 예측 기법을 사용하여 잠재적인 오바마 지지자들에게 이웃 사람들이 투표할 것임을 알렸다. 실은 유권자들에게 그들이 살고 있는 지역에서 가장 인기가 있다고 말했다.

전통에의 호소 과거에 그러한 방식으로 행해졌기 때문에 어떤 행동 방침을 따라야 한다고 주장하는 것은 **전통에의 호소(appeal to tradition)**에 해당된다. "우리는 매년 8월에 회사 야유회를 해야 해. 왜냐하면 항상 그래왔기 때문이야."라며 전통에 호소한다. 행동 방침이 한동안 지켜졌다고 해서 그것이 최선의 선택이라는 뜻은 아니다. 많은 사람들이 부모님이 다니는 교회에 다니고 같은 정당에 투표한다. 그 이유를 물으면 '부모님이 그렇게 한 것'이라고밖에 정당화할 수 없다.[26] 여기 두 가지 예가 있다.

- 두 번째 개정안은 총 소유권을 보호했기 때문에 더 엄격한 총기 규제법은 위헌이며 허용되어서는 안 된다.
- 어머니와 할머니는 닭고기 스프를 이 방식으로 만들어왔어. 닭고기 스프를 만드는 법에 대해선 아무 말도 하지 마.

일반적인 **오류**

오류	정의	예
인신공격	메시지보다 사람을 공격하여 의견과 논증이 잘못되었거나 거짓임을 주장한다.	연방 정부의 소위 부담적정보험법을 지지한 사람이야. 그 사람은 사회주의자야!
권위에의 호소	토론되는 주제와 관련 경험이 없는 소위 전문가의 의견에 근거를 둔다.	도지사를 지지하고 있는 모든 유명 인사들을 보아라. 그는 최고의 후보자이다.
다수에의 호소	많은 사람들이 그렇게 하고 있기 때문에 행동이 용인되고 면제될 수 있다고 주장한다.	많은 사람들이 킨들(아마존 이북리더기)을 사기 때문에 킨들이 누크(반스앤노블 이북리더기)보다 더 낫다.
전통에의 호소	과거에 항상 그렇게 진행되었기 때문에 어떤 행동 방침을 따라야 한다고 주장한다.	할머니는 브랜디에 꿀을 약간 타서 마시는 게 감기가 낫는 최고의 방법이라고 말한다.
잘못된 인과관계의 오류	특정 상황이나 사건이 다른 가능성을 배제하기 전에 다른 사건의 원인이라고 주장한다.	우리 가족은 감기 기운이 있으면 브랜디에 벌꿀을 타서 마시기 때문에 아프지 않다.
성급한 일반화	너무 적은 증거나 경험을 근거로 사실이라고 주장한다.	이웃이 백신이 수백만 명의 어린이들에게 자폐증, 기타 장애를 일으킨다고 말했다.

잘못된 인과관계의 오류 "영업 부서가 열심히 일하지 않아 매출이 감소하고 있다." 이 문장은 제품의 가격이 하락하거나 경쟁 업체에서 더 나은 제품을 출시하는 등 매출이 저조한 다른 원인을 간과하고 있다. 다른 가능한 원인을 배제하기 전에 특정 원인이나 상황이 다른 사건의 원인이라고 주장할 때 **잘못된 인과관계의 오류**(faulty cause)가 발생한다. 외출 시 옷을 따뜻하게 입지 않으면 감기에 걸린다? 거울이 깨지면 나쁜 일이 생긴다? 이 질문 중 하나라도 '예'라고 답하면 비판적으로 생각하지 않는 것이다. 냉기가 면역력을 약화시킬 수 있지만 감기는 바이러스로 인해 걸린다. 거울을 깨뜨리거나, 사다리 아래로 지나가거나, 검은 고양이가 앞에 지나가면 안 좋은 일이 생길 것이라는 믿음은 미신에 불과하다.

성급한 일반화 너무 적은 증거나 경험을 바탕으로 결론을 도출할 때 **성급한 일반화**(hasty generalization)의 오류를 범하게 된다. 일부가 사실이라고 모든 것이 사실이라고 주장하는 것이다. "그 식당은 가지 마. 한 번 가봤는데 서비스가 엉망이야."는 성급한 일반화이다. 한 번의 안 좋은 경험 때문에 다른 경험까지 즐겁지 않으리라는 보장은 없다. 다른 예로, "우리 아버지는 14세 때부터 하루에 담배 네 갑을 피웠지만 85세까지 살아계셨어. 그러니까 흡연이 나에게는 나쁘지 않을 거야."

커뮤니케이션과 윤리

오류 거부하기

이 장에서는 논증의 여섯 가지 일반적인 오류를 확인했다. 실제 설득력 있는 메시지를 왜곡할 수 있는 수백 가지 잠재적인 오류가 있다. 오류는 대중으로 하여금 오해하고 오인할 수 있게 하며, 청중의 귀중한 시간과 근거가 충분한 신념을 빼앗아 화자의 평판과 신뢰에 치명적인 오점을 남기게 된다.

모든 커뮤니케이터는 설득력 있는 주장에서 오류를 인식하고 거부할 윤리적 의무가 있다. 추론에서 가장 큰 실수로 이어지는 세 가지 요소는 다음과 같다.[27]

- **의도적이거나 의도하지 않은 오류.** 비윤리적인 사람은 의도적으로 청중을 호도하거나 속이는 데 오류를 사용할 수 있다. 윤리적이며 선의가 있는 사람들은 자신도 모르는 사이에 잘못된 추론을 사용할 수 있다. 옛날 말처럼 모른다는 것이 변명이 될 수는 없다. 모든 화자들은 오류를 피할 윤리적 의무가 있다.
- **부주의한 듣기 및 추론.** 부주의하게 듣는 사람들은 강한 감정을 불러일으키는 현혹되기 쉬운 의견과 주장에 사로잡히기 쉽다. 비판적 사고를 하지 않으면 말하는 사람과 듣는 사람 모두 오류를 사실로 받아들이게 된다.
- **세계관의 차이.** 수년 동안 삶의 경험을 통해 개발된 세계관은 합리적이거나 비합리적이라고 믿을만한 것을 판단하는 데 영향을 미친다. 선입견은 사람들에게 일부 구성원의 특정 행동을 그 집단에 속한 모든 사람들의 전형적인 행동으로 볼 수 있게 할지도 모른다. 정치적으로 보수적인 사람들은 진보적인 사람들과의 논쟁을 무의식적으로 묵살해버릴 수도 있다. 윤리적인 커뮤니케이터는 문화, 언어, 성별, 종교, 정치, 사회경제적 지위가 본인과 상대방의 세상을 보는 방식에 어떻게 영향을 미치는지 고려한다.

사람들이 이 특정 옷 스타일이 반항적이고 나태한 라이프스타일을 반영한 것이라고 생각한다면 오류인가? 아니면 이것은 단지 그 시대의 대중적인 패션인가?

미신은 잘못된 인과관계 오류이다.

설득의 조직화 유형

16.4 설득 프레젠테이션에 적합한 구조적인 유형을 파악해보자.

1. 의사는 불필요하게 항생제를 처방해서는 안 된다.
2. 환자는 처방된 항생제를 부적절하게 사용해서는 안 된다.
3. 감염된 환자는 학교나 직장에 나가지 않아야 한다.
4. 연방식품의약국(FDA, 보건복지부의 일부)은 가축들의 항생제 사용을 엄격히 규제해야 한다.

비교 우위

청중이 문제를 인식하고 해결책이 필요하다는 것을 인식하면 **비교 우위 유형**(comparative advantage pattern)을 통해 화자의 사례를 도울 수 있다. 이 유형은 완전한 해결이 불가능할 수도 있음을 인지하는 동시에 상황을 개선하고 문제를 해결하는 데 도움이 되는 계획을 제시하는 것이다. 다음에서 화자는 사슴 개체 수 증가로 인한 심각한 문제를 줄이는 방법은 사냥을 허용하는 것이 최선이라고 주장한다.

A. 사슴 개체 수를 줄이는 데 도움이 되는 계획이 있다. (계획)
   1. 사슴 사냥 시즌을 연장한다.
   2. 수컷보다 암컷을 더 사냥하도록 허용한다.
B. 이 계획은 문제의 심각성을 줄여준다. (비교 우위)
   1. 기아와 질병으로 인한 사슴의 죽음을 줄일 수 있다.
   2. 라임병을 옮기는 진드기 수를 줄일 수 있다.
   3. 사슴이 고속도로에 나와 자동차에 치여 죽거나 다치는 사고를 줄일 수 있다.

이의 제기에 대한 반론

때로 청중들은 문제가 있다는 것에 동의하고 그것을 해결하기 위해 무엇을 해야 하는지를 알지만, 해결책이 불쾌하고 무서운 것이거나, 비용이 들거나, 이해하기 어렵고 실현되기 어렵기 때문에 행동하지 않는다. 다른 경우에는 청중들이 말하는 사람과 의견이 다르며 듣기도 전에 메시지를 거부하기도 한다. 이 같은 청중들에게 적절한 형태의 근거와 설득력 있는 증거를 사용하여 이의 제기를 극복하려고 노력해야 한다. **이의 제기에 대한 반론 유형**(refuting objections pattern)을 사용하면 자신과 반대되는 각 사항들에 대해 반박하고 반증할 수 있다.

다음은 헌혈을 독려하기 위해 이의 제기에 대한 반론 조직화 유형을 사용하고 있다.

잠재적인 논쟁거리, 논쟁에서 사실형, 추측형, 가치형, 정책형 주장을 표현하는 방법에 대한 이해, 논증을 뒷받침할 수 있는 좋은 증거와 추론 등 관심 있는 주제에 대해 살펴보았다. 이제 중요한 의사 결정 시점에 도달했다. 이러한 요소들을 효과적이고 설득력 있는 메시지로 통합시킬 때이다. 제13장 "내용과 조직화"에서 논의한 조직화 유형 이외에도 설득 프레젠테이션에 적합한 몇 가지 조직화 유형 전략이 있다.

문제/원인/해결

단어 그대로 **문제/원인/해결 유형**(problem/cause/solution pattern)은 심각한 문제를 기술하고 문제가 계속되는 이유(원인)를 설명하며 해결책을 제시한다. 이 조직화 유형은 특정 행동 지침을 제시할 때 가장 유용하다.

다음에서 화자는 항생제의 남용을 줄이고 제한하자고 주장하면서 문제/원인/해결의 조직화 유형을 사용했다.

A. 항생제 : 내성 감염으로 매년 23,000명의 미국인이 사망한다. (문제)
   1. 사망 외에도 항생제 내성 감염에 의해 매년 200만 명이 넘는 사람들이 질병에 걸린다.
   2. 질병통제센터는 이 문제를 '잠재적으로 재앙의 결과'라고 발표했다.
B. 항생제 남용은 항생제 내성에 기여하는 가장 주요한 요인이다. (원인)
C. 의료업계, 개인, 정부의 행동을 통해 항생제의 남용으로 인한 심각한 질병 및 사망자 수를 줄일 수 있다. (해결)

A. 사람들은 헌혈을 해야 하지만 때로는 그렇지 않다. (문제)
　　1. 대부분의 사람들은 헌혈을 한다.
　　2. 대부분의 사람들은 헌혈을 하지 않는다.
B. 사람들이 헌혈을 하지 않는 데에는 여러 가지 이유가 있다. (이의 제기)
　　1. 그들은 바늘과 고통을 두려워한다.
　　2. 그들은 헌혈을 하면서 질병에 감염될 위험이 있다고 생각한다.
　　3. 그들은 헌혈할 시간이 없거나 어디서 헌혈해야 하는지 모른다.
C. 이의 제기는 비겁한 변명이다. (반론)
　　1. 헌혈하는 데 고통은 거의 없거나 전혀 없다.
　　2. 철저한 위생 관리 상태에서 진행하므로 헌혈로 인해 질병에 감염될 위험은 없다.
　　3. 적십자에서 쉽고 편리하게 인생의 선물을 줄 수 있다.

먼로의 동기 유발 순서

1930년대 중반 퍼듀대학교 커뮤니케이션학 교수 앨런 먼로(Alan Monroe)는 판매 목적의 프레젠테이션(주목, 관심, 욕구, 행동)의 기본 기능을 사용하여 설득력 있는 스피치를 구성하는 단계별 방법을 소개하였다. 이것은 **먼로의 동기 유발 순서**(Monroe's Motivated Sequence)로 알려지게 되었다.[28]

먼로의 동기 유발 순서만의 고유한 시각화 단계(오른쪽의 'D' 부분)는 잘 모르고, 관심이 없고, 경청하지 않는 제안된 행동 방침에 회의적이거나 반대하는 청중들에게 이 조직화 유형이 유용

할 수 있도록 해준다.

다음에서 가난한 나라의 잔인함과 불의로 인해 고통받는 여성의 해방에 대해 먼로의 동기 유발 순서를 사용하여 프레젠테이션을 구성하는 법을 확인해보자.[29]

A. 주의 단계. 파키스탄과 르완다에서 학대받는 여성에 관한 이야기
　　1. 파키스탄의 사이마 무함마드는 남편에게 맞고 굶어 죽었다.
　　2. 르완다의 클로딘 무카카리사는 집에 감금되었다.
B. 필요 단계
　　1. 가난한 나라의 수백만 여성이 맞거나, 상처 입거나, 강간당하거나, 살해되거나, 노예나 성매매 업소에 팔려간다.
　　2. 가난한 나라의 수백만 명의 소녀들이 의료 및 교육 혜택을 받지 못하고 시민권을 인정받지 못한다.
　　3. 여성의 권리를 억압하는 나라는 종종 종교적 원리와 내전으로 인해 가난하고 분열된다.
C. 만족 단계
　　1. 여성의 건강과 교육에 사적 및 공적 지원을 집중한다.
　　2. 여성에게 소액 금융 대출을 허용한다.
　　3. 국제단체와 정부 기관을 통해 여성의 권리를 옹호한다.
D. 시각화 단계
　　1. 사이마 무함마드의 자수 사업은 이제 가족을 부양할 수 있게 되었고 다른 30명의 가족을 고용하고 있다.
　　2. 클로딘 무카카리사는 경제활동을 시작하는 데 도움을 준 미국 여성에 의해 '채용'되었다.

커뮤니케이션 & 문화

키 큰 양귀비와 큰 바지

미국과 같은 개인주의 문화권에서는 많은 사람들이 개인의 성취와 자유를 중요시 여길 것이다. 집단주의 문화권(아시아, 라틴아메리카, 물론 미국의 공동체 문화)의 사람들은 집단 정체성, 사심 없는 태도, 단체 행동을 더 높이 평가할 가능성이 높다. 집단주의 문화는 개인주의 문화에 비해 개인의 의견과 선호를 덜 중요하게 여긴다.[30] 미국에서는 개인의 이익(자산, 성공, 건강, 활동 등)에 호소하는 것이 더 설득력 있고, 가족이나 사회에 대한 이익에 대한 호소는 덜 효과적일 것이다.

미국, 잉글랜드, 독일과 같은 저맥락 문화권에서는 메시지가 명확하고 사실적이며 객관적이어야 한다. 미국에서는 종종 직접적인 메시지가 설득적으로 다가온다. '사', '피해', '그냥 해!' 광고에서는 이를 소비자에게 지금 당장 구매하도록 요구하는 직접 판매 방식(hard-sell approach)이라고 한다.

반대로 중국, 일본이나 아메리카 원주민, 아프리카계 미국인, 라틴계 미국인 등과 같은 고맥락 문화권에서는 암묵적인 상황에 특정 메시지를 기대한다. 즉각적인 행동을 요구하는 것이 아니라 나중에 구매하도록 요구하는 간접 판매 방식(soft-sell approach)이 더 설득력 있는 전략

이 될 것이다. 맥락이 높은 대중들에게 설명할 때에는 그들 자신의 결론을 이끌어낼 수 있도록 해야 한다. 행동을 지지하기보다는 이익과 이점을 보여주는 것이다.

문화 간의 차이는 매우 현실적이다. 동시에 정보를 해석하고 활용하는 방법에 대해 신중해야 한다. 모든 일본인은 집단주의이고 맥락이 높은가? 많은 젊은 일본 비즈니스 전문가들은 커뮤니케이션에 보다 직접적이고 자기중심적인 접근법을 포함하는 미국식 방법을 배우고 받아들인다. 모든 호주 사람들은 개인주의인가? 호주는 매우 독립적이며 개인의 자유를 중요시하지만 권력 거리가 낮은 문화에 살고 있다. 공공연하게 성취나 부를 내세우는 것을 좋은 눈으로 보지 않는다.[31]

호주에서는 키 큰 양귀비 증후군이라는 말이 있는데 양귀비 꽃밭에서 다른 꽃보다 높게 자라나는 양귀비를 싹둑 잘라내는 현상을 말한다. 사람들이 과시하거나 다른 사람보다 돋보이려고 노력하면 끌어내려서 크기를 맞추는 것이다. 누군가에 대해 "키 큰 양귀비라고 생각해."라고 하는 것은 미국에서는 "바지가 그에 걸맞지 않게 너무 크다."라고 말하는 것과 같다.

시각화 단계(D)는 믿고 느끼고 행동하는 청중의 동기를 강화한다. 청중에게 조치를 취하거나 취하지 않은 결과를 '보여'줌으로써 메시지의 영향력을 강화할 수 있다.

설득력 있는 연설은 청중들에게 아프가니스탄과 같은 나라의 여성들을 돕기 위해 보호 활동 네트워크에 가입하는 것과 같은 행동을 취하도록 동기를 부여할 수 있다.

설득적 말하기

16.5 효과적이고 설득력 있는 프레젠테이션을 위한 커뮤니케이션 역량을 실천해보자.

⚥ 지브웨 인디언의 밀랙스 구역 최고 지도자 마지 앤더슨의 '우리의 창을 통해 보면(Looking Through Our Window)'에는 청중의 흥미를 유발할 수 있는 정보형 전략과 다양한 유형의 증거를 사용하는 설득형 전략이 포함되어 있다.[32]

앤더슨의 프레젠테이션은 제14장 "언어와 전달"에서 설명한 언어의 힘과 제15장 "정보 전달"에서 설명한 스토리텔링, 유머, 참여 유도의 가치를 보여준다. 앤더슨의 프레젠테이션을 읽고 다음을 확인해보자.

- 인디언에 대한 청중의 관심, 태도, 신념에 적용한다.
- 청중의 동기 부여, 청취 습관에 적용한다.
- 분명하고, 구두적이고, 수사학적이며, 설득력 있는 언어를 사용한다.
- 두 가지 이야기, 즉 실화와 신화를 들려준다.

- 소설과 믿을 수 있는 극적인 증거를 인용한다.
- 본인의 역량, 인격, 카리스마에 따라 자신의 신뢰성을 향상시킨다.
- 그들이 왜 '이 모든 것에 대해 관심을 가져야 하는지' 이해할 수 있도록 '인디언이 되는 것이 갖는 의미'와 '사람들이 세계를 경험하는 방식'을 설명하기 위해 정보형 말하기 전략을 이용한다.
- 주제와 미토스 형식으로서 토마스 아퀴나스의 듣는 사람 중심의 사례와 천사와 씨름을 하는 야곱의 이야기를 사용한다(서사적 증명).
- 논리적이고, 감정적이며, 개인적이고, 서사적으로 설득할 수 있는 증명을 포함한다.
- 인디언과 인디언이 아닌 사람들의 차이를 인정하고 존중한다.
- 먼로의 동기 유발 순서를 약간 수정하여 사용한다.

우리의 창을 통해 보면 : 오지브웨 인디언의 밀랙스 구역 최고 지도자 마지 앤더슨이 설명하는 인디언 문화의 가치[33]

미네소타주 세인트폴에 있는 토마스아퀴나스칼리지 동창회가 후원하는 트윈 시티 첫 번째 금요일 클럽에 전달

앤더슨은 청중들에게 따뜻하게 인사하고 인디언 카지노 수입에 대한 청중들의 관심을 인정하며 자신을 소개한다.

    Aaniin(안녕하세요), 오늘 이 자리에 초대해주셔서 고맙습니다. 제가 발표를 요청받았을 때, 밀랙스의 예약 개선 사항과 카지노 달러 수익을 학교, 의료 시설, 기타 서비스 등 지역 사회에 재투자하는 것에 관심이 있다는 말을 들었습니다. 그들에게 정말 중요한 일이며 저도 매우 자랑스럽게 생각하고 있기 때문에 이에 대해 이야기하고자 했습니다.

앤더슨은 자신과 같은 사람들을 가리키기 위해 '인디언'이라는 단어를 사용한다. 왜 '미국 원주민'이라는 말을 사용하지 않았을까? 이 두 가지 용어를 조사해보고 어느 용어가 가장 적절하다고 생각하는지 판단해 보자.

    그러나 그 전에 저에게 질문을 한 것은 아니지만 다른 것에 관해 잠시 이야기하고 싶습니다. 인디언으로 살아간다는 것이 무엇인지, 우리 같은 사람들이 어떻게 세상을 경험하는지, 우리의 문화가 당신의 문화와 다른 근본적인 방식과 이 모든 것에 왜 관심을 가져야 하는지에 대해 말입니다.

앤더슨은 본인의 '핵심 아이디어'를 밝힌다. 인디언이 아닌 사람들은 미국에서 인디언으로 살아간다는 것이 무슨 의미인지에 집중한다. 간단한 단어, 짧은 문장, 활기찬 목소리, 인칭 대명사, 반복 등 이 부분에서의 '효과적인 구어체'에 유의하자.

    인디언과 인디언이 아닌 사람들의 차이점은 최근 많은 논란을 일으켰습니다. 카지노, 조약상의 권리, 부족의 주권 등 이러한 문제는 분노와 괴로움을 야기했습니다.

여기서 화자는 문제와 갈등을 초래하는 인디언 문화와 관행에 대한 오해를 기술함으로써 필요 단계를 제시한다.

    저는 우리에 대한 비난이 무지에서 비롯된 것이라고 믿습니다. 인디언이 아닌 많은 사람들은 우리가 어떻게 세상을 보고, 우리가 무엇을 소중히 여기며, 무엇이 우리를 동기 부여하는지 이해하지 못합니다.

앤더슨은 '당신'이라는 말 대신 인디언을 이해하지 못하는 사람들이라는 말로 '그들'이라는 표현을 통해 신중하게 단어를 선택하고 있다. '당신'은 더 비난하는 어투로 들렸을 것이다.

    그들이 알지 못하는 이유는 단 한 가지입니다. 우리가 인디언에 대해 이야기하는 것을 결코 들어본 적이 없기 때문이죠. 수년 동안 인디언에 대한 이야기들은 인디언이 아닌 사람들에게서 나왔습니다. 그 결과 여러분이 우리에게서 얻은 이미지는 비현실적이고 왜곡되거나 잘 알려지지 않아 전혀 존재하지 않는 것이었습니다.

    '인디언'의 이야기는 '인디언'의 목소리로 전해야 할 때입니다.

앤더슨은 이야기하고자 하는 것을 이 대학 동창회 이름의 유래, 유럽의 성 토마스 아퀴나스와의 동일시를 통해 '청중의 불일치'를 극복하려고 시도하고 있다.

    자, 이제 여러분 중 일부는 궁금해졌을 것입니다. "왜 내가 이 이야기를 들어야 하지? 왜 인디언의 생각, 느낌, 신념에 관심을 가져야 하지?"

    제가 드릴 수 있는 가장 설득력 있는 답변은 이 대학의 이름이 토마스 아퀴나스에서 따온 것이라는 점입니다. 토마스는 대화가 서로에게서 배우기 위한 투쟁이라고 했습니다. 이러한 투쟁은 천사와 씨름한 야곱의 이야기와 같은데, 부상을 당했지만 동시에 축복을 받게 된다는 것입니다.

'청중의 기대'를 상쇄시킬 수 있는 인디언 학대에 대한 문제를 언급하지 않을 것이라고 확신시킨다.

    인디언들은 이 투쟁에 대해 잘 알고 있습니다. 인디언이 아닌 사람과의 대화에서 겪었던 상처들은 잘 문서화되어 있습니다. 그러나 여러분에게 이러한 불평 목록을 주고 싶지는 않습니다.

여기서 화자는 미국 문화의 장점을 자신들의 것으로 끌어들이기 위한 인디언들의 노력을 설명함으로써 '공통 견해'를 찾고 있다.

여기서 화자는 인디언과 아닌 사람들 간의 더 나은 이해, 상호 존중, 감사를 지지함으로써 '만족' 단계를 확인한다.

시애틀 추장은 누구인가? 청중들이 그가 위대하다고 여겨질만한 업적을 아는 것이 중요한가? 아니면 인디언 문화에 대해 더 많이 알아야 한다는 것을 보여주기 위한 교묘한 수법인가? 그러나 시애틀 추장의 유명한 연설에 진위 논란이 일고 있다. 다음의 웹페이지를 참조해보자. http://www.archives. gov/publications/prologue/1985/spring/chief-seattle.html.

우리는 또한 이 투쟁이 축복이라는 것을 알고 있습니다. '미국' 인디언으로서, 우리는 우리와 당신의 두 세계에 살고 있습니다. 여러분이 우리 땅에 처음 온 지 500년이 지난 지금, 우리는 예술, 과학, 기술 등 여러분들의 문화가 제공하는 것을 최대한 활용하여 그것들을 우리의 전통적인 방식으로 엮어내고자 애써왔습니다.

그러나 인디언이 아닌 사람들에게 이 투쟁은 새로운 것입니다. 이제 우리 민족들은 성공을 거두기 시작했고, 이제 우리는 사업으로 주요 뉴스거리가 되고 있기 때문에 여러분이 우리를 이해하는 데 어려움을 겪기 시작했습니다.

이 투쟁에서 얻은 상처는 생생하며 그 고통은 여러분들이 그 너머를 보는 것을 어렵게 만들지도 모릅니다. 그러나 여러분이 시도한다면 인디언 문화에 대한 깊은 지식을 가져올 수 있는 축복을 맛보게 될 것입니다. 오늘 그 축복에 대해 몇 가지 말씀드리고 싶습니다.

앞서서 저는 인디언과 인디언이 아닌 사람들이 세상을 경험하는 방식에 근본적인 차이가 있다고 언급한 바 있습니다. 이 차이는 성경, 창세기로 거슬러 올라갑니다.

구약 성서의 첫 번째 말씀인 창세기에서 하나님은 자신의 형상대로 사람을 창조하십니다. 하나님께서 말씀하시기를 "생육하고 번성하여 땅에 충만하라, 땅을 정복하라, 바다의 물고기와 하늘의 새와 땅에 움직이는 모든 생물을 다스리라." 이르셨습니다.

다스리고 정복하라. 그 안에서 인디언들이 세상을 바라보는 방식과 우리의 위치를 바라보는 방식은 전혀 다를 것이 없습니다. 19세기에 시애틀 추장은 "여러분은 지구의 일부이며, 지구는 여러분의 일부입니다. 여러분이 삶의 터전을 만들지 않았고, 단지 그 안에 있는 것일 뿐입니다. 그 망 안에서 하는 일이 무엇이든 여러분 스스로 하십시오."라고 말했습니다. 우리는 전통적으로 우열이 없습니다.

인디언의 눈을 통해 이 세상을 보게 되면, 땅과 조약에 대해 우리가 매우 다른 견해를 가지고 있다는 것을 이해하게 될 것입니다. 우리가 아버지를 태양으로, 어머니를 지구로 말하는 것은 새 시대의 유행어가 아닌 매우 실제적인 존재에 대한 존경으로서 진정성 있는 용어라는 것을 이해하게 될 것입니다.

그리고 여러분이 이것을 이해하면 조약상의 권리를 위한 우리들의 싸움은 사슴 사냥이나 물고기 잡기에 관한 것이 아니라는 것을 이해하게 될 것입니다. 그것은 우리의 아이들에게 어머니인 지구와 아버지인 태양을 존중하도록 가르치는 것입니다. 그것은 사랑하는 부모님이 우리에게 주는 보살핌에 보답하기 위해 우리에게 베푸는 선물을 공손하게 받도록 가르치는 것입니다. 그리고 그것은 이 세대와 다음 세대들에게 삶의 연결망 속에서 그들의 위치를 결정짓는 것에 대해 가르치는 것입니다. 우리의 문화와 물고기, 우리의 가치와 사슴, 우리가 배우는 교훈과 쌀, 이 모든 것이 하나로 묶여있습니다. 인간의 정신은 몸에서 분리할 수 있는 것보다 더 떼어내기 힘든 것입니다.

이러한 '전환'은 인디언들의 투쟁을 이해하는 데 대한 청중들의 어려움을 인정하려고 시도한다. 앤더슨은 자신의 '핵심 아이디어'를 '변형'하여 '되풀이'한다.

이 어절에서는 창세기(비인디언 출처)의 '익숙한 인용문'과 시애틀 추장(인디언 출처)의 인용문을 사용하여 인디언과 비인디언의 관점을 '비교, 대조'한다.

앤더슨은 인디언의 세계관을 조약의 권리를 위한 인디언의 투쟁과 '연결'시키려 한다. 청중은 아버지인 태양과 어머니인 지구를 믿을 수는 없지만 환경에 대한 존중과 관심을 공유할 수 있다.

앤더슨이 일련의 유사하게 구성된 문장에서 단어를 어떻게 반복하는지 주목해보자.

설득력 있는 조직화 유형

우리가 어떻게 세상과 우리의 위치를 바라볼 수 있는지 이해하면 우리 카지노가 왜 우리에게 중요한지 알 수 있습니다. 우리가 사업을 끝까지 지키려 하는 이유는 다른 사람들이 원하지 않는 것이 있기 때문이 아닙니다. 그 이유는 이 사업으로 인해 우리가 다른 사람들, 즉 우리의 사람들, 지역 사회, 창조주에게 돌려줄 수 있기 때문입니다.

저는 잠시 우리가 이미 되돌려주었던 몇 가지를 언급하고자 합니다.

- 우리는 새로운 학교, 새로운 의료 시설, 새로운 지역 사회 센터를 개설했습니다. 우리 아이들은 더 나은 교육을 받을 수 있고, 고령자들은 더 나은 의료 서비스를 받을 수 있게 되었으며, 가족들이 모여서 우리의 전통을 유지할 수 있습니다.
- 우리는 우리의 언어와 문화적 전통을 가르치고 보존하는 프로그램을 만들었습니다.
- 구역 구성원들이 자신의 사업을 시작하는 데 도움이 되는 소규모 사업 개발 프로그램을 만들었습니다.
- 구역 구성원, 다른 부족 출신의 사람들, 인디언이 아닌 사람들을 위해 2,800개 이상의 직업을 창출했습니다.
- 우리는 연방 세금으로 5,000만 달러 이상을 납부했으며 직원에게 지급되는 임금에서 주 세금으로 1,500만 달러 이상을 납부했습니다.
- 그리고 우리는 자선 기부금으로 200만 달러 이상을 돌려줬습니다.

우리의 할 일은 계속되고 있습니다. 그러나 더 많은 실적을 올리는 것이 아니라 우리들이 전통적인 가치관을 통해 사업을 보는 방식을 요약해서 전하겠습니다.

작년에 밀랙스 구역이 소유하고 운영하는 우드랜드 은행(Woodlands National Bank)은 오나미아 지역의 한 건물에 대한 담보대출을 면제해달라는 요청을 받았습니다. 그 건물은 버려져 중심가에 흉물스럽게 방치되어 있었습니다. 시에서는 그 건물을 개조해서 매각한 뒤 세금으로 반환할 계획이었습니다.

비록 은행이 주택담보대출을 면제해줌으로써 돈은 잃을지라도, 우리의 비즈니스 리더가 지역 사회에 기여하고자 하는 지혜를 볼 수 있었습니다. 이웃을 도울 수 있는 기회는 삶의 터전을 강화할 수 있는 기회였습니다. 그래서 우리는 담보대출을 면제해주었습니다.

자, 저는 이것이 모두가 동의할 수 있는 결정이 아님을 알고 있습니다. 어떤 사람들은 사업하는 사람들은 1등을 해야 한다고 생각합니다. 그러나 나와 함께 일하는 사람들은 사업에서, 그리고 인생에서 모든 것을 지켜야 한다고 느낍니다.

그리고 저는 인디언 문화가 여러분과 다른 사람들에게 제공해야 할 축복 중 하나라고 믿습니다. 우리는 환경을 돌보는 것에서부터 몸과 마음과 영혼을 치유하는 것까지 매우 많은 것들에 대해 다른 견해를 가지고 있습니다.

그러나 우리의 문화가 사라지면, 지배적인 미국 문화에 의해 인디언 방식이 삼켜진다면 아무도 그들로부터 배울 수 없을 것입니다. 인디언 어린이도, 당신의 자녀도, 아무에게도. 그 모든 지식과 모든 지혜는 영원히 잃어버릴 것입니다.

대화의 투쟁은 끝날 것입니다. 예, 더 이상의 상처는 없을 것입니다. 더 이상의 축복 또한 없을 것입니다.

우리는 서로에게서 배워야 할 것이 너무 많습니다. 우리는 이미 너무 많은 시간을 낭비했습니다. 우리의 세계는 점점 더 작아지고 있습니다. 그리고 매일, 우리의 불안하고 놀라운, 경이로운 차이점이 사라집니다. 그리고 그렇게 되면 우리 개개인의 일부도 사라지게 되는 것입니다.

제가 가장 좋아하는 이야기로 마무리를 하고 싶습니다. 인디언과 인디언이 아닌 사람에 관한 재미있는 일화이지만 그 메시지는 울림이 있습니다. 여러분이 주변 사람들에게서 기꺼이 배울 점이 있다면 다르게 볼 수 있습니다.

수년 전에 백인 정착민들이 이 지역에 와서 최초로 유럽식 주택을 지었습니다. 인디언들이 이 집들을 지나다니면서 벽에 있는 물건들이 무엇인지, 낯선 사람들이 무엇을 하는지 보기 위해 안을 들여다봤습니다. 정착민들은 충격을 받았지만, 생각해 보면 이해가 됩니다. 창문이 양쪽 모두에서 보여지도록 만들어진 것이죠.

그 이후로 우리들은 여러분의 창문을 통해 세상을 바라보며 많은 세월을 보냈습니다. 제가 오늘 여러분에게 우리들을 살펴볼 이유가 되었기를 희망합니다.

Mii gwetch(감사합니다).

(측면 주석)

화자는 인디언 문화가 사라지면 어떤 일이 벌어질지 설명하고 이전에 인용된 아퀴나스의 인용문인 '대화, 상처, 축복'의 단어를 재사용한다.

여기서 앤더슨의 메시지는 더욱 긴박하고 '수사학적으로' 변해간다. 시간을 낭비하고, 세상이 작아지고, 인디언 문화가 사라질 위험에 대해 이야기한다.

이 마지막 '행동 단계'에서 앤더슨은 인디언 사람들과 생산적인 대화를 계속하도록 청중들에게 요청하기 위해 '은유법'을 사용한다.

'고맙습니다'라는 오지브웨 단어 'aaniin'으로 시작한 연설을 '수미상관(bookend)' 방식으로 끝내고 있다.

마지막 이야기는 '미토스'의 좋은 예이다. 이 이야기를 통해 도덕성을 다시 한 번 강조하고, 앤더슨의 '핵심 아이디어'로 돌아갈 수 있도록 도와준다.

설득 프레젠테이션 평가하기

다음 등급을 사용하여 준비하고 있는 프레젠테이션이나 보고 듣고 읽은 프레젠테이션을 위한 평가 도구에 대한 각 역량을 평가해보자.

E = 우수   G = 양호   A = 평균   W = 약함   M = 누락   N/A = 해당사항 없음

역량	E	G	A	W	M	N/A
준비 및 메시지 내용						
목적 및 주제						
청중 적응						
상황 적응						
서론						
조직화						
근거 자료						
전환						
결론						
언어						
관심 요인						
정보적 전략						
전달						
절충형						
목소리 전달						
신체 표현의 전달						
필요한 경우, 프레젠테이션 보조도구						
기타 기준						
개요/작성						
출처						
기타						
종합 평가 (O 표시)	E	G	A	W	M	N/A

기타 의견 :

설득의 목적

16.1 설득 프레젠테이션의 목표를 설명해보자.

- 설득은 청중의 의견(생각하는 것) 또는 행위(하는 것)를 변화시키기 위한 것이다.
- 정보전달 프레젠테이션은 청중에게 정보나 설명을 제공하는 반면, 설득 프레젠테이션은 청중들의 동의를 얻거나 의견이나 행위의 변화를 요구한다.

다른 사람 설득하기

16.2 청중들의 태도에 따른 설득 전략을 선택해보자.

- 청중이 같은 의견을 가지고 있다면 새로운 정보를 제시하고, 설득에 대한 저항을 강화시키며, 감정을 자극하고, 개인적 롤모델을 제공하고, 행동 방침을 제시한다.
- 다른 의견을 가진 청중에게는 합당한 목표를 세우고, 공통점을 찾고, 의견 차이를 수용하고, 증거를 제시하고, 개인적 신뢰를 쌓는다.
- 청중들이 (1) 정보가 없는 경우에는 주의를 기울이고 관련 정보를 제공한다. (2) 관심이 없는 경우에는 주의를 기울이고, 관심 가질 이유를 제공하고, 관련 정보와 근거를 제시한다. (3) 확실한 결정을 내리지 못한 경우에는 자신의 의견을 인정하고 문제의 측면에서 주장을 강화한다.
- 심리적 반발 이론은 청중들에게 하지 말아야 할 것을 말하면 왜 정확히 반대되는 반응을 일으키는지에 대해 설명한다.

설득력 있는 주장 만들기

16.3 타당하고 설득력 있는 주장의 구성 요소와 특징을 설명해보자.

- 청중 분석에 근거한 설득력 있는 주장을 포함하면 청중을 설득할 수 있는 가능성이 높아진다.
- 툴민 모델은 효과적인 논증을 위해 주장, 증거, 논거 등 세 가지 필수 요소가 필요하다. 또한 많은 말하기 상황에서 논거를 위한 입증, 단서, 요건 등 세 가지 추가 요소가 필요하다.
- 어떤 주장을 하든, 주장하는 바가 사실형, 추측형, 가치형, 정책형 주장을 지지하는 것을 확실히 해야 한다.
- 효과적인 설득 프레젠테이션은 논리적 증명(로고스), 감정적 증명(파토스), 개인적 증명(에토스), 서사적 증명(미토스)를 이용한다.
- 공포 소구가 잘 구성되어 전달되면 청중의 태도에 영향을 미칠 수 있다.
- 휴리스틱(의사 결정을 내릴 때 도움이 될 수 있는 인지적 지름길)은 의심스러운 주장, 증거, 입증에 필요한 논증이라고 믿는 이유를 설명하는 데 도움을 준다.
- 인신공격, 권위에의 호소, 다수에의 호소, 전통에의 호소, 잘못된 인과관계의 오류, 성급한 일반화와 같은 논증의 일반적인 오류를 확인하고 피해야 한다.

설득의 조직화 유형

16.4 설득 프레젠테이션에 적합한 구조적인 유형을 파악해보자.

- 설득적 말하기에 특히 적합한 조직화 유형은 문제/원인/해결, 비교 우위, 이의 제기에 대한 반론, 먼로의 동기 유발 순서 등이 있다.

설득적 말하기

16.5 효과적이고 설득력 있는 프레젠테이션을 위한 커뮤니케이션 역량을 실천해보자.

- 효과적인 설득력 있는 사람은 청중의 특성과 태도, 프레젠테이션의 상황에 맞게 내용을 조정한다.

주요 용어

가치형 주장	미토스(서사적 증명)	입증
공통 견해	비교 우위 유형	잘못된 인과관계의 오류
권위에의 호소	사실형 주장	전통에의 호소
논거	설득	정책형 주장
논증	성급한 일반화	주장
다수에의 호소	심리적 반발 이론	증거
단서	에토스(개인적 증명)	증명
로고스(논리적 증명)	오류	추측형 주장
먼로의 동기 유발 순서	요건	툴민의 논증 모델
면역	이의 제기에 대한 반론 유형	파토스(감정적 증명)
문제/원인/해결 유형	인신공격	휴리스틱

연습문제

16.1 설득 프레젠테이션의 목표를 설명해보자.

1 설득이 청중의 의견 또는 행위를 변화시키고자 하는 것이라고 하면, 다음 중 청중의 의견에 소구하는 것은 무엇인가?

   a. 적어도 일주일에 다섯 번 가족들과 저녁식사를 하십시오.

   b. 채식은 당신과 지구의 건강에 좋습니다.

   c. 가스–전기 하이브리드 자동차를 구입하십시오.

   d. 투표하십시오!

16.2 청중들의 태도에 따른 설득 전략을 선택해보자.

2 의견이 일치하지 않는 청중에게 말할 때 다음 중 가장 효과적인 설득 전략은 무엇인가?

   a. 청중의 감정 자극하기

   b. 개인적 롤모델 제공하기

   c. 합당한 목표 세우기

   d. 관심 가질 이유 설명하기

3 다음의 전략 중 설득력 있는 표현에 대한 거부 반응의 가능성이 가장 높은 것은 무엇인가?

   a. "반드시 해야 해.", "그만."과 같은 강력하고 직접적인 명령어조는 피한다.

   b. 청중들의 자유를 유지하기 위한 중도의 견해를 지지한다.

   c. "죽을 거야."와 같은 끔찍한 결과를 묘사하는 극단적인 말은 피한다.

   d. 공포 소구를 이용하여 공포에 떨게 한다.

16.3 타당하고 설득력 있는 주장의 구성 요소와 특징을 설명해보자.

4 다음 중 두려움, 분노, 자존심, 사랑, 시기심, 질투심 등과 같은 청중의 감정을 자극하는 것은 어떤 증명이 사용된 것인가?

   a. 미토스

   b. 에토스

   c. 로고스

   d. 파토스

5 다음 문장에서 툴민의 논증 모델에 해당하는 주장이 무엇인지 고르시오.

"존은 기침을 하고, 가슴이 답답하고, 구토를 하고 며칠 동안 39도의 열이 내리지 않고 있다. 이러한 증상들이 독감의 징후라는 점에서 존은 아마도 독감에 걸린 것 같다."

   a. 존은 가슴 답답함과 함께 기침을 한다.

   b. 존은 아마도 독감에 걸린 것 같다.

   c. 존은 며칠 동안 39도의 열이 내리지 않고 있다.

   d. 존은 계속 구토하고 있다.

16.4 설득 프레젠테이션에 적합한 구조적인 유형을 파악해보자.

6 설득력 있는 조직화 유형 중 다음을 특징으로 하는 것은 무엇인가?

   (1) 사람들은 X를 해야 한다.

   (2) 사람들은 몇 가지 이유로 X를 하지 않는다.

   (3) 이러한 이유로 당신이 X를 하는 것을 막을 수는 없다.

   a. 문제/원인/해결

   b. 비교 우위

   c. 이의 제기에 대한 반론

   d. 먼로의 동기 유발 순서

7 다음 먼로의 동기 유발 순서 중 제안된 행동 방침에 대해 정보가 없거나, 관심이 없고, 회의적이거나 반대하는 청중들에게 유용한 단계는 무엇인가?

   a. 주의 단계

   b. 필요 단계

   c. 만족 단계

   d. 시각화 단계

16.5 효과적이고 설득력 있는 프레젠테이션을 위한 커뮤니케이션 역량을 실천해보자.

8 다음과 같은 연설 내용으로 마지 앤더슨이 설득하고자 했던 청중의 유형은 누구인가?

자, 이제 여러분 중 일부는 궁금해졌을 것입니다. "왜 내가 이 이야기를 들어야 하지? 왜 인디언의 생각, 느낌, 신념에 관심을 가져야 하지?" 제가 드릴 수 있는 가장 설득력 있는 답변은 이 대학의 이름이 토마스 아퀴나스에서 따온 것이라는 점입니다. 토마스는 대화가 서로에게서 배우기 위한 투쟁이라고 했습니다. 이러한 투쟁은 천사와 씨름한 야곱의 이야기와 같은데, 부상을 당했지만 동시에 축복을 받게 된다는 것입니다.

   a. 같은 의견을 가진 청중

   b. 다른 의견을 가진 청중

   c. 확고하게 결심을 한 청중

   d. 무관심한 청중

정답 확인 : 355쪽

용어해설

ㄱ

가상 집단(virtual group) 시간, 거리, 조직적 경계에 걸쳐 커뮤니케이션하기 위해 기술에 의존하는 집단

가십(gossip) 타인의 사적, 개인적 또는 심지어 스캔들에 초점을 맞춘 소문의 유형

가정형 질문(hypothetical question) 일련의 상황을 설명하고 이러한 상황에 어떻게 대응할 것인지 묻는 질문 방식

가치(values) 무엇이 옳고 그른지, 좋고 나쁜지, 정당한지 정당하지 않은지, 맞는지 틀린지에 대한 생각을 인도하는 신념

가치 단계(value step) 정보가 어떻게 개인의 행복과 성공을 향상시킬 수 있는지를 설명함으로써 청중의 관심을 사로잡기 위한 유익한 커뮤니케이션의 단계

가치에 대한 질문(question of value) 어떤 것이 좋은지 나쁜지, 옳은지 그른지, 윤리적인지 비윤리적인지, 최선이나 보통 아니면 최악인지 등의 가치를 묻는 질문

가치형 주장(claim of value) 좋은지 나쁜지, 옳은지 그른지, 최선이나 보통 아니면 최악인지 등의 가치를 평가하는 주장

간결체(clear style) 간단하고 단순하며 직접적인 단어와 구절뿐만 아니라 구체적인 단어와 평이한 언어를 사용하는 언어 유형

간청(supplication) 겸손하게 요청하거나 다른 사람에게 도움을 청함으로써 다른 사람들의 관심과 연민을 구하는 인상 관리 전략

갈등(conflict) 의견 차이가 표현될 때 발생하는 관계의 불일치

갈등 해결의 A-E-I-O-U 모델(A-E-I-O-U Model of Conflict Resolution) 개인의 관심사를 전달하고 대안적 행동을 제안하는 데 초점을 맞춘 갈등 해결 모델

갈등 해결의 6단계 모델(Six-Step Model of Conflict Resolution) 성공적인 갈등 해결을 위한 여섯 가지 단계(준비, 시작, 대립, 고려, 해결, 재평가)를 제공하는 모델

감각형(sensor) 마이어스–브릭스 성격 유형. 세부적인 것에 초점을 맞추고 한 번에 하나의 작업에만 집중하는 성격 유형

감정(emotion) 신체적 변화가 수반되는 상황에 대처할 때 경험하게 되는 느낌

감정적 지지(emotional support) 정신적 고통에 효과적으로 대처하도록 돕기 위해 한 당사자가 보여주는 커뮤니케이션 행위의 특정한 태도

감정형(feeler) 마이어스–브릭스 성격 유형. 다른 사람들과 어울리기 원하고 다른 사람들을 돕는 데 시간과 노력을 쓰며 지지하는 커뮤니케이션 환경을 만드는 성격 유형

강한 언어(powerful language) 직접적이고 적극적이고 설득력 있는 언어

강화(intensification) 다른 사람의 요구를 충족시키거나 강한 감정을 표현하기 위해 얼굴 표정을 과장하는 과정

개방형 질문(open-ended question) 구체적이거나 세부적인 답변을 유도하는 질문 방식

개인적 거리(personal distance) 네 가지 공간 거리 중 하나로, 45~120cm 이내의 거리를 말하며 개인적으로 친한 친구와 함께 사용

개인적 관계(personal relationships) 높은 수준의 감정적인 연결과 헌신으로 특징지어지는 관계

개인적 진실성(personal integrity) 다른 사람을 이해하고 존중하면서 자신의 가치와 신념에 부합하는 방식으로 행동하는 것

개인주의(individualism) 독립성, 개인의 성취나 고유성의 가치를 중요시 여기는 문화 차원

건설적 갈등(constructive conflict) 다른 사람의 관점을 존중하고 문제 해결을 촉구하기 위한 방식으로 의견 차이를 표현하는 갈등 양식

건설적인 불응(constructive nonconformity) 집단의 목표 달성을 위해 여전히 일을 하는 동안 누군가 규범에 저항하는 경우 발생

격동기(storming stage) 집단 구성원들이 중요한 쟁점에 대해 토론하고 리더십과 지위를 위해 경쟁할 때 더욱 논쟁을 많이 하며 감정적으로 되는 집단 발달 단계

겸손한 유머(self-effacing humor) 다른 사람들보다 자기 자신을 유머 감각으로 표현하는 것

경쟁형 갈등 유형(competitive conflict style) 다른 사람들의 요구보다 자신의 요구를 충족시키는 것에 더 관심이 있는 갈등 유형

고객 관계(customer relationship) 조직을 대신하여 커뮤니케이션하는 사람과 조직 외부의 개인 간의 전문적인 상호작용

고맥락 문화(high-context culture) 언어보다는 비언어적 단서와 상대방과의 관계에 대한 이해를 통해 메시지의 의미를 더 많이 표현하는 문화 차원

고정관념(stereotype) 집단의 특성을 지나치게 단순화하여 집단 구성원들에 대해 일반화하려는 태도

공간적 배열(space arrangement) 요점을 서로의 위치나 물리적 관계로 배열하는 조직화 유형

공간학(proxemics) 공간 관계에 대한 연구와 사람들 간의 거리가 관계 정보를 전달하는 방식에 대한 연구

공감(empathy) 연사와 청중의 성격 사이에서 유사점을 끌어내는 것을 통해 청중과 공통의 유대를 형성하기 위한 커뮤니케이션 전략

공감적 듣기(empathic listening) 누군가 말하는 것을 듣고 그 상황, 감정, 동기를 이해하고 공감하려는 능력

공격성(aggression) 커뮤니케이션을 하면서 자기 개인의 욕구를 우선시하고 다른 사람의 요구와 권리를 침해하면서 다른 사람들에게 규정 준수를 요구하는 행동

공공 집단(public group) 공공 영역이 직면한 문제나 공공의 이익을

논의하는 집단

공동 문화(co-culture) 주류 사회 내에 공존하면서 문화유산을 통해 서로 연결되어 있는 사람들의 집단

공적 거리(public distance) 네 가지 공간 거리 중 하나로, 360cm 이상의 거리를 말하며 강의, 연설, 공공 행사에 사용

공통 견해(common ground) 화자와 청중 간의 의견 충돌 없이 공통의 신념, 가치, 태도, 의견 등을 공유할 수 있는 지점

과업 구조(task structure) 집단이 특정 과업을 조직하거나 계획하는 방법을 평가하는 상황적 리더십 요인

과업 지향형 지도자(task-motivated leader) 집단 관계를 희생하면서도 그 과업이 완료되는 것에서 만족감을 얻는 지도자

관계(relationship) 다른 사람과의 지속적이고 의미 있는 애착이나 연결

관계적 변증법 이론(Relational Dialectics Theory) 모순된 힘의 상호작용이 세 영역의 대인관계에 어떻게 영향을 미치는지 설명하는 이론

관계 지향형 지도자(relationship-motivated leader) 과업의 실패라는 비용을 치르더라도 다른 사람들과 잘 지내는 것에서 만족을 얻는 지도자

구두 각주(oral footnote) 청자가 원래 출처를 찾을 수 있도록 충분한 정보가 포함된 구술 인용문

구어체(oral style) 간단명료하고 단순한, 심지어 불완전한 문장과 더 많은 인칭대명사와 비공식적인 말하기 표현 등 간결하고 친근한 단어를 사용하는 언어 유형

구체적 단어(concrete word) 시각, 청각, 후각, 미각, 촉각 등 감각으로 지각할 수 있는 특정 대상을 나타내는 단어

권력 거리(power distance) 권력을 가진 사람과 없는 사람들 간의 물리적·심리적 격차가 있는 문화 차원

권위에의 호소(appeal to authority) 이슈나 주제에 대한 관련 경험이 없는 전문가의 의견을 사용하는 논증 오류

권위 지배(authority rule) 1명의 개인이나 집단 외부의 권위자가 최종 결정을 내리는 의사 결정 방법

규범(norms) 어떤 행동이나 의견이 받아들여지는지 받아들여지지 않는지, 좋은지 나쁜지, 옳은지 그른지, 적절한지 적절하지 않은지에 대해서 집단 구성원들이 지니고 있는 기대치들의 집합

규범기(norming stage) 집단의 구성원들이 자신의 역할을 규정하고 규범을 정립하며, 자신의 업무를 수행하기 위한 방법을 결정하는 집단 발달 단계

근거 자료(supporting material) 프레젠테이션의 목적과 요점을 설명하거나 발전시키는 데 도움이 되는 아이디어와 정보

근접성의 법칙(proximity principle) 물리적으로 서로 근접해있는 대상, 사건, 사람 등을 하나의 의미 형태(공속 관계)로 인식하려는 지각 원리

글쓰기 불안감(writing apprehension) 글을 쓰는 상황과 특정 주제에 대한 글쓰기 과제와 관련된 두려움과 불안감

기대 위반 이론(Expectancy Violation Theory) 비언어적 행동에 대한 기대가 다른 사람과 상호작용하는 방법과 비언어적인 메시지의 의미를 해석하는 방법에 어떠한 영향을 미치는지 설명하는 이론

기본 용어(basic terms) 자동차나 고양이 같은 사물을 볼 때 떠오르는 일반적인 단어

기억법(mnemonic) 단어의 첫 글자, 머리글자, 운율 등의 유사점을 기반으로 기억하는 방법

기억하며 듣기(listening to remember) 들었던 정보를 저장하고, 유지하고, 회상할 수 있는 능력

기호(sign) 어떤 대상을 표현하거나 나타내고, 때로는 대표하는 대상처럼 보여지는 것

ㄴ

'나' 중심 언어(I Language) 언어를 통해 다른 사람을 비판하거나 비난하기보다는 자신의 감정과 행동에 책임을 지기 위해 '나'라는 언어를 사용하는 것

낮은 권력 거리(low power distance) 권력 구분이 최소화되는 문화 차원으로 상사와 부하직원, 교수와 학생, 선출직 공무원과 유권자 간의 관계

내부 잡음(internal noise) 메시지를 의도된 대로 이해하고 커뮤니케이션 능력을 방해하는 생각, 감정, 태도

내용(content) 메시지에 포함된 아이디어, 정보, 의견 등

내용 요약하기(internal summary) 주요 내용을 끝내고 중요한 아이디어를 강화하는 연결사

내포(connotation) 단어의 의미와 관련된 감정적인 반응 또는 개인적인 생각

내향형(introvert) 마이어스–브릭스 성격 유형. 말하기 전에 생각하고 외향적인 사람들에 비해 말이 많지 않으며, 혼자 일하는 것을 선호하는 성격 유형

넷링고(netlingo) 인터넷 커뮤니케이션을 통해 발전된 식별언어

넷스피크(netspeak) 인터넷상에서 더 사교적이고 구어적이고 상호작용적인 커뮤니케이션 스타일에 맞게 사용되는 표기 전략

노출된 단서(leakage cues) 기만적인 커뮤니케이션을 드러내는 의도하지 않은 비언어적 행동

논거(warrant) 증거가 주장을 뒷받침하는 방법과 이유를 설명하는 툴민 논증 모델의 구성 요소

논리적 맥락(logistical context) 특정 커뮤니케이션 상황에서의 물리적 특성. 즉, 시간, 장소, 환경, 계기 등

논쟁 성향(argumentativeness) 다른 사람들과 논쟁의 여지가 있는 이슈에 대해 토론하려는 의향

논증(argument) 증거와 추론이 뒷받침된 주장

높은 권력 거리(high power distance) 사람들이 권력의 차이를 정상이라고 받아들이는 문화 차원

능동태(active voice) 주어가 동작의 주체가 되는 문장(예 : 철수가 책을 읽는다.)

ㄷ

다수결 투표(majority vote) 집단 구성원의 절반 이상이 제안에 찬성하는 투표

다수에의 호소(appeal to popularity) 많은 사람들이 그렇게 하고 있기 때문에 행동이 용인되거나 면제될 수 있다고 주장하는 논증 오류

단기 또는 장기(short-term or long-term) 미래의 보상(장기 지향성)과 과거, 현재와 관련된 보상(단기 지향성)에 초점을 맞춘 문화 차원

단서(reservation) 특정 상황에서 주장이 사실이 아닐 수도 있다는 점이나 주장에 대한 예외를 인정하는 툴민 논증 모델의 구성 요소

단순성의 법칙(simplicity principle) 가장 간단한 해석을 할 수 있도록 정보를 구성하려는 경향이 있는 이유를 설명하려는 지각 원리

단어 강세(word stress) 단어와 문장이나 문장 내의 단어, 단어 내의 음절에 부여된 상대적 강도

'당신' 중심 언어(You Language) 자신의 감정과 행동에 책임을 지기 위해 언어를 사용하는 대신 다른 사람을 판단하고 비난하거나 비판하기 위해 '당신'이라는 언어를 사용하는 것

대인관계 지향(FIRO) 이론[Fundamental Interpersonal Relationship Orientation(FIRO) Theory] 사람들이 기본적으로 대인 관계의 욕구, 즉 소속, 통제, 애정 욕구를 충족시키기 위해 다른 사람들과 상호작용한다는 이론

대인 커뮤니케이션(interpersonal communication) 한정된 수의 사람들(대개 2명)이 정보를 공유하고 특정 목적을 달성하고 관계를 유지하기 위한 목적으로 상호작용할 때 발생하는 커뮤니케이션

대화(conversation) 때로는 비공식적으로, 다른 사람과 대화 및 청취 역할을 교환하는 상호작용

독려하기 위한 말하기(inspirational speaking) 같은 생각을 가진 사람들을 하나로 모으고, 사회적 화합을 이끌고, 선의를 기르고, 청중의 감정을 유발하여 환호하게 만들기 위해 계획된 프레젠테이션

독재형 지도자(autocratic leader) 토론 방향과 결과 통제, 대부분의 집단 의사 결정 사항에 대한 지도자의 결정, 상명하복, 성공적 결과의 독식을 통해 권력과 권위를 추구하는 지도자 유형

동료 관계(coworker relationship) 서로에 대한 공식적인 권위는 거의 없지만 조직의 목표를 달성하기 위해 협력해야 하는 사람들 간의 상호작용

두운법(alliteration) 동일한 소리를 가진 일련의 단어들을 함께 또는 서로 근접하게 배치하는 반복 유형

듣기(listening) 구어 및 비언어적 메시지를 수신하고, 의미를 구성하고, 응답하는 과정

듣기의 황금률(Golden Listening Rule) 윤리적인 듣기의 연습

들을 차례 단서(turn-yielding cues) 말하기 속도를 늦추거나, 자세나 동작을 편안하게 하고, 몸을 약간 기울인 채로 발언을 마치고, 듣기 위해 준비하고 있다는 신호를 나타내는 언어적·비언어적 메시지

ㄹ

로고스(논리적 증명)(logos) 추론과 분석에 의존하는 설득력 있는 증명의 한 형태를 뜻하는 그리스어

리더십(leadership) 전략적인 결정을 내리고 커뮤니케이션을 통해 집단의 공동 목표를 달성하도록 구성원들을 동원하는 능력

리더십의 유형 이론(Styles Theory of Leadership) 세 가지 리더십 유형을 검토하는 이론

리더십의 특성 이론(Trait Theory of Leadership) 효과적인 리더십과 관련된 특정한 특성과 행동을 확인하는 이론

리더십 효과 5-M 모델(5-M Model of Leadership Effectiveness) 모델링, 동기 부여, 관리, 결정, 멘토링의 다섯 가지 상호 의존적인 리더십 기능에 적용 가능한 구체적인 커뮤니케이션 전략과 기술을 강조하는 리더십 효과의 통합 모델

ㅁ

마음놓침(mindlessness) 사람들이 융통성 없는 범주와 잘못된 구별로 인해 행동과 사고가 관습화되어 나타나는 상태

마음챙김(mindfulness) 성급한 판단을 내리지 않고 현재를 완전히 인식할 수 있는 능력

마이어스-브릭스 성격 유형 지표(MBTI, Myers-Briggs Type Indicator) 사람들이 결론에 도달하고 주변 세계를 인식하는 방식을 설명하는 성격 유형을 알아보기 위한 검사 도구

마인드 매핑(mind mapping) 브레인스토밍을 통해 잠재적인 아이디어와 정보를 정리하고 기록하는 방법

말하기 개요(speaking outline) 프레젠테이션을 진행하는 데 있어 사용하는 개요. 짧고 간단한 개요와 복잡하고 상세한 개요 등이 있음

말하기 유형(speaking style) 어휘, 문장 구조와 길이, 문법과 구문, 수사적 기교를 사용하여 메시지를 표현하는 방법

말할 차례 단서(turn-requesting cues) 몸을 앞으로 기울이고, 눈을 직접 마주치며, 제스처를 시작하는 듯 손을 들어 올리는 것과 같이 말하고자 하는 욕구를 나타내는 언어적·비언어적 메시지

매개 커뮤니케이션(mediated communication) 커뮤니케이터 간에 다른 형태의 미디어가 존재할 때 발생하는 커뮤니케이션. 예를 들어 전화, 이메일 등이 있음

매스 커뮤니케이션(mass communication) 개인이나 집단, 거대한 원격 청중(remote audience) 간에 발생하는 매개 커뮤니케이션. 예를 들어 라디오, 텔레비전, 영화, 출판물, 컴퓨터 기반의 미디어 등이 있음

먼로의 동기 유발 순서(Monroe's Motivated Sequence) 다섯 단계를 따르는 설득 프레젠테이션을 위한 조직화 유형

메시지(message) 의미를 생성하는 커뮤니케이션

메타 메시지(metamessage) 메시지에 대한 메시지

면접(interview) 적어도 한 당사자가 미리 결정된 목적을 가지고 있고 질문 및 답변을 사용하여 정보를 공유하거나, 정보를 얻고 문제를 해결하고 다른 사람에게 영향을 주는 두 당사자 간의 상호작용

명목집단기법(NGT, Nominal Group Technique) 집단 상호작용과 관련된 대인관계 문제들을 최소화하는 반면 문제 해결에 관여하는 것을 최대화하는 문제 해결 방법

명예훼손(defamation) 한 사람에 대한 명예를 훼손하는 허위 진술

모범 보이기(exemplification) 본보기나 좋은 사례가 될만한 행동의 모델로 자신을 제시하는 인상 관리 전략

목적(purpose) 프레젠테이션의 목적과 중심 생각을 확인하게 해주는 구체적이면서 달성 가능성 있는 적절한 문장

문서화(documentation) 발표에서 글이나 구두로 근거 자료의 출처를 인용하는 것

문제/원인/해결 유형(problem/cause/solution pattern) 심각한 문제를 설명하고 문제가 계속되는 이유(원인)를 설명하며 해결책을 제시하는 설득의 조직화 유형

문제 해결(problem solving) 집단이 문제를 분석하면서 그리고 문제를 해결하거나 역효과를 줄일 수 있는 계획을 세우면서 다각적인 결정을 내리는 복잡한 과정

문제해결형 배열(problem-solution arrangement) 해롭거나 어려운 상황(문제)을 설명한 다음 문제를 해결하기 위한 계획(해결책)을 제시하는 조직화 유형

문화(culture) 비교적 많은 사람들의 행동에 영향을 주는 신념, 가치, 규범, 사회적 관습 등에 대한 해석이 학습되고 공유되는 양식

문화 차원(intercultural dimension) 다른 문화와 관련지어 측정할 수 있는 문화의 측면

미디어 풍부성 이론(Media Richness Theory) 각기 다른 미디어의 특성이 커뮤니케이션 과정에 어떠한 영향을 미치는지 조사하고, 물리적인 현장감이 커뮤니케이션을 잘할 수 있도록 유의미한 차이를 만드는 이유를 설명하고자 하는 이론

미리 보여주기(internal preview) 프레젠테이션이나 각 부분의 내용을 특정 순서로 미리 확인할 수 있게 해주는 연결사

미토스(서사적 증명)(mythos) 사회의 성격을 구성하고 가치, 신념, 감정을 다루며 전통적 이야기, 구전, 상징으로 표현되는 설득력 있는 증명의 한 형태

민주형 지도자(democratic leader) 집단 구성원들의 사회적 평등과 이익을 도모하는 지도자 유형

ㅂ

바꿔 말하기(paraphrasing) 사람들의 이해를 더 쉽게 하기 위해서 다른 말로 바꾸어 표현하는 방식

반응하며 듣기(listening to respond) 누군가가 말한 것을 온전히 이해하고 있다는 것을 보여주며 반응하는 능력

반응형 질투(reactive jealousy) 연애 상대가 바람을 피우고 있다는 사실을 알게 되는 것과 같이 사람이 관계에 있어 실제적이고 위협적인 위험을 인식하게 될 때 발생

발음(pronunciation) 올바른 강세와 올바른 순서로 단어를 정확한 소리로 말하는 과정

발표 커뮤니케이션(presentational communication) 화자와 청중 간에 발생하는 커뮤니케이션

방어 행동(defensive behavior) 누군가에 의해 신체적이거나 언어적

공격을 받을 때 자신을 보호하기 위해 본능적으로 나타나는 행동

방임형 지도자(laissez-faire leader) 집단이 모든 결정과 행동을 책임지게 하는 지도자 유형

방침에 대한 질문(question of policy) 특정 행동 방침을 위해야 하는지 여부 또는 취하는 방법 등을 묻는 질문

방향 제시하기(signpost) 프레젠테이션의 조직 구조에서 어디에 있는지 청중에게 알려주거나 상기시키는 고속도로의 표지판과 같이 짧은 구문으로 구성된 연결사

배타적 언어(exclusionary language) 고정 관념을 강화하거나, 다른 사람을 무시하거나, 그룹 내 메시지를 이해하지 못하도록 타인을 배제하는 단어

변증법(dialectics) 서로 상반되거나 모순된 힘의 상호작용

복합 메시지(mixed message) 메시지의 언어적 의미와 비언어적 의미 간의 모순

부호화(encoding) 의미를 생성하는 메시지를 창출하고 전송하기 위한 의사 결정 과정

분노(anger) 사소한 짜증에서 격렬한 화에 이르기까지 충족되지 않은 기대에 대한 감정적 반응

분석 마비(analysis paralysis) 집단이 문제를 분석하는 데 너무 집중한 나머지 결정을 내리지 못하는 상황

브레인스토밍(brainstorming) 집단 구성원이 짧은 시간 동안 가능한 많은 아이디어를 끌어내기 위해 사용하는 간단하고 대중적인 문제 해결 방법

비교대조형 배열(comparison-contrast arrangement) 두 가지에 대한 유사점과 차이점을 보여주는 조직화 유형

비교 우위 유형(comparative advantage pattern) 완전한 해결이 불가능할 수도 있음을 인지하는 동시에 상황을 개선하고 문제를 해결하는 데 도움이 되는 계획을 제시하는 설득의 조직화 유형

비속어(swear word) 문화적으로 금기시되거나 부적절한 단어로, 문자 그대로 해석해서는 안 되며 일반적으로 강한 감정과 태도를 표현하기 위해 사용함

비언어적 커뮤니케이션(nonverbal communication) 단어를 사용하지 않고 의미를 만들어내는 행동으로, 몸짓, 표정, 접촉, 발성, 의상, 대상, 커뮤니케이션 맥락을 통해 표현됨

비언어적 행동의 강조(accenting nonverbal behavior) 비언어적 행동은 메시지의 초점이나 감정적인 내용을 강조하여 메시지의 중요한 요소를 강조함

비언어적 행동의 대체(substituting nonverbal behavior) 비언어적 행동은 언어를 대신함. 예를 들어 "안녕하세요."라고 말하는 대신에 손을 흔들어 인사할 수 있음

비언어적 행동의 반복(repetitive nonverbal behavior) 비언어적 행동은 언어적 메시지의 의미를 시각적으로 반복함

비언어적 행동의 보완(complementary nonverbal behavior) 비언어적 행동은 언어적 메시지와 일치시킴으로써 보완함

비언어적 행동의 부인(contradictory nonverbal behavior) 비언어적

행동은 말하는 단어의 의미와 상충됨

비언어적 행동의 조정(regulating nonverbal behavior) 비언어적 행동은 대화의 흐름을 관리하기 위해 사용됨

비유(analogy) 유사점을 강조하기 위해 두 가지를 비교하는 조직화 유형

비판적 사고(critical thinking) 무엇을 믿고, 무엇을 하거나 말할지를 결정하는 데 집중하는 합리적인 반성적 사고

ㅅ

사고형(thinker) 마이어스-브릭스 성격 유형. 어려운 결정을 내릴 수 있는 능력에 자부심을 갖고 분석적이고 객관적이며 업무 중심적인 성격 유형

사람 중심의 메시지(person-centered message) 도와주는 사람이 고민하는 사람의 감정을 확인하고 화가 난 사건에 대해 이야기하도록 격려하는 정도를 반영하는 메시지

사례(example) 크고 추상적인 아이디어를 구체적이고 이해할 수 있도록 특정한 경우나 예시를 나타내는 단어나 구절

사실(fact) 증명 가능한 관찰, 경험이나 진실이라고 알려진 사건

사실에 대한 질문(question of fact) 무엇이 진실이고 거짓인지 묻는 질문

사실형 주장(claim of fact) 사실인지 거짓인지 증명할 수 있는 주장

사회심리적 맥락(psychosocial context) 우리가 살고 있고 커뮤니케이션하는 심리적이고 문화적인 환경

사회적 거리(social distance) 네 가지 공간 거리 중 하나로, 120~360 cm 이내의 거리를 말하며 비즈니스 상황이나 사교 모임 등에 사용

사회적 비교(social comparison) 준거 집단 내에서 다른 사람들과 비교하여 자신을 평가하는 과정

사회적 침투 이론(Social Penetration Theory) 개인이 피상적인 커뮤니케이션에서 더 깊고 친밀한 커뮤니케이션으로 이동하는 관계 형성 과정을 설명하는 이론

사회적 판단(social judgment) 다른 사람들의 언어적 반응과 비언어적 반응을 자기 개념의 기초로 해석하는 과정

상위 용어(superordinate term) 사물과 생각을 매우 일반적으로 함께 묶는 단어

상징(emblem) 특정 그룹이나 문화에서 단어와 같은 의미를 표현하는 제스처

상징(symbol) 지시하는 대상과 직접적인 관계가 없지만, 대신 개념을 보여주기 위한 특정 결합에서 오는 임의의 소리의 조합

상투어(gobbledygook) 하나의 단어 대신에 여러 개의 단어를 사용하거나 짧은 음절로 충분한 것을 긴 음절의 단어로 사용하는 것

상하 관계(superior-subordinate relationship) 상사(감독자)가 부하 직원(노동자)의 생산성과 행동에 대해 공식적인 권한을 갖는 전문적인 관계

상호교류 커뮤니케이션 모델(transactional communication model) 구체적인 맥락 안에서 동시에 메시지를 주고받을 수 있음

을 보여주는 커뮤니케이션 모델

상호작용적 맥락(interactional context) 그룹 내 두 사람 사이 또는 발표자와 청중 간에 커뮤니케이션 상호작용이 발생하는지 여부

상호작용 커뮤니케이션 모델(interactive communication model) 커뮤니케이션이 방해받지 않거나 일방통행이 아니라는 것을 보여줄 수 있는 있는 피드백과 잡음 등의 개념을 포함하는 커뮤니케이션 모델

상황(occasion) 청중들이 특정한 장소와 시간에 모이는 이유

상황적 리더십 이론(Situational Leadership Theory) 지도자와 리더십의 역할 사이에서 이상적인 결합을 찾아내거나 창출하기 위해 지도자가 자기 자신, 집단, 상황을 분석함으로써 어떻게 더욱 유능해질 수 있는지 설명하는 이론

생각 속도(thought speed) 대부분의 사람들이 말할 수 있는 속도에 비해 생각할 수 있는 속도(분당 단어)

서사 이론(narrative theory) 인간 커뮤니케이션의 본질적인 측면인 스토리텔링에는 두 가지 본성이 있다고 주장하는 이론

선입견(prejudice) 타인이나 다른 집단에 대한 경험이 거의 없거나 직접적으로 겪지 않았지만 특정 문화 집단에 대해서 갖게 되는 긍정적이거나 부정적인 태도

선택적 기억(selective recall) 자신이나 다른 사람의 만남에 대해 기존 믿음과 부합되는 메시지와 경험을 기억하려는 지각적인 경향

선택적 노출(selective exposure) 이미 믿고 있는 것과 일치하는 메시지에 노출되려는 지각적인 경향

선택적 주의(selective attention) 기존의 믿음에 부합되는 메시지에 주의를 기울이려는 지각적인 경향

선택적 해석(selective interpretation) 기존의 믿음에 부합되도록 메시지 의미를 바꾸려는 지각적인 경향

선택지소거법(DOT, Decreasing Options Technique) 수많은 의견과 생각을 관리가 가능한 선택 항목 수준으로 줄이고 정리하는 데 도움이 되는 문제 해결 방법

선형 커뮤니케이션 모델(linear communication model) 커뮤니케이션의 초기 모델로 오직 한 방향으로만 작용하는 커뮤니케이션 모델

설득(persuasion) 청중의 의견(생각하는 것) 또는 행위(하는 것)를 변화시키기 위한 메시지

설득 프레젠테이션(persuasive presentation) 청중의 의견이나 행동을 변화시키거나 영향을 주기 위해 계획된 프레젠테이션

설명(description) 원인, 효과, 역사적 배경 정보 및 특성을 제공함으로써 청자의 마음속에 정신적 이미지를 만들어내는 것

설명 커뮤니케이션(explanatory communication) 어려운 용어를 해설하고 유사 과학 현상을 설명하거나 혼란과 오해를 극복함으로써 복잡한 생각과 정보에 대한 청중의 이해를 심화시키고자 하는 커뮤니케이션

성격(personality) 우리 각자가 주변 세상과 상호작용하는 방식, 특히 다른 사람들과 상호작용하는 방식

성급한 일반화(hasty generalization) 너무 적은 증거나 경험에 근거하여 무언가가 사실이라고 주장하는 논증 오류

성량(volume) 사람의 목소리로 나오는 음의 세기 정도

성역할 기대 차원(gender expectations dimension) 적절한 역할 행동에 대한 기대와 남성과 여성의 행동의 기본적인 유사점과 차이점에 대한 기대 등을 모두 포함하는 문화 차원

성조(pitch) 음계의 음표처럼 목소리의 높고 낮은 정도

성희롱(sexual harassment) 위협적이거나 적대적, 공격적인 업무 환경에서 나타나는 원치 않는 성적 행동, 부적절한 언어나 육체적 접촉 등

소문(rumor) 상황의 사실에 대한 확인되지 않은 이야기나 진술

소속 욕구(inclusion need) 소속되고, 활동에 참여하고, 받아들여지고자 하는 욕망

속도(rate) 분당 말하는 단어의 수

속어(slang) 사회의 하위문화에서 유래되는 경향이 있는 비공식적이고 비표준화된 단어나 구절

수동-공격성(passive-aggressive) 다른 사람의 필요를 충족시키는 것으로 보이지만, 실제로는 미묘한 공격적인 행동을 보여주는 행동

수동성(passivity) 갈등과 의견 충돌을 피하기 위해 자신의 욕구를 희생하면서 다른 사람들에게 맞추는 행동

수동태(passive voice) 주어가 동작의 대상이 되는 문장(예 : 책은 철수에 의해 읽혀졌다.)

수사적 기교(rhetorical device) 프레젠테이션의 영향력과 설득력을 높이기 위한 전략

수사체(rhetorical style) 영향력을 행사하거나 설득하거나 독려하기 위해 고안된 언어를 사용하는 언어 유형

수사학(rhetoric) 특정 상황이나 환경에서 특정 청중에게 적합한 설득 수단을 찾아내는 능력

수신자(receiver) 메시지를 해석하고 평가하는 사람 또는 집단

수행기(performing stage) 집단 구성원들이 집단의 목표 달성을 위해 조화롭게 일하는 데 자신의 에너지를 집중하는 집단 발달 단계

숙의(deliberation) 민주주의 가치를 고양하고, 사려 깊은 논쟁, 비판적인 청취, 진지한 의사 결정을 요구하는 비판적이고 집단적인 사고 과정

순응형 갈등 유형(accommodating conflict style) 안정과 조화를 유지하기 위해 다른 사람들에게 양보하는 갈등 유형

숨겨진 의도(hidden agenda) 구성원의 목표가 집단의 목표와 충돌하기 시작할 때 발생함

스피치 프레이머(speech framer) 프레젠테이션의 모든 구성 요소를 위한 공간을 제공하는 동시에 실험과 창의성을 장려하는 프레젠테이션 내용을 구성하기 위한 시각적 모델

시각화(visualization) 성공적인 커뮤니케이션이 어떤 것일지 상상함으로써 커뮤니케이션 불안을 줄이고 자신감을 구축하는 방법

시간적 배열(time arrangement) 시간이나 일정에 따라 요점과 메시지 내용을 정리하는 조직화 유형

시간 지향성(time orientation) 과거/현재/미래, 한 번에 한 가지 일/한 번에 많은 일, 행동의 속도 등 장단기적인 시간 변수에 초점을 맞춘 다면적인 문화 차원

시범 연설(demonstration speech) 청중들에게 어떤 것의 사용법과 작동법 등을 보여주기 위해 질서 정연한 일련의 단계를 사용하는 프레젠테이션

시선 맞춤(eye contact) 청중 개개인과 직접적이고 시각적인 연결을 해주고 유지해주는 신체적 표현의 전달 요소

실무진(work team) 업무 수행을 위한 모든 책임과 자원을 부여받은 집단

실행 계획(logistics) 프레젠테이션과 관련된 사람, 시설, 시간, 자료 등을 이용하는 전략적 계획이자 배치

심리적 반발 이론(Psychological Reactance Theory) 사람들이 자신이 원하는 만큼 믿거나 행동할 수 있는 자유에 대한 위협을 인식하면 그에 상응하는 심리적 반발을 초래하고, 그 결과 사람들은 위협당한 자유를 복원하기 위해 다양한 행동을 하게 된다고 주장하는 이론

심리진화 감정 이론(Psychoevolutionary Emotion Theory) 기본 감정과 복합 감정의 발달과 의미를 설명하는 이론

심포지엄(symposium) 집단 구성원들이 청중의 이익과 관련된 주제의 다른 측면에 대해서 짧으면서도 연속적인 프레젠테이션을 제공하는 공공 집단

심화형 질문(probing question) 다른 질문이나 답변에 대한 설명과 정교한 조정을 장려하는 질문을 사용하는 질문 방식

ㅇ

아이 스캔(eye scan) 노트나 원고의 일부분을 훑어보고 나서 청중을 바라보며 말하는 방법

안건(agenda) 회의 주제를 토의할 순서대로 나열한 개요

안정-변화 변증법(stability-change dialectic) 안정된 관계의 보장과 변화로 인한 새로움과 흥분, 일상적 상호작용의 예측 가능성과 틀에 박힌 일상의 변화 가능성을 원하는 욕망

암기형 말하기(memorized speaking) 일부 노트나 노트 없이 내용을 암기해서 프레젠테이션하는 전달 방식

애정 욕구(affection need) 다른 사람들이 좋아한다고 느끼는 욕망

약한 언어(powerless language) 채움말, 부가 의문문, 한정어, 단서 조항을 사용하여 불확실성과 자신감 결여를 전달하는 언어

억양(inflection) 목소리의 표현력을 향상시키는 음조, 강세, 음절, 단어, 어군 내에서의 성조의 변화

언론의 자유(freedom of speech) 미국 수정헌법 제1조는 "…의회는 언론·출판의 자유…를 제한하는 법을 제정하여서는 아니 된다."라고 규정함으로써 언론의 자유를 보장한다.

언어(language) 타인에게 생각과 감정을 전달하는 데 사용되는 임의의 기호와 상징 체계

언어의 강도(language intensity) 언어가 무미건조하고 중립적인 용어에서 벗어난 정도

언어적 커뮤니케이션(verbal communication) 언어의 단어를 사용하여 의미를 생성하는 방식

업무 역할(task role) 업무를 관리하고 직무를 완료하는 데 도움이 되는 커뮤니케이션 행위에 초점을 둔 구성원의 역할

업무 집단(work group) 정책 결정, 문제 해결, 과제 수행, 조직 내에서 일상적인 업무 수행에 책임을 맡은 집단

에토스(개인적 증명)(ethos) 인지된 성격, 역량, 카리스마 등 화자의 신뢰성을 뜻하는 그리스어이자 설득력 있는 증명의 한 형태

역량(competence) 화자의 인지된 전문지식과 능력에 초점을 맞춘 화자 신뢰성의 구성 요소

역할(role) 특정 맥락이나 관계에서 기대되는 기능과 관련되어 채택하는 행동의 패턴

연결사(connectives) 프레젠테이션의 주요 구성요소를 연결하는 데 도움이 되는 미리 보여주기, 내용 요약하기, 전환하기, 방향 제시하기 등

영역성(territoriality) 특정 공간에서 느끼는 개인적 소유감

예비 개요(preliminary outline) 프레젠테이션의 주요 부분을 명확하고 논리적인 순서로 배치할 수 있는 프레젠테이션의 초안

오락을 위한 말하기(entertainment speaking) 청중들을 즐겁게 하고, 재미를 주고, 흥미를 갖게 하고, 끌어 올리거나 흥을 돋우기 위해 계획된 프레젠테이션

오류(fallacy) 다른 사람을 오도하거나 속일 가능성이 있고 근거 없는 잘못된 주장으로 이어질 수 있는 사고의 오류

완곡어법(euphemism) 너무 직접적이고, 외설적이고, 불쾌하고, 비위에 거슬리거나 공격적인 단어나 구절 대신에 무미건조하거나 온순한, 모호하거나 완곡한 단어나 구절로 대체하는 것

완화(deintensification) 다른 사람들을 수용하기 위해 감정 표시를 줄이거나 감추면서 얼굴 표정을 보여주는 과정

외부 잡음(external noise) 효과적인 커뮤니케이션을 방해하는 환경에서의 물리적 요소

외연(denotation) 단어의 구체적이고 객관적인 사전 기반의 의미

외향형(extrovert) 마이어스–브릭스 성격 유형. 말하기 좋아하고 말할 때 제스처를 자주 사용하며, 사람들과 함께 있을 때 활력을 얻고 집단에서 문제를 해결함으로써 즐거움을 얻는 성격 유형

요건(qualifier) 주장이 참이 되게 해주는 정도를 명시하는 툴민 논증 모델의 구성 요소로서, 대개 '아마도', '가능한', '할 것 같은'과 같은 단어를 포함

요점(key point) 청중이 메시지에 대해 이해하고 기억하기를 원하는 가장 중요한 문제나 주요 아이디어

우회적 언어(bypassing) 사람들이 서로의 의미를 놓칠 때 발생하는 오해의 한 형태

웅변체(eloquent style) 생각과 감정을 분명하게 하고 고무적으로 기억하기 쉽게 하는 방식으로 시적이고 표현적인 언어를 사용하는 언어 유형

워프 가설(Whorf Hypothesis) 언어의 구조가 우리 주변의 세상을 보고 경험하고 해석하는 방법에 영향을 미친다고 주장하는 가설

원고형 말하기(manuscript speaking) 사전에 프레젠테이션 원고를 작성하고 이를 보고 읽는 전달 방식

위원회(committee) 다수의 인원으로 구성되거나 특정 과제에 대해서 권한을 지닌 한 사람에 의해서 만들어진 집단

위장(masking) 특정 상황에서 더 적절하다고 생각되는 표현을 표시하고 진정한 감정은 숨기기 위해 얼굴 표정을 바꾸는 과정

위협(intimidation) 권위나 의지를 확립하거나 자신을 보호하기 위해 다른 사람들을 위협하고 두려움을 유발하는 인상 관리 전략

유대감(cohesion) 집단 구성원을 하나로 묶어주는 상호 간의 끌어당기는 힘

유도형 질문(leading question) 질문자가 듣고 싶어 하는 대답을 암시하거나 제안하는 질문 방식

유사 과학 현상(quasi-scientific phenomenon) 복잡한 과학 용어, 데이터, 통계적 방법을 사용하지 않고도 과학 개념에 대한 청중의 이해를 높일 수 있는 방법을 설명하는 데 사용되는 용어

유사성의 법칙(similarity principle) 비슷한 속성을 가진 요소, 사람을 묶어서 인식할 가능성이 더 높은 이유를 설명하려는 지각 원리

유지관리 역할(maintenance role) 공동의 목표를 추구하는 동안 집단 구성원이 서로 잘 지내는 방법에 영향을 미치는 구성원의 역할

윤리(ethics) 옳고 그름에 대한 동의 기준

은어(jargon) 동질적 집단이나 직장에서 구성원들이 서로 명확하고, 효율적이고, 신속하게 커뮤니케이션하기 위해 특화된 기술적인 언어

은유(metaphor) 관련성이 없는 두 가지 사물이나 아이디어를 비교하는 것

응용(adaptor) 감정을 조절하고 표현하는 데 도움이 되는 습관적인 제스처

의사 결정(decision making) 판단하고 결론에 도달하거나 마음을 정하는 과정

의심형 질투(suspicious jealousy) 상대방이 앞으로의 관계를 위협할 만한 일을 했다고 의심하지만 증명할 수 없을 때 발생

의존형 의사 결정자(dependent decision maker) 의사 결정 이전에 다른 사람들의 조언과 의견을 구하는 사람

이론(theory) 세상이 어떻게 작동하는지를 설명해주는 문장으로, 어떤 사건이나 행동을 서술하고, 설명하고, 예측함

이모티콘(emoticon) :-) 또는 :) 등과 같은 감정 표현을 위한 텍스트 기호

이야기(story) 일어난 사건에 대한 설명이나 보고

이야기 개연성(story probability) 인물과 행동의 일관성과 같은 이야기 요소가 유기적으로 작용하고 이치에 맞게 표현되는지 여부

이야기 충실성(story fidelity) 이야기가 사실처럼 보이는지 여부와 듣는 사람의 심금을 울리는지 여부

이의 제기에 대한 반론 유형(refuting objections pattern) 반대되는 관점에 대해 반박하고 반증할 수 있는 설득의 조직화 유형

이해하며 듣기(listening to understand) 다른 사람들의 말과 비언어적 메시지의 의미를 정확하게 파악하는 능력

인격(character) 화자의 인지된 정직성과 선의에 초점을 맞춘 화자 신뢰성의 구성 요소

인과관계형 배열(cause-effect arrangement) 원인과 결과를 제시하거나 특정 원인으로 인한 효과를 상세하게 설명하는 조직화 유형

인구통계학 정보(demographic information) 나이, 성별, 결혼 여부, 인종, 종교, 거주지, 민족, 직업, 교육, 수입 등과 같은 청중들의 특성 정보

인상 관리(impression management) 타인을 보는 방식을 형성하고 통제하기 위해 사용하는 전략

인식형(perceiver) 마이어스–브릭스 성격 유형. 유연하고 적응력이 뛰어나며 위험을 감수하고 자발적으로 행동하는 성격 유형

인종(race) 고대 인구 이동의 결과로서 나타난 유전자의 흔적으로 이해되어야 하는 (과학적 분류가 아닌) 사회적으로 구성된 개념

인종주의(racism) 특정 유전적 성질(피부색과 같은)을 가진 사람들이 부정적인 특성과 능력을 가지고 있다는 가정. 자문화중심주의, 고정관념, 선입견, 차별에서 오는 궁극적인 결과라 할 수 있음

인지과학(cognitive science) 사람들이 정보를 처리하는 방법에 초점을 맞춘 마음과 지능에 대한 학제 간 연구

인지적 재구성(cognitive restructuring) 좀 더 현실적이고 긍정적인 자기 대화를 통해 부정적이고 비이성적인 사고를 대체함으로써 커뮤니케이션 불안을 해소하는 방법

입증(backing) 논증의 논거에 대한 뒷받침을 제공하는 툴민 논증 모델의 구성 요소

ㅈ

자기 감시(self-monitoring) 자신의 행동과 타인의 반응에 대한 민감성과 자기 표현을 조정할 수 있는 능력

자기 개념(self-concept) 자신에 대한 믿음의 총체

자기 관찰(self-observation) 자기 개념을 바탕으로 실행(보고 행동하는 것)과 행위(잘 해낼 수 있는 것)를 해석하는 과정

자기 노출(self-disclosure) 다른 사람들에게 알려지지 않은 개인 정보, 의견, 감정을 다른 사람들과 공유하는 과정

자기 대화(self-talk) 자신이 바라는 자신에 대해 내면으로 말하는 것

자기 동일시(self-identification) 문화적 배경, 다양한 맡은 바 역할, 경험 등을 자기 개념에 통합하는 과정

자기 존중감(self-esteem) 자신에 대한 긍정적이고 부정적인 판단

자기주장(assertiveness) 목표를 추구하고 욕구를 충족시키기 위한 방법으로 자신을 옹호하기 위한 의지와 능력

자기중심적 관심사(self-centered interest) 개인적 이익을 가져올 수 있는 청중의 관심사

자기중심적 역할(self-centered role) 자신의 목표를 조직의 목표와 다른 구성원들의 요구보다 우선시하는 구성원의 역할. 집단 업무의 붕괴, 구성원 관계에 대한 악영향, 조직의 목표 성취 방해를 야기할 수 있음

자기 충족적 예언(self-fulfilling prophecy) 첫인상과 그에 일치하는 행동을 이끌어내는 인상 형성 과정으로 그런 일이 일어나거나 실현될 수 있도록 하는 자기 예측

자기 표현(self-presentation) 사람들이 인지하고 평가하고 다루는 방식을 형성하고 통제하는 데 사용하는 커뮤니케이션 전략

자기 홍보(self-promotion) 자신의 역량을 보여줌으로써 다른 사람들의 존경을 얻으려는 인상 관리 전략

자민족(문화)중심주의(ethnocentrism) 타민족이나 타 문화를 부인하면서 자기 문화만이 특별한 권리와 권한을 가진 가장 우수한 문화로 보는 그릇된 신념

잘못된 인과관계의 오류(faulty cause) 다른 가능한 원인을 배제하기 전에 특정 원인이나 상황이 다른 사건의 원인이라고 주장하는 논증 오류

잡음(noise) 메시지가 의도한 대로 수신자에게 전달되는 것을 방해할 수 있는 내부 및 외부 장애물

저맥락 문화(low-context culture) 언어를 통해 의미가 주로 전달되는 문화 차원. 저맥락 문화권의 화자는 더 말이 많고, 직접적으로 말하며, 비언어적 메시지를 인식하거나 정확하게 해석하지 못할 수 있음

전달(delivery) 메시지를 표현하는 데 도움을 주는 음성, 신체, 프레젠테이션 도구 등을 사용하는 다양한 방법

전통에의 호소(appeal to tradition) 과거에 그러한 방식으로 행해졌기 때문에 어떤 행동 방침을 따라야 한다고 주장하는 논증 오류

전환하기(transition) 단어, 숫자, 간단한 구문이나 문장 등 하나의 요점에서 다른 부분으로 이동할 수 있게 도와주는 연결사

절충형 말하기(extemporaneous speaking) 미리 준비된 프레젠테이션을 설명하기 위한 노트나 개요를 준비하여 사용하는 가장 일반적인 전달 방식

접촉을 잘하는 사람(touch approacher) 접촉하는 데 편안하고 다른 사람과 접촉하고자 하는 사람

접촉을 피하는 사람(touch avoider) 접촉을 시작하거나 만지는 것을 꺼리는 사람

정보·설명 커뮤니케이션 이론(Theory of Informatory and Explanatory Communication) 기본적으로 정보를 제공하는 것인지 아니면 설명하는 것인지에 따라 정보전달 프레젠테이션의 내용과 구조에 관한 전략적 결정을 내리는 방법에 대해 설명하는 이론

정보원(source) 특정 반응을 발생시키기 위한 메시지를 창출하는 개인이나 집단

정보전달 프레젠테이션(informative presentation) 새로운 정보를 보고하고, 어려운 용어를 명확히 하며, 과학 현상을 설명하거나, 혼란과 오해를 극복하고자 하는 프레젠테이션

정보 커뮤니케이션(informatory communication) 뉴스 보도와 같이 최신 정보를 보고함으로써 청중들의 인식을 창출하거나 향상시키고자 하는 커뮤니케이션

정부 단체(governance group) 공공의 영역에서 정책 결정을 담당하는 선출직 또는 임명직 집단

정서 지능(emotional intelligence) 자신과 타인의 감정을 인식하고 동기를 부여하며 관계에서 감정을 효과적으로 관리할 수 있는 역량

정의(definition) 단어, 구, 개념 등의 의미를 설명하거나 명확히 하는 문장

정책형 주장(claim of policy) 문제에 대한 행동이나 해결책을 제시하는 주장

제스처(gesture) 생각이나 감정을 전달하는 몸의 움직임

조음(articulation) 언어 내의 단어 소리를 분명하게 하는 과정

조직 문화 이론(Organizational Culture Theory) 공유된 상징, 신념, 가치, 규범이 조직 내에서 그리고 조직과 함께 일하는 사람들의 행동에 영향을 주는 방식을 설명하는 이론

조직의 하위 문화(organizational subculture) 행동에 참여하고 큰 조직 문화의 가치와 부분적으로 다른 가치를 공유하는 집단

조직화(organization) 프레젠테이션 내용을 명확하고 질서 정연한 순서로 배열하는 방식

조해리의 창(Johari Window) 자기 노출에 대한 의지와 피드백에 대한 수용성 간의 관계를 이해하기 위한 모델

종교 리터러시(religious literacy) 일상에서 맞닥뜨리거나 전 세계 종교의 역사, 믿음, 원칙, 실천 등에 대해 정확하고 객관적으로 이해하고 존중하는 것

주의 기울여 듣기(listening to hear) 언어의 소리와 단어를 명확하게 구분할 수 있는 능력

주장(claim) 프레젠테이션, 집단 토론이나 대화에서 논쟁의 결론이나 옹호하는 전반적인 입장

주제(topic) 프레젠테이션의 소재

주제중심적 관심사(topic-centered interest) 청중들이 듣거나 배우기를 즐기는 주제와 연관된 관심사

준거집단(reference group) 누구와 자신을 동일시하고 누가 자기 개념에 영향을 미치는지를 보여주는 집단

중화(neutralization) 모든 감정 표현을 없애기 위해 얼굴 표정을 조절하는 과정

즉각성(immediacy) 사람이 더 개방적이고, 호감을 느끼며, 가까이 다가갈 수 있는 정도

즉흥형 말하기(impromptu speaking) 사전 준비나 연습 없이 말하는 전달 방식

즉흥형 의사 결정자(spontaneous decision maker) 즉흥적이고 빠르게 생각나는 대로 결정을 내리는 경향이 있는 사람

증거(evidence) '어떻게 알 수 있는가?'에 대한 질문에 답하고자 하는 툴민 논증 모델의 구성 요소로서, 증거에는 사실, 통계, 증언, 정의, 설명, 비유, 사례, 이야기, 일반적으로 받아들여지는 청중의 믿음 등을 포함

증명(proof) 설득력 있는 주장을 뒷받침하고 강화하기 위해 사용되는 주장과 증거

증언(testimony) 누군가가 말하거나 쓴 진술이나 의견

지각(perception) 주변 세계에서 감각 자극을 선택하고, 조직화하고, 해석하는 과정

지각 점검(perception checking) 지각의 해석과 그 이후 행동의 정확성을 향상시키기 위한 방법

지도자-구성원 관계(leader-member relation) 지도자가 집단 구성원들과 얼마나 잘 지내고 있으며 그 집단이 협조하고 지지하는지를 평가하는 상황적 리더십 요인

지시(illustrator) 단어 없이 의미가 부족한 언어적 메시지와 함께 사용하는 제스처

지지 행동(supportive behavior) 자기 노출과 피드백에 대한 반응이 양 당사자 모두에게 좋은 분위기를 조성하는 행동

직관형(intuitive) 마이어스-브릭스 성격 유형. 세부 사항과 절차에 초점을 맞추기보다 연결된 전반적인 개념 및 기본적인 가정을 찾는 성격 유형

직관형 의사 결정자(intuitive decision maker) 본능, 감정, 직감 등에 따라 결정을 내리는 사람

직업적 관계(professional relationships) 목표를 달성하거나 업무를 수행하기 위해 관련된 함께 일하는 사람들과의 관계

질투(jealousy) 관계에 대한 위협이 감지되어 생기는 강렬한 감정

집단사고(groupthink) 집단 내 압박의 결과로 집단의 효율성이 저하되는 것

집단 역할(group role) 특정 집단의 상황 속에서 예상되는 기능과 관련된 행동 양식

집단주의(collectivism) 개인보다는 집단의 관점, 욕구, 목표를 중요시 여기는 문화 차원

집단 커뮤니케이션(group communication) 3명 이상의 상호 의존적인 사람들이 공통의 목적을 달성하기 위해 상호작용하는 방식

ㅊ

차별(discrimination) 편견을 표출하고 주류 문화의 구성원에게 부여된 기회에서 다른 사람을 배제하려는 행동

채널(channel) 메시지를 표현할 수 있도록 하는 다양한 물리 및 전자 매체

채움말(filler phrase) 유창함을 떨어뜨리고 청중을 짜증 나게 만드는 ('음…', '어…', '에…' 등과 같이) 자주 남용되고, 보통 불필요한 단어

청자 중심의 언어(listener-responsible language) 화자가 청자가 알거나 행동하기 원하는 것 등 메시지의 의미를 간접적으로 전달하는 언어

청중 분석(audience analysis) 프레젠테이션 전이나 도중에 청중을 이해하고 존중하고 적응하는 과정

청중의 태도(audience attitude) 청중이 화자에게 동의하거나 동의하지 않는 정도나 범위

체계적 둔감화(systematic desensitization) 커뮤니케이션 불안을 해소하기 위해 고안한 긴장 완화와 시각화 기술

체면(face) 다른 사람들과 상호작용할 때 만들고 유지하고자 하는

긍정적인 이미지

초두효과(primacy effect) 순차적으로 제시된 항목 중 첫 번째 항목을 더 잘 기억하는 경향. 즉, 청중이 발표의 도입부를 잘 기억하는 이유

최신효과(recency effect) 순차적으로 제시된 항목 중 마지막 항목을 더 잘 기억하는 경향. 즉, 청중이 발표의 결론을 잘 기억하는 이유

최적의 성조(optimum pitch) 가장 쉽고 표현력 있게 말하는 성조

추상적 단어(abstract word) 일반적으로 관찰하거나 만질 수 없는 생각이나 개념을 나타내는 단어

추측에 대한 질문(question of conjecture) 미래에 어떤 일이 일어날 지 또는 일어나지 않을지에 대해 묻는 질문

추측형 주장(claim of conjecture) 미래에 어떤 일이 일어나거나 일어나지 않을 것이라고 제안하는 주장

친밀감(intimacy) 삶에서 중요한 존재인 누군가를 신체적, 심리적, 감정적, 지적, 협력적인 측면에서 깊이 알고 있다는 느낌이나 상태

친밀한 거리(intimate distance) 네 가지 공간 거리 중 하나로, 일반적으로 45cm 이내의 거리를 말하며 사랑, 위로, 보호, 신체적 접촉 증가 등과 관련이 있음

침묵된 집단 이론(muted group theory) 한 사회 내에서 최상위에 있는 부강한 집단이 누가 커뮤니케이션하고 누가 들을 것인지를 결정하고 통제한다는 이론

ㅋ

카리스마(charisma) 화자의 인지된 에너지, 열정, 활력, 몰두의 정도에 초점을 맞춘 화자 신뢰성의 구성 요소

커뮤니케이션(communication) 다양한 맥락, 문화, 채널 등을 통해 의미를 생성하는 데 언어적 메시지와 비언어적 메시지를 사용하는 과정

커뮤니케이션 기술(communication skill) 타인과 상호작용할 때 커뮤니케이션 목표를 달성하기 위해 습득한 능력

커뮤니케이션 맥락(communication context) 커뮤니케이션이 이루어지는 환경이나 상황

커뮤니케이션 모델(communication model) 커뮤니케이션의 기본 특성과 복잡한 상호작용 요소를 단순화시켜 제시하는 도해 과정

커뮤니케이션 불안감(communication apprehension) 다른 사람들과 실제 커뮤니케이션을 하거나 할 것으로 예상될 때 오는 개인적 수준의 두려움이나 우려

커뮤니케이션 역량(communication competency) 효과적이고 윤리적인 커뮤니케이션을 실천하는 데 필수적인 지식, 기술, 태도, 개인적 자질을 요구하는 측정 가능한 성과 기준

커뮤니케이션 전략(communication strategy) 커뮤니케이션 목표를 달성하는 데 도움이 되는 구체적인 행동 계획

커뮤니케이션 조절 이론(communication accommodation theory) 다른 집단이 더 영향력 있고 바람직한 특성을 지니고 있다고 믿는 경우 그 집단의 말하는 행동이나 규범을 채택하게 된다는 이론

컴퓨터 매개 커뮤니케이션(computer-mediated communication) 간

단한 문자 메시지부터 멀티미디어를 통한 커뮤니케이션까지 다양한 네트워크 기술 및 소프트웨어를 사용하여 다른 사람들과 커뮤니케이션하는 방식

코드 전환(code switching) 다양한 맥락에서 언어적 및 비언어적 커뮤니케이션의 사용을 수정하는 과정

ㅌ

타당성(valid) 근거가 충분하고 정당하며 정확한 것

타인 지향형(other-oriented) 효과적으로 자기를 감시하고 다른 사람들에게 민감하며, 전적으로 주의를 기울이고 진정한 관심을 느끼며 상대방의 요구에 집중하는 사람

타협형 갈등 유형(compromising conflict style) 다른 사람들의 성취하고자 하는 목표를 인정함으로써 '중도'를 추구하는 갈등 유형

터크먼의 집단 발달 모델(Tuckman's Group Development Model) 집단의 생애 주기를 형성기, 격동기, 규범기, 수행기 등의 독립된 네 가지 단계로 구별하는 모델

통계(statistics) 수치 데이터를 수집, 요약, 분석, 해석한 결과

통제 욕구(control need) 영향력 있고, 유능하며, 자신감 있게 느끼는 욕망

통합-분리 변증법(integration-separation dialectic) 연결과 독립에 대한 욕구, 분리된 자아를 포기하지 않고 다른 사람들과 가까이 있기를 원하는 욕망

퇴직자 면접(exit interview) 직원이 퇴사한 이유와 그 이유를 파악하기 위해 직원이 퇴직한 이후 수행되는 면접

툴민의 논증 모델(Toulmin Model of an Argument) 완전한 논증을 위해 필요한 세 가지 필수 요소를 설명하는 논증 모델

ㅍ

파괴적 갈등(destructive conflict) 끊임없는 불평, 개인적인 모욕, 갈등 회피 등 적대감을 유발하거나 문제 해결을 막는 공격적인 주장과 같은 행동의 결과

파괴적인 불응(destructive nonconformity) 집단의 구성원들이 집단의 최대 이익과 목표에 관계없이 적합성에 저항할 때 발생

파토스(감정적 증명)(pathos) 깊이 내재된 감정과 정서에 호소하기 위한 설득력 있는 증명의 한 형태를 뜻하는 그리스어

판단형(judger) 마이어스-브릭스 성격 유형. 계획을 세우고, 기한을 엄수하고, 매우 체계적이며, 시간에 늦거나 낭비하는 사람들을 이해하지 못하는 성격 유형

패널 토의(panel discussion) 여러 사람들이 청중들에게 가르침, 감동, 즐거움을 주기 위해 공동 주제에 대해서 상호작용하는 공개 토론의 한 유형

편향적(biased) 어느 한 방향으로 너무 치우쳐 객관적이거나 공정하지 않은 의견

평가하며 듣기(listening to evaluate) 누군가의 말이나 비언어적인 메시지의 타당성을 분석하고 판단할 수 있는 능력

폐쇄성의 법칙(closure principle) 대상, 사람, 사건 등을 완성된 모습으로 인식하기 위해 누락된 요소를 채우려는 지각 원리

폐쇄형 질문(closed-ended question) 간단하고 직접적인 답변만 필요한 질문 방식. 일반적으로 '예' 또는 '아니요'로 대답

포괄적 개요(comprehensive outline) 확립된 개요 규칙을 따르는 모든 것이 포함된 프레젠테이션 체계

포럼(forum) 청중들이 공개 토론이나 발표 이후에 발언하거나 질문을 할 수 있는 기회

표식(marker) 영역이나 공간의 소유를 비언어적으로 형성하도록 대상을 배치하는 것

표절(plagiarism) 다른 출처에 있는 아이디어, 정보, 영상자료, 일련의 말을 사용하여 자신의 것으로 전달하는 것

표준 행동 지침(Standard Agenda) 다음 단계를 통해 문제 해결 과정으로 집단을 안내하는 절차

표출-은닉 변증법(expression-privacy dialectic) 다른 사람들에게 개방적이고 정직하고 싶은 욕망과 사생활을 보호받고 싶은 욕망

표현력(expressiveness) 화자가 전달하는 데 있어 넣는 활력, 다양성, 성실함 등

프레젠테이션 말하기(presentation speaking) 청중들과 의미를 만들어내기 위해 언어적·비언어적 메시지를 사용하는 과정

프레젠테이션 보조도구(presentation aid) 핵심 아이디어와 근거 자료를 제시하고 강조하기 위해 사용되는 많은 (대개는 시각적인) 보충 자료

피드백(feedback) 다른 사람에게서 보고, 듣고, 느낄 수 있는 모든 언어나 비언어적 반응

ㅎ

하위 용어(subordinate term) 구체적인 설명을 제공하는 가장 구체적인 단어

합리형 의사 결정자(rational decision maker) 결정을 내리기 전에 정보와 선택지들에 비중을 두고 평가하는 사람

합의(consensus) 모든 구성원이 결정 과정에 참여하고 상호 간의 목표를 성취할 수 있는 수단으로써 최소한 받아들일 수 있다고 판단되는 집단의 동의 수준

항목별 배열(topical arrangement) 근거, 특성, 기술 등을 설명하기 위해 큰 주제를 작은 하위 주제로 나누는 조직화 유형

해독화(decoding) 언어적 메시지와 비언어적 메시지의 의미에 응답하고, 해석하고, 평가하기 위한 의사 결정 과정

해석하며 듣기(listening to interpret) 메시지를 판단하지 않고 다른 사람의 감정에 공감하는 능력

핵심 아이디어(central idea) 프레젠테이션의 요점을 요약한 문장

허위 합의(false consensus) 집단에서 합의로 가장한 결정을 내리기 위해 구성원들이 마지못해 집단의 압력이나 외부 권위에 굴복하는 합의 상태

협력형 갈등 유형(collaborative conflict style) 자신과 타인의 목표를 모두 달성하기 위해 새로운 해결책을 찾는 갈등 유형

형성기(forming stage) 집단 구성원이 "다른 구성원들이 나를 받아들이고 좋아할까?"와 같이 집단 전체보다 자신에 대해 걱정하는 집단 발달 단계

화자의 신뢰성(speaker credibility) 청중이 화자와 화자의 메시지를 믿고 있는 정도를 결정하는 화자의 특성

화자 중심의 언어(speaker-responsible language) 화자가 메시지의 특정 의미, 즉 청자가 알기를 원하는 것, 말하고자 하는 것의 정확한 의미를 제공하는 언어

환심 사기(ingratiation) 다른 사람을 칭찬하고, 부탁을 들어주거나, 위안을 주면서 다른 사람들의 호감을 얻으려는 인상 관리 전략

회의(meeting) 지정된 의장에 의해 관리되는 구조화된 토론 집단 구성원들의 예정된 모임

회의록(minutes) 집단의 토론과 활동에 대한 문서화된 기록

회피형 갈등 유형(avoidance conflict style) 자신이나 타인의 관심사에 부응할 수 없거나 이를 꺼려 하는 경우, 사람들이 주제를 바꾸거나, 논란의 여지가 있는 문제를 피하거나, 갈등의 존재 자체를 부정하는 갈등 유형

회피형 의사 결정자(avoidant decision maker) 결정을 내리는 것을 골치 아픈 일이라 여기고 문제에 대해 전혀 생각하지 않거나 결국 마지막 순간에 결정을 내리는 사람

휴리스틱(heuristic) 어떤 사안 또는 상황에 대해 엄밀한 분석에 의하기보다 제한된 정보만으로 즉흥적이고 직관적으로 판단, 선택하는 의사 결정 방식(의사 결정에서 유용하고 정확하게 사용되는 인지적 사고의 지름길)

흥미유발 사항(seductive details) 청중의 관심을 끌지만 화자의 요점을 제대로 전달하지 못하는 시각적 텍스트나 프레젠테이션 보조도구

기타

CORE 언어 유형(CORE language style) 네 가지 기본적인 언어 유형으로 간결체, 구어체, 수사체, 웅변체 등에 대해 설명

DESC 각본(DESC script) 다른 사람들의 불쾌한 행동을 다루기 위한 적절한 방법을 제공하는 4단계(설명, 표현, 구체화, 결론) 자기주장의 과정

1차 긴장(primary tension) 새로운 집단에 익숙해지는 동안 수반되는 사회적 불안과 억압

1차 자료(primary source) 정보가 처음 제시된 문서, 증언, 간행물 등

2차 긴장(secondary tension) 사회적 수용, 지위, 성취를 위해 경쟁하기 때문에 경험하는 좌절과 개성의 충돌

2차 자료(secondary source) 하나 이상의 여러 출처의 정보를 보고하고, 반복하고, 요약한 것

2/3 투표(two-thirds vote) 적어도 반대에 투표하는 인원의 2배 정도의 인원이 찬성에 투표하는 것

참고문헌

제1장

[1]Gardiner Harris, "New for Aspiring Doctors, the People Skills Test," *The New York Times*, July 11, 2011, p. A1.

[2]Gardiner Harris, "New for Aspiring Doctors, the People Skills Test," *The New York Times*, July 11, 2011, p. A12.

[3]In association with the National Communication Association, the Association for Communication Administration's 1995 Conference on Defining the Field of Communication produced the following definition: "The field of communication focuses on how people use verbal and nonverbal messages to generate meanings within and across various contexts, cultures, channels, and media. The field promotes the effective and ethical practice of human communication." See http://www.natcom.org. The definition in this textbook is a more succinct version of the NCA definition.

[4]See Sherwyn P. Morreale, Michael M. Osborn, and Judy C. Pearson, "Why Communication Is Important: A Rationale for the Centrality of the Study of Communication," *Journal of the Association for Communication Administration* 29 (2000): 1–25. The authors of this article annotated nearly 100 articles, commentaries, and publications that call attention to the importance of studying communication.

[5]Robert M. Diamond, "Designing and Assessing Courses and Curricula," *Chronicle of Higher Education*, August 1, 1997, p. B7.

[6]Robert W. Pike, *High-Impact Presentations* (West Des Moines, IA: American Media, 1995), p. 9.

[7]Business-Higher Education Forum in affiliation with the American Council on Education, *Spanning the Chasm: Corporate and Academic Cooperation to Improve Work-Force Preparation* (Washington, DC: American Council on Education, 1997).

[8]"Graduates Are Not Prepared to Work in Business," *Association Trends* (June 1997): 4.

[9]American Management Association, *The AMA 2010 Critical Skills Survey*, http://www.p21.org/storage/documents/Critical%20Skills%20Survey%20Executive%20Summary.pdf, pp. 1-3. On p. 2, The *AMA 2010* report defines the four skill areas as follows:

- Critical thinking and problem solving—including the ability to make decisions, solve problems, and take action as appropriate;
- Effective communication—the ability to synthesize and transmit your ideas both in written and oral formats;
- Collaboration and team building—the ability to work effectively with others, including those from diverse groups and with opposing points of view;
- Creativity and innovation—the ability to see what's NOT there and make something happen.

[10]Rob Anderson and Veronica Ross, *Questions of Communication: A Practical Introduction to Theory*, 3rd ed. (New York: St. Martin's Press, 2002), p. 69.

[11]Pew Research Global Attitudes Project, *Arab Publics Most Likely to Express Political Views Online*, December 12, 2012, http://www.pewglobal.org/2012/12/12/social-networking-popular-across-globe.

[12]"Social Media Helped But Did Not Cause Arab Spring," *Homeland Security News Wire*, January 13, 2013, http://www.homelandsecuritynewswire.com/dr20130116-social-media-helped-but-did-not-cause-arab-spring.

[13]"After the Arab Spring, Signs of Chaos, Progress," *The Chicago Tribune*, January 30, 2013, http://articles.chicagotribune.com/2013-01-30/news/ct-edit-arab-0130-jm-20130130_1_morsi-civil-war-obama-administration.

[14]In this textbook, we prefer and use the broader term *presentational communication* rather than *public speaking* to describe the act of speaking before an audience. Public speaking is one type of presentational communication that occurs when a speaker addresses a public audience. See Isa N. Engleberg and John A. Daly, *Presentations in Everyday Life*, 3rd ed. (Boston: Pearson/Allyn and Bacon, 2009), p. 4; Isa N. Engleberg and John A. Daly, *Think Public Speaking* (Boston: Pearson, 2013), p. 5.

[15]See Richard L. Daft and Robert H. Lengel, "Information Richness: A New Approach to Managerial Behaviour and Organizational Design," in Barry M. Staw and Larry L. Cummings (Eds.), *Research in Organizational Behavior* (Greenwich, CT: JAI Press, 1984), pp. 355–366; Richard L. Daft, Robert H. Lengel, and Linda K. Trevino, "Message Equivocality, Media Selection, and Manager Performance: Implications for Information Systems," *MIS Quarters* 11 (1987): 355–366; Linda K. Trevino, Robert K. Lengel, and Richard L. Daft, "Media Symbolism, Media Richness, and Medic Choice in Organizations," *Communication Research* 14 (1987): 553–574.

[16]Corry Janssen, "Computer-Mediated Communication (CMC)," Technopedia, http://www.techopedia.com/definition/392/computer-mediated-communication-cmc.

[17]Erin M. Bryant, Jennifer Marmo, and Artemio Rimerez, Jr., "A Functional Approach to Social Networking Sites," in Kevin B. Wright and Lynne M. Webb (Eds.), *Computer-Mediated Communication in Personal Relationships* (New York, Peter Lang Publishing, 2011), p. 21.

[18]Geoffrey A. Fowler, "Facebook: One Billion and Counting," *The Wall Street Journal, U.S. Edition*, October 4, 2012, http://online.wsj.com/article/SB10000872396390444635404578036164027386112.html; Ingrid Lunden, "Analysis: Twitter Passed 500M Users In June 2012, 140M Of Them In US; Jakarta 'Biggest Tweeting' City, *TechCrunch*. July 30th, 2012, http://techcrunch.com/2012/07/30/analyst-twitter-passed-500m-users-in-june-2012-140m-of-them-in-us-jakarta-biggest-tweeting-city.

[19]"What's Happening?" *Twitter Blog*, November 19, 2009, http://blog.twitter.com/2009/11/whats-happening.html.

[20]Kevin B. Wright and Lynne M. Webb, "Preface," in Kevin B. Wright and Lynn M. Webb (Eds.), *Computer-Mediated Communication in Personal Relationships* (New York, Peter Lang Publishing, 2011), p. xvi.

[21]Charles Woodruffe, "What Is Meant by a Competency?" *Leadership and Organization Development Journal* 14 (1993): 29–36.

[22]Mark A. Albanese et al., "Defining Characteristics of Educational Competencies." *Medical Education* 42 (2008): 248–255, http://www.personal.umich.edu/~rbrent/jc/albanese2008defining.pdf.

[23]Press Release, "Scientists Discover Why We Never Forget how to Ride a Bicycle," University of Aberdeen, King's College, July 17, 2009, http://www.abdn.ac.uk/news/archive-details-3980.php; Peer Wulff et al., "Synaptic Inhibition of Purkinje Cells Mediates Consolidation of Vestibulocerebeller Motor Learning," *Nature Neuroscience* 12 (2009): 1041–1049.

[24]Karl R. Popper, *The Logic of Scientific Discovery* (New York: Basic Books, 1959), p. 59.

[25]Based on Robert H. Ennis, "Definitions of Critical Thinking," Robert H. Ennis's Academic Web Site, September 6, 2011, http://faculty.education.illinois.edu/rhennis/index.html. See also Brooke Noel Moore and Richard Parker, *Critical Thinking*, 5th ed. (Mountain View, CA: Mayfield, 1998); John Chaffee, *Thinking Critically*, 6th ed. (Boston: Houghton-Mifflin, 2000); Richard W. Paul, *Critical Thinking: How to Prepare Students for a Rapidly Changing World* (Santa Rosa, CA: Foundation for Critical Thinking, 1995); and Vincent Ryan Ruggero, *Becoming a Critical Thinker*, 4th ed. (Boston: Houghton Mifflin, 2002).

[26]Isa N. Engleberg and John A. Daly, *Presentations in Everyday Life*, 3rd ed. (Boston: Pearson/Allyn & Bacon, 2009), p. 59.

[27]John Chaffee, *Thinking Critically*, 7th ed. (Boston: Houghton Mifflin, 2003), p. 51.

[28]Robert H. Ennis, "Critical Thinking Assessment," *Theory into Practice* 32 (1993), p. 180.

[29]Based on Robert Ennis, "Critical Thinking: A Streamlined Conception," *Teaching Philosophy* 14 (1991): 8–9; Robert H. Ennis's Academic Web Site, September 6, 2011, http://faculty.education.illinois.edu/rhennis/index.html.

[30]Rob Anderson and Veronica Ross, *Questions of Communication: A Practical Introduction to Theory*, 3rd ed. (New York: St. Martin's Press, 2002), p. 301.

[31]National Communication Association Credo for Ethical Communication, http://www.natcom.org/aboutNCA/Policies/Platform.html.

[32]Richard L. Johannesen, *Ethics in Human Communication*, 5th ed. (Prospect Heights, IL: Waveland Press, 2002), p. 1.

[33]Ryan Blethen, "Understand the Consequences of Free Speech," *The Seattle Times*, August 22, 2009, http://seattletimes.com/html/opinion/2009716909_ryan23.html. Note: *Defamation* is defined as a false statement communicated to another person that damages the person's reputation. Libel is communicating a defamatory statement by writing or picture, whereas slander is defamation by oral or spoken communication. See Oregon State Bar, "Libel and Slander," January 2012, http://www.osbar.org/public/legalinfo/1186_LibelSlander.htm.

[34]National Communication Association, http://www.natcom.org/uploadedFiles/About_NCA/Leadership_and_Governance/Public_Policy_Platform/PDF-PolicyPlatform-Credo_for_a_Free_and_Responsible_Communication_in_a_Democratic_Society.pdf. The Speech Association of America became the National Communication Association.

제2장

[1]Philippe Rochat, "Five Levels of Self-awareness as They Unfold Early in Life," *Consciousness and Cognition* 12 (2003): 717–731, http://psychology.emory.edu/cognition/rochat/Five%20levels%20.pdf.

[2]Sharon S. Brehm, Saul M. Kassin, and Steven Fein, *Social Psychology*, 6th ed. (Boston: Houghton Mifflin, 2005), p. 57.

[3]Leon Festinger, "A Theory of Social Comparison Processes," *Human Relations* 7 (1954): 117–140.

[4]Nathaniel Branden, http://www.nathanielbranden.com.

[5]Albert Bandura, *Social Foundations of Thought and Action: A Social Cognitive Theory* (Englewood Cliffs, NJ: Prentice Hall, 1986), pp. 399–408. Quoted in William Crain, *Theories of Development: Concepts and Applications*, 4th ed. (Upper Saddle River, NJ: Prentice Hall, 2000), p. 203.

[6]Min-Sun Kim, *Non-Western Perspectives on Human Communication* (Thousand Oaks, CA: Sage, 2002), p. 9.

[7]Sharon S. Brehm, Saul M. Kassin, and Steven Fein, *Social Psychology*, 6th ed. (Boston: Houghton Mifflin, 2005), p. 65.

[8]Monica T. Whitty and Adam N. Joinson, *Truth, Lies and Trust on the Internet* (New York: Routledge/Taylor & Fancis, 2009).

[9]Susan B. Barnes, *Online Connections: Internet Interpersonal Relationships* (Cresskill, NJ: Hampton Press, 2001), p. 234.

[10]Susan B. Barnes, *Online Connections: Internet Interpersonal Relationships* (Cresskill, NJ: Hampton Press, 2001), p. 91.

[11]Jeffrey Hall et al., "Strategic Misrepresentation in Online Dating: The Effects of

Gender, Self-Monitoring, Personality, and Demographics," paper presented at the National Communication Association Convention, 2008; John R. Schafer, "Let Their Word Do the Talking: Verbal Cues to Detect Deception," November 3, 2011, http://www.psychologytoday. com/blog/let-their-words-do-the-talking/201111/detecting-deception-in-online-profiles.

[12]John R. Schafer, "Let Their Word Do the Talking: Verbal Cues to Detect Deception," November 3, 2011, http://www.psychologytoday.com/blog/let-their-words-do-the-talking/ 201111/detecting-deception-in-online-profiles.

[13]Avner Caspi and Paul Gorsky, "Online Deception: Prevalence, Motivation, and Emotion," *Cyber Psychology and Behavior* 9 (2009): 54.

[14]Reported by Robert Epstein in "The Truth About Online Dating," *Scientific American Mind*, January 30 2007, p. 31.

[15]Robert Epstein in "The Truth About Online Dating," *Scientific American Mind*, January 30, 2007, pp. 32–33.

[16]Robert Epstein in "The Truth About Online Dating," *Scientific American Mind*, January 30, 2007, p. 33.

[17]Nathaniel Branden, http://www.nathanielbranden.com.

[18]Roy F. Baumeister et al., "Exploding the Self-Esteem Myth," Scientific American. com, January 2005, http://www.papillonsartpalace.com/exSplodin.htm; http://cranepsych. edublogs.org/files/2099/06/Self_esteem_myth.pdf.

[19]Nathaniel Branden, *The Six Pillars of Self-Esteem* (New York: Bantam, 1994), pp. 117–128; Nathaniel Branden, *The Power of Self-Esteem* (Deerfield Beach, FL: Health Communications, 1992), pp. 168–169.

[20]Nathaniel Branden, *The Six Pillars of Self-Esteem* (New York: Bantam, 1994), p. 128.

[21]Nathaniel Branden, *The Six Pillars of Self-Esteem* (New York: Bantam, 1994), pp. 142–167; Nathaniel Branden, *The Power of Self-Esteem* (Deerfield Beach, FL: Health Communications, 1992), pp. 168–169.

[22]Morris Rosenberg, *Society and the Adolescent Self-Image* (Princeton, NJ: Princeton University Press, 1965).

[23]Based on Nathaniel Branden, *The Six Pillars of Self-Esteem* (New York: Bantam, 1994), pp. 144–145.

[24]Elizabeth Scott, "Reduce Stress and Improve Your Life with Positive Self-Talk," About. com, April 11, 2011, http://stress.about.com/od/optimismspirituality/a/positiveselftak. htm?p=1.

[25]Anthony G. Greenwald, "The Totalitarian Ego: Fabrication and Revision of Personal History," *American Psychologist* 35 (1980): 603–618.

[26]Richard E. Boyatzis, "Developing Emotional Intelligence Competencies," in Joseph Ciarrochi and John D. Mayer (Eds.), *Applying Emotional Intelligence: A Practitioner's Guide* (New York: Psychology Press, 2007), p. 42.

[27]Nathaniel Branden, http://www.nathanielbranden.com.

[28]Roy F. Baumeister et al., "Exploding the Self-Esteem Myth," Scientific American. com, January 2005, http://www.papillonsartpalace.com/exSplodin.htm; http://cranepsych. edublogs.org/files/2099/06/Self_esteem_myth.pdf.

[29]Nathaniel Branden, *The Art of Living Consciously: The Power of Awareness to Transform Everyday Life* (New York: Fireside Books/Simon and Schuster, 1999), pp. 168–169.

[30]"Women's Math Scores Affected by Suggestions," *The Washington Post*, October 20, 2006, p. A11. This article summarizes a study published in the October 2006 issue of *Science*.

[31]Sam Dillon, "Praise, Advice and Reminders of the Sour Economy for Graduates," *The New York Times*, June 14, 2009, p. A18.

[32]Mark R. Leary and Robin M. Kowalski, "Impression Management: A Literature Review and Two-Component Model," *Psychological Bulletin* 107 (1990): 34.

[33]See Erving Goffman, *The Presentation of Self in Everyday Life* (New York: Doubleday, 1959).

[34]Mark R. Leary and Robin M. Kowalski, "Impression Management: A Literature Review and Two-Component Model," *Psychological Bulletin* 107 (1990): 34.

[35]See Mark Snyder, "Self-Monitoring of Expressive Behavior," *Journal of Personality and Social Psychology* 30 (1974): 526–537; Mark Snyder and Steven Gangestad, "On the Nature of Self-Monitoring: Matters of Assessment, Matters of Validity," *Journal of Personality and Social Psychology* 51 (1986): 125–139; Steven W. Gangestad and Mark Snyder, "Self-Monitoring: Appraisal and Reappraisal," *Psychological Bulletin* 126 (2000): 530–555.

[36]Self-Monitoring, *SpringerReference*, http://www.springerreference.com/docs/html/ chapterdbid/346016.html.

[37]Frederick Muench, "Self-Monitoring Made Easy," Published on *Psychology Today's* web site, http:www.psychologytoday.com/print/47706, September 10, 2010, p. 1.

[38]Frederick Muench, "Self-Monitoring Made Easy," Published on *Psychology Today's* web site, http:www.psychologytoday.com/print/47706, September 10, 2010, p. 1.

[39]"Self-Awareness," http://en.wikipedia.org/wiki/Self-awareness.

[40]William H. Turnley and Mark C. Bolino, "Achieving Desired Images While Avoiding Undesired Images: Exploring the Role of Self-Monitoring in Impression Management," *Journal of Applied Psychology* 80 (2001): 351.

[41]Derived from Edward E. Jones and Thane S. Pittman, "Toward a General Theory of Strategic Self-Presentation," in Jerry M. Suls (Ed.), *Psychological Perspectives on the Self, Vol 1* (Hillside, NJ: Erlbaum, 1982), pp. 231–262. See also Sandra Metts and Erica Grohskopf, "Impression Management: Goals, Strategies, and Skills," John O. Greene and Brant Burleson (Eds.), in *Handbook of Communication and Social Interaction Skills* (Mahwah, NJ: Lawrence Erlbaum, 2003), pp. 358–359. We have added parenthetical cautions to the list of strategies.

[42]Daniel Goleman, *Emotional Intelligence* (New York: Bantam, 1995), pp. 43, 47.

[43]Benjamin Weiser, "In New Jersey, Sweeping Shift on Witness IDs," *The New York Times*, August 25, 2011, p. A1.

[44]Adam Liptak, "Often Wrong but Rarely in Doubt: Eyewitnesses," *The New York Times*, August 23, 2011, p. A14.

[45]Brandon L Garrett, *Convicting the Innocent: Where Criminal Prosecutions Go Wrong* (Cambridge, MA: Harvard University Press, 2012); See also www.huffingtonpost.com/brandon-l-garrett.

[46]Adam Liptak, "Often Wrong but Rarely in Doubt: Eyewitnesses," *The New York Times*, August 23, 2011, p. A14.

[47]Yamiche Alcindor, "Differing Accounts Make Zimmerman Prosecution Tougher," *USA Today*, June 4, 2012, p. 2A.

[48]Yamiche Alcindor, "Differing Accounts Make Zimmerman Prosecution Tougher," *USA Today*, June 4, 2012, p. 2A.

[49]Note: There is a rich history of academic research on the "selectives" with foundations in psychology, attitude change, and mass media. Researchers include Leon Festinger, Melvin Lawrence DeFleur, Paul Lazarfeld, and Joseph Klapper and along with more contemporary scholarship that expands their work. In this chapter, we changed the phrase *selective perception* to *selective interpretation* because the use of the term *perception* in this phrase often confuses readers about the overall function of the selectives.

[50]Stanley J. Baran and Dennis K. Davis, *Mass Communication Theory: Foundations, Ferment, and Future*, 6th ed. (Boston: Wadsworth/Centage Learning, 2012), p. 154.

[51]Nate Silver, *The Signal and Noise* (New York: Penguin Press, 2012), p. 4.

[52]Douglas A. Bernstein et al., *Psychology*, 7th ed. (Boston: Houghton Mifflin, 2006), p. 162.

[53]Douglas A. Bernstein et al., *Psychology*, 7th ed. (Boston: Houghton Mifflin, 2006), p. 162.

[54]Ruth Marcus, "Inclined to Believe the Worst," *The Washington Post*, March 13, 2012, p. A17.

[55]Nate Silver, *The Signal and Noise* (New York: Penguin Press, 2012), p. 4.

[56]Richard E. Nisbett, *The Geography of Thought: How Asians and Westerners Think Differently … and Why* (New York: Free Press, 2003), p. 87.

[57]"The Golden Rule is found in the New Testament (Matthew 7:12, NIV) but is often confused with the related admonition to 'love your neighbor as yourself,' which appears repeatedly in both the Hebrew Bible and the New Testament. . . . The Golden Rule has also been attributed to other religious leaders, including Confucius, Muhammad, and the first-century rabbi Hillel." Stephen Prothero, *Religious Literacy: What Every American Needs to Know—And Doesn't* (New York: HarperCollins, 2007), pp. 182–183.

[58]George Bernard Shaw, *Maxims for a Revolutionist* (1903).

[59]J. Richard Block and Harold Yuker, *Can You Believe Your Eyes?* (New York: Gardner Press, 1989), p. 239.

[60]Ronald B. Adler, Lawrence B. Rosenfeld, and Russell F. Proctor II, *Interplay: The Process of Interpersonal Communication*, 8th ed. (Fort Worth, TX: Harcourt Brace, 2001), p. 114.

[61]The discussion of communication apprehension is based on Chapter 2 of Isa Engleberg and John Daly, *Presentations in Everyday Life*, 3rd ed. (Boston: Pearson/Allyn and Bacon, 2009), and Chapter 3 of Isa Engleberg and Dianna Wynn, *Working in Groups: Communication Principles and Strategies*, 6th ed. (Boston: Pearson, 2013).

[62]Virginia P. Richmond, Jason S. Wrench, and James C. McCroskey, *Communication: Apprehension, Avoidance, and Effectiveness*, 6th ed. (Boston: Pearson, 2013), p. 27.

[63]Sharon S. Brehm, Saul M. Kassin, and Steven Fein, *Social Psychology*, 6th ed. (Boston: Houghton Mifflin, 2005), p. 525.

[64]Virginia P. Richmond, Jason S. Wrench, and James C. McCroskey, *Communication: Apprehension, Avoidance, and Effectiveness*, 6th ed. (Boston: Pearson, 2013), p. 31.

[65]James C. McCroskey, "Oral Communication Apprehension: Summary of Recent Theory and Research," *Human Communication Research* 4 (1977): 80.

[66]Michael J. Beatty and James McCroskey with Kristin M. Valencic, *The Biology of Communication: A Communibiological Perspective* (Cresskill, NJ: Hampton, 2001), p. 80.

[67]Virginia P. Richmond, Jason S. Wrench, and James C. McCroskey, *Communication: Apprehension, Avoidance, and Effectiveness*, 6th ed. (Boston: Pearson, 2013), p. 106.

[68]Peter Desberg, *Speaking Scared, Sounding Good* (Garden City Park, NY: Square One Publishers, 2007), pp. 101–110. Desberg describes several effective relaxation exercises that readers can practice. Desberg notes, "Fortunately, it feels great to practice them." (p. 100).

[69]As cited in Virginia P. Richmond, Jason S. Wrench, and James C. McCroskey, *Communication: Apprehension, Avoidance, and Effectiveness*, 6th ed. (Boston: Pearson, 2013), pp. 95–99, 97–102; Karen Kangas Dwyer, *Conquer Your Speechfright*, 2nd ed. (Belmont, CA: Thomson Wadsworth, 2005), pp. 95–103, 137–41.

[70]See John A. Daly and James C. McCroskey, (Eds.), *Avoiding Communication: Shyness, Reticence, and Communication Apprehension* (Thousand Oaks, CA: Sage, 1984); Virginia P. Richmond, Jason S. Wrench, and James C. McCroskey, *Communication: Apprehension, Avoidance, and Effectiveness*, 6th ed. (Boston: Pearson, 2013); Karen Kangas Dwyer, *Conquer Your Speechfright*, 2nd ed. (Belmont, CA: Thomson Wadsworth, 2005); Michael T. Motley, *Overcoming Your Fear of Public Speaking: A Proven Method* (Boston: Houghton Mifflin, 1997).

[71]Karen Kangas Dwyer, *Conquer Your Speechfright*, 2nd ed. (Belmont, CA: Thomson Wadsworth, 2005), p. 23.

[72]Peter Desberg, *Speaking Scared, Sounding Good* (Garden City Park, NY: Square One Publishers, 2007), p. 60.

[73]Daniel Goleman, *Social Intelligence* (New York: Bantam, 2006), pp. 41–42.

[74]From Virginia P. Richmond and James C. McCroskey, *Communication: Apprehension, Avoidance, and Effectiveness*, 5th ed. (Boston: Allyn and Bacon, 1998). Copyright © 1998 by Pearson Education. Reprinted by permission of the publisher.

[75]Virginia P. Richmond and James C. McCroskey, *Communication: Apprehension, Avoidance, and Effectiveness*, 4th ed. (Scottsdale, AZ: Gorsuch, Scarisbrick, 1995), pp. 129–30.

Reprinted by permission of the authors and publisher.

제3장

[1]Derek Thompson, "2 Graphs That Should Accompany Every Discussion of the GOP's Demographics Problem," *The Atlantic*, November 9, 2012, http://www.theatlantic.com/politics/archive/2012/11/2-graphs-that-should-accompany-every-discussion-of-the-gops-demographics-problem/265032; Aaron Blanke, "Guess What? The Polls (and Nate Silver) Were Right," *The Washington Post*, November 7, 2012, http://www.washingtonpost.com/blogs/the-fix/wp/2012/11/07/guess-what-the-polls-and-nate-silver-were-right; Mark Hugo Lopez and Paul Taylor, "Latino Voters in the 2012 Election," *PewResearch Hispanic Center*, November 7, 2012, http://www.pewhispanic.org/2012/11/07/latino-voters-in-the-2012-election/#fn-16829-1; Laura Bassett, "Gender Gap in 2012 Election Aided Obama Win," *Huff Post*, November 7, 2012, http://www.huffingtonpost.com/2012/11/07/gender-gap-2012-election-obama_n_2086004.html; Kennedy Prewitt, "Fix the Census' Archaic Racial Categories," *The New York Times*, August 22, 2013, p. A23.

[2]Karen R. Humes, Nicholas A. Jones, and Roberto R. Ramirez, *Overview of Race and Hispanic Origin: 2010 Census Brief* (U.S. Census Bureau, March 2011), pp. 3, 4–5, 17, 22, http://www.census.gov/prod/cen2010/briefs/c2010br-02.pdf.

[3]U.S. Census Bureau, www.census.gov/population.

[4]Myron W. Lustig and Jolene Koester, *Intercultural Competence*, 7th ed. (Boston: Pearson, 2013), p. 25.

[5]Intercultural authors use a variety of terms (*co-cultures, microcultures*) to describe the cultural groups that coexist within a larger culture. Using either of these terms is preferable to using the older, somewhat derogatory term *subcultures*.

[6]Brenda J. Allen, *Difference Matters: Communicating Social Identity* (Long Grove, IL: Waveland Press, 2004), p. 10.

[7]Rita Hardiman, "White Racial Identity Development in the United States," in Elizabeth Pathy Salett and Dianne R. Koslow (Eds.), *Race, Ethnicity and Self: Identity in Multicultural Perspective* (Washington, DC: National MultiCultural Institute, 1994), pp. 130–131.

[8]Rita Hardiman, "White Racial Identity Development in the United States," in Elizabeth Pathy Salett and Dianne R. Koslow (Eds.), *Race, Ethnicity and Self: Identity in Multicultural Perspective* (Washington, DC: National MultiCultural Institute, 1994), pp. 130–131.

[9]J. Richard Hoel, "Developing Intercultural Competence," in Pamela J. Cooper, Carolyn Calloway-Thomas, and Cheri J. Simonds (Eds.), *Intercultural Communication with Readings* (Boston: Allyn and Bacon, 2007), p. 305.

[10]Stephen Prothero, *Religious Literacy: What Every American Needs to Know—And Doesn't* (New York: HarperCollins, 2007), p. 11. See also Prothero's religious literacy quiz, pp. 27–28, 235–239.

[11]Statements are based on three sources: Robert Pollock, *The Everything World's Religions Book* (Avon, MA: Adams Media, 2002); Leo Rosen (Ed.), *Religions of America: Fragment of Faith in an Age of Crisis* (New York: Touchstone, 1975); *Encyclopedia Britannica Almanac 2004* (Chicago: Encyclopedia Britannica, 2003).

[12]According to Richard L. Evans, a former member of the Council of Twelve of the Church of Jesus Christ of Latter-day Saints, "Strictly speaking, 'Mormon' is merely a nickname for a member of the Church of Jesus Christ of Latter-day Saints." When asked whether Mormons are Christians, he answered, "Unequivocally yes." See "What Is a Mormon?" in Leo Rosen (Ed.), *Religions of America: Fragment of Faith in an Age of Crisis* (New York: Touchstone, 1975), p. 187; Robert Pollock describes Mormonism as a "prevalent Christian faith" in Robert Pollock, *The Everything World's Religions Book* (Avon, MA: Adams Media, 2002), pp. 49–51.

[13]Data from Patricia G. Devine and A. J. Elliot, "Are Racial Stereotypes Really Fading? The Princeton Trilogy Revisited," *Personality and Social Psychology Bulletin* 21 (1995): 1139–1150.

[14]Stella Ting-Toomey and Leeva C. Chung, *Understanding Intercultural Communication* (Los Angeles: Roxbury, 2005), pp. 236–239.

[15]Based on Lustig and Koester, *Instructor's Manual to Accompany Intercultural Competence* (Boston: Pearson, 2013), p. 151.

[16]National Communication Association, "National Communication Association Policy Platform," http://www.natcom.org/index.asp?bid=510.

[17]See Brian A. Nosek, Anthony Greenwald, and Mahzarin R. Banaji, "Understanding and Using the Implicit Association Test: II. Method Variables and Construct Validity," *Personality and Social Psychology Bulletin* 31 (2005): 166–180; Anthony Greenwald, Debby E. McGhee, and Jordan L. K. Schwartz, "Measuring Individual Differences in Implicit Cognition: The Implicit Association Test," *Journal of Personality and Social Psychology* 74 (1998): 1464–1480; Patricia G. Devine, "Implicit Prejudice and Stereotyping: How Automatic Are They?," *Journal of Personality and Social Psychology* 81 (2001): 757–759.

[18]Patricia G. Devine, "Implicit Prejudice and Stereotyping: How Automatic Are They?," *Journal of Personality and Social Psychology* 81 (2001): 757–759; David M. Amodio and Patricia G. Devine, "Stereotyping and Evaluation in Implicit Race Biased: Evidence for Independent Constructs and Unique Effects on Behavior," *Journal of Personality and Social Psychology* 91 (2006): 642–661.

[19]Shankar Vedantam, "For Allen and Webb, Implicit Biases Would Be Better Confronted," *The Washington Post*, October 9, 2006, p. A2. See also http://www.washingtonpost.com/science; http://implicit.harvard.edu.

[20]Allan Johnson, *Privilege, Power, and Difference* (Mountain View, CA: Mayfield Publishing, 2006), pp. 104–105.

[21]Allan Johnson, *Privilege, Power, and Difference* (Mountain View, CA: Mayfield Publishing, 2006), p. 104.

[22]Jenna Johnson, "Obama Reelection Sparks Racially Charged Protest at Ole Miss," *The Washington Post*, November 7, 2012, http://www.washingtonpost.com/blogs/campus-overload/post/obamas-re-election-sparks-racially-charged-protest-at-Ole-Miss; Natash Lennard, "Ole Miss Student Start Racist Protest After Election Results," *Slate*, November 7, 2012, http://www.salon.com/2012/11/07/ole_miss_students_start_racist_protest_after_election_result; Kathy Lee, "Ole Miss Students Hold Candlelight March to Protest Racially-Fueled Anti-Obama Demonstration," *New York Daily News*, November 8, 2012, http://www.nydailynews.com/news/national/ole-students-hold-candlelight-march-counter-anti-obama-demonstration-article-1.1198946#ixzz2OO1M9AL8.

[23]Mark P. Orbe and Tina M. Harris, *Interracial Communication: Theory into Practice* (Belmont, CA: Wadsworth, 2001), p. 6.

[24]Mark P. Orbe and Tina M. Harris, *Interracial Communication: Theory into Practice* (Belmont, CA: Wadsworth, 2001), p. 28.

[25]Brenda J. Allen, *Difference Matters: Communication and Social Identity* (Long Grove, IL: Waveland, 2004), p. 67.

[26]Nicholas Wade, *Before the Dawn: Recovering the Lost History of Our Ancestors* (New York: Penguin, 2006), p. 188.

[27]Mark P. Orbe and Tina M. Harris, *Interracial Communication: Theory into Practice* (Belmont, CA: Wadsworth, 2001), p. 31.

[28]Nicholas Wade, *Before the Dawn: Recovering the Lost History of Our Ancestors* (New York: Penguin, 2006), p. 188.

[29]Geert Hofstede, Gert Jan Hofstede, and Michael Minkov, *Cultures and Organizations: Software of the Mind: Intercultural Cooperation and Its Importance for Survival*, 3rd ed. (New York: McGraw-Hill, 2010); Geert Hofstede, *Culture's Consequences: Comparing Values, Behaviors, Institutions, and Organizations Across Nation*, 2nd ed. (Thousand Oaks, CA: Sage, 2001); Edward T. Hall, *Beyond Culture* (Garden City, NY: Anchor, 1977); Florence Rockwood Kluckhohn and Frederick L. Strodtbeck, *Variations in Value Orientations*. (Evanston, IL: Row 1961); Shalom H. Schwartz, "A Theory of Cultural Value Orientations: Explication and Applications," *Comparative Sociology* 5 (2006): 137–182; Ronald Fischer et al., "Are Individual-Level and Country-Level Value Structures Different? Testing Hofstede's Legacy with the Schwartz Value Survey," *Journal of Cross-Cultural Psychology* 41 (2010): 135–151; Robert J. House et al., (Eds.), *Culture, Leadership, and Organizations: The GLOBE Study of 62 Societies* (Thousand Oaks, CA: Sage, 2004). Note: The "Global Leadership and Organizational Behavior Effectiveness" (GLOBE) Research Program was developed by Robert House of the Wharton School of Business, University of Pennsylvania; Jagdeep S. Chhokar, Felix C. Brodbeck, and Robert J. House (Eds.), *Culture and Leadership Across the World: The GLOBE Book of In-Depth Studies of 25 Societies* (New York: Taylor & Francis, 2008).

[30]Geert Hofstede, Gert Jan Hofstede, and Michael Minkov, *Cultures and Organizations: Software of the Mind* (New York: McGraw-Hill, 2010), p. 31. See also Geert Hofstede, *Culture's Consequences: Comparing Values, Behavior, Institutions and Organizations across Nations*, 2nd ed. (Thousand Oaks, CA: Sage, 2001), p. 29. In addition to the intercultural dimensions included in this chapter, Hofstede identifies two other dimensions: uncertainty avoidance and indulgence versus restraint. For other cultural patterns and taxonomies, see Myron W. Lustig and Jolene Koester, *Intercultural Competence*, 7th ed. (Boston: Pearson, 2013), pp. 100–128.

[31]Myron W. Lustig and Jolene Koester, *Intercultural Competence*, 7th ed. (Boston: Pearson, 2013), p. 123.

[32]William B. Gudykunst and Carmen M. Lee, "Cross-Cultural Communication Theories," in William B. Gudykunst and Bella Mody (Eds.), *Handbook of International and Intercultural Communication*, 2nd ed. (Thousand Oaks, CA: Sage, 2002), p. 27.

[33]Myron W. Lustig and Jolene Koester, *Intercultural Competence*, 7th ed. (Boston: Pearson, 2013), p.108.

[34]Harry C. Triandis, "The Self and Social Behavior in Different Cultural Contexts," *Psychological Review* 96 (1989): 506–520. See also Harry C. Triandis, *Individualism and Collectivism* (Boulder, CO: Westview, 1995), p. 29. Data from Geert Hofstede, *Cultural Consequences: Comparing Values, Behavior, Institutions and Organizations across Nations*, 2nd ed. (Thousand Oaks, CA: Sage, 2001), p. 215; Geert Hofstede, Gert Jan Hofstede, and Michael Minkov, *Cultures and Organizations: Software of the Mind: Intercultural Cooperation and Its Importance for Survival*, 3rd ed. (New York: McGraw-Hill, 2010), p. 90.

[35]Geert Hofstede, Gert Jan Hofstede, and Michael Minkov, *Cultures and Organizations: Software of the Mind: Intercultural Cooperation and Its Importance for Survival*, 3rd ed. (New York: McGraw-Hill, 2010), pp. 95–97.

[36]Peggy Nonnan, "About Those 2012 Political Predictions," *The Wall Street Journal*, December 29–30, 2012, p. A13.

[37]David Brooks, "What Our Words Tell Us," *The New York Times*, May 21, 2013, p. A21; Based on Jean M. Twenge, W. Keith Campbell, and Brittany Gentile, "Increases in Individualistic Words and Phrases in American Books," 1960–2008, *PLOS ONE*, July 10, 2012, http://www.plosone.org/article/info%3Adoi%2F10.1371%2Fjournal.pone.0040181.

[38]Geert Hofstede, *Cultural Consequences: Comparing Values, Behavior, Institutions and Organizations across Nations*, 2nd ed. (Thousand Oaks, CA: Sage, 2001), p. 53.

[39]Note: Whereas Geert Hofstede and The GLOBE Study use the phrase Power Distance, Shalom Schwartz uses Egalitarian-Hierarchical.

[40]Harry C. Triandis, *Individualism and Collectivism* (Boulder, CO: Westview, 1995).

[41]Harry C. Triandis, "Cross-Cultural Studies of Individualism and Collectivism," in J. J. Berman (Ed.), *Cross-Cultural Perspectives* (Lincoln: University of Nebraska Press, 1990), p. 52.

[42]Geert Hofstede, Gert Jan Hofstede, and Michael Minkov, *Cultures and Organizations: Software of the Mind* (New York: McGraw-Hill, 2010), p. 61.

[43]Geert Hofstede, Gert Jan Hofstede, and Michael Minkov, *Cultures and Organizations: Software of the Mind* (New York: McGraw-Hill, 2010), pp. 57–59.

[44]Myron W. Lustig and Jolene Koester, *Intercultural Competence*, 7th ed. (Boston: Pearson, 2013), pp. 123–124.

[45]Geert Hofstede, Gert Jan Hofstede, and Michael Minkov, *Cultures and Organizations: Software of the Mind* (New York: McGraw-Hill, 2010), p. 138.

[46]Myron W. Lustig and Jolene Koester, *Intercultural Competence*, 7th ed. (Boston: Pearson, 2013), p. 125.

[47]Geert Hofstede, Gert Jan Hofstede, and Michael Minkov, *Cultures and Organizations: Software of the Mind* (New York: McGraw-Hill, 2010), pp. 141–143.

[48]Geert Hofstede, Gert Jan Hofstede, and Michael Minkov, *Cultures and Organizations: Software of the Mind* (New York: McGraw-Hill, 2010), p. 43.

[49]Myron W. Lustig and Jolene Koester, *Intercultural Competence*, 7th ed. (Boston: Pearson, 2013), p. 120; See also Conveying Islamic Message Society, "Women's Rights in Islam: Respected, Honoured, Cherished," Alexandria, Egypt. www.islamic-message.net: "God created men and women to be different, with unique roles, skills and responsibilities. . . . The man is responsible for the financial well being of the family while the woman contributes to the family's physical, education and emotional well being." Obtained by author while in Egypt, May 2013.

[50]The United Arab Emirates, "Traveling in a Muslim Country," http://www.uae-embassy. org/travel-culture/traveling-in-muslim-country.

[51]Edward T. Hall, *The Silent Language* (Garden City, NY: Doubleday, 1959). See also Lustig and Koester, *Intercultural Competence* (Boston: Pearson, 2013), p. 226.

[52]Richard West and Lynn H. Turner, *Introducing Communication Theory*, 3rd ed. (Boston: McGraw-Hill, 2007), pp. 515–532. See Cheris Kramarae, *Women and Men Speaking: Framework for Analysis* (Rowley, MA: Newbury House, 1981).

[53]Geert Hofstede, Gert Jan Hofstede, and Michael Minkov, *Cultures and Organizations: Software of the Mind* (New York: McGraw-Hill, 2010), p. 240.

[54]Edward T. Hall, *Beyond Culture* (Garden City, NY: Anchor, 1997).

[55]Peter Andersen et al. "Nonverbal Communication Across Cultures," in William B. Gudykunst and Bella Mody (Eds.), *Handbook of International and Intercultural Communication*, 2nd ed. (Thousand Oaks, CA: Sage, 2002), p. 99.

[56]Shirley van der Veur, "Africa: Communication and Cultural Patterns," in Larry A. Samovar and Richard E. Porter (Eds.), *Intercultural Communication: A Reader*, 10th ed., Larry A. Samovar and Richard E. Porter (Eds.) (Belmont, CA: Wadsworth, 2003), p. 84.

[57]Edward T. Hall, *Beyond Culture* (Garden City, NY: Anchor, 1997); Edward T. Hall, *The Silent Language* (Garden City, NY: Doubleday, 1959).

[58]Edward Wyatt, "Most of U.S. Is Wired, but Millions Aren't Plugged In," *The New York Times*, August 19, 2013, p. B1.

[59]Rich Karr, "Why Is European Broadband Faster and Cheaper? Blame the Government," *Engadget*, June 28, 2011, http://www.engadget.com/2011/06/28/why-is-european-broadband-faster-and-cheaper-blame-the-government.

[60]David Cay Johnston, "A Close Look at Your Bills 'Fine Print," September 20, 2012, Fresh Air, National Public Radio, http://www.npr.org/2012/09/20/161477162/a-close-look-at-your-bills-fine-print.

[61]David Cay Johnston, "A Close Look at Your Bills 'Fine Print," September 20, 2012, *Fresh Air*, National Public Radio, http://www.npr.org/2012/09/20/161477162/a-close-look-at-your-bills-fine-print.

[62]Gerald Smith, "Internet Speed in United States Lags Behind Many Countries, Highlighting Global Digital Divide," *The Huffington Report*, September 10, 2012, http://www.huffingtonpost.com/2012/09/05/internet-speed-united-states-digital-divide_n_1855054.html.

[63]Brian X. Chen "One on One: Susan P. Crawford, Author of 'Captive Audience,'" Bits: The Business of Technology, *The New York Times*, February 13, 2013, http://bits.blogs.nytimnes.com/2013/02/19/one-on-one-susan-p-crawford.

[64]Brian X. Chen "One on One: Susan P. Crawford, Author of 'Captive Audience,'" Bits: The Business of Technology, *The New York Times*, February 13, 2013, http://bits.blogs.nytimnes.com/2013/02/19/one-on-one-susan-p-crawford.

[65]Edward T. Hall, *Beyond Culture* (Garden City, NY: Anchor, 1997); Edward T. Hall, *The Silent Language* (Garden City, NY: Doubleday, 1959).

[66]Benedict Carey, "Lotus Therapy," *The New York Times*, May 27, 2008, http://www.nytimes.com/2008/05/27/health/research/27budd.html?pagewanted=all; Ellen J. Langer, *Mindfulness* (Cambridge, MA: Da Capo, 1989); Jonathan Landaw, Stephan Bodian, and Gudrun Buhnemann, *Buddhism for Dummies*, 2nd ed. (Hoboken, NJ: Wiley, 2011), pp. 59, 152–153.

[67]Ellen J. Langer, *Mindfulness* (Cambridge, MA: Da Capo, 1989), p. 11.

[68]Based on examples in Ellen J. Langer, *Mindfulness* (Cambridge, MA: Da Capo, 1989), p. 12.

[69]Benedict Carey, "Lotus Therapy," *The New York Times*, May 27, 2008, http://www.nytimes.com/2008/05/27/health/research/27budd.html?pagewanted=all; Ellen J. Langer, *Mindfulness* (Cambridge, MA: Da Capo, 1989); Jonathan Landaw, Stephan Bodian, and Gudrun Buhnemann, *Buddhism for Dummies*, 2nd ed. (Hoboken, NJ: Wiley, 2011), pp. 59, 152–153.

[70]Richard Boyatzis and Annie McKee, *Resonant Leadership* (Boston: Harvard Business School Press, 2005), p. 112.

[71]Richard Nisbett, *The Geography of Thought: How Asians and Westerners Think Differently … and Why* (New York: Free Press, 2003), p. 13.

[72]Ellen J. Langer, *Mindfulness* (Cambridge, MA: Da Capo, 1989), p. 69.

[73]Howard Giles et al., "Speech Accommodation Theory: The First Decade and Beyond," in Margaret L. McLaughlin (Ed.), *Communication Yearbook* (Newbury Park, CA: Sage, 1987), pp. 13–48; Howard Giles et al., "Accommodation Theory: Communication, Context, and Consequence," in Howard Giles et al. (Eds.), *Contexts of Accommodation: Developments in Applied Sociolinguistics* (Cambridge: Cambridge University Press, 1991), pp. 1–68.

[74]Mary M. Dwyer and Courtney K. Peters, "The Benefits of Study Abroad," http://www.transitionsabroad.com/publications/studyabroadmagazine/2007Spring/lasting_benefits_of_study_abroad.shtml.

[75]Marvin Harris, *Cows, Pigs, Wars, and Witches: The Riddles of Culture* (New York:

[76]Marvin Harris, *Cows, Pigs, Wars, and Witches: The Riddles of Culture* (New York: Vintage Books, 1975), pp. 11–34.

[77]Marvin Harris, *Cows, Pigs, Wars, and Witches: The Riddles of Culture* (New York: Vintage Books, 1975), p. 30.

[77]James Leigh, "Teaching Content and Skills for Intercultural Communication: A Mini Case Studies Approach," *The Edge: The E-Journal of Intercultural Relations* 2 (Winter 1999), http://www.interculturalrelations.com/v2ilWinter1999leigh.htm.

[78]James W. Neuliep and James C. McCroskey, "The Development of a U.S. and Generalized Ethnocentrism Scale," *Communication Research Reports*, 14 (1997): 385–398; James W. Neuliep, "Assessing the Reliability and Validity of the Generalized Ethnocentric Scale, *Journal of Intercultural Communication Research*, 31 (2002): 201–215; For additional information, see James W. Neuliep, *Intercultural Communication: A Contextual Approach*, 2nd ed. (Boston: Houghton Mifflin, 2003), pp. 29–30.

제4장

[1]Spencer Morgan, "Hear Me Now?: The Verizon Guy Gets His Life Back," *The Atlantic*, April 2, 2011, http://www.theatlantic.com/magazine/archive/2011/05/hear-me-now/308449; Mark Cina, "Verizon Disconnects 'Can You Hear Me Now?' Guy," *Reuters*, April 14, 2011, http://www.reuters.com/article/2011/04/14/us-verizon-idUSTRE73D7TP20110414.

[2]Seth S. Horowitz, "The Science and Art of Listening," *The New York Times*, November 11, 2012, p. SR2.

[3]Phillip Emmert, "A Definition of Listening," *Listening Post* 51 (1995): 6.

[4]Seth S. Horowitz, "The Science and Art of Listening," *The New York Times*, November 11, 2012, p. SR2.

[5]Richard Emanuel et al., "How College Students Spend Their Time Communicating," *International Journal of Listening* 22 (2008): 13–28.

[6]Lynn O. Cooper and Trey Buchanan, "Listening Competency on Campus: A Psychometric Analysis of Student Learning," *The International Journal of Listening* 24 (2010): 141–163.

[7]Andrew D. Wolvin and Carolyn G. Coakley, *Listening*, 5th ed. (Madison, WI: Brown and Benchmark, 1996), p. 15.

[8]Reported in Sandra D. Collins, *Listening and Responding Managerial Communication Series* (Mason, OH: Thomson, 2006), p. 21.

[9]Graham D. Bodie, "Listening as Positive Communication," in Thomas J. Socha and Margaret J. Pitts (Eds.), *The Positive Side of Interpersonal Communication* (New York: Peter Lang, 2012), p. 109.

[10]The numerical ranges in Figure 4.1 summarize research on communication and listening time studies. See Andrew Wolvin and Carolyn Gwynn Coakley, *Listening* (Madison, WI: Brown & Benchmark, 1996), pp. 13–15; Laura A. Janusik and Andrew D. Wolvin, "24 Hours in a Day: A Listening Update to the Time Studies," *The International Journal of Listening*, 23 (2009): 104–120; Richard Emanuel et al., "How College Students Spend Their Time Communicating," *International Journal of Listening* 22 (2008): 13-28.

[11]Graham D. Bodie, "Listening as Positive Communication," in Thomas J. Socha and Margaret J. Pitts (Eds.), *The Positive Side of Interpersonal Communication* (New York: Peter Lang, 2012), pp. 109, 110, and 120.

[12]Michael P. Nichols, *The Lost Art of Listening* (New York: Guildford, 1995), p. 11.

[13]Ralph G. Nichols, "Listening Is a 10-Part Skill," *Nation's Business*, September 1987, p. 40.

[14]S. S. Benoit and J. W. Lee, "Listening: It Can Be Taught," *Journal of Education for Business* 63 (1986): 229–332.

[15]Florence I. Wolff and Nadine C. Marsnik, *Perceptive Listening*, 2nd ed. (Fort Worth, TX: Harcourt Brace Jovanovich, 1992), pp. 9–16.

[16]Michael P. Nichols, *The Lost Art of Listening* (New York: Guildford, 1995), pp. 196, 221.

[17]Graham D. et al., "Listening Competence in Initial Interactions I: Distinguishing Between What Listening Is and What Listeners Do," *The International Journal of Listening* 26 (2012): 1–28.

[18]Tony Alessandra and Phil Hunsaker, *Communicating at Work* (New York: Fireside, 1993), p. 55.

[19]Jim Collins, *Good to Great* (New York: HarperCollins, 2001), p. 14.

[20]Many sources substantiate this list of poor listening habits including Judi Brownell, *Listening: Attitudes, Principles, and Skills*, 4th ed. (Boston: Pearson/Allyn and Bacon, 2010); Madelyn Burley-Allen, *Listening: The Forgotten Skill*, 2nd ed. (New York: Wiley, 1995); Ralph G. Nichols, "Do We Know How to Listen? Practical Helps in a Modern Age," *The Speech Teacher* 10 (1961); Nichols, R. G., "Listening Is a 10-Part Skill," Nation's Business, September 1987; Andrew D. Wolvin and Carolyn G. Coakley, *Listening*, 5th ed. (Madison, WI: Brown and Benchmark, 1996).

[21]Lynn O. Cooper and Trey Buchanan, "Listening Competency on Campus: A Psychometric Analysis of Students Listening," *The International Journal of Listening* 24 (2010): 157.

[22]Judi Brownell, *Listening: Attitudes, Principles, and Skills*, 4th ed. (Boston: Pearson/Allyn and Bacon, 2010), p. 14.

[23]Judi Brownell, *Listening: Attitudes, Principles, and Skills*, 4th ed. (Boston: Pearson/Allyn and Bacon, 2010), p. 16.

[24]Judi Brownell, *Listening: Attitudes, Principles, and Skills*, 4th ed. (Boston: Pearson/Allyn and Bacon, 2010), pp. 16–17.

[25]Judi Brownell, *Listening: Attitudes, Principles, and Skills*, 4th ed. (Boston: Pearson/Allyn and Bacon, 2010), p. 73.

[26]Seth S. Horowitz, "The Science and Art of Listening," *The New York Times*, November 11, 2012, p. SR2.

[27]Seth S. Horowitz, "The Science and Art of Listening," *The New York Times*, November

11, 2012, p. SR2.

²⁸National Institute on Deafness and Other Communication Disorders, "Quick Statistics," June 16, 2010, http://www.nidcd.nih.gov/health/statistics/quick.htm.

²⁹Gallaudet Research Institute, Gallaudet University, "A Brief Summary of Estimates for the Size of the Deaf Population in the USA Based on Available Federal Data and Published Research," http://research.gallaudet.edu/Demographics/deaf-US.php, June 6, 2010.

³⁰Based on Tony Alessandra and Phil Hunsaker, *Communicating at Work* (New York: Fireside, 1993), pp. 76–77.

³¹Judi Brownell, *Listening: Attitudes, Principles, and Skills*, 4th ed. (Boston: Pearson/Allyn and Bacon, 2010), p. 168.

³²Don Gabor, *How to Start a Conversation and Make Friends* (New York: Fireside, 2001), pp. 66–68.

³³Based on Don Gabor, *How to Start a Conversation and Make Friends* (New York: Fireside, 2001), pp. 66–68.

³⁴Michael P. Nichols, *The Lost Art of Listening* (New York: Guildford, 1995), pp. 36–37.

³⁵Based on Florence I. Wolff and Nadine C. Marsnik, *Perceptive Listening*, 2nd ed. (Fort Worth, TX: Harcourt Brace Jovanovich, 1992), p. 100.

³⁶Florence I. Wolff and Nadine C. Marsnik, *Perceptive Listening*, 2nd ed. (Fort Worth, TX: Harcourt Brace Jovanovich, 1992), pp. 101–102.

³⁷Based on Florence I. Wolff and Nadine C. Marsnik, *Perceptive Listening*, 2nd ed. (Fort Worth, TX: Harcourt Brace Jovanovich, 1992), pp. 94–95.

³⁸Isa Engleberg and Dianna Wynn, *Working in Groups: Communication Principles and Strategies*, 6th ed. (Boston: Pearson, 2013), pp. 160–161.

³⁹National Communication Association Credo for Ethical Communication, http://www.natcom.org/aboutNCA/Policies/Platform.html.

⁴⁰Michael P. Nichols, *The Lost Art of Listening* (New York: Guildford, 1995), pp. 42–43.

⁴¹Andrew D. Wolvin and Carolyn G. Coakley, *Listening*, 5th ed. (Madison, WI: Brown and Benchmark, 1996), pp. 135–138.

⁴²Michael P. Nichols, *The Lost Art of Listening* (New York: Guildford, 1995), p. 126.

⁴³Based on David W. Johnson's Questionnaire on Listening and Response Alternatives in *Reaching Out: Interpersonal Effectiveness and Self-Actualization*, 7th ed. (Boston: Allyn and Bacon, 2000), pp. 234–239.

⁴⁴Deborah Tannen, *You Just Don't Understand: Women and Men in Conversation* (New York: Ballantine Books, 1990), pp. 141–142.

⁴⁵Deborah Tannen, *You Just Don't Understand: Women and Men in Conversation* (New York: Ballantine Books, 1990), pp. 142–143.

⁴⁶See Deborah Tannen, *You Just Don't Understand: Women and Men in Conversation* (New York: Ballantine Books, 1990), pp. 123–48; Diana K. Ivy and Phil Backlund, *Exploring Gender Speak* (New York: McGraw-Hill, 1994), pp. 224–225.

⁴⁷See Deborah Tannen, *You Just Don't Understand: Women and Men in Conversation* (New York: Ballantine Books, 1990), pp. 149–151; Diana K. Ivy and Phil Backlund, *Exploring Gender Speak* (New York: McGraw-Hill, 1994), pp. 206–208, 224–225; Teri Kwal Gamble and Michael W. Gamble, *The Gender Communication Connection* (Boston: Houghton Mifflin, 2003), pp. 122–128.

⁴⁸John Hinds, "Reader Versus Writer Responsibility: A New Typology," in Ulla Connor and Robert B. Kaplan (Eds.) *Writing Across Languages: Analysis of L2 Written Text*, (Reading, MA: Addison-Wesley, 1987), pp. 141-152, as explained in Myron W. Lustig and Jolene Koester, *Intercultural Competence*, 7th ed. (Boston: Pearson, 2013), p. 208.

⁴⁹Elizabeth A. Tuleja, *Intercultural Communication for Business* (Mason, OH: Thomson Higher Education, 2005), p. 43.

⁵⁰Kittie W. Watson, Larry L. Barker, and James B. Weaver, "The Listening Styles Profile (LSP-16): Development and Validation of an Instrument to Assess Four Listening Styles," *The International Journal of Listening* 9 (1995): 1–13; See also Kittie W. Watson, Larry L. Barker, and James B. Weaver, *Listening Styles Profile*, http://www.flipkart.com/listening-styles-profile-combo-package-book.

⁵¹Graham Bodie and Debra Worthington, "Revisiting the Listening Styles Profile (LSP-16): A Confirmatory Factor Analytic Approach to Scale Validation and Reliability Estimation," *The International Journal of Listening* 24 (2010): 84; Debra Worthington, Graham D. Bodie, Christopher Gearhart, "The Listening Styles Profile Revised (LSP-R): A Scale Revision and Validation," paper presented at the Eastern Communication Convention, April 15, 2011; personal email exchanges with Bodie and Worthington in April 2011; Graham D. Bodie, Debra L. Worthington, and Christopher C. Gearhart, "The Listening Styles Profile—Revisited (LSP-R): A Scale Revision and Evidence of Validity," *Communication Quarterly* 61 (2013): 72–90.

⁵²Graham D. Bodie, Debra L. Worthington, and Christopher C. Gearhart, "The Listening Styles Profile—Revisited (LSP-R): A Scale Revision and Evidence of Validity," *Communication Quarterly* 61 (2013): 86.

⁵³Myron W. Lustig and Jolene Koester, *Intercultural Competence*, 7th ed. (Boston: Pearson, 2013), p. 208.

⁵⁴Ralph G. Nichols, "Listening Is a 10-Part Skill," *Nation's Business*, September 1987, p. 40.

⁵⁵Mark Knapp and Judith A. Hall, *Nonverbal Communication in Human Interaction*, 6th ed. (Belmont, CA: Thomson/Wadsworth, 2006), p. 296.

⁵⁶Sindya N. Bhanoo, "Ability Seen in Toddlers to Judge Others' Intent," *The New York Times*, November 16, 2010, http://www.nytimes.com/2010/11/16/science/16bchildren.html?_r=1&sq=toddlers%20intention&st=cse&scp=1&pagewanted=print.

⁵⁷Ralph G. Nichols, "Do We Know How to Listen? Practical Helps in a Modern Age," *The Speech Teacher* 10 (1961): 121.

⁵⁸Madelyn Burley-Allen, *Listening: The Forgotten Skill*, 2nd ed. (New York: Wiley, 1995), pp. 68–70.

⁵⁹Paul J. Kaufmann, *Sensible Listening: The Key to Responsive Interaction*, 5th ed. (Dubuque, IA: Kendall/Hunt, 2006), p. 115.

⁶⁰Ralph G. Nichols, "Do We Know How to Listen? Practical Helps in a Modern Age," *The Speech Teacher* 10 (1961): 122.

⁶¹Graham D. Bodie, "Listening as Positive Communication," in Thomas J. Socha and Margaret J. Pitts (Eds.), *The Positive Side of Interpersonal Communication* (New York: Peter Lang, 2012), p. 120.

⁶²Based on Andrew Wolvin and Laura Janusik, "Janusik/Wolvin Student Listening Inventory," in Roy M. Berko, Andrew D. Wolvin, and Darlyn R. Wolvin, *Instructor's Manual for Communicating: A Social and Career Focus*, 9th ed. (Boston: Houghton Mifflin, 2004), pp. 129–131.

제5장

¹Geoffrey Finch, *Word of Mouth: A New Introduction to Language and Communication* (New York: Palgrave, 2003), p. 28.

²Permission granted by Lilian I. Eman, November 26, 1999.

³William O' Grady, Michael Dobrovolsky, and Mark Arnonoff, *Contemporary Linguistics: An Introduction*, 4th ed. (Boston: Bedford/St. Martin's, 2001), p. 659.

⁴Nicholas Wade, *Before the Dawn: Recovering the Lost History of Our Ancestors* (New York: Penguin, 2006), pp. 36–37.

⁵John H. McWhorter, *The Power of Babel: A Natural History of Language* (New York: Times Books/Henry Holt, 2001), pp. 4–5.

⁶Nicholas Wade, *Before the Dawn: Recovering the Lost History of Our Ancestors* (New York: Penguin, 2006), p. 226.

⁷Geoffrey Finch, *Word of Mouth: A New Introduction to Language and Communication* (New York: Palgrave, 2003), pp. 5–10; William O'Grady, Michael Dobrovolsky, and Mark Aronoff, *Contemporary Linguistics*, 2nd ed. (New York: St. Martin's Press, 1993), p. 9.

⁸Mark Twain, Letter to George Bainton, October 15, 1888, http://www.twainquotes.com/Lightning.html.

⁹Joann S. Lubin, "To Win Advancement, You Need to Clean Up Any Bad Speech Habits," *The Wall Street Journal*, October 5, 2004, p. B1.

¹⁰Victoria Fromkin and Robert Rodman, *An Introduction to Language*, 6th ed. (Fort Worth: Harcourt Brace, 1998), p. 3.

¹¹Anne Donnellon, *Team Talk: The Power of Language in Team Dynamics* (Boston: Harvard Business School Press, 1996), p. 6.

¹²Gary Martin, "The Phrase Maker," 2013, http://www.phrases.org.uk/meanings/sticks-and-stones-may-break-my-bones.html.

¹³Donna Smith, "Bullying: When Words Hurt," *Disney Family.com*, http://family.go.com/parenting/pkg-teen/article-766446-bullying-when-words-hurt.

¹⁴Beverley Ireland-Symonds, "The Power of Words: Words That Hurt People," *Confidence Coaching*, April 24, 2011, http://bis-confidencecoaching.com/blog/2011/04/24/the-power-of-words-words-that-hurt-people.

¹⁵Jennifer Warner, "Study Shows Words Alone May Activate Pain Response in the Brain," *WebMD Health News*, April 2, 2010, http://www.webmd.com/pain-management/news/20100402/words-really-do-hurt.

¹⁶Nelson W. Francis, *The English Language: An Introduction* (London: English University Press, 1967), p. 119.

¹⁷Geoffrey Finch, *Word of Mouth: A New Introduction to Language and Communication* (New York: Palgrave, 2003), p. 1.

¹⁸Adapted from Charles Kay Ogden and Ivor Armstrong Richards, *The Meaning of Meaning* (New York: Harcourt Brace, 1936).

¹⁹Geoffrey Finch, *Word of Mouth: A New Introduction to Language and Communication* (New York: Palgrave, 2003), p. 11.

²⁰S. I. Hayakawa and Alan R. Hayakawa, *Language and Thought in Action*, 5th ed. (San Diego, CA: Harcourt Brace Jovanovich, 1990), p. 39.

²¹S. I. Hayakawa and Alan R. Hayakawa, *Language and Thought in Action*, 5th ed. (San Diego, CA: Harcourt Brace Jovanovich, 1990), p. 43.

²²Isa N. Engleberg and Dianna R. Wynn, *Working in Groups: Communication Principles and Strategies*, 6th ed. (Boston: Houghton Mifflin, 2013), p. 128.

²³Vivian J. Cook, *Inside Language* (London: Arnold, 1997), p. 91.

²⁴See Sally McConnell-Ginet, *Making Meaning, Making Lives: Gender, Sexuality, and Society* (Rowley, MA: Newbury, 2010), pp. 69–88; Diana K. Ivy, *GenderSpeak*, 5th ed. (Boston: Pearson, 2012), p. 173.

²⁵Diana K. Ivy, *GenderSpeak*, 5th ed. (Boston: Pearson, 2012), p. 173.

²⁶Kevin L. Blankenship and Thomas Holtgraves, "The Role of Different Markers of Linguistic Powerlessness in Persuasion," *Journal of Language and Social Psychology* 24 (2005): 3–24; Lawrence A. Hosman, Lawrence and Susan A. Siltanen, "Powerful and Powerless Language Forms: Their Consequences for Impression Formation, Attribution of Control of Self and Control of Others, Cognitive Responses, and Message Memory," *Journal of Language and Social Psychology* 25 (2006): 33–46; Brenda Russell, Jenna Perkins, and Heather Grinnel, "Interviewees' Overuse of the Word 'Like' and Hesitations: Effects in Simulated Hiring Decisions," *Psychological Reports* 102 (2008): 111–118.

²⁷Mark Adkins and Dale E. Brashers, "The Power of Language in Computer-Mediated Groups," *Management Communication Quarterly* 8 (1995): 310.

²⁸These descriptions and guidelines are based on several sources: James Price Dillard and Linda J. Marshall, "Persuasion as a Social Skill," in John O. Greene and Brant R. Burleson (Eds.), *Handbook of Communication and Social Interaction Skills* (Mahwah, NJ: Lawrence Erlbaum Associates, 2003), pp. 505–506; Richard M. Perloff, *The Dynamics of Persuasion* (New York: Lawrence Erlbaum Associates, 2008), pp. 283–285; Arthur Plotnik, *Spunk and Bite: A*

Writer's Guide to Bold Contemporary Style (New York: Random House, 2007), pp. 120–126.

[29]Geoffrey Finch, Word of Mouth: A New Introduction to Language and Communication (New York: Palgrave, 2003), p. 2.

[30]Tony Hillerman, The Wailing Wind (New York: HarperTorch, 2002), p. 126.

[31]William O'Grady, Michael Dobrovolsky, and Mark Arnonoff, Contemporary Linguistics: An Introduction, 5th ed. (Boston: Bedford/St. Martin's, 2005), p. 509.

[32]See Geoffrey Finch, Word of Mouth: A New Introduction to Language and Communication (New York: Palgrave, 2003); http://www.aber.ac.uk/media/Documents/short/whorf.html; http://www.users.globalnet.co.uk/~skolyles/swh.htm.

[33]Marcel Danesi and Paul Perron, Analyzing Cultures: An Introduction and Handbook (Bloomington, IN: Indiana University Press, 1999), p. 61.

[34]Myron W. Lustig and Jolene Koester, Intercultural Competence, 7th ed. (Boston: Pearson, 2013), p. 167.

[35]Myron W. Lustig and Jolene Koester, Intercultural Competence, 7th ed. (Boston: Pearson, 2013), p. 167.

[36]Larry A. Samovar and Richard Porter, Communication Between Cultures, 5th ed. (Belmont, CA: Wadsworth, 2004), pp. 146–147.

[37]The Washington Post, April 6, 2002, p. A1, http://www.whitehouse.gov/news/release/2002/04/print/20020406-3.html.

[38]Geoffrey Finch, Word of Mouth: A New Introduction to Language and Communication (New York: Palgrave, 2003), p. 134.

[39]Geoffrey Finch, Word of Mouth: A New Introduction to Language and Communication (New York: Palgrave, 2003), p. 135.

[40]Nathalie Rothschild, "Sweden's New Gender-Neutral Pronoun: Hen," Slate, April 11, 2011, http://www.slate.com/articles/double_x/doublex/2012/04/hen_sweden_s_new_gender_neutral_pronoun_causes_controversy_html.

[41]John Tagliabue, "A School's Big Lesson Begins with Dropping Personal Pronouns," The New York Times, November 14, 2012, p. A8.

[42]Geoffrey Finch, Word of Mouth: A New Introduction to Language and Communication (New York: Palgrave, 2003), p. 136.

[43]Muriel Schultz, "The Semantic Derogation of Woman," in Barnie Thorne and Nancy Henley (Eds.), Language and Sex: Difference and Dominance (Rowley, MA: Newbury House, 1975), as quoted in Geoffrey Finch, Word of Mouth: A New Introduction to Language and Communication (New York: Palgrave, 2003), p. 137.

[44]John McWhorter, Word on the Street: Debunking the Myth of a "Pure" Standard English (Cambridge, MA: Perseus, 1998), p. 143.

[45]John McWhorter, Word on the Street: Debunking the Myth of a "Pure" Standard English (Cambridge, MA: Perseus, 1998), pp. 145–146.

[46]Janet Holmes, "Myth 6: Women Talk Too Much," in Lauri Bauer and Peter Trudgill (Eds.), Language Myths (London: Penguin, 1998), p. 41.

[47]Janet Holmes, "Myth 6: Women Talk Too Much," in Lauri Bauer and Peter Trudgill (Eds.), Language Myths (London: Penguin, 1998), p. 41.

[48]David Brown, "Stereotypes of Quiet Men, Chatty Women Not Sound Science," The Washington Post, July 6, 2007, p. A2. See also Donald G. McNeill, "Yada, Yada, Yada. Him? Or Her?" The New York Times, July 6, 2007, p. A13.

[49]Janet Holmes, "Myth 6: Women Talk Too Much," in Lauri Bauer and Peter Trudgill (Eds.), Language Myths (London: Penguin, 1998), pp. 42–47.

[50]Janet Holmes, "Myth 6: Women Talk Too Much," in Lauri Bauer and Peter Trudgill (Eds.), Language Myths (London: Penguin, 1998), pp. 48–49.

[51]Several news stories reported this story: Harvey Morris, "What's in a Name, Hurricane?" IHT Rendezvous, February 1, 2013, http://rendezvous.blogs.nytimes.com/2013/02/01/whats-in-a-name-hurricane/?pagewanted=print; Anna Andersen, "Teen Fights for Right to Her Name, Blaer, Which Is Banned in Iceland," Huffington Post, January 3, 2013, http://www.huffingtonpost.com/2013/01/03/blaer-banned-in-iceland; "Iceland: Court Says a Girl Can Finally Use Her Name," The New York Times, February 1, 2013, p. A5.

[52]Nathalie Rothschild, "Sweden's New Gender-Neutral Pronoun: Hen," Slate, April 11, 2011, http://www.slate.com/articles/double_x/doublex/2012/04/hen_sweden_s_new_gender_neutral_pronoun_causes_controversy_html.

[53]Harvey Morris, "What's in a Name, Hurricane?" IHT Rendezvous, February 1, 2013, http://rendezvous.blogs.nytimes.com/2013/02/01/whats-in-a-name-hurricane/?pagewanted=print.

[54]The Week, August 30, 2013, p. 6.

[55]William V. Haney, Communication and Interpersonal Relations: Text and Cases, 6th ed. (Homewood, IL: Irwin, 1992), p. 269.

[56]Randy Cohen, "The Ethicist," The New York Times Magazine, July 26, 2009, p. 17.

[57]William V. Haney, Communication and Interpersonal Relations: Text and Cases, 6th ed. (Homewood, IL: Irwin, 1992), p. 290.

[58]William O'Grady, Michael Dobrovolsky, and Mark Aronoff, Contemporary Linguistics, 2nd ed. (New York: St. Martin's Press, 1993), pp. 235–236.

[59]"The Leaked Memos: Did the White House Condone Torture?," The Week, June 25, 2004, p. 6.

[60]Tom Diemer, "West Virginia Democrat Strikes Back at GOP 'Hick' Ad: 'It's Insulting," Politics Daily/AOL News, October 10, 2010, http://www.politicsdaily.com/2010/10/09/west-virginia-democrat-strikes-back-at-gop-hick-ad-its-insu/.

[61]Anna-Britta Stenstrom, "Slang to Language: A Description Based on Teenage Talk," in i love english language, http://aggslanguage.wordpress.com/slang-to-slanguage/.

[62]Shirley Johnson, "What Is Slang?" Modern America, 1914–Present, http://www.uncp.edu/home/canada/work/allam/1914-/language/slang.htm.

[63]Brian Jones, Jr., "Sir John Harrington—Inventor of 'The John'," Ezine, http://ezinearticles.

[64]Kathryn Lindskoog, Creating Writing: For People Who Can't Write (Grand Rapids, MI: Zondervan Publishing, 1989), p. 66.

[65]Quoted in David Crystal, The Cambridge Encyclopedia of the English Language (NY: Cambridge University Press, 2003), p. 182.

[66]William Lutz, Doublespeak (New York: HarperPerennial, 1990), p. 3.

[67]Lyn Miller, "Quit Talking Like a Corporate Geek," USA Today, March 21, 2005, p. 7B.

[68]Stuart Chase, quoted in Richard Lederer, "Fowl Language: The Fine Art of the New Doublespeak," AARP Bulletin (March 2005), p. 27.

[69]Rudolf Flesch, Say What You Mean (New York: Harper and Row, 1972), p. 70.

[70]Alina Dizik, "Mastering the Finer Points of American Slang," The Wall Street Journal, May 30, 2012, p. D3; Jaymee Cuti, "Slang for English Learners," Oregon Public Broadcasting, June 12, 2012, http://www.opb.org/thinkoutloud/shows/slang-english-learners; www.englishbaby.com; http://learn-english-review.toptenreviews.com/english-baby-review-pg2.html.

[71]Excerpts from Jonathan Pitts, "At a D.C. Workshop, Participants in the Plain Language Conference Plead for End to Convoluted Communication," The Baltimore Sun, November 7, 2005, pp. 1C, 6C; See also Roy Peter Clark, How to Write Short (New York: Little, Brown and Company, 2013).

[72]James V. O'Conner, Cuss Control: The Complete Book on How to Curb Your Cursing (New York: Three Rivers Press, 2000), p. 3.

[73]Natalie Angier, "Almost Before We Spoke, We Swore," Science Times in The New York Times, September 20, 2005, p. D6.

[74]Steven Poole, "Expletive Deleted," The Wall Street Journal, April 13–14, 2013, p. C6. Review of Melissa Mohr, Holy Sh*t: A Brief History of Swearing (New York: Oxford, 2013).

[75]Lars Andersson and Peter Trudgill, "Swearing," in Leila Monaghan and Jane Goodman (Eds.), A Cultural Approach to Interpersonal Communication: Essential Readings (Malden, MA: Wiley-Blackwell, 2007), p. 195.

[76]Natalie Angier, "Almost Before We Spoke, We Swore," Science Times in The New York Times, September 20, 2005, p. D6.

[77]James V. O'Conner, Cuss Control: The Complete Book on How to Curb Your Cursing (New York: Three Rivers Press, 2000), pp. 18–27; Timothy Jay, Why We Curse: A Neuro-Psycho-Social Theory of Speech (Amsterdam/Philadelphia: John Benjamins Publishing, 2000), p. 328.

[78]Natalie Angier, "Almost Before We Spoke, We Swore," Science Times in The New York Times, September 20, 2005, p. D6.

[79]Excerpts from Jonathan Pitts, "At a D.C. Workshop, Participants in the Plain Language Conference Plead for End to Convoluted Communication," The Baltimore Sun, November 7, 2005, pp. 1C, 6C.

[80]James V. O'Conner, Cuss Control: The Complete Book on How to Curb Your Cursing (New York: Three Rivers Press, 2000), pp. xvii, 18.

[81]James V. O'Conner, Cuss Control: The Complete Book on How to Curb Your Cursing (New York: Three Rivers Press, 2000), pp. 18-27.

[82]Steven Poole, "Expletive Deleted," The Wall Street Journal, April 13–14, 2013, p. C6. Review of Melissa Mohr, Holy Sh*t: A Brief History of Swearing (New York: Oxford, 2013).

[83]Simon Critchley, "The Trauma of the Pink Shirt," The New York Times, April 14, 2013, p. SR9.

[84]"Cleaning Up Potty-Mouths," The Week, August 18, 2006, p. 35.

[85]R. L. Trask, Language: The Basics, 2nd ed. (London: Routledge, 1995), p. 170, 179.

[86]Based on Melinda G. Kramer, Glenn Leggett, and C. David Mead, Prentice Hall Handbook for Writers, 12th ed. (Englewood Cliffs, NJ: Prentice Hall, 1995), p. 272.

[87]Robert Mayer, How to Win Any Argument (Franklin Lakes, NJ: Career Press, 2006), p. 187.

[88]Joel Saltzman, If You Can Talk, You Can Write (New York: Time Warner, 1993), pp. 48–49.

[89]David Crystal, Language and the Internet (Cambridge: Cambridge University Press, 2001), pp. 238–239, cited in Crispin Thurlow, Laura Lengel, and Alice Tomic, Computer Mediated Communication: Social Interaction and the Internet (London: Sage, 2004), p. 123.

[90]Crispin Thurlow, Laura Lengel, and Alice Tomic, Computer Mediated Communication: Social Interaction and the Internet (London: Sage, 2004), pp. 124–125.

[91]Crispin Thurlow, Laura Lengel, and Alice Tomic, Computer Mediated Communication: Social Interaction and the Internet (London: Sage, 2004), pp. 124–125.

[92]For more about the Oxford Dictionaries Online, see The Oxford Dictionaries Online, http://oxforddictionaries.com/?ABTest=fonts.css&utm_expid=53203432-7.nIZ06w4jQO6CBLpDJCQ4Mg.1; Jenna Wortham, "Oxford Dictionaries Online Adds 'Selfie,' 'Emoji' and Other Tech-Orieneted Terms," Blog in The New York Times, August 28, 2013, http://bits.blogs.nytimes.com/2013/08/28/oxford-dictionaries-online-adds-selfie-emoji-and-other-tech-oriented-terms/?_r=0; Katy Steinmetz, "Dictionary Adds 'Badassery,' 'Selfie' and 'Twerk,'" Time NewFeed, August 28, 2013, http://newsfeed.time.com/2013/08/28/dictionary-adds-badassery-selfie-and-twerk; Valerie Straus, "Twerk, MOOC, girl crush—Words Added to Oxford Dictionaries Online." The Washington Post, August 28, 2013, http://www.washingtonpost.com/blogs/answer-sheet/wp/2013/08/28/twerk-mooc-girl-crush-words-added-to-oxford-dictionaries-online.

[93]Michael Dierda, "New Dictionary Words Are Oh So Ugh," The Washington Post, August 29, 2013, p. C3.

[94]For additional examples and warnings about overuse of symbols, see Deborah Jude-York, Lauren D. David, and Susan L. Wise, Virtual Teams: Breaking the Boundaries of Time and Place (Menlo Park, CA: Crisp Learning, 2000), pp. 91–92.

[95]Virginia Richmond and James C. McCroskey, Communication Apprehension, Avoidance and Effectiveness, 5thed. (Boston: Allyn and Bacon, 1998). © 1998 by Pearson Education. Reprinted by permission of the publisher. See also John Daly and Michael Miller, "The Empirical Development of an Instrument to Measure Writing Apprehension," Research in the

Teaching of English 12 (1975): 242–249.

제6장

[1]William Shakespeare, *As You Like It*, Act III, Scene V, 82. See Steven C. Scheer, "Whoever Loved That Loved Not at First Sight," *Words Matter*, March 2, 2008, http://stevencscheers. logspot.com/2008/03/whoever-loved-that-loved-not-at-first.html. Professor Scheer notes, "this famous line from Shakespeare's *As You Like It* is actually in quotation marks in the play. The line is a quote from Christopher Marlowe's *Hero and Leander*."

[2]*Just One Look* is an R&B song first recorded by Doris Troy in 1963. Other versions were recorded by the Hollies, Lynda Carter, Lulu, Harry Nilsson, and Linda Ronstadt.

[3]*In Your Eyes* was written and recorded by Peter Gabriel, British musician and former member and founder of the band Genesis. The song is in the 1986 album *So*, a nominee for Album of the Year for the 1987 Grammy Awards.

[4]Ben Jones of the Face Research Laboratory, University of Aberdeen, Scotland quoted in James Randerson, "Love at First Sight Just Sex and Ego, Study Says," *The Guardian*, November 6, 2007, http://www.guardian.co.uk/science/2007/nov/07/; See also Ben Jones and Lisa DeBruine, Institute of Neuroscience and Psychology, University of Glasgow, Scotland, http://facelab.org; Claire A. Conway et al., "Evidence for Adaptive Design in Human Gaze Preference," *Proceedings of the Royal Society* (2008), 275: 63–69; Erina Lee, "Dating Do: Eye Contact!" *The Science of Love*, December 20, 2012, http://www.eharmony. com/blog/2012/12/20/dating-do-eye-contact; Deborah MacKenzie, "Eye Contact and a Smile Will Win You a Mate," *New Scientist*, November 7, 2007, http://www.newscientist. com/article/dn12886-eye-contact-and-a-smile-will-win-you-a-mate.html.

[5]Nina-Jo Moore, Mark Hickson, III, and Don W. Stacks, *Nonverbal Communication, Studies and Application*, 5th ed. (New York: Oxford, 2010), p. 4.

[6]Judee K. Burgoon and Aaron E. Bacue, "Nonverbal Communication Skills," in John O. Greene and Brant R. Burleson (Eds.), *Handbook of Communication and Social Interaction Skills* (Mahwah, NJ: Lawrence Erlbaum, 2003), pp. 208–209.

[7]Judee K. Burgoon, Laura K. Guerroro, and Kory Floyd, *Nonverbal Communication* (Boston: Allyn & Bacon, 2010), p. 233.

[8]From Sigmund Freud, *Fragment of Analysis of a Case of Hysteria*, Standard Edition, Volume 7, 1905, Chapter 2: The First Dream. Psychoanalytical-Electronic Publishing, http:// www.pepweb.org/document.php?id=se.007.001a.

[9]Judee Burgoon, "Truth, Lies, and Virtual Worlds," *The National Communication Association's Carroll C. Arnold Distinguished Lecture*, at the annual convention of the National Communication Association, Boston, November 2005.

[10]Paul Ekman, *Telling Lies: Clues to Deceit in the Marketplace, Politics, and Marriage* (New York: W.W. Norton, 1992), p. 80.

[11]H. Dan O'Hair and Michael J. Cody, "Deception," in William R. Cupach and Brian H. Spitzberg (Eds.), *The Dark Side of Interpersonal Communication* (Hillsdale, NJ: Lawrence Erlbaum Associates, 1994), p. 190.

[12]Mark L. Knapp, *Lying and Deception in Human Interaction* (Boston: Pearson, 2008), pp. 217–218.

[13]Benedict Carey, "Judging Honesty By Words, Not Fidgets," *The New York Times*, May 12, 2009, p. D4.

[14]Mark L. Knapp, Judith A. Hall, and Terrence G. Horgan, *Nonverbal Communication in Human Interaction*, 8th ed. (Boston: Wadsworth, 2014), p. 15.

[15]Paul Ekman, "Communication Through Nonverbal Behavior: A Source of Information About an Interpersonal Relationship," in Silvia S. Tomkins and C. E. Izard (Eds.), *Affect, Cognition, and Personality* (New York: Springer, 1965), p. 441. See also Paul Ekman and Wallace V. Friesen, "The Repertoire of Nonverbal Behavior: Categories, Origins, Usage and Codings," *Semiotica* 1 (1969): 1–20.

[16]Paul Ekman, "Communication Through Nonverbal Behavior: A Source of Information About an Interpersonal Relationship," in Silvan S. Tompkins and C. E. Izard (Eds.), *Affect, Cognition and Personality* (New York: Springer, 1965), pp. 390–442.

[17]From the Federal Reserve Bank of St. Louis, *The Regional Economist*, quoted in "Good Looks Can Mean Good Pay, Study Says," *The Baltimore Sun*, April 28, 2005, p. D1.

[18]Angus Deaton, "Life at the Top: The Benefits of Height," 2009, http://www.-princeton. edu/~deaton/downloads/life_at_the_top_benefits_of_height_final_june_2009.pdf.

[19]Virginia Peck Richmond, James C. McCroskey, and Mark L. Hickson III, *Nonverbal Behavior in Interpersonal Relationships*, 7th ed. (Boston: Pearson, 2012), p. 34.

[20]Judee K. Burgoon, David B. Buller, and W. Gill Woodall, *Nonverbal Communication: The Unspoken Dialog* (New York, McGraw-Hill, 1996), p. 286. See also Richard West and Lynn H. Turner, *Introducing Communication Theory* (Boston: McGraw Hill, 2007), pp. 152–153.

[21]Jo-Ellan Dimitrius and Mark Mazzarella, *Reading People: How to Understand People and Predict Their Behavior—Anytime, Anyplace* (New York: Ballantine, 1999), p. 52.

[22]Jeannette Catsoulis, "Look but Don't Touch: It's All About the Hair," *The New York Times*, October 8, 2009, http://movies.nytimes.com/2009/10/09/movies/09hair.html; See also "Chris Rock, Official Trailer, *Good Hair*," *YouTube*, July 31, 2009, http://www.youtube.com/watch?v=1m-4qxz08So&noredirect=1.

[23]Tourism New Zealand, "Maori Culture," http://www.newzealand.com/travel/media/features/maori-culture/maori_ta_moko_significance_feature.cfm.

[24]Virginia Peck Richmond, James C. McCroskey, and Mark L. Hickson III, Nonverbal *Behavior in Interpersonal Relationships*, 7th ed. (Boston: Pearson, 2012), p. 19.

[25]The Week Staff, "America's Booming Tattoo Economy," *The Week*, September 20, 2012, http://theweek.com/article/index/233633/the-tattoo-economy-by-the-numbers. Sources: *Harris Interactive, Mental Floss, The Motley Fool, NBC News, Pew Research Center, Tattoo Info, The Wall Street Journal*.

[26]The Week Staff, "America's Booming Tattoo Economy," *The Week*, September 20, 2012, http://theweek.com/article/index/233633/the-tattoo-economy-by-the-numbers. Sources: *Harris Interactive, Mental Floss, The Motley Fool, NBC News, Pew Research Center, Tattoo Info, The Wall Street Journal*.

[27]Harris Poll. "Three in Ten Americans with Tattoos Say Having One Makes Them Feel Sexier," *HarrisInteractive*, February 12, 2008, http:harrisinteractive.com/harris_poll.

[28]"Dress Codes, Tattoos and Piercings," June 4, 2008, Employee Rights Blog, http://employeeissues.com/blog/body-art-dress-code.

[29]"Dress Codes, Tattoos and Piercings," June 4, 2008, Employee Rights Blog, http://employeeissues.com/blog/body-art-dress-code.

[30]David Brooks, "Nonconformity Is Skin Deep," *The New York Times*, August 27, 2006, p. WK11.

[31]Oren Dorell, "Cover Up Your Tattoos, Some Employees Told," *USA Today*, October 31, 2008, p. 3A.

[32]Freezy, "Video: Sesame Street Makes 'I Love My Hair' for Young Black Girls," *FREESWORLD* (Marie 'Free' Wright), October 18, 2010, http://www.freesworld. com/2010/10/18/video-sesame-street-makes-i-love-my-hair-for-young-black-girls/.

[33]Mark L. Knapp, Judith A. Hall, and Terrence G. Horgan, *Nonverbal Communication in Human Interaction*, 8th ed. (Boston: Wadsworth, 2014), p. 220.

[34]Paul Ekman and Wallace V. Friesen, "Hand Movements," in Laura K. Guerrero, Joseph A. DeVito, and Michael L. Hecht (Eds.), *The Nonverbal Communication Reader: Classic and Contemporary Readings*, 2nd ed. (Long Grove, IL: Waveland Press, 2008), pp. 105–108. The original article, "Hand Movements," was published in the *Journal of Communication* 22 (1972): 353–374.

[35]Roger E. Axtell, *Do's and Taboos Around the World*, 2nd ed. (New York: John Wiley and Sons, 1990), p. 47.

[36]Laura K. Guerrero, Joseph A. DeVito, and Michael L. Hecht, "Section D. Contact Codes: Proxemics and Haptics," in Laura K. Guerrero, Joseph A. DeVito, and Michael L. Hecht (Eds.), *The Nonverbal Communication Reader: Classic and Contemporary Readings*, 2nd ed. (Long Grove, IL: Waveland Press, 2008), p. 174.

[37]Virginia Peck Richmond, James C. McCroskey, and Mark L. Hickson III, *Nonverbal Behavior in Interpersonal Relationships*, 7th ed. (Boston: Pearson, 2012), p. 189.

[38]Quoted in Benedict Carey, "Evidence That Little Touches Do Mean So Much," *The New York Times*, February 23, 2010, p. D5, http://www.nytimes.com/2010/02/23/health/23mind. html.

[39]Matthew J. Hertenstein et al., "Touch Communicates Distinct Emotions," *Emotion* 6 (2006): 552.

[40]Larry Smeltzer, John Waltman, and Donald Leonard, "Proxemics and Haptics in Managerial Communication" in Laura K. Guerrero and Michael L. Hecht (Eds.), *The Nonverbal Communication Reader: Classic and Contemporary Readings*, 3rd ed. (Long Grove, IL: Waveland Press, 2008), p. 190.

[41]Joseph B. Walther and K. P. D'Addario, "The Impacts of Emoticons on Message Interpretation in Computer-Mediated Communication" Paper presented at the meeting of the International Communication Association, Washington, DC, May 2001.

[42]Amy Ip, "The Impact of Emoticons on Affect Interpretation in Instant Messages," anysmile.com/doc/emoticon_paper.pdf.

[43]Thomas Mandel and Gerard Van der Leun, *Rules of the Net: Online Operating Instructions for Human Beings* (New York: Hyperion, 1996), p. 92.

[44]Sumathi Reddy, "A Genuine Grin Can Help the Heart: Is Polite Facing Enough to Benefits?" *The Wall Street Journal*, February 25, 2013, p. D3, http://online.wsj.com/article/SB1000 14241278873236997045783263636601444362.html.

[45]Sumathi Reddy, "Stress-Busting Smile: A Genuine Grin Can Help the Heart; Is Polite Faking Enough to See Benefits?" *The Wall Street Journal*, February 25, 2013, p. D4, http://online.wsj.com/article/SB10001424127887323699704578326363601444362.html.

[46]Paul Ekman and Wallace V. Friesen, *Unmaking the Face: A Guide to Recognizing Emotions from Facial Cues* (Englewood Cliffs, NJ: Prentice Hall, 1975).

[47]Gerald W. Grumet, "Eye Contact: The Core of Interpersonal Relatedness," in Laura K. Guerrero and Michael L. Hecht (Eds.), *The Nonverbal Communication Reader: Classic and Contemporary Readings*, 3rd ed. (Long Grove, IL: Waveland Press, 2008), pp. 125–126.

[48]Ben Jones and Lisa DeBruine, Institute of Neuroscience and Psychology, University of Glasgow, Scotland, http://facelab.org; James Randerson, "Love at First Sight Just Sex and Ego, Study Says," *The Guardian*, November 6, 2007, http://www.guardian.co.uk/science/2007/nov/07/.

[49]"Famous Quotes and Savings About Eyes," *Buzzle*, http://www.buzzle.com/articles/famous-quotes-and-sayings-about-eyes.html.

[50]Guo-Ming Chen and William J. Starosta, *Fundamentals of Intercultural Communication* (Boston: Allyn & Bacon, 1998), p. 91.

[51]Summary of eye behavior research from Virginia Peck Richmond, James C. McCroskey, and Mark L. Hickson III, *Nonverbal Behavior in Interpersonal Relations*, 7th ed. (Boston: Pearson, 2012), p. 102.

[52]Centers for Disease Control and Prevention, *Intimate Partner Violence: Fact Sheet*, http://www.cdc.gov/violenceprevention/pdf/IPV_factsheet-a.pdf.

[53]ABC News, "Battle of the Sexes: Spousal Abuse Cuts Both Ways," February 7, 2004, http://abcnews.go.com/sections/2020/dailynews/2020_batteredhusbands030207.html.

[54]Eric F. Sygnatur and Guy A. Toscano, "Work-Related Homicides: The Facts," *Compensation and Working Conditions*, Spring 2000, http://bls.gov/opub/cwc/archive/spring2000art1. pdf.

[55]National Communication Association, Credo for Ethical Communication, 1999, http://www.natcom.org/nca/Template2.asp?bid=374.

참고문헌

[56]Lyle V. Mayer, *Fundamentals of Voice and Diction*, 13th ed. (Boston: McGraw Hill, 2004), p. 229.

[57]Virginia Peck Richmond, James C. McCroskey, and Mark L. Hickson III, *Nonverbal Behavior in Interpersonal Relationships*, 7th ed. (Boston: Pearson, 2012), p. 108–110.

[58]Nina-Jo Moore, Mark Hickson, III, and Don W. Stacks, *Nonverbal Communication, Studies and Application*, 5th ed. (New York: Oxford, 2010), p. 293.

[59]Mark L. Knapp, Judith A. Hall, and Terrence G. Horgan, *Nonverbal Communication in Human Interaction*, 8th ed. (Boston: Wadsworth, 2014), pp. 94–97; Nina-Jo Moore, Mark Hickson, III, and Don W. Stacks, *Nonverbal Communication, Studies and Application*, 5th ed. (New York: Oxford, 2010), p. 117.

[60]Mark L. Knapp, Judith A. Hall, and Terrence G. Horgan, *Nonverbal Communication in Human Interaction*, 8th ed. (Boston: Wadsworth, 2014), pp. 94–97; Nina-Jo Moore, Mark Hickson, III, and Don W. Stacks, *Nonverbal Communication, Studies and Application*, 5th ed. (New York: Oxford, 2010), p. 117.

[61]Judith Newman "Inside the Teenage Brain," *Parade Magazine*, November 28, 2010, http://www.parade.com/news/2010/11/28-inside-the-teenage.html; See also National Institute of Mental Health, "Teenage Brain: A Work in Progress (Fact Sheet)," http://www.nimh.nih.gov/health/publications/teenage-brain-a-work-in-progress-fact-sheet/index.shtml.

[62]William D. S. Killgore and Deborah A. Yurgelun-Todd, "Neural Correlates of Emotional Intelligence in Adolescent Children," *Cognitive, Affective and Behavioral Neuroscience*, 7 (2007): 140–151; Deborah A. Yurgelun-Todd and William D. Killgore, "Fear-related Activity in the Prefrontal Cortex Increases with Age During Adolescence: A Preliminary MRI Study," *Neuroscience Letters* 406 (2006): 194–199.

[63]Interview: Deborah Yurgelun-Todd, "Inside the Teenage Brain," *Frontline*, January 31, 2002, http://www.pbs.org/wgbh/pages/frontline/shows/teenbrain/interviews/todd.html.

[64]Allan Pease and Barbara Pease, *The Definitive Book of Body Language* (New York: Bantam, 2004), pp. 193–194.

[65]Edward T. Hall, *The Hidden Dimension* (Garden City, NY: Doubleday, 1966).

[66]Nina-Jo Moore, Mark Hickson, III, and Don W. Stacks, *Nonverbal Communication, Studies and Application*, 5th ed. (New York: Oxford, 2010), p. 192.

[67]Rita Gorawara-Bhat, Mary Ann Cook, and Greg A. Sachs, "Nonverbal Communication in Doctor-Elderly Patient Transactions (NDEPT): Development of a Tool," *Patient Education and Counseling* 66 (2007): 223–234. Quoted in Nina-Jo Moore, Mark Hickson III, Don W. Stacks, *Nonverbal Communication: Studies and Applications*, 5th ed. (New York: Oxford, 2010), p.193.

[68]Jeffrey D. Robinson, "Nonverbal Communication in Doctor-Patient Relationships," in Laura K. Guerrero and Michael L. Hecht (Eds.), *The Nonverbal Communication Reader: Classic and Contemporary Readings*, 3rd ed. (Long Grove, IL: Waveland Press, 2008), pp. 384–394. Summarized in Judee K. Burgoon, Laura K. Guerroro, and Kory Floyd, *Nonverbal Communication* (Boston: Allyn & Bacon, 2010), p. 323.

[69]Laura Landro, "The Talking Cure: Improving the Ways Doctors Communicate with Their Patients Can Lead to Better Health Care—and Lower Costs," *The Wall Street Journal*, April 9, 2013, pp. R1–R2.

[70]Stacy L. Young, Dawn M. Kelsey, and Alexander L. Lancaster, *Communication Currents* 6 (October 2011). The original article is: Stacy L. Young, Dawn M. Kelsey, and Alexander L. Lancaster, "Predicted Outcome Value of E-mail Communication: Factors That Foster Professional Relational Development Between Students and Teachers," *Communication Education* 60 (2011): 371–388.

[71]Virginia Peck Richmond, James C. McCroskey, and Mark L. Hickson III, *Nonverbal Behavior in Interpersonal Relationships*, 7th ed. (Boston: Pearson, 2012), pp. 263-283.

[72]Nina-Jo Moore, Mark Hickson, III, and Don W. Stacks, *Nonverbal Communication, Studies and Application*, 5th ed. (New York: Oxford, 2010), p. 375.

[73]Timothy G. Plax and Patricia Kearney, "Classroom Management: Contending with College Student Discipline," in Anita L. Vangelisti, John A. Daly, and Gustav W. Friedrich (Eds.), *Teaching Communication: Theory, Research, and Methods*, 2nd ed. (Mahwah, NJ: Lawrence Erlbaum, 1999), p. 276.

[74]Brian H. Spitzberg, "CSRS: The Conversational Skills Rating Scale—An Instructional Assessment of Interpersonal Competence," in the *NCA Diagnostic Series*, 2nd ed. (Washington, D.C.: National Communication Association, 2007). See applications to nonverbal communication in Brian H. Spitzberg, "Perspectives on Nonverbal Communication Skills," in Laura K. Guerrero and Michael L. Hecht (Eds.), *The Nonverbal Communication Reader: Classic and Contemporary Readings*, 3rd ed. (Long Grove, IL: Waveland Press, 2008), pp. 21–26.

제7장

[1]Social Network, *Internet Movie Database* (IMDb), http://www.imdb.com/title/tt1285016/.

[2]Kirk Honeycutt, "The Social Network—Film Review," *Hollywood Reporter*, October 12, 2010, http://www.hollywoodreporter.com/movie/social-network/review/6050.

[3]Malcolm R. Parks, *Personal Relationships and Personal Networks* (Mahwah, NJ: Lawrence Erlbaum Associates, 2007), p. 1.

[4]Student Health Services, "Developing Healthy Relationships," University of Indianapolis, http://healthservices.uindy.edu/counseling/coRelation.php.

[5]David W. Johnson, *Reaching Out: Interpersonal Effectiveness and Self-Actualization*, 7th ed. (Boston: Allyn & Bacon, 2000), p. 12.

[6]Daniel Goleman, "'Friends for Life': An Emerging Biology of Emotional Healing," *The New York Times*, October 10, 2006, p. D5. For a more detailed examination of this phenomenon, see Daniel Goleman, *Social Intelligence* (New York: Bantam, 2006), p. 10.

[7]John M. Gottman with Joan De Claire, *The Relationship Cure* (New York: Three Rivers

Press, 2001), p. 23.

[8]Henry Alford, "Twitter Shows Its Rude Side," *The New York Times*, April 28, 2013, p. ST2, http://www.nytimes.com/2013/04/28/fashion/nasty-comments-on-twitter.html?pagewanted=all&_r=0.

[9]See Kate Loveys, "5,000 Friends on Facebook: Scientists Prove 150 Is the Most We Can Cope With," Daily Mail, http://www.dailymail.co.uk/news/article-1245684/5-000-friends-Facebook-Scientists-prove-150-cope-with.html; Robin Dunbar, "You've Got to Have (150) Friends," *The New York Times*, December 26, 2010, http://www.nytimes.com/2010/12/26/opinion/26dunbar.html; Aleks Krotoski, "Dunbar: We Can Only Ever Have 150 Friends at Most," *The Guardian/Observer*, March 13, 2010; Note: Although some researchers have argued that the number may be double 150, it certainly does not approach the thousands of people social media users claim as friends.

[10]George Anders, "Oxford Scholar: Your 1,000 Friends on Facebook Are a Mirage," *Forbes*, July 18, 2012, http://www.forbes.com/sites/georgeanders/2012/07/18/oxford-scholar-facebook-wont-widen-your-social-circle.

[11]Path: The place for your personal life. https://path.com/about, 2013.

[12]Mike Isaac, "New Social Network Path = iPhone + Instagram + Facebook - 499,999,950 Friends," *Forbes*, November 14, 2010, http://www.forbes.com/sites/mikeisaac/2010/11/14/new-social-network-path-iphone-instagram-facebook-499999950-friends.

[13]Mike Isaac, "Path Does Not Spam Users: Dave Morin Talks About the Hyper-Growth Pains of a Personal Network," *All Things Considered*, May 6, 2013, http://allthingsd.com/20130506/the-hyper-growth-pains-of-path-the-personal-network.

[14]Michael Poh, "7 Telltale Signs of Facebook Addiction," *Hongkiat*, 2012, http://www.hongkiat.com/blog/facebook-addiction-signs.

[15]Michael W. Austin, "Facebook Addiction?," *Psychology Today*, February 20, 2012, www.psychologytoday.com/blog/ethics-everyone/201202/facebook-addiction.

[16]Based on James C. McCroskey and Thomas A. McCain, "The Measurement of Interpersonal Attraction," *Speech Monographs* 41 (1974): 261–266.

[17]William Schutz, *The Human Element: Productivity, Self-Esteem, and the Bottom Line* (San Francisco: Jossey-Bass, 1994).

[18]In more recent works, Schutz refers to this need as *openness*. However, we find that students understand this concept better when we use Schutz's original term—*affection*.

[19]Daniel Menaker, *A Good Talk: The Story and Skill of Conversation* (New York: Hatchette Book Groups, 2010), p. 1.

[20]Corry Huff, "The Telephone Is Social Media," 2013, http://www.coryhuff.com/the-telephone-is-social.media.

[21]"What Drives Co-Workers Crazy," *The Week*, February 23, 2007, p. 40.

[22]"What Drives Co-Workers Crazy," *The Week*, February 23, 2007, p. 40.

[23]"What Drives Co-Workers Crazy," *The Week*, February 23, 2007, p. 40. See also "Proper Cell Phone Etiquette," www.cellphonecarriers.com/cell-phone-etiquette.html.

[24]Daniel Menaker, *A Good Talk: The Story and Skill of Conversation*, (New York: Hatchette Book Groups, 2010), p. 182.

[25]Maria J. O'Leary and Cynthia Gallois, "The Last Ten Turns in Conversations Between Friends and Strangers," in Laura K. Guerrero, Joseph A. DeVito, and Michael L. Hecht (Eds.), *The Nonverbal Communication Reader: Classic and Contemporary Readings*, 2nd ed. (Prospect Heights, IL: Waveland Press, 1999), pp. 415–421.

[26]Wendy Samter, "Friendship Interaction Skills Across the Life Span," in John O. Greene and Brant R. Burleson (Eds.), *Handbook of Communication and Social Interaction Skills* (Mahwah, NJ: Lawrence Erlbaum, 2003), p. 641.

[27]Sandra Petronio, *Boundaries of Privacy: Dialectics of Disclosure* (Albany: State University of New York Press, 2003), pp. 5–6.

[28]Wendy Samter, "Friendship Interaction Skills Across the Life Span," in John O. Greene and Brant R. Burleson (Eds.), *Handbook of Communication and Social Interaction Skills* (Mahwah, NJ: Lawrence Erlbaum, 2003), p. 661.

[29]William K. Rawlins, *Friendship Matters: Communication, Dialects, and the Life Course*, (New York: Aldine De Gruyter, 1992), p. 105.

[30]Wendy Samter, "Friendship Interaction Skills Across the Life Span," in John O. Greene and Brant R. Burleson (Eds.), *Handbook of Communication and Social Interaction Skills* (Mahwah, NJ: Lawrence Erlbaum, 2003), p. 662.

[31]William K. Rawlins, *Friendship Matters: Communication, Dialects, and the Life Course* (New York: Aldine De Gruyter, 1992), p. 181.

[32]Mark C. Knapp and Anita L. Vangelisti, *Interpersonal Communication and Human Relationships* (Boston: Allyn & Bacon, 1996), pp. 34–35.

[33]Kathryn Dindia and Lindsay Timmerman, "Accomplishing Romantic Relationships," in John O. Greene and Brant R. Burleson (Eds.), *Handbook of Communication and Social Interaction Skills* (Mahwah, NJ: Lawrence Erlbaum, 2003), pp. 694–697.

[34]Mark C. Knapp and Anita L. Vangelisti, *Interpersonal Communication and Human Relationships* (Boston: Allyn & Bacon, 1996), pp. 33–44.

[35]Richard Layard, *Happiness: Lessons from a New Science* (New York: Penguin Books, 2005), p. 66.

[36]Mark C. Knapp and Anita L. Vangelisti, *Interpersonal Communication and Human Relationships* (Boston: Allyn & Bacon, 1996), p. 34.

[37]Yageneh June Torbati, "Census: Fewer Than 10 Percent of City Households Are Nuclear Families," *The Baltimore Sun*, December 18, 2010, http://articles.baltimoresun.com/2010-12-18/news/bs-md-census-households-20101217_1_nuclear-families-census-data-young-professionals.

[38]Lynn H. Turner and Richard West, *Perspectives on Family Communication*, 2nd ed. (Boston: McGraw Hill, 2002), p. 8.

[39]Based on family types in Lynn H. Turner and Richard West, *Perspectives on Family Communication*, 2nd ed. (Boston: McGraw Hill, 2002), p. 33 and pp. 18–37.

[40]Judith R. Harris as quoted in several online chats and interviews. See *The Washing-

ton Post's online chat, September 30, 1998, http://discuss.washingtonpost.com/wp-srv/zforum/98/harris093098.html; *Edge* 58, June 29, 1999, www.edge.org/documents/archive/edge58.html.

[41]Judith Rich Harris, "Where Is the Child's Environment? A Group Socialization Theory of Development," *Psychological Review* 102 (1995): 462, 469.

[42]"Blame Your Peers, Not Your Parents, Authors Says," *APA Monitor*, October 1998, www.snc.edu/psych/korshavn/peer01.html.

[43]For analysis and criticism of Harris's research, see Craig H. Hart, Lloyd D. Newell, and Susanne Frost Olsen, "Parenting Skills and Social–Communicative Competences in Childhood," in John O. Greene and Brant R. Burleson (Eds.), *Handbook of Communication and Social Interaction Skills* (Mahwah, NJ: Lawrence Erlbaum, 2003), pp. 774–776.

[44]Janet Maslin, "But Will It All Make 'Tiger Mom' Happy?," *The New York Times*, January 20, 2011, http://www.nytimes.com/2011/01/20/books/20book.html?_r=1.

[45]David Brooks, "Amy Chua Is a Wimp," *The New York Times*, January 17, 2011, http://www.nytimes.com/2011/01/18/opinion/18brooks.html.

[46]Paul Tough, "The Character Test," *The New York Times Magazine*, September 18, 2011, p. 40, http://www.nytimes.com/2011/10/02/magazine/reply-all-the-character-test.html.

[47]Lynn H. Turner and Richard West, *Perspectives on Family Communication*, 2nd ed. (Boston: McGraw Hill, 2002), pp. 125–126.

[48]Lynn H. Turner and Richard West, *Perspectives on Family Communication*, 2nd ed. (Boston: McGraw Hill, 2002), pp. 126–127.

[49]Lynn H. Turner and Richard West, *Perspectives on Family Communication*, 2nd ed. (Boston: McGraw Hill, 2002), p. 134.

[50]Tina Rosenberg, "The Power of Talking to Baby," *The New York Times*, April 14, 2013, p. YT8, http://opinionator.blogs.nytimes.com/2013/04/10/the-power-of-talking-to-your-baby.

[51]Tina Rosenberg, "The Power of Talking to Baby," *The New York Times*, April 14, 2013, p. YT8, http://opinionator.blogs.nytimes.com/2013/04/10/the-power-of-talking-to-your-baby.

[52]Malcolm R. Parks, "Ideology in Interpersonal Communication: Off the Couch and into the World," in Michael Burgoon (Ed.), *Communication Yearbook 5* (New Brunswick, NJ: Transaction Books, 1982), pp. 79–107.

[53]Joseph Luft, *Group Process: An Introduction to Group Dynamics*, 3rd ed. (Palo Alto, CA: Mayfield, 1984).

[54]Joseph Luft, *Group Process: An Introduction to Group Dynamics*, 3rd ed. (Palo Alto, CA: Mayfield, 1984).

[55]David W. Johnson, *Reaching Out: Interpersonal Effectiveness and Self-Actualization*, 7th ed. (Boston: Allyn & Bacon, 2000), p. 47.

[56]Joseph Luft, *Group Process: An Introduction to Group Dynamics*, 3rd ed. (Palo Alto, CA: Mayfield, 1984).

[57]Joseph Luft, *Group Process: An Introduction to Group Dynamics*, 3rd ed. (Palo Alto, CA: Mayfield, 1984), pp. 58–59.

[58]For more information on self-disclosure skills, see David W. Johnson, *Reaching Out: Interpersonal Effectiveness and Self-Actualization*, 7th ed. (Boston: Allyn & Bacon, 2000), pp. 59–61.

[59]Jack R. Gibb, "Defensive Communication," *Journal of Communication* 2 (1961): 141–148.

[60]Irvin Altman and Dalmas Taylor, *Social Penetration: The Development of Interpersonal Relationships* (New York: Holt, Rinehart, and Winston, 1973).

[61]Walid A. Afifi and Laura K. Guerrero, "Motivations Underlying Topic Avoidance in Close Relationships," in Sandra Petronio (Ed.), *Balancing the Secrets of Private Disclosure* (Mahwah, NJ: Lawrence Erlbaum, 2000), p. 168.

[62]See *Shrek*, DreamWorks, 2003.

[63]David W. Johnson, *Reaching Out: Interpersonal Effectiveness and Self-Actualization*, 7th ed. (Boston: Allyn & Bacon, 2000), p. 61.

[64]The original Gibb article was published in 1961 without references or explanations of the research methodology. Although Gibb's climate categories are interesting, researchers have concluded, "the confidence placed in Gibb's theory of supportive and defensive communication as currently construed has been facile and empirically unwarranted." See Gordon Forward and Kathleen Czech, "Why (Most) Everything You Think You Know About Gibb's Supportive and Defensive Communication Climate May be Wrong and What To Do About It," Paper presented to the Small Group Communication Division at the National Communication Association Convention, San Diego, 2008, p. 16; Gordon L. Forward, Kathleen Czech, and Carmen M. Lee, "Assessing Gibb's Supportive and Defensive Communication Climate: An Examination of Measurement and Construct Validity," *Communication Research Reports* 28 (2011): 1–15.

[65]Based on Jack R. Gibb, "Defensive Communication," *Journal of Communication* 2 (1961): 141–148; See also http://lynn_meade.tripod.com/id61_m.htm.

[66]Robert Plutchik, *Emotions: A Psychoevolutionary Synthesis* (New York: Harper and Row, 1980).

[67]Daniel Goleman, *Working with Emotional Intelligence* (New York: Bantam Books, 1998), p. 317.

[68]Peter Salovey and John D. Mayer, "*Emotional Intelligence, Imagination, Cognition, and Personality* 9 (1990): 185-211. On p. 189, Salovey and Mayer define emotional intelligence as "the ability to monitor one's own and others' feelings and emotions, to discriminate among them and to use this information to guide one's thinking and actions."

[69]Robert Plutchik, "Emotions: A General Psychoevolutionary Theory," in K. R. Scherer and Paul Ekman (Eds.), *Approaches to Emotion* (Mahwah, NJ: Lawrence Erlbaum, 1984), p. 203.

[70]See Daniel Goleman, *Emotional Intelligence: Why It Can Matter More Than IQ* (New York: Bantam, 1995); Daniel Goleman, *Working with Emotional Intelligence* (New York: Bantam Books, 1998); Hendrie Weisinger, *Emotional Intelligence at Work* (San Francisco: Jossey-Bass, 1998).

[71]Daniel Goleman, *Emotional Intelligence: Why It Can Matter More Than IQ*, (New York: Bantam, 1995), pp. 27–28. See also Antonio R. Damasio, *Descartes' Error: Emotion, Reason, and the Human Brain* (New York: Quill, 2000).

[72]Daniel Goleman, *Emotional Intelligence: Why It Can Matter More Than IQ*, (New York: Bantam, 1995), pp. 27–28. See also Antonio R. Damasio, *Descartes' Error: Emotion, Reason, and the Human Brain* (New York: Quill, 2000).

[73]Terri Orbuch, "Relationship Rescue: Jealousy Can Eat Away at Happiness: Distinguishing Different Kinds of Jealousy," New Avenue, *Huffington Post*, July 2, 2012, http://www.huffingtonpost.com/2012/06/30/relationship-rescue-jealousy_n_1639878.html; Terri Orbuch, "Jealousy in New Relationships," The Love Doctor, *Psychology Today*, July 16, 2010, http://www.psychologytoday.com/blog/the-love-doctor/201007/jealousy-in-new-relationships; Jennifer L. Bevin, *The Communication of Jealousy* (New York: Peter Lang, 2013).

[74]Terri Orbuch, "Jealousy in New Relationships," The Love Doctor, *Psychology Today*, July 16, 2010, http://www.psychologytoday.com/blog/the-love-doctor/201007/jealousy-in-new-relationships.

[75]Cambridge University Press Media Release, "Hardwired for Jealousy: Stalkers' Brains Could Be Programmed for Obsession, New Research Shows," December 13, 1012, http://www.cambridge.org/about-us/media/press-releases/hardwired-jealousy-research.

[76]Laura K. Guerrero and Peter A. Andersen, "The Dark Side of Jealousy and Envy: Desire, Delusions, Desperation, and Destructive Communication," in Brian H. Spitzberg and William R. Cupach (Eds.), *The Dark Side of Close Relationships* (Mahwah, NJ: Lawrence Erlbaum Associates, 1998), pp. 55, 66.

[77]Terry Orbuch, "Relationships Rescue: Jealousy Can Eat Away at Happiness," Next Avenue, *Huffington Post*, July 2, 2012, http://www.huffingtonpost.com/2012/06/30/relationship-rescue-jealousy_n_1639878.html.

[78]Based on Laura K. Guerrero et al., "Coping with the Green-Eyed Monster: Conceptualizing and Measuring Communicative Responses to Romantic Jealousy," *Western Journal of Communication* 59 (1995): 270–304; Laura K. Guerrero and Walid Afifi, "Toward a Goal-Oriented Approach for Understanding Communicative Responses to Jealousy," *Western Journal of Communication* 63 (1999): 216–248. The three communication strategies are labeled as follows in these articles: Integrative Communication, Compensatory Restoration, and Negative Affect Expression.

[79]Terri Orbuch, "Relationship Rescue: Jealousy Can Eat Away At Happiness: Distinguishing Different Kinds of Jealousy," New Avenue, *Huffington Post*, July 2, 2012, http://www.huffingtonpost.com/2012/06/30/relationship-rescue-jealousy_n_1639878.html; Terri Orbuch, "Jealousy in New Relationships," The Love Doctor, *Psychology Today*, July 16, 2010, http://www.psychologytoday.com/blog/the-love-doctor/201007/jealousy-in-new-relationships; Jennifer L. Bevan, *The Communication of Jealousy* (New York: Peter Lang, 2013).

[80]Brant R. Burleson, "Emotional Support Skills," in John O. Greene and Brant R. Burleson (Eds.), *Handbook of Communication and Social Interaction Skills* (Mahwah, NJ: Lawrence Erlbaum, 2003), p. 552.

[81]Graham D. Bodie et al, "The Temporal Stability and Situational Contingency of Active-Empathic Listening," *Western Journal of Communication* 77 (2013): 126. See also Christopher C. Gearhart and Graham D. Bodie, "Active-Empathic Listening as a General Social Skill: Evidence from Bivariate and Canonical Correlations," *Communication Reports* 24 (2011): 86–98.

[82]Based on Graham D. Bodie et al, "The Temporal Stability and Situational Contingency of Active-Empathic Listening," *Western Journal of Communication* 77 (2013): 119.

[83]Brant R. Burleson, "Emotional Support Skills," in John O. Greene and Brant R. Burleson (Eds.), *Handbook of Communication and Social Interaction Skills* (Mahwah, NJ: Lawrence Erlbaum, 2003), pp. 589–681.

[84]Brant R. Burleson, Amanda J. Holmstrom, and Cristina M. Gilstrap, "Guys Can't Say *That* to Guys: Four Experiments Assessing the Normative Motivation Account for Deficiencies in the Emotional Support Provided by Men," *Communication Monographs* 72 (2005): 582.

[85]Brant R. Burleson, "Emotional Support Skills," in John O. Greene and Brant R. Burleson (Eds.), *Handbook of Communication and Social Interaction Skills* (Mahwah, NJ: Lawrence Erlbaum, 2003), p. 553.

[86]Susan M. Jones and John G. Wirtz, "How Does the Comforting Process Work? An Empirical Test of an Appraisal-Based Model of Comforting," *Human Communication Research* 32 (2006): 217.

[87]National Communication Association Credo for Ethical Communication, www.natcom.org/aboutNCA/Policies/Platform.html.

[88]Paula S. Tompkins, *Practicing Communication Ethics* (Boston: Allyn & Bacon, 2011), p. 83.

[89]Elaine E. Englehardt, "Introduction to Ethics in Interpersonal Communication," in Elaine E. Englehardt (Ed.), *Ethical Issues in Interpersonal Communication* (Fort Worth, TX: Harcourt, 2001), pp. 1–25; Carol Gilligan, "Images of Relationship," and Nel Noddings, "An Ethics of Care," in Elaine E. Englehardt (Ed.), *Ethical Issues in Interpersonal Communication* (Fort Worth, TX: Harcourt, 2001), pp. 88–96 and 96–103.

[90]Brant R. Burleson, "Emotional Support Skills," in John O. Greene and Brant R. Burleson (Eds.), *Handbook of Communication and Social Interaction Skills* (Mahwah, NJ: Lawrence Erlbaum, 2003), p. 583.

[91]Daniel Goleman, "Friends for Life: An Emerging Biology of Emotional Healing," *The New York Times*, October 10, 2006, p. D5. Also see, Daniel Goleman, *Social Intelligence* (New York: Bantam, 2006).

[92]Nicholas Bakalar, "Five-Second Touch Can Convey Specific Emotions, Study Finds," *The New York Times*, August 11, 2009, p. D3, http://www.nytimes.com/2009/08/11/

science/11touch.html&gt.

[93]Daniel Goleman, *Social Intelligence* (New York: Bantam, 2006), p. 243.

[94]Martin S. Remland, *Nonverbal Communication in Everyday Life*, 2nd ed. (Boston: Houghton Mifflin, 2003), p. 330.

[95]Based on Daniel Goleman, *Working with Emotional Intelligence* (New York: Bantam Books, 1998), pp. 26, 27; Hendrie Weisinger, *Emotional Intelligence at Work* (San Francisco: Jossey-Bass, 1998); Daniel Goleman, *Emotional Intelligence: Why It Can Matter More Than IQ* (New York: Bantam, 1995).

제8장

[1]Diane Vaughan, *Uncoupling: How Relationships Come Apart* (New York: Vintage, 1986), p. 3.

[2]Ellie Lisitsa, "The Positive Perspective: Dr. Gottman's Magic Ratio!" *The Gottman Institute Relationship Blog*, December 3, 2012, http://www.gottmanblog.com/2012/12/the-positive-perspective-dr-gottmans.html.

[3]Based on Richard West and Lynn H. Turner, *Introducing Communication Theory*, 2nd ed. (New York: McGraw-Hill, 2004), p. 215. See also Dominic A. Infante, Andrew S. Rancer, and Deanna F. Womack, *Building Communication Theory*, 4th ed. (Prospect Heights, IL: Waveland, 2003), pp. 212–214; Leslie A. Baxter, "Dialectical Contradictions in Relationships Development," *Journal of Social and Personal Relationships* 6 (1990): 69–88.

[4]Leslie A. Baxter and Barbara M. Montgomery, *Relating: Dialogues and Dialectics* (New York: Guilford Press, 1996), p. 19.

[5]Leslie A. Baxter and Barbara M. Montgomery, *Relating: Dialogues and Dialectics* (New York: Guilford Press, 1996), p. 5.

[6]See Leslie A. Baxter, "A Dialectical Perspective on Communication Strategies in Relationship Development," in Steve Duck (Ed.), *Handbook of Personal Relationships* (New York: Wiley, 1990), pp. 257–273.

[7]Lawrence B. Rosenfeld, "Overview of the Ways Privacy, Secrecy, and Disclosure Are Balanced in Today's Society," in Sandra Petronio (Ed.), *Balancing the Secrets of Private Disclosures* (Mahwah: NJ: Lawrence Erlbaum, 2000), p. 5.

[8]Richard West and Lynn H. Turner, *Introducing Communication Theory*, 3rd ed. (New York: McGraw-Hill, 2007), p. 203.

[9]Abigail A. Baird, *THINK Psychology* (Upper Saddle River, NJ: Prentice Hall, 2010), p. 4.

[10]Isabel B. Myers with Peter B. Myers, *Gifts Differing: Tenth Anniversary Edition* (Palo Alto, CA: Consulting Psychologists, 1990).

[11]Annie Murphy Paul, *The Cult of Personality* (New York: Free Press, 2004), pp. 125–127.

[12]Exercise caution in accepting and applying psychological theories as "laws" of interpersonal communication. Also note, "Most people's personalities, psychologists note, do not fall neatly into one category or another, but occupy some intermediate zone.... [Nor are these traits necessarily] inborn or immutable types," Annie Murphy Paul, *The Cult of Personality*, (New York: Free Press, 2004), pp. 125–127.

[13]Robert E. Levasseur, *Breakthrough Business Meetings: Shared Leadership in Action* (Holbrook, MA: Bob Adams, 1994), p. 79.

[14]Carl E. Larson and Frank M. J. LaFasto, *TeamWork: What Must Go Right/What Can Go Wrong* (Newbury Park, CA: Sage, 1989), p. 63.

[15]This non-validated instrument is a compilation of Myers-Briggs Type Indicator traits based on Isa N. Engleberg's analysis, background, and experience as a certified Myers-Briggs Type Indicator˚ trainer and a synthesis of MBTI resources (© Isa N. Engleberg). The authorized Myers-Briggs Type Indicator˚ instrument is for licensed use only by qualified professionals whose qualifications are on file and have been accepted by Consulting Psychologists Press, Inc.

[16]Otto Kroeger and Janet M. Thuesen, *Type Talk: Or How to Determine Your Personality Type and Change Your Life* (New York: Delacorte, 1988), p. 80.

[17]Dudley Weeks, *The Eight Essential Steps to Conflict Resolution*, (New York: Putnam, 1992), p. 7.

[18]Ronald T. Potter-Efron, *Work Rage: Preventing Anger and Resolving Conflict on the Job* (New York: Barnes and Noble Books, 2000), pp. 22–23.

[19]Kenneth Cloke and Joan Goldsmith, *Resolving Conflicts at Work: A Complete Guide for Everyone on the Job* (San Francisco: Jossey-Bass, 2000), p. 23.

[20]See Kenneth W. Thomas and Ralph W. Kilmann, "Developing a Forced-Choice Measure of Conflict-Handling Behavior: The MODE Instrument," *Educational Psychological Measurement* 37 (1977): 390–395; William W. Wilmot and Joyce L. Hocker, *Interpersonal Conflict*, 7th ed. (New York: McGraw-Hill, 2007), pp. 130–175; Dudley D. Cahn and Ruth Anna Abigail, *Managing Conflict Through Communication*, 5th ed. (Boston: Pearson, 2014), pp. 29–54.

[21]Isa N. Engleberg and Dianna R. Wynn, *Working in Groups: Communication Principles and Strategies*, 6th ed. (Boston: Pearson, 2013), p. 177, by permission of the publisher and authors. Based on Kenneth W. Thomas, *Intrinsic Motivation at Work: Building Energy and Commitment* (San Francisco: Berret-Koehler, 2000), p. 94.

[22]Daniel J. Canary and William R. Cupach, *Competencies in Interpersonal Conflict* (New York: McGraw-Hill, 1997), p. 133.

[23]Russell Copranzano, et al, "Disputant Reactions to Managerial Conflict Resolution Tactics: A Comparison Among Argentina, the Dominican Republic, Mexico, and the United States," *Group and Organization Management* 24 (1999): 131.

[24]Jerry Wisinski, *Resolving Conflicts on the Job* (New York: American Management Association, 1993), pp. 27–31.

[25]Adapted from Dudley D. Cahn and Ruth Anna Abigail, *Managing Conflict Through Communication*, 5th ed. (Boston: Pearson, 2014), pp. 84–87.

[26]Jeanne Segal and Melinda Smith, "Conflict Resolution Skills," *Help Guide* (In Collaboration with Harvard Health Publications), March 2013, http://www.helpguide. org/mental/eq8_conflict_resolution.htm.

[27]Dominic A. Infante and Andrew S. Rancer, "A Conceptualization and Measure of Argumentativeness," *Journal of Personality Assessment* 46 (1982): 72–80. Reproduced by permission of Society for Personality Assessment. www.personality.org.

[28]Dominic A. Infante and Andrew S. Rancer, "A Conceptualization and Measure of Argumentativeness," *Journal of Personality Assessment* 46 (1982): 72–80.

[29]Daniel J. Canary and William R. Cupach, *Competencies in Interpersonal Conflict* (New York: McGraw-Hill, 1997), p. 58.

[30]Regina Fazio Maruca, "The Electronic Negotiator: A Conversation with Kathleen Valley," *Harvard Business Review*, January 2000, http://hbr.org/2000/01/the-electronic-negotiator/ar/pr.

[31]Quoted in Frances Caircross, *The Company of the Future* (Cambridge: Harvard Business School, 2002), p. 108.

[32]Kali Munro, "Conflict in Cyberspace: How to Resolve Conflict Online," 2002, http://users.rider.edu/~suler/psycyber/psycyber.html.

[33]Jeanne Segal and Melinda Smith, "Conflict Resolution Skills," *Help Guide* (In Collaboration with Harvard Health Publications), March 2013, http://www.helpguide. org/mental/eq8_conflict_resolution.htm.

[34]Jeanne Segal and Melinda Smith, "Conflict Resolution Skills," *Help Guide* (In Collaboration with Harvard Health Publications), March 2013, http://www.helpguide. org/mental/eq8_conflict_resolution.htm.

[35]Jeanne Segal and Melinda Smith, "Anger Management," *Help Guide* (In collaboration with Harvard Health Publications), April 2013, http://www.helpguide.org/mental/anger_management_control_tips_techniques.htm.

[36]Georg H. Eifert, Matthew McKay, and John P. Forsyth, *ACT on Life Not on Anger* (Oakland, CA: New Harbinger, 2006).

[37]Georg H. Eifert, Matthew McKay, and John P. Forsyth, *ACT on Life Not on Anger* (Oakland, CA: New Harbinger, 2006), pp. 15, 16.

[38]Georg H. Eifert, Matthew McKay, and John P. Forsyth, *ACT on Life Not on Anger* (Oakland, CA: New Harbinger, 2006), pp. 19, 20.

[39]Georg H. Eifert, Matthew McKay, and John P. Forsyth, *ACT on Life Not on Anger* (Oakland, CA: New Harbinger, 2006), p. 21.

[40]Jeanne Segal and Melinda Smith, "Anger Management," *Help Guide* (In collaboration with Harvard Health Publications), April 2013, http://www.helpguide.org/mental/anger_management_control_tips_techniques.htm.

[41]Bill DeFoore, *Anger: Deal with It, Heal with It, Stop It from Killing You* (Deerfield Beach, FL: Health Communications, 1991), p. 8.

[42]Georg H. Eifert, Matthew McKay, and John P. Forsyth, *ACT on Life Not on Anger* (Oakland, CA: New Harbinger, 2006), p. 19.

[43]Daniel J. Canary and William R. Cupach, *Competencies in Interpersonal Conflict* (New York: McGraw-Hill, 1997), p. 78.

[44]Aristotle, *Nicomachean Ethics*, translated by W. D. Ross; revised by J. O. Urmson, in Jonathan Barnes (Ed.), *The Complete Works of Aristotle: The Revised Oxford Translation* (Princeton, NJ: Princeton University Press, 1984), p. 1776.

[45]Based on studies suggesting guidelines for expressing anger: See William W. Wilmot and Joyce L. Hocker, *Interpersonal Conflict*, 5th ed. (New York: McGraw Hill, 1998), p. 227.

[46]Carol Tavris, *Anger: The Misunderstood Emotion* (New York: Simon and Schuster, 1982), p. 253.

[47]Kenneth Cloke and Joan Goldsmith, *Resolving Conflicts at Work: A Complete Guide for Everyone on the Job* (San Francisco: Jossey-Bass, 2000), pp. 109–110; *When and How to Apologize*, University of Nebraska Cooperative Extension and the Nebraska Health and Human Services System, http://extension.unl.edu/welfare/apology.htm.

[48]William W. Wilmot and Joyce L. Hocker, *Interpersonal Conflict*, 5th ed. (New York: McGraw Hill, 1998), p. 228.

[49]"Assertiveness," January 6, 2012, Adapted from Positive Coping Skills Toolbox, VA Mental Illness Research, Education, and Clinical Centers (MIRECC), http://www.athealth.com/Consumer/disorders/assertiveness.html.

[50]Sharon Anthony Bower and Gordon H. Bower, *Asserting Yourself: A Practical Guide to Positive Change* (Cambridge, MA: Perseus Books, 1991), p. 9; See also, "Assertiveness," January 6, 2010, http://www.athealth.com/Consumer/disorders/assertiveness.html.

[51]"Assertiveness," January 6, 2012, Adapted from Positive Coping Skills Toolbox, VA Mental Illness Research, Education, and Clinical Centers (MIRECC), http://www.athealth.com/Consumer/disorders/assertiveness.html.

[52]Sharon Anthony Bower and Gordon H. Bower, *Asserting Yourself: A Practical Guide to Positive Change* (Cambridge, MA: Perseus Books, 1991), pp. 4–5.

[53]Paula S. Tompkins, *Practicing Communication Ethics: Development, Discernment, and Decision Making* (Boston: Pearson, 2011), pp. 56–57.

[54]Based on Sissela Bok, *Lying: Moral Choice in Public and Private Life* (New York: Vintage Books, 1978) in Paula S. Tompkins, *Practicing Communication Ethics: Development, Discernment, and Decision Making* (Boston: Pearson, 2011), pp. 56–57.

[55]Madelyn Burley-Allen, *Managing Assertively: How to Improve Your People Skills* (New York: John Wiley, 1983), p. 45.

[56]"Assertiveness," January 6, 2012, Adapted from Positive Coping Skills Toolbox, VA Mental Illness Research, Education, and Clinical Centers (MIRECC), http://www.athealth.com/Consumer/disorders/assertiveness.html.

[57]Barbara Aufiero, "Characteristics of Passive-Aggressive Behavior," *LiveStrong*, March 28, 2011, http://www.livestrong.com/article/112076-characteristics-passive-aggressive-behavior.

[58]Sharon Anthony Bower and Gordon H. Bower, *Asserting Yourself: A Practical Guide to Positive Change* (Cambridge, MA: Preseus, 1991), p. 90. See also, "Assertiveness," athealth.

com, January 6, 2010, http://www.athealth.com/Consumer/disorders/assertiveness.html.

[59]Edmund J. Bourne, *The Anxiety and Phobia Workbook*, 5th ed. (Oakland, CA: Harbinger, 2010), p. 306.

[60]Edmund J. Bourne, *The Anxiety and Phobia Workbook*, 5th ed. (Oakland, CA: Harbinger, 2010), p. 307. The example is adapted and written by the textbook authors.

[61]Edmund J. Bourne, *The Anxiety and Phobia Workbook*, 5th ed. (Oakland, CA: Harbinger, 2010), p. 307.

[62]© Isa N. Engleberg, 2010.

제9장

[1]Pew Research Center, "Millennials: Confident. Connected. Open to Change," February 24, 2010, http://www.pewsocialtrends.org/2010/02/24/millennials-confident-connected-open-to-change. For the full report see Pew Research Center, *Millennials: A Portrait of the Net Generation*, February 2010, http://pewsocialtrends.org/files/2010/10/millennials-confident-connected-open-to-change.pdf.

[2]Paul Davidson, "Managers to Millennials: Jobs Interviews No Time to Text," *USA Today*, April 29, 2013, http://www.usatoday.com/story/money/business/2013/04/28/college-grads-job-interviews/2113505.

[3]Center for Professional Excellence at York College of Pennsylvania, *2013 Professionalism in the Workplace* Report, January 2013, http://www.ycp.edu/media/yorkwebsite/cpe/York-College-Professionalism-in-the-Workplace-Study-2013.pdf. This is the fourth annual survey of professionalism in the workplace conducted by York College of Pennsylvania's Center for Professional Excellence. Each year, people responsible for hiring new college graduates are surveyed to assess the state of professionalism in the workplace.

[4]Meghan Casserly, "Top Five Personality Traits Employers Hire Most," *Forbes*, October 4, 2012, http://www.forbes.com/sites/meghancasserly/2012/10/04/top-five-personality-traits-employers-hire-most.

[5]James M. Kouzes and Barry Z. Posner, *Encouraging the Heart: A Leader's Guide to Rewarding and Recognizing Others* (San Francisco: Jossey-Bass, 1999), p. 4.

[6]Matthew Gilbert, *Communication Miracles at Work: Effective Tools and Tips for Getting the Most from Your Work Relationships* (Berkeley, CA: Conari Press, 2002), p. 112.

[7]Matthew Gilbert, *Communication Miracles at Work: Effective Tools and Tips for Getting the Most from Your Work Relationships* (Berkeley, CA: Conari Press, 2002), p. 112.

[8]Based on a Gallop Poll reported in Teresa Amabile and Steven Kramer, "Do Happier People Work Harder," *The New York Times*, September 4, 2011, p. SR7.

[9]Daniel P. Modaff, Sue DeWine, and Jennifer A. Butler, *Organizational Communication: Foundations, Challenges, Misunderstandings* (Los Angeles, CA: Roxbury, 2008), p. 207.

[10]Daniel P. Modaff, Sue DeWine, and Jennifer A. Butler, *Organizational Communication: Foundations, Challenges, Misunderstandings* (Los Angeles, CA: Roxbury, 2008), p. 197.

[11]Daniel P. Modaff, Sue DeWine, and Jennifer A. Butler, *Organizational Communication: Foundations, Challenges, Misunderstandings* (Los Angeles, CA: Roxbury, 2008), p. 206.

[12]Daniel P. Modaff, Sue DeWine, and Jennifer A. Butler, *Organizational Communication: Foundations, Challenges, Misunderstandings* (Los Angeles, CA: Roxbury, 2008), p. 198.

[13]Monica Tanase-Coles, "Empathy in Business: Indulgence or Invaluable?," *Forbes*, March 22, 2013, http://www.forbes.com/sites/ashoka/2013/03/22/empathy-in-business-indulgence-or-invaluable.

[14]Based on Daniel P. Modaff, Sue DeWine, and Jennifer A. Butler, *Organizational Communication: Foundations, Challenges, Misunderstandings* (Los Angeles, CA: Roxbury, 2008), pp. 236–237.

[15]Robert Longely, "Labor Studies of Attitudes Toward Work and Leisure: U.S. Workers Are Happy and Stress Is Over-stressed," August 1999, http://usgovinfo.about.com/od/censusandstatistics/a/labordaystudy.htm.

[16]Matthew Gilbert, *Communication Miracles at Work: Effective Tools and Tips for Getting the Most from Your Work Relationships* (Berkeley, CA: Conari Press, 2002), p. 153.

[17]Carley H. Dodd, *Managing Business and Professional Communication* (Boston: Allyn & Bacon, 2004), p. 40.

[18]Michael E. Pacanowsky and Nick O'Donnell-Trujillo, "Communication and Organizational Cultures," *Western Journal of Speech Communication* 46 (1982): 115–130; Michael E. Pacanowsky and Nick O'Donnell-Trujillo, *Communication Monographs* 50 (1983): 127–130.

[19]Daniel P. Modaff, Sue DeWine, and Jennifer A. Butler, *Organizational Communication: Foundations, Challenges, Misunderstandings* (Los Angeles, CA: Roxbury, 2008), p. 157.

[20]Based on Carley H. Dodd, *Managing Business and Professional Communication* (Boston: Allyn & Bacon, 2004), pp. 169–170.

[21]Council of Better Business Bureaus, "Dealing with Unruly Customers," 2013, http://www.bbb.org/alerts/article.asp?ID=370.

[22]Based on John Tschohl, Service Quality Institute, "Service, Not Servitude: Common Sense Is Critical Element of Customer Service," 2004, http://www.customer-service.com/articles/022502.cfm.

[23]Joel Lovell, "Workplace Rumors Are True," *The New York Times*, December 10, 2006, http://www.nytimes.com/2006/12/10/magazine/10section4.t-9.html.

[24]Joel Lovell, "Workplace Rumors Are True," *The New York Times*, December 10, 2006, http://www.nytimes.com/2006/12/10/magazine/10section4.t-9.html.

[25]Rachel Devine, "Gossip at Work," *iVillage Work & Career*, October 30, 2000, http://www.ivillage.co.uk/gossip-work/83086.

[26]Quoted in Samuel Greengard, "Gossip Poisons Business: HR Can Stop It," *Workforce*, July 15, 2001, http://www.workforce.com/articles/gossip-poisons-business-hr-can-stop-it.

[27]Samuel Greengard, "Gossip Poisons Business: HR Can Stop It," *Workforce*, July 15, 2001, http://www.workforce.com/articles/gossip-poisons-business-hr-can-stop-it. "Rumor Has It—Dealing with Misinformation in the Workplace," *Entrepreneur*, September 1, 1997, http://www.entrepreneur.com/article/14590.

[28]Rachel Devine, "Gossip at Work," *iVillage Work & Career*, October 30, 2000. http://www.ivillage.co.uk/gossip-work/83086; Carl Skooglund and Glenn Coleman, "Advice from the Ethics Office at Texas Instruments Corporation: Gossiping at Work," *Online Ethics Center for Engineering and Science* June 7, 2006, http://www.onlineethics.org/Resources/Cases/gossip.aspx; Muriel Solomon, *Working with Difficult People* (New York: Prentice Hall, 2002), pp. 125–126.

[29]Sean M. Horan and Rebecca M. Chory, "Understanding Work-Life Blending: Credibility Implications for Those Who Date at Work, *Communication Studies, 62* (2011): 565; "Working It—L.A. Stories—Survey Data on Office Romances," *Los Angeles Business Journal*, May 27, 2002, http://los-angeles-business-journal.vlex.com/source/los-angeles-business-journal-2851/issue/2002/5/27.

[30]Sean M. Horan, "Adventures in Dating: Workplace Romance Motives," *Psychology Today*, June 5, 2013, http://www.psychologytoday.com/blog/adventures-in-dating/201306/workplace-romance-motives; "Romance in the Office is Common Occurrence," *Society for Industrial and Organizational Psychology*, 2013, http://www.siop.org/Media/News/office_romance.asp.

[31]Bill Leonard, "Workplace Romances Seem to Be Rule, Not Exception," *HR Magazine*, April 2001, http://www.findarticles.com/p/articles/mi_m3495/is_4_46/ai_73848276.

[32]Ed Piantek, "Flirting with Disaster," *Risk and Insurance*, May 1, 2000, http://www.findarticles.com/p/articles/mi_m0BJK/is_200_May/ai_62408701.

[33]Rieva Lesonsky, "Office Romances on the Rise Among Millennial Employees," *The Huffington Post*, April 9, 2012, http://www.huffingtonpost.com/2012/04/09/office-romances-on-the-rise-among-millennial-employees_n_1412190.html.

[34]"Study: 54 Percent of Companies Ban Facebook, Twitter at Work," *Wired.Com*, October 9, 2009, http://www.wired.com/epicenter/2009/10/study-54-of-companies-ban-facebook-twitter-at-work.

[35]Sharon Gaudin, "Study: Facebook Use Cuts Productivity at Work," *Computerworld*, July 22, 2009, www.computerworld.com/s/article/print/9139020/Study_54_of_companies_ban_Facebook_Twitter_at_work?taxonomyName=Web+2.0+and+Web+Apps&taxonomyId=16.

[36]Association of Corporate Counsel, "Workplace Challenges Associated with Employees' Social Media Use," *Legal Resources QuickCounsel*, http://www.acc.com/legalresources/quickcounsel/wcawesmu.cfm.

[37]U.S. Equal Employment Opportunity Commission, "Facts about Sexual Harassment," June 27, 2002, http://www.eeoc.gov/facts/fs-sex.html.

[38]Lawrence Downes, "How the Military Talks About Sexual Assault," *The New York Times*, May 26, 2013, http://takingnote.blogs.nytimes.com/2013/05/26/how-the-military-talks-about-sexual-assault; Ernesto Londoño, "Military Academies Report Increase in Sexual Assaults," The Washington Post, December 21, 2012, http://articles.washingtonpost.com/2012-12-21/world/36017489_1_sexual-assault-military-academies-defense-department-report.

[39]Deborah Ware Balogh, et al, "The Effects of Delayed Report and Motive for Reporting on Perceptions of Sexual Harassment," *Sex Roles: A Journal of Research*, 48, April 2003: 337–348.

[40]Julie A. Woodzicka and Marianne LaFrance, "Real Versus Imagined Gender Harassment," *Journal of Social Issues* 57 (Spring 2001): 15–30.

[41]Deborah Ware Balogh et al., "The Effects of Delayed Report and Motive for Reporting on Perceptions of Sexual Harassment," *Sex Roles*, 48 (2003): 337–348.

[42]Ed Piantek, "Flirting with Disaster," *Risk and Insurance*, May 1, 2000, http://www.findarticles.com/p/articles/mi_m0BJK/is_200_May/ai_62408701.

[43]Nichole L. Torres, "Boys Will Not Be Boys: Lewdness and Rudeness Can Be a Mess for Your Business—Even Without Mixed Company," *Entrepreneur* 29, November 1, 2001: 16.

[44]Rebecca A. Thacker and Stephen F. Gohmann, "Male/Female Differences in Perceptions and Effects of Hostile Environment Sexual Harassment: 'Reasonable' Assumptions?" *Public Personnel Management*, September 22, 1993, http://www.allbusiness.com/human-resources/workforce-management/401746-1.html. See also Maria Rotundo, Dung-Hanh Nguyen, and Paul R. Sacket, "A Meta-analytic Review of Gender Differences in Perceptions of Sexual Harassment," *Journal of Applied Psychology* 86 (October 2001): 914–922.

[45]Daniel P. Modaff and Sue DeWine, *Organizational Communication: Foundations, Challenges, Misunderstandings* (Los Angeles, CA: Roxbury, 2002), p. 236.

[46]Based on Daniel P. Modaff and Sue DeWine, *Organizational Communication: Foundations, Challenges, Misunderstandings* (Los Angeles, CA: Roxbury, 2002), p. 202.

[47]Cited in Matthew Gilbert, *Communication Miracles at Work: Effective Tools and Tips for Getting the Most from Your Work Relationships* (Berkeley, CA: Conari Press, 2002), p. 10; See also Humphrey Taylor, "The Mood of American Workers," *Harris Interactive*, January 19, 2000, http://www.harrisinteractive.com/harris_poll.

[48]Virginia Galt, "When Quitting a Job, Discretion Is the Better Part of Valor," http://www.theglobeandmail.com/report-on-business/when-quitting-a-job-discretion-is-the-better-part-of-valour/article996915.

[49]Matt Villano, "What to Tell the Company as You Walk Out the Door," *The New York Times*, November 27, 2005, p. BU8. Quoting Jim Atkinson, regional vice president, Right Management Consultants, Broadview Heights, OH.

[50]Dawn Rosenberg McKay, "Job Loss: How to Cope," 2009, http://careerplanning.about.com/od/jobloss/a/job_loss.htm.

[51]Hal Plotkin, "Introduction," *Dealing with Difficult People* (Boston: Harvard Business School, 2005), p. 1.

[52]Hal Plotkin, "How to Handle Difficult Behaviors," *Dealing with Difficult People* (Boston:

Harvard Business School, 2005), pp. 132–137.

[53]Ken Cloke and Joan Goldsmith "How to Handle Difficult Behaviors," *Dealing with Difficult People* (Boston: Harvard Business School, 2005), pp. 66–67.

[54]This definition is a composite of elements found in most academic definitions of an interview. See, for example, Larry Powell and Jonathan Amsbary, *Interviewing: Situations and Contexts* (Boston: Pearson/Allyn & Bacon, 2006), p. 1; Charles Stewart and William B. Cash, *Interviewing: Principles and Practices*, 10th ed. (New York: McGraw-Hill, 2003), p. 4; Jeanne Tessier Barone and Jo Young Switzer, *Interviewing Art and Skill* (Boston: Allyn & Bacon, 1995), p. 8.

[55]Richard Nelson Bolles, *What Color Is Your Parachute? A Practical Manual for Job-Hunters and Career-Changers* (Berkeley: Ten Speed Press, 2007), p. 78.

[56]Accountemps study displayed in *USA Today* Snapshots, "Most Common Job Interview Mistakes Noticed by Employers," *USA Today*, October 17, 2006, p. B1.

[57]Larry Powell and Jonathan Amsbary, *Interviewing: Situations and Contexts* (Boston: Pearson/Allyn & Bacon, 2006), p. 47; Wallace V. Schmidt and Roger N. Conaway, *Results-Oriented Interviewing: Principles, Practices, and Procedures* (Boston: Allyn & Bacon, 1998), p. 107; Charles Stewart and William B. Cash, *Interviewing: Principles and Practices*, 10th ed. (New York: McGraw-Hill, 2003), p. 245; Job Link USA, "Interview," http://www.joblink-usa.com/interview.htm; CollegeGrad.Com, "Candidate Interview Questions," http://www.collegegrad.com/jobsearch/16-15.shtml.

[58]"Lying: How Can You Protect Your Company?" *Your Workplace, Monthly Newsletter of Westaff,* http://www.westaff.com/yourworkplace/ywissues37_full.html.

[59]Daryl Koehn, University of St. Thomas Center for Business Ethics, "Rewriting History: Resume Falsification More Than a Passing Fiction," http://www.stthom.edu/cbes/resume.html.

[60]Donna Hemmila, "Tired of Lying, Cheating Job Applicants, Employers Calling in Detectives," *San Francisco Business Times* March 1, 1999, http://www.esrcheck.com/articles/Tired-of-lying-cheating-job--applicants-employers-calling-in-detectives.php; http://www.bizjournals.com/sanfrancisco/stories/1998/03/02/story6.html?page=2.

[61]Barbara Mende, "Employers Crack Down on Candidates Who Lie," *Wall Street Journal Career Journal,* http://www.careerjournal.com/jobhunting/resumes/20020606-mende.html.

[62]Wallace V. Schmidt and Conaway, *Results-Oriented Interviewing: Principles, Practices, and Procedures* (Boston: Allyn & Bacon, 1999), p. 84.

[63]Mary Heiberger and Julia Miller Vick, "How To Handle Difficult Interview Questions," *Chronicle of Higher Education,* January 22, 1999, http://chronicle.com/jobs/v45/i21/4521career.htm; Allison Doyle, "Illegal Interview Questions: Questions Employers Should Not Ask, 2013, http://jobsearch.about.com/od/interviewsnetworking/a/illegalinterv.htm.

[64]Charles J. Stewart and William B. Cash, Jr., *Interviewing: Principles and Practices*, 10th ed. (Boston: McGraw-Hill, 2003), pp. 254–255; "Candidate Interview Questions," http://www.collegegrad.com/jobsearch/16-15.shtml.

[65]Wallace V. Schmidt and Conaway, *Results-Oriented Interviewing: Principles, Practices, and Procedures* (Boston: Allyn & Bacon, 1999), pp. 100–111.

[66]Nate C. Hindman, "Millennials' Biggest Interview Mistake Is 'Inappropriate Attire,' Acording To Hiring Managers," *The Huffington Post*, September 25, 2012, http://www.huffingtonpost.com/2012/09/24/millenial-biggest-interview-mistake_n_1910103.html?view=print&comm_ref=false.

[67]Paul Davidson, "Managers to Millennials: Jobs Interviews No Time to Text," *USA Today,* April 29, 2013, http://www.usatoday.com/story/money/business/2013/04/28/college-grads-job-interviews/2113505.

[68]J. Maureen Henderson, "3 Ways Millennials Can Master Job Interviews," *Forbes*, May 6, 2013, http://www.forbes.com/sites/jmaureenhenderson/2013/05/06/3-ways-millennials-can-master-job-interviews.

[69]Anna Davies, "8 Common Job Interview Mistakes," *Cosmopolitan*, 2013, http://www.cosmopolitan.com/advice/work-money/job-interview-mistakes#slide-2.

[70]Alison Brod, president of Alison Brod PR, quoted in Anna Davies, "8 Common Job Interview Mistakes," *Cosmopolitan*, 2013, http://www.cosmopolitan.com/advice/work-money/job-interview-mistakes#slide-2.

[71]Career and Employment Center, Fresno City College, https://www.jobs.fresnocitycollege.edu/Cmx_Content.aspx?cpId=38.

[72]Richard Nelson Bolles, *The 2007 What Color Is Your Parachute? A Practical Manual for Job-Hunters and Career-Changers* (Berkeley, CA: Ten Speed Press, 2007), p. 82.

[73]In addition to the books we've cited in this chapter, we also researched numerous web sites: Jacquelyn Smith, "The 13 Most Outrageous Job Interview Mistakes," *Forbes*, February 21, 2013, http://www.forbes.com/sites/jacquelynsmith/2013/02/21/the-13-most-outrageous-job-interview-mistakes; "The 7 Worst Job Interview Mistakes People Make," *The Fiscal Times*, May 15, 2013, http://www.thefiscaltimes.com/Articles/2013/05/15/The-7-Worst-Job-Interview-Job-Mistakes-People-Make.aspx#page1; Alison Doyle, "Most Common Interview Mistakes," About.com, Job Seeking, http://jobsearch.about.com/od/interview-mistakes/ss/most-common-interview-mistakes_2.htm; Dave Johnson, "10 Top Mistakes People Make in Job Interviews," *CBS MoneyWatch*, February 12, 2013, http://finance.yahoo.com/news/10-top-mistakes-people-make-in-job-interviews-190143044.html; Four Major Job Interview Mistakes to Avoid," May 9, 2013, http://www.ihcus.com/2013/05/09/four-major-job-interview-mistakes-to-avoid. Anna Davies, "7 Common Job Interview Mistakes, *Cosmopolitan*, 2012, http://www.cosmopolitan.com/advice/work-money/job-interview-mistakes#slide-2; Ryan Murphy, "Top Ten: Job Interview Mistakes," Ask Men, http://www.askmen.com/feeder/askmenRSS_article_print_2006.php?ID=1005465; Career and Employment Center, Fresno City College, https://www.jobs.fresnocitycollege.edu/Cmx_Content.aspx?cpId=38.

[74]©Isa N. Engleberg.

제10장

[1]See http://www.cirquedusoleil.com/en/home.aspx#/en/home.about.aspx; www.youtube.com/user/cirquedusoleil.

[2]Arupa Tesolin, "Igniting the Creative Spark at Cirque du Soleil—Arupa Tesolin Interviews Lyn Heward Creative Leader at Cirque," *Self Growth*, May 2008, http://www.selfgrowth.com/articles/Igniting_the_Creative_Spark_at_Cirque_du_Soleil.html. See also Vicki M. James, "Observations of Great Teamwork from Cirque Du Soleil," *Professional Project Services*, February 10, 2013, http://project-pro.us/2013/02/10/three-secrets-of-teamwork.

[3]Steve W. J. Kozlowski and Daniel R. Ilgen, "Enhancing the Effectiveness of Work Groups and Teams," *Psychological Science in the Public Interest* 7 (2006): 77.

[4]Peter D. Hart Research Associates, *How Should Colleges Prepare Students to Succeed in Today's Global Economy?* (Washington, DC: Peter D. Hart Research Associates, December 28, 2006), p. 2; See also Association of American Colleges and Universities, *College Learning for the New Global Age* (Washington, DC: Association of American Colleges and Universities, 2007).

[5]Patrick C. Kyllonen, *The Research Behind the ETS Personal Potential Index (PPI)*, Background Paper from the Educational Testing Service, 2008, http://www.ets.org/Media/Products/PPI/10411_PPI_bkgrd_report_RD4.pdf; Daniel S. de Vise, "New Index Will Score Graduate Students' Personality Tests," *The Washington Post*, July 10, 2009, p. A11.

[6]American Management Association "2010 Critical Skills Survey," quoted in Elaine Pofeldt, "Put Some Punch into Your Career," *Money*, May 2011, p. 24.

[7]Isa N. Engleberg and Dianna R. Wynn, *Working in Groups: Communication Principles and Strategies*, 6th ed. (Boston: Pearson, 2013), p. 3.

[8]Peter D. Hart Research Associates, *How Should Colleges Prepare Students to Succeed in Today's Global Economy?* (Washington, DC: Peter D. Hart Research Associates, December 2006), p. 7.

[9]Carl E. Larson and Frank M. J. LaFasto, *TeamWork: What Must Go Right/What Can Go Wrong* (Newbury Park, CA: Sage, 1989), p. 27.

[10]Jon R. Katzenbach and Douglas K. Smith, *The Wisdom of Teams: Creating the High-Performance Organization* (New York: HarperBusiness, 1999), p. 9.

[11]Robert B. Cialdini, "The Perils of Being the Best and the Brightest," *Becoming an Effective Leader* (Boston: Harvard Business School Press, 2005), pp. 174, 175.

[12]3M Meeting Management Team with Jeannine Drew, *Mastering Meetings: Discovering the Hidden Potential of Effective Business Meetings* (New York: McGraw-Hill, 1994), p. 12.

[13]Steven G., Rogelberg, Linda Rhoades Shanock, and Cliff W. Scott, "Wasted Time and Money in Meetings: Increasing Return on Investment," *Small Group Communication* 43 (2012): 236–237.

[14]Linda Stewart, "Building Virtual Teams: Strategies for High Performance," *Forbes*, March 30, 2012, http://www.forbes.com/sites/ciocentral/2012/03/30/building-virtual-teams-strategies-for-high-performance.

[15]Susan B. Barnes, *Online Connections: Internet Interpersonal Relationships* (Cresskill, NJ: Hampton Press, 2001), p. 41.

[16]Isa N. Engleberg and Dianna R. Wynn, *Working in Groups: Communication Principles and Strategies*, 6th ed. (Boston: Pearson, 2013), pp. 268–271.

[17]Linda Stewart, "Building Virtual Teams: Strategies for High Performance," *Forbes*, March 30, 2012, http://www.forbes.com/sites/ciocentral/2012/03/30/building-virtual-teams-strategies-for-high-performance.

[18]Linda Stewart, "Building Virtual Teams: Strategies for High Performance," *Forbes*, March 30, 2012, http://www.forbes.com/sites/ciocentral/2012/03/30/building-virtual-teams-strategies-for-high-performance.

[19]Deborah L. Duarte and Nancy Tennant Snyder, *Mastering Virtual Teams*, 3rd ed. (San Francisco: Jossey-Bass, 2007), pp. 21, 158.

[20]Ernest G. Bormann, *Small Group Communication: Theory and Practice*, 3rd ed. (Edina, MN: Burgess, 1996), pp. 132–135, 181–183.

[21]Ernest G. Bormann, *Small Group Communication Theory and Practice*, 3rd ed. (Edina, MN: Burgess, 1996), pp. 134–135.

[22]Bruce W. Tuckman, "Developmental Sequence in Small Groups," *Psychological Bulletin* 63 (1965): 384–399. Tuckman's 1965 article is reprinted in *Group Facilitation: A Research and Applications Journal* 3 (Spring 2001), http://dennislearningcenter.osu.edu/references/Group%20DEV%20ARTICLE.doc. Note: Tuckman and Jensen identified a fifth stage—adjourning—in the 1970s. There is little research on the characteristics and behavior of members during this stage other than a decrease
in interaction, and in some cases, separation anxiety. See Bruce Tuckman and Mary Ann Jensen, "Stages of Small-Group Development Revisited," *Group and Organization Studies* 2 (1977): 419–427.

[23]Artemis Change, Julie Duck, and Prashant Bordia, "Understanding the Multidimensionality of Group Development," *Small Group Research* 37 (2006): 329.

[24]Artemis Change, Julie Duck, and Prashant Bordia, "Understanding the Multidimensionality of Group Development," *Small Group Research* 37 (2006): 331, 337–338.

[25]Susan Wheelan and Nancy Brewer Danganan, "The Relationship Between the Internal Dynamics of Student Affairs Leadership Teams and Campus Leaders' Perceptions of the Effectiveness of Student Affairs Divisions," *Journal of Student Affairs Research and Practice* 40 (2002): 27.

[26]Donald G. Ellis and B. Aubrey Fisher, *Small Group Decision Making: Communication and the Group Process*, 4th ed. (New York: McGraw-Hill, 1994), pp. 43–44.

[27]Rodney W. Napier and Matti K. Gershenfeld, *Groups: Theory and Experience*, 7th ed. (Boston: Houghton Mifflin, 2004), p. 182.

[28]Susan Wheelan and Nancy Brewer Danganan, "The Relationship Between the Internal

Dynamics of Student Affairs Leadership Teams and Campus Leaders' Perceptions of the Effectiveness of Student Affairs Divisions," *Journal of Student Affairs Research and Practice* 40 (2002): 96.

[29]Karen K. Jenn, "A Qualitative Analysis of Conflict Types and Dimensions in Organizational Groups," *Administrative Science Quarterly* 42 (1997): 540. See also Karen A. Jehn and Corine Bendersky, "Intragroup Conflict in Organizations: A Contingency Perspective on the Conflict-Outcome Relationship," in Barry Staw and Roderick Kramer (Eds.), *Research in Organizational Behavior*, Vol. 25 (Kidington, Oxford, UK: Elsevier, 2003), p. 540; Kristin J. Behfar et al., "Conflict in Small Groups: The Meaning and Consequences of Process Conflict," *Small Group Research* 42 (2011): 128.

[30]Kristin J. Behfar et al., "Conflict in Small Groups: The Meaning and Consequences of Process Conflict," *Small Group Research* 42 (2011): 136–137.

[31]Marvin E. Shaw, "Group Composition and Group Cohesiveness," in Robert S. Cathcart and Larry A. Samovar (Eds.), *Small Group Communication: A Reader*, 6th ed. (Dubuque, IA: Wm. C. Brown, 1992), pp. 214–220.

[32]Stanley M. Gully, Dennis J. Devine, and David J. Whitney, "A Meta-Analysis of Cohesion and Performance: Effects of Level of Analysis and Task Interdependence," *Small Group Research* 26: 497–521. Reprinted in *Small Group Research* 43 (2012): 718–719. Volume 43 of *Small Group Research* reprints four classic articles on group cohesion.

[33]Based on Ernest G. Bormann and Nancy Bormann, *Effective Small Group Communication*, 6th ed. (Edina, MN: Burgess, 1996), pp. 137–139.

[34]Patricia H. Andrews, "Group Conformity," in Robert S. Cathcart, Larry A. Samovar, and Linda D. Henman (Eds.), *Small Group Communication: Theory and Practice*, 7th ed. (Madison, WI: Brown and Benchmark, 1996), p. 185.

[35]Nicky Hayes, *Managing Teams: A Strategy for Success* (London: Thomson, 2004), p. 31.

[36]Kenneth D. Benne and Paul Sheats, "Functional Roles of Group Members," *Journal of Social Issues* 4 (1948): 41–49. We have modified the original Benne and Sheats list by adding or combining behaviors that we have observed, as well as roles identified by other writers and researchers.

[37]Kenneth D. Benne and Paul Sheats, "Functional Roles of Group Members," *Journal of Social Issues* 4 (1948): 41–49. We have modified the original Benne and Sheats list by adding or combining behaviors that we have observed, as well as roles identified by other writers and researchers.

[38]Kenneth D. Benne and Paul Sheats, "Functional Roles of Group Members," *Journal of Social Issues* 4 (1948): 41–49. We have modified the original Benne and Sheats list by adding or combining behaviors that we have observed, as well as roles identified by other writers and researchers.

[39]Based on Michael Doyle and David Straus, *How to Make Meetings Work* (New York: Jove, 1976), pp. 107–117. Several titles and behaviors are original contributions by the authors.

[40]James C. McCroskey and Virginia P. Richmond, "Correlates of Compulsive Communication: Quantitative and Qualitative Characteristics," *Communication Quarterly* 43 (1995): 39–52.

[41]Eric Harper et al, *The Leadership Secrets of Santa Claus: How to Get Big Things Done in YOUR "Workshop" … All Year Long* (Dallas, TX: The Walk the Talk Company, 2003), pp. 78–79.

[42]Isa N. Engleberg and Dianna R. Wynn, *Working in Groups: Communication Principles and Strategies*, 3rd ed. (Boston: Houghton Mifflin, 2004), p. 207.

[43]Antony Bell, *Great Leadership: What It Is and What It Takes in a Complex World* (Mountain View, CA: Davies-Black, 2006), pp. 87, 91.

[44]Fred E. Feidler and Martin M. Chemers, *Improving Leadership Effectiveness: The Leader Match Concept*, 2nd ed. (New York: Wiley, 1984).

[45]See Joseph R. Santo, "Where the Fortune 50 CEOs Went to College," *Time*, August 15, 2006, http://www.time.com/time/printout/0,8816,1227055,00.html.

[46]Ivan G. Seidenberg, "Reference for Business," *Encyclopedia of Business*, 2nd edition, http://www.referenceforbusiness.com/biography/S-Z/Seidenberg-Ivan-G-1946.html.

[47]Matthew Miller, "The Wealthiest Black Americans," May 6, 2009, *Forbes*; http://www.forbes.com/sites/mfonobongnsehe/2013/03/05/the-black-billionaires-2013.

[48]"John Boehner, U.S. House Majority Leader," *Encyclopedia of World Biography*, http://www.notablebiographies.com/newsmakers2/2006-A-Ec/-Boehner-John-A.html.

[49]Based on material in Isa N. Engleberg and Dianna R. Wynn, *Working in Groups: Communication Principles and Strategies*, 6th ed. (Boston: Pearson, 2013), pp. 103–105.

[50]Edwin P. Hollander, *Leadership Dynamics: A Practical Guide to Effective Relationships* (New York: Macmillan, 1978), p. 53. See also a meta-analysis of this variable in Marianne Schmid Mast, "Dominance as Expressed and Inferred Through Speaking Time," *Human Communication Research* 28 (2002): 420–450.

[51]The 5-M Model of Leadership Effectiveness© is based, in part, on Martin M. Chemers's integrative theory of leadership, which identifies three functional aspects of leadership: image management, relationship development, and resource utilization. We have added two more functions—decision making and mentoring—and have incorporated more of a communication perspective into Chemers's view of leadership as a multifaceted process. See Martin M. Chemers, *An Integrative Theory of Leadership* (Mahwah, NJ: Lawrence Erlbaum, 1997), pp. 151–173. See also Isa N. Engleberg and Dianna R. Wynn, *Working in Groups: Communication Principles and Strategies*, 6th ed. (Boston: Pearson, 2013), pp. 113–117. © Isa N. Engleberg.

[52]Orem Harari, *The Leadership Secrets of Colin Powell* (New York: McGraw-Hill, 2002), p. 249.

[53]Mike Krzyzewski, "Coach K on How to Connect," *The Wall Street Journal*, July 16–17, 2011, p. C12.

[54]Martin M. Chemers, *An Integrative Theory of Leadership* (Mahwah, NJ: Lawrence Erlbaum, 1997), p. 160.

[55]Harvey Robbins and Michael Finley, *The New Why Teams Don't Work: What Goes Wrong and How to Make It Right* (San Francisco: Berrett-Koehler, 2000), p. 107.

[56]Carol Tice, "Building the 21st Century Leader," *Entrepreneur*, February, 2007, pp. 66, 67.

[57]Carol Tice, "Building the 21st Century Leader," *Entrepreneur*, February, 2007, p. 68.

[58]Antony Bell, *Great Leadership: What It Is and What It Takes in a Complex World* (Mountain View, CA: Davies-Black, 2006), p. 67.

[59]James M. Kouzes and Barry Z. Posner, *Credibility: How Leaders Gain and Lose It, Why People Demand It* (San Francisco: Jossey-Bass, 1993), pp. 230–231.

[60]Susan B. Shimanoff and Mercilee M. Jenkins, "Leadership and Gender: Challenging Assumptions and Recognizing Resources," in Robert S. Cathcart, Larry A. Samovar, and Linda D. Henman (Eds.), *Small Group Communication: Theory and Practice*, 7th ed. (Madison, WI: Brown and Benchmark, 1996), p. 327.

[61]Martin M. Chemers, *An Integrative Theory of Leadership* (Mahwah, NJ: Lawrence Erlbaum, 1997), p. 126.

제11장

[1]Fred Kaplan, "Barack Obama Killed Osama Bin Laden. Period," *Slate*, May, 2012, http://www.slate.com/articles/news_and_politics/politics/2012/05/barack_obama_s_decision_to_go_after_osama_bin_laden_how_the_president_overruled_his_advisers_in_ordering_the_assassination.html.

[2]There are many excellent books and resources charting the decision-making processes involved in planning and conducting the raid on Osama bin Laden's compound. The account in this chapter is based on the following sources: Mark Bowden, *The Finish: The Killing of Osama bin Laden* (New York: Atlantic Monthly Press, 2012); John A. Gans, Jr., "Obama's Decision to Kill Bin Laden," *The Atlantic*, October 20, 2012, http://www.theatlantic.com/international/archive/2012/10/this-is-50-50-behind-obamas-decision-to-kill-bin-laden/263449/; Fred Kaplan, "Barack Obama Killed Osama Bin Laden. Period," *Slate*, May, 2012, http://www.slate.com/articles/news_and_politics/politics/2012/05/barack_obama_s_decision_to_go_after_osama_bin_laden_how_the_president_overruled_his_advisers_in_ordering_the_assassination.html; Peter Baker, Helen Cooper, and Mark Mazzetti, "Bin Laden Is Dead, Obama Says," *The New York Times*, May 2, 2001, http://www.nytimes.com/2011/05/02/world/asia/osama-bin-laden-is-killed.html?pagewanted=all.

[3]Mark Bowden, *The Finish: The Killing of Osama bin Laden* (New York: Atlantic Monthly Press, 2012), p. 201.

[4]John A. Gans, Jr., "Obama's Decision to Kill Bin Laden," *The Atlantic*, October 20, 2012, http://www.theatlantic.com/international/archive/2012/10/this-is-50-50-behind-obamas-decision-to-kill-bin-laden/263449/.

[5]Rodney W. Napier and Matti K. Gershenfeld, *Groups: Theory and Experience*, 7th ed. (Boston: Houghton Mifflin, 2004), p. 291.

[6]Peter R. Drucker, *The Effective Executive* (New York: HarperBusiness, 1967), p. 143.

[7]Marshall Scott Poole, "Procedures for Managing Meetings: Social and Technological Innovation," in Richard A. Swanson and Bonnie Ogram Knapp (Eds.), *Innovative Meeting Management* (Austin, TX: 3M Meeting Management Institute, 1990), pp. 54–55.

[8]Randy Y. Hirokawa, "Communication and Group Decision-Making Efficacy," in Robert S. Cathcart, Larry A. Samovar, and Linda D. Henman (Eds.), *Small Group Communication: Theory and Practice*, 7th ed. (Madison, WI: Brown and Benchmark, 1996), p. 108.

[9]John Gastil, *Democracy in Small Groups: Participation, Decision Making, and Communication* (Philadelphia: New Society Publishers, 1993), p. 24.

[10]This is a composite list based on several sources: Laura W. Black, "How People Communicate During Deliberative Events," in Tina Nabatchi et al. (Eds.), *Democracy in Motions: Evaluating the Practice and Impact of Deliberative Engagement* (Oxford: Oxford University Press, 2012), p. 61; Laura W. Black et al., "Self-Governance Through Group Discussion in Wikipedia: Measuring Deliberation in Online Groups," *Small Group Research* 42 (October, 2011): 597–601; John Gastil, *The Group in Society* (Los Angeles: Sage, 2010), pp. 248–252; John Gastil, *Democracy in Small Groups: Participation, Decision Making, and Communication* (Philadelphia: New Society Publishers, 1993), pp. 24–26.

[11]Keith Sawyer, *Group Genius: The Creative Power of Collaboration* (New York: Basic Books, 2007), pp. 66–67. Sawyer attributes the story to Dale Carnegie.

[12]Irving L. Janis, *Groupthink*, 2nd ed. (Boston: Houghton Mifflin, 1982), p. 9.

[13]Irving L. Janis, *Groupthink*, 2nd ed. (Boston: Houghton Mifflin, 1982), p. 9.

[14]John Gastil, *The Group in Society* (Los Angeles: Sage, 2010), p. 82.

[15]John Gastil, *The Group in Society* (Los Angeles: Sage, 2010), p. 82.

[16]Donelson R. Forsyth, *Group Dynamics*, 5th ed. (Belmont, CA: Wadsworth/Cengage, 2010), p. 342.

[17]Julia T. Wood, "Alternative Methods of Group Decision Making," in Robert S. Cathcart and Larry A. Samovar (Eds.), *Small Group Communication: A Reader*, 6th ed. (Dubuque, IA: Wm. C. Brown, 1992), p. 159.

[18]Donald G. Ellis and B. Aubrey Fisher, *Small Group Decision Making* (New York: McGraw-Hill, 1994), p. 142.

[19]John R. Katzenbach and Douglas K. Smith, *The Discipline of Teams* (New York: Wiley, 2001), p. 112.

[20]John R. Katzenbach and Douglas K. Smith, *The Discipline of Teams* (New York: Wiley, 2001), p. 113.

[21]Adapted from Karyn C. Rybacki and Donald J. Rybacki, *Advocacy and Opposition: An Introduction to Argumentation*, 4th ed. (Boston: Allyn & Bacon, 2000), pp. 11–15.

[22]Rodney W. Napier and Matti K. Gershenfeld, *Groups: Theory and Experience*, 7th ed. (Boston: Houghton Mifflin, 2004), p. 337.

[23]Randy Hirokawa and Roger Pace, "A Descriptive Investigation of the Possible Communication-Based Reasons for Effective and Ineffective Group Decision Making," *Communication Monographs* 50 (1983): 379.

[24]Suzanne Scott and Reginald Bruce, "Decision Making Style: The Development of a New Measure," *Educational and Psychological Measurements* 55 (1995): 818–831; Reginald A. Bruce and Susanne G. Scott, "The Moderating Effective of Decision-Making Style on the Turnover Process: An Extension of Previous Research," http://cobweb2.louisville.edu/faculty/regbruce/bruce//research/japturn.htm; "Decision Making Styles," UCD Career Development Center, 2006, http://www.ucd.ie/careers/cms/decision/student_skills_decision_styleex.html.

[25]Samer Khasawneh, Aiman Alomari, and Abdullah Abu-tineh, "Decision-Making Styles of Department Chairs at Public Jordanian Universities: A High-Expectancy Workforce," *Tertiariary Education and Management* 17 (2011): 311, https://eis.hu.edu.jo/deanshipfiles/pub103793271.pdf.

[26]The authors of this textbook created this short decision-making style questionnaire. Longer, validated surveys are available from several sources: Reginald A. Bruce and Susanne G. Scott, "The Moderating Effective of Decision-Making Style on the Turnover Process: An Extension of Previous Research," http://cobweb2.louisville.edu/faculty/regbruce/bruce//research/japturn.htm; Suzanne Scott and Reginald Bruce, "Decision Making Style: The Development of a New Measure," *Educational and Psychological Measurements* 55 (1995): 818–831 "Decision Making Styles," UCD Career Development Center, 2006, http://www.ucd.ie/careers/cms/decision/student_skills_decision_styleex.html.

[27]Based, in part, on Tom Kelley with Jonathan Littman, *The Art of Innovation: Lessons in Creativity from IDEO, America's Leading Design Firm* (New York: Currency, 2001), pp. 56–59. See also Rodney W. Napier and Matti K. Gershenfeld, *Groups: Theory and Experience*, 7th ed. (Boston: Houghton Mifflin, 2004), p. 321.

[28]Alex F. Osborn, *Applied Imagination*, rev. ed. (New York: Scribner, 1957).

[29]3M Meeting Management Team with Jeannine Drew, *Mastering Meetings: Discovering the Hidden Potential of Effective Business Meetings* (New York: McGraw-Hill, 1994), p. 59.

[30]Tom Kelley with Jonathan Littman, *The Art of Innovation: Lessons in Creativity from IDEO, America's Leading Design Firm*, (New York: Currency, 2001), p. 55.

[31]Tom Kelley with Jonathan Littman, *The Art of Innovation: Lessons in Creativity from IDEO, America's Leading Design Firm* (New York: Currency, 2001), pp. 64–66.

[32]Andre L. Delbecq, Andrew H. Van de Ven, and David H. Gustafson, *Group Techniques for Program Planning* (Glenview, IL: Scott, Foresman, 1975).

[33]Andre L. Delbecq, Andrew H. Van de Ven, and David H. Gustafson, *Group Techniques for Program Planning* (Glenview, IL: Scott, Foresman, 1975), p. 8.

[34]Andre L. Delbecq, Andrew H. Van de Ven, and David H. Gustafson, *Group Techniques for Program Planning* (Glenview, IL: Scott, Foresman, 1975), p. 8.

[35]Tudor Rickards, "Brainstorming," in Mark A. Runco and Steven R. Pitzker (Eds.), *Encyclopedia of Creativity*, Vol. 1, Ae-h (San Diego: Academic Press, 1999), p. 222.

[36]Craig E. Johnson and Michael Z. Hackman, *Creative Communication: Principles and Applications* (Prospect Heights, IL: Waveland, 1995), pp. 129–30; Tudor Rickards, "Brainstorming," in Mark A. Runco and Steven R. Pitzker (Eds.), *Encyclopedia of Creativity*, Vol. 1, Ae-h (San Diego: Academic Press, 1999): 219–228.

[37]J. H. Jung, Younghwa Lee, and Rex Karsten, "The Moderating Effect of Intraversion-Introversion Differences on Group Idea Generation Performance," *Small Group Research* 43 (February 2012): 30, 31–34, 43–45.

[38]Craig E. Johnson and Michael Z. Hackman, *Creative Communication: Principles and Applications* (Prospect Heights, IL: Waveland, 1995), p. 131.

[39]P. Keith Kelly, *Team Decision-Making Techniques* (Irvine, CA: Richard Chang Associates, 1994), p. 29.

[40]P. Keith Kelly, *Team Decision-Making Techniques* (Irvine, CA: Richard Chang Associates, 1994), p. 29.

[41]Isa N. Engleberg and Dianna R. Wynn, *Working in Groups: Communication Principles and Strategies*, 6th ed. (Boston: Pearson, 2013), pp. 212–213.

[42]Isa N. Engleberg and Dianna R. Wynn, *Working in Groups: Communication Principles and Strategies*, 6th ed. (Boston: Pearson, 2013); "Voting with Dots," http://www.albany.edu/cpr/gf/resources/Voting_with_dots.html; Kay Stevens, "Dotmocracy," *Better Evaluation*, November 2012, http://betterevaluation.org/evaluation-options/Dotmocracy; See also pages that explain dotmocracy's procedures, rules, and requirements on dotmocracy.org; "Multivoting," *Smart Learning*, 2012, http://www.smartlearningcommunity.net/sites/default/files/Multivoting.pdf.

[43]See Kenneth E. Andersen, "Developments in Communication Ethics: The Ethics Commission, Code of Professional Responsibilities, and Credo for Ethical Communication," *Journal of the Association for Communication Administration* 29 (2000): 131–144. The Credo for Ethical Communication is also posted on the NCA Website (http://www.natcom.org).

[44]John Dewey, *How We Think* (Boston: Heath, 1910).

[45]Based on Kathryn Sue et al., *Group Discussion: A Practical Guide to Participation and Leadership*, 3rd ed. (Prospect Heights, IL: Waveland Press, 2001), pp. 8–9. The authors present six steps in their standard-agenda model by combining solution suggestions and solution selection into one step. We have divided this step into separate functions given that the solution suggestion step may require creative thinking and brainstorming. Given that the solution evaluation and selection step may be the most difficult and controversial, it deserves a separate focus as well as different strategies and skills.

[46]Deborah L. Duarte and Nancy Tennant Snyder, *Mastering Virtual Teams*, 3rd ed. (San Francisco: Jossey-Bass, 2006), p. 171.

[47]Deborah L. Duarte and Nancy Tennant Snyder, *Mastering Virtual Teams*, 3rd ed. (San Francisco: Jossey-Bass, 2006), pp. 33–34, 168.

[48]Rodney W. Napier and Matti K. Gershenfeld, *Groups: Theory and Experience*, 7th ed.

(Boston: Houghton Mifflin, 2004), p. 327.

[49]Luis L. Martins and Christina E. Shalley, "Creativity in Virtual Work: Effects of Demographic Differences," *Small Group Research* 4 (October 2011): 536, 551–553.

[50]Deborah L. Durarte and Nancy Tennant Snyder, *Mastering Virtual Teams*, 3rd ed. (San Francisco: Jossey Bass, 2006), p. 190. See also the "Virtual Groups: Developmental Tasks" feature in Isa N. Engleberg and Dianna R. Wynn, *Working in Groups: Communication Principles and Strategies*, 6th ed. (Boston: Pearson, 2013), p. 32.

[51]Craig R. Scott and C. Erik Timmerman, "Relating to Computer, Communication, and Communication-Mediated Communication Apprehension to New Communication Technology in the Workplace," *Communication Research* 32 (2005): 683–715; See also the "Virtual Groups: Confidence with Technology" feature in Isa N. Engleberg and Dianna R. Wynn, *Working in Groups: Communication Principles and Strategies*, 6th ed. (Boston: Pearson, 2013), p. 60.

[52]Isa N. Engleberg and Dianna R. Wynn, *Working in Groups: Communication Principles and Strategies*, 6th ed. (Boston: Pearson, 2013), pp. 116, 257, 266–288.

[53]Edward De Bono, *New Thinking for the New Millennium* (New York: Viking, 1999) quoted in Darrell Man, "Analysis Paralysis: When Root Cause Analysis Isn't the Way," *The TRIZ-Journal*, 2006, http://www.triz-journal.com.

[54]"Avoid Analysis Paralysis," *Infusion Insight*, http://www.infusionsoft.com/articles/65-infusion-insight/615-avoid-analysis-paralysis.

[55]A 2010 study quoted in Simone Kauffeld and Nale Lahmann-Willenbrock, "Meetings Matter: Effects of Team Meetings on Team and Organizational Success," *Small Group Research* 43 (April 2012): 131.

[56]"Office Communication Toolkit: 7 Common Employee Gripes," Special Report from *Business Management Daily*, September 22, 2009.

[57]Simone Kauffeld and Nale Lahmann-Willenbrock, "Meetings Matter: Effects of Team Meetings on Team and Organizational Success," *Small Group Research* 43 (April 2012): 131.

[58]Tyler Cowen, "On My Mind: In Favor of Face Time," Forbes, October 1, 2007, www.members.forbes.com/forbes/2007/1001/030.html.

[59]Karen Anderson, *Making Meetings Work: How to Plan and Conduct Effective Meetings* (West Des Moines, IA: American Media Publishing, 1997), p. 18.

[60]Sharon M. Lippincott, *Meetings: Do's, Don'ts, and Donuts* (Pittsburgh, PA: Lighthouse Point Press, 1994), p. 172.

[61]3M Meeting Management Team with Jeannine Drew, *Mastering Meetings: Discovering the Hidden Potential of Effective Business Meetings* (New York: McGraw-Hill, 1994), p. 78.

[62]Isa N. Engleberg and Dianna R. Wynn, *Working in Groups: Communication Principles and Strategies*, 6th ed. (Boston: Pearson, 2013), pp. 252–253; Steven G. Rogelberg, Linda Rhoades Shannock, and Cliff W. Scott, "Wasted Time and Money in Meetings: Increasing Return on Investment," *Small Group Research* 43 (April 2012): 242; Susan M. Lippincott, *Meetings: Do's, Don'ts, and Donuts* (Pittsburgh, PA: Lighthouse Point Press, 1994), pp. 89–90.

[63]Benjamin E. Barin et al., "Leading Group Meetings: Supervisors' Actions, Employee Behaviors, and Upward Perceptions," *Small Group Research* 43 (June 2012): 349.

[64]© Isa N. Engleberg.

제12장

[1]The description of Cardinal Jorge Mario Bergoglio ascendancy to Pope Francis is based on several news sources including, most significantly, Stacy Meichtry and Alessandra Galloni, "Fifteen Days in Rome: How the Pope Was Picked," *The Wall Street Journal*, April 13, 2013, pp. C1–C2. (This article is available on the web at http://online.wsj.com/article/SB10001424127887324240804578416550744061538.html#printMode.) See also Wall Street Journal Staff, *Pope Francis: From the End of the World to Rome* (New York: HarperCollins, April 16, 2013); Rachel Donadio, "Cardinals Pick Bergoglio, Who Will Be Pope Francis," *The New York Times*, March 14, 2013, http://www.nytimes.com/2013/03/14/world/europe/cardinals-elect-new-pope.html?pagewanted=all; Jaweed Kaleem, "Pope Francis, Cardinal Jorge Mario Bergoglio of Buenos Aires, Elected Leader of Catholic Church," *The Huffington Post*, March 15, 2013, http://www.huffingtonpost.com/2013/03/13/pope-francisco-cardinal-jorge-mario-bergoglio-_n_2855101.html.

[2]Martin McDermott, *Speak with Courage: 50+ Insider Strategies for Presenting with Confidence* (Boston: Bedford/St. Martin's, 2014), p. 34.

[3]John A. Daly, Anita L. Vangelisti, and David J. Weber, "Speech Anxiety Affects How People Prepare Speeches: A Protocol Analysis of the Preparation Process of Speaking," *Communication Monographs* 62 (1995): 283–398.

[4]John A. Daly, Anita L. Vangelisti, and David J. Weber, "Speech Anxiety Affects How People Prepare Speeches: A Protocol Analysis of the Preparation Process of Speaking," *Communication Monographs* 62 (1995): 396.

[5]Isa N. Engleberg and John A. Daly, *Presentations in Everyday Life*, 3rd ed. (Boston: Pearson/Allyn & Bacon, 2009), p. 3 and Note 5 on p. 21; Isa N. Engleberg and John A. Daly, *Think Public Speaking* (Boston: Pearson, 2013), p. 4 and Notes 4 and 5 on p. 367.

[6]Martin McDermott, *Speak with Courage: 50+ Insider Strategies for Presenting with Confidence* (Boston: Bedford/St. Martin's, 2014, pp. 32, 24.

[7]The complete, twenty-four-item survey is available in the *Instructor's Manual* that accompanies this textbook. Class results can be compared to those of both types of survey respondents: book buyers who speak professionally and students enrolled in a college public speaking course.

[8]Isa N. Engleberg and John A. Daly conducted the survey of book buyers in collaboration with the Market Research Department at Houghton Mifflin, a former publisher. Survey items included traditional topics usually covered in public speaking

textbooks. Approximately 2,000 copies of a two-page questionnaire were mailed to individuals who had recently purchased a commercially available public speaking book and who had used a business address to secure the purchase. We received 281 usable questionnaires, resulting in a response rate of 11 percent. Respondents were geographically dispersed. Twenty-five percent worked in industry. Workers in government (10 percent), health (10 percent), and nonprofit organizations (10 percent) made up 30 percent of respondents. Nine percent came from the financial industry; another 9 percent worked in technology related industries. Approximately 25 percent of the respondents, including business owners and independent contractors, worked in "other" occupations. More recently, we administered a similar survey of college students enrolled in a basic public speaking course. Respondents attended various types of geographically dispersed institutions of higher education (community colleges, liberal arts colleges, and large universities). We received more than 600 usable questionnaires.

[9]Dorothy Leeds, *Power Speak: Engage, Inspire, and Stimulate Your Audience* (Franklin Lakes, NJ: Career Press, 2003), p. 47.

[10]Nancy Duarte, *HBR Guide to Persuasive Presentations* (Boston: Harvard Business Review Press, 2012), p. 19.

[11]Jerry Weissman, *Winning Strategies for Power Presentations* (Boston: Pearson, 2013) p. 20.

[12]Milton Rokeach, *The Nature of Human Values* (New York: Free Press, 1973), p. 3.

[13]Rushworth M. Kidder, "Trust: A Primer on Current Thinking," Institute for Global Ethics, http://www.globalethics.org/files/wp_trust_1222960968.pdf/21/.

[14]Nancy Duarte, *HBR Guide to Persuasive Presentations* (Boston: Harvard Business Review Press, 2012), pp. 21–23.

[15]Nancy Duarte, *HBR Guide to Persuasive Presentations* (Boston: Harvard Business Review Press, 2012), p. 4.

[16]Based on John A. Daly, *Advocacy: Championing Ideas and Influencing Others* (New Haven: Yale University Press, 2011), pp. 241–242.

[17]Gene Zelazny, *Say It with Presentations, Revised* (New York: McGraw-Hill, 2006), pp. 4–6.

[18]Isa N. Engleberg and John A. Daly, *Presentations in Everyday Life*, 3rd ed. (Boston: Pearson/Allyn & Bacon, 2009), p. 113; Isa N. Engleberg and John A. Daly, *Think Public Speaking* (Boston: Pearson, 2013), pp. 76–77.

[19]Isa N. Engleberg and John A. Daly, *Presentations in Everyday Life*, 3rd ed. (Boston: Pearson/Allyn & Bacon, 2009), p. 126; Isa N. Engleberg and John A. Daly, *Think Public Speaking* (Boston: Pearson, 2013), p. 86.

[20]Isa N. Engleberg and John A. Daly, *Presentations in Everyday Life*, 3rd ed. (Boston: Pearson/Allyn & Bacon, 2009), pp. 152–169; Isa N. Engleberg and John A. Daly, *Think Public Speaking* (Boston: Pearson, 2013), pp. 108–113.

[21]Based on Nancy Duarte, *HBR Guide to Persuasive Presentations* (Boston: Harvard Business Review Press, 2012), pp. 160–161.

[22]Andrea L. Foster, "Professor Avatar: In the Digital Universe of Second Life, Classroom Instruction Also Takes on a New Personality," *The Chronicle of Higher Education*, September 21, 2007, p. 24.

[23]Gene Zelazny, *Say It with Charts Complete Toolkit* (New York: McGraw-Hill, 2007), p. 33.

[24]Isa N. Engleberg and John A. Daly, *Presentations in Everyday Life*, 3rd ed. (Boston: Pearson/Allyn & Bacon, 2009), p. 370.

[25]Peggy Noonan, *Simply Speaking* (New York: HarperCollins, 1998), p. 10.

[26]Granville N. Toogood, *The Articulate Executive* (New York: McGraw-Hill, 1996), p. 93.

[27]Many websites explain and/or feature TED talks. For example, see "About TED," http://www.ted.com/pages/about; Kate Torgovnick "The 20 Most-Watched TED Talks," August 21, 2012, http://blog.ted.com/2012/08/21/the-20-most-watched-ted-talks-to-date; "Why Are TED Talks 18 Minutes Long?" *Digital Inspiration*, http://www.labnol.org/tech/ted-talk-18-minutes/12755.

[28]Granville N. Toogood, *The Articulate Executive* (New York: McGraw-Hill, 1996), pp. 94–95.

[29]Malcolm Kushner, *Successful Presentations for Dummies* (Foster City, CA: IDG Books Worldwide, 1997), p. 21.

[30]The earliest and most respected source describing the components of a speaker's credibility is Aristotle's *Rhetoric*. See Lane Cooper, *The Rhetoric of Aristotle*, (New York: Appleton-Century-Crofts, 1932), p. 92. Aristotle identified "intelligence, character, and good will" as "three things that gain our belief." Aristotle's observations have been verified and expanded. In addition to those qualities identified by Aristotle, researchers have added variables such as objectivity, trustworthiness, co-orientation, dynamism, composure, likability, and extroversion. Research has consolidated these qualities into three well-accepted attributes: competence, character, and dynamism. We have used the term *charisma* in place of dynamism.

[31]Malcolm Kushner, *Successful Presentations for Dummies* (Foster City, CA: IDG Books Worldwide, 1997), p. 21.

[32]Nathan Crick, *Rhetorical Public Speaking* (Boston: Allyn & Bacon, 2011), p. 130.

[33]Lane Cooper, *The Rhetoric of Aristotle* (New York: Appleton-Century-Crofts, 1932), p. 7.

[34]Lane Cooper, *The Rhetoric of Aristotle* (New York: Appleton-Century-Crofts, 1932), pp. 8 and 9.

[35]James R. Andrews, Michael C. Leff, and Robert Terrill, *Reading Rhetorical Texts: An Introduction to Criticism* (Boston: Houghton Mifflin, 1998), p. 59.

[36]Nathan Crick, *Rhetorical Public Speaking* (Boston: Allyn & Bacon, 2011), p. 136.

[37]The examples of audience civility come from the following sources: M. Alex Johnson, "Clemson President Scolds Students, Fans for Booing Obama at Football Game," *U.S. News* on NBCNews.com, http://usnews.nbcnews.com/_news/2012/10/23/14647507-clemson-president-scolds-students-fans-for-booing-obama-at-football-game?lite; Sannon Travis, "Romney Draws Boos from NAACP, Support from Conservatives," *CNN Politics*, July 11, 2012, http://www.cnn.com/2012/07/11/politics/romney-naacp; Cileste Katz and Aliyah

Shahid, "Gay Soldier Booed by GOP Debate Audience," *New York Daily News*, September 23, 2011, http://www.nydailynews.com/blogs/dailypolitics/2011/09/gay-soldier-booed-by-gop-debate-audience; Garance Frank-Ruta, "The Worst Fox News-Google Debate Moment: Audience Boos a Gay Soldier," *The Atlantic*, September 23, 2011, http://www.theatlantic.com/politics/archive/2011/09/the-worst-fox-news-google-debate-moment-audience-boos-a-gay-soldier/245547; "Paul Ryan Booed," September 21, 2011, http://www.cbsnews.com/video/watch/?id=7422526n.

[38]Dana Hinders, "Plagiarism Statistics," http://freelance-writing.lovetoknow.com/Plagiarism_Statistics.

[39]Isa N. Engleberg and John A. Daly, *Presentations in Everyday Life*, 3rd ed. (Boston: Pearson/Allyn & Bacon, 2009), p. 193; Isa N. Engleberg and John A. Daly, *Think Public Speaking* (Boston: Pearson, 2013), pp. 101 and 138.

[40]Suzanne Choney, "Steal This Report: College Plagiarism Up, Says Pew Report," *MSNBC*, August 30, 2011, http://www.pewinternet.org/Media-Mentions/2011/Steal-this-report-College-plagiarism-up-says-Pew-report.aspx.

[41]Dana Hinders, "Plagiarism Statistics," http://freelance-writing.lovetoknow.com/Plagiarism_Statistics.

[42]Blair Hornstine, "Stories, Essays Lack Attribution," *The Courier Post*, June 3, 2003, http://www.newworldencyclopedia.org/entry/Plagiarism#Famous_examples_and_accusations_of_plagiarism.

[43]Joseph C. Self, "The 'My Sweet Lord/He's So Fine' Plagiarism Suits," *The 901 Magazine*, 2003, http://abbeyrd.best.vwh.net/mysweet.htm; http://www.newworldencyclopedia.org/entry/Plagiarism#Famous_examples_and_accusations_of_plagiarism.

[44]Richard Byrne, "7 Resources for Detecting and Preventing Plagiarism," *Free Technology for Teachers*, August 24, 2010, http://www.freetech4teachers.com/2010/08/7-resources-for-detecting-and.html#.UcSd3djzsmY.

[45]"2013 Compare Best Online Plagiarism Checking Servers," *Plagiarism Checker Review*, http://plagiarism-checker-review.toptenreviews.com; Richard Byrne, "7 Resources for Detecting and Preventing Plagiarism," *Free Technology for Teachers*, August 24, 2010, http://www.freetech4teachers.com/2010/08/7-resources-for-detecting-and.html#.UcSd3djzsmY.

[46]© Isa N. Engleberg

제13장

[1]Josephus Daniels, *The Wilson Era: Years of War and After, 1917–1923* (Westport, CN: Greenwood Publishing Group, 1974), p. 632.

[2]Nancy Duarte, *HBR Guide to Persuasive Presentations* (Boston: Harvard Business Review Press, 2012), p. 15.

[3]A classic overview of Cicero's contributions to rhetoric appears in Lester Thonssen and A. Craig Baird, *Speech Criticism: The Development of Standards for Rhetorical Appraisal* (New York: The Ronald Press, 1948), pp. 78–91. See also James L. Golden, Goodwin F. Berquist, and William E. Coleman, *The Rhetoric of Western Thought*, 4th ed. (Dubuque, IA: Kendall/Hunt, 1989).

[4]Center for Disease Control and Prevention, "Middle East Respiratory Virus (MERV)," July 26, 2013, http://www.cdc.gov/coronavirus; "As Novel Coronavirus Outbreak Continues, WHO, CDC Urge Heightened Vigilance," *American Academy of Family Physicians News*, May 23, 2013, http://www.aafp.org/news-now/health-of-the-public/20130523novelcoronavirus.html; "CDC Cautions Doctors About Deadly New Coronavirus," *American Medical News*, June 24, 2013, http://www.amednews.com/article/20130624/health/130629983/10.

[5]Clive Thompson, "Community Urinalysis," *The New York Times Magazine*, December 8, 2007, p. 62.

[6]Arne Duncan, "The Vision of Education Reform in the United States: Secretary Arne Duncan's Remarks to United Nations Educational, Scientific and Cultural Organization (UNESCO)," U.S. Department of Education, November 4, 2010, http://www.ed.gov/news/speeches/vision-education-reform-united-states-secretary-arne-duncans-remarks-united-nations-ed.

[7]Scott Jaschik, "A Stand Against Wikipedia," *Inside Higher Education*, January 26, 2007, http://www.insidehighered.com/news/2007/01/26/wiki. *Inside Higher Ed* is an online source for news, opinion and jobs for higher education.

[8]"Wikipedia vs Encyclopaedia: A Question of Trust? Are Online Resources Reliable or Should We Stick to Traditional Encyclopaedias?," *TechRadar*, April 21, 2008, http://www.techradar.com/news/internet/web/wikipedia-vs-encyclopaedia-a-question-of-trust-316163; See also the reference studies in http://en.wikipedia.org/wiki/Reliability_of_Wikipedia.

[9]Wikipedia provides a more detailed discussion of each guideline. For example, see http://en.wikipedia.org/wiki/Wikipedia:Neutral_point_of_view. "This page in a nutshell: Articles mustn't *take* sides, but should *explain* the sides, fairly and without bias. This applies to both what you say and how you say it."

[10]This brief summary is based on: *Evaluating Wikipedia Article Quality: Using Wikipedia* (San Francisco: Wikimedia Foundation), p. 4. See also http://bookshelf.wikimedia.org.

[11]"Criticism of Wikipedia," http://en.wikipedia.org/wiki/Criticism_of_Wikipedia.

[12]Carole Blair, "Civil Rights/Civil Sites: '. . . Until Justice Rolls Down Like Water,'" *The Carroll C. Arnold Distinguished Lecture*, National Communication Association Convention, November 2006 (Boston: Pearson/Allyn & Bacon, 2008), p. 2.

[13]Isa N. Engleberg, *The Principles of Public Presentation* (New York: HarperCollins, 1994), p. 140.

[14]Daphne Duval Harrison, *Black Pearls: Blues Queens of the 1920s* (New Brunswick, NJ: Rutgers University Press, 1988).

[15]Vivian Hobbs, Commencement Address at Prince George's Community College, Largo,

Maryland, 1991. See full manuscript in Isa N. Engleberg, *The Principles of Public Presentations* (New York: HarperCollins, 1994), pp. 339–341.

[16]Quoted in John A. Daly, *Advocacy: Championing Ideas and Influencing Others* (New Haven, CN: Yale University Press, 2011), p. 121.

[17]Dan Le Batard, *The Miami Herald*, September 24, 2004, www.miami.com/mld/miamiherald/sports/columnists/dan_le_batard/9745974.htm.

[18]"Full Transcript and Videos: USDA Shirley Sherrod, NAACP, Breitbart, FOXNEWS," *FactReal*, Posted by FactReal on July 22, 2010; Updated by FactReal on July 26, 2010, http://factreal.wordpress.com/2010/07/22/full-transcript-videos-usda-shirley-sherrod-naacp-breitbart-foxnews.

[19]Bill O'Reilly, "The O'Reilly Factor," *Fox News, Media Matters for America*, July 21, 2010, http://mediamatters.org/iphone/research/201007210079.

[20]Matthew S. McGlone, "Contextomy: The Art of Quoting Out of Context," *Media Culture and Society* 27 (2005): 511–522.

[21]Stella Ting-Toomey and Leeva C. Chung, *Understanding Intercultural Communication* (Los Angeles: Roxbury, 2005), pp. 189–190.

[22]Based on John Chafee with Christine McMahon and Barbara Stout, *Critical Thinking, Thoughtful Writing*, 2nd ed. (Boston: Houghton Mifflin, 2002), pp. 534–536, 614; Jim Kapoun "Teaching Undergrads Web Evaluation: A Guide for Library Instruction," *C&RL News*, July/August, 1998, pp. 522–523 cited in "Five Criteria for Evaluating Web Pages," Cornell University, http://olinuris.library.cornell.edu/print/4499 and http://olinuris.library.cornell.edu/ref/research/webcrit.html, Minor textual corrections, May 10, 2010. For more criteria questions and a worksheet see, Isa Engleberg and Dianna R. Wynn, "Assessing a Web Site Worksheet," *Instructor's Manual for THINK Communication*, 3rd ed. (Boston: Pearson, 2015).

[23]Michael M. Kepper with Robert E. Gunther, *I'd Rather Die Than Give a Speech* (Burr Ridge, IL: Irwin, 1994), p. 6.

[24]Classic research on the value of organizing a presentation was conducted in the 1960s and '70s. See Ernest C. Thompson, "An Experimental Investigation of the Relative Effectiveness of Organizational Structure in Oral Communication," *Southern Speech Journal* 26 (1960): 59–69; Ernest C. Thompson, "Some Effects of Message Structure on Listeners' Comprehension," *Speech Monographs* 34 (1967); 51–57; James C. McCroskey and R. Samuel Mehrley, "The Effects of Disorganization and Nonfluency on Attitude Change and Source Credibility," *Communication Monographs* 36 (1969): 13–21; Arlee Johnson, "A Preliminary Investigation of the Relationship Between Organization and Listener Comprehension," *Central States Speech Journal* 21 (1970): 104–107; and Christopher Spicer and Ronald E. Bassett, "The Effect of Organization on Learning from an Informative Message," *Southern Speech Communication Journal* 41 (1976): 290–299.

[25]Tony Buzon, *Use Both Sides of Your Brain*, 3rd ed. (New York: Plume, 1989).

[26]An annotated manuscript of Julie Borchard's "The Sound of Muzak" speech is available in Isa N. Engleberg and John A. Daly, *Presentations in Everyday Life*, 3rd ed. (Boston: Pearson/Allyn and Bacon, 2009), pp. 251–253. Ms. Borchard was a student and forensics team member at Prince George's Community College.

[27]Nancy Duarte, *HBR Guide to Persuasive Presentations* (Boston: Harvard Business Review Press, 2012), p. 30.

[28]What follows are a few of the websites that offer or review mind mapping software: http://www.boundlessat.com/Inspiration-9; http://www.examtime.com/mind-maps; http://www.mindmapper.com/main/main.asp; http://mindmappingsoftwareblog.com/product-reviews; http://www.pcadvisor.co.uk/reviews/software/3442278/mindmup-review.

[29]Jerry Weissman, *Winning Strategies for Power Presentations* (Upper Saddle River, NJ: FT Press, 2013), p. 18.

[30]The Speech Framer was developed by Isa N. Engleberg as an alternative or supplement to outlining. See Isa N. Engleberg and John A. Daly, *Presentations in Everyday Life*, 3rd ed. (Boston: Pearson/Allyn and Bacon, 2009), pp. 217–218. © Isa N. Engleberg, 2003.

[31]Ms. Dunlap was an honors student at Prince George's Community College.

[32]Isa N. Engleberg and John A. Daly, *Presentations in Everyday Life*, 3rd ed. (Boston: Pearson/Allyn and Bacon, 2009), pp. 211–216; Isa N. Engleberg and John A. Daly, *Think Public Speaking* (Boston: Pearson, 2013), pp. 153–156.

[33]Lee Towe, *Why Didn't I Think of That? Creativity in the Workplace* (West Des Moines, IA: American Media, 1966), p. 7.

[34]Lee Towe, *Why Didn't I Think of That? Creativity in the Workplace* (West Des Moines, IA: American Media, 1966), pp. 9–11. Based on Ellis Paul Torrance, *The Torrance Tests of Creative Thinking Norms—Technical Manual Figural (Streamlined) Forms A & B.* (Bensenville, IL: Scholastic Testing Services, Inc., 1998). For a review of the test, see Kyng Hee Kim, "Can We Trust Creativity Tests? A Review of the Torrance Tests of Creative Thinking (TTCT)," *Creativity Research Journal* 18 (2006): 3–14. Note: We did not include one of Torrrance's criteria—Elaboration—because students often have difficulty understanding the meaning of this term in a communication context.

[35]Isa N. Engleberg and John A. Daly, *Presentations in Everyday Life*, 3rd ed. (Boston: Pearson/Allyn and Bacon, 2009), p. 216.

[36]Isa N. Engleberg and John A. Daly, *Presentations in Everyday Life*, 3rd ed. (Boston: Pearson/Allyn and Bacon, 2009), pp. 219–221; Isa N. Engleberg and John A. Daly, *Think Public Speaking* (Boston: Pearson, 2013), pp. 157–159.

[37]Isa N. Engleberg and John A. Daly, *Presentations in Everyday Life*, 3rd ed. (Boston: Pearson/Allyn and Bacon, 2009), pp. 228–239; Isa N. Engleberg and John A. Daly, *Think Public Speaking* (Boston: Pearson, 2013), pp. 168–172.

[38]Camille Dunlap, "Asleep at the Wheel," with permission from Ms. Dunlap, a former student at Prince George's Community College.

[39]Clare Kim, "U.S. Gun Deaths Since Newtown Exceed Iraq War Deaths," May 30, 2013, The Last Word with Lawrence O'Donnell, *MSNBC*, http://tv.msnbc.com/2013/05/30/u-s-gun-deaths-since-newtown-exceed-iraq-war-deaths.

[40]Matt Vasilogambros, "Gun Deaths Since Newtown Now Surpass Number of Americans Killed in Iraq," May 31, 2013, *National Journal*, http://www.nationaljournal.com/nationalsecurity/gun-deaths-since-newtown-now-surpass-number-of-americans-killed-in-iraq-20130530; Chris Kirk and Dan Kois, "How Many People Have Been Killed by Guns Since Newtown?" *Slate*, June 13, 2013, http://www.slate.com/articles/news_and_politics/crime/2012/12/gun_death_tally_every_american_gun_death_since_newtown_sandy_hook_shooting.html.

[41]Arne Duncan, National Science Teachers Association Conference, March 20, 2009, http://www.ed.gov/print/news/speeches/2009/03/03202009.html.

[42]Samuel E. Wood, Ellen Green Wood, and Denise Boyd, *The World of Psychology*, 6th ed. (Boston: Pearson/Allyn & Bacon, 2008), p. 204.

[43]Samuel E. Wood, Ellen Green Wood, and Denise Boyd, *The World of Psychology*, 6th ed. (Boston: Pearson/Allyn & Bacon, 2008), pp. 204–205.

[44]Based on information in Anna Quindlen, "The Failed Experiment," *Newsweek*, June 26, 2006, p. 64.

[45]David J. Dempsey, *Present Your Way to the Top* (New York: McGraw-Hill, 2010), pp. 78–79.

[46]For the complete text of King's "I Have a Dream" speech plus commentary, see James R. Andrews and David Zarefsky, *Contemporary American Voices: Significant Speech in American History, 1945–Present* (New York: Longman, 1992), pp. 78–81; See also Martin Luther King, Jr., "I Have a Dream," *American Rhetoric: Top 100 Speeches*, http://www.americanrhetoric.com/top100speechesall.html.

[47]Isa N. Engleberg and John A. Daly, *Presentations in Everyday Life*, 3rd ed. (Boston: Pearson/Allyn and Bacon, 2009), pp. 251–256; Isa N. Engleberg and John A. Daly, *Think Public Speaking* (Boston: Pearson, 2013), pp. 173–178.

[48]Marge Anderson, "Looking Through Our Window: The Value of Indian Culture," *Vital Speeches of the Day* 65 (1999): 633–634.

[49]Nancy Duarte, *HBR Guide to Persuasive Presentations* (Boston: Harvard Business Review Press, 2012), p. 39.

[50]Robert M. Franklin, "The Soul of Morehouse and the Future of the Mystique," President's Town Meeting, Morehouse College, April 21, 2009, http://themaroontiger.com/attachments/329_The%20Soul%20of%20Morehouse%20and%20the%20Future%20of%20the%20Mystique%20-%20abridged.pdf.

[51]David J. Dempsey, *Present Your Way to the Top* (New York: McGraw-Hill, 2010), p. 120.

제14장

[1]Lou Cannon, *President Reagan: The Role of a Lifetime* (New York: Public Affairs, 2000), p. 20. Note: Reagan made this comment to Landon Parvin, one of his speechwriters.

[2]Lani Arredondo, *The McGraw-Hill 36-Hour Course: Business Presentations* (New York: McGraw-Hill, 1994), p. 147.

[3]Isa N. Engleberg and John A. Daly, *Presentation in Everyday Life*, 3rd ed. (Boston: Pearson/Allyn and Bacon, 2009), pp. 263–272; Isa N. Engleberg and John A. Daly, *Think Public Speaking* (Boston: Pearson, 2013), pp. 192–195. The CORE Speaking Styles, © Isa N. Engleberg, 2009.

[4]Jerry Della Femina, quoted in A. Jerome Jewler (Ed.), *Creative Strategy in Advertising*, 2nd ed. (Belmont, CA: Wadsworth, 1985), p. 41.

[5]John A. Daly, *Advocacy: Championing Ideas and Influencing Others* (New Haven: Yale University Press, 2010), p. 291. Based on research by Daniel Oppenheimer, "Consequences of Erudite Vernacular Utilized Irrespective of Necessity: Problems with Using Long Words Needlessly," *Applied Cognitive Psychology* 20 (2006): 139–156.

[6]John W. Bowers, "Some Correlates of Language Intensity," *Quarterly Journal of Speech* 50 (1964): 415–420.

[7]Based on Isa Engleberg and Ann Raimes, *Pocket Keys for Speakers* (Boston: Houghton Mifflin, 2004), pp. 191–193.

[8]George Lakoff, *Whose Freedom? The Battle Over America's Most Important Ideas* (New York: Farrar, Strauss and Giroux, 2006), p. 10.

[9]Max Atkinson, *Lend Me Your Ears* (New York: Oxford, 2005), p. 221.

[10]"Full Transcript and Videos: USDA Shirley Sherrod, NAACP, Breitbart, FOXNEWS," *FactReal*, July 26, 2010, http://factreal.wordpress.com/2010/07/22/full-transcript-videos-usda-shirley-sherrod-naacp-breitbart-foxnews/.

[11]Marcel Danesi and Paul Perron, *Analyzing Cultures: An Introduction and Handbook* (Bloomington, IN: Indiana University Press, 1999), p. 174.

[12]Isa N. Engleberg and John A. Daly, *Think Public Speaking* (Boston: Pearson, 2013), p. 194; Isa N. Engleberg and John A. Daly, *Presentation in Everyday Life*, 3rd ed. (Boston: Pearson/Allyn and Bacon, 2009), pp. 274–275.

[13]Nancy Duarte, *HBR Guide to Persuasive Presentations* (Boston: Harvard Business Review Press, 2012), p. 60.

[14]Associated Press, "Jerry Rice, Emmitt Smith enter HOF," August 8, 2010, http://sports.espn.go.com/nfl/halloffame10/news/story?id=5445640.

[15]Kathleen Hall Jamieson, *Eloquence in an Electronic Age: The Transformation of Political Speechmaking* (New York: Oxford University Press, 1988), pp. 81, 84.

[16]The full speech transcript is available at: http://www.independent.co.uk/news/world/asia/the-full-text-malala-yousafzais-speech-to-the-un-general-assembly-8706606.html. A video of the speech is available at http://www.youtube.com/watch?v=B5X70VyjU0g; See also Ashley Fantz, "Malala at U.N.: The Taliban Failed to Silence Us," *CNN*, July 12, 2013, http://www.cnn.com/2013/07/12/world/united-nations-malala/index.html.

[17]Geoffrey Brewer, "Snakes Top List of Americans' Fears," *Gallup News Service*, March 19, 2001, http://www.gallup.com/poll/1891/snakes-top-list-americans-fears.aspx.

[18]Lori J. Carrell and S. Clay Willmington, "The Relationship Between Self-Report Measures of Communication Apprehension and Trained Observers' Ratings of Communication Competence," *Communication Reports* 11 (1998): 87–95.

[19]Michael T. Motley and Jennifer L. Molloy, "An Efficacy Test of New Therapy ("Communication-Orientation Motivation") for Public Speaking Anxiety," *Journal of Applied Communication Research* 22 (1994): 44–58.

[20]Isa N. Engleberg and John A. Daly, *Think Public Speaking* (Boston: Pearson, 2013), pp. 224–225; Isa N. Engleberg and John A. Daly, *Presentation in Everyday Life*, 3rd ed. (Boston: Pearson/Allyn and Bacon, 2009), pp. 314–316.

[21]Isa N. Engleberg and John A. Daly, *Think Public Speaking* (Boston: Pearson, 2013), pp. 227–234; Isa N. Engleberg and John A. Daly, *Presentation in Everyday Life*, 3rd ed. (Boston: Pearson/Allyn and Bacon, 2009), pp. 319–329.

[22]Alice Baker, "Do Opera Singers Use Microphones?" *Opera Singer F.A.Q.*, 2003, http://digilander. libero.it/cmi/faq/faq.html; "Do Opera Singers Use Microphones During Performances?" February 11, 2013, http://jobstr.com/threads/show/1237-opera-singer.

[23]Geraldine Barkworth, "Speaking Without Microphone-bia: A Fear of Microphones," *Goddess of Public Speaking*, April 16, 2011, http://www.goddessofpublicspeaking.com.au/blog/public-speaking/speaking-without-microphone-bia-%E2%80%9 Ca-fear-of-microphones%E2%80%9D/.

[24]Ty Ford, *Ty Ford's Audio Bootcamp Field Guide* (Baltimore: Technique, Inc., 2004), p. 19.

[25]Susan D. Miller, *Be Heard the First Time: A Woman's Guide to Powerful Speaking* (Herndon, VA: Capital Books, 2006), p. 100.

[26]John A. Daly, *Advocacy: Championing Ideas and Influencing Others* (New Haven: Yale University Press, 2010), p. 298.

[27]National Geographic for AP Special Features, "The 'Um' Factor: What People Say Between Thoughts," *The Baltimore Sun*, September 28, 1992, pp. 1D, 3D.

[28]Michael Erard, *Um: Slips, Stumbles, and Verbal Blunders, and What They Mean* (New York: Pantheon Books, 2007), p. 96.

[29]Isa N. Engleberg and John A. Daly, *Think Public Speaking* (Boston: Pearson, 2013), pp. 234–238; Isa N. Engleberg and John A. Daly, *Presentation in Everyday Life*, 3rd ed. (Boston: Pearson/Allyn and Bacon, 2009), pp. 328–337.

[30]Steven A. Beebe, "Eye Contact: A Nonverbal Determinant of Speaker Credibility," *The Speech Teacher* 23 (1974): 21–25.

[31]Mark L. Knapp, Judith A. Hall, and Terrence G. Horgan, *Nonverbal Communication in Human Interaction*, 8th ed. (Belmont, CA: Wadsworth/Cengage Learning, 2014), p. 258.

[32]Peggy Noonan, *Simply Speaking: How to Communicate Your Ideas with Style, Substance, and Clarity* (New York: HarperCollins, 1998), p. 206.

[33]Everett M. Rogers and Thomas M. Steinfatt, *Intercultural Communication* (Prospect Heights, IL: Waveland Press, 1999), p. 174.

[34]Everett M. Rogers and Thomas M. Steinfatt, *Intercultural Communication* (Prospect Heights, IL: Waveland Press, 1999), p. 172; Guo-Ming Chen and William J. Starosta, *Foundations of Intercultural Communication* (Boston: Allyn and Bacon, 1998), pp. 81–92.

[35]Lani Arredondo, *The McGraw-Hill 36-Hour Course: Business Presentations* (New York: McGraw-Hill, 1994), p. 238.

[36]Isa N. Engleberg and John A. Daly, *Think Public Speaking* (Boston: Pearson, 2013), pp. 244–258; Isa N. Engleberg and John A. Daly, *Presentation in Everyday Life*, 3rd ed. (Boston: Pearson/Allyn and Bacon, 2009), pp. 343–362.

[37]Janet Bozarth, *Better Than Bullet Points: Creating Engaging e-Learning with PowerPoint* (San Francisco: Pfeiffer/Wiley, 2008), p. 3.

[38]Robin Williams, *The Non-Designer's Presentation Book: Principles for Effective Presentation Design* (Berkeley, CA: Peachpit Press, 2010), p. 136.

[39]Robin Williams, *The Non-Designer's Presentation Book: Principles for Effective Presentation Design* (Berkeley, CA: Peachpit Press, 2010), p. 137.

[40]Stephen M. Kosslyn, *Clear and to the Point: 8 Psychological Principles for Compelling PowerPoint Presentations* (New York: Oxford University Press, 2007), pp. 4–12; Richard E. Mayer, *Multimedia Learning*, 2nd ed. (New York: Cambridge University Press, 2009).

[41]John Daly and Anita Vangelisti, "Skillfully Instructing Learners: How Communicators Effectively Convey Messages," in John O. Greene and Brant R. Burleson (Eds.), *Handbook of Communication and Social Interaction Skills* (Mahwah, NJ: Lawrence Erlbaum Associates, 2003), p. 878.

[42]Cyndi Maxey and Kevin E. O'Connor, *Present Like a Pro* (New York: St. Martin's Griffin, 2006), p. 49.

[43]Isa N. Engleberg and John A. Daly, *Think Public Speaking* (Boston: Pearson, 2013), pp. 29–30; Isa N. Engleberg and John A. Daly, *Presentation in Everyday Life*, 3rd ed. (Boston: Pearson/Allyn and Bacon, 2009), pp. 37–39.

[44]Peggy Noonan, *Simply Speaking: How to Communicate Your Ideas with Style, Substance, and Clarity* (New York: HarperCollins, 1998), p. 9.

[45]Thomas K. Mira, *Speak Smart: The Art of Public Speaking* (New York: Random House, 1997), p. 91.

[46]"Remarks by the President at a Memorial Service for the Victims of the Shooting in Tucson, Arizona," The White House, Office of the Press Secretary, January 12, 2011, http://www.whitehouse.gov/the-press-office/2011/01/12/remarks-president-barack-obama-memorial-service-victims-shooting-tucson. Read.

[47]Read a transcript of the Nick Jonas speech on "Diabetes Awareness" at the National Press Club, August 24, 2009, http://www.press.org/members/transcriptview.cfm?pdf=20090824_jonas.pdf; Watch and listen to the Nick Jonas speech on "Nick Jonas Discusses Juvenile Diabetes at the National Press Club, August 24, 2009," *YouTube*, http://www.youtube.com/watch?v=DyYOxzrJB4Y.

[48]Aung San Suu Kyi, "Freedom from Fear," 1990. Transcripts and video of this speech are available from a variety of web sources: http://www.famous-speeches-and-speech-topics.info/ famous-speeches/aung-san-suu-kyi-speech-freedom-from-fear.htm; http://chnm.gmu.edu/ wwh/p/119.html; http://www.youtube.com/watch?v=lukeAw6X2a8; http://eloquentwoman. blogspot.com/2012/06/famous-speech-friday-aung-san-suu-kyis.html.

제15장

[1]Isa N. Engleberg and John A. Daly, *Think Public Speaking* (Boston: Pearson 2013), p. 264.

[2]James M. Lang, "Beyond Lecturing," *The Chronicle of Higher Education*, September 9, 2006, p. C4.

[3]James M. Lang, "Beyond Lecturing," *The Chronicle of Higher Education*, September 9, 2006, p. C4.

[4]Wilbert J. McKeachie, *Teaching Tips: Strategies, Research, and Theory for College and University Teachers*, 10th ed. (Boston: Houghton Mifflin, 1999), p. 70.

[5]Wilbert J. McKeachie, *Teaching Tips: Strategies, Research, and Theory for College and University Teachers*, 10th ed. (Boston: Houghton Mifflin, 1999), pp. 69–84.

[6]Sections of Chapters 12 through 16 are based on Isa N. Engleberg and John A. Daly, *Presentations in Everyday Life*, 3rd ed. (Boston: Pearson/Allyn and Bacon, 2009); Isa N. Engleberg and John A. Daly, *Think Public Speaking* (Boston: Pearson, 2013), Chapter 15.

[7]John A. Daly, *Advocacy: Championing Ideas and Influencing Others* (New Haven: Yale University Press, 2011), p. 246.

[8]Katherine E. Rowan, "A New Pedagogy for Explanatory Public Speaking: Why Arrangement Should Not Substitute for Invention," *Communication Education* 44 (1995): 242; Katherine E. Rowan, "Informing and Explaining Skills: Theory and Research on Informative Communication," in John O. Greene and Brant R. Burleson (Eds.), *Handbook of Communication and Social Interaction Skills* (Mahwah, NJ: Lawrence Erlbaum Associates, 2003), p. 411.

[9]This section is based on the research and theory-building of Katherine E. Rowan, professor of communication at George Mason University. See Katherine E. Rowan, "Informing and Explaining Skills: Theory and Research on Informative Communication," in John O. Greene and Brant R. Burleson (Eds.), *Handbook of Communication and Social Interaction Skills* (Mahwah, NJ: Lawrence Erlbaum Associates, 2003), pp. 403–438; Katherine E. Rowan, "A New Pedagogy for Explanatory Public Speaking: Why Arrangement Should Not Substitute for Invention," *Communication Education* 44 (1995): 236–250.

[10]Katherine E. Rowan, "A New Pedagogy for Explanatory Public Speaking: Why Arrangement Should Not Substitute for Invention," *Communication Education* 44 (1995): 241.

[11]Craig Silverman, "Major Breaking News Errors Giving Rise to New Responses in Boston Coverage," *The Poynter Institute*, April 18, 2013, http://www.poynter.org/latest-news/regret-the-error/210699/major-breaking-news-errors-giving-rise-to-new-responses-in-boston-coverage.

[12]Craig Silverman, "Major Breaking News Errors Giving Rise to New Responses in Boston Coverage," *The Poynter Institute*, April 18, 2013, http://www.poynter.org/latest-news/regret-the-error/210699/major-breaking-news-errors-giving-rise-to-new-responses-in-boston-coverage.

[13]Numerous news websites provided details about the poor reporting after the Boston Marathon Bombing: Alexis C. Madrigal, "It Wasn't Sunil Tripathi: The Anatomy of a Misfortunate Disaster," *The Atlantic*, April 19, 2013, http://www.theatlantic.com/technology/archive/2013/04/it-wasnt-sunil-tripathi-the-anatomy-of-a-misinformation-disaster/275155; L. V. Anderson, "Family of Missing Brown Student Updates Facebook Page With Touching New Message," *The Atlantic*, April 19, 2013, http://www.theatlantic.com/technology/archive/2013/04/it-wasnt-sunil-tripathi-the-anatomy-of-a-misinformation-disaster/275155; Dave Lee, "Boston Bombing: How Internet Detectives Got It Very Wrong," *BBC NEWS Technology*, April 19, 2013, http://www.bbc.co.uk/news/technology-22214511; Uttara Choudhury, "Sunil Tripathi, Wrongly Linked to Boston Attack, Died in River: Autopsy Report," *The Independent*, April 23, 2013.

[14]Alexis C. Madrigal, "It Wasn't Sunil Tripathi: The Anatomy of a Misfortunate Disaster," *The Atlantic*, April 19, 2013, http://www.theatlantic.com/technology/archive/2013/04/it-wasnt-sunil-tripathi-the-anatomy-of-a-misinformation-disaster/275155.

[15]Dave Lee, "Boston Bombing: How Internet Detectives Got It Very Wrong," *BBC NEWS Technology*, April 19, 2013, http://www.bbc.co.uk/news/technology-22214511.

[16]Dave Lee, "Boston Bombing: How Internet Detectives Got It Very Wrong," *BBC NEWS Technology*, April 19, 2013, http://www.bbc.co.uk/news/technology-22214511.

[17]http://www.lifestylelift.org/grammy-award-winner-debby-boone-named-lifestyle-lift-spokesperson-and-infomercial-talk-show-host.

[18]We researched numerous websites ranging from trainer sites to those assessing the value of workout DVDs: http://www.fitnessmagazine.com/workout/gear/dvds/10-best-workout-dvds; http://www.consumersearch.com/exercise-video-reivews; http://exercise.about.com/od/cardiomachinesources/tp/cardiovideos; http://www.womansday.com/health-fitness/workout-routines/10-best-fitness-dvds. http://www.jillianmichaelsbodyrevolution.com; http://www.doctoroz.com/videos/shaun-ts-miracle-15-minute-workout; http://beachbody.com/product/fitness_programs/10_minute_trainer_do.

[19]http://www.natcom.org/index.asp?bid=510.

[20]Isa N. Engleberg and John A. Daly, *Presentation in Everyday Life*, 3rd ed. (Boston: Pearson/Allyn and Bacon, 2009), pp. 3–4.

[21]Isa N. Engleberg and John A. Daly, *Presentation in Everyday Life*, 3rd ed. (Boston: Pearson/Allyn and Bacon, 2009), pp. 37–39; Isa N. Engleberg and John A. Daly, *Think Public Speaking* (Boston: Pearson, 2013), pp. 4, 29–30.

[22]Rives Collins and Pamela J. Cooper, *The Power of Story: Teaching Through Storytelling*, 2nd ed. (Boston: Allyn & Bacon, 1997), p. 2.

[23]Walter R. Fisher, *Human Communication as Narration: Toward a Philosophy of Reason, Value, and Action* (Columbia, SC: University of South Carolina Press, 1987), pp. 64, 65.

[24]Henry L. Roubicek, *So What's Your Story?* (Dubuque, IA: Kendall Hunt, 2011), p. 17.

참고문헌

[25]John A. Daly, *Advocacy: Championing Ideas and Influencing Others* (New Haven: Yale University Press, 2011), p 120.

[26]John A. Daly, *Advocacy: Championing Ideas and Influencing Others* (New Haven: Yale University Press, 2011), pp. 121–123.

[27]William Hendricks et al., *Secrets of Power Presentations* (Franklin Lakes, NJ: Career Press, 1996), p. 79.

[28]Research verifies that when stories are followed by a moral or epilogue, audiences are more likely to accept the message. See Rebekah et al., "An Examination of the Narrative Persuasion with Epilogue Through the Lens of the Elaboration Likelihood Model," *Communication Quarterly* 61 (2013): 431–445.

[29]Malcolm Kushner, *Successful Presentations for Dummies* (Foster City, CA: IDG Books, 1997), p. 79.

[30]Rives Collins and Pamela J. Cooper, *The Power of Story: Teaching Through Storytelling*, 2nd ed. (Boston: Allyn & Bacon, 1997), pp. 24–28; Isa Engleberg and John Daly, *Presentations in Everyday Life: Strategies for Effective Speaking*, 3rd ed. (Boston: Pearson/Allyn and Bacon, 2009), pp. 292–294.

[31]Walter R. Fisher, *Human Communication as Narration: Toward a Philosophy of Reason, Value, and Action* (Columbia, SC: University of South Carolina Press, 1987), p. 24.

[32]Walter R. Fisher, *Human Communication as Narration: Toward a Philosophy of Reason, Value, and Action* (Columbia, SC: University of South Carolina Press, 1987), p. 68.

[33]Candace Spigelman, "Argument and Evidence in the Case of the Personal," *College English* 64, Volume 1 (2001): 80–81.

[34]Walter Fisher, "Narrative as Human Communication Paradigm," in John Louis Lucaites, Celeste Michelle Condit, and Sally Caudill (Eds.), *Contemporary Rhetorical Theory* (New York: The Guilford Press, 1999), p. 272.

[35]Henry L. Roubicek, *So What's Your Story?* (Dubuque, IA: Kendall Hunt, 2011), p. 20.

[36]Based on Joanna Slan, *Using Stories and Humor: Grab Your Audience* (Boston: Allyn & Bacon, 1998), pp. 89–95, 116. See also Isa N. Engleberg and John A. Daly, *Presentation in Everyday Life*, 3rd ed. (Boston: Pearson/Allyn and Bacon, 2009), pp. 296–298; Isa N. Engleberg and John A. Daly, *Think Public Speaking* (Boston: Pearson, 2013), pp. 207–209.

[37]Based on Paul Galdone, *The Three Little Pigs* (New York: Houghton Mifflin, 1970).

[38]Malcolm Kushner, *Successful Presentations for Dummies* (Foster City, CA: IDG Books, 1997), p. 350.

[39]Gene Perret, *Using Humor for Effective Business Speaking* (New York: Sterling, 1989), pp. 19–26.

[40]Yang Lin and Patricia S. Hill, "Cross-Cultural Humor: A New Frontier for Intercultural Communication Research," in Rachel L. DiCiocolo (Ed.), *Humor Communication: Theory, Impact, and Outcomes* (Dubuque, IA: Kendall Hunt, 2012), p. 269.

[41]Ghu-Hai Chen and Rod A. Martin, "A Comparison of Humor Styles: Coping Humor, and Mental Health Between Chinese and Canadian University Students," *Humor—International Journal of Humor Research* 20 (2007): 209.

[42]Shahe S. Kazarian and Rod A. Martin "Humor Styles, Culture-Elated Personality, Well-Being, and Family Adjustment Among Armenians in Lebanon," *Humor—International Journal of Humor Research* 19 (2006): 405–423; Quoted in Yang Lin and Patricia S. Hill, "Cross-Cultural Humor: A New Frontier for Intercultural Communication Research," in Rachel L. DiCioolo (Ed.), *Humor Communication: Theory, Impact, and Outcomes* (Dubuque, IA: Kendall Hunt, 2012).

[43]Gil Greengross "Laughing All the Way to the Bedroom: The Importance of Humor in Mating," *Humor Sapiens/Psychology Today*, May 1, 2011, http://www.psychologytoday.com/blog/humor-sapiens/201105/laughing-all-the-way-the-bedroom.

[44]See Isa N. Engleberg and John A. Daly, *Presentations in Everyday Life*, 2nd ed. (Boston/Allyn and Bacon, 2005), pp. 313–315.

[45]Gil Greengross "Laughing All the Way to the Bedroom: The Importance of Humor in Mating," *Humor Sapiens/Psychology Today*, May 1, 2011, http://www.psychologytoday.com/blog/humor-sapiens/201105/laughing-all-the-way-the-bedroom.

[46]Frank Cotham cartoon, Published in *The New Yorker*, February, 18, 2002, http://www.cartoonbank.com/2002/at-what-point-does-this-become-our-problem/invt/122039. Note: The winning caption is at the end of this web site: "At what point does this become our problem?" For more cartoon and winning captions, see *The New Yorker Cartoon Caption Contest Book* (Kansas City: Andrews McMeel Publishing, 2008).

[47]Summary of tips for using humor from Isa N. Engleberg and Dianna R. Wynn, *The Challenge of Communicating: Guiding Principles and Practices* (Pearson/Allyn & Bacon, 2008), p. 408; Joanna Slan, *Using Stories and Humor: Grab Your Audience* (Boston: Allyn & Bacon, 1998), pp. 170–172.

[48]Since developing this presentation, *CliffsNotes* has gone through several changes and traumas. In 1998, Cliff Hillegass sold Cliff'sNotes, Inc. to John Wiley & Sons, Inc. In May 2001, Mr. Hillegass passed away at the age of 83. In 2007, Cliff's Notes.com was relaunched with an updated design and notes for school subjects such as math, science, writing, foreign languages, history, and government. "A Brief History of CliffsNotes," http://www.cliffsnotes.com/WileyCDA/Section/A-Brief-History.id-305430.html. In 2012, Houghton Mifflin Harcourt acquired CliffsNotes, Inc.

제16장

[1]See Jennifer Epstein, "Michelle Obama: 'Hadiya Pendleton was me, and I was her," *Politico*, April 10, 2013, http://www.politico.com/politico44/2013/04/michelle-obama-hadiya-pendleton-was-me-and-i-was-her-161339.html; Paige Lavender, "Michelle Obama Tears Up During Gun Violence Speech in Chicago," *Huffington Post*, April 10,

2013, http://www.huffingtonpost.com/2013/04/10/michelle-obama-tears-up_n_3055104.html?view=print&comm_ref=false; Charyl Corley, "Michelle Obama Steps Into Gun Control Debate," National Public Radio, April 10, 2013, http://www.npr.org/blogs/itsallpolitics/2013/04/10/176822207/michelle-obama-steps-into-gun-control-debate.

[2]Office of the First Lady, "Remarks by the First Lady at the Joint Luncheon Meeting: Working Together to Address Youth Violence in Chicago," The White House, April 10, 2013, http://www.whitehouse.gov/the-press-office/2013/04/10/remarks-first-lady-joint-luncheon-meeting-working-together-address-youth.

[3]Lesley Kriewald, "The Power of Social Media," Texas A&M School of Engineering, 2013, http://engineering.tamu.edu/research/2012/the-power-of-social-media.

[4]Robert H. Gass and John S. Seiter, *Persuasion, Social Influence, and Compliance Gaining*, 4th ed. (Boston: Pearson, 2011), Preface and p. 13.

[5]A variation on the 1931 jazz standard "It Don't Mean a Thing (If It Ain't Got That Swing)" by Duke Ellington with lyrics by Irving Mills.

[6]Robert H. Gass and John S. Seiter, *Persuasion, Social Influence, and Compliance Gaining*, 4th ed. (Boston: Pearson, 2011), p. 198.

[7]William J. McGuire, "Inducing Resistance to Persuasion: Some Contemporary Approaches," in Leonard Berkowitz (Ed.), *Advances in Experimental Psychology* (New York: Academic Press, 1964), pp. 192–229.

[8]John A. Daly, *Advocacy: Championing Ideas and Influencing Others* (New Haven: Yale University Press, 2011), p. 222.

[9]Jack W. Brehm, *A Theory of Psychological Reactance* (New York: Academic Press, 1966). See also Michael Burgoon et al., "Revisiting the Theory of Psychological Reactance," in James Price Dillard and Michael Pfau (Eds.), *The Persuasion Handbook: Development in Theory and Practice* (Thousand Oaks, CA: Sage, 2002), pp. 213–232; James Price Dillard and Linda J. Marshall, "Persuasion as a Social Skill," in John O. Greene and Brant R. Burleson (Eds.), *Handbook of Communication and Social Interaction Skills* (Mahwah, NJ: Lawrence Erlbaum, 2003), pp. 500–501.

[10]Don Levine, "Booze Barriers," *Boulder Weekly*, September 7, 2000, http://www.boulderweekly.com/archive/090700/coverstory.html, p. 4.

[11]Don Levine, "Booze Barriers," *Boulder Weekly*, September 7, 2000, http://www.boulderweekly.com/archive/090700/coverstory.html, p. 4.

[12]Stephen Toulmin, *The Uses of Argument* (London: Cambridge University Press, 1958). See also Stephen Toulmin, Richard Rieke, and Allan Janik, *An Introduction to Reasoning* (New York: Macmillan, 1979).

[13]Thomas Sewell, "I Beg to Disagree: The Lost Art of Logical Arguments," *Naples Daily News*, (January 14, 2005), p. 9D.

[14]Fred D. White and Simone J. Billings, *The Well-Crafted Argument: A Guide and Reader*, 2nd ed. (Boston: Houghton Mifflin, 2005), p. 93.

[15]Charles U. Larson, *Persuasion: Reception and Responsibility*, 11th ed. (Belmont, CA: Thomson/Wadsworth, 2007), p. 185.

[16]Les Christie, "Number of People Without Health Insurance Climbs," *CNN Money* (A Service of *CNN, Fortune*, and *Money*) September 13, 20011, http://money.cnn.com/2011/09/13/news/economy/census_bureau_health_-insurance/index.htm.

[17]Charles U. Larson, *Persuasion: Reception and Responsibility*, 11th ed. (Belmont, CA: Thomson/Wadsworth, 2007), p. 58.

[18]Richard M. Perloff, *The Dynamics of Persuasion: Communication and Attitudes in the 21st Century*, 4th ed. (New York: Routledge/Taylor & Francis, 2010), pp. 204–206.

[19]Student speech from Authors' files printed with permission.

[20]Aristotle, *Rhetoric*, in Jonathan Barnes (Ed.), *The Complete Works of Aristotle: The Revised Oxford Translation*, Vol. 2 (Princeton, NJ: Princeton University Press, 1995), p. 2155.

[21]Michael Osborn, Suzanne Osborn, and Randall Osborn, *Public Speaking*, 8th ed. (Boston: Pearson/Allyn & Bacon, 2009), p. 380.

[22]Michael Osborn, Suzanne Osborn, and Randall Osborn, *Public Speaking*, 8th ed. (Boston: Pearson/Allyn & Bacon, 2009), p. 376.

[23]Richard Maxwell and Robert Dickman, *The Elements of Persuasion: Use Storytelling to Pitch Better, Sell Faster, and Win More Business* (New York: HarperCollins, 2007), p. 125.

[24]See Alexander Todorov, Shelley Chaiken, and Marlone D. Henderson, "The Heuristic-Systematic Model of Social Information Processing," in James Price Dillard and Michael Pfau (Eds.), *The Persuasion Handbook: Developments in Theory and Practice* (Thousand Oaks, CA: Sage, 2002), pp. 195–211; James Price Dillard and Linda J. Marshall. "Persuasion as a Social Skill," in John O. Greene and Brant R. Burleson (Eds.), *Handbook of Communication and Social Interaction Skills*(Mahwah, NJ: Lawrence Erlbaum, 2003), pp. 494–495.

[25]Andrew Breitbart, "John McCain: Tea Party Senators 'Wacko Birds," *Tea Party*, March 8, 2013, http://www.teaparty.org/john-mccain-new-gop-guard-wacko-birds-21328; http://www.breitbart.com/Big-Government/2013/03/08/McCain-Paul-Cruz-Wacko.

[26]See "Appeal to Tradition," *Wikipedia*, for more examples, http://wiki.ironchariots.org/index.php?title=Appeal_to_tradition.

[27]Based on Patrick J. Hurley, *A Concise Introduction to Logic*, 8th ed. (Belmont, CA: Wadsworth Thomson Learning, 2003), pp. 172–174.

[28]Alan H. Monroe, *Principles and Types of Speech* (Chicago: Scott, Foresman, 1935).

[29]Based on Nicholas D. Kristof and Sheryl WuDunn, "The Women's Crusade," *The New York Times Magazine*, August 23, 2009, pp. 28–39. Kristof is an international journalist and advocate for women's rights.

[30]Sharon Shavitt and Michelle R. Nelson, "The Role of Attitude Functions in Persuasion and Social Judgment," in James Price Dillard and Michael Pfau (Eds.), *The Persuasion Handbook: Developments in Theory and Practice* (Thousand Oaks, CA: Sage, 2002), p. 150.

[31]Sharon Shavitt and Michelle R. Nelson, "The Role of Attitude Functions in Persuasion

and Social Judgment," in James Price Dillard and Michael Pfau (Eds.), *The Persuasion Handbook: Developments in Theory and Practice* (Thousand Oaks, CA: Sage, 2002), p. 150.

[32]This presentation appeared in *Vital Speeches of the Day* 65 (August 1, 1999), pp. 633–634. See also Marge Anderson, "The Value of Native Culture," http://www.manataka.org/page848.html; http://udaisd.proboards.com/index.cgi?board=general&action=display&thread=38.

[33]Former Chief Executive Marjorie Anderson of the Mille Lacs Band of Ojibwe passed away June 29, 2013. She was nationally known as a leader in Indian gaming, tribal self-governance and tribal treaty rights. For more information see "Marge Anderson, Former Chief of Mille Lacs Band, Passes Away," *Mille Lacs County Times*, July 4, 2013, http://millelacscountytimes.com/2013/07/04/marge-anderson-former-chief-of-mille-lacs-band-passes-away.

출처

내용 출처

제1장

p. 5: Carol Huang. "Facebook and Twitter Key to Arab Spring Uprising" The National, 6/6/11. p. 13: Reprinted by permission of the National Communication Association. p. 14: Reprinted by permission of the National Communication Association.

제2장

p. 19: Based on Leon Festinger, "A Theory of Social Comparison Processes," Human Relations, 7 (1954): 117–140. p. 22: Robert Epstein in "The Truth about Online Dating," Scientific American Mind, January 30, 2007, p. 31. p. 27: Mark R. Leary and Robin M. Kowalski, "Impression Management: A Literature Review and Two-Component Model," Psychological Bulletin, 1990, 107, p. 32. Copyright © 1990 by The American Psychological Association. Adapted by permission. p. 33: James C. McCroskey, "Oral Communication Apprehension: Summary of Recent Theory and Research," Human Communication Research 4 (1977): 80. p. 36: Richmond, Virginia P., McCroskey, James C., Communication: Apprehension, Avoidance and Effectiveness, 5th Edition © 1998. Repritned by permission of Pearson Education, Inc., Upper Saddle River, NJ.

제3장

p. 40: LUSTIG, MYRON; KOESTER, JOLENE; INTERCULTURAL COMPETENCE, 7th Ed., © 2013. Reprinted and Electronically reproduced by permission of Pearson Education, Inc., Upper Saddle River, New Jersey. p. 42: Stephen Prothero, Religious Literacy: What Every American Needs to Know—And Doesn't (New York: HarperCollins, 2007), p. 11. p. 45: LUSTIG, MYRON; KOESTER, JOLENE; INTERCULTURAL COMPETENCE, 7th Ed., © 2013. Reprinted and Electronically reproduced by permission of Pearson Education, Inc., Upper Saddle River, New Jersey. p. 46: Geert Hofstede, Gert Jan Hofstede, and Michael Minkov, Cultures and Organizations: Software of the Mind: Intercultural Cooperation and Its Importance for Survival, 3rd ed. (New York: McGraw-Hill, 2010) pp 95–97. Copyright © 2010. Reprinted by permission of the author. p. 47: Geert Hofstede, Gert Jan Hofstede, and Michael Minkov, Cultures and Organizations: Software of the Mind: Intercultural Cooperation and Its Importance for Survival, 3rd ed. (New York: McGraw-Hill, 2010) pp 95–97. Copyright © 2010. Reprinted by permission of the author. p. 48: Based on Cheris Kramarae, Women and Men Speaking: Framework for Analysis (Rowley, MA: Newbury House, 1981). p. 49: Geert Hofstede, Gert Jan Hofstede, and Michael Minkov, Cultures and Organizations: Software of the Mind: Intercultural Cooperation and Its Importance for Survival, 3rd ed. (New York: McGraw-Hill, 2010) pp 95–97. Copyright © 2010. Reprinted by permission of the author. p. 53: Howard Giles et al., "Accommodation Theory: Communication, Context, and Consequence," in Contexts of Accommodation: Developments in Applied Sociolinguistics, ed. Howard Giles et al. (Cambridge: Cambridge University Press, 1991), pp. 1–68. Copyright © 1991 Maison de Sciences de l'Homme and Cambridge University Press. p. 54: Communication Research Reports: CRR by WORLD COMMUNICATION ASSOCIATION : WEST VIRGINIA UNIVERSITY Reproduced with permission of PUBLISHED BY THE WORLD COMMUNICATION ASSOCIATION I in the format republish in a book/textbook via Copyright Clearance Center. p. 59: Rita Hardiman, "White Racial Identity Development in the United States," in Race, Ethnicity and Self: Identity in Multicultural Perspective, ed. Elizabeth Pathy Salett and Dianne R. Koslow (Washington, DC: National MultiCultural Institute, 1994), pp. 130–31. p. 60: David Cay Johnston, "A Close Look at Your Bills 'Fine Print,'" September 20, 2012, Fresh Air, National Public Radio, http://www.npr.org/2012/09/20/161477162/a-close-look-at-your-bills-fine-print. p. 60: Richard Nisbett, The Geography of Thought: How Asians and Westerners Think Differently ... and Why (New York: Free Press, 2003), p. xiii. p. 60: Marvin Harris, Cows, Pigs, Wars, and Witches: The Riddles of Culture (New York: Vintage Books, 1975), p. 30.

제4장

p. 57: Seth S. Horowitz, "The Science and Art of Listening," The New York Times, November 11, 2012, p. SR 2. p. 59: Based on Lynn O. Cooper and Trey Buchanan, "Listening Competency on Campus: A Psychometric Analysis of Student Learning, The International Journal of Listening, 24 (2010), pp. 141–163. p. 62: Based on Don Gabor, How to Start a Conversation and Make Friends (New York: Fireside, 2001), pp. 66–68. p. 65: Deborah Tannen, You Just Don't Understand: Women and Men in Conversation (New York: Ballantine Books, 1990), pp. 141–142.

제5장

p. 76: Donna Smith, "Bullying: When Words Hurt," Disney Family.com, http://family.go.com/parenting/pkg-teen/article-766446-bullying-when-words-hurt p. 80: Marcel Danesi and Paul Perron, Analyzing Cultures: An Introduction and Handbook (Bloomington, IN:

Indiana University Press, 1999), p. 61. p. 87: James V. O'Conner, Cuss Control: The Complete Book on How to Curb Your Cursing (New York: Three Rivers Press, 2000), pp. 18–27. p. 90: Richmond, Virginia P., McCroskey, James C., Communication: Apprehension, Avoidance and Effectiveness, 5th Edition. © 1998. Reprinted by permission of Pearson Education, Inc., Upper Saddle River, NJ.

제6장

p. 95: The dark side of interpersonal communication by CUPACH, WILLIAM, R.; SPITZBERG, BRIAN H., Reproduced with permission of LAWRENCE ERLBAUM ASSOCIATES, INCORPORATED in the format Republish in a book via Copyright Clearance Center. p. 97: Mark L. Knapp, Judith A. Hall, and Terrence G. Horgan, Nonverbal Communication in Human Interaction, 8th ed. (Boston: Wadsworth, 2014), p. 15. p. 97: Paul Ekman, "Communication through Nonverbal Behavior: A Source of Information about an Interpersonal Relationship," in Silvia S. Tomkins and C. E. Izard (Eds.), Affect, Cognition, and Personality (New York: Springer, 1965) p. 99: Freezy, "Video: Sesame Street Makes 'I Love My Hair' for Young Black Girls." FREESWORLD (Marie 'Free' Wright), October 18, 2010, http://www.freesworld.com/2010/10/18/video-sesame-street-makes-i-love-my-hair-for-young-black-girls/. p. 103: Lyle V. Mayer, Fundamentals of Voice and Diction, 13th ed., p. 229. Copyright © 2004 McGraw-Hill Education. Reprinted by permission of McGraw-Hill Education. p. 105: From Knapp/Hall/Horgan. Nonverbal Communication in Human Interaction, 8E. © 2014 Wadsworth, a part of Cengage Learning, Inc. Reproduced by permission. www.cengage.com/permissions. p. 107: Nina-Jo Moore, Mark Hickson, III, and Don W. Stacks, Nonverbal Communication, Studies and Application, 5th ed. (New York: Oxford, 2010), p. 192. p. 108: Brian H. Spitzberg, "CSRS: The Conversational Skills Rating Scale—An Instructional Assessment of Interpersonal Competence," in the NCA Diagnostic Series, 2nd ed. (Washington, D.C.: National Communication Association, 2007).

제7장

p. 113: John M. Gottman with Joan De Claire, The Relationship Cure (New York: Three Rivers Press, 2001), p. 23. p. 114: William Schutz, The Human Element: Productivity, Self-Esteem, and the Bottom Line (San Francisco: Jossey-Bass, 1994). Copyright © 1994. Reprinted by permission of John Wiley & Sons. p. 114: Daniel Menaker, A Good Talk: The Story and Skill of Conversation (NY: Hatchette Book Groups, 2010), p. 1. p. 118: Knapp, Mark C. and Vangelisti, Anita L. Interpersonal Communication and Human Relationships, 5th Edition © 2005. Reprinted by permission of Pearson Education, Inc., Upper Saddle River, NJ. p. 118: Lynn H. Turner and Richard West, Perspectives on Family Communication, 2nd ed. (Boston: McGraw Hill, 2002), p. 8. p. 120: Joseph Luft, Group Process: An Introduction to Group Dynamics, 3rd ed. Copyright © 1984 McGraw-Hill Education. Reprinted by permission of McGraw-Hill Education. p. 124: Based on Robert Plutchik, Emotions: A Psychoevolutionary Synthesis (New York: Harper and Row, 1980). p. 124: Daniel Goleman, Working with Emotional Intelligence (New York: Bantam Books, 1998), p. 317. p. 124: Handbook of communication and social interaction skills by Greene, John, O.; Burleson, Brant Raney Reproduced with permission of LAWRENCE ERLBAUM ASSOCIATES INCORPORATED in the format Republish in a book via Copyright Clearance Center.

제8장

p. 132: Relating: dialogues and dialectic by BAXTER, LESLIE A.; MONTGOMERY, BARBARA M. Reproduced with permission of GUILFORD PUBLICATIONS INCORPORATED in the format Republish in a book via Copyright Clearance Center. p. 140: Adapted from Dudley D. Cahn and Abigail, Ruth Anna, Managing Conflict through Communication, 3rd ed. © 2007. Reprinted by permission of Pearson Education Inc., Upper Saddle River, NJ. p. 141: Journal of Personality Assessment by SOCIETY FOR PERSONALITY ASSESSMENT Reproduced with permission of LAWRENCE ERLBAUM, ASSOCIATES, INC. in the format republish in a book/textbook via Copyright Clearance Center. p. 142: From Regina Fazio Maruca, "The Electronic Negotiator: A Conversation with Kathleen Valley," Harvard Business Review, January 2000. © 2000. Reprinted by permission of Harvard Business Publishing. p. 143: ACT on life not on anger: the new acceptance and commitment therapy guide to problem anger by Eifert, Georg H.; McKay, Matthew; Forsyth, John P. Reproduced with permission of New Harbinger Publications in the format Republish in a book via Copyright Clearance Center. p. 144: William W. Wilmot and Joyce L. Hocker, Interpersonal Conflict, 5th ed. Copyright © 1995 McGraw-Hill Education. Reprinted by permission of McGraw-Hill Education. p. 146: TOMPKINS, PAULA, S., PRACTICING COMMUNICATION ETHICS: DEVELOPMENT, DISCERNMENT, AND DECISION-MAKING, 1st Ed., © 2011. Reprinted and Electronically reproduced by permission of Pearson Education, Inc., Upper Saddle River, New Jersey. p. 146: From Asserting yourself: A Practical Guide to Positive Change by Sharon Anthony Bower and Gordon H. Bower, Copyright © 1991. Reprinted by permission of DeCapo Press, a member of the Perseus Books Group. p. 147: The anxiety and phobia workbook by Bourne, Edmund, J. Reproduced with permission of New harbinger Publications in the format Republish in a book via Copyright

Clearance Center.

제9장

p. 152: Reprinted by permission of the Center for Professional Excellence. p. 153: MODAFF, DANIEL, P., BUTLER, JENNIFER, A., DEWINE, SUE, ORGANIZATIONAL COMMUNICATION: FOUNDATIONS, CHALLENGES, AND MISUNDERSTANDINGS, 2nd Ed., © 2008. Reprinted and electronically reproduced by PEARSON EDUCATION, One Lake Street, Upper Saddle River, New Jersey 07458. p. 153: Based on Daniel P. Modaff, Sue DeWine, and Jennifer A. Butler, Organizational Communication: Foundations, Challenges, Misunderstandings (Los Angeles, CA: Roxbury, 2008). p. 155: Based on John Tschohl, Service Quality Institute, "Service, Not Servitude: Common Sense Is Critical Element of Customer Service," 2004, http://www.customer-service.com/articles/022502.cfm. p. 157: Sean M. Horan and Rebecca M. Chory, "Understanding Work-Life Blending: Credibility Implications for Those Who Date at Work," Communication Studies, 62 (2011), p. 565; p. 159: U.S. Equal Employment Opportunity Commission, "Facts about Sexual Harassment"(June 27, 2002), http://www.eeoc.gov/facts/fs-sex.html. p. 159: Lawrence Downes, "How the Military Talks About Sexual Assault, The New York Times, May 26, 2013, http://takingnote.blogs.nytimes.com/2013/05/26/how-the-military-talks-about-sexual-assault. p. 161: Hal Plotkin, "How to Handle Difficult Behaviors," Dealing with Difficult People , p. 132–137. Copyright © 2005 Reprinted by permission of Harvard Business Publishing. p. 167: Based on J. Maureen Henderson, "3 Ways Millennials Can Master Job Interviews," Forbes, May 6, 2013.

제10장

p. 171: Arupa Tesolin, "Igniting the Creative Spark at Cirque du Soleil—Argupa Tesolin Interviews Lyn Heward Creative Leader at Cirque," Self Growth, May 2008. http://www.selfgrowth.com/articles/Igniting_the_Creative_Spark_at_Cirque_du_Soleil.html. p. 172: Steve W. J. Kozlowski and Daniel R. Ilgen (2006). "Enhancing the Effectiveness of Work Groups and Teams," Psychological Science in the Public Interest, 7 (3), p. 77. p. 175: Linda Stewart, "Building Virtual Teams: Strategies for High Performance," Forbes, March 30, 2012, http://www.forbes.com/sites/ciocentral/2012/03/30/building-virtual-teams-strategies-for-high-performance. p. 176: Based on Ernest G. Bormann, Small Group Communication: Theory and Practice, 3rd ed. (HarperCollins, 1990) pp. 132–135, 181–183. p. 176: Based on Ernest G. Bormann, Small Group Communication: Theory and Practice, 3rd ed. (HarperCollins, 1990) pp. 132–135, 181–183. p. 178: Based on Kristin J. Behfar, Elizabeth A. Mannix, Randall S. Peterson, and William M. Trochim, "Conflict in Small Groups: The Meaning and Consequences of Process Conflict," Small Group Research, 42 (2011), pp. 128, 136–137. p. 179: Definition of "norms", Patricia H Andrews, edited by Robert S Cathcart, edited by Larry A Samovar, edited by Linda D Henman, Patricia H. Andrews, "Group Conformity," in Small Group Communication: Theory and Practice, 7th ed., ed. Robert S. Cathcart, Larry A. Samovar, and Linda D. Henman (Madison, WI: Brown and Benchmark, 1996), p. 185., Cathcart, Robert S. p. 187: Orem Harari, The Leadership Secrets of Colin Powell (New York: McGraw-Hill, 2002), p. 249.

제11장

p. 194: Randy Y. Hirokawa, "Communication and Group Decision-Making Efficacy," in Small Group Communication: Theory and Practice, 7th ed. (Madison, WI: Brown and Benchmark, 1996). p. 195: Irving L. Janis, Symptoms of Groupthink, Groupthink, 2nd ed. Boston: Houghton Mifflin, 1982, pp. 174–175). p. 195: Irving L. Janis, GROUPTHINK, p. 9. p. 197: Rodney Napier and Matti Gershenfeld, Groups: Theory and Experience, 7/e, pp 337. p. 197: John Katzenbach and Douglas Smith, The Disciplines of Teams, p113(2001). p. 198: Randy Hirokawa and Roger Pace, "A Descriptive Investigation of the Possible Communication-Based Reasons for Effective and Ineffective Group Decision Making," Communication Monographs 50 (1983): 379. p. 198: Based on Suzanne Scott and Reginald Bruce "Decision Making Style: The Development of a New Measure," Educational and Psychological Measurements 55 (1995): 818–831. p. 200: DELBECO, ANDRE L; VAN DE VEN, ANDREW, H.; GUSTAFSON, DAVID H., GROUP TECH PROGRAM PLANG, 1st Ed., © 1975. Reprinted and Electronically reproduced by permission of Pearson Education, Inc., Upper Saddle River, New Jersey. p. 205: Based on Karen Anderson, Making Meetings Work: How to Plan and conduct Effective Meetings, American Media Publishing, 1997. p. 18. p. 205: Sharon M. Lippincott, Meetings: Do's, Don'ts, and Donuts (Pittsburgh, PA: Lighthouse Point Press, 1994), p. 172. p. 208: 3M Meeting Management Team with Jeannine Drew, Mastering Meetings: Discovering the Hidden Potential of Effective Business Meetings (New York: McGraw-Hill, 1994), p. 78.

제12장

p. 213: From speak With Courage: 50 Insider Strategies for Presenting with Ease and Confidence by Martin McDermott. Copyright © 2015 by Bedford/St. Martin's. Reprinted with permission. p. 214: Dorothy Leeds, Power Speak: Engage, Inspire, and Stimulate Your Audience, Career Press (2003) p. 47. p. 214: Nancy Durarte, HBR Guide to Persuasive Presentations Harvard Business Review Press (2012), p 19. p. 223: ENGLEBERG, ISA, N.; DALY, JOHN, A., PRESENTATIONS IN EVERYDAY LIFE, 3rd Ed., © 2009. Reprinted and Electronically reproduced by permission of Pearson Education, Inc., Upper Saddle River, New Jersey. p. 226: Lane Cooper, The Rhetoric of Aristotle (New York: Appleton-Century-Crofts, 1932), p. 8 and 9. p. 226: Nathan Crick, Rhetorical Public Speaking (Allyn & Bacon, 2100, p. 136). p. 229: Gene Zelazny, Say It with Presentations, Revised. Copyright © 2006

McGraw-Hill Education. Reprinted with permission of McGraw-Hill Education.

제13장

p. 232: From Nancy Duarte, HBR Guide to Persuasive Presentations, Harvard Business Review 2012, p. xv., 30,39. Copyright © 2012. Reprinted by permission of Harvard Business Publishing. p. 232: Josephus Daniels, The Wilson Era: Years of War and After, 1917–1923 (Westport, CN: Greenwood Publishing Group, 1974), p. 632. p. 233: Joanne Cantor, Mommy, I'm Scared. (1998 Mariner Books) p. 234: Scott Jaschik, "A Stand Against Wikipedia," Inside Higher Education, January 26, 2007, http://www.insidehighered.com/news/2007/01/26/wiki. p. 234: Carole Blair, "Civil Rights/Civil Sites: '. . . Until Justice Rolls Down Like Waters,'" The Carroll C. Arnold Distinguished Lecture, National Communication Association Convention, November 2006, p. 2. Copyright © 2006 Reprinted by permission of the National Communication Association. p. 235: Isa N. Engleberg, The Principles of Public Presentation (New York: HarperCollins, 1994) p. 140. p. 235: Vivian Hobbs, Commencement Address at Prince George's Community College, Largo, Maryland, 1991. p. 235: Quoted in John A. Daly, Advocacy: Championing Ideas and Influencing Others (New Haven, CN: Yale University Press, 2011), p. 121. p. 236: Dan Le Batard, The Miamia Herald p. 236: Full Transcript and Videos: USDA Shirley Sherrod, NAACP, Breitbart, FOXNEWS," FactReal, Posted by FactReal on July 22, 2010; Updated by FactReal on 7/26/2010, http://factreal.wordpress.com/2010/07/22/full-transcript-videos-usda-shirley-sherrod-naacp-breitbart-foxnews. p. 236: Full Transcript and Videos: USDA Shirley Sherrod, NAACP, Breitbart, FOXNEWS," FactReal, Posted by FactReal on July 22, 2010; Updated by FactReal on 7/26/2010, http://factreal.wordpress.com/2010/07/22/full-transcript-videos-usda-shirley-sherrod-naacp-breitbart-foxnews. p. 237: Based on John Chafee with Christine McMahon and Barbara Stout, Critical Thinking, Thoughtful Writing, 2nd ed. (Boston: Houghton Mifflin, 2002), pp. 534–536, 614; Jim Kapoun "Teaching Undergrads Web Evaluation: A Guide for Library Instruction," C&RL News (July/August, 1998), pp. 522–523 cited in "Five Criteria for Evaluating Web Pages," Cornell University, http://olinuris.library.cornell.edu/print/4499 and http://olinuris.library.cornell.edu/ref/research/webcrit.html, Minor textual corrections, May 10, 2010. For more criteria questions and a worksheet see, Isa Engleberg and Dianna R. Wynn, "Assessing a Web Site Worksheet," Instructor's Manual for THINK Communication (Boston: Pearson/Allyn and Bacon, 2010). p. 238: Michael M. Kepper with Robert E. Gunther, I'd Rather Die Than Give a Speech (Burr Ridge, IL: Irwin, 1994), p. 6. p. 239: Arne Duncan, National Science Teachers Association Conference, March 20, 2009. http://www.ed.gov/print/news/speeches/2009/03/03202009.html. p. 246: Camille Dunlap, "Asleep at the Wheel," with permission from Camille Dunlap, a former student at Prince George's Community College. p. 249: Marge Anderson, "Looking through Our Window: The Value of Indian Culture,". p. 249: Reprinted by permission of Dr. Robert M. Franklin, President Emeritus, Morehouse College.

제14장

p. 253: Lou Cannon, President Reagan: The Role of a Lifetime (New York: Public Affairs, 2000), p. 20. p. 254: Jerry Della Femina, quoted in Drewniany, Bonnie L. and Jewler, A. Jerome, Creative Strategy in Advertising, 2nd ed. (Belmont CA: Wadsworth, 1985). p. 256: http://www.independent.co.uk/news/world/asia/the-full-text-malala-yousafzais-speech-to-the-un-general-assembly-8706606.html. p. 264: Peggy Noonan, Simply Speaking: How to Communicate Your Ideas with Style, Substance, and Clarity (New York: HarperCollins, 1998), p. 206. p. 266: Janet Bozarth, Better than Bullet Points. p. 270: Peggy Noonan, Simply Speaking: How to Communicate Your Ideas with Style, Substance, and Clarity (New York: HarperCollins, 1998). p. 271: Reprinted by permission of NJJ Production, Inc.

제15장

p. 276: John A. Daly, Advocacy: Championing Ideas and Influencing Others (New Haven: Yale University Press, 2011), p. 246. p. 278: Dave Lee, "Boston Bombing: How Internet Detectives Got It Very Wrong, BBC NEWS Technology, April 19, 2013, http://www.bbc.co.uk/news/technology-22214511. p. 278: Craig Silverman, "Major Breaking News Errors Giving Rise to New Responses in Boston Coverage," The Poynter Institute, April 18, 2013, http://www.poynter.org/latest-news/regret-the-error/210699/major-breaking-news-errors-giving-rise-to-new-responses-in-boston-coverage. p. 278: Alexis C. Madrigal, "It Wasn't Sunil Tripathi: The Anatomy of a Misfortunate Disaster," The Atlantic, April 19, 2013, http://www.theatlantic.com. p. 281: Henry L. Roubicek, So What's Your Story? (Dubuque, IA: Kendall Hunt, 2011), p. 17. p. 285: Gil Greengross "Laughing All the Way to the Bedroom: The Importance of Humor in Mating," Humor Sapiens/Psychology Today, May 1, 2011. p. 284: Gene Perret, Using Humor for Effective Business Speaking (1989) Sterling Publishing Company. p. 287: Reprinted by permission of John Sullivan.

제16장

p. 295: Office of the First Lady, "Remarks by the First Lady at the Joint Luncheon Meeting: Working Together to Address Youth Violence in Chicago," The White House, April 10, 2013, http://www.whitehouse.gov/the-press-office/2013/04/10/remarks-first-lady-joint-luncheon-meeting-working-together-address-youth. p. 297: Lesley Kriewald, "The Power of Social Media," Texas A&M School of Engineering, 2013, http://engineering.tamu.edu/research/2012/the-power-of-social-media. p. 302: Les Christie, "Number of People Without Health Insurance Climbs," CNN Money (A Service of CNN, Fortunate, and Money) September 13, 20011, http://money.cnn.com/2011/09/13/news/economy/census_bureau_health_insurance/index.htm. p. 303: Based on Richard M. Perloff, The Dynamics of Persuasion: Communication and

Attitudes in the 21st Century, 4th (New York: Routledge/Taylor & Francis, 2010), pp. 204–206. p. 310: Marge Anderson, from "Looking Through Our Window: The Value of Indian Culture" a speech delivered to the First Friday Club of the Twin Cities, March 5, 1999. Reprinted by permission of Marge Anderson, Chief Executive of the Mille Lacs Band of Ojibwe.

사진 출처

차례

vi: (top, left) Chris Fortuna/Riser/Getty Images; (top, right) moodboard/Alamy; vii: (top, left) Photo ITAR-TASS/Newscom; (top, right) Izabela Habur/E+/Getty Images; viii: (top, left) Monty Brinton/CBS/Getty Images; (top, right) Nathan King/Alamy; ix: (top, left) Pete Souza/White House Pool/Unimedia Images, Inc/Newscom; (top, right) Gregorio Borgia/AP Images; x: (top, left) Radius Images/Alamy; (top, right) t Rose Palmisano/ZUMA Press/Newscom; xi: (top, left) Mark Bowden/E+/Getty Images; (top, right) Brian Kersey/Upi/Newscom; xii: (top) Gregorio Borgia/AP Images; (center) ArenaCreative/Fotolia; xiv: (top, right) Peter Horree/Alamy; (center) Rex C. Curry/MCT/Newscom; (bottom) Malyshchyts Viktar/Fotolia; xvi: (top) Isa Engleberg; (bottom) Dianna Wynn

제1장

01: Rana Faure/Corbis; 03: Stockbyte/Jupiter Images/Getty Images; David Grossman/Alamy; 04: David Grossman/Alamy; 05: (center, right) Iain Masterton/Alamy; (center) Randy Faris/Corbis; (top, center) Ryan McVay/Getty Images; (top, right) Garry Wade/Getty Images; (bottom, left) Chris Hondros/Getty Images; 06: (top, right) ICP/Alamy; (top, left) Artiga Photo/Corbis; (center) Image Source/Getty Images; (top, center) Allison Michael Orenstein/Photodisc/Getty Images; (top, center) Ciaran Griffin/Lifesize/Getty Images; 07: John Giustina/Stone/Getty Images; 08: (top, right) Radius Images/Alamy; (top, left) Randy Faris/Corbis; (bottom, left) Chabruken/The Image Bank/Getty Images; (top, center) Courtesy, Peace Corps; (bottom, right) Monkey Business Images/Shutterstock; 09: TP/Alamy/; 12: William Perugini/Shutterstock; 16: Jupiter Images/Photos.com/Getty Images.

제2장

18: Serg_dibrova/Shutterstock; 19: B. Tanaka/Photographer's Choice/Getty Images; 20: (top) Kent Mathews/Stone/Getty Images; (bottom) bikeriderlondon/Shutterstock; 21: Photomondo/Photodisc/Getty Images; 22: David J. Green—lifestyle themes/Alamy; 23: ITAR-TASS Photo Agency/Alamy; 26: (top) Roz Chast The New Yorker Collection/The Cartoon Bank; (bottom) ZUMA Press, Inc./Alamy; 27: Library of Congress; 28: Craig Ruttle/AP Images; 29: artparadigm/Photodisc/Jupiter Images/Getty Images; 30: (center, right) Ivonne Wierink/Shutterstock; (center, left) Leigh Prather/Shutterstock; (bottom) Gilian McGregor/Shutterstock; 33: Image Source/Getty Images; 34: John Sommer/iStockphoto/Thinkstock; 35: jim young/Reuters; 37: Marcus Mok/Alamy.

제3장

39: JEFF KOWALSKY/EPA/Newscom; 40: (top) Michelle Gilders/Alamy; (center, left) nyul/Fotolia; (center, right) George Rose/Getty Images; 41: Fox Searchlight/Everett Collection; 42: Andrija Markovic/Fotolia; 44: Phillip Waller/AP Images; 46: (top) Monkey Business Images/Shutterstock; (bottom) Terry Vine/Blend Images/Getty Images; 48: (top) Mikhail Kozlovsky/ITAR-TASS Photo Agency/Alamy; (bottom) Images & Stories/Alamy; 49: (top, right) Thomas Stankiewicz/LOOK/Getty Images; (top, left) bambooSIL/Photolibrary/Getty Images; 52: Kiedrowski, R./Arco Images GmbH/Alamy; 53: Mike Powell/Getty Images; 55: John And Lisa Merrill/Danita Delimont, Agent/Alamy

제4장

57: Image Source/Getty Images; 58: Susan Van Etten/PhotoEdit; 59: Christoph Martin/JupiterImages/Getty Images; 62: Stockbyte/Jupiter Images/Getty Images; 63: Jennifer Steck/E+/Getty Images; 65: Comstock Images/Getty Images/Thinkstock; 67: Comstock/JupiterImages/Getty Images; 68: Stockbyte/Photos.com/Getty Images; 69: (top) Ian Shaw/Alamy; (bottom) Digital Vision/Jupiter Images/Getty Images; 70: ArenaCreative/Fotolia; 72: Christoph Martin/Jupiter Images/Getty Images

제5장

74: Chris Fortuna/Riser/Getty Images; 75: Jupiter Images/Photos.com/Getty Images; 76: Marcy Maloy/Digital Vision/Getty Images; 77: (top) Elena Rostunova/Shutterstock; (bottom) Thomas M. Perkins/Shutterstock; 78: Eric Isselee/Shutterstock; 79: Ann Cutting/Alamy; 81: (bottom, right) Jim West/Alamy; (bottom, left) Photodisc/Thinkstock; 82: Michael Blann/RIser/Getty Images; 82: (top, left) Godong/Robert Harding Picture Library Ltd/Alamy; (top, right) Erik Isakson/Blend Images/Alamy; 83: Anna Andersen/AP Images; 86: Matthew Cavanaugh/epa/Corbis; 87: RWO WENN Photos/Newscom; 91: Scott Griessel/Fotolia

제6장

93: moodboard/Alamy; 94: AVAVA/Fotolia; 95: Monkey Business Images/Shutterstock; 96: (top, center) Jupiterimages/FoodPix/Getty Images; (center, right) Ryan McVay/Stone+/Getty Images; (center, left) Bartlomiej Magierowski/Alamy; (bottom, right) Jonathan Ferrey/Allsport Concepts/Getty Images; (bottom, left) es/Odilon Dimier/PhotoAlto/Alamy; 98: Fuse/Jupiter Images/Getty Images; 98: Juan Manuel Serrano/AP Images; 99: (top) Dallas and John Heaton/Travel Pictures/Alamy; (bottom) Corbis/PhotoLibrary/Getty Images; 100: (top, left) Image Source/Getty Images; (center, left) altrendo images/Altrendo/Getty Images; 101: YONHAP/AFP/Getty Images/Newscom; (bottom, left) Image Source Pink/Alamy; 102: Radius Images/Pohotlibraray/Getty Images; 105: (top) BananaStock/Jupiter Images/Getty Images; (center) Marcus Clackson/E+/Getty Images; (center) Zia Soleil/Iconica/Getty Images; (bottom) Boelkow/vario images GmbH & Co.KG/Alamy; 106: The Paul Ekman Group, LLC; 109: Laurence Mouton/PhotoAlto Agency RF Collections/Getty Images

제7장

111: Photo ITAR-TASS/Newscom; 112: (bottom, left) david hancock/Alamy; (bottom, right) GlobalStock/iStockphoto/Getty Images; 113: Blvdone/Fotolia; 114: Image100/Photolibrary/Getty Images; 115: Mike Kemp/Rubberball/Corbis; 116: (top) Bellurget Jean Louis/Getty Images; (bottom, right) Maria Teijeiro/Thinkstock; (bottom, left) oliveromg/Shutterstock; 117: (top) Marlon Richardson/Getty Images; (bottom) Dwayne Newton/PhotoEdit; 118: Comstock/Jupiter Images/Getty Images; 119: photosindia/Getty Images; 120: Monkey Business Images/Shutterstock; 121: Springfield Gallery/Fotolia; 125: Tetra Images/Getty Images; 127: (top) Paul Hellstern/The Oklahoman/AP Images; (bottom) Ted S. Warren/AP Images; 129: Tetra Images/Getty Images

제8장

131: Izabela Habur/E+/Getty Images; 132: Index Stock Imagery/Photolibrary/Getty Images; 134: Monalyn Gracia/Fancy/Photolibrary/Getty Images; 135: (top) Radius Images/Photolibrary/Getty Images; (bottom) Photos 12/Alamy 137: (top, left) Mark Cowan/Icon SMI/Corbis; (top, right) Jim McIsaac/Getty Images; 138: (bottom, right) Myrleen Pearson/PhotoEdit; (bottom, left) siamionau pavel/Shutterstock; 139: (center, right) Leon Werdinger/Alamy; 139: (center, left) Christine Langer-Pueschel/Shutterstock; 142: Jetta Productions/Iconica/Getty Images; 144: AF archive/Alamy; 145: Steve Debenport/Getty Images; 149: wavebreakmedia ltd/Shutterstock

제9장

151: Monty Brinton/CBS/Getty Images; 152: (top, right) Frank Chmura/Alamy; (bottom, left) Jose Luis Pelaez, Inc./Corbis; 153: Nasowas/E+/Getty Images; 154: Mark Lennihan/AP Images; 157: (top, right) Sigrid Olsson/PhotoAlto Agency RF Collections/Getty Images; (bottom, left) mediaphotos/E+/Getty Images; 158: (bottom) Gary S Chapman/StockImage/Getty Images; (top) Mike Theiler/Pool/CNP/AdMedia/Newscom; 159: MachineHeadz/Getty Images; 160: Prodakszyn/Shutterstock; 161: Monkey Business/Fotolia; 162: Hans Neleman/Stone+/Getty Images; 163: Digital Vision/Getty Images; 163: Pearson Education; 164: Tetra Images/Brand X Pictures/Getty Images; 165: Alliance/Shutterstock; 166: (bottom) uniquely india/Getty Images; 166: (top) Hfng/Shutterstock; 167: Peter Cade/Ionica Getty Images

제10장

171: Nathan King/Alamy; 172: Philippe Millereau/DPPI/Icon SMI 547/Newscom; 173: Golden Pixels LLC/Alamy; 174: (top) Monkey Business Images/Shutterstock; (center, left) Olix Wirtinger/Corbis; (center, left) RAVEENDRAN/AFP/Getty Images; (bottom, left) Dana White/PhotoEdit; 175: Image Source/Alamy; 178: Nic Ortega/Corbis; 180: Robert Shafer/Alamy; 180: HBSS/Crush/Corbis; 181: Wavebreakmedia/Shutterstock; 183: Jupiterimages/Photos.com/Getty Images/Thinkstock; 186: Gallo Images/Alamy; 187: Francis Miller//Time Life Pictures/Getty Images; 190: Ciaran Griffin/Lifesize/Getty Images

제11장

192: Pete Souza/White House Pool/Unimedia Images, Inc/Newscom; 194: Michael Yarish/CBS via Getty Images; 196: Steve Petteway, Collection of the Supreme Court of the United States; 197: Virginia Sherwood/NBC/NBCU Photo Bank via Getty Images; 199: Monkey Business Images/Shutterstock; 200: (center, right) scusi/Fotolia; (bottom, right) Alexander Raths/Fotolia; 202: (top, right) Richard Lewisohn/Image Source/Corbis; 203: (bottom, center) Guido Vrola/Fotolia; 205: (top, right) pressmaster/Fotolia; 207: © 1994 John McPherson/Dist. by UNIVERSAL UCLICK. Reprinted with permission. All rights reserved; 208: Comstock Images/Getty Images; 210: WavebreakMediaMicro/Shutterstock

제12장

212: Gregorio Borgia/AP Images; 213: SOE THAN WIN/Stringer/AFP/Getty Images; 214: (center, right) History/Alamy; (center, left) olly/Fotolia; (bottom, right) Kasia Bialasiewicz/Fotolia; (top, left) Karen Moskowitz/Taxi/Getty Images; 215: AF archive/Alamy; 216: (top, right) Jim West/Alamy; 218: (center, right) Jason Smith/Getty Images Sport/Getty Images; (top, right) Jeff Greenberg/PhotoEdit; 220: Accent Alaska.com/Alamy; 221: Lynne Sladky/AP Images; 222: Michel Tcherevkoff/The Image Bank/Getty Images; 224: Serggod/Shutterstock; 225: Chip Somodevilla/Getty Images; 227: (top, left) William Perlman/Star Ledger/Corbis; (top, center) Daly and Newton/Stone/Getty Images; (bottom, right) Accent Alaska.com/Alamy; 230: Accent Alaska.com/Alamy

찾아보기

연습문제 정답

제1장

1-c, 2-d, 3-b, 4-d, 5-c, 6-a, 7-a, 8-a, 9-c, 10-c

제2장

1-d, 2-a, 3-c, 4-d, 5-a, 6-a, 7-b, 9-b, 10-c

제3장

1-c, 2-d, 3-d, 4-b, 5-a, 6-b, 7-d, 8-d

제4장

1-d, 2-c, 3-d, 4-b, 5-c, 6-a, 7-d, 8-c

제5장

1-b, 2-d, 3-b, 4-a, 5-c, 6-a, 7-a, 8-c, 9-d, 10-b

제6장

1-b, 2-a, 3-a, 4-d, 5-c, 6-b, 7-c, 8-b

제7장

1-b, 2-c, 3-d, 4-c, 5-a, 6-d, 7-a, 8-a, 9-c, 10-d

제8장

1-c, 2-d, 3-b, 4-b, 5-a, 6-d, 7-d, 8-a

제9장

1-d, 2-c, 3-c, 4-c, 5-b, 6-d

제10장

1-c, 2-c, 3-a, 4-c, 5-b, 6-d, 7-a, 8-d

제11장

1-d, 2-b, 3-a, 4-c, 5-d, 6-b, 7-b, 8-a, 9-d, 10-c

제12장

1-a, 2-b, 3-b, 4-b, 5-b, 6-c, 7-c, 8-d, 9-c, 10-b

제13장

1-c, 2-b, 3-c, 4-c, 5-a, 6-b, 7-d, 8-b, 9-a, 10-a

제14장

1-a, 2-c, 3-c, 4-b, 5-c, 6-a, 7-d, 8-c, 9-c, 10-a

제15장

1-d, 2-d, 3-d, 4-b, 5-a, 6-b, 7-b, 8-c, 9-d, 10-c

제16장

1-b, 2-c, 3-d, 4-d, 5-b, 6-c, 7-d, 8-d

지은이

아이사 엥겔베르그(Isa N. Engleberg)

메릴랜드주 라고에 있는 프린스조지스전문대학의 명예교수이다.
2004년 NCA의 회장, 1995~1998년까지 NCA 연구위원회 회장을 역
임했다. 커뮤니케이션학과 관련된 6권의 대학 교재를 집필했으며,
학술지에 30개 이상의 논문을 발표하고 수백 개의 강의와 세미나 발
표를 했다. 엥겔베르그 박사는 NCA로부터 훌륭한 교육자상을, 프
린스조지스전문대학에서 뛰어난 강의, 장학금, 지역 사회 봉사 등
에 대한 대통령 훈장을 받았다. 국제적으로도 연구, 강의, 자문뿐만
아니라 모든 수준의 고등교육에서 커뮤니케이션 과정 입문의 내용
과 강의를 향상시키기 위해 전문적인 경력에 집중하고 있다.

다이아나 윈(Dianna R. Wynn)

노스캐롤라이나주 로키마운트의 내시전문대학 교수이다. 이전에는
텍사스주의 미들랜드대학과 메릴랜드주의 프린스조지스전문대학
에서 강의한 바 있으며, 올해의 훌륭한 교육자로 선정되었다. 커뮤
니케이션학과 관련된 3권의 대학 교재를 공동 집필했으며, 학술지
에 논문을 발표했다. 윈 교수는 지역 전문대학의 교직원, NCA의 입
법위원회 위원을 역임했다. 교직 및 대학 행정 외에도 법조 자문위
원으로 일하면서 변호사들이 법정에서 효과적인 커뮤니케이션 전
략을 개발할 수 있도록 돕고 있다.

옮긴이

천현진

건국대학교 신문방송학과를 졸업하고 건국대학교 대학원 신문방송학과에서 석사 학위를 취득하고 박사과정을 수료했다. 건국대학교 신문방송학과 강사, 한국인터넷진흥원 연구원 등을 역임했다. 2011년부터 현재까지 지역신문발전위원회 전문위원으로 일하고 있다. 급변하는 미디어 환경에 관심을 두고 일상 속 미디어 이용과 커뮤니케이션 행위 등에 대한 연구를 진행하고 있으며 미디어와 커뮤니케이션 관련 공부를 계속하고 있다.

최남도

중앙대학교 국어국문학과 및 동 대학원 신문방송학과 석사를 졸업하고 박사과정을 수료했다. 국립 공주대학교 영상학과 강사, 중앙대학교 신문방송학과 강사 등을 역임했다. 기본 정서를 유도하는 영상 탐구, 관점 수용과 긍·부정 프레이밍의 상호작용 관련 연구를 진행했으며, 지금은 다른 분야로 진출하기 위한 방안을 모색 중이다.

김영은

경희대학교 스페인어학과 학부를 졸업했고, 중앙대학교 대학원 신문방송학과에서 석사 및 박사를 졸업했다. 현재 지역신문발전위원회 전문위원 및 중앙대학교 미디어커뮤니케이션학부 강사로 재직 중이다. 세명대학교 광고홍보학과를 포함하여 커뮤니케이션 관련 학과의 강사와 한국언론진흥재단 언론진흥기금 전문위원 등을 역임했다. SNS를 활용한 사회적 시청 효과 등 뉴미디어 환경에서의 커뮤니케이션 이용 행태 연구를 진행했다. 미디어 이용과 문화 현상 그리고 미디어 관련 정책을 아우르는 다양한 연구를 진행하고 있다.

김동규

서강대학교 신문방송학과를 졸업하고 동 대학원에서 석·박사 학위를 받은 이후, 건국대학교 교수로 26년째 재직 중이다. 현재 건국대 언론홍보대학원 원장, 뉴스통신진흥회 이사를 맡고 있으며 한국언론학회 회장, 언론중재위원회 위원, 지역신문발전위원회 위원, 한국언론학회 미디어경제경영연구회장과 한국방송학회 편집위원장 등을 역임했다. 그동안 저널리즘과 함께 미디어경제·경영에 관한 연구를 주로 수행하였으며 최근에는 디지털 미디어를 매개로 한 새로운 커뮤니케이션 현상과 그 한국적 특성을 이해하고 규명하는 데 관심을 갖고 있다.